天行健

—— 吴重龙 著 ——

中国文史出版社

图书在版编目（CIP）数据

天行健 / 吴重龙著 . --北京：中国文史出版社，
2023.3

ISBN 978 - 7 - 5205 - 4007 - 0

Ⅰ. ①天… Ⅱ. ①吴… Ⅲ. ①朱熹（1130 - 1200） -
传记 Ⅳ. ①B244.75

中国版本图书馆 CIP 数据核字（2022）第 250055 号

责任编辑：金　硕

出版发行：**中国文史出版社**

社　　址：北京市海淀区西八里庄路 69 号　　邮编：100142

电　　话：010 - 81136606/6602/6603/6642（发行部）

传　　真：010 - 81136655

印　　装：北京温林源印刷有限公司

经　　销：全国新华书店

开　　本：787 × 1092　1/16

印　　张：35.75

字　　数：513 千字

版　　次：2024 年 1 月北京第 1 版

印　　次：2024 年 1 月第 1 次印刷

定　　价：88.00 元

天行健，君子以自强不息。

——《易经》

内容提要

　　淳熙五年，朱熹扶义兄刘珙灵柩途经信州，与辛弃疾意外相遇。二人一见如故，引为知己。临别时，辛弃疾以一方端砚相赠。朱熹见砚上刻着"持坚守白，不磷不缁"八字，心下十分喜欢，视为珍宝。朱熹与辛弃疾、陈亮、赵汝愚等交厚，常泛舟九曲，诗酒相酬，图谋复兴。然权奸当道，几人都无法实现大志。陈亮中状元，被任作建康军判官，赴任途中却客死他乡；赵汝愚遭韩侂胄陷害，惨死流亡道上；辛弃疾屡被罢职，闲居瓢湖，整日借酒浇愁；朱子身为"帝王师"，宁宗听信谗言，将他罢逐。朱子隐居武夷，朝侂胄派杀手循迹追杀，辛弃疾遣旧部飞虎军都统孟焕、徐铭尾随保护。岳飞孙子岳珂拜访朱熹，朱熹题"正气"二字以赠……

　　南宋末年，谢枋得从民间购得一砚，正是辛弃疾赠朱熹之砚——岳飞砚……

序

养浩然正气，极风云大观

南宋，是一个风云激荡的时代。这个时期，强敌入侵，兵荒马乱，时局动荡，国祚岌岌可危。然而，就是在这样的大背景下，却出现了经济空前发达，文化极度繁荣的景象，各领域涌现出灿若星河的伟大人物。

创作一部关于南宋题材的作品，是一件耗时费力的艰巨工作。而一旦涉及朱熹朱文公，情况就更为复杂。别的不说，单是其中夹缠不清的史实，矛盾纠葛，要想将它理出个头绪，便是一件卷帙浩繁的"系统工程"。

作者吴重龙，二十年前，他是我认识的青年作家中最朗利挺拔的一个；二十年后，他是我认识的中年作家中头发最少白发最多的一个。他只五十来岁，正值盛年，却面有菜色，更有点驼背。浓密的头发早变成网球场，两鬓染霜。为创作这部书，他必定下了大功夫，花费了大量心血。在此基础上，他力求做到八分实，二分虚：背景事件，每事每典皆有出处。尊重历史，又不拘泥于历史。历经数载，终于完成了这部规模宏大，气势磅礴的。

《天行健》故事跌宕起伏，人物栩栩如生，读来令人回肠荡气。

翻开扉页，便能感受到一股浩然正气扑面而来。朱熹、辛弃疾、陈亮、陆九渊、蔡元定……一个个鲜活的人物跃然纸上，一个个跌宕起伏的故事展现眼前。

纵观朱子一生，涉及人、事甚多：生前曾向三位皇帝直谏，与赵汝愚、王淮、留正、虞允文、张浚等名相有旧；他的挚友辛弃疾、陆游、陈亮、杨万里等，皆为耿信忠勇爱国词人或诗人；又与崔真人（崔嘉彦）、

白玉蟾等方外之士交厚（注：白玉蟾生卒年历来有争议，本书取其与朱子相近者）；他曾在漳州"正经界"，在潭州"剿匪"。庆元党禁时，他被列为"伪学魁首"，险被"斩首"。诬陷他的罪名，多达十宗，其中包括"与儿媳通奸"、勾引两名尼姑纳为妾等。然而，这"十宗罪"，看似言之凿凿，不过是儒人胡纮因十年前嫌他以"脱粟饭"款待而报的"一饭之隙"。

朱子的人生，颇具传奇色彩。但从来没有一部小说来描写他的坎坷悲壮的故事。唯一流传深远的是明初凌濛初《二刻拍案惊奇》中的章节：《硬勘案大儒争闲气　甘受刑侠女著芳名》。在这个故事里，女词人严蕊是正义与美的化身，朱子则被描写成一个偏狭、冷酷、公报私仇、居心险恶的酷吏。

这本书，便是要详尽展现朱熹与辛弃疾、陈亮等的交谊，朱熹带同门人传习道统的真实的故事。

按照作者构想，原是要创作出一个系列。第一部分《天行健》，叙及朱熹、辛弃疾、陈亮、赵汝愚、陆九渊、蔡元定等的故事；第二部分《柴市口》，讲述江万里、文天祥、谢枋得之谊；于谦自幼仰慕文天祥，最后与文天祥同样在柴市口引颈就戮这一天悲地忧的历史悲剧；第三部分《日月星》，讲述王阳明到朱子裔孙朱彦明的故事：儒学薪火相传，代代相续，君子和而不同的传奇；第四部分《秘密宝藏》，讲述正气砚与正气匾，以及朱子、谢枋得、文天祥裔孙生生不息的传奇。如今第一部分写就，先行付梓，其他部分将适时陆续推出。

这个系列作品，按照作者自己的说法，是想"将它当作枕头，枕着它安然入梦"的。在此，我期盼作者的夙愿能够实现，全书四部能早早出版，带我们从这跌宕起伏、令人荡气回肠的故事中，回味历史沧桑，感受到充盈天地人间的浩然之气。

文史学者　吴敏婷

2023 年 8 月 18 日

目录

楔 子

西风卷尽护霜筠，碧玉壶天月色新。

凤历半千开诞日，龙山重九逼佳辰。

先心坐使鬼神伏，一笑能回宇宙春。

历数唐尧千载下，如公仅有两三人。

——辛弃疾《寿朱晦翁》

南宋建炎四年（1130 年），一个月明星稀之夜，南剑州尤溪县郑义斋馆舍，一个男婴呱呱坠地。父亲朱松看这婴孩时，见他头顶四边高，中间低，且额角生着七颗黑痣，形如北斗，禁不住心下大奇。几个月后，朱松便抱他来到山上，请一名老道来为他算命。那老道凑近一看，微微一笑道："富也只如此，贵也只如此，生个小孩儿，便是孔夫子。"这个小孩儿，便是不世出的圣人朱熹。

朱熹自幼好学，十九岁中进士，二十四岁任同安县主簿。后来辞官，在武夷南麓潜心读书，带着一班弟子传习道统，偶到赣、湘与儒人争辩义理之学。直到五十岁时，朝廷又重用他，授他一个南康军知军之职。贵是贵了，却也并非好事。到了宁宗朝时，牵扯进一件离奇大案，被指犯了十宗大罪，诬为"伪学党魁"，差点掉了脑袋。

只因这件离奇大案，牵涉到天下儒人学士，是以历朝文人史官议论纷纷，至今也还说个不休。

第一回

云谷山元晦葬亡妻　信州道朱辛初相会

淳熙①六年三月，大宋国南康军②乍暖还寒。丛山峻岭间梅花似云，桃花如霞，间或有几株玉兰，迎风而立，万花丛中皎洁如雪，丰姿绰约。黄灿灿的迎春也倚在崖边，争得一缕春色。

茫茫江面上，一叶小舟张着船帆，顺风而行。除了艄公，船上只有二人：一位儒士模样，约莫五十岁，青袍儒巾，清癯高古。他立于船头，凭眺远山景色，神情忧郁；一位二十出头，书生模样，木讷憨厚，默默坐于舱内，守着两大箱行李，时不时抬头望望水面，只盼早早抵岸，消解旅途劳顿。

这一老一少二人，正是南康军新来的知军③，大儒朱熹和他的弟子黄榦④。

朱熹，字元晦，号晦庵，晚称晦翁。祖籍徽州府婺源县，生于南剑州尤溪，乳名沈郎。出生时右眼额角长有七颗小痣，排布形如北斗，亲友邻

① 淳熙（1174—1189），南宋孝宗赵昚的第三个和最后一个年号，共计使用 16 年。
② 南康军，古代政区名，建立于 982 年，隶属江南东道，1277 年改军为路。"军"是宋代县以上的行政区域，相当于州或府。军的长官由朝廷直接委派，称"权知军州事"（意为"暂时主持地方军队和民政事务"），简称"知军"。
③ 知军，宋代官名，全称"权知军州事"，宋朝时以朝臣身份任知州，并掌管当地军队的官职。
④ 黄榦（1152—1221），字直卿，号勉斋，黄瑀第四子。南宋闽县（今福州郊区洪山镇东门村浦下）人，朱熹学生。少师从朱熹，后成为朱熹婿，被视为道统继承人。以荫补官，历知新淦县、汉阳军、安庆府等，多有善政。以大理丞转承议郎终仕。

人皆以为奇，都夸他是不世出的吉人儿，将来必定大富大贵。一日，父亲朱松抱他上山游玩，便到观里请一位老道为他占卜。老道问了他生辰八字，掐指算了一回，道："富也只如此，贵也只如此，生个小孩儿，便是孔夫子。"朱松听了，又惊又喜。自此更视他为掌上明珠，自幼就教他识字，说些圣贤故事给他听，朱熹听得聚精会神。朱熹四岁时，某日指着天上烈日，问曰："天上那是甚么？"朱松答曰："此日也。"熹问："日何所附？"朱松答道："附于天？"熹又问："天何所附？"朱松无言以对。惊其所思，异于常人，心中却更加喜欢。

朱熹五岁时，便能读懂《孝经》，在书眉题字自勉："若不如此，便不成人。"六岁时，与群儿在溪边玩耍，用手指画个八卦于沙洲上，冥思苦想。绍兴七年（1137 年），朱松应诏入都。赴任之前，将妻子祝氏和朱熹送至建州浦城寓居。

绍兴十三年（1143 年），朱松病逝于建瓯。临终前托孤于挚友刘子羽，又致信请五夫①的屏山（刘子翚）、白水（刘勉之）、籍溪（胡宪）三先生教朱熹读书。

刘子羽字彦修，崇安人，资政殿学士刘韐长子。宋徽宗宣和中，刘韐帅浙东，刘子羽佐父主管机宜文字，以破方腊功，入为太府簿。后随父帅真定，父子率三千宋兵坚守数月，击退金兵。此后刘子羽又曾在秦州、大散关、凤翔等地征战，亲斩敌首无数。后知镇江府兼沿江安抚使，因拒附秦桧②遭罢职，三年后郁郁而终。

子羽重义，视熹如己出，在其院落旁修筑屋舍安置朱熹母子，名曰紫阳楼。又修建学馆，供三位贤儒与朱熹作传习之所。

绍兴十八年（1148 年）春，白水先生刘勉之将女儿刘清四许配朱熹。同年三月朱熹入都科举，中王佐榜第五甲第九十名，准敕赐同进士出身。绍兴二十一年（1151 年），朱熹入都铨试，取为中等，授左迪功郎、泉州

---

① 五夫，今福建武夷山市五夫镇。

② 秦桧（1090—1155），南宋奸臣，主和派代表，四大权相（其余为韩侂胄、史弥远、贾似道）之首。

同安县主簿。

绍兴二十三年（1153年）夏，朱熹赴同安途中，受学于延平李侗①。秋七月，朱熹至同安。以其"敦礼义、厚风俗、劾吏奸、恤民隐"之法治理县事，息同安、晋江两县械斗，主张减免经总制钱，颇有政声。又振举县学，倡建"教思堂"，在文庙大成殿倡建"经史阁"，为当地学者称道。

绍兴二十七年（1157年），朱子任满，回到五夫，自此一心致学。后再拜李侗为师，因得承袭二程"洛学"正统，由此奠定理学根基。

绍兴三十二年（1162年），宋孝宗即位。朱子应诏上封事，力陈反和主战、反佛崇儒，讲学明理、定计恢复、任贤修政之策。

朱子在五夫读书授徒，夫人刘清四相夫教子，一家人其乐融融，日子过得倒也自在。

淳熙二年（1175年）夏，某日午时，朱子正在书房注解《太极图说解》，忽听屋外扑通一声，抬头看时，只见夫人刘清四倒在院中，不省人事。朱子忙跑到院中，将夫人扶起。几个子女、弟子黄榦等闻声赶来，合力将她抬到屋内竹榻上。朱子让女儿朱兑倒了碗水，撒些红糖搅匀，吹吹气，一勺勺喂服。刘清四喝过几口水后，悠悠转醒。见夫君子女一大堆围着自己，微微一笑："咦，你们这是做甚？"说着便要起身。朱子忙道："你且安心休养，切莫累出病来！"

清四轻轻推开朱子，坐了起来："好端端的，怎么会累出病来，不过受了暑气罢了。"说着径自下床。夫人向来好强，朱子无法再劝。此时见她精精神神，也就不再拦阻。清四下到厨房"当当当"切起瓜菜来。女儿朱兑心疼母亲，在厨房里生火，煮米，一道忙活起来。

此后一连十多日，清四上上下下操持家务，干练利落，有说有笑，也不像有病之人。朱子只道她那次晕倒，不过缺少睡眠或是中暑诸类小病，便也不再放在心上。

---

① 李侗（1093—1163），南宋学者。字愿中，学者称延平先生。南剑州剑浦（今属福建南平）人。

一日，吕祖谦①来信，提到"通老先生、端明殿大学士"黄中②回到邵武，元晦何不就近拜访。朱子素慕黄中为人正直，学问渊博，只恨无缘相见讨教。听闻黄中就在百十里外，心中大喜。安排好家中及书院诸事，匆匆到邵武拜谒。黄中温文敦厚，为人和蔼，见朱子学养深厚，十分喜欢。朱子斋戒沐浴，拜黄中为师。自此一老一壮对榻论道，孜孜不倦，不分昼夜。如此过了月余，二人俱各快意。忽一日，朱子接到二子朱埜家书，言母病危。朱子阅信大惊，忙辞了黄中赶回家中。只见清四脸色蜡黄，极度虚弱。朱子请了远近有名的大夫，设法救治，日日垂坐榻前，喂服汤药，只盼清四能早日康复，平平安安。哪知名医良药，终是无力回天。过了月余，清四竟尔撒手人寰，弃朱子与六子女而去。朱子悲恸不已，写信叫来挚友蔡元定③，选大林谷风水宝地，将妻子葬了。时大雪纷飞，朱子伫立风中，哽咽着吟道："岁序流易，雨露既濡，念尔音容，永隔泉壤。一觞之酹，病不能亲。谅尔有知，尚识予意。"清四墓穴旁另造一处空穴，那是朱子为自己选定的归终之所。有朝一日他游完尘世，便将来此伴妻子长眠。

自古道："福无双至，祸不单行。"朱子尚未从丧妻之痛中回转神来，义兄刘珙④丧讯又至。

刘珙是刘子羽长子。朱松去世时托孤刘子羽，刘子羽成朱熹义父，刘珙便成为朱熹义兄。刘珙的叔父刘子翚是朱熹在五夫师从的三先生之一，早年在五夫屏山书院就读时，刘珙与朱熹兄弟二人一同受学于刘子翚。又

---

①　吕祖谦（1137—1181），字伯恭，婺州（今浙江省金华市）人，祖籍淮南寿州（治今安徽凤台县）。人称"小东莱先生"。南宋理学家、文学家。

②　黄中（1096—1180），宋邵武（今福建邵武）人，绍兴五年榜眼，曾任兵部尚书、端明殿大学士，封江夏郡开国公。主战派大臣。后因秦桧迫害，徙外二十多年。秦桧死后任礼部尚书，兼国子司业。卒赠太师，谥简肃，朱熹为公作墓志铭。

③　蔡元定（1135—1198），字季通，学者称西山先生，建宁府建阳县（今属福建）人。南宋著名理学家、律吕学家、堪舆学家，朱熹理学的主要创建者之一。

④　刘珙（1122—1178），字共父，崇安五夫（今福建省武夷山市五夫镇）人。进士出身，历任礼部郎官、潭州知州兼湖南安抚使、翰林学士、枢密院参知政事、观文殿学士、江南东路安抚使等职。

是义兄，又是同窗，二人情谊深笃，自不待言。

淳熙五年（1178年）七月，刘珙在建康辞世，时年五十七岁。八月，朱子闻讯，亲往弋阳哭迎刘珙灵柩回五夫。朱子扶着灵柩至信州①，下榻在一家客栈。入夜，忽一人来访，张口便问："元晦先生何在？"朱子看此人时，见他身高臂长，轩昂魁伟，并不相识，忙问："阁下是谁？"

那人哈哈一笑，自报家门："在下辛幼安，闻知先生在此，特来拜见。"朱子一听，才知这人便是挚友吕祖谦、陆游②、陈同甫③诸友之友辛弃疾④。朱子再细细观瞧，见他相貌奇伟，气度不凡，俨然有武穆遗风，不觉钦慕。原来辛弃疾正赶赴鄂州赴任湖北转运副使，途经信州，带着五六个手下也来投店。听掌柜正在吩咐小二："给崇安的朱元晦先生送茶饭去！"辛弃疾听了一愣："'崇安朱元晦'？闽赣之地也只有一个崇安，莫非这个'朱元晦'便是陈同甫嘴上常说的那个？"断定是他，便急切地问他住在哪个房间，满面喜色前来拜会。

辛弃疾素敬朱子，叫上了一桌酒菜，二人对坐。把酒临风，开怀畅饮，只觉相见恨晚。朱子量小，只喝一杯，已有三分醉意。辛弃疾却是一杯接一杯，自斟自饮，越饮兴致越浓，豪气干云。二人纵论时势，通宵达旦，不觉疲倦。

第二日清早，辛弃疾与朱子揖别。辛弃疾向从人叫道："孟焕、徐铭，把我那方砚拿来！"就见一胖一瘦两个军士，胖身的膀大腰圆，半张红脸，另半张脸被浓髭密髯覆盖，活脱脱一个猛张飞现世；瘦身的白净面皮，举止斯文，英武俊朗，七分倒像赵子龙。二人分别捧了砚、笔上前，毕恭毕

---

① 信州，地名，在今江西省境内。
② 陆游（1125—1210），字务观，号放翁，越州山阴（今浙江绍兴）人，南宋文学家、爱国诗人。
③ 陈同甫，即陈亮（1143—1194），原名陈汝能，字同甫，号龙川。婺州永康（今浙江永康）人。南宋词人。
④ 辛弃疾（1140—1207），原字坦夫，后改字幼安，中年后别号稼轩，山东东路济南府历城县人。南宋官员、将领、文学家，豪放派词人。

敬交与朱子。朱子再三推辞，辛弃疾笑道："我慕元晦兄已久，只是无缘一见。今日相逢，真是快慰。这一方砚，权当见面之礼，他日相会，再与兄相对畅饮，喝他三百大碗。"他哪里知道，朱子喝两盅酒也是勉强，哪里能喝恁多酒来。

辛弃疾说着打开一个布袋，一层层地展开，露出一方砚台来。朱子看那砚时，见砚身微紫，砚背刻着八个遒劲有力的大字："持坚守白，不磷不缁"。朱子一见这八字，突地眼前一亮，禁不住叫道："好铭！"

此八字出自《论语·阳货》："不曰坚乎，磨而不磷。不曰白乎，涅而不缁。"谓至坚者磨而不薄，至白者染之于涅而不黑。君子虽在浊乱，浊乱不能污。朱子心想不知何人将《论语》之意提挈为八字，并以草书刻于砚上。再看那草书，有些苏东坡笔意，却又柔中带刚，一笔一字，尽显浩然之气。说它铁书银钩，却明明又带着几分柔韧随和。朱子把在手中沉吟道："不知写这八字的人是谁，看这笔意，猜测他是一个耿直忠义的君子。"

辛弃疾笑道："我那天在清河坊闲步，蓦见一个穿青袍的秀才在卖这砚。我一见这八字，甚是喜欢。又看这砚，质朴无华，凝重沉稳，知是一方好砚，便有意买它。我问那秀才此砚要几多钱。哈哈，他说要五两银子。我一听，如此一个宝物他何以只要五两银子，便让从人取了五十两银子与他。那秀才千恩万谢地走了。"辛弃疾说着呷了一口酒，叹口气道："我一回家，仔细再看，只觉亏了那个秀才，这方砚台，实是一个无价之宝。"

朱子道："确是个宝物。尤其是砚上这铭文，显然不是一般儒士所书！"

辛弃疾得意地笑笑道："怎么样？我将此物送与元晦兄，作为见面之礼，可称兄意否？"

朱子急忙摆手："岂敢岂敢，我从不夺人之美。幼安兄既然自己喜欢，便自己留着的好。"

辛弃疾道："元晦兄勿要再辞，拂我一片诚意。这方砚，也只在元晦兄那里，能写出更好的文章来。我二人就此别过，他日再会。"说罢一揖，转身出门，跨上火焰驹，带着孟焕、徐铭等十几个精壮军士，呼啸而去，带起一片尘烟。

朱子望着辛弃疾的背影，不忍就此别过，直到一彪人马转过山腰，消失在一片密林之后，才悻悻而回。

他与辛弃疾都不知道，此砚大有来头，最初的主人正是中兴名将岳飞。只是后来朱子任浙东提举，因弹劾唐仲友，得罪了丞相王淮，横生枝节，将它遗落。此事后文慢表。

且说朱子与辛弃疾揖别，扶着义兄灵柩，迤逦向东，径往建宁府而来。几日后，朱熹安葬了刘珙，本拟静下心来，著书讲学，参研理学，穷究本源，却一连收到朝廷的加急文书，任命他为南康军知军。原来数月前史浩①出任宰相，求贤若渴，向孝宗力荐朱熹。适值南康军遭遇大旱，正是用人之时，皇帝赵眘便委以重任。朱熹一辞再辞，朝廷只是不允。十一月、十二月，朝廷连下两道加急文书，催促朱熹赴任。朱熹若要再辞，恐会被朝廷降罪，加之好友张栻、吕祖谦等来信一再相劝，朱熹只得拜受。

临行前，朱熹又到大林谷悼念亡妻。时值大雪，朱熹在风雪中语声微颤，吟道：

> 春风欲动客辞家，霖潦纵横路转赊。
> 行到溪山愁绝处，千林一夜玉成花。

数日之后，他便带上弟子黄榦，一路颠簸，舍陆乘船，径到南康军赴任。朱熹既已拜受南康军知军之职，心里便盘算着如何施治，总要有所作为，造福一方。临行前他先寄出一信，让南康军府衙备一份《南康志》，以便到任后立即查阅，了解南康风土自然，参考施政。又约陆九渊到铅山

---

① 史浩(1106—1194)，原名若讷，字直翁，号真隐居士。明州鄞县(今浙江宁波)人。南宋政治家、词人。

相会。

　　朱熹带着门生黄榦，山水迢遥，迤逦往南康军而来。途经铅山，居崇寿寺。陆九渊如约而至。二人探讨"太极""无极"之学，朝夕论道。不日又接到朝廷催促上任文书。二人只好揖别，朱熹与黄榦径赴南康军，陆九渊回归金溪。三月二十九日，朱熹抵星子县境，沿江而下。行了六七日，远见一座山峰，高耸入云，知道已近庐山。

　　欲知后事如何，且听下回分解。

第二回

新知军微服访民苦　驱悍匪壮士发神威

　　船夫张起满帆，缓缓而行。庐山已格外清晰。朱熹望着座座山峰浮于云端，奇峰竞秀，万壑叠翠，禁不住叹道："匡庐果然别有洞天！"

　　正自吟哦，忽听船夫叫道："大人，到了！"

　　朱熹一看，前方柳荫深处，便是一处码头。

　　小船靠岸，黄榦扶先生登上岸来。岸上有十多户人家，几家铺面生意冷清，一顶轿子停在树下。黄榦不想耽搁，径直上前，谈妥价钱，让朱熹坐了。几个轿夫快步如飞，向星子县方向赶路。轿子晃晃悠悠穿行在翠屏花海之间，万紫千红相伴，香风迎面袭来，令人心旷神怡。约莫两个时辰，远见一处官亭，十多名属僚身穿官服，早早在此等候。朱熹一到，众官趋步迎上，纷纷向他作揖："参见知军大人！"

　　"下官是星子县知县王仲杰……"

　　"下官赵栋，建昌知县……"

　　"下官吴江海，德昌知县……"

　　朱熹喜道："好，好！免礼平身，《南康志》带来没有！"

　　众官一听愕然。自古以来，哪有下轿先问一本志书的？莫非听错了不成？

　　"这个……"

　　"那个……"

　　众属官尴尬地笑着，不知如何作答。

众官正没理会处，一人从众人身后趋步上前，向朱子一揖道："知军大人，早给您备好了，就在军署衙中。"

众人一看，此人身材矮小，举止斯文，正是南康军军学教授张扬卿①。朱子闻言大喜："如此甚好，且同到署衙说话。"

朱子乘轿又行，众属僚有骑马的，有坐轿的，有徒步的，前呼后拥，来到星子，到了军署署衙。交换过"敕黄"②，一位属僚在前带路，来到一处小院。院中青石铺地，三进白墙灰瓦的大房，清幽古雅。众官请朱子上座，早有杂役取来饭食，又有属官拿了酒来。朱子心道："内忧外患不断，灾祸连连，此年何年，今夕何夕，哪个有心思饮酒！"摆摆手，让撤了去。一位属官道："请大人用膳！"朱子扫一眼众人，说声"请！"端起一碗饭，吃了起来。朱子一动，众官员方才拿起筷子。桌子上有鸡有鱼，朱子却只吃些米饭、青菜。大伙都觉奇怪。众官以往吃饭，都使用会子，公款接待，大鱼大肉，酒过三巡，才举箸吃饭。酒肉已饱，哪还有地方放下饭菜。属吏们心道这位新知军真是与众不同，要么是个真君子，要么是个假圣人！

黄榦早饿得眼冒金星，见热气腾腾的饭菜端来，端起饭碗大嚼起来。

饭罢，有官员命杂役撤去碗碟，移步厅上说话。众人请朱子坐了上首，其余十多人围坐一旁叙话。

朱子又问："《南康志》在哪儿，到底有没有？"

话音刚落，军学教授张扬卿呈上一个乌漆木匣，小心翼翼地打开，拿出一沓绢本封面的书册来："知军大人，您看……"

朱子一看，原来是两卷《江州志》、一卷《南康志》，装帧考究。朱子心下喜欢，道："甚好！甚好！"

朱子与几个属官围着大桌叙话，问起南康灾情，属官都道旱情似比往

---

① 张扬卿，两浙东路温州军（今泰顺县大安乡）人。字法叟，乾道二年（1166 年）进士及第，殿试第十名，初任江西婺源（朱子的祖籍地）县尉。南宋淳熙年间，朱子担任南康军知军，张扬卿任南康军军学教授，教官任满，因朱子推荐，改任随州通判。

② "敕黄"，即官员的"委任状"，由尚书省签发，黄色绫纸誊写，故名。

年为甚。朱子再问其详，众人却答不上来。朱子微微叹口气，决计安顿下来，自己亲到乡间察查。朱子与属官初次会面，不宜说得太多，只粗略磋议一番，见天色已晚，命诸官各自回家歇息，明日各行其是，一如既往，抓紧赈济百姓。

属官去后，一位吏胥①，唤作老秦的，引朱子到后厅安歇。老秦点上灯，唱个喏，作礼告退。黄榦把志书放到案上，将灯移近。朱子坐到案前，翻开书页，聚精会神看了起来。黄榦不敢打扰，退到西厢房，坐到椅上，不一会儿便呼呼大睡。

宋太宗太平兴国七年（982年），置南康军，隶属江南东道，辖原江州的都昌、星子与洪州的建昌三县。宋真宗天禧四年（1020年），江南路分东西两路，南康军属江南东路。是以朱子要《南康军志》，杨大法将《江州志》《南康志》都取了来。朱子翻阅志书，见载着自秦以来江州、南康一带历朝灾异之事，静坐案前，逐个查阅。直翻到武德天授二年一段记载，两只眼睛也看得直了。时狄仁杰已六十三岁，遭奸臣陷害，从一品降为七品，任彭泽县令。狄仁杰到了彭泽，见旱情严重，触目惊心，立即上奏："彭泽九乡，百姓齐营水田。臣方到已是秋月，百姓嚣嚣，群然告歉，询其所有，皆云：'春夏以来，并无霖雨，求死无苏，营田失时，今已无可改种。现在黄老草菜度日，旦暮之间，全无粒米。'窃见彭泽地狭，山峻无田。百姓所营之田，一户不过十亩、五亩，准例常年，纵得全熟，纳官之外，半载无粮，今总不收，将何活路？自春殂秋，多殍亡者。检有籍历，大半除名。里里乡乡，班班户绝。如此深弊，官吏不敢自裁，谨以奏闻！"女皇武则天阅罢，深为花甲老臣爱民之心所动，诏令江州刺史开仓赈济，减免租赋。

朱子看完这一节，颇为感慨，起身在屋里走来走去，不知眼下的旱灾到底怎样，不知是否也有饿死的逃难的。想到此，不禁担忧。心道：官府赈灾不力，百姓必多一重苦难。我既然领了这南康军知军之职，便当克尽

---

① 吏胥，古时衙门里雇用的办事人员。

职守，鞠躬尽瘁，救民于水火。

将近二更，朱子将志书阅完了。对南康地界民俗、物产、历史、人物，了然于胸。令他心头宽慰的是，这南康一地，自古乃是真儒过化之境，书院甚多，历史悠久，先贤遗迹处处皆是。若稍加整饬，必能再度振兴，开一代之风气。

朱子掩卷站起身来，在屋中踱步。半轮残月挂在窗前，风儿吹得院中树枝、竹子沙沙作响。忽地，他想起幼时的一件事来，他曾问父亲："日何所依？"

父亲答："附于天。"

"天何所依？"

父亲回答不出。这个幼时的疑难，就是现在，他自己也还没想明白。朱子复坐于案前，凝神思索，一个经世图治的远景渐渐浮现眼前。只怕睡一觉便忘了，匆匆提笔记下。

第二日一早，军署击鼓升堂，通判、签书、司户、录事参军、司法参军、判官、推官及星子、都昌、建昌三县知县、主簿等络绎进入府衙，高矮胖瘦四五十人恭恭敬敬伫立堂前，等待新知军训示。鼓声刚歇，朱子从侧门走了进来。朱子眼望百官，微微一笑："诸位，本官初来乍到，有赖各位同僚同心协力，共襄大事。自古道：国以民为本，社稷（国家）亦为民而立，而君之尊，又系于二者之存亡。朝廷命我知南康，吾侪当以至公至诚之心相与，凡百事物，切要通情，仔细商量。去岁以来，南康降雨极少，年景不好，庄家多所歉收，百姓缺粮，在所难免。我等应迅即行动，挽救危局，提防灾害愈演愈烈，致流民外溢，影响国家稳定……"

百官闻言，觉得新知军似乎有什么大计划，不由得心头一震。

"眼下，我等当大力施为，改变困局。熹以为，当下须采取如下行动：宽民力，敦风俗，砥士风。由于年景不好，南康地方民力日困，无复安土乐生之心。我所言'宽民力'，即是要除去'役烦税重'，达到'户户岁增，家给人足'……"

星子县令王仲杰深知南康一地弊端种种，想要改变，积重难返，听闻朱子此言，不禁暗暗佩服，心道："知州大人果然高见！"

朱子续道："南渡以来，经济渐渐好转，然而有些地方世风浇漓，人伦沦丧，我等宜致力宣化，使百姓孝悌忠信，敦厚亲族，和睦乡邻，患难相恤，这便是我所说的'敦风俗'；此外，宜提倡忠义气节，以圣学砥砺士气……为此，我等应广开门户，邀贤达之士为我等施治建言献策……"说罢，朱子微微一笑："困难虽多，但我南康自古乃真儒过化之地，文章节义之邦，文化兴盛，移风易俗，当有得天独厚之基。"

众官听了，窃窃私语，都道说起来容易做起来难，唯判官、几名知县听罢，眼前一亮。几人正愁无法渡过时艰，朱子的一席话，令他们眼前一亮。

众官见新来的知军做事雷厉风行，一副大儒气派，倒有些怕他。朱子扫一眼众官，见星子县令王仲杰面容憔悴，一脸愁容，不知何故，想要探一探他的心思，笑着问道："王县令，听说星子的旱情很是严重，具体如何？"

"知军大人，星子县么，流亡的不少，属下正在派人下乡统计，一有确数，即向大人详禀……"

朱子闻言愕然。忽听"咳——"的一声。一人咳咳嗓子，不屑地瞥了王仲杰一眼，接了话头，欠身向前道："我南康民风朴实，物产丰饶。虽然去岁干旱，不过早已渡过难关。期望今年风调雨顺，粮食丰收，我南康军民再感皇恩浩荡。"

朱子抬头一看，知是推官李德。听他说话，禁不住皱起眉头。暗思这些言语，显然都是早早准备妥的。这人口才倒是不错，只可惜就是太过滑头，不说实话。这类做官的，以前倒也见识过，要么欺上瞒下，要么报喜不报忧，要么夸大损失，向上邀功，总之都不办什么好事。这些马屁精眼里只有皇上，只关心"皇恩浩荡"，怎会把百姓的苦难放在心头？倒是那位星子县令，职位虽低，人品官品却更可靠。我明日便自己去县乡查访，何必听这些马屁精乱嚼舌头。

第二日，朱子让吏胥牵来一匹马，自己独自去四乡察访实情。黄榦见朱子独自出行，恐有不测，执意要去，朱子命道："你且将我批注的《孟子》抄完，不日要寄给伯恭先生。"

黄榦不敢再说，只得低头回到书房抄写。

朱子独自一人来到乡间，途中遇三三两两的饥民，去往外乡逃荒。朱子一遇上这些人，便即下马相劝，只言官府正设法调粮赈灾，不必背井离乡去逃难。苦口婆心，都劝了回去。午后时分，来到一座山冈，前不着村，后不着店，不知此处何地，路上也无行人。忽见前方一个"堠子"①，一看，知距星子已四十里之外。又饥又渴，正不知往何处去。忽听前方传来凄惨叫声，忙驰马向前察看。转过山腰，不由一惊，只见十多个大汉，赤胸露臂，正在抢劫作恶。被抢的像是一群商人，十余人押着三四辆车，车上满是货物。此时遇劫，瞬间被打倒了五六个，余众惊慌失措，哭爹叫娘。

朱子见状，大喝一声："大胆狂徒，休得放肆，快快住手！"

"哈哈，等爷儿们把这里收拾停当，再去收了你那匹黄膘大马。"

朱子向来只会读书，不懂武功，突遇强匪施恶，正不知如何施救，兀自着急。忽听一阵呼哨，两匹乌骊马②拖着尘烟驰到近前，马上二人，一个黑人黑马，一个俊俏后生。二人也不搭话，下马后抢起马鞭劈头盖脸尽往匪众头上招呼。两凶匪使长棍，向黑脸的壮士横扫过来。黑大汉骂声："奶奶的，好大的胆子！"双手长出，将两根长棍夺了下来，奋力向两匪抢去，只听"哎呀妈呀"，将两名土匪打下山坡。这边一个秃头的举刀向那长身玉面的壮士砍来，只见他稍一闪身避开，"砰"的一拳，打在那悍匪腰间，顺势夺过大刀。那悍匪捂着肚子委顿在地，龇牙咧嘴，显然痛得难忍。余匪见这二人身手了得，一声呼啸，遁入松林。二人抢身追了上去，

---

① 堠子，[hòu zǐ]，即里程碑，宋代在驿路、官路旁，每隔十里或五里设土坛，用以分界或计里数。

② 乌骊马，指黑色骏马。

边追边打。直追到崖边，眼见十多名悍匪连滚带爬下了山坡，没入丛林，方才回转身来。

众人以为两位壮士与朱子是一伙，忙向朱子磕头拜谢："谢谢大人救命之恩。"

朱子道："要谢，就谢那两位壮士吧！"

转身向二人一揖道："二位壮士，请受朱某一拜！"

二人向朱子回礼。黑脸的道："嘿嘿，这有什么谢的，路遇不平，理当拔刀相助，又不费什么。我们急着赶路去南康府……"

秀才模样认出了朱子，喜道："大人，怎么是您?"

"你二位是……"朱子这时也觉这二人有些面熟。

只见二人一齐拜伏于地："大人在上，受晚生一拜。"说着连磕两个响头。

朱子忽然想起，这二人便是数月前在信州见过的。那时他二人跟着辛弃疾鞍前马后，不知怎的又到了这里。问道："你二人不是随辛大人……"

白脸的掏出一信，递与朱子："先生看信便知。"朱子一看信封笔迹，知是辛弃疾手书，拆开来细看。

原来辛弃疾到鄂州任上，未及数月，又遭谪贬。为保护军中忠义之士免遭投降派算计，权且遣散各处，以图自保。知朱子任南康军知军，遂遣二人投奔。

朱子阅信，不禁忧郁起来。沉吟片刻，笑道："二位都是人才，在别处必有大用，我南康这里，是清水衙门，莫要因此耽误了你二人前途。"

二人又跪拜于地："我二人素慕先生为人，愿鞍前马后伺候大人，绝无怨言。"

白脸的又道："小人徐铭，愿随先生，效鞍马之劳！"

黑脸的也道："小人孟焕，愿随先生差遣！"

朱子听后，忙将二人扶起："既如此，快快请起，随我到府中说话！"

二人闻言又拜了两拜，方才起身。

那边厢商人们惊魂未定，纷纷收拾车马又要起程。朱子一问，原来是建昌药帮①，想要到两广南路去贩药，不料还未走出建昌却遭此一劫。朱子劝众人先回建昌，等时势好转再作他图。众人拜谢答允。

领头的道："早知如此凶险，打死也不行远路，不如贱卖给'崔真人'②，省得路上丢了性命。"

"崔真人是谁？缘何卖给他却要贱卖？"

"崔真人是大善人，他老人家给人看病，多不收钱，只要求病人治愈后，在他园里种几棵杏树。所以他也没钱高价买药材。"

朱子一听，心道："原来是位悬壶济世仁心仁术的大善人，真是华佗再世，一有时间定当前去拜访。"

朱子与孟焕、徐铭在前，药帮众人赶着马车，径向建昌县城方向而去。

欲知后事如何，且听下回分解。

---

① 建昌药帮，是我国古代有名的商帮，全国十三大药帮之一。其"炆制法"是独有的炮制技术。与"樟树帮"合称为"江西帮"。

② 崔真人，原名崔嘉彦（1111—1191），字希范，号紫虚、紫虚道人。秦州成纪（今甘肃天水市）人，南宋医学家、道士。

第三回

恶少纵马驰闹市　朱子惩恶罢录官

过了几日，朱子又着便装，骑着黄骠马到都昌乡间寻访。孟焕、徐铭要跟随朱子同去，朱子道："我独自一人出去察访，方能目睹真相，你二人跟着我，多有不便。"孟焕、徐铭道："我二人只远远相随便是，绝不打扰先生。"朱子一想："他二人跟着，终究是个照应。"于是点点头，算是默认。孟焕、徐铭骑着乌骊马，远远跟在后面。

朱子骑马缓缓而行，不一会儿来到一处集市，远远听到前方人声喧沸，有人号哭不止，声音凄惨，似乎有什么事情发生。朱子跳下马来，将缰绳递给徐铭，径自走上前去，要看个究竟。

只见人群当中，有一老一少两人坐在地上，正在号哭。那老者捂腰哭叫，少年腿上泥血模糊，二人面前倒着几个竹筐，豆参、茶饼散落一地。显然是遭遇到飞来横祸。朱子向旁边众人一问，方知是有人骑了烈马奔驰而过，马腿撞在老人腰上，带翻了的箩筐，马蹄又踩到年轻人腿上。正要再问其详情，就听人群一阵惊叫："我的娘哎，又来啦！""快闪开！莫要再被撞上！"

朱子回过头来，只见人群呼啦啦一下散开，一匹通体雪白的高头大马疾驰而来。马上一个少年，约莫十七八岁年纪，衣着光鲜，显然是豪门公子。只见他恣肆狂笑，纵马飞驰。人群慌不择路，四下躲避。乱中恰有一名女童受了惊吓，哭叫着向马路另一边的老人跑去。眼见烈马将要踩到女童，朱子急忙向前跑去救人，可惜相距甚远，终是晚了一步，那女童被马撞个跟头，再无声息。朱子向那骑马少年喝喊："勒马！勒马！"少年哪里肯听，挥鞭"啪、啪"两下，依旧向前狂驰。

正在此时，一个影子闪到马前，扼住马缰，在马头上砸了一拳。那马吃痛，辔头又被生生扼住，哎儿哎儿叫着，喘着粗气，硬生生停了下来。马上少年厉声喝骂，"啪、啪、啪"向勒马之人连抽三鞭："识相的，滚开，敢拦我的马！"

那拦马的也不作答，劈手夺过马鞭，轻轻一拉，将少年拽下马来。

人群中一阵喧腾，为眼前壮汉的身手和他的义举喝彩。

朱子看那拦马之人，正是孟焕，心道有他与徐铭相随，果然办事方便。转过头走上一步，抱起地上的女童，女童嘴唇紧闭，昏迷不醒。朱子掐住女童人中，片刻，女童哭出声来。朱子将女童交与老人，回身走到阔少面前，怒道："喂，好大胆子！你是谁家公子，竟敢纵马闹事，伤及百姓。"

少年横眉竖目，兀自强硬："哈哈，我是谁你不知道？在这片地头，谁敢说不认识本少爷！"

"就算大家认识，我却不认识，你到底是谁？"

"我到底是谁！哈哈，你到底是谁？听口音就知是外乡人，跑来南康做甚？少管闲事！滚开！"

少年强要挣开，无奈被孟焕大手钳住，动弹不得，兀自嘴不饶人："告诉你吧，我父是李嘉，祖父是李继，本少爷叫李鹰，怎么着，你们几个不识相的外乡人，也敢在此管闲事么？"

孟焕早已按捺不住，攥紧拳头就要打下去。只消他这一拳，恶少的脑袋还不稀碎。

"来啊，打呀，今儿小爷我要是躲你，我是地上爬的！"说着做一个羞辱人的手势。

朱子依稀记起，朝廷中是有李继这么个人，官位不小，他的儿子似乎在京中也是什么闲职。难怪这少年如此张狂，原来是有老子老老子撑腰，双后台。一边拦住孟焕，怕他出拳伤人，一边对恶少喝道："大胆！朗朗

乾坤，光天化日之下，岂容你如此仗势欺人，拿下！"

孟焕将李鹰反剪了双手，李鹰痛得哇哇直叫。朱子命将其押到署衙听候发落。

李鹰依旧狂叫不歇："喂，你们干什么，我告诉我爹爹爷爷，看你们有几个脑袋！"

朱子回身，走近老人道："老人家好！我是新来的知军，有甚冤屈，尽管到军署衙门诉说。有我朱某在，任谁也休想欺侮你祖孙两个！"

老人怀抱孙女，不住叩头："谢谢大人！"

女童望着朱子，嘤嘤啜泣，声音微弱。

朱子捏捏女童四肢关节，并无大碍，对老人道："去找郎中抓服药，给孩儿煎服喝了，明天升堂，你抱着孙儿来堂前做证！"说罢，从口袋摸出二两银子，交与老者。老人扑通跪下，连连磕头，千恩万谢！

第二日升堂，百十个百姓早早来到军署衙门，看看新来的知军大人是真能为百姓做主，还是只耍耍嘴皮子，官官相护。孟焕把李鹰押上，朱子端坐堂上，冷眼相看。推司厉词审讯那李鹰，女童的爷爷做了证词，那被撞了腰的老者与那被踩烂腿的少年也都述说经过，签字画押。朱子写了判书，命知录对李鹰重责三十杖，罚银三十两，将马匹充公。三十两银子，二十两给那女童医治，被撞了腰的老者与被踩烂腿的，各赔五两。

几日后，那被踩烂腿的少年来到署衙，嚷着要找知军，被衙役拦住。恰巧孟焕出来遛马，喊声"壮士！"将他叫到一边，悄声告诉孟焕："壮士，那作恶的少爷并未受杖，早放了出来。"孟焕瞪大眼睛，如欲喷出火来。孟焕领少年进到府中来见朱子。朱子听少年诉说，知那李鹰并未受刑，依旧和一班顽房少年骑马嬉闹，驰骋闹市，举止油滑轻薄，看样子也无悔过之意。朱子心想：如果那李鹰挨了鞭子，正该躺在床上悔过，断不能如此嚣张。料想其中必有蹊跷。朱子好言抚慰少年，命孟焕送他出门。转身叫过徐铭，吩咐他暗中访查。徐铭出去了两日，回来禀报朱子：李家有人打了招呼，知录周惺只罚了李鹰银两，并未杖责。

朱子大怒，当即升堂："来人，拿知录周惺来！"孟焕出去，不一会儿揪来知录周惺。周惺早知事已败露，吓得面如土色，浑身哆嗦。朱子将他斥责一番。隔日升堂，将他从重判处："罚俸银三十两，打四十杖。"比那恶少李鹰，更多了十杖。如此还嫌不足，又写了文书将其罢免。

隔日，军署谯楼前，人头攒动，李鹰被孟焕、徐铭押上，当众人面，由捕头结结实实打了三十大棍。接着周惺也被押上，两头公人举杖一顿暴打，周惺"哎呀、啊呀"不住呻吟，不一会儿没了声音，昏死过去。

数百名百姓亲眼见到南康四少之首的李公子被打得皮开肉绽，拍手称快。又见录官也被杖责，都道新来的知军替民作主，是个"朱青天"。

转眼到了五月，仍不见些微降雨迹象，朱子写了一封奏折，请求孝宗皇帝降恩，免除南康百姓当年税赋。到了七月中旬，还不见有消息到，朱子禁不住心里发慌。时南康大旱，田亩荒芜，八成绝收，十户中倒有九户已无口粮。朱子终日眉头紧皱，思忖解救之法，苦无良策，于是私自做主，决计从义仓调粮救助饥民。

朱子一边救灾，一边思索如何重振南康文脉。按史书记载及耆老指点，到城中寻找烟水亭①、浸月亭②、爱莲池③、濂溪书堂④，却是一片荒芜，一块残瓦也未曾见到。浔阳楼残破陈旧，白鹿书院⑤更是无迹可寻。朱子见此，怅惘不已。思索一番，起草《知南康军牒》，命张贴于市井各处，昭告军治三邑百姓，就陶靖节、白鹿洞、周濂溪、刘西涧等事迹，"如有知得上件事迹详细之人，仰仔细具状，不拘早晚，赴军衙申说。"

百姓纷纷上前围观，议论纷纷。

---

① 烟水亭，在今江西省九江市甘棠湖上。宋周敦颐子司封郎官寿建，取薄烟笼水之意。

② 浸月亭，位于今江西省九江市长江南岸的甘棠湖中，湖中小岛传为三国周瑜点将台故址。唐代诗人白居易建亭湖中，取其《琵琶行》诗句"别时茫茫江浸月"，称"浸月亭"。

③ 爱莲池，址在今江西省九江市庐山南麓周瑜点将台东侧，其东南紧连冰玉涧，正南距鄱阳湖1020米。宋熙宁四年（1071年），周敦颐来星子任南康军知军时写下了著名的《爱莲说》。

④ 濂溪书堂，位于庐山莲花峰下，周敦颐晚年曾在此讲学。

⑤ 白鹿洞书院，位于江西省九江市庐山五老峰南麓后屏山下，"始于唐、盛于宋"，是我国古代四大书院之一。

　　一日正在堂前议事，一位白须皓首老者来到府衙，朱子见此老者举止斯文，气质不俗，知是饱读诗书之人，忙将其延至书房相叙。老人坐定，朱子命黄榦为其看茶，亲自奉茶相与交谈。一番寒暄后，朱子得知这位老者姓周名琨，乃星子本县人氏，曾考取秀才，对南康百里方圆人物掌故无所不知。周琨告知濂溪书院等大致地址，言之凿凿，如数家珍。朱子听后，感慨不已。二人谈得高兴，朱子送老者走出府衙，转身径去寻踪勘察。

　　这日寻到濂溪书院故址，但见一片荒芜，芦苇遍地，朱子不禁唏嘘。眼下正是抗旱救灾之时，重建贤良遗址，非是一日之功。想来想去，只好从长计议。

　　又一日，朱子拟到建昌县察查灾情，顺便拜访建昌县的富商张谋远，商议借粮赈灾。当日早时动身，将近午时，来到一处大江边，过了江桥，再去二十里，便是富商张谋远所在的梅花镇。烈日炎炎，天气燥热，朱子脚腿酸困，准备找个阴凉处歇息片刻再行。远见大柳树后一个酒肆，酒旗招扬，朱子往前一指："且到那酒家吃碗饭去！"

　　孟焕一听，一拍马背，乌骊马"哒、哒、哒"扬蹄向酒家所在奔去。朱子和徐铭信马由缰，缓缓而来，离店家尚有百十步远，忽听酒肆里碗碟打碎桌倒椅断的声音，间或夹杂着几个男人"嗷、嗷、啊……""哎呀妈呀"的惨叫。二人不知何事，纵马赶了上来。

　　究竟发生何事，且听下回分解。

第四回

铁罗汉聚众劫掠　辛弃疾赤膊擒匪

　　孟焕驰马来到埠头，望望四周，十几家铺子，只有就近这家开着门。将乌骊马拴到一棵歪脖柳上，径自走进店来。一进门，扫了一眼，见店内坐着五六个汉子，或马面长脸，或尖额鼓腮，个个光着膀子，正在猜拳行令，吃肉喝酒，好不快活。孟焕见几人狼眼鼠眉，斜头歪脑，满嘴污言秽语叫嚷着在那里吃酒，知道都不是善与之人。不想惹事，径自走到一张空桌前，叫过小二，问他有什么饭食，胡乱弄些来，与两位朋友吃罢饭还要赶路。只见小二挤眉弄眼，嘴里叽哩咕噜，不知说些什么，边说边乜斜地看着那几个汉子。孟焕见他神情滑稽，不禁大怒："我只问你有无面饭，有就有，没有就没有，你却在这里装神弄鬼，想要怎样？"

　　忽然啪啪两下，什么东西落在右肩上。回头一看，那马面长脸吃酒的客人，带着酒气，拍他肩膀："客官，把银子拿出来，有银子就有饭，没有银子便只有西北风。"

　　"你是何人？"孟焕喝问。

　　"莫问俺是谁，这方圆三十里的酒肆饭铺，五十六条大路，五百六十条小路，外带三条河、五道桥，都是俺罗汉爷家的。"

　　说话间其他几人也围将上来。孟焕十二岁走南闯北，十八岁从军，任辛弃疾近身侍卫，什么世面没见过。察觉几人来者不善，早有提防。此时听那人说话蛮横不讲理，便要发作，忽觉右胁下包袱上隐隐有什么东西在蠕动，也不搭话，向后就是一肘锤，只听"哎呀"一声，那尖嘴猴腮的客

人惨叫一声，捂着肚子蜷缩在地。其他几人见状，纷纷抄起板凳椅子、盆子碗碟尽往孟焕身上招呼。只见孟焕单手轻轻拨动，盆子碗碟都从他身侧飞了去，桌子椅子喀喇喇断为两截。接着他一脚一个，将四个汉子踢翻在地。几人知道遇到了硬手，匆忙爬起，捂着脸瘸着腿向门外逃去，边逃嘴里兀自不干不净："哪里来的鸟人，敢在爷儿的地界弄事，等着！等着！""哼，活得不耐烦了，看我们罗汉爷怎么收拾你！"

几个泼皮骂着，恰好与朱子、徐铭打个照面。只见孟焕追出门来，朱子作色道："我们只来乘凉，喝碗汤，你却和人打起来了，成何体统！"

"大人，这些不是寻常百姓，是土匪！"

朱子一愣。孟焕将他扶进店来，招呼坐到一张大桌前，大声叫道："店家，看茶！"

店家见孟焕一个人打跑了六个威猛大汉，兀自瞪大眼睛，惊得呆了，见孟焕说话，才回过神来，收整桌面，殷勤奉茶。

"这些都是些什么人？"朱子问那店家。

"回大人……这些人……嗯……都是……强人……"

"什么强人，难道大宋天下，也敢无法无天，如此霸道。你且与我说来。"

"大人……"店家吞吞吐吐，"你们是些什么人？没来过此地吧？怪不得你们不知。方圆几十里，谁不知他们是杀人不眨眼的土匪。刚才那些，还只是喽啰，小打小闹，有一个头儿唤作'铁罗汉'的，力大无穷，几十个壮汉也近他不得。见钱抢钱，见米抢米，见店吃店，见马牵马。就连要过江上这座老桥，也要每人给几钱碎银才能过，遇上你们这等有钱的，不给二十两，也得给二两，若是不给，轻则殴伤，重则殴死，已经死了几条人命了！"

孟焕拳头捏得咯吱咯吱作响，呼呼出着粗气。唯徐铭不动声色。

朱子听到这里，沉下脸来。

"有这等事？难道官府也没办法？"朱子怒道。

"小的怎敢诓您大人！客官，你道这是什么地方，这是南康江州交界之地，又近长江，官府从陆上缉拿，他就上船，漂在大江上；官府从水路来，他逃进山里。你从建昌来，他逃到江州，你从江州来，他又逃到建昌，怎奈何得了他？各县捕快又不能闯到别个县里去捉人，等办了协捕文书，这些恶人又不知逃到哪里去了。再说，几十号公差，他们又不畏惧，官府还没他们人多哩……"店家越说越气，上气不接下气，"……这两州交壤之地，水道也成他家的，路也成他家的，一般客人只要赔点钱，图个平安，哪敢说个不字！哎哟，这世道，真是没法活了。你们外乡人，赶快走吧，别让'铁罗汉'寻来，丢了性命。我这里不卖了，我要逃到山上牯犊岭去，我的娘呀……"说着就要逐客关店。

孟焕又要发作，徐铭止住，上前一步。

"店家，且给我们胡乱弄些吃的，我们歇歇脚，吃罢就走人……"

"各位老爷，不是小的不伺候，实在太过凶险。匪众一来，谁还敢开市，跑得快的早关门溜了。我是没来得及跑，被堵在屋里，这才供他们吃肉喝酒，还被搜刮了身上的二两银子。他们坐在这里，就是专门等你们这些过路豪客的，这下糟了，你们快跑吧。"店家边说边收拾着家什。

朱子早前看县志时，知道这里是一个繁华的市镇，叫烟柳埠。方才在店外，明明看见有十几家店铺，却家家户户闭了大门，心中疑窦丛生。这回听店家一说，终于明白过来，原来这里就是烟柳埠，却被土匪搅得不安。心道："此匪盘踞三县交壤之地，霸道勒索，杀人夺财，罪大恶极。若任由贼匪在此坐大，常来袭扰，百姓终是难享太平日子。我须得借机除了此匪。"想到此，微微一笑："店家兄弟，不必惊慌，我是新来的知军……"

店家惊道："知军？谁是知军？我们这里连县令也不曾来过。"

"你这厮忒也啰唆……"孟焕又要发作，朱子正色喝道："不得无礼！"对店家道："店家兄弟，本人便是新来的知军，专来保护南康百姓。今天的损失，我都赔与你，且要把这个贼人投进大狱，替你伸张正义。"

"老爷……"店家作难道："这些恶人，杀人不眨眼，你要有个三长两短，小的怎担当得起？你还是快……"

朱子一拍桌子："哼，我堂堂知军，见了土匪便跑，成何体统！"

店家吓得腿一软，只道是知军大人向他发火。

朱子对孟焕、徐铭道："今我三人，皆百姓衣着，贼匪必以为我等只是商旅，这会儿定是去纠集同伙寻仇，我等便就此擒他。"

徐铭道："大人所言极是。今日我们正好诱捕此贼。此处地势促狭，孟焕兄从前面应敌，我从侧面突袭，还怕捉不到那个'铁罗汉'不成！"

朱子捻捻胡子："这样不妥，捉一个'铁罗汉'有什么用，余匪脱逃，窜扰别的地方，还不知生出多少祸事，残害多少百姓！"

孟焕急道："难道就不抓这厮，错失良机？"

朱子道："非也，非也。"凝神思索。突然灵机一动："前方那座山，莫非就是卧牛山？"店家点头称是。朱子喜道："那座山下，有一个采石场，干苦力的，都是缴不起税的农夫，少说也有二百人，店家，你且领路带我去一遭……"

孟焕、徐铭只怕半道生出什么意外，出了什么闪失，齐道："大人……万万不可！"

"不必多虑，我自会照应周全。"转头叫上店家，就要动身。店家犹犹豫豫磨磨蹭蹭。

孟焕怒道："兀那店家，快带了我家老爷上路，路上要是我家老爷掉了一根头发，我砸了你的鸟店，拧掉你的脑袋！"

朱子连连制止："不碍事，不碍事！"

店家左右为难，扭扭捏捏出门，勉强前去带路，与朱子径往卧牛山去。

孟焕自去后厨，打了一壶酒，切了两大盘牛肉，盛了一盘笋丝按酒，返到桌前，与徐铭边吃酒边等待贼匪再来。

徐铭道："贼匪蛮悍，须得小心。"

孟焕道："不怕他来，就怕他不来。"

徐铭道："虽然如此，也得小心。"

孟焕哈哈大笑，倒满一碗酒自顾自喝了。

窗外蝉鸣声声，二人浅斟慢酌，优哉游哉。

过了两个时辰，远远听见有人骂骂咧咧，"他娘的""你奶奶的"越走越近。二人知道匪众来到，交换个眼色，徐铭越窗跳入窗外竹林，刹那不见。孟焕把灰布包袱放到桌上，自顾自大块吃肉，大碗喝酒。

就听门外一声破锣般巨响："喂，哪里来的，敢到老子地盘来抢生意，吃了豹子胆了，给老子滚出来，吃老子三百铁拳！"

孟焕循着声音看去，见一个胖大肉墩，青面方脸，活像一块没烧熟的砖头。眼睛细长，胸上一撮黑毛，正似凶神恶煞。心道："莫非这位就是那'铁罗汉'了，我倒要逗逗他。"头也不抬，埋头吃肉，嚼得津津有味。

"铁罗汉"见孟焕斯文地自顾吃酒，桌上的包袱看去沉甸甸的，似乎装着宝贝，不禁喜上眉梢。上前一步，双手叉腰，眼睛望着桌上的财宝，鼓圆了腮帮子又骂："喂，识相的，留下桌子上的包袱，给爷磕三个响头，爷放你走，不识相的……"

话还没说完，只觉脑门一凉，一碗酒水泼到脸上。

"铁罗汉"当众出丑，恼羞成怒，呜呀呀叫着扑了上来。孟焕不慌不忙，等他欺近，用脚轻轻一点，"铁罗汉""哎哟"一声倒在地上，就势一个骨碌，陀螺一般爬起来，抽出腰间明晃晃的长刀，再扑上来，挥刀便砍。只见孟焕左闪右闪，引得铁罗汉屡屡扑空。"铁罗汉"恼羞成怒，使出浑身解数，刀舞得风轮一样转。孟焕不敢怠慢，连避七八刀，瞅准一个破绽，一拳击在铁罗汉胁下，"铁罗汉"沉闷地哼了一声，手中长刀当啷掉到地上。孟焕又飞起一脚，将其踢到门外，抢上一步，踩住脖项，骂道："我看你这个冒充的'铁罗汉'，原不过是一堆烂豆腐！"

"铁罗汉"呜呀呀乱叫，却似有千斤巨石压在身上，动弹不得。余匪见状，一拥而上，刀枪棍棒一同招呼，就听"哎哟""妈呀"一阵惨叫，徐铭从斜刺里杀出，顿时倒下七八个，徐铭大吼一声："哪个敢动！"余下数十匪众见状，早吓得魂飞魄散，眼亮的夺路要逃，又听后面噗噗噗几声，几个汉子身子腾空都落到水里。只见一个大汉截住后路，一手一个，倒提起一个个土匪，扔口袋一般扔进江中。此人扮相，甚是滑稽：长得高

大粗豪像大字不识，却戴着儒巾，穿着直掇长袍，一身文士打扮。只是帽子歪歪戴，袍袖宽窄又不合体，堪堪一个怪人！

徐铭、孟焕远远望见，只觉这人有些奇怪，不知何方侠士仗义助拳。就是匪众也不明就里，哪里猛地又杀出来个"真罗汉"。

忽听一阵呼啸，竹林树枝晃动，涌出来百十个汉子，齐喊"跪下，绑了！"拳打脚踢，毫不留情。六七十匪众扔了手里家伙，跪在地上束手就缚。

朱子跟随店家，拐过三道弯来到采石场。采石场管营平日克扣饷银，听说知军大人微服来到，以为他要来查账，吓得屁滚尿流，哈巴狗一样就要端茶倒水，殷勤招待。朱子连忙止住，命其召集矿工听话。管营四下喝喊，召集众人，不一会儿一百二十人聚齐。朱子站在高台，朗声向矿工宣告："……诸位，只要去帮官府办一件小事，就可免除税赋，回家与老小团聚。"矿工一听，齐声叫好，问："知州大人要我们去办一件甚么事呢?"

朱子笑道："说来简单，去到山下捆绑一群'野牛'。"

矿工一向只在采石场出苦力，整天挨打挨骂，没日没夜地干活，见不到人烟。这时一听要去捆绑"野牛"，只觉得好玩。朱子本来打算只叫过三五十人，矿工却个个嚷着要去，朱子无奈，想想也罢，毕竟人多力量大，让一百二十人全随了去。

一行人随着朱子，兴高采烈下山去捆绑"野牛"。到了烟柳埠，见几名大汉正打退匪众，两个在正面，一个截住退路。朱子向那匪众一指："这伙土匪，便是我说的'野牛'，快去缚了！"众矿工一听，立即上前抢功，用绳子将匪众捆了个结结实实。

突然四周一片喧哗，涌来许多乡民，见抓住众匪，啐唾沫，掷鞋，一解平日仇怨。原来这些人都藏在远处，提心吊胆观察动静，见捉住了贼众，纷纷出来解气。朱子走上前来，看着倒在地上的"铁罗汉"，厉声斥道："你这个贼头，光天化日之下，拦路勒索，抢劫财物，草菅人命，不杀你不足以平民愤！"喝道："拉下去，听候发落！"孟焕将其拉起。"铁罗汉"胖大，腿又被孟焕踢断，站立不住，复又倒下。朱子命找来一辆牛车，抬了上去。让数十个民夫押着，向就近所在建昌牢狱押去。

"铁罗汉"嘻嘻一笑："'铁罗汉'坐牛车，毕竟与人不同，哈哈，哈哈哈……"声音渐渐远去。

朱子回头，谓孟焕、徐铭："二位今天给南康百姓除了害，立了大功。若不是你们……"

二人忙道："并非全是我二人之功，若不是那位……"徐铭边说着边缚着一名悍匪，一指那助拳的壮汉。那壮汉正被百姓围住，都在夸赞他功夫了得。徐铭眼望远处那大汉，忽然间眼瞪得老大，显得十分惊愕，接着便松了捆人的两手，奔向那壮汉。这边孟焕也奔了去，二人扑通跪倒在地。朱子心中纳罕，向人群缓缓走去，近前一看，不禁又惊又喜，大叫一声："哎呀呀，万万没想到，竟然是你！"

究竟朱子与孟焕、徐铭见到何人，欲知后事，且听下回分解。

第五回

争家财兄弟弃生母　敦民风知军亲断案

朱子见孟焕、徐铭慌着奔向那助拳擒匪的壮汉，也转头去瞧，那人也正向他望来。朱子蓦地觉得这人似乎有些面善，正自错愕，就见辛弃疾拱手一揖："元晦先生，别来无恙！"

朱子认出那人不是别人，正是他时时惦念的好友辛弃疾。他总担心他为人太过刚正，一心只想恢复中原，恐要触怒权贵，遭人构陷，引来杀身之祸。这时见他好端端站在眼前，禁不住惊喜交加，大声道："啊呀，你却如何在这里？"

"说来话长……"

朱子所虑不错。辛弃疾不肯与朝中势利官员沆瀣一气，任湖北转运副使数月，便有人诬他贪赃枉法，上书朝廷将他弹劾。谁知这次却有惊无险，孝宗不信谗言，辛弃疾并未获罪，只是将他调任湖南转运副使。辛弃疾一心想在军中任职，以图光复，听说朝廷又要调他任地方行政长官，拟辞官归隐。为此准备去找好友陈亮，要他物色一处地方，建个庄园，作为将来归隐之地。路上怕穿着官服有所不便，便一身儒士打扮，取道星子到信州来见陈亮。到了码头，恰见孟焕、徐铭与人恶斗，便出手相助，徒手将匪众一一捉拿，扔麻袋一样扑通扑通扔成一堆。

酒逢知己饮，诗向会人吟。辛弃疾敬朱熹博学仁厚，朱子爱辛弃疾忠直耿介，想不到无意间在这偏僻码头再度相逢，两人都喜上心头。朱子让店家赶快上酒上菜，要与辛弃疾好好喝一杯。不一会儿，店家上来一桌饭菜，徐铭为二人把盏斟酒，孟焕在一旁侍立，只怕有谁打扰。

二人叙起别来情状，各有抑郁之事。辛弃疾面带愁容，悠悠叹道："时光易逝，人生几何。去年任湖北转运副使，如今又要调任湖南转运副使。半年时光，我什么也没做成。如今我什么官也不想做了，只想找个安居之所，自个儿耕田打猎喝酒吟诗，却不比俯首低眉受那些权臣的窝囊气痛快！"

"原来是要寻个归隐之所，却为何到星子……哦，是想在庐山上隐居么？"朱子又问。

"我家有老有小几十口，山上居住多有不便。我正要去找同甫，找一处偏僻之地，有田有水，便于耕作。陈同甫推荐信州一处地方，我这便要去和他相会，同去察看。"

朱子听了，只觉惊奇，辛弃疾小他十岁，正值盛年，何以动了归隐之心，又何必找个有水有田之所。他哪里知道，辛弃疾妻妾子女甚多，若不找个大块土地盖个庄子，根本安置不下。正要问，一盘煎鱼端上桌来。辛弃疾一提酒壶，摇了摇嚷道："上酒！"

店家一看，一大壶烈酒已经吃净，吃了一惊，又取了一壶。徐铭为二人斟上酒，二人又聊起来。不觉聊到陈亮。朱子经吕祖谦介绍，与陈亮相识，却数次擦肩而过，从未谋面，只在书信中相与论学。这时听辛弃疾提起陈亮，便饶有兴致地听他说了起来。

陈亮一生，朋友不少，多爱其诚挚率真，却又怕与其深交。盖因其行止荒唐，口无遮拦，常引来莫名祸事。唯辛弃疾与他惺惺相惜，对他最是宽容。

辛弃疾说到数年前，西湖初见陈亮情状："那日同甫骑马来见我，到得一座小桥前。同甫拍马过桥，那马儿畏惧不前，同甫举鞭狠抽马背，马儿反而退却。任他如何踢、打、推、拉，那驽马儿只不迈步。同甫怕我看见，又窘又急——岂料我正在楼角看了个清清楚楚。就听同甫骂道：'畜生！你又不是驴，怎么比驴还犟。我且忍你一忍，乖乖载我过去，我一切

不再计较，否则，要是被辛幼安瞧见，我非宰了你不可……'那马儿终究是个畜生，怎听得懂他的说话，听了同甫这般咒骂，反而挣扎着退后，同甫下马，拽着缰绳往前拉，那马儿只是后退。同甫如何拉它得住，险被路边树根绊倒。我见情况不妙，要去帮他，说道：'莫急，莫急！我来帮你！'哪知他听我说话，觉得折了面子，羞愧难当，拔出刀来，手起刀落，将马头斩落，大马扑通一声倒在地上。"辛弃疾说罢，哈哈大笑。

朱子常听吕祖谦等述说陈亮行事荒唐，却想不到竟荒唐到了这等地步，忍不住笑道："后来呢？"

辛弃疾道："后来我走过桥去，将他迎至庄上，具酒痛饮，三天三夜，纵论天下，真没想到他一个儒人，豪气干云，千杯不醉……"辛弃疾边饮边笑，似乎沉浸在悠悠往事之中。

朱子叹道："想不到同甫他如此荒诞不经！"

辛弃疾道："不然，大丈夫不拘小节。同甫乃有经天纬地之才，自然与众不同！"

朱子向来只知陈亮熟读经史，对道学自有见地。辛弃疾乃一武将，却如此大赞陈亮之才。一时不知他的说话，是朋友间惺惺相惜的谬赞，还是那陈亮果有奇才。

一番畅饮后，辛弃疾起身告辞。朱子急道："且慢，孟焕、徐铭两个，是不是该随辛兄……"

"他们两个，对我忠心耿耿，对你自是一样，既已送你，就是你的人了。等到朝廷有意北伐，军中用人之时，不等你说，我自会将他二人讨回来。"转身向孟、徐二人："你们两个，好生侍奉元晦先生，若有丝毫闪失，唯你二人试问。"

孟、徐二人唯唯诺诺，连连点头称是。

辛弃疾向朱子深深一揖："后会有期"，向孟、徐二人点点头，大踏步走下渡口，上了一艘小船。小船划向江心，辛弃疾回望，见朱子、孟、徐仍立在码头相送，抱拳又是一揖。

朱子远望辛弃疾背影，惆怅不已："不知今日一别，何时又得能与他一唔！"

朱子命将"铁罗汉"等人犯五十六人押往建昌牢城营。民夫一百二十人都记了姓名，隔日领取赏银，税赋全免，回归原籍。吩咐毕，自己与孟焕、徐铭骑马走上大路，信马由缰，悠悠行往建昌。

建昌地处鄱阳湖西岸，风景殊异。朱子望着山水胜景，果然处处不同。云居山重峦叠翠，一条江水澄碧如练。一行人信马由缰，黄昏时到了建昌。街上百姓听说知军大人捉了悍匪，亲自押解到建昌，都围拢来看热闹，摩肩接踵，熙熙攘攘。朱子与老幼边打招呼，边缓缓而行。早有知县赵栋前来迎接。

来到县衙，见一老妪跪在衙门外，头发散乱，哭叫着求见老爷。几个公差担心老妇哭冤给建昌抹黑，强欲拉走。老妇撕心裂肺不住哀号。朱子下马，喝退两个公差，走近老妇："嫂嫂，快快请起，有何冤屈，诉说于我！"

"我求老爷放过我两个儿子……开恩啊，大人！"

知县赵栋走了过来："老人家，大宋的法律，天下都是一样的。你儿子犯了法，谁敢将他脱罪……唉，有话慢慢说，明天堂上说……"

老妇越发号哭不已。赵栋在朱子身边低语几句，朱子神情一震，上前将老人扶起："嫂嫂，明天我来替你做主，快快请起！"

两个公差见老人兀自磨磨蹭蹭，不识好歹，喝道："喂，连知军大人叫你也不起，还要耍赖不成！"

朱子怒视公差："不得无礼，谁个家里没有老人，怎能如此折辱！"

两公差唯唯诺诺，低头退去。朱子扶老妇到了县衙馆舍，扶她坐到椅上，吩咐给老人端茶倒水，徐铭立即去倒水，孟焕拿个扇子，给老人不住记扇凉。老妇止住哭泣，还要说什么。孟焕道："婆婆，有知军大人一句话，你就安心在此处歇息，明日定会为你做主。"

赵栋在明月楼接待知军，县尉汪直等陪坐。一番寒暄后，侍者早端出

菜肴，先上来的是一个瓷钵，里面放着一块烧得透亮发红的烧肉。朱子一看，吓了一跳："眼下年景不好，我们怎能如此奢侈，撤下去！"

赵栋道："大人有所不知，容下官分说：这肉并非用会子①购买，是四乡的百姓，听说您带人捉住了恶匪'铁罗汉'，特地向您来报恩。您要是不尝尝，只怕会伤了我建昌万千百姓一片好心。"

朱子一听，恍然大悟。看那钵盂中，只见一块好肉，光泽诱人，有肥有瘦，却不知偌大一块好肉，缘何切也不切，就恁地连买肉时扎的草绳，也一道烹了。正自疑惑，赵栋笑笑介绍道，"知军大人，这道菜，这份肉，却也不是一般的肉，这正是苏东坡苏学士的发明呢！刚才大人说大灾之年，不宜铺张，实不相瞒，就是下官本人，也有半年没见过这道美味了。"说着又向朱子拱手一揖："请大人品尝，莫负我三县百姓感恩戴德之意！"

朱子好生为难，吃吧，有些歉疚；不吃吧，又真恐如县令所言，拂了百姓一番好心。沉吟一下，用筷尖夹了一块，放入口中，只觉又酥又软，又滑又溜，十分美味，连连点头称赞，说道："端的美味，大伙一起品尝！"

说着盯住赵栋，赵栋只好拿起筷子也夹下一块，放入口中。接着是县尉汪直等，都斯文地各夹下一小块吃了。赵栋本来要再尝一口，拿起筷子，忽然朱子道："我想大家已经品尝到了。剩下这些，不如送给刚才那位苦命的大嫂如何？"孟焕、徐铭齐声叫好。赵栋举起的筷子没着落处，夹肉也不是，缩回也不是，尴尬窘迫，一万个不自在。朱子替他解围道："这盘美芹炒豆腐，味道定然不错，请品尝。"赵栋找着台阶，立即笑道："是……是。"夹了一根芹菜嚼得唧唧响。

朱子叫过小二，让拿片荷叶，将大块东坡肘子包了，让徐铭送给方才哭堂的老妇。

酒饭之后，小二倒上茶来，朱子低声问赵栋："那老妪如此哭诉，所

---

① 会子，南宋于高宗绍兴三十年（1160年）由政府官办、户部发行的货币。

为何事？"

赵栋捶胸顿足："哎呀，这个却难死小人了，幸亏大人您来，小的正要请大人指教，现今您来了，小人正好讨教——老妪身下有两个儿子，原本倒也和和睦睦，一家人好端端地过日子。数月前两兄弟因为妯娌之间拌嘴，分了家产，老母便也没人管了，税赋也没人缴了。按大宋律例，父母在世，私分父母财产，两兄弟都得判坐三年监牢。可是小的一想，如果判了两兄弟坐牢，谁来替老妇养老尽孝？可是如果不判，两个逆子违法不究，于法于理又都讲不通，又怎能教化百姓，所以小的也是难以决断，日日为此煎熬，头发也掉了不少……"说着连连叹气。

朱子一听，沉吟不已："嗯，你思虑倒周全，此案合该处理公道！"

第二日升堂，两个儿子被押上来，个个鼻青脸肿，横眉冷视对方。推司介绍人犯姓名：大儿子叫刘清，小儿子叫刘江。老妇在一旁一把鼻涕一把泪，不住哭叫："清儿啊，你让让你兄弟不就妥了，何苦跟他争那三尺布两升米的；江儿啊，他是你的亲哥哥，你何必要跟他要那半间茅棚五只鸡鸭。"

朱子向刘家兄弟望去，见二人憨厚拙朴，绝非游手好闲的浪子泼皮，心道："都是那份家产惹的祸。"

判官一敲响木，喊一声："肃静！"

堂上顿时鸦雀无声，老太太也止住哭泣。

县令赵栋道："今天案子由南康军知军大人亲自审问，还不跪下。"

两兄弟扑通一声跪到地上，不住磕头，都道："请知军大人为小的做主！"

朱子冷冷一笑："刘清，你为兄，你先说，你二人自相殴斗，不赡养母亲，拒缴税赋，所为何事？"

刘清跪拜，诉道："小人……"

刘清如此这般诉完，朱子一拍醒木："刘江，你目无兄长，不赡养母亲，拒缴税赋，所为何事？"

刘江连磕三个响头："知州大人替小的做主，是这么回事……"

询问完毕，听了二人所道来龙去脉，朱子总算明白过来，凝神思索。县令见朱子似在思考，忙宣告歇堂一刻。朱子退到后堂，徐铭端来茶水，朱子又凝神静思，赵栋恭谨地侍立一旁，不知该说些什么。案子虽小，要判得合理公道，却并不简单。想了一会儿，朱子有了主意，一拍茶几，"啪"的一声，赵栋吓了一跳，接着醒悟过来原是知军有了决断，并不是对他发怒。尴尬地一笑，掩饰过去。

不一会儿，朱子、赵栋等再上得堂来。众人肃然伫立，静听知军大人断案。朱子醒木一拍，朗声判道："按我大宋《户婚律》，父母在，子孙别籍异财者，徒三年。念尔等愚蒙不开，上有老母无人奉养，本官判令尔等擅分家产无效，将所据财物，悉数交回，悉听老母吩咐，依旧同居共财，上奉母亲，下率弟侄，协理家务，公共出纳……"

老妇与两个儿子听了，都磕头谢恩。赵栋与汪直等听了，也都深深叹服。

不日，南康军治四处张贴榜文："如有祖父母父母在堂，子孙擅行分割田产，析居别籍，异财之人，仰遵依前项条法，指挥日下，具状将所立关约赴官，陈首毁抹，改正侍奉父母，协和兄弟，同管家务，公共出纳，输送官物，不得拖欠，如不遵今来约束，却致违犯到官之人，必定送狱，依法断罪。"

"铁罗汉"原在庐江一带劫掠，五月窜到南康，自承犯下七条人命。半月后，"铁罗汉"被验明正身，开刀问斩。"铁罗汉"死时方知，自己是栽在新来的知军手上。其余匪众，轻者被遣散回乡，重者让在采石场服役，待服役期满，亦将被遣送回乡。南康一带治安渐好，百姓称颂新来的知军朱大人经治有方，是"天降的好官""活菩萨"。

然而，江南多地旱情却越来越严重。天气一日热似一日。地势较高的人家，井水见底。四野的庄家全趴在地上，连树上的叶子也打蔫卷曲。朱子到乡间察查，见鄱阳湖的水位降了多半，原先的湖床上，土地皲裂，死鱼死贝散落其间，不禁犯愁。回到署衙，眉头紧锁，思忖解救之策。恰在此时，有胥吏称牛角塘村"打锅牛"结伴到广南东路①逃荒。朱子问："何谓'打锅牛'？"

"就是牛氏族人不忍分离，打碎了铁锅，一人手拿一片，四散到异乡去谋生。后人将来想要寻根，便都拿了打碎的铁片，拼着锅片来认亲……"

朱子一听愕然。

第二日一早，天色未明，朱子起身下床，披上衣，匆匆出门。黄榦惊道："先生……"

"我有要事，不可声张。"朱子头也不回，径到马厩，牵了那匹黄骠马，走出府衙，翻身上马，径往牛角塘来。

欲知后事如何，且听下回分解。

---

①　广南东路,位于汉地南部,简称"广东"。宋太宗至道三年(997年),广南路分为广南东路和广南西路,广南东路的治所在广州,广东大部分属广南东路。

第六回

大灾年饥民逃难　父母官救民水火

朱子独自一骑，一路翻山越岭，径向东北行进。不知走过了多少山，过了多少桥，一直走来一路问，太阳偏西，来到一处山脚。两山的夹角，一座古村，次第排开，远闻有苍老沙哑的声音唱道：

> 大宋江山，万里无边
>
> 遗了半爿，半爿偏安
>
> 一半江山，好水好田
>
> 甘霖不降，水枯田干
>
> 求天不应，乱世荒年
>
> 携儿带女，离乡讨饭
>
> 背井离乡，何时回还……

歌声幽怨，透着一丝悲凉。朱子忙转过林子，见村口老樟树下，一个老者白发蓬散，瘦骨嶙峋，斜阳下犹似青石雕像，苍凉悲壮。朱子下马上前，深深一揖："老丈，唱得好曲！此处便是牛角塘不是？敢问老丈尊姓？"

老人慢悠悠转过头来："哈哈，这里既是牛角塘，我自然姓牛喽。先生何故打此经过？荒村古道，连个野店酒肆也无。"

朱子走近，坐到老人身边。老人侧过脸来，朱子看清老人约莫八九十岁光景，瘦削的脸庞，五官分明，目光炯炯，额头上的皱纹，又深又密，如一刀刀在金石上镌刻出的一般。显得十分精悍，朱子道："哦，老丈，怎么……只你一人坐在这里，儿孙们呢？庄子里的人呢？"

"能走的都走了，只留老夫一人，走不动了。嘿嘿，走上十里八里，一身老骨头还不散了架，让野狗给叼去喽。哈哈，你来，请到老夫家中，喝一碗水。"未及朱子答应，老人已然起身，走向一处破败的院落。院子不大，一只瘦猫见有人来，"喵——"地叫一声，"嗖"地蹿到屋顶。三间老旧的茅棚，也不知顶上的茅草，是被风吹去了，还是被当柴禾烧了，只稀稀拉拉留下几撮。

"老丈，屋子毁成这个样儿，也不能住了，何不叫人来将它修一修，万一下雨……"

"哪儿下雨啊，要下雨，儿孙们也不走了。十年前南康大旱，至今也没缓过来，去岁今年，又比往年旱得厉害，谁家不去逃荒，谁家便要断子绝孙啊。"

"你的子孙，这些村民，他们都逃往哪里？"

"两广东路、两广西路、京湖南路……只要有雨下不发旱的地方，去哪儿都比在这儿等死好啊！"

"老丈，我便是新来的知军，已奏表朝廷调粮赈济。有甚么法儿，快快将乡亲们请回来！"

"来不及了，今早已经全走了，已走三五十里路了！"

朱子一听，心下忧急："到南路去，一路人烟稀少，要讨不来饭，还不饿死路上！"

老人愣愣地眼望前方："讨到讨不到，至少还有个盼头。要不走，连野菜树皮也没得吃了，那是死定了的。"

老人边说边揭开瓮盖，舀一瓢水递来。朱子早已嗓子冒烟，接过水瓢，咕嘟咕嘟喝了起来。

"我这把老骨头，哪里也不去喽，"老人似在自言自语，"别家走时，都砸了锅，一人一块，散锅不散心。我家儿孙走时，倒留下这口锅，煮点

天行健

野菜稀粥，也够对付五天十天啦。"

"那……以后呢？"

"以后？哪有甚么以后？等这筐篮干槐花、树叶吃完，没的吃了，草席一卷，安安静静就睡过去了，睡他百年千年，哈哈，怎样死还不是一样！"

朱子听后愕然。看老人时，面色平淡，分明已做好穷守老宅饿死了事的打算。

朱子放下水瓢，来到村中察查，从东头转到西头，从南头走到北头，但见家家门户大开，不见一个人影。见此荒凉景象，朱子嗟叹不已。时近黄昏，眼见天色已晚，山路崎岖，无法回府，只好回到老人家来，随老人安歇。二人各躺一边竹床，又叙起来。老人竟知道岳武穆在南康驻军带兵之事，如何治军，如何操演，说得头头是道。朱子听得津津有味。

朱子望着透亮的屋顶，忍不住又道："老丈，你这棚子，还是修一修的好。"

"不必大费周章。我们南康，是不会有雨的……"

"老丈此言差矣，哪里会只旱不雨，到时候要下起雨来，只怕十天半月也不会停，那时再补，岂不晚矣。"

"到那时，哈哈，哈哈哈，我这身老骨头早见阎王爷了。"

朱子躺在光床上，身子被硌得难受，耳旁蚊虫嗡嗡嗡响个不停，翻来覆去睡不着。想再和老人拉话，只听老人"嗯、嗯"起了鼾声，竟自睡着。

朱子望着屋顶，星河璀璨，北斗七星横亘北方，斗柄南指。忽想起幼时，父亲说自己右眼额角也有七颗星星，曾让山中老道占了一卦，说将来自己如何如何，如今什么事也不能遂愿，看来这一生，倒不能"如何如何"，要遭无数坎坷苦难，倒是实事。

第二日醒来，天已大亮。朱子匆匆起身，告辞牛家老人，骑马回府。一路马不停歇，至午时，来到一处山脚，坐到一棵大树下歇息。凝望远山，心事重重。心想：南康一带，经年不雨，稻米歉收，如不加紧筹粮，不知又将有多少百姓饿死病死。想到流亡载道，饿殍遍野的境况，不禁打一个寒噤。给朝廷去的三封奏疏，仍无回音。也不知皇上和宰相心里还有没有百姓。想到这里，连连叹气。眼见日头偏西，起身又行。

昨日一整天没进一粒米，只在姓牛的老人家喝了半瓢水，这时走着山路，不知怎的，忽觉头晕眼花，险些从马背上栽下来。一勒马缰，下了马，赶紧坐到树下，眼前渐渐蒙眬。恍惚间，忽见父亲笑嘻嘻地从松林间走来。朱子喜上眉梢，原来父亲并没有死，原来自己当主簿、当南康知军，母亲、妻子离世，与张栻、陆九渊辩论，都是虚幻。真奇怪，人怎么会做那些奇怪的梦呢？想到这里，禁不住又指着天上问父亲："那是甚么？"

"是日。"

"日何所附？"

"附天。"

"天何所附？"

"天……"父亲挠着头，思索着，却怎么也答不上来，索性不想了，一把把他抱了起来。

朱熹趴在父亲肩头，好奇地望着天上，太阳又大又圆，空中高悬。天上空空如也，太阳如何附在天上，真是蹊跷。他一边望，一边想。日头暴晒着，双颊又热又痛。只感到阵阵口渴。父亲抱着他，似乎向前奔跑，四处找水。后来便什么也不知道了。也不知过了多久，忽觉唇边一阵清凉，似乎便是站在瀑布下，有泉水淋进口中。就听有人呼唤："先生，先生！"

朱熹悠悠睁开眼来，面前出现一黑一白两个面孔，龙精虎猛，正是孟焕、徐铭两个。

昨日，孟焕、徐铭一大清早醒来，不见了朱子，大吃一惊。四处去寻，不知所踪，急得如热锅上的蚂蚁。第二日一早，叫过胥吏，逐一询问，才知可能到牛角塘巡查灾情去了。急忙马不停蹄，向牛角塘寻来，一路问一路找，午时终于找到牛角塘，见村中空门绝户，唯独一位老人，躺

在床上，扇着扇子，自说自话。二人恭恭敬敬上前搭话，一问，那姓牛的老人一咋舌："原来那客人果真便是知军大人！他一早离村，向南去了。"孟焕、徐铭忙向南追来，到午后申时，远见前方树下一人，斜躺地上，仔细一看，正是朱子，忙抢上来。见他浑身虚脱，孟焕忙从腰间取出干粮，徐铭解下水囊，递到朱熹嘴边。

朱熹喝了几口水，吃块干饼，清醒过来，一脸疑惑。父亲也不见了，原来自己并没有靠在父亲肩头，是靠在一棵老柳树上。原来当主簿，建书院，母亲去世，妻子去世，与张栻辩论，与陆九渊争辩，都确有其事。原来父亲早已仙逝……想到这里，算是真的清醒过来。

"你们两个，怎么在这里？"

"先生！您可把我二人急死了。怎么不打招呼，独个儿乱跑，如果有什么三长两短，我二人怎么向辛大人交代！……"

朱熹忽然想起了牛角塘村百姓逃荒的事，急道："徐铭，你沿这山路，向西南追赶，见有乡民赴外地逃难的，务必将他们劝回。他们只带了半天干粮，现在是荒年，三天讨不到饭，都得饿死。路上凡见流民，务必告知，军署正在开仓放粮，无论如何，劝他们立即回家。孟焕，你和我到军署，开义仓赈济百姓。"

徐铭说声"是"飞身上马。乌骊马扬起烟尘，向西南驰去，转眼消失在丛莽之间。

黄榦侍奉朱子，除了照顾朱子起居，平日里一心只读圣贤书，两耳不闻窗外事，有疑则向先生请教，无疑则埋头自修。此时正在读《孟子》之《离娄》①："孟子曰：'离娄之明，公输子之巧，不以规矩，不能成方圆。'……"忽听屋外一阵急促的脚步声响起。推开门，只见孟焕背着朱子归来。朱子面色蜡黄，头上豆大的汗珠不住落下。黄榦放下书籍，忙上前搀扶。二人将朱子扶上榻，孟焕赶紧拿把蒲葵扇，给朱子扇凉。黄榦用湿

---

① 《离娄》，《孟子》阐述"仁者爱人"思想的文章。

巾给先生擦了汗，又去端了解暑的醒神茶来。这醒神茶，最初是朱熹从谢
佐①处学来的。

绍兴二年（1132 年）八月，主战派弹劾秦桧，谢佐之父谢克家上书
《褫职告词》，秦桧被罢。绍兴八年（1138 年）八月，秦桧复相，诛异己，
谢氏父子辞官隐居。谢佐后迁三童岙，种药为生，自号"药寮居士"。绍
兴二十一年（1151 年），朱熹二十一岁，前往京城铨试，授左迪功郎、同
安县主簿。春风得意马蹄疾，归途绕道拜谒谢佐，谢佐在松下锄药，正放
下锄头尝过药草，在树下打坐，呼吸吐纳，养生调息，悠悠若仙。朱熹看
在眼里，羡慕不已。作诗赞道：

> 谢公种药地，窈窕青山阿。
>
> 青山固不群，花药亦婆娑。
>
> 一掇召冲气，三掇散沈疴。
>
> 先生澹无事，端居味天和。
>
> 老木百年姿，对立方嵯峨。
>
> 持此供日夕，不乐复如何②。

朱熹在谢佐处盘桓数日，相与论道。一老一少相处，甚是融洽。谢佐
喜见朱熹忠义好学，与他谈医，赏花，教他认识各种药草。又教他以三种
寻常草叶配制醒神汤。这醒神汤兼具润喉、消暑、解乏之效。朱子饮了一
杯，只觉甜丝丝、凉幽幽，顿觉神清气爽，全身上下说不出的舒服。朱熹
深以为奇，记在心里。自此每到炎炎夏日，便配来由家人弟子享用。此时
喝过黄榦递来的凉茶，不一会儿精神复振，命孟焕："立即召集百官，升
堂议事！"

孟焕匆匆出门叫百官去了。百官到齐，朱子向义仓掌库张伍道："你
且去开义仓，急调一千斤粮，赴建昌县牛角塘村发放。"

---

① 谢佐（1099—1165），字景思，河南上蔡（今河南汝县）人。南宋政治家、文学家、药学
家，官至太常少卿。

② 见朱熹《题谢少卿药园二首》其一。

"这……开义仓的文书……"

"什么'文书'！你且先去办事，朝廷怪罪下来，自有我朱熹担当，关你何事！"

张伍不敢再辩，作个揖，唯唯诺诺退了出去，前去交办。

朱熹用眼一扫众官，问各人所知旱荒情状。

一属官上前一步，拱手一揖："知军大人，情况尚在可控之中……"

朱熹听后，沉下脸："数月以来，每次相问，你等都是这样回答。好像商量好了一般。尔等下去访查过没有？摸不清底细，怎的赈济？尔等食朝廷俸禄，皆是百姓血汗，如今百姓受难，尔等还能坐得住，难道不觉有愧？"接着把牛角塘村"打铁锅"之事，从头到尾说了一遍，众官听了，都惊得呆了。朱熹厉声道："我等身为朝廷命官，为民办事，须得考察民情，不可坐在衙门，对外面事一无所知。据某察查，我南康军吏治，诸多积弊：一是不见吏民，以不治事为得策，致民有冤抑，无处申诉。此麻木不仁，非为官之道；二是不肯任事。苟且偷生，不求有功，但求无过。天下事所以终做不成者，只是坏于懒与私而已！懒，则士大夫不肯任事；三是办事拖沓，久拖不决，文案积压。以后须逐日结办，不可延误；四是不能'敬其事而后其食'，不堪任用者，罢逐归家。"说罢双目炯炯，扫视堂下："从今而后，尔等须不惮劳苦，逐一亲到地头，不可端坐宽凉去处，只凭乡保撰成文字；须依公检定分数，切不可将荒作熟，将熟作荒。"

星子县知县王仲杰凝神静听朱子训示，忽听身后有人小声嘀咕："我辈身为朝廷命官，公务如此繁忙，哪有工夫到乡间地头。我们要下乡了，要有乡民来衙门告状，谁来接待？"

"到下面乡里，都是山路，舟车不便，怎么个去法？"

王仲杰目视二人，二人忙低下头，不再作声。

会毕，回到府衙，黄榦呈上一信，展开一看，原来是象山先生陆九渊，想要到南康来拜访朱子。朱子略一沉吟："早不来晚不来，这个时候谁有工夫陪你！"大笔一挥，片刻草就一信，婉辞象山先生来访。

　　徐铭追上逃荒的村民，一番苦劝，终于将众人带回。第二日，义仓掌库张伍押着两车粮食到牛角塘，村民排队领粮，口中念念不忘知军大人是"救命的活菩萨"。

　　后几日，朱熹带孟焕、徐铭到星子、建昌田间地头访查。多半官员也走出衙门，到乡间了解情况，统计受灾人丁老幼，报到军府，需要救助的，红笔勾画。一番巡访之后，百官终于意识到灾情比拟想中严重。朱熹审阅属官汇总文字，更是焦虑。当即再奏："本军诸县大抵荒凉，田野榛芜，人烟稀少，而星子一县尤甚。"请求免除一军三县本年度的全税，急调粮食赈灾救急。不久即获恩准。朱熹立即开仓大举赈济。

　　之后又屡屡召集星子、都昌、建昌官员谋议荒政，上疏申报灾情，替民申蠲免苗米四万七千石，检放军粮、苗米，又向邻路、州、县求援，得钱三万贯，米一万石。在三县办济粮所三十五所。各寺庙每日施粥。一番紧急施为，三邑饥民终获救济，人心大定。

　　朱子遍览群书，天文地理无不知晓。知道大旱之后，须防大涝。南康水利，百年来未有修缮，如有雨涝，后果不堪设想。准备去乡间察查一番河湖堤堰，筹划防汛防涝之策。这日一早出门，到星子县山乡巡视水道，孟焕、徐铭远远跟随。

　　进到山中，行了一程，已是午时，人困马乏。朱子摆摆手，与孟焕、徐铭坐到一棵大树下歇息。忽听身侧林间一阵窸窸窣窣声音。在此荒山老林，不知是人是兽穿行其间？孟焕、徐铭都睁大了眼睛，注视着树丛。

　　究竟遇到何事，且听下回分解。

第七回

老樵引路觅白鹿　儒臣奏章修书院

三人不约而同回过头来。便在此时，只见一丛浓密的树枝一分，一位樵夫走下坡来。朱子看这樵夫时，见他六十多岁，身子硬朗，笑着与他搭讪："老兄，坐下歇歇脚吧。此处山岭叫甚么名？"

"前方那座峰，是五老峰，峰侧那几座屋子，是白鹤观；北边那是后屏山，西边那是左翼山，南边那是卑尔山……"

樵夫边说边放下背上柴捆，坐到一块石头上，与朱子闲叙起来。

朱子数番进山，不知白鹿洞书院位于何处，见樵夫说起此处地形，如数家珍，禁不住问道："老兄对山中如此熟识，想必知道白鹿洞书院的所在？"

樵夫嘿嘿一笑："白鹿洞书院？这名儿倒也听人说过。却不知那是哪一朝的事了。我在这里砍柴几十年，没见过有甚么白鹿，也没见过甚么书院！"

朱子皱眉道："偌大一个书院，就是毁了废了，也总该有些残垣断壁、砖头瓦块什么的，哪能说没就没？"

"哈哈，哈哈，"樵夫大笑起来，"大人是要寻些砖头瓦块，小人倒知道有一处所在！"

朱子一愣，旋即略有所觉，忙道："既如此，恳请老兄前面引路，带我等前去查究，耽搁的工夫，我补你赏钱！"

"要什么赏钱，走个路又不会少了一条腿一只脚，且随老樵前去便是。"说罢起身径自往林边小路走去。

朱子忙起身跟了去。孟焕、徐铭见状，也紧紧跟上。

樵夫领着朱子，翻过一带高冈，左一拐，右一拐，走进一片林子。朱子四下观望，但见古木参天，荒草丛生，四面青山苍翠，果然是一处秘境。樵夫一指前方幽谷："喏，就在那密林中长草里，砖头瓦块石头，到处都是。"

朱子一听，来了精神。四下望望，随那樵夫绕下山梁，走入荒林。又走一程，荒草过肩，荆棘遍地，砖块、瓦片、石礅散落其间。朱子又是喜来又是悲。喜的是，寻寻觅觅，终于找到了白鹿洞书院旧址所在；悲的是，一座天下驰名的书院，竟然化作一堆破砖残瓦，散落在杂木荒草之中。朱子缓缓走着，四处察看，心事迷茫。约莫过了一个时辰，上到一处高坡，放眼望去，群峰摩天，幽谷间浮云飘荡，朱子望着眼前景色，又是一番感慨。忽见草莽间草叶晃动，就见樵夫手放唇边，吹声呼哨，几个白影闪跳起来，朱子一惊，细看是几只白兔。

"看见了吧，此处并无白鹿，只有白兔。鹿儿是传说，兔儿才是真的。可惜捉不住，无趣，无趣，走喽！"

朱子想再搭话，转眼间那樵夫已走出数丈之外。朱子只觉无限怅惘，向樵夫背影深深一揖："谢过老兄！"

不知樵夫听到没有，只见他走捷径没入林后，一阵树枝晃动，瞬间无影无踪。

朱子手抚一棵老松自言自语道："（白鹿洞书院）原来竟在这里，原来毁废如斯！"

唐贞元年间（785—805），洛阳人李渤与兄李涉隐居庐山，潜心读书。李渤养有一只通灵白鹿，常为他送物送信，时人因之称李渤为白鹿先生，称其隐居之所作"白鹿洞"。五代时，南唐在此建起庐山国学，与金陵国子监相当，是为"辟雍"。大宋立国后，庐山国学改称"白鹿洞书院"。太平兴国二年（977 年），宋太宗御赐白鹿洞书院"九经"等典籍，影响深远，校舍规模扩大，学员增多。自此，白鹿洞书院与嵩阳书院、岳麓书院、睢阳书院并称四大书院。

南康军军学兴起后，白鹿洞书院弃置不用，渐渐荒芜。如今墙颓室毁，杂草丛生，荆棘满地。庐山山水胜境，甲于东南，白鹿洞周遭的莽莽丛山中，寺庙道观何止百所之多，独此一个天下闻名的白鹿洞书院，竟然湮没。朱子见此，连连叹气，自言自语："山水清秀，峰峦环合，无市井之喧，有泉石之胜，可惜！可惜！书院之衰，是我辈之耻！兴复白鹿洞，舍我其谁！"孟焕、徐铭见他心事重重，似乎有甚难断之事，不敢作声。朱子凝神思索了一会儿，转过身来，道："下山！"

徐铭忙起身将他扶起。一行人缓缓下得山来。回到署衙，天色已黑。黄榦掌上灯来，朱子命其取来笔墨，提笔写道：

……庐山白鹿洞，旧属江州，今隶本军。去城十有馀里，原系唐朝李渤隐居之所。南唐之世，因建书院。买田以给，生徒立师以掌教导，号为国学。四方之士多来受业。其后，出为世用名迹彰显者甚众。至国初时，学徒犹数十百人。太宗皇帝闻之，赐以监书，又以其洞主，明起为蔡州褒信县主簿，以旌劝之。其后，既有军学，而洞之书院遂废。累年于今，基地埋没，近因搜访，乃复得之。窃惟庐山，山水之胜甲于东南。老佛之居，以百十数中间。虽有废坏，今日鲜不兴葺，独此一洞，乃前贤旧隐儒学精舍，又蒙圣朝恩赐褒显。所以惠养一方之士。德意甚厚。顾乃废坏不修，至于如此，长民之吏，不得不任其责。除已一面计置，量行修立，外窃缘上件。书院功役虽小，然其名额具载国典。则其事体似亦非轻。若不申明乞赐行下，窃虑岁久复至埋没，须至申闻者。

右谨具申尚书省及尚书礼部，伏乞钧旨，检会太平兴国年中，节次指挥行下照会。庶几官吏有所遵守。久远不至埋没，谨状。①

原来写的是申修白鹿洞书院的奏折。写罢，已到二更，明月洞照。回想日间所见，白鹿洞书院遗址凄凉景象浮现眼前。兀自感叹不已，在屋中

---

① 朱熹：《申修白鹿洞书院状》。

来回踱步，吟诗一首，提笔记到纸上：

> 清泠寒涧水，窈窕青山阿。
> 昔贤有幽尚，眷言此婆娑。
> 事往今几时，高轩绝来过。
> 学馆空废址，鸣弦息遗歌……

写毕，想象着孝宗看到奏折后，龙颜大阅，挥笔批复的情景，不禁心头一暖，倒在床上，悠悠进入梦乡。

朱熹的奏折寄到礼部，一位姓邱的侍郎看到此折，抚着胡子，瞪着眼："这个朱熹，想必是读书太多，有些呆了：既然已有军学，还要修那废弃的书院做甚？"说罢交给王侍郎。

王侍郎略览一遍，跟着道："想必是想养几只白鹿玩玩，哈哈哈，皇上让他当知军，他却起了这般心思……"

刘侍郎缺颗门牙，说话走风，也接口道："修那么多书院做甚，不如在落星湖边修一座行宫，供皇上赏游匡庐……"

忽听一个严厉的声音道："朱熹乃当代大儒，胸怀天下，尔等鼠肚鸡肠，岂能揣度君子之心。"

几人回头一看，说话的正是礼部尚书范成大，吓得浑身哆嗦，忙即收敛，身子坐直，一本正经地抄写起公文来。

孝宗接到朱子奏折，略看一遍，未及深思，便放在一边。拿起另一封枢密院递来的密奏，见写着"金人在泰州、扬州以北，频频调兵，修筑城池……"阅罢大惊，召右丞相史浩以对。史浩答道："二十年前，金主完彦亮率军南侵，宋金交战。恰金庭内讧，完颜雍称帝。接着虞允文大败金人于采石矶，金人部将纳合斡鲁将完彦亮刺杀。完颜雍坐稳帝位，先平契丹，又阻我大宋隆兴北伐，于是有了后来的隆兴和议。如今宋金隔江相望已近二十年，虽然金人南侵野心从未泯灭，但蒙古国在北境威胁日甚，此时完颜雍必无暇南图。"孝宗闻此，心中稍宽。

第二日上朝，给事中赵汝愚奏道："陈源系内侍，而得参预一路军政，事体重大，渐不可长。建炎三年诏书："自崇宁以来，内侍用事，循习至今，自今内侍不许与主管兵官交通、假贷、馈遗、借役禁兵。"当是时，内侍与兵官交通、借役禁兵且犹不可，今乃假以一路总戎之任，臣恐非太上所以防微杜渐之意也。"

孝宗见赵汝愚言之有理，决计依言重新调用陈源。如此大事小事不断，孝宗每日与重臣议事，却将朱熹申修白鹿洞书院之事，忘得干干净净。

隔了旬月，又有朱熹奏折寄到，孝宗心中纳闷："这朱熹忒也多事，不知他这次又有何奏。"翻开细读，见朱熹又奏申修白鹿洞书院，言辞恳切，用意至诚，当即准奏。又诏国子监刻印《九经注疏》《论语》《孟子》等颁赐。

朱熹收到皇上诏书，喜上眉梢，立即着手修建书院。弟子刘清之、杨方出钱襄助，命军学教授杨大法、星子县令王仲杰，召集能工巧匠，采集良材，不日开工。朱子稍有余暇，便上山察看。到了次年十月，书院部分建成。朱子站在楼宇之中，这边看看，那边看看，喜不自禁，吟道：

> 重营旧馆喜初成，要共群贤听鹿鸣。
> 三爵何妨奠苹藻，一编讵敢议明诚。
> 深源定自闲中得，妙用元从乐处生。
> 莫问无穷庵外事，此心聊与此山盟。

这日无事，独自从书院出来，沿山径观云赏景，只觉花香沁人心脾，精神为之一振。再向前行，隐隐传来哗哗水声，心下好奇，穿过一片疏林，径向水声方向寻去。

欲知后事如何，且听下回分解。

第八回

卧龙潭格物参理　西原庵偶识真人

　　行了半里，面前一处山崖，壁立千仞。再向前行，隐隐听得水声哗哗，循声望去，只见一条飞瀑，狂泻而下。心头一喜，径直走了过去。到得瀑布前，再来观看，只见瀑布如一条白练，阳光照耀下，熠熠生辉。飞瀑下一汪碧潭，盈盈泛光，不知多深。朱子觉得有趣，坐到一块青石上，细细观赏。蓦见潭水之中，似有什么物事游动。仔细看时，见是几尾怪鱼贴着水面游泳。这几尾鱼，既不是家养的金鱼儿，亦不是山下河湖边常见的银鱼、鳜鱼。再向远处看去，潭外浅水之中，又有许多小鱼，长不盈指，通体透白，在清波中来回畅游。朱子心生疑惑：这些鱼儿，不知它从何处来到高山之上。若说是从山下河湖逆向陡坡绝壁游来，断然不能；若说是从上游顺水而下，但那上游奇峰之上，尽是巨石，莫说鱼儿，就是草木也无法生长，岂会有这几种与山下迥异的游鱼！此一生灵到底由何处而来？总不会是凭空生出来的吧？心中越想越觉奇怪，禁不住对着潭水悠悠出神。

　　也不知愣怔地坐了多久，忽听"轰隆"一声，凭空里一个霹雳，噼噼啪啪下起豆点大的雨来。朱子出门时，未带雨伞，也未穿着蓑衣。这场雨下了个措手不及，不一会儿便浑身尽湿。抬头急寻避雨之所，四下望去，既无山洞，也无巨木，不禁心惊。正惊惶间，忽见对岸林梢，隐隐露出一屋。当下顾不得许多，拄着竹杖噔噔噔向前走去。

　　来到屋前，见屋门半掩，不忍打扰，缩身檐下避雨，冷得直打哆嗦。

抬头见窗扉破旧，缺了几处棱子，心下疑惑，不知何人缘何住在这偏僻之地。正自迟疑，就听屋里有人说话："开儿，去请客人进屋避雨。"

就听一个小童的声音应了一声，旋即见一童子出得门来，向朱子一揖道："师父请先生屋中说话！"

朱子望这小童时，见他约莫七八岁，皮肤白皙，一双眼睛清澈明亮，伶俐可爱，微微一笑："多谢你家主人，我只在此处避避雨就走。"

童子又盈盈一揖，道："先生且请进屋说话，不必客气。"

忽一阵疾风，夹着雨点噼噼啪啪打在肩上。朱子受这一激，禁不住打了个喷嚏。不再逞强，随童子进到屋中。

屋中一人，正在用戥子称量药草。侧面望去，见他身形魁伟，鹤发童颜。见朱子进来，回头微微一笑："先生请坐，开儿，给佳客奉茶。"声音中夹杂些西北口音。那童子答应一声，转身去端水泡茶。

朱子歉然一笑："朱某到此，多有叨扰，不必劳烦。"

那人并未作答，一边默算，一边将药物收入柜斗。朱子抬头打量屋中陈设，极其简陋。壁上挂一幅孔明画像，羽扇纶巾，朗眉星目，衣袂飘飘。画旁一联："可托六尺之孤，可寄百里之命，君子人欤？君子人也；隐居以求其志，行义以达其道，吾闻其语，吾见其人……"笔力遒劲，势如飞龙。朱子心道：这位老者，不知何方高人，结茅卧龙潭，壁挂卧龙像，看来其志不小。

那人称完药草，放下戥子，转身坐到朱子对面，面带微笑："山间阴晴不定，时晴时雨。哈哈，不知先生尊姓大名，缘何独自来此荒径？"

朱子拱手一揖："在下姓朱名熹，来山间游玩，住在峰后白鹿洞书院。今见山色晴明，左右无事，胡乱闲步赏景，不意突遇骤雨。多谢先生容我避雨，多有打扰……"

话音未落，就见那人双眼一亮：

"阁下便是朱元晦先生不是？"

朱子一愣："先生怎知朱某微名，敢问先生大名？"

只见那人哈哈一笑："山前五老峰下，去岁以来大兴土木，谁人不知新来的知军朱熹朱元晦正在兴修书院。在下崔嘉彦……"

朱子一听，也瞪大了双眼。想起去年年初到南康，那日到建昌乡间访查，曾听药帮众人赞颂崔嘉彦医术人品，不意今日竟在距白鹿洞书院咫尺之地意外相逢，不禁又惊又喜，辟席拱手一揖："原来是崔真人，先生大名如雷贯耳，我当真有眼不识泰山，请受朱某一拜。"

崔真人忙起身拦住："折煞我也。元晦先生乃一代大儒，清廉爱民，崔某甚为钦佩！"

二人坐下相叙，崔真人自道来历——

崔嘉彦，字希范，号紫虚、紫虚道人，陇上成纪人。少时避战火，随流亡百姓入川东三峡。后与宰相赵鼎相识，进耕战治国之策，备受器重。正待实施大志，赵鼎被罢。崔嘉彦报国无门，四处漫游，最终到得庐山。喜庐山风景，便在卧龙瀑布西原庵旧址筑室而居。时读奇书，时参医理；时执锄于半山锄药，时舞剑于危崖之上。摄天地自然精华，得匡庐山水滋养，神采奕奕，貌若仙人。这些年四处传闻庐山上有位崔真人医术精湛，医德高尚，附近州县百姓都来求医。崔真人不分贵贱，一一诊治，治愈病患无数，因此得了一个"崔真人"的绰号。

崔嘉彦精通脉络之学，对《黄帝八十一难经》、西晋王叔和《脉经》、六朝高阳生《脉诀》参研极深，创"四脉为纲"之说。以"六难"专言浮沉，"九难"专言迟数，故用为宗，以统七表八里，而总万病，涉二十七种脉象。以四言韵诀写成《脉诀秘旨》。颇为历代医家所重。书成之后，弟子刘开即加修订而成《刘三点脉诀》。明代李时珍父李言闻曾予删订，改名《四言举要》，后李时珍将其辑入《濒湖脉学》，附于《本草纲目》之后，对明清脉学影响极深。

正在畅谈，忽朱子"咔咔"接连两个喷嚏。

崔真人起身忙道："你看，我只顾与你说话，忘了你浑身淋湿，受了风寒。且褪了湿衣，换件袍衫再说。"说罢命童子取来几件衣裳，让朱子更换。朱子换过衣裳，坐回几前，崔真人伸手为他把脉。朱子屏息静坐，由他诊病。只见崔真人皱一皱眉，缓缓说道："元晦先生，且听崔某一言：

你何以如此不知顾惜自家身体?"

朱子一愣:"我有脚气、痹症,已十数年……"

崔真人摇头道:"这两样病,虽然痛楚磨人,却也未伤元气。现下最要紧的,是你气血两虚。你已逾艾服之年,当涵养身体,何故不眠不休,虚耗精气,伤了元气。"

朱子心中奇道:"他这一把脉,竟然便知我长期失眠。这'崔真人'的名号,果然名不虚传。我正该向他多多讨教。"当下连连点头:"我一向失眠,这几日更是如此,每日睡眠不足两个时辰。我自己也找不出病根,日日如此,越是想睡,越睡不着。"

崔真人笑笑:"你思虑过度,费心耗神,长此以往,才致虚亏。哈哈,你肯听我劝诫就好。我给你抓几服药调理调理。不过,这病治好治不好,还在你自己。人生不如意事常八九,凡事都要看得开些,且莫再为俗事烦忧。"当下起身,写了药方,让童子为朱子抓药。童子答应一声,到药柜前抓药。朱子见那童子举止沉稳,手脚利索,抓起药来有板有眼,哪里像个小小孩童。赞道:"你这小徒儿端的机灵!"

崔真人嘻嘻一笑。低声道:"此童儿名刘开,本是孤儿,生活无着。一日我在山前采药时,见他正给一只断腿的雏鸟包扎疗伤,又用乞来的炊饼喂它。我见他生性善良,是可用之材,便带他回庵!"

朱子听后,连连夸道:"紫虚先生莫非要收其为徒,传下衣钵?"

崔真人压低声音道:"我正有此意,不过,总需考验他一些年头。"说罢嘿嘿一笑。

不一会儿刘开将药抓好,装进一个布袋,拿了过来。

崔真人道:"一共七服,每二日一服,保管你即日就能睡个安稳觉。不过要从根子里治好病,还得你自己好好调息。"

朱子拱手谢过。二人品味香茗,纵论古今,不知风声雨声,今夕何夕。正叙得高兴,忽听外面有人呼唤:"大人!大人哪!"

"元晦先生,元晦先生——"

朱子听出是孟焕、徐铭声音,让童子到门口答应问话。刘开到门口,招呼孟、徐二人进屋。

　　原来朱子拄着竹杖出来，二人正要跟随，朱子作色道："我只在近处闲游，你二人跟我做甚！"二人不敢违拗，退了回去。适才大雨，二人不知先生行踪，这才慌了神，与黄榦等分作三路，遍山里寻访。孟、徐两人向卧龙潭一路寻来，边寻边喊，却不知朱子已避雨西原庵中。二人见朱子平平安安，当下放下心来，围着朱子喜滋滋的，似见到分别十年的亲人。朱子见时候不早，拜别崔真人，领二人回往白鹿洞书院来。

　　欲知后事如何，且听下回分解。

第九回

朱子援笔定学规　白鹿书院举盛典

　　朱子服过崔真人草药后，精神渐复，元气满满。恰白鹿洞书院修葺一新，层台累榭，古雅气派。一桩心事已了，只待邀集大儒名宿，前来会讲论道，振举文风。一时心头高兴，忘了崔真人的叮嘱。日间与杨大法等筹措开学诸事，夜间起草学规、偈示等，每日只睡两三个时辰。

　　白鹿洞书院将要开学重张的消息传出，天下学子趋之若鹜，连江浙、云贵川、两广南路均有人前来求学。朱子对各地学子一视同仁，择优录取。经会试，首期录取四十余人。又给张栻、吕祖谦、陆九龄、陆九渊等去信，邀请众友到白鹿洞书院会讲。朱子之前与陈亮只在信中论学，素未谋面，他素知陈亮行事荒诞，怕他来到此肃穆神圣之地，闹出什么笑话来，是以暂未邀约。

　　开学之日，书院举办盛大典礼，朱子所作学规张贴出来，南康官员、外郡游学的儒士、白鹿洞书院学子纷纷围观，吟诵不已，议论纷纷。只见纸上写着：

　　父子有亲，君臣有义，夫妇有别，长幼有序，朋友有信。

　　右五教之目，尧舜使契为司徒，敬敷五教，即此是也，学者，学此而已。而其所以为学之序，亦有五焉，具列于左。

　　博学之，审问之，慎思之，明辨之，笃行之。

　　右为学之序：学、问、思、辨，四者所以穷理也，若夫笃行之事，则自修身以至于处事接物，亦各有要，具列如左：

言忠信，信笃教，惩忿窒欲，迁善改过。

右修身之要。

正其义不谋其利，明其道不计其功。

右处事之要。

己所不欲，勿施于人，行有不得，反求诸己。

右接物之要。

熹窃观古昔圣贤所以教人为学之意，莫非使之讲明义理，以修其身，然后推以及人，非徒欲其务记览，为词章，以钓声名，取利禄而已也。

今人之为学者，则既反是矣。然圣贤所以教人之法，具存于经，有志之士，固当熟读、深思而问、辨之。

苟知其理之当然，而责其身以必然，则夫规矩禁防之具，岂待他人设之而后有所持循哉？近世于学有规，其待学者为已浅矣。而其为法，又未必古人之意也。

故今不复以施于此堂，而特取凡圣贤所以教人为学之大端，条列如右，而揭之楣间。诸君其相与讲明遵守，而责之于身焉，则夫思虑云为之际，其所以戒谨而恐惧者，必有严于彼者矣。

其有不然，而或出于此言之所弃，则彼所谓规者，必将取之，固不得而略也。诸君其亦念之哉。

孟焕斗大的字不识一个，也装作极有兴致，这里看看，那里看看，嘴里咕咕哝哝，似在念诵条文。徐铭见他装腔作势，只觉好笑。二人看过热闹，走出人群，忽见黄榦独自站在人群外"独对亭"中，神色不安。二人走上前去，只见黄榦脸色愁苦，双眼充满血丝。孟焕取笑他道："大家都在那边热闹，你却独自一人躲在这里扭扭捏捏地做甚？是想娘了？想媳妇了？"

徐铭觉得事有蹊跷，白孟焕一眼："休要胡说！"转身对黄榦笑道：

"喂，大秀才，大喜的日子，你在这里哭丧个脸，却是为何？"

"我……我……我有一件大事瞒着先生？"

"你做了什么亏心事？何故要瞒着先生？"

黄榦越发支支吾吾，不肯吐露实情。徐铭禁不住也疑惑起来：

"纵有天大的事，该要大人知道，也当给他说了。"

黄榦道："先生正要邀请南轩先生①来白鹿洞书院讲学，岂料那南轩先生……这件事，先生一旦知道，知道南轩先生……必然伤心过度，伤了身体……先生日夜操劳，身子极其虚弱，他又是极重情义之人……"

孟、徐二人越听越是糊涂。孟焕急道："你左一个南轩先生，右一个南轩先生，这个南轩先生又是何人？他又怎的了？为何大人闻知如何如何，便要'伤心过度，伤了身体'？"

几人正龃龉不清，忽闻身后一声断喝："你们几个聚在这里，鬼鬼祟祟作甚？"

三人回头一看，见来人正是朱子，不禁大吃一惊。

"这个……"

"这个……"

三人见掩饰不住，越发惶急。孟焕、徐铭吱吱唔唔，眼睛却望着黄榦。黄榦低下头："先生……我去给您煎药……"

朱子摆摆手，望着黄榦："直卿，皇上赐的三箱经书到了，你去御书堂，帮先生们摆放陈列，按序收藏！"黄榦答应一声，快步到御书堂去了。见又能将张栻之事隐瞒一时，心里稍安。朱子对孟、徐道："你二人去到明伦堂那厢帮帮手，那里正在立碑。"

二人忙答道："遵命！"转身去了。

到了巳时二刻，朱熹率领几个属官、书院师生祭祀先师先圣，亲自升堂解说圣贤学说文章，精神焕发，满面春色。之后又与宾客作诗把酒唱和。一日应酬，忙了个不亦乐乎。是晚宿于书院"憩馆"。这时只觉浑身

———

① 南轩先生，指张栻。

倦怠，四肢百骸不想动弹，斜倚于椅上。黄榦奉上茶水，朱子喝着茶，悠悠说道："今日真乃大喜之日，伯恭①先生的《白鹿洞书院记》也寄到了，子寿②、子静③先生无法来书院会讲，却都有书信来贺。独南轩先生迟迟不见回音，不知何故。"

黄榦一听，颤颤巍巍道："南轩先生处也有信来……已经两天……两天……"

"两天了？为什么现在才告诉我？"朱子眉头一皱。

"这……"黄榦见再也隐瞒不住，从袖筒取出一封信来，呈与朱子。朱子展信一看，大叫一声，倒在地上，碰翻茶几，茶壶、茶盅掉落几个，茶汁浇了一地。黄榦见朱子倒地，慌了手脚，大声道："先生！先生！"

孟焕、徐铭抢进门来："大人！大人！"惊慌失措。

几人手忙脚乱，将朱子抬到床上。

究竟朱子因何晕厥，是否有性命之虞。欲知后事，且听下回分解。

---

① 伯恭，指吕祖谦。

② 子寿，指陆九龄（1132—1180），字子寿，学者称其复斋先生。金溪归政（今江西省金溪县陆坊乡）青田村人，陆九渊五兄，儒家心学开创者之一。

③ 子静，指陆九渊（1139—1193），字子静，抚州金溪人，南宋哲学家、教育家，陆王心学的代表人物。书斋名"存"，世称存斋先生。又因讲学于象山书院（今江西贵溪西南），被称为"象山先生"，学者常称其为"陆象山"。

第十回

元晦悲怆哭南轩　紫虚妙手又回春

黄榦掐了朱子人中，朱子悠悠转醒，嘴里喃喃说着什么，神志模糊。黄榦哭道："先生啊，先生！"

孟焕道："秀才做事，就只知道流眼泪，哭顶什么用？"

黄榦道："那你说怎么办？"

徐铭道："莫吵，快想办法。"

几人正争论不休，就听朱子叹道："南轩兄，为何遽尔作古，弃我而去，悲哉！悲哉！"原来是遽闻挚友亡故，伤心过度，昏厥过去。

徐铭端过水，喂朱子喝了几口，朱子挣扎着想要下床，终觉无力，复又躺下，哀戚戚道："南轩兄，白鹿洞书院的学子们都等着你来，你却何故食言？"

三人围着他不住劝慰："先生节哀，莫要哭坏身子。"

"先生，快盖好被子，当心着凉。"

只见朱子望着空荡荡的屋顶，眼睛半天不眨一下，神色迷茫。

黄榦、孟、徐三人面面相觑，不知如何是好。黄榦皱眉略一琢磨，使个眼色，三人同到屋外商议。

孟焕道："大人病了，我背他找崔真人去医病！"

黄榦道："半夜三更，找到崔真人，岂不要到天明？再说，夜间山野天凉，先生身子本来就虚，怎禁得一路折腾……"

孟焕急道："依你说怎么办？"

　　黄榦眼睛转来转去，不知怎样才好。

　　徐铭探头往里一看，猛地一惊，见朱子歪头倒在床上，不知是晕厥过去，还是已经仙逝。冲进门来叫道："大人！大人！"不见回应。黄榦贴近朱子胸前，见朱子吐纳匀停，眼角挂泪，已然梦中，稍觉宽心。为他掖好薄被，向孟、徐作个眼色，示意二人轻声。眼见漏尽更残，轻轻摆手，让孟、徐二人退下，自己侍坐一侧，陪护先生。

　　到了二更，黄榦听朱子说话，凑近看看，见朱子兀自睡着，原来是在梦中，说着胡话。黄榦帮他再掖好被子。自己靠着椅背，闭上眼睛歇息。也不知过了多久。只听一阵咯咯咯银铃般的笑声，朱子的千金兑儿笑吟吟走进门来，劈头盖脸问道："爹爹呢，爹爹在哪里？让他试试这件衣裳。"

　　黄榦四下一看，朱子并不在屋里。身边器物，依稀便是五夫朱子家中。疑惑不知何时却来到了五夫。怔怔地道："兑儿，你真孝顺，先生的袍子早该换换了！"

　　"呆子！我问你爹爹在哪里，你却啰里啰唆说这些没用的话。"

　　"你是他最疼的女儿，你都不知他在哪儿，我这个做弟子的又怎生知道！"

　　"要你耍贫嘴！"朱兑说着在他肩上拧了一把，嗔道："别动！你跟爹爹身高差不多，就在你身上比比看。"朱兑将新袍子搭在他身上比画，他伸长脖子站直，不敢动弹。朱兑贴在他身边，他只闻到一股淡淡的幽香，似是杏花，不对，是芍药？也不对，嗯，对了，是兰花。

　　黄榦屏住呼吸，只怕这花香瞬忽即逝，只怕再也没有机会与朱兑靠得这样近。一切都这样美好，只愿永远这般与她守着，不要分开。

　　忽听窸窸窣窣一阵响动，接着"咣当"一声，随即惊醒。睁开眼来，天色已亮。黄榦这才惊觉，此身所在，并不是在五夫，而是在庐山五老峰下白鹿洞书院，抬眼见朱子已然下床，摇摇晃晃满屋里翻找着什么物事，忙抢上前将他扶住："先生，你……"

　　"那本《南岳唱酬集》，却在何处？"

　　"弟子前日阅读，放在西首架上。"黄榦说着走到西首，将那书册取

来，双手呈给朱子。

朱子道："取笔墨、火纸、香烛来，我要设灵堂祭奠南轩先生。"

黄榦担心他身子虚弱，忙来劝阻："先生，您……?"

"快去拿来，还啰唆些甚么?"

黄榦不敢再劝，忙去取来笔墨、火纸、香烛，朱子立于案前，挥笔疾书。黄榦端了一把椅子过来，朱子浑然未觉。

他先是画了一幅张栻的画像，接着又写了一篇长长的祭文。写罢，拿到正屋布置起灵位来。黄榦帮他布置物事，忙活了一阵，一个灵位设置好了。朱子回头望着黄榦，悠悠说道："这几日，你自去读你的经书，莫来扰我。"正说着，一阵风儿吹动，卷起屋中帐幔，孟焕、徐铭神色慌张进来，来看朱子。不等他二人说话，朱子又道："你二人也自去做事，莫要到这里扰我。"

孟焕、徐铭听了，好生犯难，心道："我二人除了伺候先生，还有何事?"

就听朱子又道："帮我把门掩上。我不叫，莫要进来。"

黄榦等见说，不敢执拗，退了出来，把门拉上。

就听屋里号哭起来："南轩啊南轩，呜呼哀哉……"

整整一日，黄、孟、徐三个不敢打扰，只在早晚端去饭食，掩上门便回到西厢房中枯坐，静听屋里动静。

到了第二日，黄榦端饭进去，见昨日粥饭动也未动，心下起疑。抬眼望朱子一眼，见他伏于案前，一动不动，走近身旁，用手背贴到他额头，只觉火一般滚烫，不禁大惊，连叫："先生! 先生!"朱子闭着双眼，并未应声。孟、徐二人听着黄榦在屋里叫喊，忙抢进门来。徐铭将耳贴近朱子，见他气息微弱，不禁大惊，哭叫起来。

孟焕嚷道："你们两个，只知道哭。这回我谁的话也不听了。"说着俯低身子，背上朱子，大步流星走出门，径往卧龙潭跑去。

朱子气息奄奄，身子贴在孟焕背上，胳膊腿儿软绵绵垂下，一动不动。

孟焕背着朱子，快步如飞。徐铭、黄榦跟着，绕一个"之"字形山坡，过了卧龙瀑布，来到西原庵前。远见崔真人荷锄而出，正要去后山锄药。忙喊："真人！真人！"崔真人抬头见朱子病恹恹的，被人背着，忙放下锄头叫道："元晦先生怎么了？快快进屋！"

孟焕将朱子背进西原庵，黄榦扶朱子靠到床上，崔真人静坐把脉，问了朱子生病经过，黄榦简略说了，又告知先生挚友张栻事。崔真人点了点头，有了主意。只见他从药匣中取出三枚金针，用"点针"法扎了关元、神阙、百会三穴。不一会儿，朱子悠悠转醒。见面前站着崔真人、黄榦、孟、徐三人束手立于身侧，神色惶急，问道："咦，南轩呢，我……我这是在哪里？"

崔真人笑笑，问道："元晦兄，我看你是将我的忠告抛到了九霄云外。"朱子这才想起前次与崔真人见面，崔真人再三要他调理身心恢复元气之事，略带愧色。"唉——"的一声，叹了口气。崔真人从匣子里取出两粒药丸，倒了温水让朱子服了。只一盏茶工夫，朱子只觉腹内微暖，精神渐复。

崔真人正色道："白鹿洞书院修复，正是大喜之事，元晦先生缘何却急火攻心，致忧思外伤。"

朱子有气无力，悠悠道："南轩乃我至交，失之吾悲不能胜！"

"先生差矣，岂不闻陶渊明道：'死去何所道，托体同山阿。'人生在世，哪个能得不死？贵友既已仙逝，何必如此伤怀，大损元气。若贵友泉下有知，他岂能安心？"说罢命童子："开儿，煮一道元气粥来。三样佐料齐施，再加黄芪。"

童子刘开听后，嗯了一声，用小秤有板有眼地称量配料，抓米，生火，动手煮粥。崔真人转过身来道："元晦兄，且随我来，到后园子看看。"

黄榦一愣："先生有病，身子虚弱，怎能四处走动？"

崔嘉彦凑近黄榦身边，低声道："闻闻花香，尝点野果，比吃药好多啦！"

黄榦一听恍然大悟。看朱子时，见他亦正猜疑不定。崔真人笑着对朱子道："来吧，元晦兄，半山上梅花、杏花、芍药、牡丹样样开得正盛，

岂能错过花事。"不由朱子迟疑，竟将他扶了起来。朱子起身，竟觉疲倦尽消，精神了许多，禁不住大赞崔真人的神针功夫。

朱子由黄榦、徐铭扶着，随崔真人到了后园。一进园子，但见枝头百花正开，阵阵异香扑鼻而来。再走十余步，穿过一个林子，见药圃数亩，满园芍药、牡丹，争奇竞放。朱子立在花间，不觉想起二十多年前，到三童岙拜见谢伋情状，不由叹道："一个药寮居士，一个紫虚道人，真神仙也！"

崔真人哈哈一笑："崔某岂能与谢药仙相提并论。"

黄榦、孟、徐几个见朱子与崔真人谈论，精神好转，心中高兴，跟着四处赏花看景。

回到西原庵，小童端来药粥，放到几上。崔真人说声："请！"

朱子端起小碗，尝了起来，只觉滑溜溜，软绵绵，满口清香，不禁赞道："好粥！"

崔真人对孟、徐、黄榦道："你们也都吃一碗，有病医病，无病强体复元！"

孟、徐、黄榦说声："多谢大师！"说着都凑到小锅前，由刘开给他每人盛上一碗。孟焕两口便喝干了，看锅里时，尚有些许，递碗想让小童再舀一碗，徐铭白他一眼："且慢，不知先生那里是否够食？"

孟焕拿在手里，只觉尴尬。崔真人笑道："那大汉，你身材甚巨，多吃一碗也是无妨。吃吧，元晦先生这里已够用了。"孟焕也不客气，递碗给刘开，刘开见他粗鲁无礼，白他一眼，舀了碗给他。孟焕笑笑，一小口一小口斯文地吃起粥来。

又过了半刻，朱子精神大好。崔真人与朱子说说笑笑，大谈养生之道。朱子神采奕奕，哪里像个病人。崔真人说着话，又替朱子把脉，笑笑："元晦先生，感觉如何？"

朱子听后，佩服地点头："已无妨矣。他年归隐，我当在西园寺旁结庐，与你为伴，也向你讨教颐养之道！"

崔真人笑笑："如此甚好，我只在此等候元晦兄。"

与崔真人别过。孟焕要来背他，他手一摆："我自己走罢。"刘开递来朱子的龙头老杖，朱子接过，向崔真人一揖，扶杖缓缓走上山道，向白鹿洞方向走去。

回到书院馆舍，想起张栻早逝，无限伤怀。从书架上取下《南岳唱酬集》来，随手一翻，便是那日兴之所至吟出的那首《醉下祝融峰作》①：

> 我来万里驾长风，绝壑层云许荡胸。
> 浊酒三杯豪气发，朗吟飞下祝融峰。

念及当日情景，他与张栻、林用中等把酒临风，登高望远，谈笑风生，当时何等快意，一幕一幕历历在目。当日共游之人，少了一个最风趣的。朱子凝思片刻，提笔为张栻撰写碑文："……子焯，承奉郎，亦蚤世，二女，长适五峰先生之子胡大时，次未行而卒。孙某某，尚幼。后数年，胡氏女与某亦皆夭。呜呼！敬夫已矣，吾尚忍铭吾友也哉……"

写着写着，不禁垂下两行清泪。

忽觉身上一暖，抬头见黄榦立于身侧。原来黄榦见朱子满面愁容，怕他伤心过度，和衣坐于一侧侍奉。见朱子凝坐案前，山中夜间微凉，担心他受了风寒，给他披上外袍。

又过两日，朱子精神渐复，这日一早起来，到书院前后巡查。朱子见弟子们都在用功读书，书声琅琅，看在眼里，心中暗自高兴。将近午时，走到明伦堂前，见一儒士正向一位学子打听什么，看他背影，有些熟悉。正自琢磨这人是谁，就见那学子转头看见朱子，满脸喜色向他一指："先生来了！"

那人回身，朱子蓦地认出，喜出望外。

究竟来者何人，且听下回分解。

---

① 《醉下祝融峰作》，朱熹作。祝融峰：衡山七十二峰中的最高峰，相传上古祝融氏葬此，故名。

第十一回

辛巡抚江西施为　朱知军隆兴取经

来人不是别人，正是二十年来亦师亦友的大弟子蔡元定。

蔡元定（1135—1198），字季通，学者称西山先生，建宁府建阳县人。蔡元定二十五岁到五夫，欲拜朱子为师。二人相见，元定向朱子问《易》，朱子见其学问广博，见识超卓，惊叹："元定乃吾之老友也，不当在弟子之列。"元定执意称朱子为师，朱子再辞不过。此后二人即亦师亦友：元定视朱子为师，朱子视元定为友。

乾道五年（1169 年）九月，朱子之母祝夫人去世，朱子在云谷山建寒泉精舍，为母守墓。数月之后，元定重上西山，设"疑难堂"，与朱子在云谷的"晦庵草堂"相隔五里，遥遥相对。为了便于联络问学，元定常于夜间悬灯为号，灯明即示学有疑难，翌日将来云谷山请教朱子。元定每到朱子处，朱子必留他数日，二人相与论道，常通宵达旦。

朱子赴南康任，元定日日挂怀。十余日前，元定得黄榦来信，知朱子病倒数次，心中忐忑，卜了一卦，知朱子有厄，匆匆寻到南康探视。不想刚进书院，却在明伦堂前相遇。朱子一见元定，喜不自禁，忙将他迎至憩馆，要和他畅饮。元定见朱子进到厢房，低声问黄榦："先生如此精神，不曾有事？"

"这个……"黄榦趁朱子不在身边，低声将朱子一年来数番晕倒及日前闻张栻死讯，再次晕厥不省人事，幸得崔真人救治一事说了一遍。元定听后，叹了口气：

"原来是崔真人医好的，这就是了。"

黄榦不知他此话何意，正要相问，朱子拿来一包茶叶，向黄榦道："快给元定看茶……让他尝尝庐山的云雾茶。"

黄榦答应一声，忙去端水泡茶。

朱子与元定对着茶几，问他别来情形，有何进益，元定悠悠说来，朱子连连点头。赞他探究学问，参研愈深。说着说着，朱子又提起张栻之事，忍不住又垂下泪来，蔡元定宽慰道："先生，您忘了咱们在崇安所谈天命人命之理。人生在世，生老病死，都是自然理数，先生岂能如此，教别人全然在理，放到自己头上，却总解不开……"

元定一再相劝，朱子沉吟不语。自古道："人生得一知己足矣。"在朱子心里，张栻便是他的知己。张栻早逝，令他无法自已。

不一会儿，饭食端来，朱子亲自为元定把盏斟酒，二人举杯畅饮，好不快慰。

饭罢，朱子携元定走出书院，欣赏匡庐美景。时当黄昏，群峰映霞，万壑叠翠，落星湖烟波浩渺，泛出淡淡金光。师徒二人精神焕发，山前山后，畅游一遍。

蔡元定盘桓数日，见朱子已度过一劫，将要辞归，谓朱子曰："我见此书院风水最好，将来必定文风鼎盛，若是有机缘，我想让沈儿来此读书！不知他有无福分入得山门？"

朱子沉吟道："沈儿聪敏过人，读书又肯用功，璞玉雕琢，必成人才。你且让沈儿备来年科，与四方弟子同考，我料他必能如愿。"

元定听了，心头大喜："多谢先生吉言！"

饭罢，朱子、黄榦送元定归。元定走出里许，回头见朱子与黄榦仍立于书院门前瞭望，拱手深深一揖，转身拐过山脚，自回建阳。

朱子送走蔡元定，回到南康署衙，检视赈灾簿册。胥吏抱来一沓沓文书，摆到朱子案上。朱子逐个翻阅起来。忽见黄榦笑吟吟走来，递上一信。朱子翻开，原来是从未谋过面，又通了多年信的陈亮所写，只见满篇

龙飞凤舞，显然满心喜悦。信中说到辛弃疾已就任隆兴知府兼江西安抚使，赈济有方，百姓无不称道。文中颇多溢美之词，朱子阅信大喜："一个陈同甫，一个辛幼安。一个做事说风便雨，令人莫测；一个做事大开大合，每有神来之笔。"再看末节，陈亮邀请朱子与辛弃疾同到信州一聚。何故要到信州一聚，却并未言明。朱子心中只觉纳罕。当下正值秋日，阴雨绵绵，赈灾事紧，朋友之会且放一旁。不如先到隆兴府，看看辛弃疾这个武人"闭籴者配，强籴者斩"赈灾之策，到底如何。

说罢让孟、徐备马，立即前往隆兴府。一路云淡风轻，马蹄疾飞，黄昏时到了隆兴府。辛弃疾闻朱子来到，快步出门迎接，徐、孟磕头拜见，辛弃疾向二人点头一笑："起来！"一拉朱子手，喜不自禁："正想告知你，我已到隆兴主事，不意元晦兄竟自来到。幸甚！幸甚！"

"若非同甫来信，我还以为你正在潭州操演你的飞虎军呢！"

说话间已进到府中。辛弃疾吩咐立即备酒席来，要与朱子一醉。吩咐在外屋安排一桌，让孟焕、徐铭与几个旧日熟识的伙伴同坐。

不一会儿一桌酒席上来。大灾之年，虽不算丰盛，几样小菜倒也精致。朱子尝一口萝卜腌菜，微辣微咸，香脆爽口。辛弃疾一举酒杯，向朱子敬酒："我正有许多话与你说，你来得正好。元晦兄，来，兄弟敬您一杯！"

朱子举酒，二人同饮。

朱子道："听同甫信中所言，你赈灾有方，我此时来访，正要向你取经！"

"哈哈哈哈，"辛弃疾大笑不止，"元晦兄在南康赈灾，经治有方，扭转时艰。做得这等大善事，谁人不知，哪个不晓，却说要向我取经，折煞我也。"

"我从星子来到隆兴，见乡间百姓安定，市肆秩序井然，实令人刮目相看。"

"让元晦见笑了。我一介武夫，治世只讲直截了当，所以一到隆兴，先即张榜安民。榜文也极简单，只有八字，'劫禾者斩，闭籴者配'。"

朱子听后，连连点头："妙哉！妙哉！只此八字，抵得上千字的告示。只此八字，足令偷盗劫掠者却步，囤积居奇者畏惧。如此一来，粮价稳定。只是连年大旱，隆兴府仓中恐也半空，不知你又怎生调集粮食？"

辛弃疾道："也是没有办法的办法——让百姓贷钱自济而已。"接着将劝告市民贷钱购粮之法，简略述说一遍。

原来辛弃疾命贴出赈济榜文后，又接着下令拿出公家的官钱，号召吏民推举贤能之人，凡官吏、儒生、商贾、市民，各类能者贤人，向官府借贷钱物，去别个州郡购买粮食，运回洪州，月底统一到城下交易，限期一月将本金归还，官府不收取利息。此法施行开来，运粮的船只接踵而来，粮价平稳，百姓赖此得以度过饥荒。时有信州太守谢源明乞求拨米救助，江西州府官员拒不允准，辛弃疾怒道："都是一样的百姓，都是皇上的子民，岂能不救！"隔日便将官仓十分之三粮米拨给信州。

朱子听了辛弃疾诸般举措，不禁叹服："幼安果真是天降奇才。不只带兵有方，经治地方也恁有手段！佩服！实在佩服！"

辛弃疾连称："谬赞！谬赞！来，再敬先生一杯！"

朱子举酒，二人碰杯饮干。酒过三巡，朱子悠悠道："你和同甫、放翁都是当世豪杰，你是粗中有细，放翁也是谨细之人，唯这个陈同甫，却大一样……"

"哈哈，同甫来来去去一股风，说话直来直去，他又说什么了？"

"他呀，疯疯癫癫，颠三倒四。他明明知道你在隆兴，却要约了你我到信州相见，你说荒唐不？"

辛弃疾道："这个么，元晦兄倒是错怪他了，同甫此言非虚。"

朱子心下越发糊涂。辛弃疾呷一口酒续道："兄弟有一件事，还没办成，所以尚未告知元晦兄。这话说来话长——我一介武夫，生性耿直——还有你元晦兄，也是刚正不阿，正言直谏之人，向来不为官场势利小人所容。眼下朝廷正是用人之际，咱们还算顺当，兴许不久就会转了风向，一不小心就会横生祸事。为了一家老小安宁，我预先买下了信州一处风水宝地，欲在那里营建房舍，以备身退之用。耕种，养花，喝酒，打猎，岂不

痛快，不比受朝里那些奸人的窝囊气好？"

朱子闻言恍然："怪不得同甫邀你去信州过年……是了，去岁在码头相遇，你曾言去找同甫有事，问你做甚，你只说'天机不可泄露'，现在想想，原来你是与同甫到信州察看那'风水宝地'去了……我只疑心同甫邀你我到信州，是乱说一气。你们两个，一弹一唱，真是一对！"

"同甫这性子，说风就是雨。盖房筑屋，岂是三天两头便成，只今才盖了几间土屋，如今百事缠身，顾不得再去建屋。要等隆兴赈灾事了，才亲自去看着工匠营建。八字还没一撇，他倒要约见相聚。嘴里缺了大门牙，把不住风，这个同甫！"说罢直摇头。

朱子听到这里，突然想到：辛弃疾自称武人，却将退路考虑得如此周详。我亦当寻找一个安静去处，以作著书终老之所。不知是五夫好呢，还是其他什么地方，对了，匡庐清幽之境，卧龙潭侧崔真人住所对面坡上，地形甚佳，风水不差当属首选……。

正凝思间，就见仆人端来一个朱漆木盘，盘中一个瓦罐，热气腾腾，冒着白烟。辛弃疾道："元晦兄且请品尝隆兴煨汤。"

说着命下人给朱子先盛一碗。

朱子闻闻气息，用勺尝了一口，果然美味，妙不可言。

二人且饮且叙，有说有笑，不觉夜深。辛弃疾见时间不早，命人安排朱子歇宿。朱子躺在床上，两眼望天，半醉半醒，浮想联翩。想着一二年来发生的诸般异事，心中许久无法平静。盘算着明日回到南康，抓紧做些事来。也不知过了多久，只听窗外风声飒飒，雨打芭蕉，迷迷糊糊进入梦乡。

次日醒来，天已大亮。朱子起身告辞，辛弃疾百般挽留，朱子只道事务繁忙，不敢耽搁。临行，朱子低声问辛弃疾道：

"孟焕、徐铭二人，耿介忠厚，都有才能，放在我身边，长此以往，势必耽误他二人前程，是否这就请二人回归你处，听你调遣。"

辛弃疾忙摆手："此二人是我千里挑一，选来照顾你元晦兄，你只当他俩是自己家人，既随了你，以后就是你的人，休要再提！"转身向孟、徐二人道："元晦先生乃当世鸿儒，他的一句话，也够尔等受用终生。你二人侍奉于他，务须小心伺候，不可粗心，稍有差池，我唯你二人是问。"

孟、徐二人闻言，唯唯诺诺，连连称是。朱子与孟、徐向辛弃疾道别，返往星子。辛弃疾直送到府衙外桥边，目送三人转过绳金塔①，消失在一片樟木林后。

欲知后事如何，且听下回分解。

————————

① 绳金塔，建于唐天祐年间（904—907），相传建塔前异僧惟一掘地得铁函一只，内有金绳四匝，古剑三把（分别刻有"驱风""镇火""降蛟"字样），还有金瓶一只，瓶内有舍利子三百粒，绳金塔因此得名。

第十二回

星子湖官民同心　定风波大儒筑堤

俗语云：久旱之后，必有大涝。朱子通晓天文地理，对此岂能不知。现旱情略缓，灾民也已赈济，终于可以放心，着手筑堤防御洪涝。

八月初七，朱子腾出空来，约星子县知县王仲杰同到星子大堤察查。一大清早，朱子带了孟焕、徐铭，径到大堤。朝阳初起，云霞满天，星子湖面，鸢飞鱼跃，蔚为壮观。朱子心情大好，径自走上堤去。徐铭见状，忙从马上取下龙头老杖递上。朱子接过，拄着拐杖"嗒嗒嗒"向前走去。孟焕、徐铭二人也都跟了上来。忽听"哎呀"一声，朱子差点摔了一跤。孟焕抢上一步将他扶起。原来脚下一块条石不知所踪，陷下一个筐篮大的深坑，朱子一脚踏进了坑里。幸有拐杖撑持，否则掉进坑里，纵使不骨折，也会扭伤脚踝。

孟焕咕哝道："修桥补路，都是民夫粗人之事，修就是了，先生何须亲自上堤，这儿看看，那儿看看，一耽搁就是一天工夫，吃也没的吃，喝也没的喝，差点还跌个大跟头。"

"筑造大堤，岂是你说得那般简单。如此浩大工程，须得细加勘察。要再胡言乱语，你且自回。"

孟焕见朱子生气，不敢作声，只在后面紧紧跟随。

朱子独自走上大堤，四顾茫茫，烟雾笼罩远方，江面上几艘客船缓缓划行。他坐到一方条石上，静静地思忖筑堤将要遇到的困难，一边等待王仲杰。

星子大堤兴建已近百年。大堤所在，正是江南黄金水道。北望庐山五老峰，南濒鄱阳湖，三面环水。赣江、抚河、饶河、信江、修河汇聚东流。乘舟顺流而下，出湖口，入长江，可至沿江各府；沿湖上溯，达赣州，接广东，所以自古有"江湖之会""南国咽喉，西江锁钥""江右门户"之誉。自五代十国吴杨溥于大和年间（929—935）立星子镇以来，商贾云集，颇为繁荣，常年客舟往来不下万艘。然历代江南洪灾频发，鄱阳湖一带尤甚。若遇飓风，浊浪排空，直如洪水猛兽，樯倾楫摧，船毁人亡，损失无数。

宋哲宗元祐年间（1086—1094），南康知军吴审礼见往来舟楫停泊无依，乃构木为障，成避风港。然年久木朽，数十年后即告毁废。崇宁四年（1105年），知军孙乔军申奏朝廷，以石垒堤，筑"千有五百尺，广二十尺长堤"，"横截洪流之冲，中辟为门，以通舟出入，内浚二澳，可容千艘"，星子港口才稍具规模。然而，数十年过去，经风浪侵蚀，又已损毁。三步一个缺口，五步一处塌陷。别说经得起百年一遇的洪水，就是一年一遇的，也抵挡不住。货运客船，更是难逃樯倾楫摧之厄。

朱子歇了一会儿，站起身来，拄着拐杖，在堤上缓缓行走。不远处一片高地，据称是周瑜演兵的点将台，也是岳武穆操演水军之地。望着远处，抚古思今，思绪万千。正自浮想联翩，忽听身后有人叫道："参见知军大人。"

朱子回头，就见星子县知县王仲杰气喘吁吁，走上堤来。王仲杰一早便往堤边赶来，没想到还是比朱子晚了一步，心中忐忑不安。朱子笑笑，将他扶起，沿着大堤向东走去。忽见前方堤上有些古怪，禁不住"咦"了一声，走近一看，只见堤梁上缺了许多块条石，形成一个数丈阔的豁口。也不知那么多的石条都到哪里去了。再往前走，又发现多处，一片破败景象，哪里还有一丝避风良港的影子？

"咦，这石头能到哪里去呢？"朱子疑惑地问道。

"卑职到星子，也已五年。初来时便是如此，那时一见，也是百思不得其解。"王仲杰郁郁地说。

朱子自言自语:"说是被水冲走了,不像;说是被人偷走了,也不像。再说,两个人抬也抬不动,谁搬去了它又有何用。"

孟焕听说,哈哈一笑:"两位大人,且看!"说着双手拎起一块条石。

王仲杰看了一惊:"像你这般强壮之人,恐怕整个南康再无第二个!"

朱子突然想起什么似的:"咦,对了,依我看,这石头是被人搬走的!"王仲杰一听,愣了一下。朱子又道:"湖上往来船只,卸货后吃水较浅,船夫搬了石头压舱,这样便于行船!"

王仲杰一听恍然。

朱子续道:"要修一座大堤,工程浩大,须得细加勘察。修多长,修多宽,修多少层,用何种材料,用多少,须得有个详细的计算,才修得成。否则,贸然而动,劳民伤财,过几十年,浪打风吹,又会毁废,这样修它何用!"

"大人所言极是!"王仲杰道。

朱子望着王仲杰:"你带了尺子没有?"

王仲杰道:"带着了。"

"好,咱们这便丈量计算。"

朱子坐到一块大石上,看王仲杰与孟焕、徐铭,往来丈量,将量出的数字,都记在纸上。

微风吹得柳树缓缓飘摆,一些不知名的鸟儿飞来飞去,不住鸣叫。几人忙活了两个时辰,这才丈量完毕。过来围坐在朱子身边。听朱子说出修筑方案:"这番修筑,须得炼石为灰,煮糯为粥,两石之罅,以粥和灰而胶之,俾坚若一。不再被浪吹人移损毁。大堤不仅能抵御风浪,还要疏浚堤内,引入江水,筑建两个澳头。石堤形如弓箭,中间设三孔石栈桥与南康古城南门相连,栈桥的左右为内澳,成为过往船只的避风港。上下舟船可于寨内拢泊,旱年用作灌溉水源。为此在原堤的基础上,将旧堤增高三尺,挖沙清淤……"

朱子一口气说下去,王仲杰听了,深深叹服。道:"原来知军大人早有构划,不但懂得天文地理,经治地方,还懂得修筑大堤之法。"

朱子笑笑："我朱熹哪有这些学问，我也是查阅了历来各州筑堤记载。天下之事，都有一个理字。就是筑堤，也有一定法则。只要参照古法，借取各家之长，将它改进，又有何难?"

王仲杰听了，深以为然。

回到署衙，朱子立即向朝廷上奏，请求拨付钱粮，重修落星湾石堤。札曰："边临大江，旧有石砌堤寨，堰住西湾水汊，藏泊舟船，每岁钱粮纲运并商榷舟船，俱于寨内注泊。虽值风涛，亦免沉溺，公私两便……今缘本（南康）军旱伤（伤于干旱），细民（贫民）缺食。准绍兴年令：'灾伤州县，可以募人兴工者，预行检计工料奏闻。'本军已委官检计合用工料，具申转运使衙，取拨窠名钱米，雇募人工修葺。使饥民就役，不致缺食，而公私舟船得免沉溺之患。"

朝廷闻奏，上奏孝宗，孝宗阅罢，觉修筑星子大堤，确是大事。当即准奏，拨钱二千贯，大米五百石。

文牒传到南康，百官振奋。朱子立即发榜，征召三县劳力，筑修大堤。朱子命星子县令王仲杰亲自督建。二十多天后，物料运到，终于开工。但见围堰上，扛沙袋的，抬石条的，推车的，砌石的，煮米的，运灰的，万人会战，人头攒动，蔚为壮观。

王仲杰每日起早贪黑，在大堤上往来察查，唯恐有人敷衍，留下隐患，有负知军大人重托。朱子每每来到工地督导，走到民夫前，慰问抚恤，众民夫无不感激。这日午时，又来到堤上，与王仲杰指指画画，想象大堤建成后的盛景。十多个监造的官员围拢来，细听朱子训话。

徐铭将一副担子挑上围堰，一群健壮的民夫呼啦一下围过来，抢着盛饭。徐铭喊道：

"莫急，莫急，人人有份。咦……"徐铭忽觉这伙人有些面熟，看见一个高鼻子大眼睛的，忽然记起，这伙便是那天帮着捆缚"铁罗汉"的汉子，禁不住笑道："吃好，吃饱了才有力气！这回不用捆缚'蛮牛'了，要缚'海龙王'了。"

民夫们也认出徐铭，一个长着络腮胡子的笑着道："谢谢军爷。你拳

脚上的功夫，当真了得！"

众民夫听了，都哈哈大笑起来。

那边孟焕左右手各提一个大木桶，大步走来，却见十多个汉子畏畏缩缩，扭扭捏捏闪避，不敢过来吃饭，走近招呼时，那些人又畏畏缩缩避开他。孟焕心下奇怪，定睛一看，终于认出这伙便是那日在烟柳埠被他暴揍的那伙人，禁不住怒目圆睁，骂道："娘的，饭也不会吃，还要爷爷给你喂到嘴里！"一跺脚，脚下一块方砖"嘭"地断成几块。一伙人吓得面如土色，生怕这位大汉一不高兴，便要抡起醋钵大的拳头来揍人。一个个不敢吱声，老鼠见猫般挨到桶前，将碗盛了饭，缩到树下吃饭去了。

黄榦忽叫道："咦，那是什么？"

朱子等顺着黄榦手指望去，就见一团乌云自南向北快速移动。稍近，又觉那云团并不是云团，其中夹杂着什么声音。等飞到头顶，才分辨出是一群候鸟，不知有几千几万只，呼啸着向北飞去。

朱子仰望浩渺天宇，感万物生长亘古之理，念天地之悠悠，浮想联翩，心神荡漾。良久，回过神来，望着大堤上热火朝天的场面，谓黄榦道："照此进度，大堤不久即将建成，此愿已了。不日即去信，告知伯公先生，请为此堤作记。我在南康的任期也不远了，只差白鹿洞书院还有一件大事没办！"

黄榦听了，疑惑道："白鹿洞书院业已修复，也已从我大宋各地——哈哈，不包括江北那边——招满了学子，不知还有甚事未遂先生之愿！"

"起码有两件大事要办：第一，请圣上给书院题个匾。挂上了御题的匾额，地方上各级官员都会重视教化，代代相传，不会荒废；第二，白鹿洞书院既已开学，请当今鸿儒博学之士来会讲论学，也是大事。"

黄榦一听，暗自思忖："南轩先生已故，复斋、子静二先生与先生见解多有不合，伯恭先生患病兼有右腿残疾，黄中先生也已病逝，陈同甫行事荒唐怪诞，不知先生却要请谁？"

就听朱子边走边说道："世上的学问，浩如烟海；一个人的学问再大，也只是沧海一粟，要想培养栋梁之材，须得有大儒来会讲才是！"

　　回到衙门，朱子立即提笔写信，先给吕祖谦写信，告知星子大堤修造情形，请其为重修星子大堤写一篇铭文，又请他于便中前来白鹿洞论道。又给陆九龄、陆九渊兄弟写信，请二人同到书院会讲。六七天后，陆九渊来信，称其兄病重，他正在遍访名医，为家兄治病。朱子阅信，怅然若失，复信嘱陆九龄安心休养，病愈再来白鹿洞不迟。

　　吕祖谦右腿瘫痪，自是无法前来，朱子深以为憾。过了十多天，吕祖谦信到，言其妻芮氏病亡，刚刚安葬不久。朱子见吕祖谦字迹，不似往日笔酣墨饱、力透纸背，今日书写，墨干笔涩，如草黄木枯。只道是他妻子亡故，伤心自责过度，笔法缺少生气。当下写了回信，嘱其节哀顺变，他日当寻机登门探望，顺便寄了两包庐山云雾茶给他。

　　又过几日，朱子季子朱在来到南康，一见朱子面，放声大哭。朱子扶起，问其何故哭泣。朱在泪流满面："伯恭先生病势危笃，恐来日无多……"朱子一听愕然。

　　究竟吕祖谦命运如何，且听下回分解。

第十三回

吕祖谦命运多舛　朱元晦求药救友

　　吕祖谦，字伯恭，生于绍兴七年（1137年），为"东南三贤"之一，世称"东莱先生"。为与其伯祖父吕本中区别，又称"小东莱先生"。吕祖谦幼时聪慧，随伯祖父吕本中在家塾豹隐堂读书，时人戏称"大东莱"与"小东莱"。后又随祖父吕弸中读。十二岁师事刘勉之；十九岁从林之奇读书；二十一岁进京受学胡宪，又拜汪应辰为师。荫补为仕郎，绍兴三十一年（1161年）进为右迪功郎授桐庐县尉，主管学事；宋孝宗隆兴元年（1163年）进士第，复中博学宏词科，调南外宗学教授。太学博士改严州教授（从八品）；又召为博士兼国史院编修官（从八品），实录院检讨官，累官著作郎（正八品）。吕祖谦二十岁时，娶尚书左司郎中韩元吉之女韩复为妻。五年之后，韩氏因病身亡，所生二子一女：长子岳孙出生后两旬夭亡；次子济孙生三月夭亡，女儿华年十八岁适进士登仕郎潘景良。

　　乾道二年（1166年），吕祖谦三十岁时，任泉州南外宗学教授，母亲曾夫人在他任所去世，吕祖谦以未能侍奉周详，内疚不已，回家奉丧，在武义县明招山为母守孝三年。武义、金华甚至远地的学子闻风纷至沓来，拜其门下。吕祖谦推辞不过，只好在明招寺内设坛讲学。乾道五年（1169年），吕祖谦三十三岁时续娶亡妻之妹、韩元吉小女儿韩螺为妻。两年之后，韩螺生孩儿时失血过多而亡，所生女儿周岁时夭折。乾道八年（1172年）二月，父亲吕大器病故。时吕祖谦三十六岁，已是父母双亡，妻儿不存。他又在明招山为父守墓，远近儒生又纷纷前来问学，达三百多人。淳熙四年（1177 年），吕祖谦再娶国子祭酒芮烨之女为继室。一年后，吕祖谦罹患风痹，行动不便，芮氏竭力照料。又过一年，芮氏生下一子，吕祖谦心疼这孩子，为他取名延年。又过了一年，到了淳熙六年（1179 年）七月，芮氏忽又病亡。接着，其二弟祖节又暴殁。

去岁三月的一天，那日他撑着病体，准备为弟子讲授，忽接到一信，一看，竟是挚友张栻死讯，惊愕之际手足冰冷，当即昏厥。丧妻、丧母、丧父、丧子、丧弟、丧友，吕祖谦屡遭不幸，忧思过度，风痹病之症日见加重。

吕祖谦与朱子友情深笃。绍兴二十五年（1155 年），朱子任同安县主簿，往福州拜见父亲挚友、时任福建提刑司干官的吕大器。在吕府，巧遇大器之子吕祖谦。二人性近情投，一见如故。之后二人多有往来，研读关、洛诸书，合著《近思录》，编辑《程氏遗书》为《程子格言》。后吕祖谦召集陆九龄、陆九渊等到鹅湖论学。朱子与陆氏兄弟见解不合，双方激辩，数日争持不下。人称"鹅湖之会"。之后，吕、朱于衢州石岩寺辨《易经》《尚书》《诗经》。长年书信相交，亲如兄弟。吕祖谦对朱子十分敬重，常以"吾丈"称之，对朱熹有问必答，有求必应。朱子知南康军，重修白鹿洞书院，邀其为书院作记，时吕祖谦正身心交瘁，听闻白鹿洞书院修成，立即提笔作《白鹿洞书院记》。朱子收到吕祖谦寄来《白鹿洞书院记》，至为感激，他却不知吕祖谦病入膏肓，身子一日不如一日。当地名医请遍，药也吃了几百服，只是不见好转。

如此过了半年余，祖谦听闻朱子举全军之力，征调民夫，修筑星子大堤，连连赞叹："元晦兄此为，正是造福南康，福荫子孙。"星子大堤将成，朱子来信，请他作文以记。这时已是初冬，吕祖谦病情渐重，浑身时冷时热，又吃了服药，丝毫不见缓解。

这日斜倚床上，身子极度虚弱。弟子巩丰端过药来，要喂他服药。

吕祖谦道："这些药，忒费银钱，又无效用，今后也不必服了。我的病越来越重。我是要走的人了，不如你和朱在都去南康，去投元晦先生。唯他最是博学，能教你们道学正统"。巩丰哽咽道：

"先生切莫自贱身体，当要好好调养，不久定会康复。"

吕祖谦望着屋顶，慢慢说道："人生谁能无死，我死不足惜，唯小儿延年他……"说着望望坐在床尾的儿子延年，"教我实在放心不下……"

巩丰一听，泪流满面："先生……"

延年此时尚不到一岁，虽不知两个大人说些什么，却扑闪着眼睛，看看这个，看看那个，呀呀说着什么。

吕祖谦又道："朱在呢？三四日前他往市里抓药，早该回来。怎么接连几天，也不见他影子？"

巩丰哽咽道："先生，您病情一日重似一日，我和朱在商量，让他到南康找元晦先生，另寻名医为您诊治……恕弟子隐瞒实情。"

吕祖谦吃了一惊："你等怎可劳烦元晦先生……元晦先生患病已久，现知任南康，三县百姓都指望着他来赈济。他日日操劳，每日二更才睡……除了赈灾，又施策宽民力、敦风俗、砥士风……修白鹿洞书院，修大堤，这些大施为，本是十个知军也做不了的事，他却切切实实做了。他这么辛劳，你们怎能劳烦他……你二人也当真糊涂！"说罢"喀、喀、喀"地连咳数声。

巩丰忙轻轻给先生捶背，边捶边哭："先生不愿吐露实情，元晦先生怎知您病重？若不另求名医，先生的病又怎生得好？"

此时正是丑寅交分，万籁俱寂。屋里灯光昏暗，灯花一跳一跳。微光映照之下，吕祖谦的面色愈显枯黄，颧骨高凸，眼眶深陷。寒风拍打着窗扉，"啪啪啪"作响，窗外传来一声鹰隼的唳鸣，让人听着不寒而栗。

突然，隐隐传来"嘭嘭嘭"有人敲门的声音。半夜三更，谁会来敲门呢？二人听了，都是一愣，巩丰道："我去看看。"

不一会儿，就听巩丰大叫："先生，回来啦！朱在回来啦！"

朱在进来，见吕祖谦几天不见，又消瘦了许多，扑通一声跪到床前："先生！"扑簌簌流下泪来。

巩丰见朱在身上背着个大包，说声："先把包放下……"

朱在这才意识到背上还有物事，忙道："这些个，全是父亲托付崔真人亲选的好药，赶快给先生煎服。"

"崔真人？紫虚道人？"吕祖谦笑笑道，"元晦先生信中提到过，他可真是一位世外高人！"

巩丰高兴地叫了起来，喜滋滋取出一包药，看了药方上写的用量、服法，去厢房煎药。

原来朱子听朱在哭诉吕祖谦病重，当即大吃一惊。细问了病症，朱在据实以告。朱子立即写一封信，命孟焕、徐铭飞马到庐山西原庵找崔真人求药。崔真人接信一看，知道吕祖谦所患不止"风痹"，且有"湿阻""肝痛"，立即开了草药，与道童刘开一同忙碌，包了满满二十一剂，交与孟焕、徐铭。孟焕、徐铭辞过崔真人，飞马返回星子。朱子接过药，略觉欣慰。连夜又写了长信，嘱吕祖谦千万顾惜病体，不可掉以轻心，语甚恳切。次晨朱在带着信和药返往婺州，孟焕、徐铭快马将他送到金华县境，方才返回。朱在背着一布袋药，急行慢赶径到吕祖谦家中，将药和信交给先生。

吕祖谦倚在床上，读起朱子来信。阅罢，唏嘘道："你不该瞒着我去搅扰你父亲，他为万民生计，鞠躬尽瘁，比谁都要辛苦劳累……你父亲他当下可好？"

"他虽辛劳，我见他身子骨倒还硬朗。听闻你有病，心急如焚，吃不下饭，连夜让从人取药。请先生安心养病，父亲若见先生病愈，他自己心里一高兴，什么病也会好了。"

吕祖谦又问了朱子经治南康的事，朱在将从黄榦及父亲从人孟焕、徐铭处听到的事，都说了一遍。

吕祖谦道："箕风毕雨，发政施仁，宽猛并济，大儒经世，到底不同啊！"

不一会儿，巩丰端了药来，吕祖谦趁热服了，渐渐平复下来。过了片刻，不知不觉睡着了。二人见先生睡着，悄悄退了出来。

吕祖谦服了崔真人的几服药，日见好转，听说白鹿洞书院已经开学，竟要坐了轿子，千里迢迢，到白鹿洞来，朱子忙去信劝阻，要他先好好养病，留得青山在，不怕没柴烧。并说将于便中到婺州探访。言辞恳切，不容不听，吕祖谦只好暂时断了造访白鹿洞书院的念头。

吕祖谦右腿瘫痪，行动不便，除每日讲学，闲时教儿子延年识字，心情一好，病情也越来越好。吕祖谦得知星子大堤即将修成，抱病作《南康石堤记》寄与朱子。

朱子收到吕祖谦所作铭记，展纸读曰：

……唯南康独处汇津，方天子驻跸吴会，贡赋之输、商贾之运、士大夫之行，鲜不道此，视澳为家。然得澳①而入，则同舟之人举首相庆，可以枕枙而甘寝。是堤既成，隐然如乘长城，卧坚壁以拒章邯②、佛狸之师③……

朱子读罢，百感交集。只盼吕祖谦早日康复，有朝一日能到白鹿洞书院会讲，又能让崔真人给他当面医治。

又过数日，陆九渊来信，称其兄陆九龄病故。朱子听后愕然。独坐书房，自言自语："复斋先生竟也走了，何故好人都不长寿。如此一来，陆象山到白鹿洞讲学之事，更是遥遥无期。"说罢嗟声不断。

转眼到了淳熙八年（1181 年），眼见任期将满，朱子不敢耽搁，今日星子，明日德昌、建昌，今日祭周濂溪，明日访武穆故居，日日安排得满满当当。

---

① 澳，江海边凹处，指可供泊船的港湾。
② 章邯（？—前205），秦朝大将。秦二世时任少府，作战凶猛，攻无不克。
③ 佛狸，北魏太武帝拓跋焘小字佛狸。他于南朝宋文帝元嘉年间曾率师渡淮南犯至瓜步，一路烧杀抢掠，临江而还。后常用作敌酋的代称。佛狸之师，指凶残野蛮的军队。

忽一日，朱子又收到陆九渊来信，言将要前来南康拜访，朱子喜出望外，叫过黄榦："象山先生就要来了，咱们且搬到白鹿洞书院，好好打扫一下，恭候象山先生大驾光临界。咱们五老峰下，可要刮起一阵旋风啦。"

黄榦见先生如此高兴，对孟焕、徐铭嚷道："快收拾行李，去白鹿洞书院迎接'大象'。"

孟焕喜得眉开眼笑，一再催促徐铭："快，咱们随先生去看大象。"

欲知后事如何，且听下回分解。

第十四回

"大象"来拜白鹿洞　五老峰前起风云

在白鹿洞书院住了两日，孟焕见人来人往，却不见有大象来，心里有些焦急。第三日午后，朱子带黄榦到书院门外，孟、徐两个也跟着。朱子、黄榦望着曲回的山路，似乎在等着什么。到了黄昏，只见一行人风尘仆仆远道而来。为首一人，约莫四十岁，气宇轩昂，神采奕奕。朱子一见那人，大喜道："子静先生，欢迎大驾光临，我等在此恭候多时了！"拄着拐杖噔噔噔迎上前去。

陆九渊见朱子亲自出门迎接，诚惶诚恐，忙趋步向前，深深一揖道："元晦先生，一向可好！"

原来是陆九渊带着弟子朱克家、陆麟之、周清叟等一班弟子来到。

朱子让黄榦等接了行李，自己携了陆九渊手，春风满面向书院中走去。

孟焕见一行人中并无大象，看看天色，又已黄昏，心想：难道今日还见不到大象？有些沮丧，脸吊得老长。侧目问黄榦："黄秀才，你说让我等来看大象，大象呢？"

黄榦一努嘴，指向陆九渊："那位子静先生，又号'陆象山'，我们私下都唤他作'大象'。"

孟焕一听，更觉失望："这个'大象'，眼睛、鼻子、耳朵，和我一个模样，这有什么好看？还不如蒙着被子睡大觉呢！"

徐铭听二人对话，强自忍住不笑。

陆九渊随朱子、黄榦进到书院，东看看，西转转。但见古木苍苍，青山合抱，清幽静谧，别有一番天地，心中暗暗叹服。

朱子的再传弟子、陆九渊心学的传承光大者王守仁，有《白鹿洞独对亭》诗一首，单道那白鹿洞书院秘境之妙：

> 五老隔青冥，寻常不易见。
> 我来骑白鹿，凌空陟飞巘。
> 长风捲浮云，襄帷始窥面。
> 一笑仍旧颜，愧我鬓先变。
> 我来尔为主，乾坤亦邮传。
> 海灯照孤月，静对有馀眷。
> 彭蠡浮一觞，宾主聊酬劝。
> 悠悠万古心，默契可无辩。

又走百余步，一处大堂前，一副对联字体凝重，力透金石：

> 鹿豕与游，物我相忘之地。
> 泉峰交映，智仁独得之天。

陆九渊认出是朱子手笔，道："元晦先生亲书此联，超凡脱俗，寓意深远，佩服！佩服！"

朱子谦道："书院振举，还需子静先生襄助，赐教莘莘学子。"朱子暗示的是明日的会讲，陆九渊仰望殿宇，但笑不答。

朱子陪着陆九渊赏游书院，众学子见了，纷纷躬身作揖，居礼甚恭。陆九渊面带微笑，一一还礼。

二人来到大成殿，拜过孔圣人，又到御书阁。陆九渊蓦见孝宗皇帝御赐的《九经注疏》《论语》《孟子》，艳羡不已："除了白鹿洞，还有哪家书院能有这等气派！"

转过几转，来到春风楼，朱子让黄榦等催促伙房，为客人备餐。黄榦答应一声，转身去了。

朱子吩咐孟、徐将陆九渊等人行李搬去春风楼旁憩斋。陆九渊道："且慢!"打开一个木箱,从里边取出一信,递与朱子:"这是伯恭(吕祖谦)为七九兄(陆九龄)所写墓铭,请元晦先生不吝笔墨,亲自缮写。家兄泉下有知,必当感激涕零。"

朱子接过,忆起昔日与陆氏兄弟相聚论辩,何等快意,如今陆氏兄弟遽然少了一人,不禁哀戚,叹道:"能为复斋先生缮写墓铭,元晦不胜荣幸之至。"

接着,陆九渊又拿出一本手抄本书册,递与朱子:"此乃七九兄文集,我亲自抄录的。"朱子翻开书来,见一页页用蝇头小楷书写,端庄凝重,法度甚严。再看陆九龄文章,文辞铿锵,如悬河泄水。虽然对他的见解不敢苟同,却也连连赞叹。

"令兄的文章、子静的书法,尽显大家风范。"

陆九渊续道:"望先生为此书作序!"

"好,好!"朱子慨然答应。

陆九渊又拿出一个白色瓷瓶:"这个,是我金溪一位龚姓名医亲自炮制的药丸,每天一丸,对先生的目疾十分有益,还请笑纳。"

朱子拿起瓷瓶,心生感激,在手中掂了又掂。正自沉吟,伙工端来饭食,摆在一张八仙桌上。四菜一汤,都是地方风味。二人边吃边叙,十分惬意。只是双方都不提昔日辩论之事。这些学问上的事情,一旦提起,二人势必剑拔弩张,争得面红耳赤。吃罢饭,朱子让黄榦泡壶茶来,嘱咐要正宗的庐山云雾茶,用庐山的山泉水。黄榦、徐铭出去,不一会儿端了壶茶水回来。书院前即有山泉水,平时即打满几缸备用,原水烹原茶,是白鹿洞主待上客之道。

安排陆九渊等歇下,朱子自到书房,捉笔缮写吕祖谦为陆九龄所作墓铭。只见他一笔一画,力透纸背,显得极其郑重。写罢,又为《复斋文集》作序。黄昏时分,朱子邀陆九渊到后山赏玩。朱子在前走着,边走边采摘身边艾草和一种红色的野花。陆九渊不明就里,再看,黄榦等也都采着。轻声问道:"元晦先生,采这么多艾草野花何用……"

朱子将一束艾草交与黄榦，往山旁一指："子静休问，但随我来。"陆九渊更觉奇怪，又不便问，只好默然跟随。走了约莫半个时辰，但见坡陡路狭。尽管陆九渊正当盛年，身强力壮，却也有些胆战心惊，只觉头上冒汗，嘴里冒烟，脊背发凉。朱子路熟，兴致正高，拄根藤杖欣然在前。见陆九渊步履迟滞，命孟焕道："去负子静先生一程！"孟焕上前，不由分说，将陆九渊背了起来，大踏步下山。片刻之间，一众人来到一处秘境，隐隐听到水声淙淙，再走百十步，但见林木葱郁，山崖下赫然露出一泓温泉，雾气蒸腾，树影岩石似真似幻。朱子近到泉边，将艾草红花抛撒泉中，脱掉长袍，扑通一声跃入泉中，叫道："子静，请，这是我这个洞主待上宾的秘法。"

陆九渊悠然神往，脱了袍袖，扑通一声也跳入水中。一入水中，但觉泉水温润滑腻，从头到脚熨熨帖帖舒舒服服说不出的快活。定了定神，脚踏细沙，摇摇晃晃走到朱子身旁，欣然道："想不到白鹿洞就近竟有此温泉，元晦先生真有福气。"

朱子边给身上撩着泉水，边与陆九渊说话："子寿的铭文也写好了，《复斋文集》的序言也作了。你就放心在此享受吧。"

陆九渊道："我代家兄感谢元晦先生。"忽然一摸脖颈，怔了一怔，"咦，元晦先生，真是奇怪，我来南康，半路上歇店，不知怎的，全身又痒又麻，这时泡泡温泉，竟一丝麻痒也没有了。"

朱子笑道："匡庐的秘密，还有很多，要不然，何以那么多的名士道人都喜欢在此休养。你若多住些日子，便会知道更多。"

陆九渊听后，羡慕不已："真想与元晦先生日日在此相聚，纵论古今，读书，论道，吃野菜野味，泡温泉澡，只可惜，唉，有很多事，不得不返回抚州。"说到此处，沉下脸来。

朱子见此，悠悠说道："这样的神仙生活，哪个读书人不想，只可惜，我也得走了。"

陆九渊一愣："元晦先生，你……"

"我的任期已满，过几日便要回往崇安。多亏你赏面子，来白鹿洞书

院会讲。我多少也算遂了愿。"

陆九渊一听，"哦"了一声。

黄榦拿了换洗衣裳，早早侍立崖边。见二人涉水走来，忙将二人扶上岸，递上衣裳。朱子与陆九渊站在大青石上，换了衣裳，乘着月色，走上山径。徐铭怕夜深路滑，恐朱子摔倒，将他背起。孟焕背起陆九渊。二人在孟焕、徐铭背上，犹自谈笑。走着走着，忽听山下扑通扑通，响声不绝，细听似有人语。原来是陆九渊弟子在嬉戏说话。陆九渊弟子远远随朱子、陆九渊等回洞，半道却不见了洞主和先生，等了半个时辰仍不见踪影，猜到有什么好事瞒着大家。问了白鹿洞伙工，才知道山旁有一处温泉，猜测先生与朱子去享受温泉，于是悄悄寻了来，只见潭水热汽蒸腾，禁不住下饺子一样都跳到水里享福。

回到书院，朱子与陆九渊坐到一处亭子，命黄榦端来茶水。二人品着香茗，笑谈往事，好不惬意。窗外微风习习，一轮明月高挂，不觉已到子时。朱子吩咐黄榦带陆九渊早早安歇。送走陆九渊，朱子也回到住处，躺在床上，却怎么也睡不着，回想与陆九渊交往，鹅湖论辩时的往事又在眼前浮现。

究竟朱子有何心结，心中所虑何事。欲知其详，且听下回分解。

第十五回

鹅湖会弟子生隙　和不同大儒释嫌

　　朱子与陆氏兄弟论学，在一些要义见解不同，分歧甚巨。相互间常在书信中争辩，却是谁也说服不了谁，越辩鸿沟越深。

　　淳熙二年（1175年）四月初，吕祖谦往南剑州拜见朱子。时朱子正在云谷山为母亲祝夫人守孝，在墓侧筑有茅屋，题曰"寒泉精舍"。二人聚而论道，同编《近思录》一书。

　　这日二人煮茶闲叙，吕祖谦说起陆氏的几条主张。朱子一听，沉下脸来，连说"谬矣！谬矣！"不住摇头。吕祖谦想起数月前见陆氏兄弟时，述及朱子一些主张，陆九渊也是这副神情，连连摇头。吕祖谦见两方见解无法调和，望着远处山峰凝思，半日无语。山野间清风徐徐，水流潺潺，吕祖谦忽发奇想，问朱子道："元晦兄，我想请你与陆氏兄弟到鹅湖一会儿，就道学中的一些关节，相与辩论。不知元晦兄意下如何？"朱子一听，知他用意，略一沉吟，拊掌笑道："嗯，甚好，甚好！"

　　吕祖谦一听，喜上心头，当即致信陆九渊，邀陆氏兄弟前往鹅湖开坛论道。不几日，二人得到陆九渊回信，愿赴鹅湖一会儿。吕祖谦阅信后，先是高兴，接着又担忧起来：陆氏兄弟与元晦兄都是耿介之人，论学直陈己见，毫不掩饰自己观点，言辞激烈，动辄唇枪舌剑，双方见解又势同水火，若是此次论辩终于伤了和气，那我岂不成了罪人。想到此，沉吟无语，缓缓将信递给朱子。朱子一看信，说声"好！正有许多疑问，待要和陆氏兄弟商榷！"

吕祖谦道："鹅湖之会，是以文会友，几位挚友莫要因此伤了和气。"

朱子哈哈一笑道："伯恭兄，君子和而不同！我们只争个'理儿'，怎会伤了和气？"

吕祖谦一听，悬着的一颗心终于放下。又致信几位大儒也来鹅湖捧场。

到了五月中旬，朱吕合著《近思录》书成。二十一日，朱子率弟子蔡元定、范念德，随吕祖谦同赴信州鹅湖寺。陆九龄、陆九渊兄弟带着一众弟子从金溪赶来，也来赴约。一路上，陆九渊在心里不住琢磨：他元晦先生忒也奇怪，以往信中辩论道统，事事都要有一个出处。依他所说，那最初的先祖却哪来这么多经书查证？那作《易经》的人没有文献可查，难道便不作《易》了？数年来每与他论，总是纠缠不清，这次倒要当面问问。

朱子却在心里盘算：陆子静究是年轻气盛，不肯下功夫读书，诸多义理未弄清楚，便任凭想象来解释一通，我倒要当面问他，到底是怎么回子事，劝他熟读圣贤之书。

二人想法竟是一样，都要通过这次辩论，证明自己的见解对，对手错了。

眼见将要开坛，双方都是胸有成竹，吕祖谦心里又忐忑起来：二人都坚持己见，绝不妥协，不知面对面时，会不会吵将起来，弄得不欢而散？

到了次日一早，众弟子纷纷入堂坐定，等待两边大师入座论辩。辰时，朱子、陆九渊入席对坐，吕祖谦在一侧主持。临川太守赵景明、儒人刘清之等，也受邀同来观战。此刻他几人正笑吟吟坐到旁席，待要听听两方大儒发何议论，唱出甚么调调。

吕祖谦微微一笑，简略说起邀约朱子与陆氏兄弟来此会辩的缘由，然后拱手一揖向陆氏兄弟道："子寿先生、子静先生，前次我到贵府与二位相会，相与论道，甚是畅快。别后我常常回想与二友之论，尚有一些细节未明。时光荏苒，匆匆已过数月，不知二位又有甚么新的见解？请二位在此说与众友，让大家听听，受些教益。"

陆九龄站起身来，念起一首诗来：

孩提知爱长知钦，古圣相传只此心。

大抵有基方筑室，未闻无址忽成岑。

留情传注翻蓁塞，著意精微转陆沉。

珍重友朋相切琢，须知至乐在于今。

这首诗，乃是陆氏兄弟前来鹅湖的路上，陆九龄简括兄弟二人主张，要示与朱子。诗中之意："为学之方"，即"治学之道与做人之要"。应发明人的本心，立心才能明理，而后使之博览。若没有立心明志，读书再多也是虚妄。

朱子知道陆氏的观念与此前亦不尽相同，如今陆九龄吟出这一首诗，证明陆九龄与其弟九渊见解趋同。朱子听了微微变色，低声对吕祖谦道："子寿早已上了子静舡①了也。"

正要说话，只听陆九渊笑笑道："家兄此诗，诗甚佳，只可惜第二句微有未安。"

吕祖谦一笑："咦，子静说此诗二句'未安'，不知何意，愿闻其详。"

陆九渊笑笑道："本心是人人俱有，并不是古代圣贤传下，而是人同此心，心同此理，都是不可磨灭的'此心'"。说罢，随即吟诗一首，道：

墟墓兴哀宗庙钦，斯人千古不磨心。

涓流积至沧溟水，拳石崇成泰华岑。

易简工夫终久大，支离事业竟浮沉。

欲知自下升高处，真伪先须辨古今。

诗中概云：世间之人，一见墟墓便有兴哀之感，一见宗庙便起钦敬之心。这兴哀钦敬之心，是油然而生，是人所共有，是千古不灭的"本心"。只要在本心上下功夫，涓涓细流终将汇成沧溟之水，拳拳之石也必垒就泰山之巍。易简质朴直达本心的为学之道，才是正确的求道方法，反之，旁

---

① 舡：船。

求他索，费尽心力考校细枝末节，只能心念芜杂，失了本真。要知道求道的真正方法，是要先立志明心。此处的"辨"，便是陆九渊的"明心辨志""义利之辨""先立其大""尊德性"。第二句"斯人千古不磨心"，说的正是对陆九龄诗中的第二句"古圣相传只此心"，明言人的仁义礼智之心并不随人的生死有所变，而是千古不磨灭的。

朱子听到"易简工夫终久大，支离事业竟浮沉。"皱一皱眉，心道他这意思是说：只须易简工夫，辨志明心，启发此心，就能成为圣贤。而支解间离，浮沉无根，达不到永恒之心。"易简"取自《易传》。《易传》："乾之大始，坤作成物。易则易知，简则易从。……德行恒易以知险……德行恒简以知阻。"乾坤是万化之源，人的本心亦涵万德，生万化。是以，"乾知刊能"这个易简的本源，一落实于主体，便是本心。有了心的自觉，学问便有了一个主脑。看来陆九渊之矛头直指我向来主张。于是起身辩道："为学之要，圣贤之道，就应先读书，泛观博览，做到博闻多识，而后归之约。尽废讲学而专务践履。却于践履之中要人提撕省察，悟得本心，此为病之大者。正叔先生（程颐）曾言：'君子之学，必先明诸心，知所养，然后力行以求至，所谓自明而诚也。'做学问，总得从基础做起。没有踏实的学问，焉能做得真实学问，学到圣贤之道？"

陆九渊道："元晦先生，子静以为：做学问，求圣贤之道，书是要读的，但须先发明人之本心，而后博览……"

二人说话声音渐渐高了，脸色也变了。场上气氛骤然紧张起来。

陆九龄怕陆九渊言语冲撞朱子，轻声劝道："子静，休得无礼……"

吕祖谦见二人所论势同水火，生怕二人失和，早在一旁惴惴不安，惊出一身冷汗，想要出言劝解，却一句话也插不上，这时见二人剑拔弩张，似乎便要吵起来，忙起身道："众友远道而来，旅途劳顿，今日且先论辩至此，我已让朋友准备好了本地美味，大家先来品尝本地美味再说。"

众人一听，这才察觉论辩已久，不觉间已过了两个时辰。个个只觉口干舌燥，腹中空空。吕祖谦招呼众儒出了大堂，一同享用信州美食去了。

到了第二天，众友及弟子再度入座，朱子与陆九渊再来辩论。这时争论的话题转移到了是"尊德性"，还是"道问学"。朱子提出以"道问学"为主，主张通过问学致知，先博览后归约，认为陆九渊的观念"其病却在尽废讲学而专务践履。却于践履之中要人提撕省察，悟得本心。此为病之大者"。

朱子说罢，陆九渊起身，向朱子一揖，慨然道："圣贤之道，当然要以'尊德性'为宗，先要发明本心，然后再来博览。本心之性千古不变，但要展开它却不易，明心功夫终究久大。元晦先生之说，却是'学不见道，枉费精神'。"

蔡元定听着二人激辩，有一肚子话想说。但今日是两家"宗主"的"擂台"，他怎能插进话来。见两位先生妙语如珠，唇枪舌剑，不便打扰，只好将精彩处记了下来，待日后得空再作讨论。

朱子与陆九渊激辩一日，谁也说服不了谁，旁听席上及台下弟子，人人凝神倾听。忽儿认为这个有理，忽儿又认为那个有理。眼见日落西山，红霞满天，兀自在想着两位大师说话，人人若有所思。

到了第三日。双方礼罢，朱子道："依子静所说，做学问的方法也太过容易，偶有所想便认为是顿悟得道，如此，岂不延误了做真学问。"

陆九渊道："若说欲通圣贤之学，必先博览群书，那么尧舜之前，有何书可读？既然尧舜无书可读，可为何被公认是圣人呢？可见，读书不是成圣的唯一法门。"

朱子摇摇头道："非也，非也。"

陆九渊两道剑眉一竖，双目炯炯，大声道："先生，依你所见，难道做学问，都要从细枝末节做起，求理都得搬出古人经典，逐字逐句一一验证？如此求学论道，人的一生又能求得几分道理。我倒是认为：'宇宙便是吾心，吾心即是宇宙。六经皆注我，我何注六经。'"

台下众友弟子一听愕然，陆九渊此论，真是前无古人，太过狂妄。

吕祖谦见二人又争得面红耳赤，剑拔弩张，急得额上颊上汗水涔涔，起身劝道："子静，咱们这是会讲论学，对理不对人，切莫言语中夹枪带棒？"

　　陆九渊向朱子一揖，欠身微微一笑："元晦先生，子静说话声音忒大了些，实在对不住，我在这里给您道歉。"

　　朱子听陆九渊讲道"宇宙便是吾心，吾心即是宇宙"，正要听他下文，不料被吕祖谦打断，略觉遗憾。望着吕祖谦等道："子静今天论学，都说到了最关切的地方，你们莫要打扰，子静声高，难道我的声音就低了？"朱子转头又望着陆九渊，"子静，你我能如此坦诚论学，已属难得，但说无妨，我如有言语不当处，也请你多多包涵，哈哈。"

　　陆九渊哈哈一笑："哈哈，先生，方才，确是子静有些失敬……"

　　朱子哈哈一笑："朋友相与论道，穷究天理，乃是人间最快慰之事。诸理不辩不明，我高兴还来不及……哈哈，只是，你方才所论，朱某实不敢苟同。何谓道？假若道学无所依据，又怎能称之为学，怎能……"

　　"先生，恕我直言……先立乎其大，而后天之所以与我者，不为小者所夺。夫苟本体不明，而徒使功于外索，是无源之水也。"陆九渊又大声辩驳起来，语气铿锵。

　　朱子淡淡一笑，悠悠说道："子静此言差矣！物穷理，乃吾人入圣之阶梯。夫苟信心自是，而唯从事于覃思，是师心之用也……"

　　二人从申时直辩到未时，忽见三四个仆人、伙工扒在窗边向里张望。吕祖谦本要将其喝退，走出门去一问，方知时候不早，望着朱子、陆九渊并众人道："吾道源远流长，我等岂能在数日之间，将一学一论辨析得清清楚楚，我们今日就此打住，先用饭，品尝茶酒，明日再辩如何？"

　　第四日之辩就此结束。晚间几人吃罢饭，正在饮茶，忽有人匆匆进寺，向临川太守赵景明密语几句，赵景明脸色遽变，起身对众人道："时局不稳，有大批流寇窜至抚州，大肆劫掠……"

　　陆九龄、陆九渊一听，大吃一惊。他二人在此论学，一家老小近百口人正在金溪老家，性命堪忧，不知是否已遭遇匪事。当下二人起身，向朱子等告辞，带同弟子匆匆返回金溪去了。

　　陆氏兄弟一去，这场论辩便也偃旗息鼓，众友收拾行当，各自散去。

　　鹅湖之辩，四天半时间，朱子与陆九渊，谁也无法说服谁。朱子带元定等郁郁返回武夷山，过分水关时，念及四日之辩，不禁吟道：

地势无南北，水流有西东。

欲识分时异，应知合处同。

诗中多有"求同存异"期许。一场论辩，剑拔弩张，势同水火。好在双方只为论学，并无个人恩怨。辩论之后，冷静下来，一番思考，意识到对方所论，也是颇有见地。回到五夫，朱子写信致陆九渊："……然警切之诲，佩服不敢忘也。"后人有赞朱子："豁达如是，开明如是，尊重他人如是，真是一代鸿儒也。"更有人赞鹅湖之会："宋儒有朱陆，千古不可合之同异，亦千古不可无之同异也。"

"鹅湖之辩"虽已结束，但双方的弟子，却对对方的主张不敢苟同，并由此有了心结。

詹体仁，字元善，为朱子得意门生。为给朱子出口"恶气"，竟独自跋涉到金溪象山找陆九渊争辩，为陆九渊弟子拦阻。詹体仁双手叉腰，在书院门前大声嚷道："你们的师父陆九渊，自以为知天晓地，有多么了不起，我看他，就是不知天高不知地厚，只会强词夺理，胡说八道，请他出来与我一辩。"

陆九渊弟子围了上来，其中一名身材健伟者戟指怒目："哪里来的野鸭子，如此聒噪，不知羞耻。"

另几人嘻嘻讽道："原来是元晦先生门下，有其师必有其徒。嘴上仁义道德，却这等不识礼数，可笑，可笑！"

"怪不得恁地呆板，恨不得把一个理字也拆解大卸八块，原来顶着个榆木脑袋！"

说罢哈哈大笑。

詹体仁脸涨得通红，指着陆九渊众弟子道："尔等不识大体，竟也配说道统。"走上前去，双眼如欲喷出火来。眼看双方就要动手，忽听一阵雷吼：

"休得无礼！"众人一看，见说话的正是大师陆九渊。陆九渊众弟子七

嘴八舌，指着詹体仁："先生，这小子跑来捣乱！"

"不如让我们狠狠揍他一顿，两下不相来往。"

"休要猖獗，来来来，我看你们谁能动我一指头。"詹体仁双手握拳，踏近一步，摆出架势。

陆九渊轻轻一笑："这位学兄，这是为何呀？我与元晦先生相辩，就是为了正本清源，旨在解决道学的根本问题。你这么胡闹，你师父知道了，岂不笑话。让天下做学问的知道了，更会笑话你师父，人家会说：'就这点气量，还遑谈什么宇宙天地'，我想，元晦先生断不是这样的人吧。你且回去，不要再来胡闹。"

詹体仁碰了个软钉子，一时手足无措。

"先生莫要便宜了他！"

"不给他点教训，让人知道了，以后谁都要欺上门来，到我们象山书院说三道四，那还了得！"

"住口，休得胡说！我和元晦先生见解不同，却最佩服他的学识人品。这叫作和而不同。我二人的心思，岂是你等弟子辈所能明白。"转身对詹体仁道："我对元晦先生，丝毫无不敬之处。你快走，回去好好读你的圣贤书去吧，我等不与你计较就是！"又对弟子道："去取些碎银来，当心这位学兄路上没了盘缠，被狼虫虎豹吃了，到时候元晦先生来问我要他的得意门生，我可担待不起！"

詹体仁怒道："哼，谁要你可怜！"

打也打不过，辩也辩不过，詹体仁碰了一鼻子灰，怒道："不要高兴得太早了，有朝一日，我要与你陆象山单独论辩，非让你知道自己错在哪里，谬在何处。哼！哼！哼！"说罢气呼呼，头也不回，径直走下山去。

他身上没了盘缠，一路忍饥挨饿，在破庙中歇宿，山泉里喝水，过了半个多月才回到五夫。刚一进门，只见朱子大声道："你干的好事，跪下！"

詹体仁吓得浑身哆嗦，不明所以。

原来他人未返回，陆九渊的信已先寄到。陆九渊并未详述詹体仁行止乖张，言语不敬，只说他曾到金溪象山书院访问，担心山高路远，怕他一人独行有甚么闪失，问他是否平安回到五夫云云。朱子一见信，揣摩詹体仁性情暴烈，料他到金溪自然是找陆九渊出气去了。如此行径，让我朱熹颜面尽失，无地自容，不禁大为光火："我朱元晦向来与人讲授孔孟之学，教弟子仁义道德，却培养出你这等逆徒！"

詹体仁听到这里，才知自己大闹象山书院的事已经败露，吓得头也不敢抬起。朱子一连训斥他半个时辰，詹体仁唯唯诺诺，叩头谢罪。到了黄昏，朱子见他一路奔波，又饿又冷，心生怜悯，方才作罢，让黄榦领着他去吃饭。

朱、陆门生台下发生的这番龃龉，此后再无人提起。朱子与陆九渊更是讳莫如深。

是夜，月色如水，朵朵云絮泛着白光。庐山诸峰，薄雾笼罩，更显神秘。朱子躺在白鹿洞书院憩室，想着隔年旧事，论学风云，心中潮思如涌。窗外风声飒飒，时闻夜鸟啼鸣。不知明日陆九渊在此会讲，又将激起怎样的风云。到了三更，轻轻闭上眼睛，沉沉睡去。

究竟后事如何，且听下回分解。

第十六回

陆九渊激愤说义利　白鹿洞盛情宴佳客

　　说到对道统的传习，白鹿洞书院的学子自然尊崇自己的山长，唯朱熹马首是瞻，对陆九渊的"心即理"之说颇为不满，以为其立学之据，尽是空谈；象山书院的学子，又觉朱子"理本论"之说太过琐细，只重视细枝末节的求证，不重视内心的感悟。此时陆九渊来白鹿洞书院会讲，两边学子都拭目以待，想要听听他又要讲出些甚么新道理来。次日一早，众学子陆陆续续来到明伦堂，围着讲台，端端正正坐成四排，静候陆九渊登台开讲。台上排两把鸡翅木交椅。中间置一把，右侧置一把。众学子纷纷猜测，不知为甚么要置两把椅子，两位大师怎个坐法。更不知陆九渊话题一发，会引发两位大师怎样的交锋，到时候又会是怎样一种尴尬局面。人人只觉波谲云诡，似乎一场大战将要发生。正忐忑间，就见远处林荫下走过几个人来。当先两人，正是象山书院山长陆九渊与白鹿洞书院洞主元晦先生朱熹。后面跟着的，是白鹿洞书院的几位教授。朱子与陆九渊谈笑风生，携手来到明伦堂门口，众学子见二位大师到，忙起身施礼。二位大师进得大殿，走上讲台，向众学子还礼。朱子请陆九渊入座中间那把椅子，自己坐到右侧椅中，向众弟子道："子曰：'有朋自远方来，不亦乐乎。'今日我等邀请的这位，是抚州的陆子静先生。子静先生是我老朋友，他对道统、治学，颇有其独到见地。他能远道而来讲学，实是我白鹿洞书院一大幸事。闲话少说，我们这就请他来讲经论道，聆听他的高见。"说着带头鼓掌，学子们哗哗地鼓起掌来。

陆九渊向朱子一揖，向学子还礼，微微一笑，声音洪亮："诸位，白鹿洞书院，名山名院，源远流长，又有洞主元晦先生在此坐镇讲授，原本轮不到我陆某在此讲谈，但元晦先生屡屡邀我前来，我也只好从命，不敢拂了他的美意。"说罢望朱子一眼，朱子微笑点头。陆九渊望着台下，收敛笑容，慨然道："做学问，要讲究'心'正，'学之不明，人心之失其正'，'正'的前提，是要有德。'明理，立心，做人'这才是我等做学问的目的……所以，我今天要好好给大家讲一讲《论语》中重要的一章：'君子喻于义，小人喻于利'。"

昨日陆九渊一到书院，白鹿洞学子见洞主对昔日论敌敬若上宾，大为不解。这时会讲开始，诸生个个心中好奇，本要看看这个陆象山到底有何真才实学，竟使得先生对他如此敬重。及至陆九渊说出正题"君子喻于义，小人喻于利"。众弟子一听，心下大奇，想不出象山先生缘何要讲这样一个新鲜题目，个个肃然端坐，凝神倾听。就听陆九渊续道："当今很多人读书，只是为了考取功名，这便是为了利。考取功名后，只想着当官；当官后，又想着升官。自少至老，自顶至踵，无非为利……"

陆九渊见众学子听得专心，声音放缓，一句一顿："自有科举以来，做学问者都得设法逾越此道门槛。然而科举取士的标准，是看考生做文章的技艺如何，所发议论是否合有司之意。如此一来，它便引导考生们只注重怎的去考，教他们如何过了有司这一道门槛，而不注重学到了什么，这样岂不都带了功利心，助长了唯利是图风气？本着这样的目的读书，岂不与圣贤的教导背道而驰？想要克服这些弊病，做学问必须先'立志'，不以科场得失为目标，而以'义'来决定为学做人的目的，去名利之念，不徇流俗，以圣贤为志，以治平自任……"

当真是深入浅出，侃侃而论，句句珠玑。激越处，如锣鼓锵锵，舒缓处如和风细雨，众学子听得聚精会神。只因此论涉及做人做学问之最要紧关节，堂下众学子无不动容，当时便有人轻声啜泣，涕泪交流。

朱子端坐聆听，越听越觉有味。觉得陆九渊今日所论，切中学界痼疾，大是可取。时值早春，天气微冷，朱子边听边思，头上、背上汗流不

止，不得已让人拿出一把蒲扇来，不住扇凉。待陆九渊讲完，辟席朗声道："诸位，今日子静先生所讲，切中学界弊端，实乃高论。我在此讲学多次，却从不曾说到此一节，真是惭愧！今日听子静先生之论，实是受益匪浅。"说着望望陆九渊，"子静方才所论，我朱熹当与诸生共守，以无忘先生之训。"

众弟子听后，心潮澎湃，禁不住连连鼓掌。

"此外，"朱子略顿一顿，眼望陆九渊续道，"还要请子静先生将此次所讲高论写出来，名字就叫《白鹿洞书院论语讲义》，咱们将它刻到碑上，以作纪念，诸位以为如何？"

众学子再次鼓掌。

明伦堂内，气氛热烈，明伦堂外，日已西斜。谁都没有留意，一场会讲从清早讲起，直讲到将近未时。朱子笑道："学海无涯，无穷无尽，我辈当毕其终生精力，上下求索，但此时……我估计诸位和我一样，肚子饿得咕咕叫。我建议大家先吃饭，吃完饭下山同游落星湖，一边乘船赏景一边再向子静先生请教，'学而时习之，不亦说乎'！"

众学子一听要与两位先生同游落星湖，群情振奋，抖擞精神，似乎忘了今日尚未用饭。朱子、陆九渊先出明伦堂，之后众学子喜笑颜开，结伴到大饭堂吃饭去了。

饭罢，众学子早早来到书院门前，等待朱子与陆九渊同行。不一会儿，朱子、陆九渊说说笑笑出了书院。陆九渊站在书院门前，极目远眺，青山叠翠，云波浩渺。匡庐美景，尽收眼底。陆九渊深吸一口气，轻轻吐纳，道："匡庐胜景，果真天下莫出其右！"朱子笑笑："子静既然钟情于此，何不再盘桓几日，到各处赏景才是。"陆九渊道："只可惜身不由己……"正要往下说，眼前忽地闪过一道光影，陆九渊道："咦，那是什么？我等来寻白鹿，莫非……"

徐铭一听，取出背上短弓，拈弓搭箭，"嗖"的一声，就见那深草丛中一晃，落下一个毛茸茸金黄色的物事来。孟焕跳去，一把拎了回来：

100

"哈哈，好肥，好大，好味！"

众人定睛看时，却是一只黄猄。杨大法笑道："此次讲学，大获成功，连上天也赐了黄猄来犒劳先生。"

陆九渊道："遇此奇兽，也是趣事！如此神仙境地，吾愿在此陪众生读书论道，永不下山。可惜哟，我们读书人，偏偏牵挂太多，哪能静下心来做书仙。"

朱子望望陆九渊："想做书仙，确是不易。不久，我也该走啦！"

陆九渊听了，知道他说的是任期将满，将归武夷，禁不住为白鹿洞书院学子感到惋惜，低头无语。就听朱子对孟焕道："飞禽走兽，亦是有灵性之物，你等要害它性命，将它宰杀，须当离得远些。屠宰之事，君子不忍视之。"

孟焕憨憨地一笑，提着黄猄转身钻入树丛，宰杀去了。

朱子与陆九渊缓缓下山，来到岸边。早有大船等候。二人携手登船，立于船头。微风吹动，湖面闪烁细碎金浪。水天一色，无限风光。

朱子接道："子静兄，李太白、陶渊明览匡庐山光水色，都留下佳句，想必你也诗兴大发，不如吟咏一首，以助雅兴！"

陆九渊歉笑道："诗词上的功夫，我倒差着一大截。不过，李太白、杜甫、陶渊明皆有志于吾道，已足欣慰。"

朱熹道："'李太白、杜甫、陶渊明皆有志于吾道'，高论，高论！"

陆九渊又道："当此良辰美景，还请元晦先生吟咏一首，以壮酒兴。"说罢眼望朱子。朱子本要先让他吟诗，没想到陆九渊话锋一转，推给了他。朱子不便再辞，略一沉吟，吟道：

江水浸云影，鸿雁欲南飞。携壶结客何处？空翠渺烟霏。

尘世难逢一笑，况有紫萸黄菊，堪插满头归。

风景今朝是，身世昔人非。

酬佳节，须酩酊，莫相违。

人生如寄，何事辛苦怨斜晖。

无尽今来古往，多少春花秋月，那更有危机。

与问牛山客，何必独沾衣。①

陆九渊听着，琢磨词中意味，拊掌击节。待朱子吟毕，叫道："好，好词！先生此作，意韵俱美！既抒豪情壮志，又隐括杜诗！我且吟诵几句陶渊明诗，以助雅兴。遂吟道：

> 大钧无私力，万里自森著。
>
> 人为三才中，岂不以我故！

朱熹道："好！豪杰而不圣贤者有矣，未有圣贤而不豪杰者也。"

陆九渊接道："妙论！妙论！"

二人相视大笑。

朱熹又道："昔日鹅湖论道，虽有不同，但目的相同耳。我等须有豪杰胸襟，方可同也！"

陆九渊笑道："哈哈，我也是一样想法！"

二人坐于船头，赏着美景。陆九渊回望庐山，诸峰巍然耸立，白云如带，笼着一屏屏青翠。禁不住赞道："匡庐，果仙境矣！"

朱子接道："自有宇宙以来，已有此溪山，有如此溪山，却有几个如子静这般佳客？"

陆九渊一听，心知朱子此问，意味深长：既然人生于天地间，灵于万物，那么人与天地万物之间，到底谁先谁后？于是笑笑道："宇宙无穷，佳客无数。我陆九渊能做白鹿洞客人，幸甚至哉，哈哈。"说罢，眼望远处点点渔火，陷入沉思。心想：明日一别，不知何时再能与元晦先生聚而论道？

陆九渊沉吟半晌，微微一笑："时间也过得真快，元晦兄知南康，匆匆已近二年。这二年来，先生修书院，建大堤，造福一方，功德无量。"

---

① 朱熹：《水调歌头·隐括杜牧之齐山诗》。

朱子接道："功德倒谈不上。只是我到南康赈灾，旱魃已伏，如今又相会佳客，真是幸事乐事！"

陆九渊道："太守与主簿同乐！"

此时朱子为知军，相当于太守之职；陆九渊任崇安主簿，尚未到任。二人心情大好，是以俏皮话连篇，以官职借指相戏。

朱子听了，哈哈大笑："荆公有诗：'岂无他忧能老我，付与天地从今始。'我平日最喜诵之。"

陆九渊道："儒者之力，必须与天地参。太守以民心为政，可谓大德矣。"

二人心无芥蒂，不觉又说起道统，探究起《易》来，说着说着便谈到"太极"。朱子说起《太极图》，说到天、地、人。

陆九渊道："元晦兄，兄弟一直有一个疑惑，觉得《太极图说》似乎并不出于二程……"

朱子听了这话，眉头一皱，轻轻叹了口气。陆九渊见朱子神色有异，心想再说下去，难免又要说到气、理、无极、太极。再要多说，岂不又要起争执，拂了主人雅兴。话到嘴边，终于没再说下去。

朱子虽觉做学问，应兼取两家之长，但陆九渊有些观点似趋禅学。陆九渊则想，心即是理，我也不能因为同意你元晦兄的观点，放弃我一向的主张。两人都凝神望着远处，似在赏景，却又分明心事重重。此后二人见解分歧越来越大，终于在六年之后，又爆发了一场"无极、太极"之争。此是后话。

忽听身后有伙工说道："咦，两个先生怎的还不来喝酒？"

陆九渊回过神来："先生，湖上似乎有些凉，我们还是进到舱里吧。"说着便来扶朱子。

朱子也缓过神来，道："子静，来，咱们痛饮几杯。"

二人走进船舱，众人肃立迎坐。朱子举起酒杯。朗声说道："今日盛会，诸位不必拘束，大家举杯畅饮……来，干杯！"

众人一同举杯，叮叮当当，杯觥相交，欢声笑语，荡漾在落星湖万顷

碧波之间。天上明月高挂，星河璀璨，湖面上，清风阵阵，惊涛拍岸。

天黑时，朱子、陆九渊等方回到白鹿洞书院。远远嗅到香气扑鼻，黄榦迎上前来，请朱子、陆九渊用餐。朱子手指身侧一亭道："且将饭食端到此亭，我与子静先生边享受美味，边谈论圣贤，岂不妙哉！"片刻，伙工用大盆端来猓肉，几人边吃边叙，大快朵颐。

第二日，陆九渊拜别朱子，与七八位弟子起程，返归金溪。

陆九渊走后，朱子也带黄榦等回到星子。一进军署府邸，但觉头重脚轻，眼前一阵模糊。心道："我这又怎的啦？难道又病了不成？"

究竟朱子又遇何事？欲知端详，且听下回分解。

第十七回

崔真人说解脉经　朱元晦泪别南康

朱子回到星子，只觉昏昏沉沉，体力不济。到底是甚么原因，他自己一时也想不明白。

南康任上，他事必躬亲，样样都想亲力亲为，当真是鞠躬尽瘁。崔真人数度相劝，他也只是口上答应，转眼又忘得一干二净。夙夜忧劳，元气大耗，渐感体力不支。眼见任期将满，上奏朝廷，只盼早日归家。奏折中尽言"衰病之躯，日益疲惫。旧证之外，加以洞泄不时，兼旬未止，两目昏涩，殆不复见物"。又道："日夕应接吏民，省阅文案，若更旬月不得脱去，即精神气血内外枯耗，不复可更支吾矣。"

离南康前，朱子又来寻崔真人，向老友作别，一面托他将瀑布对面的卧龙庵重建，作为将来的归老之所。朱子来到西原庵，童子刘开正在庵前捣药。朱子笑着问他："紫虚道人哪里去了？在后山药园子吗？"

刘开指指东又指指西："说是去那山采石韦，又说去那山采阳元草，昨日又说要到西涧去采接骨草……到底去了哪里，我也说不准……"

朱子举目四望，但见白云悠悠，不知崔真人何时才回，不禁惆怅。

孟焕咕哝道："他这样闲逛，我等在这里等他，不知要到何时？"

朱子悠悠说道："何谓'真人'，'真人'乃已得道之人，飘忽无定，来去无踪，似在人间，又似在仙境。他做神仙的，自有他的事，岂能坐等我来……"

孟焕见说，低下头去，嘴上却又咕哝："原来做神仙有这么多乐趣，

我倒也想做神仙了。"

徐铭嘻嘻一笑："你又杀生又吃酒，尘缘未断，怎修得了仙。"

黄榦笑着望二人一眼："吃肉喝酒，那是和尚禁忌，道士怎会顾忌这个。"

孟焕、徐铭搞不清释、道各家禁忌，听黄榦一说，搔搔头，憨憨地笑了。

几人举目远望，群峦起伏，青峰如屏，绵延不绝，不知崔真人何时归来，不禁犯愁。刘开给朱子沏一壶茶，又反身去屋角捶捣药草。

朱子独自坐在桌前，看案上放着一本《难经》，顺手翻看起来。黄榦、徐铭见几上正摆着一盘残棋，棋势微妙，似乎无止无休。想必是崔真人独自弈棋，下到这里，不知后者如何落子。二人对着棋盘参详起来，半天看不出出路。约莫过了半个时辰，只听刘开喜道："师父回来了！"

朱子心中一喜。抬头望去，只见崔真人左手拿锄，右手提着个药筐，优哉游哉从林后走来。忙迎了上去："嘉彦兄！"崔真人一见朱子，喜不自胜："元晦兄！我道今日山前喜鹊叫个不停，原来是元晦兄要来。"边说边放下锄头药筐。刘开极有眼色，端来脸盆让师父洗手。崔真人洗毕，笑吟吟坐到案前："元晦兄，有些日子不见了，你去了哪里？"

朱子道："近来事务繁忙，未能拜见嘉彦兄，还请恕罪。"

崔真人一笑："你又是做知军，又是做山长，要说不忙，那才怪哩！"说着仔细望望朱子："我前次给你抓的药，想必已经用尽，药效怎样？"朱子道："用过，当即便好，只是近来，又有些头晕，夜间难以入眠。"崔真人绾起袖子，三指轻扣朱子寸关，给他把脉。见他洪脉极大，壮如洪水，来盛去衰，滔滔满指。脸色一沉："咦，元晦兄，这就不对了。你又没听我的忠言！万万不可过度操劳，须得静静调养，否则，元气大伤，再要复元，难上加难。"

朱子一听："我有大病吗？崔兄莫要吓我，我还有许多许多事要做哪，你须得设法让我多活五十年！"

崔真人一听，默然不语。沉吟再三道："你须听我相劝几句，康养百岁，自然不难。"

"崔兄请快快说来。"

"哈哈，就怕你做不到。我都写在纸上罢。"转头让刘开取过笔墨，挥笔在纸上写了起来，写罢递与朱子。朱子看时，见写着：

酸多伤脾，苦多伤肺，辛多伤肝，咸多伤心，甘多伤肾。耳不极听，目不久视，坐不至久，卧不至疲……

朱子阅罢，凝神参详，点了点头。忽然记起曾见过一本《郭长阳医书》，曾对把脉方法存疑，不知崔真人何以一把脉便对患者病情了然于胸，问道："嘉彦兄，我曾翻阅《难经》，首篇说到把脉，说切脉独取寸口（手腕寸关尺脉），与《黄帝内经》提出的三部九侯不同，不知为何。就是取寸关尺切脉，也有讲究，郭公此书备载其语，并以丁德用密排三指之法以释之。丁德用之法，我倒有一个疑问：大夫的手指有的粗有的细，病人的手臂有长有短，这切脉的部位，怎能都是一般。"

"今人解古人经书，多有讹误。"崔真人说着又将三指搭在朱子腕间，示意道："《难经》之所以分寸尺者，皆自关而前却，以距乎鱼际尺泽，是则所谓关者必有一定之处，亦若鱼际尺泽之可以外见而先识也。然今诸书皆无的然之论，唯《千金方》以为寸口之处，其骨自高，而关尺皆由是而却取焉，则其言之先后、位之进退，若与经文不合。俗间所传《脉诀》五七韵语者，词最鄙浅，非叔和本书原义。世之通晓医理者，多委弃而羞言之。"

朱子听后，疑窦顿释，赞道："还是嘉彦兄高明，'崔真人'这个名号，果然名不虚传！"

崔真人道："人们都叫我'真人'，嘿嘿，这叫法忒也荒谬，我崔某不过山野一村夫而已！"说罢摇头苦笑。

朱子忽然想起什么似的道："对了，嘉彦兄，我那挚友吕伯恭，数月前服了你的几剂药，甚是灵验。劳兄再为他抓几服来。"崔真人听了，写了方子，交与道童刘开。刘开接过，看了一遍，挠了挠头："师父，此方

与前次，有两剂不同。"

崔真人道："同一个人，同一种病，时期不同，用药自然不同，怎的总不长进！"

刘开听师父一说，伸伸舌头，自到药柜前，拿着戥子有板有眼地称量起来。

崔真人与朱子说起寸关脉及摄生之道，孟、徐在旁听着，一句也不懂，微感枯燥，对着窗外赏景。倒是黄榦有心，听得津津有味。

刘开抓好药，装在一个布囊内，恭恭敬敬递了过来。

崔真人又道："去取瓶真元丹与元晦先生！"刘开听后，到柜前拉开一个抽斗，拿出一个瓷瓶来。崔真人接过，递与朱子，嘱道："元晦兄，你元气大亏，我这里再设法给你补补，这些药丸，每三日服它一丸，保你十年无虞。"朱子接过，连声称谢，交与黄榦收妥。

孟、徐以为事毕，正要下山，哪知朱子又与崔真人攀谈起来。就听朱子道："上次所议之事，我意已决。"接着与崔真人一阵低语，说些"卧龙庵""终老"的话，孟、徐听了，猜不透所言何事。

原来朱子羡慕辛弃疾在带湖建了退隐之所，也想找一处清静之地，建几间屋舍作终老之用，几番思索，只觉建在卧龙潭边，与西原庵崔真人为邻，是上上之选。二人所论，即是建屋之事。议毕，朱子让黄榦将一袋钱交与崔真人，托他监督修建。崔真人笑道："等到新屋修好，你住了进来，我二人共赏匡庐景，同饮山泉水，我保你做个寿星！"

微风夹着花香，穿堂而过，二人品着新自采的山茶，越谈越是欢欣。忽一只山雀落在窗台，叽叽喳喳叫得欢快。朱子一看，日渐偏西，想起还有许多事务交接，忙起身告辞。崔真人送他过了卧龙潭，方才回去。几人转头回望白鹿洞，但见白云激荡，如滔滔波浪。庐山奇峰如岛屿般散落其间，夕阳西下，映照落星湖万顷波涛。朱子禁不住吟道："夕阳无限好，只是近黄昏。"

闰三月二十七日，朱子改任提举江南西路常平茶盐公事，上疏力辞。

移交毕，即起行回往崇安五夫。朱子怕惊扰百姓，于前一日黄昏悄然出城，夜宿罗汉寺。朱子伫立崖上，眺望无限江山，夕阳如橘，红遍半天，微风拂面，杨柳依依。当此离任之际，心中实在不舍。这里有朋友，有书院，有未完工的星子大堤。所有这一切，都让他割舍不下。

第二日清早，收拾行装，将近巳时出得寺门，径向东南行去。走了约莫半个时辰，来到一处小镇，忽见前方人头攒动，一片嘈杂，几人不禁一愣。徐铭驰马前去探察，才知是镇上百姓，闻朱子辞归故里，夹道相送。

朱子下马，拄着拐杖走向前去。百姓齐迎上来，将他围住。内中一个老者，牵着一个七八岁的幼童，率先走上前来，咕咚一声跪倒便拜："知军大人广布仁德，赈济有方，我南康三县百姓没齿难忘。请受老生一拜。"朱子一看这老人，脸似石像，额上皱纹层层堆积，正是初到南康到乡下访查时，在打锅牛村相识的那一位，忙弯腰将他扶起，执着他的双手道："老兄，原来是你！这位是你的孙儿吧？"

老人道："多亏大人赈济及时，我的儿子孙子才没到外乡逃荒，否则，我是再也见不到孩儿们了……"说着一牵孙儿："怎的这么不成器，快给老爷磕头！"那孩儿咕咚一声，跪倒在地，咚咚连磕几个响头。朱子将那孩儿拉起，抚抚他头发，热泪盈眶，笑笑："小娃娃，让你爷爷帮你找个好先生，教你读书识字做文章，你可喜欢！"

那孩子愣怔着，点了点头。朱子望着黑压压的千百百姓，心潮起伏。他招一招手，含泪作别。百姓有送酒的，有送熏鸡烤鸭野果的，朱子推辞不过，让孟焕、徐铭勉强收了些许鸡蛋野果，其他坚辞不取。至午时，几人终于出了镇子，向东而去。走了里许，朱子回望，见百姓仍在远远地挥手张望，心头一热，对黄榦道："《西铭》有语：'凡天下疲癃、残疾、惸独、鳏寡，皆吾兄弟之颠连而无告者也'，我们见到的百姓，包括老弱病残，都是我们的父母兄弟啊！"黄榦见先生落泪，禁不住也热泪盈眶，哽咽道："弟子谨记！"

几人一路向东，晓行夜宿，时缓时急，迤逦行往崇安。

第十八回

朱子起念筑精舍　元定解说八阵图

　　一行人且行且息，迤逦而行。朱子一路回想数年来所历，眼前浮现着与辛弃疾的数番聚会，白鹿书院盛景，陆九渊会讲诸般情景，心中暖洋洋，嘴角微带笑意。到了第七日，入福建路界。远处青山错落有致，白云缭绕，脚下轻快，越走劲头越足。第八日到得邵武，面前一条溪水，澄净如练。忽然想起：前年与妹夫刘彦集、隐士刘甫共游九曲时，见五曲山水甚佳，曾想在那里建屋小隐。我何不便在五曲建所书院，专心做些学问，带徒授课，岂不是美事一桩。旋即又想：建一座书院，那可是要一大笔开销。我自己手头空空，哪有这个能力。这不过是一个梦想罢了。虽然无法将它实现，但想一想也觉有趣。何况我已给崔真人付了定金，要他帮我在庐山卧龙庵旧址修屋。一路浮想联翩，心情愉悦，马蹄嘚嘚径往崇安五夫驰来。

　　越近家乡，心中越是思念亲人。此时他心中最想见的，是他的宝贝女儿朱兑。俗话说，女子无才便是德。我这个花容月貌的宝贝女儿，又写诗，又画画，不知她习这些又为了什么，将来又怎生嫁得出去？自妻子清四去世，朱兑一心操持家务，不知苦累。不知她此时此刻，却在做甚。

　　黄榦心中，也在想着一个人，也是兑儿。越是临近五夫，他的心中越是怦怦乱跳。淳熙二年（1175 年），黄榦之兄任职吉州，黄榦从行，结识了儒人刘清之（子澄）。刘清之奇其才，书荐于朱子。时大雪，黄榦至崇安五夫里拜访，不料朱子外出，黄榦留住客邸，"卧起一榻，不解衣者二月”。直到次年春朱子归来，见其问学志坚意切，收他为徒。黄榦自见朱子，便夜不设榻，衣不解带，少倦则微坐一椅，或至达曙。朱子曾语人曰：“直卿志坚思苦，与之处甚有益。”黄榦侍奉朱子身边，日日与先生的千金兑儿相见。在黄榦眼中，最早把她当一个小妹妹看待。这几年，兑儿出落成一个大姑娘，容貌清秀，举止大方。只觉她举手投足楚楚有韵，有时不免将眼偷偷瞧她。说来也怪，朱兑与别人有说有笑，对他却总板着脸，有时还要找碴儿与他拌几句嘴。黄榦自忖：我到底怎生得罪你了，为何这般待我？能不能像对其他师兄弟，和和气气，或拿出对他们一半的好待我，也算公平。然而这也只是心里想想，嘴上从不敢说。二人目光一碰，便即避开。此时眼见将到朱子家中，想象着见到兑儿，将是何等情形，莫要一不小心又被她奚落。

又行一日，终于到得五夫。转过一片山林，远见紫阳楼侧，正升起袅袅炊烟。朱子心头一热，鼻子一酸，就要流下泪来。到得村口，勒住马缰，孟焕将他扶下马来。朱子拄着拐杖，抖擞精神，径向家中走来。往前看时，黄榦已背着个包袱，快步抢先报信去了。

朱家大门洞开，黄榦径直走进院中。一进门，叫道：“谁在家？先生回来啦……”话音未落，只见兑儿走出厨房，边在围裙上擦手边向他望来，嫣然一笑，灿若桃花。黄榦望见，心也醉了，愣了一下，上前打招呼：“兑儿……”

兑儿笑吟吟迎上来，与他目光一对，旋即避开。黄榦正要卸下肩头包袱递给她，哪知她从身边走过，自若未见，擦肩往他身后走去，大声叫着“爹爹！”飞出门去。

黄榦没想到兑儿和他连招呼也不打，好不失望。心道：兑儿啊兑儿，我这么个大活人，你就看不见么？相问一声，打个招呼又费你甚么事了？越想越是不忿，却又无可奈何。独自走进屋去，放下行李，拿起鸡毛掸子，啪啪啪带着怨气满屋里打扫起桌椅板凳，整理书架。正自脸红耳热，朱兑扶着父亲说说笑笑进到屋来。

朱兑想念父亲，现在父亲骤然到了眼前，一时欢喜无限，说话银铃似

的，问长问短，说个不休。边说边扶父亲坐下，又招呼孟、徐吃茶，接着风风火火跑去厨房，做起饭来。朱子与孟、徐等坐下歇息，看着屋里样样物事都如两年前辞家赴南康之时一样，心中颇感慰藉。不多时，兑儿饭已做好，大盘小盘端了上来。一家人围聚桌前，高高兴兴地吃饭。孟、徐、黄榦坐在下首。朱兑给这个添饭，给那个夹菜，只是对黄榦看也不看一眼。黄榦心中好不郁闷，却忍不住时时偷眼瞧她。

不觉到了子时，朱兑安排朱子安歇。黄榦给朱子打水，看朱子洗漱毕，熄了灯，走出屋子。朱家大院渐渐静寂起来。

孟焕、徐铭侍卫朱子，每晚都要到府邸周遭巡查一遍。朱家不是衙门，但四处看一看却不能免。二人沿着朱家宅院四周小路，边走边聊。徐铭向孟焕道："适才饭桌上，我发现了一件怪事……"

孟焕正往前走，用树枝抽打着身边的草丛，听徐铭一说，停下问道："甚么怪事？"

"我发现黄榦有什么心事，他在饭桌上半天不说话。朱兑姑娘端上饭菜，别人都客客气气打招呼，他却连一个谢字也没有。"

孟焕愣了一下："读书人，心眼忒多，任他怎的……"

徐铭道："一点礼节都不懂，我看他是枉读了圣贤书。或者，他有甚么心事……对啦，依我看，他打起兑儿小姐的主意了！"

孟焕双眼一瞪："他敢！"

徐铭笑笑："看你，这又不是甚么坏事。"

孟焕挠挠头，越发觉得莫名其妙。

次日清晨，黄榦在院中诵读《大学》，忽听一阵脚步声，接着有人敲门，黄榦开了门，见是大师兄蔡元定，喜道："季通先生，好久不见！"

元定还了一礼，径自进到院中。喜滋滋叫道："先生！先生！"

朱子喜道："季通！"

元定深深一揖："先生，你瘦了！"

朱子道："快快请坐！我时时盼望与你相见。这次回来，便要踏踏实实待在家里，咱俩专事学问，再不涉官场事，日日相论，岂不快哉！"

"若能如此，元定便能天天问道于先生！"说着，望着堂外道："沈儿，还不来拜见先生！"话音刚落，元定之子蔡沈走进，拜倒在地："弟子拜见先生！"

朱子微微一笑，将他扶起。两年不见，蔡沈长高了一头，眉宇间透出一股英气。朱子好生喜欢，叫道："沈儿，你爹爹说你要考白鹿洞书院，功课做得如何？"

蔡沈一揖道："回先生，沈根基尚浅，正自发愤，还望先生指点。"

朱熹哈哈一笑："沈儿天资聪慧，又肯用功，日后必成大器！"

蔡元定在一旁冷冷地道："先生莫要夸他，天下学子，谁人不想到白鹿洞求学，凭他这点根基，简直是做梦。"

朱子笑道："元定此言差矣，学问乃毕生事，我看沈儿，乃是良才，哈哈。"

元定对蔡沈厉声斥道："蠢才，还愣着干甚么？还不谢过先生！"

蔡沈拱手一揖："谢先生教诲！"

元定一摆手，蔡沈退了出去。

蔡沈一出去，朱子道："沈儿乃是俊才，并无小过，何必对他厉声厉色？"

元定道："'玉不琢，不成器'。我对他寄予厚望，这才严加管教。若放任自流，倒怕废了。"

朱子哈哈大笑："原来是望子成才心切，却未免忒也严厉了些！"

二人说说笑笑，出到院中，坐到石井旁紫藤花下，朱兑沏了壶茶，放在几上。清风微荡，花香阵阵。二人品着茶茗，叙了起来。一会儿探讨《西铭》。一会儿又解《周易》。从早叙到午，从午又叙到晚。眼见满月升上紫阳楼屋脊，元定怕打扰朱子休息，这才起身揖别，自回紫阳楼后厢房中歇息。

又过了三四日，这日天气晴好，微风轻拂。朱子与元定在紫阳楼中凭几而坐，又来论道。探讨太极、理、气、天地之初，尽是些玄而又玄之

疑。元定一生于书无所不读，于事无所不究，义理洞见大原，下至图书、礼乐、制度，无不精妙。古书奇辞奥义，人所不能明其理者，元定过目辄解。此时他助朱子著成《易经启蒙》，二人却仍觉有许多疑问，越探究，疑难越多。说了一个时辰，朱子悠悠说道："我自五六岁时，便烦恼道：'天地四边之外，是什么物事？'见人说四方无边，某思量也须有个尽处。如这壁相似，壁后也须有什么物事。其时思量得几乎成病。然而，到如今也未知那壁后是何物？"

元定笑笑道："我也自幼便常想：天地之初究竟是甚么样子，思索了几十年，如今想那天地之初，山河万物尚未形成之时，无非是一片漾沙，漾沙有刚、有柔，刚者凝为山，柔者聚为河。然似乎更有许多的疑难，终是难解。"

朱子仰望天空，凝神沉思。元定望着远处数屏青峰，也琢磨着心事。二人许久都没有说话，似乎都在想那天地之初，一片混沌。天外之天，广大无边。树叶沙沙，花瓣轻轻落下，蜜蜂在花架上嗡嗡嗡绕来绕去，二人都浑然未觉。也不知过了多久，只听门外一阵脚步声，接着就听有人叫道："先生、先生……""先生在哪儿？……"话音未落，四五名弟子匆匆进到院中，面带喜色。朱子认出这几个弟子，招呼几人坐下聊天。黄榦听到师弟们说话，出来打过招呼，拿来机凳、坐垫，招呼师弟们坐下。原来朱子回到五夫的消息不胫而走，周边数县弟子闻讯纷纷前来探访。他前年到南康赴任时，弟子们大都遣散回家，有的自学，有的跟了别个先生。这时闻听朱子回来，都盼能再随他问学。朱子望着诸弟子，见他们都长高了数寸，满心欢喜，道："咱师徒分别，不觉已过二年。这二年你等怎样？学业进境如何？黄柏，你有何感悟？有何疑惑？不妨说说。"

那叫黄柏的，是个高个的弟子。一听朱子点了名，起身行礼，说了读《论语》的见解。朱子听了，点评一回，众弟子纷纷点头，深以为妙。

忽一矮个弟子站了起来，向朱子一揖道："弟子有一事不明，正要请教先生。"众人看他时，见是十三岁叫仁杰的，他只随朱子读了数月书，年龄既小，根基自比别个弟子浅。只见他满脸疑惑地道："先生不在这些

日子，我居家自修圣贤书。以弟子拙见，《尚书》疏通知远，《礼记》恭俭
庄敬，《春秋》属词比事，唯独《周易》，弟子最为不解，弟子又不替人测
吉凶、祸福、婚丧、嫁娶诸事。读之何用？"

　　朱子一听，微微一笑道："孔子曰：'加我数年，五十以学《易》，可
以无大过矣。'孙思邈说：'不知易，不可以为医。'虞世南说：'不读易不
可为将相。'苏东坡又云：'抚视《易》《书》《论语》三书，即觉此生不
虚过。'易经包含天地宇宙万物之理，以为它只是用来占卜算命看风水的
学问，这种见识，嘿嘿，不免太过浮浅，等于是将学问之海当作一滴水。"
说到这里，看看元定道："季通先生对《周易》参研颇深，极有见地，诸
位正好请教于他——元定，你来说一说。"

　　元定点点头，望望诸弟子，微微一笑："诚如先生所言，易经包含天
地宇宙万物之理，以为它只是卜筮的微末道行，是把经书念歪啦。上古之
时，包牺氏①仰则观象于天，俯则观法于地；观鸟兽之文与地之宜；近取
诸身，远取诸物，于是始作八卦，以通神明之德，以类万物之情。八卦生
自太极、两仪、四象。乾为天，坤为地，震为雷，巽为风，坎为水，离为
火，艮为山，兑为泽。八卦可解万物之理，'天地交而万物通，上下交而
其志同也'。"

　　元定将《易经》娓娓道来，诸生听得入迷。朱子见此话题涉及艰深学
问，也听得专注。插话道："'功盖三分国，名成八阵图'，诸位且说说诗
中所赞者谁？"

　　一名缺颗门牙，稚气未脱的小弟子朗声答道："当是杜工部颂蜀相诸
葛孔明之句。"朱子识得这位小弟子姓刘。朱子任知南康军前，他曾来问
学，朱子赴南康，他便回家自修。

　　朱子笑道："哈哈，你再说说，这《八阵图》又从何而来？"朱子一
问，这位小弟子便答不上来，脸现窘态。朱子微笑让他坐下。道："且听
季通先生详解——"

---

　　①　包牺氏，即三皇五帝中的三皇之一伏羲。

元定精神矍铄，扫一眼众弟子，朗声说道："《八阵图》从何而来，来自《易》也。我且说说这《八阵图》和《易》的渊源……"正要往下讲解，忽一阵疾风，院门自开。走进两个人来，为首一个胖大金刚，后面跟个长身壮士。正是孟焕、徐铭。孟焕左右手各提一只兔子，兀自对徐铭大声嚷嚷："那日在五老峰下，你射了一只黄猄招待陆大象。今日我捉两只兔子，犒劳先生和弟子！哈哈哈，这算是扯平……"突见众弟子端坐庭前，正在听先生讲授，知道打扰，忙将后边的话咽了回去。

朱子见孟焕叫嚷，斥道："季通先生正在讲解《八阵图》，你这样冒冒失失，成何体统！"

孟焕听朱子呵斥，做个鬼脸，径去厨房，向朱兑借刀到紫阳楼后宰杀去了。徐铭低声自语："《八阵图》？妙极！我正要听一听。"他是谨细之人，久随辛弃疾，是以对布兵排阵，饶有兴趣。当下坐到一侧，屏息细听。

蔡元定悠悠讲道："先是黄帝构《握奇文》，握机阵。再是姜尚悟《太公兵法》，有太公阵。再是司马穰苴创五行阵，后重修《太公兵法》，孙武又作《孙子兵法》，有八卦阵。此后才有诸葛亮的《八阵图》。再到后来，又有李靖的六花阵。八阵的排列，无非是文王八卦方位图。每阵都有六小阵，取《周易》六爻之意。八阵总共六十四个小阵，与《周易》六十四卦合。'奇亦为正之正，八阵之阵，大阵包小阵，大营包小营，隔落钩连，曲折相对，内圆外方……正亦为奇之奇，彼此相穷，循环无穷'。

"诸葛亮精通易学，他说：'夫行兵之势有三焉：一曰天，二曰地，三曰人。天势者，日月清明，五星合度，彗星不殃，风气调和。地势者，城峻重崖，洪波千里，石门幽洞，羊肠曲沃。人势者，主圣将贤，三军由礼，士卒用命，粮甲兼备。善将者，因天之时，就地之势，依人之利，则所向者无敌，所击者万全矣。'《易》经博大精深，古今善治者，都用《易》理来图大事，济世安邦。《八阵图》仅其一例耳。"

朱子听到此处，道："季通今日论《易》，比有些先生在学宫的会讲，更为精妙。你们今天能听到他的高论，亦属幸运。"

116

十几名弟子听了，一齐鼓起掌来。

朱子道："你们暂且歇息，回头再向季通先生问道。"弟子们向朱子、元定一揖，纷纷散去。这些弟子，大多十来岁，正是贪玩的年纪。方才见孟焕提了两只兔子到紫阳楼后去了，纷纷赶去观看。孟焕正在宰杀兔子，众弟子纷纷问道："哎呀，你这兔子怎么捉来的，先捉得一只？又捉得一只么？"

"难道你能分身又东又西同时追两只兔子么？"

"哈哈，我是用石子打的。"

"石子，一颗石子怎么也打不了两只兔子吧？"

"小兄弟，你们有所不知，"徐铭道，"咱们这位姓孟的兄长有一绝门功夫，两手能同时投射两件武器。昔日在阵前杀敌，那才威风呢。"

徐铭不过开孟焕一个玩笑。打两只兔子，并非一石二兔，亦不必同时二石二兔。孟焕喜听人夸，徐铭一说，他也不来分辩，自是洋洋自得，只顾低了头剥皮，剔骨，炫乎其技。小弟子们看了，更加艳羡。

朱子与元定坐在花架下，边品香茗，边悠悠说道："季通，我回来时，路过九曲，想起几年前起的一个念头。知道这事难成，便也没对人说。但不做，又有些不甘。此时正好请教于你。"

蔡元定道："不敢不敢，不知先生所说何事？"

朱子悠悠说道："前年秋日——那还是我赴南康之前的事了。我与妹夫刘彦集共游武夷时，见九曲溪清流回绕，隐屏峰白云悠悠，正是一个幽静的读书之处，曾想在那里筑屋居住。白鹿洞书院建成，更增我信心。回来的路上我又想，若能在此间建一书院，注解经书，带徒授课，当是人生一大乐事。你看此事是否可行？"

蔡元定喜道："九曲溪畔，隐屏峰下，顺风顺水，建座精舍，妙得紧哪！"

朱子一听："你说那里风水好？"

元定道："是的。我路过此地，也曾细细勘察。"

朱子听了，悠悠出口长气。蔡元定颇通堪舆之术。他既然说好，那定然是好了。当下又起念兴建精舍，与元定说起平生所见各家书院的排列布局来。

孟焕将兔子交与朱兑，朱兑用大锅煮了。有肉有汤，给弟子们人人都盛了满满一碗。朱家院落萧条几年，难得今日这般热闹。师生久别重逢，好不快活。黄榦向元定与朱子敬酒，见元定低头掐指，嘴里念叨着，不知他又在卜测甚事。只见元定抬头，兴奋地道："此时春深，山花正开，溪间水流淙淙，我想邀先生与众师弟到山中一游，观赏一大奇观，哈哈，那可是不等够一个甲子难得一见的！"

朱子见说，忙问："甚么？莫非……时间……到了？"

元定向朱子微笑点头。对众弟子道："天机不可泄露，到时自然知道！"

朱子一听，大喜过望："好！且一同进山！"转头向朱兑道："兑儿，备些干粮，我们进到山里，待上几天方才回来！"

朱兑远远地应了一声。

究竟武夷山中有何奇观，却又为何"不等到一个甲子见不着"？欲知后事如何，且听下回分解。

第十九回

纸上得来终觉浅　上下求索天外天

　　四月的闽北，冷也不冷，热也不热，堪堪是一年之中最宜人时节。这日朱子、元定一早起来，收拾停当，带弟子们往山中踏青。孟焕、徐铭各牵一匹马，请朱子和元定乘坐。朱子骑了孟焕的马。元定敬重朱子，心道师徒自当有别，不敢骑马，非要步行。徐铭便牵马跟在他身后，马上驮着两个布袋，一个里面盛着朱兑做的豆饼、粽子，一个包着朱子的一件外袍。一行人缓缓向西北方向走来。一路但见春风扑面，花开遍野，人人只觉神清气爽。

　　十多个学子，只道两位先生所说的奇观就在前头，身轻步快，个个都想要抢先一步，早一刻目睹为快。走了约莫一个多时辰，便觉腰酸腿困，一个个气喘吁吁地委顿在地。七嘴八舌议论猜测两位先生所说"奇观"究是何物。正争议着，朱子、元定转过山脚，走了上来。

　　缺着门牙那小弟子嘻嘻一笑，作个揖道："先生，那'奇观'到底是什么，可否先透露一二，免得我等心中痒痒的。"

　　元定仰头向前一指："到那鹰嘴崖下说话。"

　　众弟子顺着他手指方向看去，见数峰之后一座红色山崖，势如鹰嘴，以为那"鹰嘴崖"下便有两位先生所说的"奇观"，顿时来了精神，奋力向前跑去。穿过一片林子，上个陡坡，到了崖下。只见三面古木森森，藤萝密结，只此危崖独立，上下左右看来看去，不过一些赤色赭色。这样一些石头，武夷山中到处都是，有甚稀罕。这样想着，只觉扫兴，个个都奄

拉下脑袋，萎靡不振。

过了半个时辰，朱子和元定等也上了坡，到了崖下。众弟子都迎了上来，等待元定说出那惊天秘密。元定精神矍铄站到崖壁下，望望众弟子道："怎么样，你等可有什么发现？有一个大秘密，就在这峭壁之上。"

众弟子一听，一窝蜂又向崖下围来，手搭凉棚，上下左右望来望去，见并无特异之处，更觉疑惑。元定走到崖边，折根树枝，在岩石上画一个鱼形轮廓："哈哈，众里寻他千百度，这'秘密'就在尔身后。"

众弟子一笑，纷纷向元定指画的地方看去。乍看并无异样，细看，那赭红色的石头上，竟画着一条鱼。虽然颜色黯淡，鱼纹鳞片却栩栩如生。元定用树枝再一指，那鱼右侧二尺处。弟子们顺他所指望去，似乎也有些邪门儿，好像有什么动物图像印在石中。仔细辨认果然又认出有鱼、刺海螺。这鱼、刺海螺为什么会在山上，而且是在悬崖峭壁之上？弟子们个个皱起眉头，困惑不已。

元定笑笑道："数月前我去九曲，路过此间，无意间发现这崖壁上有些古怪。仔细一看，便认出这些水里的生灵。我们且坐到树荫下，请先生来说说这些生灵的来历。"

众弟子齐到一棵大樟树下，围着朱子盘膝坐下。朱子双目炯炯，神采奕奕，语调缓慢地说起一件许久以前的往事："二十年前的一天，我也是路过一座山，无意间在岩壁间发现了一只贝壳，情形和这石头上的一样。当时我也是百思不得其解，后来琢磨了十几年，终于想明白了一件事。什么事？哈哈，一个大大的秘密：原来那座矗立天地间的山峰，许久以前曾是汪洋大海的海底。想必此处也是一样，曾经是大海，或是湖泊沼泽。"

众弟子听朱子一说，个个脸上犹疑不定：眼前分明是一座座高山，怎会是一片汪洋河湖？

数朵诡秘的云团，横在山前，朱子望着云端，琢磨着什么，微微一笑，又悠悠说道："诸位所见这岩石上的蛎壳之类，便是低处成高。蛎须生于泥沙中，今乃在石上，则是柔化为刚。天地变迁，何常之有。《神仙传·麻姑》中，有沧海变桑田一说，哈哈，原是有道理的！"

"先生，沧海变桑田，那要多少年月？"

"先生所说'许久'，到底是多久呢？"

朱子笑道："要问这里什么时候是海，哈哈，那是很久远很久远的过去。几万年，几万万年也说不定。"朱子说着，又悠悠望着远方云端、摩崖。

诸弟子静静听着，想着这"沧海桑田"之巨变，天地之悠悠，也都陷入沉思。今日所见，真可谓眼界大开，这"奇观"果然令人叹为观止。只听元定又道："诸位，这里什么时候是海，什么时候变成山，我们且先放下，回家慢慢再探究。现在，大家喝些泉水，吃些干粮，等天黑之后，便可看那一个'奇观'。我们大家吃罢饭再往前方那座山峰行进。"

弟子们一听，原来这石上的动物，这沧海桑田还不是二位先生所说的"奇观"，那真的"奇观"，一定更是不可思议。这样想着，一个个打起了精神。喝着泉水，吃着干粮。歇息片刻，一鼓作气，又行二里，登上一座山峰。天色渐渐暗了下来。

朱子在一块平滑的石头上，盘膝而坐。元定站着，仰望天宇。微风摇曳着森林，涛声阵阵。

朱子望着满天星光，对诸弟子道："诸位，我小的时候——大约是三四岁吧，有一天看见天上挂着个大火球，觉得好生奇怪，忍不住问父亲：'父亲，那大大的火球，它是什么？'父亲答道：'那是日。'我更觉奇怪了，问父亲：'日，它怎么不掉下来？'父亲说：'日附于天'，我心想，既然挂在天上，怎么还能动来动去。我又问，'天，又附在哪里？'父亲望望我，又望望天，思忖了半天，也没能回答上来。后来几天，我越想越是害怕。既然日、天都是挂在什么物事的上边，那总终有一天，日要掉下来怎么办？天要掉下来怎么办？越想越害怕，一连几天晚上睡不着，竟至于后来发烧生了场病。"说到这里，朱子望着天空，顿了一顿。"自那以后，我便一直在想，日何所依？天何所依？想了这将近五十年，嘿嘿，到现在也还没有想出个所以然来。不光是日、天之所附是个谜，就是那些数不清的星星，它们依附于何物，也是难以参透……想了这几十年，读了些圣贤书，受《易》的启发，如今我以为，天地之初，只是阴阳之气。这一个气运行，时间久了，便拶出许多渣滓；这些渣滓无处出，便结成个地在中央。气之清者便为天，为日月，为星辰，只在外，常周环运转……"

弟子们从未想过这般深奥的道理，现在听朱子缓缓道来，个个眼望浩瀚星空，陷入遐想。山峰上风清林静，没有一点声音。弟子们眼望朱子，见他盘膝坐在石上，面向北方，像一尊石像般昂首挺立。元定掐着指头，计算着什么，也面向北方，似乎等待什么事情发生。

山野间万籁俱寂，远处的山峰露出剪影般的轮廓。

突然间，一颗流星出于天琴，硕大如斗，闪着亮光划破天际。一名弟子惊叫起来："快看哪，流星！"话音未落，又有两颗流星，一先一后划过天际。

元定哈哈一笑："注意看哪，要下星星雨了！"

"星星雨？"

"什么是'星星雨'？"

话音未落，三颗流星相伴而出，天际为之一亮，弟子们个个又惊又奇：有的目瞪口呆，有的欢呼雀跃。有的更在心中嘀咕起来："两位先生怎生知道今日要下'星星雨'？"

朱子和元定端坐石上，仰望天际，浮想联翩，沉默无语。

"星星雨"持续了一个多时辰，流星渐稀。朱子回顾元定，见他正掐指计数。元定算了一回，喜道："方才的'星星雨'下得可真够大啊，一共掉下了二百一十三颗。比去年多了一百三十颗，比六十年前最多的那一次，还多了二十九颗！"

众弟子一听愕然：没想到元定先生将落星的数字计算得如此精确，对历史上的天文事件也了然于胸。

朱子对弟子们一笑："荀子说：'天地之变、阴阳之化，物之罕至者也。'以我所见，万物各有其理，而万物之理终归于一，此所谓'太极'。张子厚[①]道：世上万物万事都是'气'，即'太虚'，主张'理在气中'。

[①] 张子厚，即张载（1020—1077），祖籍大梁（今河南开封），生于长安（今陕西西安），后居眉县横渠，世称"横渠先生"。

认为一个人只有有了'德性之知'，才能识得'天下之物'，所以《西铭》曰：'天地之间，理一而已……盖以乾为父，坤为母，有生之类无物不然，所谓理一也。而人物之生，血脉之属，各亲其亲，各子其子，则其分安得而不殊哉。'……"停顿片刻，沉吟道："每一个人，也只是宇宙的一分子而已。人生在世上，就要尊顺天意，立天、立地、立人，因之，大丈夫立足于天地间，应做到正心、诚意、格物、致知、明理、修身、齐家、治国、平天下，此为做人之最高境界。诸位当心存大志：为天地立心，为生民立命，为往圣继绝学，为万世开太平……"

元定、黄榦及一众弟子，听到此，个个慷慨激昂，豪气顿生。都道：大丈夫生于天地之间，只有发愤努力，做一个"大大的好好的人"，才不负天地日月，不负先生教诲。

微风习习，万籁俱寂，竟无半点响动。师徒们能听到彼此的呼吸声，心跳声。似乎只有星辰各行其道，在天宇间熠熠生辉。过了良久，朱子、元定与弟子们才回过神来。不觉天色朦胧，东方欲晓。朱子一摆手，大家起身，缓缓回往五夫。

回到五夫，黄榦扶朱子进屋，打盆水让朱子洗漱，忽朱兑走进门来："爹爹怎么才回来？两位公差找你找得好急，坐在厅上等了一天。"

朱子在里面洗脸，尚未搭言。黄榦道："有什么紧急的事，明天再说吧！"

朱兑瞪黄榦一眼："我看你是念书越多越是呆。要不是急事，公差怎会非得急着见爹爹。"

黄榦无言以对，朱兑嫣然一笑。

朱子听二人在帘外拌嘴，探过头来道："你们俩又在这里嚼舌头！兑儿，黄榦是你兄长，岂能说话轻慢，没大没小。"

朱兑白了黄榦一眼道："哼，我不跟你说了。"转头又对父亲道："爹爹，那公差说是送朝廷的信来，要当面交给你。现在还在馆驿等着。"

朱子一听愕然，沉吟一下道："叫两位公差……"

朱兑转身出去，不一会儿领两个公差进来，礼毕，递与朱子一信。朱子一看，信上加着红色封印，知是朝廷要件。拆了开来，粗略一看，信中之意，朝廷褒赞他南康任上，经治有方，大有作为，将"社仓法"向各郡府推广。现下浙东又发大灾，命他任浙东提举常平茶盐公事。朱子阅信，不禁踌躇起来，只觉此事难处：南康灾荒已经平息，自己因功升任，而朝廷对捐钱捐粮乡绅的奖赏，并未兑现。此时再赴新任，会失信于民，落下个不信不义之名。再者，从南康任满归来，才短短数月。几月来与元定、黄榦并众弟子日日研读经史，正有几部经书要静下心注解，此时一旦离开，耽误了著书、授徒，再要拾起来，不知要到何年何月。思忖一番，决计请辞。当晚写了辞书，言明朝廷对南康乡绅的承诺兑现之后，再接受新的任命。

朱子每日读书讲学，注解《太极》《西铭》。不觉过了月余。忽一日，接到陈亮来信，不禁心头一震。心道：又是这个从未谋面的陈同甫，不知他又有何惊人言论。数年来，朱子与他时有笔墨争辩，二人见解大相径庭。论起理学，不光他与陈亮争得不可开交，就是和张栻、陆九渊、吕祖谦，也时有激辩。不同的是，陈亮行止乖张，荒诞不经，时有惊人之语。朱子每次看他信，见他书法洒脱，态度真诚，文辞精妙，颇有才思。不看又想看，想看又怕看。每次看了又觉得他的见解，实难苟同。复信与辩吧，岂是三言两语所能辩得清？不辩吧，又颇有不甘。而又是挚友吕祖谦、辛弃疾、陆游的好友。正因这些纠葛，每次接到陈亮的信都会感到忐忑。

此时持陈亮书信在手，打开一看，如坠冰窟，竟是吕祖谦死讯。赴丧已然不及。当下号啕大哭，设灵祭拜。

隔了旬余，又接一信，乃右丞相王淮①手书，写道："浙东洪灾甚巨，百姓水深火热，元晦当即刻赴任，不可再辞，切记！切记！"

朱子见丞相书中述说浙东情势，知道浙东百姓身处水深火热之中，眼

---

① 王淮，婺州金华（今属浙江）人，绍兴十五年（1145 年）登进士第，淳熙八年（1181年）任右丞相兼枢密院事。

前浮现出南康饥民悲苦情状，心中不忍，不再犹豫，当即拜命。忽而又想起南康救灾，朝廷给众乡绅的承诺尚未兑现。此事不只牵涉到我朱熹一人，也关系到朝廷信誉。而浙东赈灾，牵涉多方，绝非一纸任命、赤手空拳赴任便能有所作为。思来想去，觉得有必要赴临安觐见皇上，当面奏策。主意已定，当即回书请求觐见。十月二十八日，堂帖（宰相签发的文书）寄到，允准他赴临安奏事。朱子收拾行装，准备起程。孟焕见要离开五夫到临安，亢奋不已，"到了京城，到最大的酒肆，见到好酒且痛快地喝八大碗。"徐铭使个眼色，孟焕忙止住说话。

朱子将行，蔡元定脸现忧色，犹疑不定。

朱子问："元定有话要说？有甚难言之处？"

元定道："先生此行，多多保重。"

朱子："这些弟子，个个都是良才，你且好生传授，待我浙东事毕，回来再一道传习道统。"

元定拱手一揖："还望先生早归。"心中却另有心思：朱子一向耿介忠正，多为奸臣贪官不容。此次出山，莫要惹出甚么事来。

朱子这趟出远门，山高路远，何日归来，谁也说不准。朱兑泪眼盈盈，强作笑颜，送爹爹出村。将别，终于忍不住，流出泪来。

"爹爹，你一定照顾好自己，早早归来。"

朱子向女儿嘿嘿一笑："傻丫头，都成大人了，还哭鼻子。你也照顾好自己，我回来，早早把你嫁出去。"

黄榦一直低头不语，这时转过身来，正好与朱兑目光相对。二人都不说话，却都似有话要说。孟焕道："走吧，天黑前赶不到市镇，可没旅店住啦！"黄榦怔怔地回过神来。徐铭扶朱子上了马，接着纵身一跃，骑上了自己那匹。几人松开马缰，缓缓出发，转眼行上山坡，被一片密林遮住。

蔡沈望着朱子背影，问父亲道："爹爹，先生此行，你似乎牵挂甚多，可有甚么不放心的么？"

元定道："宦海险恶，人心难测，先生为人正直，他这一去，恐怕不

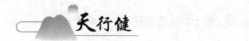

会一马平川。"

蔡沈听父亲一说，望着远处朱子等消失的方向，但见山峦逶迤，乌云漠漠，一轮红日正落下山谷。叹了口气，也不禁担忧起来。

欲知后事如何，且听下回分解。

第二十回

访稼轩带湖空踌躇　谏孝宗老臣又直言

一行人晓行夜宿，第三日来到一座山峰下，一个岔道分出东西。朱子拨马转而向西，孟焕见朱子走错了方向，急道："先生，这边！"

朱子一路神色凝重，时不时长吁短叹，见孟焕叫嚷，缓过神来："先向西行，还有两件事要办。"

几人不知朱子还有何事要办，在哪里办，见他心事重重，不敢多问，缓缓再向西行。时值冬月，疾风劲吹，四野荒凉。又走了一个时辰，前方一棵千年老树，枯叶半落，又是一个岔道。朱子勒住马缰："且歇息片刻。"

黄榦扶朱子下马。孟、徐跟着也跳下马来。孟焕四周望望，见前方大树下有一块大石，走近一看，此石颜色雪白，面上平平整整，招手让大家来坐。徐铭拴了马，与黄榦同扶朱子，围坐到石头旁来。朱子从怀中掏出一封信来，对黄榦道："榦儿！"朱子一向叫黄榦只唤其字"直卿"，这时却以小名相称，黄榦以为先生又要考他经书疑难，笑吟吟凑到身边："先生……"

只听朱子悠悠说道："我给白鹿洞书院杨洞主写有一信，荐你去书院任学正。我一直不说，也是怕你分心。你人品、学问为师都信得过，你这就去吧……"

话没说完，只见黄榦"咕咚咕咚"连连磕头，扑簌簌流下泪来："先生，我只愿一生追随着你，不去别处教书，也不去做什么官！我……

我……"哽咽着说不下去。

朱子平视前方："大丈夫在世，莫要恋家，莫要总是依赖师父。读万卷书，行万里路，济世安邦， 身正气，方不算白活人世，起来啊！"边说边伸手去扶黄斡："从今以后，我们师徒亦师亦友，书信往来，无论多远，也如近在眼前。起来吧，天色不早了，此去往西，五十里便到星子，你要在天黑前赶到白鹿洞。"说着起身，要扶黄斡起来。

黄斡伏在地上，长跪不起："我只愿追随先生，请先生允准弟子随侍则个。"

孟焕大声道："哈哈，男子汉大丈夫，哭哭啼啼像什么话。先生让你离开，自有他的道理，我们就此分道扬镳吧。"说着给黄斡眨眨眼，示意他悄悄跟着就是。黄斡哪里明白他的意思。

徐铭不知该当如何，低头不住叹息。

朱子道："上路吧！斡儿，山路崎岖，莫挨到天黑，行走不便。"说罢起身上马，径向北去。

黄斡立在原地，半天不走，望着朱子背影，放声痛哭。他幼时父亲去世，长大后长年侍奉朱子，吃住问学都在朱子身边，早已把他当作父亲，此时朱子一走，只觉得天地间又剩下孤零零一个人，天地虽大，独我一人似一片离枝的树叶，随风飘荡，孤零零无所依从。思前想后，越发悲号起来。

朱子走了一程，回过头来，见黄斡还跪在地上，一动不动。

徐铭道："先生，黄斡是个书呆子，做事也呆，他说不起来，怕是要永久这样跪下去。四下无人，不是饿死就是被狼虫虎豹吃了。依我看，不如让他先随先生，将来的事，从长计议。"

朱子沉吟半晌，难以决夺。孟焕以为朱子回心转意，不等他答话，回转马去叫黄斡。

不一会儿，孟焕、黄斡追上。

朱子叹口气道："黄直卿……你已老大不小了，该有自己的事业。学问之事，深似海洋，活到老，学到老。这样跟着我，难道要等到像我这么

128

一把年纪时，才肯自立？"

黄榦向朱子一揖，却不说话，从徐铭马上拿过朱子行囊，放在自己马上。兀自要起书生脾气。

行过两个时辰，来到一处小镇，找了家客栈，打过尖早早安歇。第二日一早，迎着霞光，向东又行。将近午时，前方出现两排柳树，夹着一条笔直大道。沿大道又行里许，一片湖水，清澈有如碧玉。湖旁数十间屋舍，围成马蹄形，炊烟升起，袅袅飘散。朱子喜道："是这里了！"说罢在马背上轻抽一鞭，向前驰去。黄榦、孟、徐紧紧跟随。

来到庄前，几头又高又壮的黄牛在树下悠闲地吃草，时时发出"哞哞"的叫声。一群鸭子在湖边悠闲地游泳。

"先生，这是什么地方？"徐铭道。

朱子神采奕奕："带湖山庄，辛幼安的隐居之所。"

孟焕听了又惊又喜："辛大人他……住在这里？马上就要见到辛大人了……"说了一半，旋即愣住。心道："打发不了黄榦，难道先生又要将我二人归还辛大人"。望望徐铭，徐铭也正望着他，眼神间也露出惊疑之色。

朱子下了马，孟焕扶他走到庄前。几个农夫正用簸箕簸扬稻谷。徐铭上前道："敢问此处可是辛大人庄上？"

一位农夫停下手中活计，道："正是！几位打何处来？……"

正自说话，忽见一个七八岁的小儿走出门来，作一个揖道："敢问先生尊姓大名。"

朱子看这小小孩儿，见他穿得齐齐整整，浓眉大眼，冰雪聪明，却装作一副大人模样，可笑又可爱，答道："我姓朱，字元晦……"

"元晦先生，快快请进，家父日日挂念你。我是辛稼轩之子辛豑，小名铁柱是也。"

"辛稼轩何人也？"

"辛稼轩便是辛幼安，辛幼安便是家父，姓辛名讳弃疾的便是。自居住到带湖，爹爹他便改了名号，叫作'稼轩居士'。最喜人如此叫他！"

朱子一听恍然："'稼轩居士'可否在家?"

"太不巧了,家父与数位庄客进山打猎去了。"

"啊,他何时回来?"

"说不得。有时三五天,有时六七天,总要打了几十只兔子、黄猄才肯回来。"

朱子听后无限怅惘。

淳熙七年(1180年),辛弃疾再次任知隆兴府(今江西南昌)兼江西安抚使,拟在信州建所庄园,安置家人。淳熙八年(1181年)春开工。他依带湖地形,高处建舍,低处辟田,并告诫家人:"人生在勤,当以力田为先。"因此将庄园取名为"稼轩",并以此自号"稼轩居士"。辛弃疾自料行事"刚拙自信,向来不为同僚所容",迟早会生祸端,早有归隐之心,欲建庄园作为退路。知隆兴时,朱子恰知南康军,曾到洪州访问,详询他所施"闭籴者配,强籴者斩"之法。辛弃疾以此法平抑物价,触及权贵利益,被诬以"杀人如草芥,用钱如泥沙""奸贪凶暴""惟嗜杀戮",数月后即被弹劾。恰新居落成,辛弃疾便住到带湖,亲自耕田,闲时进山打猎,倒也逍遥自在。其时他的十多个儿子,有的从军,有的求学,有的年幼随母在内院,只有铁柱在堂前玩耍,见有客人来访,上前相迎。

铁柱请朱子到家,命家仆看茶,朱子观看辛弃疾堂上,挂着三幅书法:一幅辛弃疾本人词作,另两幅分别是陆放翁、陈亮题诗。三首佳作豪迈激越,书法如行云流水,真个是笔走龙蛇,酣畅淋漓,禁不住暗自叫好。

喝过茶,铁柱让仆人为朱子等安排食宿。朱子看看天色还早,既见不着辛弃疾,不如早早赶赴临安。主意已定,向铁柱告辞。朱子走出大门,从高处再看带湖庄园,几十间屋舍错落有致,数百亩良田环拱四周,棋局般绵延开去。院前植有几行修竹,极有韵致。几丛黄菊兀自盛开,灿灿如金。朱子这里看看,那里看看。羡慕不已,悠悠叹道:"稼轩山庄,有宅有田,妙极!辛幼安,辛稼轩,这名字改得好,妙极!铁柱,代我向你父亲'稼轩居士'传话,就说元晦来访不遇,若得闲暇,再来相会!"

铁柱朗声答应，恭恭敬敬地行了个礼。

辞了铁柱，走上大路，四人折向东北，一路疾行。孟、徐见先生未提将他们还归辛弃疾，又是侥幸，又因未能见到故主微感失意。其实朱子早已将二人当作子侄一般相待，但留二人在身边，总怕耽误他们前程。如果辛弃疾能荐个好去处，他便让二人离开。今日不见辛弃疾，便不提此事。一路快马加鞭，翻山越岭，风餐露宿，四五日后来到临安，找一处馆驿安歇。

第二日，朱子上朝奏事，孟焕、徐铭自到城中游玩，只让黄榦跟着，背着行囊。

孟、徐来到西湖，到堤边一家酒肆坐下，痛痛快快地吃酒。西湖上画舫穿梭，佳丽如云。歌伎坐在船头，斜倚舷窗，歌声不断，笙管悠悠，好一个人间天堂！

孟焕三十多岁未娶，本不好色，这时却也两眼发直，盯着一个个美女看。徐铭时不时用肘捅捅他的胳膊，轻轻一笑道："怎么，想要女人了？叫一个来作陪如何？"

孟焕道："哈哈，我才不要呢。"

徐铭道："怎么？连道君皇帝①都宠幸名妓李师师，你又何必言不由衷？"

"皇帝是什么人，我是什么人？"孟焕挠挠脖子，尴尬笑笑，"我只盼着过几年，安稳下来，好好找一个心地善良的村姑娶了，养两头猪，七八只鸡鸭，种几亩田，过上安稳日子，岂不是好。似这些油头粉面的，打扮得花枝招展，心里只惦记着你口袋的银子。这样的女人，要她做甚！"

徐铭笑道："看来你是逛过窑子，不然，何以晓得那道儿上的事？"

孟焕嘿嘿一笑："那些去处，是陷人坑，我岂能中了圈套。"

---

① 道君皇帝，即宋徽宗赵佶。酷爱书画，不理朝政。靖康二年（1127年）与钦宗被掳去金国，死于五国城。

正喝着酒，忽一只花舫从柳絮间划出，船舷边坐着个女子，正自抚琴唱曲，琴声婉转，歌声幽怨。词中唱道：

自春来、惨绿愁红，芳心是事可可。日上花梢，莺穿柳带，犹压香衾卧。暖酥消、腻云亸，终日厌厌倦梳裹。无那！恨薄情一去，音书无个。早知恁么，悔当初、不把雕鞍锁……

原来是柳七哥[①]的艳词《定风波》。孟、徐抬头看那妓女时，见她穿着紫褐色金彩花边衫子，云鬓雾鬟，十分娇艳。那妓女看见孟、徐二人，微微一笑，一张脸恰似春风撩水，更增颜色。孟焕禁不住又多看了几眼。那妓女笑嘻嘻招呼道："二位相公，我这船上有上等好酒，要不要也来吃一杯？"

徐铭低声对孟焕道："她跟你说话哪！"

孟焕醒过神来，支支吾吾道："什么……"向那女子高声道："……你家相公爷儿喜欢清静，你还是到热闹去处，与富家公子喝酒赏曲，玩个尽兴罢。"

那女子噘着嘴，白他一眼："知道你囊中羞涩，哈哈，失陪！"转过脸去。抚琴又唱起来，船儿轻轻划过桥洞去了。

徐铭笑道："咦，你甚么时候变得喜欢清静了？"

孟焕道："俗话说：'跟妓女说真心话，那便是呆。'你以为我傻？来喝酒，别说那没用的！"

徐铭端起一碗酒，与他碰了，二人一仰脖子，喝得干干净净。

喝完酒，二人沿着湖岸，游游逛逛，回到馆驿。见朱子还没回来，亦不见黄榦人影，心道：朱子此次觐见皇上，原本是要去直谏，莫非先生说话又惹怒了皇上，被扣了下来，或者被投进了大狱。想到此节，二人不禁担忧起来，到巷口东张西望，心口咚咚直跳。

① 柳七哥，指北宋词人柳永。"柳七哥"是青楼女子对他的称呼。

朱子一早，径来礼部，换过文牒，礼部侍郎钟鹏递过一信，却是陆放翁寄来。朱子拆开一看，见信中只写着一诗，嘀咕道："什么时候了，哪有心思欣赏你的诗作。"揣入怀中，径向宫中走来，让黄榦到宫门外等候。

朱子被宫官引着，来到延和殿，觐见孝宗皇帝。这是朱子隆兴元年（1163 年）入都应对十八年后，再次觐见孝宗。

朱子被宫官引着，走进大殿。礼毕，孝宗向他微微一笑，赞他南康任上赈灾、筑堤、修建书院，颇有善政。朱子谢过孝宗皇上，提出七条谏言，劝孝宗皇帝要修身养性，以德治国，反躬自省，言出必行，申明他于南康赈灾时，答应给捐款捐粮富绅封官赐爵之事，应予兑现。

朱子说的时候，皇帝心中不快。若是别个皇帝，多半会将他逐出大殿，甚至杀头。孝宗是开明帝王，听了朱子谏言，并未发火，微微一笑，将南康的事都应承下来。

接着，朱子又要孝宗再拨款给白鹿洞书院，续建校舍，并请孝宗为书院题写匾额。孝宗暗笑这个朱熹，真是得寸进尺。看在他是老臣的面上，也一一准奏。

七条请奏尽皆遂愿，朱子心里的包袱全都放下。出了垂拱，一身轻松。黄榦早在丽正门外焦急等候，见朱子走出，慌忙迎了上来："先生，可还顺当！"

"还算顺当。快回客栈，明日便动身赴绍兴府。"

黄榦听朱子一说，放下心来。二人沿御街往客栈行来，边走边叙。刚走得几步，忽听有人叫道："咦，这不是元晦兄么？"

朱子转头一瞧，见说话之人身材挺拔，白发白须，甚是英武，终于认了出来，喜道："啊呀呀，岳商卿，怎的在这里遇见了你？"

"说来话长，元晦兄，且找个僻静地方相叙。"说着一拉朱子手，径到涌金门外丰乐楼，上二楼寻到一间僻静房间坐下。

这人正是岳飞第三子岳霖[①]。岳飞遇害时，霖年方十二。孝宗皇帝为

----

① 岳霖（1130—1192），字及时，号商卿，岳飞第三子。

岳飞昭雪时，他已三十有二。隆兴元年（1163 年），孝宗复岳霖为右承事郎。后又授南赣都督。淳熙三年（1176 年）任钦州知县，淳熙五年（1178 年）孝宗皇帝召见岳霖，慰道："卿家纪律，用兵之法，张、韩远不及，卿家冤枉，朕悉知之，天下共知之。"岳霖与朱熹、张栻为挚友，其著书为父伸冤，朱、张都曾襄助。去岁朱子知南康军时，岳霖庐山下祭母，曾与朱子相见。

二人坐定，岳霖吩咐小二快拿酒来。他特地要了一坛玉练槌，要与老朋友朱熹一醉方休。二人相别既久，要说的也多。边饮边叙，大为快意。朱子向来饮酒有度，此时岳霖亲自把盏劝酒，架不住多喝了两杯，只觉头晕眼花，半醒半醉。眼见日落西山，方才散席。黄榦叫了两乘轿子，请朱子、岳霖各自坐了，各回各处。自己跟着朱子，径回客栈。

孟焕、徐铭守在路口，巴望着远处宫阙，等候朱子。远见一乘轿子，晃晃悠悠走来，轿旁一人儒生打扮，扶着轿子紧紧跟随，细看正是黄榦。轿子停下，黄榦说声："当心……"扶朱子出来。

孟、徐一见朱子，齐声道："先生！急煞小人也！"

朱子笑笑，脚下有些踉跄，显然饮得过量。二人忙左右架着，扶进屋去。

黄榦见朱子昏昏欲睡，扶他到床上，盖上被子，熄了灯退了出来。

第二日，朱子迷迷糊糊中醒来，天已大亮。一翻身，触到胸前衣襟有甚么物事，取出一看，正是陆游写来那封有诗有文的信，打开再看。只见那诗中写道：

> 市聚萧条极，村墟冻馁稠。
>
> 劝分无积粟，告籴未通流。
>
> 民望甚饥渴，公行胡滞留。
>
> 征科得宽否，尚及麦禾秋。

原来陆游见浙东旱涝严重，心中忧急，听说朱子拜受浙东提举之职，便写了长信，又写诗申诉民苦，催他早日成行。这封信寄到建阳五夫，又从五夫转寄临安至礼部侍郎钟鹏处，让其在朱子到礼部时，转交与他。朱子阅罢，这才明白陆游此诗并非吟风弄月，而是述说灾情。琢磨着那句"劝分无积粟，告籴未通流"，不知何意。只知事态紧急，赈灾刻不容缓，立即叫过孟焕、徐铭、黄榦："即刻起身，赴绍兴府。"

　　欲知后事如何，且听下回分解。

第二十一回

浙东忍顾流民图　朱熹怒斥贾佑之

浙东天灾，为百年所未遇。先是大旱，接着是大涝，大涝之后又是大旱，反反复复，无止无休。时临安至绍兴道路，多被水毁，不是坑洼，便是泥泞，甚是难行。朱子只得与孟、徐、黄榦，时而徒步，时而舟车。一路跋山涉水，往绍兴府而来。

这日午时，乘船来到一处码头，上得岸来，已是人困马乏，饥肠辘辘。远见前方一座亭子，便径自到亭中安歇。

亭中已坐着一位少妇，怀里抱着个女婴，背靠亭柱，似乎正打瞌睡。朱子让黄榦取出干粮，递与小儿。徐铭上前，叫了几声不见答应，用手轻轻一推，那女子忽地倒地，孩子摔在地上。原来俱已死亡，不知已罹难几日。那少妇也就十七八岁，怀中婴儿约莫半岁。

朱子鼻子一酸，禁不住流出泪来。哽咽道："为官者，不能救民于水火，是不孝、不忠，枉为人矣。"

朱子命孟、徐挖个坑，将母子二人埋了。黄榦在坟前立一木牌，写上"无名母女之墓"几字，默默祷祝，再行赶路。

十二月六日，朱子一行到了萧山，见饥民甚多。朱子径到县衙，与知县刘仪中商议如何赈济。朱子道："刘知县，时下饥民甚多，应举全县之力赈济。"

刘知县一脸愁容，道："我等已尽全力。"

朱子道："然而我见满街满路都是饥民，似乎多未安置。"

刘知县低头沉吟，不知如何作答。朱子又道："府库中钱粮尚有多少？"

刘知县道："所剩无多，不足赈济。"

朱子沉下脸，让衙役取来账本，一页页翻阅起来。看了一会儿，突然一拍桌子，大声斥道："府中尚有这许多官钱，为何不拿来赈灾？"

刘知县惊慌失措，跪下道："这是南库官钱，没有朝廷文书，小人怎敢动它一毫？"

朱子怒道："糊涂！紧急关头，救人要紧。若是申奏朝廷，来来回回，不知要到猴年马月，不知还要饿死多少百姓。我命你立即拨钱购粮，有天大的事情，自有我朱某担承！"

刘知县唯唯诺诺，当即叫来属官，令从南库取出三十万缗钱赈粜。数日之后，萧山赈灾安排妥当，朱子又赶往绍兴。

乡间道路泥泞，极难行走。几人深一脚浅一脚吃力走着，两个时辰才走了五里多路。朱子叹道："如此走法，甚么时候才能行到绍兴！"

正行间，忽听前方有哭泣之声。再行半里，看清是一老一小祖孙二人。朱子上前打问，此时老人正欲带上孙女赴外乡逃难。再叙几句，知老者儿子儿媳饿死，只祖孙俩相依为命。小孙女仅五岁，走不动路，要老人背她。老人从昨到今，粒米未进，早已饿得头晕眼花，哪有气力来背。正在犯难，朱子与孟、徐赶到。朱子闻言，让黄榦拿出干粮给她，小女孩拿了干粮，大口嚼了起来。徐铭将女孩抱起，在前走着。黄榦在身后逗弄，不一会儿，小女孩终于止哭，咯咯笑了。

转眼间，来到一座市镇，一问，已到会稽。朱子脚下加快，往城中走来。街上逃难者三三两两，结伴而行。有老有小，个个衣衫不整，面色蜡黄，茫然四顾。朱子上前，问一位拄着竹棍的老丐："老丈，你来自何处，缘何在此乞讨？"老丐回头一看，见朱子穿着紫色蟒袍，腰悬金鱼袋，头戴幞头，脚蹬皂靴，知是朝廷大官，扑通一声跪倒在地，跟他一同乞讨的老的小的十余口，也都跪倒。老丐哭道："大人在上……快救救小老儿等！"朱子上前将老者扶起，道："诸位请起，我来此正是

为了帮大伙儿。……你等可否领到过赈米？"

"甚么赈米？小人从未听说……"

"在哪里领？我怎么不知道……"

百十个饥民呼啦一下围了过来，七嘴八舌，议论纷纷。

"难道说，你们没有登记家中人口……"朱子问。

"我等实已走投无路啦，不知在哪儿登记……"

"没有，我等是外乡人。没有人告知……"

朱子叹口气道："赈济，救的是人，哪分甚么本地人外乡人？"

朱子暗自思忖：诸暨街头的这些流民，未得到救济。不知县衙里这些食国家俸禄的，整日里都忙些什么？心里想着，一股无名火起。想想乾道三年（1167年）秋，崇安水灾，颗粒无收，时朱子正辞官五夫，官府救灾不力，致饿殍遍地，饥民骚动。今日情状，比之崇安灾荒尤甚。若不及时赈济，必然生出大乱。抬头四望，一伙伙饥民结伴而来，络绎不绝。灾情不等人。朱子只觉胸前郁塞，竟似有千钧大石压在心头。一摆手，带黄榦等径到县衙，让知县曹璇辟出一间大屋，马上升堂，张贴告示：此间百姓无论户籍，均可上堂申诉。

朱子坐到堂上，有胥吏给他端来茶水。不一会儿，有人扶着一位气息奄奄的中年人，径到府前，这人颤颤巍巍，声音嘶哑，有气无力说道："老爷……我……"话音未落，咕咚一声栽倒在地。

孟焕、徐铭将他扶起，黄榦忙凑近给他饮水，递了半块干饼。那人吃罢饼，喝了口水，醒转过来，悠悠说道："小人郑伍，家人死光了，就剩下我和小儿，请大人开恩，救救我儿子，莫叫我郑家断了香火！"

朱子让黄榦、孟、徐招呼众人坐下，慢慢叙话。刚坐定，又有一人扑通跪倒："小人叫高奇，从嵊县逃灾到此，三天三夜没吃到东西，人饿昏了，幸被好心人救起……"

朱子顿时变了脸色，让徐铭叫来负责登记灾民人口的武翼郎、绍兴府兵马都监贾佑之。贾佑之一来，见这位官老爷沉着个脸，先是一愣，心里犯起嘀咕："这位老爷正在火头上，我须得说话小心。"就听朱子冷冷地问："你可是兵马都监贾佑之？"

贾佑之不慌不忙道："正是下官。"

朱子大声斥道："诸暨街头，到处都有流离失所的难民。我看登记灾民的名册上，却没记得几人。该记的不记，该报的不报，如此渎职，怎能赈灾救民？"

贾佑之被问，回道："小人天天在府衙，凡来登记的，尽都登记在册，并无遗漏。"

朱子道："哼，那么说，那些街头的流民，老弱病残你都未做登记？"

贾佑之一听，支支吾吾，一脸无辜："这个……我们只救本地饥民，外地人……这……"

轰隆隆，轰隆隆，阵阵雷鸣，像是鼓声。

朱子将醒木一敲，"当"的一声响，堂下众人都吓了一跳。朱子斥道："什么本地人外地人，难道不都是大宋百姓？不都是圣上的子民？尔等食国家俸禄，登记户丁乃是你本职，今大灾之年，百姓受难待救，尔等百般推诿，敷衍塞责，良心何在！我现先将你革职，再奏吏部查办。"

在座知县及属官诸人，见提举大人下手忒狠，说做便做，个个胆战心惊，大气也不敢喘一声。朱子望着知县道："曹知县，即刻重新登记灾民人数，不管本乡人外乡人，都要将他登记在册，不可疏漏！"一指孟焕、徐铭："这二人办事得力，暂且随你调用，不领薪俸。"

曹知县唯唯诺诺，退出堂外。

朱子又向黄榦道："你也去吧，务必仔细。"

黄榦答应一声，急匆匆追孟、徐而去。

朱子腿脚不便，有三个晚辈替他跑腿，深入巷陌村乡，自是方便许多。

曹知县召集耆老、保长、乡官，命立即核实登记灾民，对绍兴城五厢（五个靠近府治的地区）缺粮的百姓及逃灾前来的外乡灾民尽都记录姓名，立即分粮赈济，又请来郎中，救治病患。

数日后，登记的数字出来，贾佑之等竟漏报饥民二十五万人。因漏报

而未得救济活活饿死的，已有三千余人。

朱子看着灾民名册，不禁大怒，气呼呼喘着粗气，将一撮胡子吹得颤动不已。拿起笔来，立即修了文书，令绍兴府将贾佑之对移①。信发出后，余怒未消，以为大灾之年，官员失职，如此处分，只嫌过轻。隔日又发文至绍兴府，命加黜责，以儆效尤。第二日，朱子又命在寺院设立粥厂。又拨出银钱，采买柴薪、稿荐②，发放衣袄，配制药饵。五六日后，绍兴本地灾民及流落此地难民，尽数得到安置。

诸暨稍定，朱子马不停蹄径往嵊县。径到县衙，召集百官，令取来账册查对细目，查出赈灾官米无端少了四千余石。朱子断定官府中必有内鬼，将涉事官员逐个询问，查实用于赈济的粮米，都由绍兴府派遣指使（宋代州县官员）密克勤领取交接。朱子发牒文至绍兴府，令补齐官米，并向朝廷奏劾密克勤贪污。

朱子外表斯文，施政雷厉风行，手段强硬。有时微服私访，有时当堂质问官吏。所过州县官员，人人惊惧。那些平庸的、懒政的，见多名同僚已被弹劾，人人都起敬畏之心，竭力赈灾。一月下来，大有改观。正是：

> 旱历三时久，荒成比岁连。只疑吾邑尔，复道数州然。
>
> 懔懔沟虞坠，嗷嗷釜苦悬。县官深恻怛，长吏阙流宣。
>
> 赈米多虚上，蠲租岂尽捐。处心诚昧己，受赏更欺天。
>
> 敢谓皆如此，其间盖有贤。大江分左右，万口说朱钱。③

诸暨、嵊县稍定，朱子一行打点行李，取道浦江、义乌径往衢州。

欲知后事如何，且听下回分解。

---

① 对移：将官员调离现职的处分。

② 稿荐：稻草编的垫子。

③ 赵蕃《春雪四首》。赵蕃（1143—1229），字昌父，号章泉，郑州人，后侨居信州玉山。早岁从刘清之学，以祖父荫入仕，五十岁时问学朱熹。理宗绍定二年（1229 年）以直秘阁致仕。著有《淳熙稿》二十卷、《章泉稿》五卷、《乾道稿》二卷。

第二十二回

荒冢前朱熹祭祖谦　明招山陈亮逢老友

　　不日来到一处市镇，但见店铺林立，白墙灰瓦，洁净古雅。徐铭等见朱子驻马不前，愁眉紧锁，四下张望，似乎在辨别方向。徐铭上前去，打问行人，才知此地便是婺州。忽一阵旋风夹着灰土，掠地而过，几人不由得都眯起了眼睛。朱子"喀、喀、喀"地剧咳起来，黄榦忙将自己外袍脱下，披到朱子身上。

　　孟焕边揉眼睛边道："这阵风，忒也古怪，没个来由，先生，我们快些赶路则个。"

　　朱子神情悒郁："这是吕伯恭先生家乡，途经此地，我正好有话与他相叙。"

　　吕祖谦过世已近半年，难道先生糊涂了不成，孟焕、徐铭大惊："先生，伯恭先生他……"

　　"人生得一知己足矣。我与伯恭，隔着千里万里，隔着阴阳，也能相知相叙！"说罢，手指远处一座山峦："那明招山上，青松掩映之所在，便是伯恭先生长眠之地。"徐铭这才醒悟，朱子一路心事重重，原来是要祭扫亡友。

　　四人缓辔而行，拾级而上。远见一所寺院，屋舍相连，次第排开。近前一看，只见院庭寥落，墙颓屋毁，缺门少窗。黄榦知道这便是先生常常提到的明招寺。昔日先生曾与吕伯恭（祖谦）先生在此讲学论道。吕祖谦病逝后，学子四散，寺庙便也门庭冷落，归于沉寂。

转过一座山梁，十多座荒冢在目。其间夹着一座新坟。朱子神情悒郁，缓缓向前走去。黄榦低着头，在后默默跟随。

坟前有两棵茶盏粗的黄杨树，歪歪斜斜，枝叶零落。两树之间，一座墓碑上刻着"宋吕东莱先生之墓"，正是朱子手书。朱子望见墓碑，趋步向前，跪伏于地，号啕痛哭："伯恭兄，元晦看你来也！"边哭边从怀中取出香烛，打火点燃。又掏出一张纸来，哽咽念道：

"呜呼哀哉！天降割于斯文，何其酷耶？往岁已夺吾敬夫，今者伯恭胡为又至于不淑耶？道学将谁使之振，君德将谁使之复，后生将谁使之诲，斯民将谁使之福耶？经说将谁使之继，事记将谁使之续耶？若我之愚，则病将孰为之箴，而过将谁为之督耶？然则伯恭之亡，曷为而不使我失声而惊呼，号天而恸哭耶？"①

其声甚恸，黄榦、孟焕、徐铭闻之，也禁不住落泪。

忽一人拾级而上，神志恍惚，有如游魂，径到坟前，也不搭话，跪到朱子身旁，哭拜于地："伯恭啊，伯恭！想煞我也……"

朱子祭毕，将祭文递进火堆。那人见祭文落款有一个"熹"字，止住号哭，回过头来，注目凝视，良久，大叫一声："元晦兄！原来是你！"

朱子一看，此人长相粗豪，却儒巾儒袍，并不相识："阁下是……?"

那人嘻嘻一笑："'人中之龙，文中之虎'是也！"

朱子一听那人自称是"人中之龙，文中之虎"，不禁哑然失笑，已知这人便是书信中曾与交锋，几番邀他相聚却从未谋面的陈亮陈同甫。朱子喜道："原来是同甫兄！"

陈亮，婺州永康人，字同甫，号龙川。少有大志，博览群书，十八岁写《酌古论》，深得知州周葵赏识。二十四岁婺州发解试②，中解元③，入

---

① 朱熹：《祭吕伯恭著作文》。

② 发解试，是宋代科举考试中的初级考试，却是至关重要的一级考试，只有发解试合格，士人才有机会参加省试乃至殿试。

③ 解元，乡试第一名。

太学①。时宋金和议、朝野苟安，陈亮上书《中兴五论》，朝廷未予重视。淳熙五年（1178 年），再诣阙上书，极论时事，反对和议，力主抗金。陈亮有通才，诗文激昂，为人率真，但因其行事猖狂，常惹祸上身，曾几度入狱，出狱后，却并不收敛，其志愈壮。众友都笃爱其人，却又怕被他惹出乱子，牵连进来，唯辛弃疾与他往来最密，二人志趣相投，又都豪迈，常饮酒作词唱酬。此前朱子与他也时有书信往来，相与辩论。陈亮主张经世济民的"事功之学"，提出"盈宇宙者无非物，日用之间无非事"，指责朱熹等空谈"道德性命"。对辩论对手毫不留情，言辞过激，令人不快。有时他知道得罪了人，事后又会写信致歉。信中似是自嘲，又似自赞，曾自画像，并自赞曰："其服甚野，其貌亦古。倚天而号，提剑而舞。惟禀性之至愚，故与人而多忤。叹朱紫之未服，谩丹青而描取。远观之一似陈亮，近视之一似同甫。未论似与不似，且说当今世，孰是人中之龙，文中之虎！"陈亮是吕祖谦、辛弃疾、陆九渊众友之友。此前曾与辛弃疾数番邀朱子相聚，皆未能如愿。此时蓦见朱子近在眼前，喜出望外，执着朱子手道："远在天边，近在眼前，元晦兄，你我终于相见，且请到舍下一叙。"

孟焕、徐铭远远等候朱子，见一个粗豪的陌生人，也不搭话，不管三七二十一径自跪到墓前哭拜，只觉奇怪。等他二人起身，相携回转，更是纳罕。

朱子笑着向黄榦、孟、徐介绍道："这位便是'人中之龙，文中之虎'，老友陈同甫。"

黄榦、孟焕、徐铭慌忙向陈亮作揖。

陈亮大着嗓门叫嚷道："我与元晦兄心交久矣！前方十多里地，便是鄙舍'龙窟'，且一同去吃酒！"

朱子道："好啊，且看看你那'龙窟'究竟甚么样子，是否真藏得下

---

① 太学，中国古代官方设置的最高学府。宋代太学仍为最高学府，隶国子监。宋初仅设国子监。

一只蛟龙。"

孟焕听到"龙窟"两字，感到大奇，不知这"龙窟"中是现在有龙还是曾经有龙，喜上眉梢。到了明招寺前，朱子、陈亮骑马并辔缓行，一路有说有笑。只听陈亮道："同甫眼浊，大错特错。我原以为元晦兄从来不笑，只会读之乎者也，整日价绷紧个脸，哪知元晦兄也是有趣得紧。早知如此，我就是赶赴武夷、南康，也要赖着同元晦兄吃酒唱酬。"

朱子听他一说，打趣道："我只听说同甫行止乖张，做事荒唐。现在看来，终究还没古怪荒唐到稀里糊涂的境地。"说罢哈哈大笑。

陈亮噘着嘴道："哦，原来元晦兄这么看我。谬矣谬矣，也不知谁在你耳根边乱嚼舌头，说了我恁多坏话，让你把我看得似疯似癫。"

朱子忙道："同甫休要误会。大伙儿只是只知其表不知其内罢了，毕竟人中之龙，与常人不同。"

陈亮郁郁道："说来说去，大伙儿还是把聪明绝顶的陈同甫看成了糊涂虫！"

朱子笑道："岂敢岂敢？同甫莫要将熹的戏言放在心上。"

黄榦、孟、徐缓缓跟随，听着他二人谈话，禁不住在后偷笑。

走了约莫一个时辰，眼前一座山峰，山势嵯峨，势如腾龙。摩崖陡起，前行无路。孟焕叫道："我的娘哪，严严实实，一个石头城郭，怎生上去？"

陈亮哈哈大笑："名字既叫'龙窟'，岂是任谁都能随随便便上去，且随我来。"

朱子等随着陈亮，折而向东，但见山间烟云开合，流水飞瀑，气象万千。忽见前方疏林后，曲径通幽。原来，陈亮所居"龙窟"是在寿山，四面峰合，仅东西两峰仞立，中门敞开，恰似一面巨幅大门。几人便从这"门中"走进谷中，见悬崖绝壁下，石洞相连，洞室宽敞，可容上千人。一座书院沿崖而建，以巨洞为室。真个是浑然天成，妙不可言。

陈亮嘻嘻一笑："此即'龙窟'，请进洞观瞻。"

朱子大奇，"奇哉""妙哉"，赞不绝口。

几人在"龙窟"中东张西望，看来看去，好生羡慕。看了半个时辰，陈亮笑吟吟地道："现在请到舍下，我要好好招待元晦先生和诸位。"

说着在前引路，走百十步，转过一个水塘，前方树林中七八间屋舍，陈亮一指："这里乃是舍下，真'龙窟'也！"随口又以真龙自比。朱子并不搭话，只微微一笑。

入得院来，但见八间灰瓦大房，古雅幽静，宽敞明亮，看来家境还算殷实。

陈亮大声向屋内喊道："文曲星下凡到咱家，还不快快烧菜沽酒，还要我喊几遍？都睡大觉呢！"

他这么大声一嚷，一个端庄秀丽衣着朴实的女子走出屋来。

陈亮歉笑道："这是贱内，这位是元晦先生！"

陈亮妻子姓何，极贤惠。何夫人向朱子一揖，请朱子等坐下。陈亮吩咐夫人备两桌酒席：大堂一桌，他和元晦独坐；天井下一桌，让孟、徐等人同坐。说话间家眷仆人纷纷从四处走出，慌慌张张洗菜做饭去了。陈亮叫过儿子陈沆："快快拜见元晦先生！"

陈沆深深一揖："晚辈拜见先生！"

朱子望陈沆一眼，见他相貌堂堂，身形魁伟，正如乃父。微微一笑："贤侄免礼。"

陈沆起身，陈亮将他叫到门侧，低声对他耳语一番，陈沆狡黠地笑着点点头，走出门去。不一会儿，陈沆叫来四五个精壮大汉。陈亮上前，眼神望向孟、徐，吩咐几位大汉："好好招待这两位壮士，请他们多喝酒，直到撂倒为止，要显出我们婺州人热忱待客，可不是光耍耍嘴皮子！"几人会意，笑哈哈入席，抢着拎起酒坛往大碗里倒酒，敬孟焕、徐铭。孟焕、徐铭也不客气，与几人猜拳行令，畅饮起来。

陈亮返回堂屋，坐到朱子对面，嘻嘻一笑："元晦兄，伯恭、子敬、稼轩、放翁，我们聚在一起，时时谈起你，都说你这也好那也好，同甫早想一睹真容，没想到机缘不合，几番错过，到今日方才意外相遇。幸甚至哉，醉酒当歌。元晦兄，来，兄弟敬你一杯，一醉方休！"说罢，与朱子

碰杯，一仰脖子，一口喝干。

朱子品一口酒，只觉醇馥幽郁，回味悠长，问是何酒。

陈亮道："便是婺州本地的'婺州错认水'，来来，元晦兄，'人生得意须尽欢，莫使金樽空对月'，'将进酒，杯莫停'！"举杯又饮。

朱子见陈亮纵酒豪饮，禁不住劝道："同甫兄，微之①亦有诗云：'将进酒，将进酒，酒中有毒鸩主父，言之主父伤主母。'饮酒有益亦有害，要得有益，便须有个节制。"

"元晦兄，这一点却不敢苟同。喝酒能消万古愁，喝了酒，人心里畅快，自然能长寿。不喝酒，整日价愁眉苦脸，心病不去，怎能不生病。来，快干，你终是顾虑太多，连喝酒也不能敞开胸怀。今天到我这里，须听我的，放松放松，不必约束自己。"说罢又斟满两杯。

朱子见他一杯一杯，喝酒浑当喝水，毫不节制，不禁愕然。

酒过两巡，陈亮拉着朱子手道："元晦兄，我算是把这世事看透了，当真好人难做。就说我吧，这半辈子当真是受尽了苦头。当年殿试，被秦桧那奸贼算计，一试不中，这也罢了。后来竟至几次被人诬陷，投进大狱，险些见了阎王。出了牢狱，忍辱负重，一心想做学问，去年却一连失去伯恭、南轩两位道友，你说这世上还有谁比我更苦命？"说着泪光闪闪，眼看又要哭将出来，朱子连忙解劝："辛稼轩曾赠我一砚，上刻铭文：'持坚守白，不磷不缁'。这两句话，出自《论语·阳货》，原文是：'不曰坚乎，磨而不磷；不曰白乎，涅而不缁。'概言坚者磨而不薄，至白者染之于涅而不黑。同甫兄乃仁义君子，小灾小难，岂能改变志节！我想，同甫兄度过时艰，定然时来运转。"

陈亮闻说，喜道："元晦兄见解，果然与众不同，极有远见。我即今便有一件大大的喜事……"

正要往下说，何夫人用乌漆托盘端来一壶酒，后面一名丫鬟端来两盘菜肴，走了进来。陈亮一见何夫人上来，便咽下半截话，似乎有意回避。

---

① 微之，即元稹(779—831)，字微之，别字威明，河南洛阳人，唐朝大臣、诗人、文学家。

何夫人与丫鬟摆上酒菜，向朱子盈盈一揖，退下去了。陈亮斟满两碗酒，递朱子一杯，自己举起一杯，精神愈振，双目炯炯，光亮如炬。朱子笑道："同甫兄，适才听你所言，有一件大大的喜事，要告知于我，不知是何事，令你这般欢欣？"

陈亮眉飞色舞，说道："哈哈，这桩大大的喜事么……听说元晦兄善卜，不妨便此给愚弟卜上一卦，看看究是何事？前景如何？"

朱子笑道："若说占卜，我那道友蔡元定最是熟稔，我于此道，远不如他。可惜他不在这里。不过，世间有些事，本不好测。"低头略一沉吟，微微一笑道："莫非购得失传已久的典籍？"

陈亮摇摇头："非也，非也！"

朱子歉然一笑："除此，恕熹愚钝，实在猜不出了，还请相告，同喜同贺。"

"首先，兄弟有一个大发现，"陈亮说着一看门口，见无人进来，说道，"女人之中，也有才女。才女之中，也有佳人。兄弟一生困厄太多，总有一些心腹事，想与人说，却无人倾诉。现在终于有了一个可诉说衷肠的对象……"正要往下说，何夫人又端菜进来，陈亮忙掩口，尴尬地一笑。何夫人一走，又低声道："是关于迎娶之事！"

朱子越听越是糊涂。

陈亮凑近朱子，欲言又止："我说……我还是不说了吧，这等事，说它做甚……不过，不说，心里又憋得慌……我还是向元晦兄一吐为快，旬日来喝喜酒，也不会觉得突兀。"说着凑近朱子耳边道："元晦兄，兄弟要成亲啦！"

朱子听后一愣，丈二和尚摸不着头脑。

究竟陈亮有何喜事，要与谁结了欢喜冤家，且听下回分解。

第二十三回

陈亮喜交桃花运　朱子苦劝痴情人

　　浙东路之婺州，自古文风兴盛。时有吕祖谦性命之学、陈亮事功之学、唐仲友①经制之学，被人称为"婺学三家"。"婺学三家"均有趋利近功之义。朱子学说则以二程洛学为本，看重"正心、诚意"，与"婺学三家"自是不同。事功说的是"婺学三家"，又特指陈亮学说。陈亮所说喜事，说来正与那"婺学三家"之一的台州知州唐仲友有些瓜葛。

　　唐仲友的三弟唐仲义娶义乌县大户人家何恢长女为妻，陈亮则娶了何恢次女。而宰相王淮之妹又嫁了唐仲友二弟唐仲温。是以陈亮与台州知州唐仲友、宰相王淮，三人为姻亲。而朱子浙东提举之任，又是王淮荐举。唐仲友与吕祖谦同试宏词科，考前，吕祖谦问唐路鼓在寝门里还是寝门外，唐仲友答曰：在门里。吕祖谦卷中恰涉及此节。及试出检视，始知为其所诳。唐仲友中选，吕祖谦怨唐仲友道："只缘一个路鼓，被君掇在门里。"吕祖谦自此与他有隙。几人间恩怨交集甚多，关系驳杂。

　　陈亮素与唐仲友过从甚密。两个月前，正是新春佳节，陈亮到台州向岳父拜年，走亲访友，自免不得与其聚首一处。唐仲友设宴招待。二人词

------

① 唐仲友（1136—1188），字与政，号悦斋，婺州金华人。莒国公唐俭第二十一世孙。绍兴甲戌进士，父亲唐尧封官至五品龙图阁朝散大夫，其兄唐仲温、唐仲义皆进士。著有《六经解》《帝王经世图谱》《悦斋文集》等著作八百余卷。淳熙八年（1181 年），其在台州任时，刊刻《荀子》二十卷，后世称"宋椠上驷"，赞其"雕镂之精，不在北宋蜀刻之下"。现日本尚有藏本，奉为国宝。

赋唱酬，相聚甚欢。席间唐仲友又叫二营妓前来助兴。一名严蕊，风华绝代，颇有才情，乃唐仲友红颜知己；另一个叫张婵，也是风姿绰约的美人，一颦一笑，千娇百媚。在陈亮看来，张婵便有沉鱼落雁倾国倾城之貌。陈亮不知台州营妓中何以有此仙人，只叹平生之未见，目不转睛只盯着那张婵看。唐仲友暗笑陈亮没见过世面，不知风月场中事，干咳两声，提醒他莫要失态。转头对严蕊使个眼色："严姑娘，今有贵客光临，请即唱新词一曲。"

"遵命，唐大人，但不知两位大人要听甚么？"

唐仲友沉吟一下，见墙上挂着幅《桃源山居》的山水画，笑道："请即以桃花为题，赋词一曲。"严蕊略一沉吟，拨弄琴弦，唱道：

> 道是梨花不是，道是杏花不是。
> 白白与红红，别是东风情味。
> 曾记，曾记，人在武陵微醉。

唱毕，唐仲友抚掌大叫："好词，好词哪！"陈亮更是目瞪口呆。原来唐仲友欣赏严蕊才思，每次都要随机命题。严蕊才思敏捷，略一沉思，便现编现唱，词意清新，浑然天成。此时陈亮听了这首桃花词，只觉其才思之敏捷，纵是曹子建也输她三分。陈亮自己填词，豪放不羁，每有金鼓之声。乍听严蕊新曲，春风细雨，清丽无比，当下触动无限心事，浮想联翩。

严蕊歌罢，收琴坐到一边，端坐凝思，双眸似盈盈秋水，含愁带怨。唐仲友道："严姑娘已经唱了，张姑娘也唱一曲罢。"

张婵抚琴，轻轻调一下弦。微微一笑，露出两个酒窝，问陈亮："官人，想听什么？"

陈亮正愣愣地看着严蕊，张婵这么一问，突然醒过神来："这个……随便唱一曲，但听无妨。"

张婵嘻嘻一笑："先生倒会说话。"轻轻抚琴，唱道：

似花还似非花，也无人惜从教坠。

抛家傍路，思量却是，无情有思。

萦损柔肠，困酣娇眼，欲开还闭。

梦随风万里，寻郎去处，又还被莺呼起。……

唱的却是苏东坡的《水龙吟·次韵章质夫杨花词》。

琴声悠长，曲调婉转，让人生怜。陈亮听着听着，眼前浮现出妩媚山色，春日胜景，似有一缕春风拂在心头，不禁荡起阵阵柔情暖意，只觉有什么物事触动了心事，轻轻地舒了口气。不知是酒儿醉，还是心儿碎。没想到这些哀凄凄的小调，竟这般动听。数十年来的坎坷，考场失意，数度入狱，酷刑折磨，家破人亡，世间万般苦，原本无从消解，如今却在这琴曲中，消弭无形。当下从怀中掏出一锭银子，递了过去。

张婵没想到这位粗豪的客人如此阔绰，当下含情脉脉，报之一笑，莺莺转转，又唱一曲：

山抹微云，天连衰草，画角声断谯门。

暂停征棹，聊共引离尊。

多少蓬莱旧事，空回首、烟霭纷纷。

斜阳外，寒鸦万点，流水绕孤村。

销魂当此际，香囊暗解，罗带轻分。

谩赢得、青楼薄幸名存……

却是秦少游的《满庭芳·山抹微云》。

唐仲友见陈亮与张婵相处，其乐融融，叫了严蕊，坐到西首几前弈棋去了。

张婵唱着，一双眸子碧潭似的波光粼粼，陈亮怎生把持得住，与她越挨越近。唱完一曲，张婵粲然一笑："还想听什么，官人？"

陈亮接道："且随你意，尽管唱来则个！"

张婵便抚弄琴弦，再续一曲。歌声曼妙，琴声悠扬，词意哀婉，陈亮静静听着，心神荡漾。

时近丑时，唐仲友打个哈欠，起身告辞，欲回府中。严蕊也起身，叫张婵同回。陈亮抢先说道："严小姐请自回，我尚有事与张姑娘相叙。"

唐仲友听了，只觉好笑，自与严蕊出门去了。

房里只留下陈亮、张婵二人，琴也不弹了，曲儿也不唱了。两个越说越亲，越坐越近，终于挨在一起，亲热起来。陈亮恨不得将一颗心掏出来，赠予心仪之人。摸一摸身上，从怀中掏出一只白玉手镯，捧起她石蜡一般又白又滑的手腕，给她戴上。张婵眼含秋水，双颊微红，笑盈盈倚在他肩上。一双浓眉虎眼，一双黛眉乌瞳对上了，再也拆分不开。妾有情，郎有意，你侬我侬，只恨相识得晚了。

此后几日，陈亮日日去见张婵，二人直如老相识般，整日厮守，自自然然从坊间之乐，衍为床笫之亲，如胶似漆。一个要娶，一个想嫁。无奈半月下来，陈亮手头银子使尽，只好暂别张婵，回到婺州，待取了银子，再来与她相会。想我陈同甫乃"人中之龙，文中之虎"，迎娶之事岂能苟且，总得明媒正娶，方是正途。临行时，托唐仲友为他二人做媒，又请他将张婵从营妓册中除籍。

陈亮回到婺州，讲了两天学，安排妥家事，便要起程再到台州。临行，先来吕祖谦墓前，凭吊亡友。却见一人在坟前，呜咽痛哭，不觉悲上心头，也跪到墓前哭了起来。哭得泪眼蒙眬，抬头却见那人祭文上有"元晦"二字，才知身旁这人便是数年来想见未能见，频频通信、争论不休的故人朱元晦。于是盛情相邀，到家中设酒相叙。

陈亮粗略讲了与张婵相识相知经过，至于赏银赠玉之事，略过不提。只说张婵是一位旷世佳人，知书达理，"得妇如此，南面王不易也"。说着夹了块牛肉，塞入口中，一仰脖子，喝了半碗"错认水"。

朱子听了陈亮与那张婵之事，觉着有些蹊跷。只怕风月场中女子说话，原本当不得真。这中间坑儿坎儿，只怕当局人自己未必明白。当下沉下脸来，说道："同甫兄，听我一言：那声色场中，听听曲儿，喝喝酒儿，

难道就能识透人心，托付终身？恐怕这中间的情由，非你所愿。适才我见令正贤良淑德，兰心蕙质，有妻如此，何须再娶……"

"哈哈哈，"陈亮举酒晃晃，一仰脖子喝干，"元晦兄此言差矣，妻多子多福气多。你看看稼轩，三妻九妾，膝下儿女多得数不过来，家大业大，人丁兴旺。我才一个妻，比他差远了。男子汉立于天地之间，多些田产，多几个妻妾，子孙满堂，列祖列宗泉下有知，个个都会眉开眼笑。哈哈哈，嘿嘿嘿。"笑得不亦乐乎。

"同甫啊同甫，你不闻'人生得一知己足矣'，这才是金玉良言。"

陈亮哈哈大笑："弟妹何夫人，这是妻子；那张婵，倾国倾城，那才是知音。"

"同甫兄，你何以如此执迷不悟！有贤妻在堂，何须在外拈花惹草，难道真是'家花不如野花香'。愚兄倒要劝你一劝，'色即空兮自古'。欲念太多便是有害。人生在世，便要存天理，灭人欲，才能守正。譬如，吃饭是应该的，可是你吃太多，吃出病来，就不好了；吃酒是好的，可你喝得太多，喝伤了身子，就得不偿失了；欣赏月色是好的，可是你非要把月儿摘下来，藏在你家的柜子里，那就不对了；男女之爱是好的，可是你要得太多了，甚至是别人的也要，那是不好的……"

"哈哈哈哈哈哈哈……哈哈哈。"陈亮笑得出不来气，突然凝住，不呼不吸。

朱子大惊："你……"

不料陈亮岔气之后，半晌才缓过气来，醉眼望着朱子道：

"元晦兄，你且莫劝我，我总要再娶这一个。你说的这些，要真有道理，何以你只来劝我，不去劝那三妻九妾的辛稼轩。你说的这些话，多半便不是为了我好。莫非你是嫉妒我遇到了红颜知己。元晦兄啊元晦兄，做兄弟的对你样样都佩服，只是你方才说的'存天理，灭人欲'这话，兄弟绝不敢苟同。譬如吃饭，能吃肉，就不吃豆腐；能喝酒，就莫只喝水；摘不下月亮，摘个星星也是好的；娶妻，光会穿针引线，只讲三从四德还是八德的会过日子，不是不可以，但太平淡。只有与那心有灵犀，又有才情，又有美貌，能相唱和的佳人相伴，人生才多些乐趣。哈哈，嫂夫人过世已久，我劝你……"

朱子见他提起清四，突地变色，举手止住他话头："同甫，莫要再说，我与清四，生死相依，这个，岂是别个所能代替的！"

陈亮一提及朱子旧事，正触到朱子痛处。只见他一脸愁容，捂着胸口微微叹息。陈亮见自己无意中一句话使朋友不悦，忙尴尬一笑："哈哈，龙生九子，九子不同。你我性情不同，那也罢，我不多嘴了……不过，元晦兄，到时候一定赏个面子，来喝兄弟的喜酒！"说罢连打饱嗝，一身酒气。

朱子心中琢磨：现今浙东正是大灾大难，百姓身处水深火热之中，听同甫言语那个唐知州似乎日日沉浸于声色场中，醉死梦生。如此这般，他怎能勠力赈济，救助百姓？我倒要好好去察查一番。想到这里，轻声问道："你与仲友交情不浅，前时你在台州，你知他每日做些什么？"

"他有他的严蕊，我有我的张婵，我们一同饮酒，赏曲，当然，有时还弈棋，填词。真是快活，怎么了元晦兄？你问这些做甚？来，吃酒！"

朱子道："浙东如此大灾，他还有心思天天饮酒，赏曲？"

"哈哈，仲友是大才，他运筹帷幄，一切安排得井井有条，征税、救灾、修桥补路，细枝末节的事，自有下属经营。我劝你也学学他，凡事不必亲力亲为。要从大处着眼，有大作为，过上几日我再去台州，邀你与仲友一起去熙月楼吃酒，大家开怀畅饮，我也介绍你认识你那未过门的弟妹婵儿……"

"不必！"朱子声音一高，"后天我到台州府，正有要事要办，自然能见到他唐仲友。"

"台州府……不在熙月楼？你……元晦啊元晦，你就是和别人不一样……忙忙碌碌，辛辛苦苦，人生苦短，何苦来着。"

朱子听了只是摇头："醉了，醉了，我看你真是醉了！"朱子一看日近黄昏，向陈亮辞行。

“也罢，”陈亮嘻嘻笑着，“他日我们和与政，还有我的张婵、他的严蕊，我们一起喝个痛快。”说着来扶朱子，自己却摇摇晃晃差点绊倒。

陈亮走出中门，见孟焕、徐铭正自悠闲地喝酒，旁边五六个壮汉醉倒地上。这些汉子，都是平日喝酒不要命的，陈亮本要教他们灌翻客人，却被孟焕、徐铭撂翻在地，不禁愕然。

陈亮满口酒气，跌跌撞撞送朱子，直到庄外路口，目送几人上马远去。

山一重，水一重。朱子一行迤逦东行，径往台州。这日来到一个叫仙州的市镇，一条大江拦住去路。只好租了大船，顺流而下，径往东行。不日来到台州地界，见无数船只泊在江面，堵塞航道，不禁心生疑惑。让徐铭上前探问。徐铭撑起竹竿，跃到一艘大船上，与几个艄公套套近乎，聊了一会儿，回船回报朱子。原来前方设有船闸，三天才放行一次，过往船只都要收税。

几人弃船上岸，行半里许，见前方一座大桥，桥下果然用铁索阻拦。江上为何要设闸？为何要收税？收的什么税？百姓都在等待赈济，若是运送赈灾粮米的船也要这样通关，这里三天，那里三天，粮米何时才到百姓口中？

朱子立在桥头，左思右想琢磨不透，不禁皱起眉头。天边彤云层层叠叠，像是山峦危岭，又似怒海狂涛。朱子“咯、咯、咯”地咳嗽几声，径自走过桥去。

登上岸，几人站在一座小山上。山下白雾笼罩一座城池，城楼若隐若现。朱子悠悠说道：“这台州地方不比别处，你等都打起精神，放仔细些。直卿，且拿来衣服我换了。”

黄榦答应一声，从包袱中取出一身便衣递与朱子。

孟焕噘嘴道：“不知这城中，是有吃人的妖怪还是有催命的阎王，大人竟恁地小心。”

黄榦低声道：“二位有所不知，这台州知州唐仲友，有当朝宰相王淮做靠山，胡作非为惯了。先生来此，要是与他撞上……唉，免不了要起一场风波。"

孟焕咕哝道："我道是个阎罗王，原来不过是一只横行的螃蟹，待我将他提来，掰掉小胳膊小腿儿，看他还怎么横行。"

徐铭瞪他一眼："你我须得小心在意，侍护先生，要有半点差池，辛大人处须饶不过。"

孟焕听罢，不再作声。那边朱子已换好衣服，拄着龙头拐杖，向山下走去。徐铭使个眼色，几人忙跟了去。朱子灰袍罩着官袍，看去就是一位身子单薄的穷酸老头儿。这几人，肩上大包小包，风尘仆仆，正与大路上逃难的、讨饭的一个模样。

究竟几人在台州府上遭逢何事？欲知后事如何，且听下回分解。

第二十四回

陈亮发梦龙凤配　孟徐大闹天台府

　　台州自古为江南富庶之地，宋室南渡以来，又成畿辅，人口稠密，市肆繁荣。虽是灾年，也要比寻常州郡繁华许多。几人入得城来，便是一条长街。但见店铺林立，饭店、布店、药店医馆都敞开大门，开市迎客。数十处豪阔的酒楼歌榭，张灯结彩，笙歌隐隐。富绅之家，高墙大屋，次第排开，庭院深深。不知那雕梁画栋后，朱门彩窗里，又是怎样一番奢华。只是街市上的流民，三五一帮，数十一群。大多背着包袱，破衣烂衫，头发凌乱，眼神迷茫。有的坐在树下，有的坐在人家屋檐下，神情凄怆。这贫民与豪奢人家，也仅仅相隔一层薄薄的窗户纸而已。正是：

　　　　月儿弯弯照九州，几家欢乐几家愁，

　　　　几家夫妇同罗帐，几家飘零在外头？

　　朱子望着这些流民，禁不住又愁起来：这样的光景，不知何时是个头。

　　行了约莫半个时辰，天色渐黑，落脚的地方却还没个着落，黄幹心下惶急，左顾右盼，走着走着，忽见前方一座屋宇，高大气派，禁不住"咦"的一声。徐铭眼亮，顺他目光望去，见那屋宇匾额上依稀便是"台州府"三个字。喜道："先生，前方便是台州府，容晚生前去禀报，安排食宿则个。"

"且慢。"朱子皱着眉头，眼睛一眨一眨，若有所思："到了台州，我等当隐蔽行事，暗中察查。今晚便随便找家小客店安歇。"

孟焕听罢，不知朱子葫芦里卖的什么药。左看看，右看看，见街上酒楼歌榭，明灯高悬，哪里有什么小客店。还是徐铭眼尖，看到一条小巷巷口挂着个大圆灯笼，细辨灯上字号，心头一喜，念了出来："好，这里有家'四海客栈'。"

几人顺着他的目光看去，见那客店门面破旧，"四海客栈"的招牌，字迹模糊，颇有些沧桑。

朱子道："便在此处住下。"

孟焕咧嘴咕哝道："放着州府馆驿不住，倒要花钱住这窄小的鸽子笼，不知图个甚么？"

徐铭瞪他一眼："大人自有计较，却要你来多嘴！"

正争辩间，忽听身后有人粗着嗓子大声吆喝："让开，让开，没长眼！"

只见行人纷纷避让，一顶装饰华丽的八抬大轿晃晃悠悠荡了过来。朱子一惊：八抬大轿，轿里乘坐的，不是江南巨富，便是朝廷一、二品大员，不知此轿中坐着的却是何人？

黄榦、徐铭看着这等阵势，也都揣测起来。正惊疑间，就见轿夫唱一个喏，将轿子稳稳停在一座酒楼前，轿中走出一人，气宇轩昂，英气勃勃，一甩袍褂，径直上了青石台阶。

朱子再看那酒楼时，见匾额上赫然写着"熙月楼"三字，依稀便是苏东坡手笔。知道这便是台州最奢华的所在了。不禁想起几日前陈亮说要请他和唐仲友到熙月楼会饮之事来。叫过徐铭："你去打听一下，适才乘轿那人姓甚名谁？"

徐铭"嗯"地回了一声，转过身去，笑吟吟去和轿夫搭讪。

不一会儿，徐铭笑嘻嘻地回来，道："适才坐轿那人，正是唐仲友唐知州。"

朱子冷笑两声："哼哼，这就是了！"

唐仲友进到酒楼，掌柜笑吟吟上前迎客，唐仲友微一颔首，步入后院，绕过石山修竹，来到一扇题着"竹月斋"的月门前，正要进去，就听门里声音道："来，婵儿，我的心尖尖肝宝宝，想死我了，快让我亲亲！"

就听一个女子娇嗔地半推半就："别别，别让唐大人和严姑娘瞧见了……"

"怕什么，迟早我要娶你的。瞧瞧我给你带什么来了？"

唐仲友听出，说话的正是陈亮和张婵，知道他二人又在耳鬓厮磨，黏黏糊糊。

隐隐听到张婵又问："甚么？你又舍得给我什么？"接着里边停了一下，想必陈亮在掏什么东西，递与张婵：

"玉凤簪，你看看这鸟喙、凤睛，还有凤冠上这雕花，有多精致！"

张婵喜滋滋叫一声："啊！"似乎是觉得那玉簪有些贵重，高兴地收了。

"你看这只凤，它的姿态正和我的心尖尖肝宝宝一个样儿！来，快叫你家相公给你戴上！"

接着里边一阵窸窸窣窣，想必是两人搂搂抱抱亲热起来。

唐仲友咳咳嗓子，意思是提醒二人：我要进来啦。推门进来，陈亮松开张婵，张婵理一理蓬乱的头发。

"与政兄，来得正巧，你给'婵儿'除籍的事办得怎样了？俺俩盼着早一天喝那交杯酒！今天你我先喝它一百杯，不醉不休！"

唐仲友脸上显出一丝愁云，淡淡地说："这个回头再说，严姑娘呢？她怎么还没来？张婵，你去看看。"

张婵"哎"了一声，作个揖，踏着碎步一朵云一般飘出门去。

陈亮道："与政兄，除籍的事，进展如何，我与婵儿……"

"除籍的事，是办妥了。不过，我却不知是在害你还是在帮你，就怕你将来恨我。"

陈亮听得莫名其妙，道："怎么能说是害我？我要和婵儿成了亲，我感激你还来不及……"

"别'婵儿'长'婵儿'短的，听着肉麻。"

"喂，与政兄，她一个快要过门的人了，这样叫她就肉麻了？你怎么也一副假道学的面孔……我让你给我和婵儿做媒，你倒是和她说过没有？"

"没有。"

"没有？自上次我托你做媒，已过去几十天了……你怎的还没说？你这媒公怎么当的？"

"我一个朝廷命官，粮食、税收、人口、疏浚，什么事不管？又不是只你这一件事。再说，我觉得你俩恐怕不是一路人。你道她能与你过苦日子么？"

"哈哈，与政兄，你这是甚么话？过甚苦日子，我又不是叫花子穷光蛋。"

"你不是穷光蛋，却也不是豪绅富翁。前一次，你给她送玉镯，这次又送个玉簪，你有多少钱装豪阔？"

"哈哈，钱财如粪土，不花等于无。我不用装豪阔，这点钱还是拿得出……"

"纵是大富之人，也不会像你这般大手大脚。我问你，这许多年，你给弟妹何夫人又送过甚？"

"哈哈，那是糟糠夫妻，平平淡淡，相亲相敬，她怎能和婵儿相提并论……"

正要往下说，就听门口女子咯咯的笑声，接着是张婵的声音："快，快。别让大人等急了。"

话音未落，张婵、严蕊走了进来。严蕊向唐仲友、陈亮一揖："有事耽搁，来迟一步，请二位大人见谅。"说着眼圈一红。

"哦，严姑娘为何事忧伤？"

"老家有人传话，家母生病。"严蕊说着掩袖啜泣起来。

唐仲友劝道："我正为你等除籍，办妥交接文书，你便立即回去照看母亲就是，何必如此哀伤！"

严蕊一听道："谢大人。"用手绢擦擦眼角。

陈亮打圆场道："喜事连连，却哭哭啼啼，快来，喝酒喝酒。"

张婵也劝道："咱们明儿个便是自由身了，想走就走。我陪你到黄岩，看老人家去，哦，就怕你是离不开唐大人？"说着狡黠地一笑。

严蕊生气地道："切莫乱说，我和唐大人一清二白。"

几人说说笑笑，不一会儿杯觥交错，接着严蕊、张婵又唱起曲儿来。但闻琴声悠扬，歌声婉转。一轮明月高挂枝头，微风吹拂，竹影摇曳，真个是良辰美景，令人沉醉。

唐仲友凝神倾听，想起二十年前父亲唐尧封遭权臣陷害，自己被流放湖南南岳庙时的凄凉，心事悠悠，眉宇间掠过丝丝愁云；陈亮听张婵歌声婉转，心头想的却是与张婵泛舟湖上，水光潋滟，绿草长堤，笙歌隐隐的诗情画意，不禁沉醉，随曲儿打起板儿来。

次日清晨，朱子等起来，洗漱罢，便带了孟、徐出门，要到州府来看个究竟：大荒之年，州府里是什么情形？官员们在忙些什么？如何赈济？远见数十男女老少跪在府衙前，连声喊冤，心头一震。沉吟一下，让徐铭上前去查看究竟。徐铭走过去，插入人群，跪倒在一个衣衫褴褛的长者之旁，也哭天抢地大喊冤屈。哭了几声，抬头抹着双眼问道："老伯，你也来喊冤，你为何事喊冤？"

那老伯道："我家锅都揭不开了，官府却催逼纳粮，缴不出来，县尉便带了人，搜粮抬柜，又把我那老实疙瘩儿子抓了去……已三天啦，我那儿子被关在府衙，就是打不死，也要饿死……县里无处申冤，我只好到州府来喊冤。"

徐铭一听道："老伯，你家住哪个村子？你贵姓？"

"老身姓张，住天台县王母村……"

徐铭回到朱子身边，将张老汉喊冤的情由禀报朱子，朱子脸色一沉，双目怒视台州府衙。带着血丝的两眼又红又亮，看去有些吓人。只见他略一沉吟道："徐铭，你去叫那张老伯过来说话；黄榦、孟焕，去租一辆马车，咱们到天台县，看看那里的父母官唱的是哪出戏！"

徐铭叫过方才说话的张老伯，凑近他耳边低语一番，老人抹抹眼泪，随徐铭来到朱子面前。张老汉一见朱子，磕头便拜。朱子将他扶起，问起他家中情形，张老汉一一说了。正在说话，黄榦、孟焕赶了大车出来。车一停稳，徐铭、孟焕扶朱子与张老汉上车。孟焕挥鞭吆喝："嘚儿，驾！"三套车向天台县驰去。

天台隶台州府，县城距台州府治临海百十里。一行人紧赶慢赶，到得县城，天色已黑。朱子命在县城边一家客店安歇。第二日起来，朱子等便装来到县衙。果见衙门外聚着不少人，男女老少，哭天抢地。朱子令孟、徐等隐蔽行事，不要暴露身份，只在一旁冷静观察。

众人都提心吊胆地望着堂上。那知县正坐在堂上，威风凛凛，正逐个审问人犯。县尉站在东首，神情阴郁，脸吊得老长。西首太师椅上，坐着一个穿官服的，神色傲慢，双手负后，冷眼望着堂上，看知县审问犯人。百姓都知道他是州府派来督办的官吏。在他身后另有两个大汉，凶神恶煞般横眉竖目，似乎有谁欠了他家银子。此时正有一个汉子被打得皮开肉绽，拖了下去。前一个刚押下去，几个皂隶又押上一个，摁在地上。那汉子被五花大绑，神情沮丧。张老伯一指堂上，向朱子低声道："那是我儿。"

朱子微微点头，不动声色走上前去，在一旁观瞧。知县醒木一敲，有气无力地道："本官问你：为什么拒缴税粮？"

那汉子道："大人，去岁灾荒，我家二亩薄田，打的粮食吃也不够，哪有粮缴税！"

知县似乎略有迟疑，有气无力问道："你缴不出，你村里王家吴家为何都缴了？"

"王家吴家，本是富户，小人怎能与他们相比？"

知县沉吟一下，看看西首这位官员，道："牟大人……"

众人一听，才知那坐在太师椅上神情傲慢的官员姓牟。只见姓牟的站起身来，吹胡子瞪眼，恶狠狠对堂下犯人道："你们这些硬核桃，非得要砸着吃，给我打！"

衙役高举大杖，眼看就要砸下，突然传来一声断喝："住手！他犯了

何罪？凭什么打人？"

众人顺着这声音望去，只见一个布衣老者，仪态威严，走上前来。他身后跟着走上三个后生，两个精壮如虎，一个弱不禁风的书生。

那姓牟的道："你是甚么人？竟敢在这里指手画脚！"

只听那老者道："路有不平，人人可来凿平；世有不公，人人可来说理。"

"你……你……大胆刁民，尔等目无王法，来人哪，给我绑了，一并拿下，一人打他三十大棍！"

他身后几个凶神恶煞的挺身上前，伸手就要将这几人捆缚。忽见长者身侧一个长身壮汉挺身上前，"啪"的一记耳刮子，打得为首的皂隶陀螺一般旋了两个圈儿，夺过了他手中绳子，反手一甩，套住了那姓牟的，喝道："兀那狗官，提举大人在此访查，尔等休要逞凶耍横！"手一拉，"咕咚"一声，姓牟的一个狗趴倒在地上。长身汉子一只大手将他摁在地上。

姓牟的几番挣扎，想要站起，哪知身上竟似有千斤石头压在肩上，动弹不得。与此同时，另一个长着虎眼的胖大金刚夺了众衙役手中大杖，撮在一起，"哗啦"一声掷到姓牟的面前，堂上众官吓得魂飞魄散，目瞪口呆。

众人蓦见眼前突变，又惊又奇，议论纷纷。听那长身的壮士说提举大人在此，更是吃惊，一个个都瞪大了眼睛在他身周搜寻，想要看看提举大人是哪个。

朱子缓缓脱掉身上布袍，露出蟒袍，向百姓道："在下朱熹，奉旨到浙东察查灾情，筹措赈济。尔等有冤申冤，有苦诉苦，从头说来。"

人群中一阵喧嚣。

"好！包青天来啦！"

"甚么包青天，这位老爷可不姓包，他是提举大人朱熹！"

接着就听扑通、扑通堂前百十个男女老少，一齐跪倒诉冤。姓牟的这时才知带头闹法堂的布衣老者，竟是堂堂朝廷命官浙东提举常平茶盐公事，吓得脸色苍白，委顿在地，嘴也不硬了，腿也软了，耷拉着脑袋，浑身筛子抖谷糠一般不住颤抖。

朱子瞪视着姓牟的道："你是何人？何职？"

那姓牟的道："我是牟英，台州府押司。"

"哼，你一个押司，大灾之年，不在台州府做事，却跑到天台县来做甚么？手伸得恁长，又这么残酷，实是可恶！我先将你革职，回头再交理司治罪！"转头对吓得颤颤巍巍的知县道："你可是知县赵公植？"

赵公植答道："正是小人。"

朱子"哼"的一声："看你也是饱读诗书之人，岂不闻天下之事'民为贵，社稷次之，君为轻'。大灾之年，百姓不能自救，岂能再行重税，拘捕逼迫，汝等施行暴政，有违天理民意！"

赵公植结结巴巴道："这都是上司的命令，小人不敢不从。"

"哪个上司？"

"这个……这个……"

朱子一拍桌子，大喝一声："说！"

"这……便是本州知州唐大人……"

朱子一听，毛发倒竖，呼呼喘着粗气："你等因他唐知州一言，就要施行暴政，祸害百姓，难道他一个唐仲友，让你杀人，你便也要杀人不成？"

赵公植叹口气道："提举大人，小人其实难以做人，头上这顶乌纱早不想戴了……"边哭边叙，将唐仲友逼他催税之事一一说了出来。

按照大宋律例，夏税当在每年八月三十日之前缴纳，这年户部擅改为七月底前缴毕。唐仲友征税更急，他给各县下令，要在六月底之前缴清，并派出亲信到各县督促。重压之下，各县官吏只好拼了命，变本加厉催缴赋税。也有仁厚些的官吏，手下迟疑，便无法兑现。天台知县赵公植，只征到一半税额，唐仲友闻言大怒，令押司牟英将他叫来州府，一顿训斥，责令他十日之内将各户所欠的"零税绢"缴清，送达州府。赵公植硬着头皮答应了，唐仲友这才放他回家。并遣牟英随他到天台县坐镇督税。赵公植走后，唐仲友又发牒文给县尉康及祖，催缴上述"零欠"以及淳熙七年

（1180 年）、八年（1181 年）所剩的未纳税赋。如此仍不放心，又派出承局、禁子到天台县。方才那坐在知县一侧椅子上，跷着二郎腿发话打人的，便是牟英。他身后几个长相凶恶的，便是承局赵虎、禁子金雕等人。

朱子查明情况，对赵公植道："先放了这些百姓，等奏明圣上，再将你等问罪！"

几个衙役赶紧给"抗税"的"刁民"松绑。众人长跪不起，向朱子千恩万谢。朱子将其一一扶起。

赵公植一再回话，请朱子息怒。二人正在说话，忽见一个穿着官服的，鼻青眼肿走进府来。赵公植道："啊呀，你受伤了？"那人狼狈不堪，道："唉，能捡回条命，已是万幸。"赵公植向那人道："这位是朱提举"，那人一听，连忙叩头行礼。赵公植向朱子道："这位是本县主簿张伯温。"

朱子道："你如何受伤，且说将与我。"

张伯温咧着嘴，将受伤情由详细禀报提举大人。

原来唐仲友派张伯温与州吏郑椿、姜允到宁海县催缴淳熙八年所欠的秋税苗米和下户的丁税，由于张伯温"追呼迫急"，乡民群起反抗，追打张伯温等。幸亏他跑得快，才捡回一条命来。又说：宁海县押录林谦因为对抗税乡民拘捕稍迟，被唐仲友发配到本州的牢城。

朱子一听，气得脸也青了。他强压怒火，打道回往台州府，要缴了唐仲友官印，再向圣上奏本将他弹劾。

回到临海，尚不到申正时分（约下午四时），朱子径往州府。黄榦在前，通报朱子身份。朱子进到堂上，见空空无人，只有几个胥吏或坐或立，甚是悠闲，见提举大人到来，忙笑吟吟地趋步向前，殷勤请安，端水看茶。朱子摆摆手："免了！唐知州何在？"

"不知，可能到江边督造石桥去了。"

朱子又问其他胥吏，都说不知唐知州所在。

朱子心中怒火升腾，在堂上走来走去，左等右等，只不见唐仲友影子。冷冷说道："你等且传我话给唐知州，就说明日辰时我在此间等他说话。"

几个胥吏见提举大人神色严厉，不知为何生气，不敢多问，连连说道："小人这就设法去……去告知知州大人。"

朱子带孟、徐、黄榦出府衙。跑了一日，又困又乏，饥肠辘辘。随便找了间饭铺，胡乱吃了饭。回到四海客栈，朱子倒头便睡，不一会儿进入梦乡。黄榦躺在床上，回想近日所见，灾民苦难的情状历历在目，忽然想起朱子曾有诗道："阡陌纵横不可寻，死伤狼籍正悲吟。若知赤子元无罪。合有人间父母心。"反复吟咏，琢磨诗意，不一会儿也迷迷糊糊睡着了。

孟焕、徐铭两个，睡在楼头一间客房。孟焕说起日间在天台大闹公堂，狠揍几个衙役县尉的情形，禁不住手舞足蹈："痛快，打了这一架，气也顺了，浑身的筋骨也舒坦了！哈哈，好！"

"这就舒服了？他们又不是金人。"徐铭淡淡地说道。

孟焕一听"金人"两个字，收敛了笑容，道："金人陈兵长江边上，迟早必有一战。你说，辛大人还能当大帅吗？什么时候才能叫咱们回到军营？"

二人本是辛弃疾帐前勇士，过惯军营生活。徐铭这一说，孟焕浮想联翩。只盼着有朝一日辛将军再受重用，再任大帅，那时他二人便能再回军中，痛痛快快杀敌立功。正想着，忽听隔壁房门"咣当"一声响，一男一女笑着闹着进到那房间，接着一个熟悉的声音道："亲亲，我的心尖尖、肝宝宝。"

"又来啦，谁是你的心尖尖、肝宝宝。"

"嘻嘻，竟不知人家对你好？"

二人同时听出，这男子的声音正是十多日前一起喝过酒的"龙窟"主人陈亮。二人四目相视，惊得呆了。就听那女子又道："莫要动粗！送玉镯、凤簪子给我，这个便是对奴家好；解人家衣服，迫人家上床，这个便是对奴家不好。"

突然"呼腾"一下，那女子"啊"地叫一声，想是陈亮一把将她揽进了怀里："过来吧，你我都要成亲了，还扭扭捏捏做什么？"

　　孟焕在隔壁屋里贴墙听见，只觉好奇，徐铭一拉他胳膊瞪他一眼，孟焕嘿嘿一笑，站起身来。

　　突然听到隔壁床子嘎吱嘎吱大响，接着里边窸窸窣窣，似乎两人亲热起来。继而就听张婵狸猫一样惨厉地叫起来，房子地动山摇般晃动起来。

　　孟焕不懂男女间事，以为陈亮行凶杀人，就要冲出去救人，徐铭用脚一勾，孟焕扑通跌倒，正要发作，见徐铭手放嘴边"嘘——"的一声，醒悟过来，方知男女行乐时，女方也跟猫儿一样，要奇奇怪怪地叫唤。孟焕尴尬地笑笑，坐了回来。二人一起用被子蒙了头，倒头睡去。

　　欲知后事如何，且听下回分解。

第二十五回

高通判借势拆台　朱提举再勘罪证

这日一早，朱子出门往台州府来，在客店门口正好与陈亮迎个照面。

"元晦兄，你——"

"同甫兄！"

"你怎的住在这里？这也巧了，我几番到州府衙门去打问你落脚之处，问过的人都不知你住在何处，没想到竟然便在此间。元晦兄，今晚我来设宴，给你介绍几位朋友，大家好好乐乐。"

朱子蓦地见到陈亮，本来十分高兴，一听他说要介绍朋友，心想自己为了明察暗访，本要低调行事，他这一张扬，定会坏了大事。一时没了主意，支吾道："……今日事急，恐不能……"

"再忙也不能不吃饭，就这么定了，晚上我来找你。"

朱子急忙拦道："同甫兄，来日方长，何必在这一时半会儿。回头再说。"陈亮哪容他分说，斩钉截铁说道："元晦兄，就这么定了，嘿嘿，嘿嘿。"说着向孟焕、徐铭道："二位朋友也来喝酒，勿要推辞。"说着风风火火反身回店。原来他早上送张婵回熙月楼，张婵将他送的玉簪遗在店中。张婵责怪，他便匆匆回身来取。

孟焕和徐铭交换个眼色，哈哈大笑。孟焕道："这个'人中之龙'，当真是来去一阵风，有趣得紧！"

朱子心事重重，正有大事要办，便不多理会，自与孟、徐、黄榦径往州府走来。时两道弹劾唐仲友的奏折已寄到朝廷，却迟迟不见回音。朱子心道早一刻将他官印夺了，唐仲友便早一时发不出滥施酷政的牒文。朱子来到台州府，正襟危坐，要缴了唐仲友的印绶。也不知何故，从辰时等到巳时，又从巳时等到午时，始终不见唐仲友人影。朱子不由得火冒三丈。派了一名胥吏，到唐仲友府中去寻，不一会儿胥吏回来，道："唐知州一早便出门去了，不知何往。"

朱子听后，勃然大怒："他明明知我要他到府衙议事，却躲着不见，他眼中还有没有本官？有没有朝廷？哼！"一甩袍袖，转身就走。忽一人穿着官服，走进堂来，满脸堆笑，向朱子深深一揖："参见提举大人！"

朱子道："你是……"

"属下高文虎①。"

朱子一听他自报家门，知道他是台州府的高通判，道："哦，是炳如先生？"

高文虎左右相顾，欲言又止，"提举大人，请到里间用茶。"说着示意朱子到僻静处说话。朱子随他出了大堂，穿过天井，来到后院一间小屋。高文虎吩咐衙役看茶。二人坐定，朱子道："如今大灾之年，赈济甚急，你可知唐知州他到哪里去了？

高文虎小声道："便是下官也寻他不着，正有许多文书等他签署……"说话间，衙役端上茶来。高文虎停住话头，不往下说。

朱子皱起眉头，琢磨高文虎说话是何用意。衙役一走，高文虎微微一笑，道："不知大人看没看出，这台州风物，与别处大是不同。"

"哦，有何不同？愿听炳如指点。"

"物产之类，如大人喝的名茶临海蟠毫，还有云雾茶、仙居云峰茶、黄岩龙乾春。其他如蜜橘、三黄鸡、高橙、枇杷、黄鱼想必大人有所耳闻。汉唐遗址更不用说，山形水韵虽比不过临安，却也独有风光。只是……"

---

① 高文虎(1134—1212)，字炳如，号雪庐。明州鄞县(今浙江宁波)人。礼部侍郎高闶之从子。绍兴庚辰进士，曾任平江府吴兴县主簿。庆元三年(1197年)，除中书舍人，七月兼国子祭酒。庆元四年(1198年)，正月为中书舍人兼侍讲。庆元五年(1199年)，任兵部侍郎。官至翰林院华文阁大学士。撰有《天官书集注》等，多次参修四朝国史、实录。

朱子见他拐弯抹角，欲言又止，问道："只是甚么？"

"山川风物容易看清，人世的风景，可就不那么容易看得清了。"

高文虎话里有话，朱子听了不禁一愣："咦，山川的风光怎的，人世的风景又怎的？还请炳如直言相告……"说罢一笑。

"这个……这个……下官本不想说……"高文虎吞吞吐吐，想说又不说，不说又想说。

朱子道："为人臣者，做事但求上对得天地、君主，下对得黎民百姓。你我食朝廷俸禄，大灾之年，理当有所作为，此间有何曲折，但说无妨。"

"大人恐怕不知，台州雾重水深……"

朱子知他话到嘴边，故弄玄虚，问道："日前我乘船经灵江，见江面船只拥塞，一打听，过往船只都要收税，三天才放行一次，不知是何道理？"

"这都是唐知州的生意……"

朱子一愣："一条大江流了千万年，怎么倒变成他唐家的生意了？"

"大人有所不知"，高文虎续道，"大江自然不是他家的，但江上那座中津桥，便是唐知州掏了大把的银子，参股营建，他自然要从桥下往来船只收取过船税，将本钱赚回来。"

朱子一听大惊，想不到唐仲友明面上是朝廷命官，又是一个儒人，暗地里却做着这等投机勒民的大买卖。心里又惊又怒，表面上却不动声色，啜口茶道："昨日我见府衙前有百姓喊冤，道是天台县收缴夏税，抓捕百姓，杖责催逼，大灾之年，他非但不体恤百姓，反而施行暴政。这是为何？"

"提举大人，这您也知道啦。唐知州他不只在天台催税，台州府下辖八县，每县他都派了爪牙，拘捕百姓，甚至连催税不力的官吏，也要拘到台州府大狱问罪。你且看看，我这台州府狱中，早已人满为患。我这通判也实在难当。"朱子听了，沉下脸来。高文虎又为朱子斟上茶水，神情恻恻地望着朱子，道："提举大人莫要气坏身子，遇到这样的州官，也是百姓的不幸……"

　　高文虎见朱子面色阴沉，知他方才的说话已有效力，趁热打铁，当下又把唐仲友沉溺酒色、巧立名目支取官钱、用公米造酒私卖、垄断鱼鲞铺等罪状，一股脑儿说将出来。朱子事先虽也知道一些，此时听了却也禁不住目瞪口呆。等高文虎说完，他抬头直盯着高文虎道："你既知唐仲友有恁多大罪，何不上奏朝廷，将他弹劾。"

　　高文虎"唉"地叹一声，脸现难色："大人，方才我道台州'雾重水深'，便是想说这个。唐知州朝里有人，替他撑腰的，不是别人，正是当朝右丞相王淮。他二人可是姻亲，关系非同一般……下官区区一个通判，人微言轻，莫说告倒告不倒他，就是上一百道奏折，能否递到圣上手中也未可知，弄不好小人一家二十多口老小，也都要受到株连……"

　　朱子一听，愣了一下。唐仲友与王淮似有渊源，他也曾有所耳闻，只是未放在心上。这时听高文虎一说，心道："怪不得唐仲友他目中无人，肆无忌惮，原来他是仗着王丞相那个靠山；怪不得我一连三番参本弹劾他，竟无半点音讯，原来是丞相王淮在暗中捣鬼。"表面仍不动声色，抬头又道："要将他弹劾，总要有个人证物证。"

　　"提举大人！"高文虎拱手作揖道，"下官的本职即是惩办罪案，他唐仲友是恶是善，是正是邪，我岂能不知。他与那营妓严蕊，出入成双，严蕊只穿内衣为他洗澡，二人通奸，大家都看在眼里，又不独独我一人长着眼睛……"

　　"既然你有证据，那便尽快搜罗，事不宜迟。"

　　高文虎道："下官自当尽力搜寻他的罪证，知道他唐仲友的罪行，自当搜致详尽，一一列载，供大人察查。只是有一条，恳请大人千万不要透露他这些罪证都出自小人之手。"

　　高文虎平日里对唐仲友十分仰仗，心里边却恨他到骨子里。这次正要借提举大人之手，将这个政敌除掉。

　　"好，你大胆去办。天塌下来自有本官一人担承，绝不连累于你。"

　　高文虎听后，一拜再拜。二人密会毕，朱子不动声色，装作什么事也没发生，准备动身再到婺州唐仲友的老家察查。

昨日朱子传话要唐仲友到州府问话，唐仲友非是有意躲避，实是错过了，颠倒了时辰。

唐仲友日间视察河堤桥梁，察查各县税费征稽，每晚还要去熙月楼听严蕊弹曲赋词，忙得不亦乐乎，一回到唐府便困倦不堪。昨日回到家中，已到丑时。洗漱毕，便上床睡了。隐隐约约听夫人刘氏道："有个提举大人传了话来，要你明日一早到府衙见话。"

唐仲友伸腰打一个哈欠，说声"晓得"，倒头便沉沉睡去。

第二日醒来，想起曾与郑、王两位豪绅相约，到宁海桐山桥商议筹资修桥，骑马径往宁海而来，倒把提举大人让他到州府问话的事，忘了个一干二净。与郑、王两位议事毕，已到申时，又到宁海县府衙检查征税进度。回到台州府，已近酉时，这才想起新任提举朱熹约他问话的事。赶到府衙，胥吏们早已散朝。只一个衙役，在庭前庭后打扫。唐仲友信步走进，忽侧室走出一人，迎了上来："与政兄！"

唐仲友一看，是通判高文虎。此人对别人都倨傲不敬，在自己面前向来恭谨。便客客气气点点头道："哈哈，原来是炳如兄，辛苦辛苦。"

高文虎笑道："哪有您辛苦？您为台州百姓，又是修桥筑路，又是赈济……"说着，压低声音，显得极度关怀："今日一早提举大人来到府衙，等了您两个时辰！"

"等我做甚，我总不能为了陪他什么也不做。"

"可他毕竟是咱们上司，起码面子上要过得去。他来了，见你不来听他训示，很是生气！只怕……"

"只怕什么？他要来便来，要去自去，与我何干？"

高文虎一听，二人已是水火不容，正中下怀："与政兄所言极是，台州的事，怎由得外人指手画脚！"

唐仲友望着窗外，心事重重。

高文虎凑近唐仲友耳边，阴恻恻地道："提举大人放着官府衙门不住，却住到不知什么地方，只怕对与政兄不利。"

"休要理会，身正不怕影子斜，我且做好分内事，朝廷和圣上自不会冤枉好人。"

高文虎听后连连点头："与政兄坦荡荡，襟怀见识果然不同凡俗！"

一边要煽风点火，一边要两边讨好。高文虎坐山观虎斗，要看看到底鹿死谁手。

陈亮自早上遇到朱子，便张罗着朋友们的聚会。先是跟张婵说了。那张婵但得能与达官贵人吃酒，从不错过。听陈亮一说，满脸喜色，便也撺掇严蕊同去。陈亮从二人下处出来，心中只想着晚间的良辰美景，佳人相伴，挚友对饮，诗酒相酬，何等快意。不料四处寻唐仲友不着，心中懊恼。听说唐仲友到城东去了，便又到城东来寻。那城东好大一个去处，却哪里寻他得着。到了酉时，听说唐知州已返回州府，便急匆匆又寻到州府来。

高文虎退去，唐仲友在堂上坐立不住。自思朱熹这番来台，明着是要来找碴儿，思量应对之策，就听一个铜钹似的声音道："与政兄，我找了你一天，你却在这里！"

唐仲友回头一看，见是陈亮，淡淡地道："怎么找这里来啦？"

"有个朋友聚会，缺你可不行"。说着拉唐仲友走到一边。

唐仲友道："和谁聚？"

"还有谁？元晦兄，他早来台州啦。"

"他？"唐仲友双眉一竖，冷笑一声，"恕我无法奉陪。"

陈亮一愣："元晦兄学识渊博，现今又是你的上司，此时来到台州府，这正是缘分，你何以拒人千里。"

"你不是说他整日之乎者也，道貌岸然？和这样的人往来，便是自取其辱，何苦来着？"

"与政兄，何必成见太深，我近来与元晦相处，倒觉他是一个极有趣之人。你和他道统上见解不同，又不影响交朋友。像你这样，你说他不好，他说你不好。你贬低他，他贬低你，岂是君子所为？"

"这么说你见到他了？哼，朱熹这号人，他褒我，于我何益；他贬我，于我何损。我和他井水不犯河水。你莫再管闲事。"

陈亮只觉得唐仲友话里有话。他与元晦之间到底发生了甚么，显然不只是对道统的见解不同，却又不好再问，只好说："罢了，罢了。多一事不如少一事。我只好自己去和元晦喝酒，你别在意，朱元晦他人其实不错。"说罢匆匆而去，没走几步，忽又转过身来。

"与政兄，别忘了我委托你的大事，且和张婵郑重地谈一次，做个好媒公。我和她说话，她只是笑，只是闹，总难说到点子上。唉，女人啊，又可爱又奇怪，看不懂，实在看不懂。你这大媒公，给我'人中之龙'陈同甫做了媒，自是功德无量。"

唐仲友一皱眉头："我也正想和你谈谈这事。我觉得张婵……娶嫁之事，须得你情我愿，双方同意才行，哪有你想得这么简单。"

"她愿意，她同意，你不知道我俩有多好。"说着嘿嘿一笑。

"既如此，我只好勉为其难，做了这个媒公便是。"

陈亮拱手一揖："拜托了！大恩不言谢，我只用好酒款待你！"说罢一阵风似的出门去了。

陈亮一走，唐仲友又琢磨起如何应对朱熹。心道："我为台州做得恁多好事，你不去向皇上为我请功，反来诬告，实是居心险恶。"他独自在屋里走来走去。过了半个时辰，终于坐到案前，给皇上写了一道奏折。写罢，冷笑道："朱熹啊朱熹，别人怕你，我却不怕你！"

陈亮回到四海客栈，径到柜台前问掌柜道："元晦先生住哪一间？"

掌柜疑惑地道："谁是元晦？"

"元晦就是朱熹，朱熹就是元晦，三岁的小孩都知道，你装聋卖傻只作不知，是何道理？当心我将你的臭店砸了。"

"客官莫急，小人真的不知……"

"一个老者，腿有点瘸，拄拐杖……"陈亮用手比画不停，"三个后

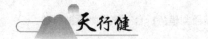

生，两个高大魁梧，一个文弱书生，弱不禁风的，像个娘们儿……"

不等他说完，掌柜一拍脑门："这几人哪，登记的名字是黄直卿，我怎么知道里边有个灰瓮黑瓮……他们早退店走了。"

"去哪里了？"

"我怎么知道。"

陈亮"哎呀呀"大叫一声，拳头在桌台上一击，掌柜吓得浑身哆嗦："老爷……"

陈亮跑出客店，四下张望，却哪里还有朱子的影子？

欲知后事如何，且听下回分解。

第二十六回

张婵嫌贫悔婚约　陈亮伤情饮苦酒

第二日一早，唐仲友来到府衙，让手下叫过公孙康来。那公孙康是府中一个胥吏，说话办事，八面玲珑，台州府中，人人也都知道他有一个绰号"金嘴公孙"。唐仲友也是喜欢他极会办事，留在身边听候调用。

公孙康来到府衙，向唐仲友施礼问安。唐仲友"嗯"了一声，埋头写一个重封①。公孙康见唐仲友正在伏案写信，便小心翼翼地侍立一旁。

唐仲友写完最后一个字，递与公孙康。公孙康小心地拿起，噘起嘴唇轻轻吹着气，要将墨迹吹干。唐仲友瞪着眼睛一拍桌子："哼，来而不往非礼也，他弹劾我，我就不能奏劾他！"

桌子震得几上的茶盏当当作响，公孙康吓了一跳。

"大人何事……大人息怒。"

唐仲友道："你骑了我的青鬃马，务必在天黑前赶到临安，将这封信交与相府……"

"小人晓得，请大人放心。"公孙康说着，小心翼翼地折好信，一弯腰，使劲伸手将信塞进内衣贴肉的口袋，起身告辞。来到马厩，径来牵那匹青鬃马，却见青鬃马无精打采卧在地上，马夫正蹲在马前一筹莫展。

---

① 重封：宋代私人书信用内外两层信封，内层叫"封皮"，外层叫"重封"。封皮的上端写收信人的官位或亲属称谓，下端写发信人某某"谨封"。重封的上端写收信人的详细地址、官位、姓氏，下端写发信人某某"谨重封"。

公孙康伸手来解缰绳，马夫道："这青鬃马是不能骑了，连着两日只拉不吃，想是病得不轻。"

公孙康"啊"的一声惊叫，知道有人做了手脚，不知谁下的手。下毒的人，肯定不想让他早早去到临安。来不及多想，也来不及回报唐知州，牵了匹黄骠马，出州府大院。迎面碰到高文虎。高文虎道："如此慌忙，有紧急公务吗？"

"高大人！……"来不及搭话，匆匆一揖上马出城。

高文虎望着他远去的背影，微微一笑，表情里似有深意，却任谁也瞧不出个中端倪。

公孙康一走，唐仲友依旧愤愤不平。背着手在屋里走来走去。长吁短叹，猜测着下一步朱熹会出什么招，好提早应对。本来只是学术上的对手，现在却成了生死对头，这在他实是始料未及。眼前浮现出一幕幕被贬谪，入狱甚至砍头的种种情状，不禁打个寒噤。抬头忽见对面墙上一幅刘松年的《孔圣人行教图》，"哼"的一声，举起茶杯，向那画掷去："假仁假义，假正经！"

"唐大人！"一个女子的声音道，"生恁大的气，谁个惹着您啦？"

唐仲友抬头一看，却是张婵，没好气地摆摆手，那意思是："别惹我，烦着呢！"张婵噘着嘴，吊着脸，退了出去。唐仲友忽想起陈亮托他做媒的事，急道："哎，别走，别走！"

张婵又小心翼翼地踏进门来，盈盈一个万福："唐大人！"

"且坐下说话，你找我何事？"

"我们几个姐妹，惦记着除籍的事，都要我来问问，办得如何？"

"严姑娘呢？她为什么没与你同来？"

"严姑娘身子虚，昨日受了风，半夜里害头痛，到现在也还起不来呢。"

"哦，原来如此，一会儿我请王卿月①大夫给她瞧瞧。"

---

① 王卿月（1138—1192），开封人，徙台州，字清叔，号醒庵，一作醒斋。历任中书舍人、直学士院，颇通医术。

“严姑娘她真有福，我先代她谢谢大人。要没有什么事，奴家就先告辞了。”

“慢，正有大事要和你说。”

“大事？……唐大人？”

“陈同甫是我挚友，你是知道的。”

“嗯！奴家知道的呀。”张婵说着点点头。

“他这个人，看着五大三粗，其实心地善良，忠厚老实。你觉得他这人，人品如何，除籍从良后，你愿不愿嫁他。”

张婵微微笑着，沉吟不语，似乎对这门亲事，十分欢喜。

“张姑娘，这是人生大事，关系重大，你且说个明白，同甫他可合你意？”

“他……人是粗鲁些，对我倒还不错，家境殷实，值得托付。”说罢甜甜一笑，两个酒窝又深又显。

唐仲友琢磨着张婵的话，说道：“‘家境殷实’？……哦，依你看，甚么样的人家才算是‘家境殷实’？”

“这个，起码得是大户人家，不用为吃穿发愁……”张婵慢慢说着：“嗯……须得有一些个仆人使唤。我想，同甫他便是这样。”

唐仲友面前掠过一丝愁云，怔了半晌：“你怎就知道他是‘大户人家’。”

“我又不是没长眼，能连这点也看不出？他出手大方，待人豪爽，从不吝啬……”

“对你‘出手大方’‘不吝啬’，这就叫‘家境殷实’了？我这位朋友陈同甫，花钱大手大脚，凡事没个计划。”想起这里，他想起陈亮借他一百两银子，也还未还。直说吧，觉得有伤同甫面子，不说吧，怎能让张婵知道他陈同甫底细，让她知难而退？想了想又道：“我很想玉成二位，但是……我也说知与你，你如能把他当成知己，无论生老病死，做好长久过‘苦日子’的打算，这样嫁给他，我这媒人也做得有功有德。否则，你二人要过得不好，心不在一处，整日里闹别扭，只怕是害了他，你也享不

得福。"

张婵听得稀里糊涂："唐大人，这是甚么话？奴家越听越不明白，陈同甫他是大富人家，怎么倒要我去跟他过'苦日子'？"

"他的家境，很是普通，他送你玉镯玉簪，那是他心中有你，看重于你。但如果你最终知道，他家不似你想象的那般'殷实'，只是寻常人家……那便如何？你是否还愿意与他过一辈子。"

"他……他不是富贵人家，那他送玉镯玉簪，装富贵人，那都是为了骗奴家，哎呀，真是知人知面不知心，幸亏唐大人提醒及时。"

唐仲友听她对陈亮并非真心，不禁气恼，正色道："张婵，同甫是个厚道人，他愿一生一世将你当知己，怎会骗你，他能骗你什么。我倒担心你对他不诚心，使他遭罪。人生在世，择妻择夫，重在人品，志趣相投，说什么贵贱贫富。陈同甫乃一代大儒，你若能嫁他，那是你的福分。"

"唐大人，恕奴家无知，我家世代绸商，只因父亲犯案，被官府问罪，这才家道中落，我也因之沦为官妓。我从未干过活，种过田，他那般家境，却要来迎娶奴家，却把奴家当成什么人啦，难道要我到他家去锄田插秧，喂鸡喂鸭？"

"我就知道你嫌贫爱富，又在声色场中浸淫这许多年，心里只有势利两字。也罢，同甫对谁都热心，心直口快。算他陈同甫看错了人！"

"大人，您又生的什么气，奴家实在不能嫁与他那样的人家……奴家头痛，奴家这先告辞了。"说着手支着头走了出去。

唐仲友只觉脸上又烫又烧。要不说陈亮家境，那便是两相欺骗，若说了实情，却又两相不悦。我这个媒公做的，两头不落好。又想：同样是官妓，张婵和严蕊怎的如此不同。严蕊她皎洁如雪，人品如梅，世上又有哪个男人配得上她。想着严蕊除籍将回原籍，不能天天相见，不禁平添一怀愁绪。

陈亮回到永康卖了些皮货，换得些银钱，反身又来到台州，径来寻张婵。张婵与严蕊等四人已除籍，正自喜气洋洋收拾行装，准备回家。忽地

"呼啦"一下门开了，陈亮满脸带笑走了进来。

"亲亲，你在吗？我回来啦！"

"出去！出去！"张婵尖叫一声，喊道。

"咦，这是怎么啦？"陈亮一脸疑惑。

"女儿家的住处，岂能随随便便说来就来！"

陈亮笑道："好，好的，那我到熙月楼等你。"

"不去！你自管自己去！"

"要不我在四海客栈等你。"

"你爱去哪儿便去哪儿，别来烦我。"

陈亮一听，莫名其妙。走近两步，歉笑着问："我的小心肝，你这是怎的啦？为何几日不见，便换了一副面孔对你家相公？哦，是嫌我来迟了么？小心肝，我回家办完事便赶回台州见你，好张婵，乖张婵，别耍孩儿脾气，你不知我多想你吗？"

"别不自重，我不是你的小心肝，你我二人，没有任何关干系。"

陈亮只觉一头雾水，一时被抢白得插不上话。叹口气讨好地道："哈哈，我与政兄一旦为你除籍，我便可名正言顺地娶你了，哈哈，婵儿……"

"莫要乱说，哪个愿意嫁你了？"

"哎呀，你生气啦？这却是为何？"

"就一个镯子一把簪子就想骗过我，嘿嘿，我才不稀罕呢，我结识的人，比你有钱的多了，只怕随便一个也比你强！"

陈亮嘻嘻一笑："我不是最有钱的，但我是最疼你的。我自忖凭我的才学，只要肯用功，让你过上安稳日子，却也不难。"

"什么安稳日子？你有家业倒还可说，可是你什么也没有，那些才呀学呀之乎者也呀，又不能当饭吃，又不能当衣穿，与我何干？我听了头也大了。连唐知州都说了，我要嫁了你，便要跟着过'苦日子'。哼，我放着好日子不过，却要和你去过那'吃了上顿没下顿'的日子，我这是何苦来着？你也不打听打听，却把我张婵当什么人了！"

陈亮又是羞愧又是恼怒："婵儿，我不是大富翁，却也不是你想象的

那般贫穷……你心里要没我，那你以前对我好，却算怎么回子事？"

"谁对你好啦？我什么时候对你好啦？都是你死乞白赖缠着我，真是反咬一口！"

陈亮伸手来抱，要好好劝慰，张婵怒道："你休要再胡搅蛮缠，你敢过来，我便喊人！"

"别胡闹，亲亲，乖乖，心肝宝贝……"陈亮说着，伸手便来挽她脖子。

"谁是你的亲亲、乖乖、心……啊啊……救命……强奸民女啦……"张婵尖声大叫。

陈亮慌得手足无措。正没理会处，几个腰圆膀粗的公人站到门口："哪里来的鸟人，敢在台州府横行。"说着一拳打在陈亮脸上。

陈亮一时发蒙，六神无主，苦苦琢磨到底发生了甚么事，到底张婵为甚么变了心。他被反剪双手，推向门外。陈亮直直地望着张婵，心中犹是不舍，想要回身，才知双臂被执，禁不住大喝一声，一抖双臂，将二公差甩开，一脚一个，踢飞出丈外。回头见张婵站在窗台，伸手来拉："婵儿……你……"

张婵跳下窗去，逃进竹林。

陈亮跟着跃出窗外，慌里慌张四下寻找，一连找了半天，也不见张婵踪影。只好再来见唐仲友。

唐仲友一见他，气呼呼地道："我正要找你，你自己正好来了，我问你，你到底想要如何？闯到官妓家，又闹到熙月楼，这般胡闹，不嫌丢人现眼？"

"与政兄，我正要问你，你这媒人是怎么当的？张婵她几日前还好好的，怎么说翻脸便翻脸？再说，我只是来找我的婵儿，关别人何事，怎的'胡闹了'？"

"还说没胡闹，大庭广众众目睽睽之下，你与张婵撕撕扯扯，成何体统！还殴伤公人，我看你是不想要头上这颗脑袋啦！"

"切莫乱讲，我倒要问你，本来我与她好好的，为何你一来给我做媒，她反倒变了心？"

"男子汉大丈夫，儿女之情，拿得起，放得下，人家不愿意，你何必强求？"

"她愿意，她怎么不愿意，我们说好到中秋节便要拜堂成亲，怎的你竟忘得一干二净！"

"同甫，起初是这样，为此我已替她几人除籍，只要她肯嫁你，愿与你厮守一生，那再好不过。但张婵她不是那样的人，我早跟你说过，那张婵她……她不是专情过日子的人……"

"她不是过日子的人怎么了，我自愿养着她，宠着她……"

"同甫！她不能和你同甘共苦，你这又是何必？"

陈亮忽然想起张婵曾说的话："连唐大人都说了，我要嫁给你，便要做好过'苦日子'的打算。"顿时恍然大悟。怒道："说甚么过苦日子？我家有田有宅，虽称不上大富，在县里却也算是响当当的人家，我几时说要让她过苦日子啦？与政兄，唐仲友，你怎么能背地说我坏话，世间哪有这样做媒的！算我错看你啦！你且告诉我，她在哪里，我要亲口问她！"

"同甫，休要再闹！我已将她几人除籍，她现已是良家女子，你再寻她闹事，便是犯法。"

"我不管，你告诉我，她在哪里，没有她我不能活，我这就找她去……"

"她与严姑娘，早离开海城，回老家去了。"一番好意，被陈亮曲解，唐仲友百口莫辩，"你……你……"一捂胸口，险些摔倒。

"我不信，我不信，我要找她，我要娶她……"陈亮嘴里嘟囔着，跌跌撞撞又来寻找张婵。来到张婵、严蕊住处，只见屋舍空空，连一只鞋子丝巾也无。

再来寻唐仲友时，也已不见人影。

陈亮问府中杂役："唐知州在哪里？"

"唐知州已告假，回婺州老家去啦。"

陈亮似被雷轰了一般，半天没缓过神来。他仔细寻思，只觉这事有些蹊跷："对啦对啦，唐仲友你这个无耻小人，你明里劝张婵要与我过'苦

日子'，心里却要挑唆我二人不睦，乘机便要哄张婵从你，你不但要娶那严蕊，还要纳了我的张婵为妾，你这个虚伪小人，狼心狗肺，大淫棍，假正经，我和你不共戴天，势不两立。"

说罢气呼呼，嗷嗷直叫，径往婺州来寻朱熹，要让这个当提举的好友给他出一口恶气。

欲知后事如何，且听下回分解。

第二十七回

济世困廉吏同心　揭丑事陈亮点火

浙东天灾，先是大涝，再是大旱，接着又是蝗灾和瘟疫。朱子在台州肃贪，弹劾唐仲友，奏到朝廷，久无回音，各州县灾情再起，婺州所辖马海、白沙一带尤甚。朱子闻讯，风尘仆仆急赴马海、白沙而来。

几人迤逦而行，不日便到婺州。但见婺州城中，秩序井然，难民远较其他州府为少。一座寺庙前，百姓排队领取粥饭。朱子看着不禁暗暗纳罕。忽听一个声音叫道："老乡，打哪里来？快到这厢排队取粥！"

朱子一看，身边除了黄榦、孟、徐，更无他人，知道那人把他几人误作难民，回过头来微微一笑。细看那人，神采英拔，似曾相识。正疑惑间，那人也认出了他，趋步向前，又惊又喜："知军大人，元晦先生！"

"你是……"

"在下赵正德。"

朱子这才想起，前年在南康任上，曾经见过此人。那时赵正德任江州府饶州知县，与南康星子相近，因抗旱事曾相聚议事。数月前，他从属官名册中知道赵正德正担任婺州通判，不知此时却何以穿了百姓服色，在这里掭勺舍粥，赈济难民。朱子一指自身，又指赵正德，意思是怎么都不穿官袍。赵正德会意："在下将要辞了婺州之任……"

朱子吃了一惊："灾情如此，正是用人之际，怎能离了你这般清官？"

"调任文书已到数日，再不动身，怕朝廷怪罪起来。"

朱子道："不必多虑，我立即呈报吏部，将你延期任用。"

赵正德拱手一揖："谢过提举大人！"

说罢引朱子到府衙，命衙役安排下榻。朱子安顿下来，赵正德又来请他用膳。朱子等来到一间大堂，刚刚坐下，一人走了进来，拱手一揖。朱子看那人时，见他相貌清癯，面色憔悴，不知何人。正要相问，那人自报家门，乃是知州钱佃①。钱佃为辛弃疾友，朱子早闻其名，相见大喜。钱佃因赈灾事急，身心交瘁，形容枯槁。钱、赵二人请朱子上座，杂役端上菜来，却是青菜豆腐，一盘酥饼。钱佃歉笑道："连年饥荒，粮米果蔬，供应不足，招待不周，还请海涵！"

朱子一见豆腐，有些迟疑。钱佃见朱子神色，忽然想起辛弃疾曾经说过：朱子少时，见人酿造豆腐，水、豆等原料与成品间差着许多，想不明白，自此从不吃豆腐。钱佃向朱子一揖，赔笑道："这个……这个……提举大人……后面有一道'神仙粥'……"

朱子知他意思，笑道："大灾之年，我等当与民共进退，岂有他求。久闻二位赈济有方，眼下灾情又急，我即奏请吏部，使正德延任。你二人协力赈济，救百姓于水火，再建新功。"

钱、赵二人拱手谢过。衙役端上一钵粥，朱子一看，喜道："'神仙粥'，善哉，善哉！我与陆放翁、辛稼轩都好这一口，来，仲耕（钱佃字）、正德，同来品味。"

这"神仙粥"其实就是"淮山熬"。淮山本指产于河南沁阳一带的山药，在江浙一带却也出产。虽是寻常之物，只因颇有补中益气之功，为历代医家所重。熬制为粥，色如玉，甜如蜜，味胜羊羹，是以百姓便称它为"神仙粥"。当下几人分食，苦中作乐。这道寻常素餐，竟成了大灾之年一道盛宴，当时一同细细品味，人人脸带喜色。

当晚，月明星稀，朱子躺在床上，又想起昔日曾与吕祖谦同游，过溪时，吕祖谦伸手来拉，脚下一滑，二人一同跌倒溪中，衣衫尽湿，都喝了

---

① 钱佃，字仲耕，绍兴十五年（1145年）乙丑科进士，历任婺州知州、江西转运副使、中奉大夫、秘阁修撰等职。著有《易解》《荀子考》《仲耕文集》。曾刊刻《荀子》。

大口溪水，奋力爬起来，尽显狼狈，相视而笑，只觉有趣。那时欢聚，今日阴阳相隔，又想起这几年去世的张栻、陆九龄、黄中，还有自己的清四，何以好人都难长久。"但愿人长久，千里共婵娟"，苏学士作这首词时，不知怎样思念着自己的妻子、兄弟、朋友，唉，人生在世，总是聚少离多，"千里共婵娟"，也只是东坡先生微寄遐思，聊以自慰而已。想着想着，悠悠入梦。

第二日一早，即写了奏章，请求朝廷将赵正德婺州之任延期。接着便到各县乡督察。婺州所辖兰溪，水旱灾害相继，受灾颇重；金华境内的马海、白沙一带尤甚；衢州的常山、开化旱水田俱已绝收；相较之下，永康一县较轻。一番明察暗访，朱子回到婺州，起草奏折，将灾情一一奏报。忽听门外有人大叫大嚷："我要找朱提举！"

"你是何人，我且去通报。"一衙役道。

"我是陈亮，朱提举的老友。字同甫，和他很熟。"

"是和朱大人熟悉还是和同甫熟悉。"

"哎呀，陈亮就是陈同甫，陈同甫就是陈亮，这两个名字都是我，是我和朱提举熟悉。"陈亮颇不耐烦。

朱子走出门来，又惊又喜。却见陈亮神色疲惫，双眼布满血丝，幞头歪斜，长袍几天未洗，风尘仆仆，一脸倦容。问道："同甫，你怎么来了？"

陈亮一见朱子，又哭又嚎："元晦兄，我被他害得好苦，我要告发！"

"同甫，且坐下慢慢说话：谁把你害得好苦？你要告发哪个？"

"还能有谁？便是那个不仁不义的小人唐仲友！"

朱子一听愕然：陈亮与唐仲友二人交厚，前一时他还几番相邀他与唐仲友到熙月楼上同聚，又托付唐仲友给他做媒，要娶那个歌伎张婵，怎的突然翻脸，竟追到婺州衙门来，还要'告发'唐仲友。当下一边让衙役看茶，一边安抚。陈亮喘着粗气，胸脯起伏，原来响亮的铜锣嗓子也变成了破锣嗓子，将唐仲友见不得人的丑事和盘端了出来："元晦兄啊，你来评评理，世上哪有这等事……我俩说好的要成亲，他却把人给我说跑了……而且还除了籍……而且还要娶她，娶她一个也就罢了，竟然要娶四个！"

朱子听他吹胡子瞪眼说着，越听越是糊涂

"甚么娶一个娶四个，消消气，慢慢说。"

陈亮兀自愤愤不平，上气不接下气："严蕊是他的，张婵是我的，王慧、沈芳不是他的，不是我的，现在，严蕊、张婵、王慧、沈芳都是他的……"

朱子递过一杯茶，黄榦给他扇着扇子，听他没头没脑地乱说一通，好不容易才听明白大概意思。

朱子暗想：陈亮原本与那唐仲友交情不浅，此时因营妓的事与他翻脸，显然唐仲友与那营妓有不可告人之事，其中只怕关节重大。正色问道："同甫兄，这话可不能乱说，唐仲友既是朝廷命官，是不能与营妓有苟且之事的。你说他与那个严蕊厮混，此外又将严蕊等四人除籍，还要娶四人为妾，岂不太过荒唐，我看你是气糊涂了！"

"元晦兄啊，你真是圣贤书读得太多了，尽把人往好处想！我和他唐仲友相识，又不是一天两天，他是什么人我不知道！我和我那张婵儿……现在是他的啦……我和张婵，他和严蕊，相处既久，什么事不知道？元晦兄啊，画虎画皮难画骨，知人知面不知心。我算是看透了，他唐仲友就是一个奸诈小人、衣冠禽兽。这些年，他总是骂你不识几个字，假道学、假正经，我现在才看透，他唐仲友才是彻头彻尾的假道学、伪君子、势利小人、大淫棍……"一口气说了几十个恶毒刻薄词汇，怨毒之深，令人惊诧。朱子只听得目瞪口呆。陈亮续道："元晦兄，你无论如何要替我出了这口恶气！"

"同甫兄，公是公，私是私，你要举报唐仲友，须得要有真凭实据。我且问你，你都看见什么了？唐仲友与那严蕊，可有什么有违律令之事？"

"他们二人私下，卿卿我我，他送给她丝绸，他为她除籍……连带四人都除籍……什么说不得见不得人的事，别人不知，我岂不知！这些女人，对这个男人也忠心，对那个男人也真心，对这个也好，对那个也好，到头来只对有钱有势的人忠心，哼！……"

孟徐再三解劝，陈亮只是气呼呼的，边说边骂唐仲友卑鄙无耻。

朱子见陈亮又可怜，又可气，又好笑，像个浑身受伤的老虎，号啕咆哮。抚慰道："同甫啊同甫，我早劝过你：那声色场中，本就像一池水，泼了一盆墨，再想让它清明澄净便不能了。人生在世，得一知己足矣。我看令正何夫人贤德聪慧，有这样的好妻子相伴，你还不知足，非要到那风月之所寻觅知音，这回信了愚兄的话了？你先去好好歇息，别再为这桩小事伤神啦。"说着向孟焕、徐铭使个眼色，让二人带陈亮到西厢房安歇。

送走陈亮，朱子坐到案前，心乱如麻。凝神想了一下，从鱼袋里取出那张折叠了十几层的高文虎整理的唐仲友之罪状。朱子在上面添上"狎妓"二字，凝神思索。夜色已深，一阵凉风吹来，案前的油灯忽明忽灭，绾起一个大大的灯花，噼噼啪啪作响，朱子的右眼皮也跟着跳了起来。

写毕，和衣上床，自言自语道："你这个悦斋（唐仲友字）先生，只知自己缩在斋中对着几个营妓沉溺酒色，悦心娱目，哪管百姓的死活，这回老夫就是拼了命，也要把你绳之以法！"

不一会儿便迷迷糊糊，闭上了眼睛。一会儿，隐隐约约忽行在山中。依稀便是武夷山中光景。他正负着一个包袱独自赶路。忽见前方路边有几个穿灰袍的人，交头接耳，诡秘地相视而笑。禁不住大吃一惊，怒道："尔等何人，鬼鬼祟祟待要如何？"

几个人也不搭话，举剑便砍。朱子赶忙跳起，左一闪，右一闪。不料前方又钻出几人，齐举剑逼了上来。

究竟何人欲袭杀朱子，欲知后事如何，且听下回分解。

第二十八回

丞相匿密札和稀泥　赵眘笑儒人争闲气

朱子伸手往腰间一摸，摸到一把长剑，抽了出来，"唰唰唰"接了几剑。不料灰袍人越来越多，左右前后全是，一个个诡秘地笑着，都不搭话，走近了便来砍他。眼见走投无路，他只好纵身一跃，跳上一棵大树。突然"嘎吱"一声巨响，树枝折断，从树上掉了下来。猛地一惊，终于睁开眼来，原来是一个噩梦。原来那"嘎吱"一声，不过是疾风吹折庭中树枝的声音。

朱子并不会使剑，也从未习过武艺。只是在少时，义父刘子羽教他用竹竿比画过几招，那也不过是逗他玩耍罢了。不料几十年以后，自己竟做起舞刀弄剑与人搏命的噩梦来。虽然是梦，却也吓出了一身冷汗。

油灯光线黯淡，灯花"噗噗"闪个不停。朱子站起身来，披上外衣走到窗前，关好窗子。自思：其实这梦，并非没有来由，眼下的处境，岂不与这梦中一般凶险。

正自思忖，门外有人轻轻叫："先生！你怎的啦？"

朱子听出是黄榦、孟、徐声音，拉开门闩。几人神色紧张地走进屋来。

原来黄榦等睡在外间，半夜听见朱子屋里有动静，担心有事，忙下床来看。几人见先生神色严峻，齐声问道："先生，哪里不舒服？"

朱子见几个晚辈都为他担心，轻轻一笑："无痛无痒，不过做梦罢了？"

黄榦道："什么梦竟把你惊醒？……"

朱子苦笑着摇摇头："跟人拼杀，搏斗。"

三人一听，更觉惊奇，纷纷围拢过来，听朱子将梦中情状一五一十叙说一遍。黄榦皱起眉头，想不明白先生何以会做如此稀奇古怪的噩梦。孟焕嘻嘻笑道："可惜只是个梦，要真有歹人来难为先生，我和徐贤弟便将那些歹人全都绑缚起来，倒吊在树上荡秋千，岂不好玩。"

徐铭瞪他一眼："你只知道打打杀杀，难道盼着先生有事不成？你忘了辛大人怎生吩咐你我？先生但要有一丝闪失，你我怎有脸面对他。"

孟焕听徐铭一说，收敛了笑容，低头不语。

朱子笑道："是福不是祸，是祸躲不过。一个人只要正心诚意做事，一生之中自然会遇到不少坎坷。个人是生是死，何足道哉……"

"先生，我觉得……"徐铭吞吞吐吐，欲言又止。

"怎么了？有话便说。"

徐铭挨近朱子一尺，皱着眉头道："先生，半年以来，你已连上了四道折子弹劾那姓唐的，不知何故，到现在一丝音讯也无。我总觉得有些蹊跷。"

黄榦接口道："先生说的是，我也觉得奇怪。"

朱子嘿嘿冷笑两声："亏得你们跟了我这好几年，难道这还看不透么？我的奏札没有回音，那便是朝中有人从中捣鬼。"

黄榦疑惑道："难道是御史台？谁胆子恁大，连你的奏折也敢摁住不发，要是被圣上知道了，还不杀他的头！"

"只怕这按下我奏札的，便是当今皇上身边的红人。你不闻那右丞相王淮，他和唐仲友是姻亲……"

徐铭惊道："难道是丞相……"

黄榦给朱子递过一杯水，朱子喝了口，悠悠说道："自我到浙东任上，弹劾的庸官贪官少说也有十多个吧。虽然那些人个个有靠山，但终究还是罢的罢，拘的拘，个个都已问罪。唯独这个唐仲友，他比别个罪大，且有证人，有证言，高通判也收集了不少罪证。有这些真凭实据，我这才将他奏劾。前三道札子寄到朝廷，没有音讯，那时我便起了疑心。第四道札子寄出去，也无音讯，思来想去，我便断定有更有权势的人护着他。当今谁最有势？除了圣上，便是丞相王淮。如今我须得另想办法，否则便奈何不得唐仲友，他必然还要为非作歹，搜刮民脂民膏，施行暴政。"说着低头沉思。屋里顿时静寂下来。过了一会儿，朱子蓦地抬头望望徐铭："你天明悄悄出城，到临安走一遭。"

徐铭点点头："好。"

朱子命孟、徐、黄榦先去歇息，自己披衣坐到案前，提起那支烙印梅花老龙笔，在那方辛弃疾所赠石砚上蘸墨膏笔，用力地书写起来。将高文虎所列唐仲友诸般罪状，加上陈亮所言唐仲友狎妓不雅之事，一一列举。跳动的油灯下，他那劲头，似乎并不是在用笔书写，而是在一刀一刀地刻、凿。将唐仲友的罪状详细列出，计有二十四条八大罪状：

贪污：任命心腹姚舜卿为监官，与主管公库的役吏马澄日密谋，将公库诸色官钱巧立名目予以支取，把官钱转变为官会（纸币，指会子钱），装入竹笼，搬回府去；

私售公酒：依律，公使库不得卖酒。唐仲友便巧立名目，让公使库卖酒给归正人。每日约三百贯，每年约十万贯。造酒的米麦等料，皆取自公库；

垄断生意：唐仲友在老家开设鱼鲞铺（海鲜店），不容别个商家经纪；

修造兵器：唐仲友造精甲数副，弓弩刀枪等若干，藏于私邸；

公费刻书：召集刻工若干，雕刻诗赋文集，每集刻二千道，用料、伙食、纸墨，皆取官钱。

建桥抽利：自出资营建浮桥，征用五县民夫，耗官钱万余。建成后，唐仲友设卡收费，又拦截江船，收取"力胜税"，满三天才放行一次，一年不到，已收"力胜钱"二千五百贯。

狎妓：与营妓严蕊等私通，不避众人……

其末写道：

臣窃见仲友本贯婺州，近为侍御使论荐。又其交党有是近臣亲属者，致臣三奏，跨涉两旬，未奉进止。深虑本人狡猾，别有计会。兼恐所司观望，或致灭裂。切乞圣明照察，严赐戒敕施行。具位臣朱熹。

这道奏折，比之先前几札，措辞更为严厉。写毕，兀自愤恨不已，怔怔发呆。忽然看见砚上那"持坚守白，不磷不缁"八字，只觉此八字一笔一画，外柔内刚，暗藏锋芒。心道：此铭不知何人所作，显然他是一位道行极高的儒人。但笔力遒劲，金钩铁划，似乎只有辛稼轩那样的武人方能有此力道。这八字之意，正应是君子操守。我亦当以此八字自勉，遇到任何挫折，不避不退。他此时尚且不知，这方砚便是岳武穆遗物，那八字铭，正是岳飞从《论语》中化出来，用以自勉。朱子想着悠悠心事，无法入睡。窗外北风怒号，时时传来凄厉的鹰唳。

第二日拂晓，朱子将信交与徐铭，让他亲往临安，交御史台黄大人，又悄声叮咛："见了黄大人，须如此如此。"徐铭听罢，道："小人明白。"作个揖，翻身上马，绝尘而去。

约莫四五日后，徐铭从临安返回，神色忧急，径来寻朱子回话。朱子屏退左右，徐铭低声说了经过，朱子一听，脸色铁青，恨恨说道："果然不出所料。哼，好一个王丞相，你自以为将案子隐匿下来，能一手遮天，我偏要与你争个鱼死网破！黄榦，笔墨伺候，我就不信天下没个'理'字了。"

原来徐铭按朱子吩咐，到了临安，见到黄大人，递与朱子奏折，问前四折所在，黄大人告知已转丞相王淮。既然皇上并不知晓此事，必被王淮扣下不发。

朱子愤愤不平，提笔给王淮立就一信，质问为何按下奏劾唐仲友的札子不表。写毕，又在信末加上一句："若再将奏本压住，熹将晋京面奏皇上，辩个是非。"力透纸背，笔笔如刀。写完之后，交与黄榦、徐铭，着二人同到斥堠铺交寄。

深宫寂静，秋日漫长。孝宗皇帝每日批阅文书，不知疲倦，琢磨着怎样把大宋这半爿江山牢牢守住，莫要为金人铁蹄践踏。这日正在延和殿批阅奏疏，右丞相王淮手里捧着一个红漆木匣，走入大殿。君臣礼毕，孝宗微微一笑："爱卿神色忧急，不知所为何事？"

"启禀圣上：朱熹弹劾唐仲友，唐仲友弹劾朱熹，微臣未敢轻断，特来奏明圣上。"说着，打开木匣，取出用丝线捆着的两捆札子来："这一摞，是朱熹弹劾唐仲友的；这一摞，是唐仲友弹劾朱熹的。"

孝宗听后，先是一愣，随手拿起唐仲友检举朱子的一封，读了起来。见唐仲友字迹刚劲，所指朱熹之事言之凿凿；又拿出朱熹奏劾唐仲友的札子，见所列罪证甚多，条条都是大罪，不禁皱眉，沉吟道："二人互劾，已有些时日，为何迟迟未报？"

王淮又一揖，道："臣初时拿到这些奏折，心里起疑，也是难以决断，是以一直放在楼中，妥妥收藏。后来终于明白，他二人相争，不过争一口闲气罢了。臣念圣上终日为国为民操劳，不想为文人间争个闲气，打扰圣上，是以未报。二人交劾日迫，到如今，朱熹奏劾唐仲友五折，唐仲友奏劾朱熹，也是五折。臣难以决断，这才报知圣上，望圣上明察。"

孝宗轻轻点点头："你说他二人争闲气？到底争的甚么？"

"唉……"王淮叹口气，缓缓说道："本来他二人，都称得上是当世大儒，都是学富五车，各自立论授徒，各说各话，也有些年头。自古道：'一山更比一山高'，他二人虽学识渊博，然对道统的见解却全然不同。不惟他二人，还有其他儒人，也都牵涉在内。浙东路婺州地方，文风鼎盛，吕祖谦的性命之学、陈同甫的事功之学、唐仲友的经制之学，为婺学三家。更有抚州的陆九龄、陆九渊兄弟，主张'心学'。朱熹以'二程'洛学为宗，看重'正心诚意'，与婺学三家及抚州陆氏兄弟自是不同。朱熹自以为得传儒学正统，与唐仲友、吕祖谦、陈同甫，陆氏兄弟，向来争论不休。以前也只是偶尔在书院论辩，或于书信中争锋。岂料天长日久，各自见解非但未得弥合，反倒鸿沟愈大，矛盾越积越深。那朱熹与唐仲友间，更是势同水火。此次朱熹任浙东提举，巡查到台州，终于按捺不住，要找那唐仲友的晦气。唐仲友向来对朱熹不满，自然不服，二人剑拔弩张，互不相让，终于弄出这等事来。圣上英明，四海晏清，君臣同心，唯朱唐之争，以臣下观之，不过为争一口闲气而已。望圣上明察。"

王淮这番轻描淡写，说得头头是道，孝宗听罢，将奏札搁在一旁，笑了笑："原来如此。这二位大儒，气量未免都忒小了些。既是如此，以你之意，该当如何？"

王淮一揖道："启禀陛下：朱、唐二人，本来各执其事，经治地方，也都各有经天纬地之才，厝置一处，互不服气，便要怄气。真个是一山不容二虎。以微臣之见，只要将他二人调移，使不在一处，使其各尽其能，为国效力，如此便两下相安。"

孝宗一听大喜："此计大妙！便请丞相对二贤重新委任，务必使二人发挥才干，共襄国是！"

"圣上英明，微臣这便去吏部，将他二人重新调用。"说罢向孝宗长长一揖，退了出去。孝宗轻轻舒一口气，继续批阅案上的奏折。

原来王淮接了朱子信，看到他那句"再将奏本压住，熹将晋京面奏皇上，辩个是非"话，知道朱熹脾气古怪，他若是非得要闹个鱼死网破，来到临安，面奏皇上，那时岂不要大祸临头。苦苦琢磨了一夜，准备好一套说辞，便来说与孝宗，孝宗竟也信了。王淮见一番巧计，上下其手，终于大事化小，小事化了，将一场你死我活的争斗消弭于无形，不禁有些得意。眼下只要将他朱熹提拔一格，给他些好处，也就罢了。只见他满面春风，脚步轻快，走出宫来。

欲知后事如何，且听下回分解。

第二十九回

监当官舍身取证　唐仲友纵恶伤人

朱子马不停蹄，一连访查数县，督察赈济。掐指算来，给王淮的信已寄出十多日，估计王淮阅信之后，应有所收敛。他奏劾唐仲友的札子，料想王淮已转呈圣上。皇上一发话，台州必有震动。这日察查常山事毕，决计返回台州，看看进展究竟如何。一行折而向北，迤逦而行。这日一早来到一处市镇，匆匆吃了些面饭，迤逦返往台州。不一日回到台州地界，一条大江拦住去路。几人停了下来，等待渡船。朱子伫立江边，但见彤云低垂，天空晦暗，只觉心头沉重，似有千斤铁石压在胸口，喘不过气来。弹劾庸官贪官，这样理所当然的事，竟至于生出恁多枝节来，难道世上真的没个天理了？想到这里，忽想起幼时和父亲的一番问答："日，何所附？"

"附于天。"

"天何所附？"

"天……天……"

父亲怎么也答不上来，看着他不住苦笑。

黄榦见先生心事重重，连日没有合眼，担心他撑持不住，轻轻走近，将一件袍子披在他身上。朱子似乎并未察觉，只怔怔地凝视远方。

忽见江心芦苇丛一阵晃动，左右一分，一叶扁舟荡了出来。徐铭向艄公招招手，艄公缓缓将船划来，停在岸边。黄榦扶朱子先上了船，接着孟、徐也跳上来。黄榦从口袋摸出一锭银子，交给艄公，让他径往临海方向划去。

江水浩渺，浊浪滔滔。半空中彤云密布，黑压压形似山峦，似乎随时将要坠落人间。朱子站立船头，神色迷茫。

行到黄昏，远远望见台州，但见城墙高大，广厦华居错落有致，有如一道黑色剪纸的峰峦，轮廓分明。那峰峦之后，当下不知又有甚事发生。只觉那台州城，波诡云谲，让人实在难以捉摸。

"到了，诸位朋友请下船吧！"

孟焕一看，锚泊之地，前不着村后不着店，怒道："你这鸟人，又不会亏你银子，何不划到那边码头，让我家大人好走路则个！"

那艄公躬身一揖道："几位爷儿饶了小人，再往前去，便要缴税，折了银钱不说，要让巡查的官人知道，扣了船，小人一家活命的家伙也没有了。小老儿我上有老下有小，也只能喝西北风了。"

孟焕还要发作，朱子道："不必为难艄公，多走几步何妨。"说着起身下船。

徐铭、黄榦将朱子扶上岸，一行人缓缓走向城中。通判高文虎、监当官李崇山等来见。朱子问了台州府近来情状，几人都说一如既往。知并未有旨到台州惩办唐仲友，不禁长叹一口气。

这时朱子已住到府衙，除了朱子自己，孟、徐、黄榦几人的食宿都是朱子付费。几人俱感困乏，吃罢晚饭，早早安歇，当日无话。

第二日一早，朱子让监当官李崇山去拿府库的台账，要仔细查对。李崇山去了两个时辰，也不见回来。朱子心里纳闷。到了申时，忽听外面一阵喧哗，有人厮打争吵。孟焕、徐铭知道事情不妙，抢了出去。循着扰嚷声，来到衙门一座大院，朱漆门外，站着一人，手提哨棒，满脸横肉，横眉冷目，拦住去路。孟焕认出此人是唐仲友手下打手，视若不见，挺胸走向院门，那大汉举棒来劈，孟焕右手轻轻一格，哨棒飞了出去，撞在墙上"喀"的一声断为两截。孟焕左手一拳，打在那人腹中，那汉子"嘿"地出声闷气，委顿在地。孟焕大踏步走入大院，迎面见几个大汉正在从李崇山手里抢夺东西。几个儒生模样的人，横七竖八倒在地下。想必是李崇山的手下上前阻拦，被唐仲友手下恶徒打翻在地。为首一位打手，体壮如

熊，长着一双三角眼，面貌凶狠。李崇山抱着匣子紧紧不放，这人连撕带扯，将李崇山摔倒在地。正要夺他手中账册，忽然两个人影一闪，挡在面前，正是孟焕、徐铭。徐铭一拳打去，那大眼一闪，两人斗在一起。不几招，徐铭挥拳一击，将巨眼打手打飞到水池中，扑通一声，溅起水花。徐铭抢上一步，趁势扶起李崇山，护在他身前。孟焕飞起一脚，踢翻另一个大汉。那长着三角眼的恼羞成怒，跃出水池要来击打徐铭。孟焕打得兴起，抢上一步左手掐着他的脖子，抡起铁砧一般的拳头，就要往下砸去。他这一拳，便是石头也要砸个稀碎，若是打在那人太阳穴上，登时没命。就是打到脸上，也必定满脸开花。忽听一人大声喝道："住手，不得无礼！"

孟焕一看，是朱子拄了拐杖"笃、笃、笃"赶来。孟焕略一迟疑，当即一推，那三角眼的一个仰八叉，跌翻在地，翻个跟斗又扑将过来。

乱纷纷间，忽听一个洪亮的声音道："'黑大虫'，好大的胆子，竟然在公堂上聚众斗殴！还有没有王法？"众人回头一看，正是知州唐仲友。那三角眼的听了唐仲友的话，道："这些厮鸟抢了府库账册，小人正要将它抢回来。"

众人一听，才知这打得最凶的原来叫作"黑大虫"。

唐仲友一摆手，那"黑大虫"退回两步。

唐仲友走近几个公人："你们几个，为了甚么与人斗殴，一点规矩都不懂，先给你等记着，回头再一一算账。"

"一一算账"几个字一字一顿，咬牙切齿，显然指桑骂槐，说的是要算朱子、李崇山二人与他为敌的账。他干笑两声，冷眼望着朱子道："天象不顺，连人都沾了晦气，看这些家伙个个心浮气躁，竟在衙门里打架闹事，给台州府丢脸啦，提举大人见笑啦。"

朱子哼了一声："'若要人不知，除非己莫为'，今日之事，苍天在上，看得清清楚楚。天地做证，朱某不才，迟早也要将那始作俑者绳之以法。"话里有话，字字带刀。

唐仲友此前多听人言朱熹天生异相，额角生有七痣，形如北斗。这时阳光正盛，从侧面看那朱子，果见他额边生得有痣，果然是七颗，排列如北斗，那在天权位的文曲星，更是明显。心中又惊又奇：人家脸上生一个文曲星，便了不得了，这朱熹脸上竟然生了一个北斗阵，也当真怪了。正自思忖，就听高文虎嘻嘻哈哈走来道：

"哎呀呀，都是为公，莫要误会。提举大人，息怒；唐大人……都是误会啊；李监当……这……"

李崇山听他说话八面玲珑，几方不得罪，将来不管哪一方发市，他都有好处沾。嫌他狡狯，"哼"的一声转过脸去。徐铭扶着李崇山，跟朱子来到后院馆驿中坐定。李崇山额上磕了一个大包，血流不止。上气不接下气："我一早便去府库，索取州府台账，唐仲友那个心腹、库管马澄日百般推托，一会儿说没有，一会儿又说找不着。我自己闯进府库，在箱子柜子里翻找。他们藏得倒是严密，我翻来翻去找它不着。嘿嘿，后来我看到墙角有一个书箱，打了开来，去掉上面几册废书，便找到这些账簿。"说着擦擦额上的汗，续道："哪知马澄日竟敢来抢，正在相争，那监管姚舜卿也带着打手来发飙。"

徐铭插言道："那姚舜卿莫非便是唤作'黑大虫'的？"

李崇山道："正是那恶徒。真是目无王法，丧心病狂！"

朱子一边安慰，一边让黄榦给他包扎。正在这时，高文虎忧心忡忡，走了进来："提举大人，唐仲友真是胆大包天，我等前些时抓的套取会子、刻书的共犯、证人，全都给他放了。"

朱子一愣："当真……"

"请大人同到司理院狱中察看究竟。"

朱子随了高文虎、李崇山，徐铭、孟焕在后紧紧跟随，匆匆来到狱中，果见原来关押涉唐案犯的监室空空如也。牢门大开，七八个共犯全都不见。朱子这一惊当真不小。没有证人，怎得给这贪官定罪？朱子怒气冲冲，心事重重，转身回到馆驿。高文虎、李崇山也跟了来。

"要不是他心里有鬼，害怕了，怎会悄悄将这些人犯尽数遣散。"李崇山道。

高文虎冷冷一笑道："李监当，你这却是估算错了——他这不是害怕，而是有人给他撑腰，他天不怕地不怕。"

"按理说，提举大人来台州察查，他唐仲友应该收敛了，何以比既往更加嚣张。难道圣上还没有见到那些奏折吗？"李崇山愤愤地道。

"哈哈，圣上又不会一个字一个字地看，更不会一件事一件事来对证。只怕有人从中捣鬼，把白说成黑，把黑说成白，正邪善恶到了圣上耳朵里，一切都变了调调。"高文虎道。

朱子凝神思索，沉吟道："难道我给王淮的信，王淮也是视而不见？或是王淮混淆是非，圣上受他蒙蔽……"想到此，凝神琢磨起来。

高文虎道："早知有今日，当初就该把那些同犯统统押到临安去，没有了唐仲友的庇护，这些人渣，招了的不会翻供，没招的，打他十几大板也就招了。"

朱子猛一抬头："咦，你这句话倒提醒了我。没有唐仲友的庇护，审查起来，那便容易多了。"沉吟一下，突然问道："严蕊，那个严蕊在哪里？"

高文虎道："这些人，早离开台州了。连那张婵、王慧、沈芳，也都不知去了何处。"

李崇山道："咦，我等何不就从这个严蕊身上下手。"

朱子道："黄岩县令赵无极、县尉孙应时为人正直，秉公执法，决不与唐仲友同流合污。此事交他二人去办，必然万无一失。"

突然徐铭凝神静听，接着忽地站起，连人带窗飞出去，就听窗外当的一声，一片屋瓦掉在地上，摔得稀碎。

孟焕见状，也飞出门去，从另一侧包抄。不一会儿二人回来，垂头丧气。孟焕嚷道："真扫兴，追进树林，被他逃了。"

"这也难怪，偷听的人，恐怕便是这府里的，比你我熟悉地形。"

黄榦道："最近这里更复杂了，你二位一定要多长心眼，保护好先生。"

孟焕一笑："哈哈，这还用你说，有我孟焕在，先生走到哪里必然平平安安。"

朱子微微一笑："自古邪不压正，任何时候，都不能向邪恶低头。"

夜色已深，北风呼呼吹着。高文虎、李崇山向朱子告辞。

衙役端来几样饭菜，几人围坐桌前，朱子心事重重，茶饭不思，只喝了两口稀粥便放下碗筷。黄榦、徐铭见朱子如此，心里难过，竟是碗筷也不想动。只有孟焕闷头大吃，一点油腥也无的素菜，被他嚼得吧唧吧唧响。他这心宽体胖之人，心中从来不搁事。边嚼边说："大人，小人就是不明白，日间在公堂上，那打手恁地猖狂，小人正要给他些教训，为何大人却不让小的出手。"

"哼，他打你可以，你却动不得他。你二人是什么身份？平民百姓。那些人是什么身份？衙门公差。你等要打死了人，闯了祸出来，咱们有理也变得没理了。弄不好还会被他们说成暴民闹事，那样一来，罪可就大了。我弹劾他，更是难上加难。孟焕、徐铭，你二人给我听着：任何情况下，只能自保，不能伤人性命。"

徐铭点点头："小人明白。"

孟焕却摇摇头，心道："难道歹人刀架我脖子上，我也不能伤他？"也只是心里想想，嘴里却一句也不敢说。

朱子当晚写了一信，第二日一早，让徐铭独自一人，悄悄出城，骑快马径到黄岩县去。徐铭出得城来，一路疾驰。阴云漠漠，朔风微寒。行了一个时辰，滴答滴答下起雨来。雨越下越大，出了台州界，道路泥泞不堪。雨浇在身上，凉在心里，徐铭忍不住连打几个喷嚏。到了午时，来到一座桥边，桥上石磴上刻着"樟神桥"三字，过桥四十里地便是黄岩县城。心头一喜，一拍马背，那马嘚嘚地驰上桥头，突然咕咚一声，马失前蹄，徐铭连人带马栽倒在地。这一下摔得不轻。徐铭只觉脑袋发木，眼冒金星。抬眼看时，见有五六个蒙面大汉齐围了过来，人人手里执着明晃晃的大刀。为首一人横眉吼道："喂，小子，又撞在一起了，怀里揣的甚么好东西，拿出来！"说罢挺刀走上前来。

徐铭一看，见这人生着张一双规规整整的三角眼，认得便是昨日在台

州府内院殴伤监当官李崇山，与他交过手的"黑大虫"，不禁大怒。一个鲤鱼打挺站了赶来。

六个凶徒"呼啦"一下，举刀齐上，戳心，砍头，劈腰，毫不留情，竟是招招要夺他性命。徐铭心道："好啊，你们这些爪子，看来不给点苦头吃，不识你家徐爷的本事。"当下拔出戒刀，迎了上来。

欲知后事如何，且听下回分解。

第三十回

赵知县怒审严蕊　陈同甫醉眼噤声

原来昨夜朱子与高文虎、李崇山等议事，拟命黄岩知县赵无极、县尉孙应时捉拿审问严蕊，终究被唐仲友派出的细作听见。唐仲友当晚便派人连夜到黄岩严蕊家，知会其立即避走他乡。又派了"黑大虫"纠集亡命之徒在必经之路樟神桥埋伏，暗设绊马索，要将朱子派往黄岩的信使，连人带信截下，不留活口。哪料到徐铭久经沙场，身经百战，亲手杀死的金人没一百也有五十。要想截杀他，谈何容易。

徐铭见这些人刀刀尽往他要命处招呼，显然意欲置他于死地，不敢怠慢，小心应战。一个长身的凶徒当头一刀劈来，他一个侧翻闪开，回了一刀。忽听背后又"唰"地有刀砍来，侧身挥刀架格，当的一声，火星四溅。定睛一看，抡刀之人正是"黑大虫"，斜挑一刀便想结果了他的性命。猛想起先生的话：应对唐仲友手下打手，只能防身自保，却不能伤了对方性命。否则，己方便会被诬为暴民，弹劾的事，自然更是难上加难。心道：小不忍则乱大谋，我自己受折辱事小，却不能坏了先生大事。突然刀锋一转，取他下盘，"黑大虫"腾空闪过。徐铭瞅准时机，在他将落地未落地之时挥刀用刀背砍在他颈上。"黑大虫""啊"的一声，倒在地上，以为丢了脑袋。却听得四周刀声霍霍、嗷嗷，兀自恶斗不息。用手一摸，脑袋还在，只觉奇怪。便在此时，徐铭一拳将一个矮胖子打下桥面，扑通跌在水中。忽听身侧"呜——"的一声，又有一刀砍来，徐铭将头一低，刀头掠着头皮扫过。徐铭心道，总得将这些人打服了，否则缠斗下去，我死了固不足惜，先生的大事定要误了的。当下闪过身来，瞅准空隙，将那人胳膊顺势一拉，飞起一脚，将他也踢下桥去。"黑大虫"从地下爬起，从右首偷袭，举刀拦腰劈来，徐铭用刀接住，反手掠他手腕，"黑大虫"只得放手，长刀"当啷"一声掉在地上。徐铭"唰"地一刀背斩在他后肘，"咯吱"一声，筋折骨断。"黑大虫"扑通一声昏晕在地上。恰在此时，身后"嗖"的一声又有人袭来，徐铭闪过，一扬手，在那人肩头一摁，卸了胳膊，飞起右脚，将他踢下桥去。接着三拳两招，又将二人踢下桥。余下一人见徐铭满脸杀气，扔了长刀，转身窜入林子逃了。徐铭也不追赶，掸掸身上泥土，转身欲走。转念又想，总得让这"黑大虫"长些记性，以后老老实实做人。回转身，走到"黑大虫"跟前，向他两腿胫骨连踢数脚，就听"咔啦、咔啦"连连作响，小腿齐断，这"黑大虫"再厉害，数月之间休想再站起来。朱子让他不要闹出人命，将这厮打伤，也算没有违命。收了戒刀，望着"黑大虫"嘿嘿一笑，跨上乌骝马，头顶细雨往黄岩县驰去。

到了黄昏，徐铭来到黄岩县城。径直寻到县衙，问了县令赵无极所在，径到府上拜见。徐铭向赵无极一揖，将朱子密信递上。无极见徐铭前襟撕开，身上几处血迹，惊道："壮士，你伤得不轻……"

徐铭这才意识到，途中恶斗之际，身上沾了凶徒的血迹。回想此番悍斗，兀自心惊，若是稍分心神，手下慢得半拍，自己这脑袋也不知哪里去了。面上却镇定自若，淡淡一笑："雨天路滑，摔了一跤，不打紧。"说着将外衣脱下，掖在左手。

赵无极让胥吏招待徐铭饭食。不一会儿，胥吏端来饭食，一壶小酒。徐铭谦让了一回，端起酒杯慢慢品味。经过一番剧斗，终于将先生的密信送到黄岩，徐铭只觉心中舒坦，这小酒喝起来，真是比临安城那名酒"蓝桥风月"还要醇厚甘洌。

赵无极知道事情紧急，拆信来看，见朱提举略说唐仲友案状，又云官妓严蕊，原名周幼芳，系黄岩县周家寨人，与唐仲友同案，唐仲友已为其除籍云云。赵无极阅罢，一双细眼顿时精亮闪闪，咬得牙齿"咯嘣咯嘣"作响，冷笑三声，恶狠狠骂道："哼哼，唐仲友，没想到你也有今天！"

唐仲友平时恃才傲物，无论尊长，颐指气使，训责下官如斥小儿，语甚轻薄，属县县令通判等俱各怀恨，却谁也不敢顶撞，人人噤若寒蝉。赵无极受他气最多，早已怀恨在心，此时恨不得唐仲友即刻即被查办。当时收好信件，叫来县尉孙应时①议事。

孙应时试看了朱子密信，又惊又喜。惊的是，台州府竟然出了这等大案，眼看将起风波；喜的是，平时对他轻侮的唐某人将要倒台，终于不用再看他脸色。何况查办唐仲友，也是帮了元晦先生一把。孙应时早年受学于陆九渊，淳熙二年（1175 年）登进士第，任黄岩县尉。素慕朱子之学，有意投拜，苦无机缘。知朱子任浙东提举，拟寻机投拜，不料这时却接到朱子要他承办大案，暗想这也是协助朱子成事，将来见面更易亲近。当时精神一振，叫来捕头，点齐十多个精壮捕快，高举火把，翻山越岭到周家寨拿人。

将近丑时，到了周家寨，将严蕊家团团围住。火光将严蕊家庄前庄后，映得一片通红。捕快没命地拍门，大声喝喊。不一会儿，一个男子开了门。众捕快认出此人曾是县衙狱中负责打扫的杂役，名周召侥的。不知受了台州府唐知州什么恩宠，辞职回家。当下更不搭话，闯入门来。

严蕊数日来照顾母亲刘氏，无微不至。晌午时，有人从海城来，捎了唐仲友密信，让她立即遁走，避避风头。严蕊将信收起，未告知母亲兄长。心道：我一个弱女子，又未谋财害人，未曾犯法，何故要避？何况今已除籍，已赎得自由身。转眼又想，既然唐大人要我避一避，也许有甚么疑难之事，我便听他吩咐，躲避几日。想来想去，方圆百十里又无亲戚，想不出个藏身之处。忽儿想到：闺友王惠向来与我交好，亲如姐妹，我不如便到她家躲上几日。只是王惠家距此六十多里地，这时天色已晚，总要

---

① 孙应时（1154—1206），字季和，自号烛湖居士，余姚人。生于宋高宗绍兴二十四年（1154 年），卒于宁宗开禧二年（1206 年），年五十三岁。八岁能文，师事陆九渊。登淳熙二年（1175 年）进士。初为黄岩尉，有惠政。

明儿一早动身才是。为老母熬了药，用小碗盛了，一勺一勺喂服。正要伺候安睡，忽听一阵急促的敲门声，接着门"哗啦"一声被推开。严蕊走出房来，和孙应时打个照面。严蕊一揖道："大人深夜到此，所为何事？"

孙应时看严蕊时，见她面容姣好，举止端庄，不卑不亢，暗暗称奇。却瞪着双眼，厉声说道："你便是周幼芳，台州除籍的官妓严蕊？"

严蕊道："正是民女，不知大人深夜到此，到底为了何事？"

"闲话少说，到了府衙自然知道。"

严蕊母亲刘氏披了衣，颤颤巍巍走上前："大人，我儿犯了甚么法？"

孙应时见她老态龙钟，不忍伤她心，淡淡地道："牵涉到一桩不小的案子。"

周召傒一声声"老兄""兄台"，和众捕快套近乎，问问这个问问那个："啊呀，你忘了？兄弟先前也在府上当差，小人大胆问一句，小妹到底犯了什么法？"却哪里有人理会，个个吹胡子瞪眼，只作不识。

刘氏哭道："大人啊，我儿到底犯了什么法？"

"抓她自有抓她的道理，何必多问，带走！"

严蕊哭道："母亲，孩儿并未有犯法之事，想来此中必有误会。儿且随大人前去，是非曲直，慢慢计较不迟。"

刘氏捶胸顿足哭道："我丈夫本是乡下小吏，为民申冤，被治罪杖责，伤病而死。我儿充了营妓，受尽屈辱，以为至此苦日子也就到头了，如今却又来拿她！谅她有多大能耐，能犯什么法，啊呀呀，这让老身可怎么活啊？"

孙应时哪容分说，一摆手，手下人一阵吆喝，将严蕊押出门外，推进囚车。

第二日一早，赵无极高坐公堂上，大叫一声："带人犯周幼芳！"

几个衙役将严蕊五花大绑押上，喝道："跪下！"将她摁到地上。

赵无极醒木一拍，冷冷一笑："周幼芳，严蕊，哼！你可知罪？"

严蕊叹口气道："回大人，民女思来想去，并不明白。"

"哼，'若要人不知，除非己莫为'。莫要装作无辜，且将你同唐知州的丑事，一五一十招供出来。"

严蕊怔怔地望着县太爷："大人，民女只是区区一营妓，只唱歌卖笑，并不卖身。民女与那唐知州，我二人之间清清白白，并无不可告人之事。"

"说得轻巧，他心地怎好？若没有苟且之事，怎肯又送你厚礼，又将你除籍，还照顾令兄免了差役？"

"大人，唐大人几番赏赐民女礼物，民女几番推辞，婉言谢却。这一次，民女将回老家，唐大人执意要送礼，民女又几番拒绝，唐大人执意要送，民女争拗不过，只好收了。除此而外，再无其他。"

"哼，'唐大人执意要送'，你'只好收受'。世间哪有这等好事？何况他送你厚礼，又送你母兄礼。这仅仅是因为赏识你会弹琴唱曲？快快从实招来！"

"礼物是有的，然而民女与唐大人之间，仅以歌赋琴棋相娱，绝无苟且之事。"

"'绝无苟且之事'？哼，有多人指证，说你与那唐仲友，私侍枕席，苟行男女之事，难道竟是冤枉你了？"

"回大人，民女与唐知州，绝无此事……"

"还敢嘴硬，我看不给你点颜色，你是不肯实说！"

"大人哪，民女与那唐知州，确不曾有苟且之事。"

赵无极心道："看她一个弱不禁风的女子，何以如此嘴硬，看来必是仗着那唐仲友在背地里撑腰。"醒木一拍："来人哪，大刑伺候！先打她三十杖再说。"

就见两三个公人，持杖上前，一把将严蕊掀翻在地，举杖便打。"啪、啪、啪"，便似闷棍打在沙袋上，声音又沉又重。可怜那严蕊，只挨了二十几下，便已撑持不住，昏死过去。赵无极让先抬了下去，关进大牢，隔日再审。

严蕊被打得皮开肉绽，伏在草垛上，一动不动。不知过了多久，只听"咣当"一声，牢门开了。严蕊睁眼一看，见是家兄周召侥前来送饭。严蕊哪里吃得下，侧着脸，一言不发。

周召侥见亲妹杖刑后，身体虚弱，看着可怜，劝道："小妹，大人问你什么，你据实招供也就是了，又不是死罪，何必扛着，吃这苦头？"

"哥哥，不是这样说话。乌有之事，岂能随便招认，切莫再说！"

周召侥心想妹妹受了人家许多好处，二人间的关系定然不浅，岂能只是陪陪酒唱个曲儿那么简单。早一时招供，早一时结案回家，哪知她竟如此不听劝告。当下低头无语，默默退了出去。

隔两日再审，一顿棍棒，严蕊仍是不招。又过数日，又审，仍是不认。赵无极暗思，照这样审下去，恐怕要弄出人命，那时候怎好收场。一时无计，给朱子与台州府通判高文虎各写一信。时朱子正到县乡察查，写给朱子的信被唐仲友心腹截获，密告唐仲友。

孙应时也没料到这严蕊竟会不招，急如热锅上的蚂蚁，在屋里走来走去，反复琢磨，寻思如何破局。

信州带湖，稼轩庄上，辛弃疾也是心绪不宁。年来时旱时雨，庄稼歉收，十多间屋舍也有几间漏了雨。趁连日天晴，辛弃疾爬上屋顶，动手修缮。这回他不用青瓦，代之以竹片。到了黄昏，眼见屋顶修好，心头大喜。忽铁柱跑了来，喊道：

"爹爹，你的老朋友又来寻你？"

"老朋友？是哪个老朋友？元晦、同甫、放翁……你倒说说清楚，是哪一个？"

"就是那个人也高，嗓门也大，酒量也大，饭量也大的，什么龙虎的！"

辛弃疾愠怒道："哈哈，他是'人中之龙，文中之虎'。你就这样数落同甫叔叔？好没礼貌！"

话音未落，陈亮自己走了进来："怪不得小侄，他岂知同甫叔叔便是'人中之龙，文中之虎'！"

"同甫兄，可盼到你啦！"辛弃疾又惊又喜，一纵身从房上跳了下来："快快进屋，今日且喝个痛快！"转身吩咐几个家丁续做余下活计，自与陈亮大步流星，衣袂飘飘来到一座亭子，吩咐仆人摆上酒席。

原来陈亮自在台州情场失意，到婺州向朱子告了唐仲友，郁郁回到龙窟，闷头睡了几天，便振作起来。吃得好，睡得香，生龙活虎，神采奕奕。过了个把月，忽想到数月未见辛弃疾，便只身来到带湖与他相会。一到庄上，见铁柱和五六个孩子在湖边草地捉蚂蚱，捕蝴蝶。上前问他，知辛弃疾正在屋顶忙活。喜滋滋走了进来。

清风吹拂，白云悠悠，亭周老树挺拔，竹林翠绿，十几只白鹅荡着水波悠闲地游泳。好一个世外桃源。二人坐在亭中，相叙寒温。就见一个二十岁左右的女子手端漆盘，袅袅婷婷走来，向陈亮盈盈一个万福，摆上茶来。

辛弃疾道："粉卿，催夫人快快切肉温酒，我和同甫以酒代茶。快去快去。"

陈亮道："'粉卿'？稼轩兄，这丫鬟的名字叫得好啊！"

辛弃疾睁大眼睛道："胡说，这是新娶的妾，你也该叫她'嫂嫂'才是。"

陈亮自悔失言："哎呀，瞧我眼浊。新娶的？我说此前从未见过。稼轩兄真是有福之人哪！妻妾成群，多子多福！"

辛弃疾道："'妻妾成群'有什么好？三个女人一台戏，时不时拌几句嘴，耍个脾气，家大了，管起来也是费心。要不娶，家中人少，又怎生料理得来。"

正说着，范夫人带着田田、钱钱、香香、卿卿几个妾端了大盘小盘来，却是熟肉、花生、鱼干、一大壶酒，三四只粗碗。摆好酒，香香给陈亮和辛弃疾各倒满一大碗。辛弃疾道："我二人不吃饭，有酒就够了。"范夫人等齐向陈亮行礼，陈亮恭恭敬敬一一还礼。范夫人等笑吟吟走上小桥，回往大屋去了。辛弃疾一举酒杯："同甫兄，'人中之龙，文中之虎'，干！"

陈亮一举杯，二人一饮而尽。

陈亮放下杯子，神色忧郁，叹口气道："以后，你也别叫我'人中之

龙，文中之虎'了，听着别别扭扭。"

"出什么事了？怎么打蔫了？这不像我所敬佩的同甫兄啊！"

陈亮又叹一口气："唉，'龙游浅水遭虾戏，虎落平阳被犬欺'。我被唐仲友那厮害得好惨。"说着嘴一咧，便似要哭了出来。

辛弃疾奇道："什么唐蒸鱼唐鱼蒸的，他又怎么欺侮你啦？"

陈亮"唉、唉"连叹几声，自斟一大碗酒，眨着巨眼，目光呆滞，边饮边说："兄弟差点也成了一门亲事，没想到让那台州知州唐仲友做媒，他这媒人……把我的准新娘给拐跑啦。兄弟我真是命苦！咳！……"接着絮絮叨叨，又哭又笑，唉声叹气，把在台州认识张婵，托唐仲友做媒，张婵变心等情状叙说了一遍。

辛弃疾听罢，只觉好笑，劝道："不是一家人，不进一家门。既然那女子有眼不识泰山，要她做甚。好男人不愁娶。将来有的是机会，愚兄替你做媒，另娶一个好女子。来，同甫兄，'将进酒，杯莫停'。"陈亮见酒便饮，一连饮了七八碗。

陈亮放下酒碗，醉眼蒙眬："稼轩兄，你说得对！"

"什么说得对？"

"女人无德，不能要；朋友无品，须绝交。那唐仲友，势利小人，我已向元晦兄检举他，将他弹劾。"

"你检举他了？你检举他所犯何罪？"

"他与那官妓严蕊厮混，又将她与另三名官妓一同除籍。现今这几人恐怕都被他纳了妾。"

辛弃疾听着，有些玄乎，再怎么说，唐仲友怎能将几人一同"纳"了，莫非儿戏不成。笑着问道："唐仲友纳不纳那几个女子，倒在其次。依你所说，这几人都是官妓，他无端为几女子落籍，也算违法。只不过，空口无凭，总得有实据。"说到这里，脸上浮现一丝愁云，停了一会儿，悠悠续道："依我看来，元晦兄弹劾唐仲友，必然不只为他'纳妾'这事，唐仲友总是负着其他大罪。元晦兄弹劾唐仲友，将他弹劾了，你算是帮了他；若是不成，你这不实之词便是害了他。"说了半天，见陈亮不言不语，回过头来，陈亮已歪歪斜斜靠着柱子，呼呼睡了起来。辛弃疾站起，悄悄将自己的外衣解下，盖在他的身上。独自望着水面，悠悠念道："不知元晦兄此刻在哪里？孟焕、徐铭两个是否伺候周全？"

　　欲知后事如何，且听下回分解。

第三十一回

朱提举怒砸秦桧祠　徐大受逞勇殴公差

自古道：无巧不成书。其实早在朱子任浙东提举常平茶盐公事数月前，朝廷已任唐仲友为江西提刑。唐仲友待要料理好台州公私诸事，才赴任江西。岂料朱熹突地来到，并似乎是着意找碴儿，要派他的不是。因而这两人竟蹊跷地在台州地方狭路相逢，硬碰硬地斗了起来。终于酿成一桩文坛、学坛千年大案来。

此番弹劾唐仲友，未能伤得他一根汗毛。那唐仲友依旧台州府上，有恃无恐做他的知州。朱子待在台州城，心里憋闷。于是带黄榦等离开台州，一边到就近县乡察查，一边等候皇上的裁断。

这日，朱子带着几个晚辈巡行了一处乡村，走了半天，来到一片荒野。前不着村，后不着店。几人人困马乏，又饥又饿。朱子命就地歇息，黄榦取出干粮给几人分食。时大旱已过，蝗虫遍野。几人坐在树荫下，脚边蚂蚱乱跳。孟焕啃了几口干粮，看着身边活蹦乱跳的蚂蚱瞪大眼睛，忽发奇想。站起身来，不吭不哈独自到土丘后去了。

朱子吃过干粮，靠着大树闭眼歇息，不觉睡着，又做起幼时向父亲问日问天之事。迷糊了一会儿，悠悠醒来，蓦见前方树丛冒出阵阵青烟，心下好奇，穿林打叶，进到林中察看。徐铭忙跟了来。朱子走到生烟的地方，仔细一看，原来是孟焕在地上生了一堆火，正在用竹签穿了蚂蚱烤着吃。孟焕见朱子来，忙举起一串说："先生，快来尝尝，真的美味。"

朱子斥道："你竟吃这等污秽之物，我不说你罢了，你却让别人也吃，是何道理?"

孟焕道:"先生,这蚂蚱,它是害虫,我吃它,便是为民除害。为何吃不得?"

朱子哼了一声:"天地广大,万事万物,哪个吃哪个,都有它的道理。这蝗虫蚂蚱,鸡鸭鸟兽吃得,你吃了,却会闹肚子的。"说罢转身去了。

孟焕一愣:"先生这话说的,我的脾胃难道还不如鸡鸭鸟兽的!"

孟焕向徐铭做个鬼脸,要他同来享用烤蚂蚱大宴。徐铭几十天没见过荤腥,看孟焕吃得香喷喷,有些馋涎,又想来吃,又怕朱子不悦,看看孟焕,又看看朱子背影,终于还是掉转头,跟着朱子沿大堤向前走去。

到了黄昏,来到一处城池,一问,知是永嘉。朱子信步走着,四处察查。黄榦、孟焕在后跟着,东看看西看看,也觉新鲜。近处一家饭铺,掌柜大声叫卖,招呼客人。几人走了进去,坐到一张大桌上,胡乱叫了些面饭,对付着吃过。匆匆找了家客栈安歇。

这日半夜,孟焕忽地闹起病来,不停地如厕,额头滚烫有如炭火,哇哇大叫。大汗淋漓,将床上褥子也洇出一个大大的人形。黄榦,徐铭大急,终是无法。朱子看着,也觉心疼。想起一个药方,写到纸上。时方三更,却到哪里抓药去。好不容易挨到天亮,徐铭忙跑到街上,寻找药铺抓药。

徐铭抓了药来,黄榦借店家药釜熬了,给他喂服。到了午时,孟焕上吐下泻,排出一些污秽东西来,腹痛减轻,略觉好受些。到了黄昏,竟然痊可,叫嚷肚子饿。朱子叫同到饭铺,叫了三个素菜。孟焕吃罢五六碗饭,笑道:"这下一舒服了,乖乖,生了这场病,真是要命。"

朱子笑道:"我看你从今还吃不吃蚂蚱!"

孟焕咧嘴道:"再也不敢了,统统留给鸡鸭鸟兽去吃吧,我是看也不想再看那黄不溜秋看着就有些邪门的东西了。"

黄榦、徐铭听了,都笑了起来。

第二日,朱子便到永嘉城中察查。但见长街上青石铺路,店铺鳞次栉比,家家开门迎客。巷陌人家在檐下晾晒衣服。看来倒也太平,显然比其

天行健

他县治灾情略轻。

朱子等信步走着，不知不觉来到一座大院，隔墙而望，但见几座屋宇挑角飞檐，气势恢宏，不知是何所在。转到正门一看，见匾上大书"永嘉县学"三字，才知是一家书院。朱子一生，最是与书院有缘。这时见了永嘉县学，岂能不心有所动，当下便来了精神，抬步走了进去。进到书院，只见古松苍翠，院舍清雅，看去颇有些年头。朱子四下看着，甚觉称意。走到后院，忽见立着一座祠堂，数十人众正焚香祷祝。走近一看，见祠堂匾额上写着"秦公忠献之祠"，大吃一惊。"秦公忠献"，正是奸贼秦桧封号。秦桧年轻时曾随徽、钦二帝被俘至金，建炎四年（1130 年）回到临安，深得高宗赵构宠信，两度拜相。其任相期间，撺掇高宗割地、称臣、纳贡，阻止北伐，结纳私党，斥逐异己，屡兴大狱，冤杀岳飞父子、大将张宪等。这种祸国殃民之千古罪人，岂可立祠供人祭祀！想到此，一股无名火起，怒目而视那祝祷之人。

恰祭祀仪式毕，只见一人大腹便便，满面红光，穿着件对襟缠枝葡萄纹绫袄，正与众客人寒暄，招呼同来赴宴。朱子一看，料定他是今日祭祀之会的主家。这位乡绅见朱子等几位布衣走来，以为也来祭拜，上前热情招呼。朱子大步走到众人前，朗声问道："诸位，大伙儿在此相聚，作何盛典？"

那士绅笑吟吟道："今日乃祖上诞辰之日，在下受族人之托……"

"请问令祖名讳，有何功德配在此享祀！"朱子打断士绅说话。

那士绅道："先祖姓秦名桧，乃是前朝宰相，在位一十九载，功在社稷，历封秦、魏二国公，谥曰'忠献'，因此我们这座祠堂唤作'忠献祠'。你是何人，问恁多做甚？"

朱子听后，脱掉布袍交与黄榦，露出一身官服。那士绅一见朱子身穿蟒袍，腰悬紫鱼袋，方知眼前之人是朝廷大官，顿时吓得慌了神。朱子厉声斥道："请问本朝绍兴之初，首倡和议误国者何人？绍兴十一年（1141 年），岳武穆惨死风波亭，是何人诬陷？"朱子骂得兴起，戟指祠堂，声音更高："令祖欺君误国，屈膝降金，陷害忠良，且问这'忠献'二字，忠在何处？所献何物？"

那士绅见问，头上冒出豆大的汗珠，结结巴巴道："大人息怒，本族乃秦桧远房。桧之所为，实与小人等无涉。"

朱子怒目而视，大声道："当此大荒之年，尔等不思赈济，扶助穷困，却在此欢谑恣乐，膜拜奸臣，仁义之心何在？"

"这个……这个……"士绅灰头土脸，连声请罪，吩咐撤去宴席，把秦桧画像和香炉一并撤下。朱子道："且慢！"

几人吓得战战兢兢，嗫嚅道："大人……"

"眼下灾情肆虐，流亡载道，饿殍遍地。尔等如要替祖上减轻罪孽，不如多做善事，把家里吃不完的米面、花不完的银钱，拿出来救济百姓，岂不比在这里装神弄鬼的好？"

那士绅连连谢道："谢谢大人指点！"朱子瞪着他道："且去传话给县令孙懋，让他到此间见我！"

那人一再作揖，慌慌张张去了。众人跟着散去。朱子走近秦桧像前，指着画像，对黄榦道："吾友岳霖，为父申冤，奔波数十载，未能尽遂心愿。今日我等所见，才知民间竟有人如此是非不清。永嘉乃礼义之地，乡里富绅无知，立秦桧像于此供人祭奠。如不毁了它，如何对得住含冤负屈的忠良！"

黄榦听说，接道："对，我等给大宋百姓，给岳武穆父子出口恶气！"说着从香炉旁拿过一根烧火棒，狠狠地砸了下去。"嘭"的一声，将秦桧一只手斩了下来。

孟焕看他一个文弱书生头一回施暴，样子滑稽，禁不住哈哈大笑。只听朱子道：

"孟焕、徐铭，你二人是上过战场的人，这类害死岳武穆的奸相，你二人也来惩罚惩罚他。"

孟焕一听大喜，撸起袖子，噼噼啪啪将塑像击出几个窟窿。徐铭飞起一脚，"轰"的一声，两丈高的塑像倒在地上，顿时祠堂内烟尘大起。

朱子与两个后生相视大笑，如淘气的小儿击倒雪人般高兴。

"大人！"

朱子回头一看，正是县令孙懋。厉声道："你身为父母官，竟不知在你治下有人在此装神弄鬼，祭拜奸臣！我令你立即将这祠堂拆掉，连砖带瓦全扔进城外那深沟里，休要污了书院的清气。"

孙懋边赔笑边说："当然当然，下官早有此意，只是碍着秦桧族人势大，怕生事端。既然提举大人发了话，我这就派人动手，保管清除得干干净净，连沾了秦桧晦气的一块瓦碴块也不会留下。"

孙懋当即回到县衙，遣人将秦桧祠堂拆除，果真将砖瓦敲碎，都用牛车拉到城外，倒在壕沟之中。

发泄发泄怨愤，也只能使心里好受些。路还得继续走。暗思唐仲友还在原位，似乎比先前还要跋扈，耳边似乎听他在说："朱熹，你这个腐儒，除了会读之乎者也，有甚本事？能奈我何？"在路途歇息时，在道上行走时，他便常常一个人独自坐着，不言不语。偶尔不由自主地吟道："路漫漫其修远兮，吾将上下而求索"；"蜀道难，难于上青天。"语调深沉，似哭似号。黄榦知道他心里悲苦，也不敢打扰，只暗暗地在心里担忧。

几个人且行且宿，这个县里走三天，那个乡里住两日。每到一处，即抚慰灾民，与县令县尉商议赈灾事，一日不得清闲。这日悠悠前行，到了黄昏，忽见前方一山，山不甚高，却见山形嵯峨，溪水回流，美不胜收。朱子见田边有位农夫正在担水，问此山之名。那村民道："此山唤作'东横山'。"朱子心头一喜："莫非竹溪书院便在此间？"

"前方山后，半山便是。"

朱子连叫"好！好！"转身对孟、徐、黄榦："今日到此，左右无事，不如去拜见一位宿儒。"

说罢拄着拐杖径往前走去。孟、徐、黄榦见状，也跟了去。

来到山前，但见一座浮桥，桥中央正有几人争斗。近前一看，却是一位老者与几位公人相斗。那老者胸前肌肉石块般垒砌着，十分壮实。与他相斗的，是四个身穿皂衣皂袍的少壮公人。朱子走南闯北，见多识广；

孟、徐身经百战，见过各种阵仗，却从未见过一老斗四少，且老者将青壮之人打得鼻青脸肿，连连后退。朱子觉得这老者如此凶斗，显然为老不尊；而那四个青壮合斗一位老者，显然也是不懂礼数。大声叫道："各位住手，快快住手，我有话说！"

几人斗得正凶，谁肯罢手。谁个先收手，谁个便要多挨对方几拳，是以双方扯、摔、拽、肘捶，缠斗不休。孟焕见朱子连喊数声，这些人只是不理不睬，大吼一声，跳到几人中间，连撕带扯，将几人活生生分了开来，推到一边。

朱子抱拳行礼："诸位，君子动口不动手。纵有再大的纠葛，说一说也就解开了，何必拳来脚往，斗伤了怎生是好？何况你们四个打一个老者……"突见青壮公人中，四人中倒有两人鼻青脸肿，显然是吃亏的一方，便转过头对老者道："何况你是一个老者。"

那老者望望朱熹，见他儒巾儒袍，斯文儒雅，正要他来评评理。戟指几位对手，骂道："你们让这先生评评理，看我打你们该还是不该……"

四人争着嚷道："我等皆衙门公差，正要到前方五方村公干。谁知走到这桥上，正好这老刁民也上了桥，我四人就催他让一让，让我四人先过桥，哪料到他非但不让路，还迫我四人给他让路。先生您说，四人当给他一人让路呢，还是他一人当给我四人让路。何况我等是为官府办事。"

那老者怒不可遏，跳起来又要上前厮打，徐铭慌忙拦住。老者骂道："混账东西，我看你爹娘生你几个，都是不肖之子。岂不闻古人有云：'敬老慈幼，无忘宾旅。'敬老孝老，人皆尽知，我的年岁，恐怕比你爷爷还长着几岁，我左肩上扛着柴禾，右手里牵着牛犊，你几个不来帮我也罢，反拦着我的去路，不退不让，骂骂咧咧。先生，你说打这几个狗头，该还是不是？"

朱子一听，打架起因，原是为了这等小事，对几个青壮公差笑笑道："你四位，先给这位老者赔个不是！"

四人中为首的那位，长着一副麻将脸，将眼一瞪："我们是给公家做事，凭什么要听你的……你是谁？"

天行健

孟焕一听，双眼圆睁，怒骂道："你这贼厮鸟，活得叵烦了不是?"那麻将脸还要争辩，孟焕一把揪住他的衣领："他娘的，怎么和提举大人说话?"

"提举大人?……"几人听后都是一愣。

朱子喝退孟焕，脱下外袍，露出官服来。几人见状，目瞪口呆，知道得罪不起，忙扑通扑通跪倒磕头。朱子缓缓说道："孟子曰:'老吾老，以及人之老'，在家里吃饭，老人不先用饭，尔等便不能动箸，是也不是?尔等何不像善待家中老者那般，善待眼前这位老者!"

四人唯唯诺诺，连连点头。朱子续道："生而为人，孰能无过，过而能改，善莫大焉。尔等以后，若再见到老者，无论他是官是民，是贫是富，都须恭恭敬敬。遇到狭道，让老者先行，老者跌倒，须上前将他扶起……记住了?"

"小人记住了!"几个公差忙不迭地回话。

"尔等先行给这位老者赔礼，莫要再犯!"

几人端端正正对着老人跪倒，"咚咚咚"连磕响头。

朱子道："你们去吧!"几人慌忙爬起，向朱子一揖，扭头一溜烟跑了。

那老者见朱子对四位凶蛮的公差一顿训斥，正自得意，朱子道："这位兄台，以后遇到这类粗鄙无礼之人，说几句也就是了，何必得理不饶人，打得不可开交……我且问你，竹溪书院怎个走法?"

那老者听他打问竹溪书院，眼睛瞪大，显得有些着慌："这个……那个……前方路口往左，半里后上个斜坡，再右拐，穿过竹林，前方数间大屋便是。"

朱子听后，躬身一揖："谢老兄指路。"

也不知那老者是否听见，只见他挑着担子牵着牛，慌慌张张向山上走去。朱子心里只觉好笑，又敬佩他恁大年纪，如此健硕。又笑他恁大年纪，倚老卖老，好勇斗狠，为老不尊。

朱子与孟、徐、黄榦，缓缓向山上走去。行约半里，上个小坡，下个大坡，走上一条小径。穿过竹林，果见数间茅屋，又高又阔，错落有致。提起精神，欣然走近。见匾额上"竹溪书院"几字，势如飞龙，苍劲有力。几名弟子模样的立在门前，躬身施礼迎客。朱子进屋，却见一人儒巾儒袍，指拨弟子端茶倒水，喜滋滋上前招呼，只觉此人依稀有些面善，却想不起在何处见过。

朱子欠身问道："请问竹溪先生在否？"

那老者道："在。"

"他此刻却在何处？"

"他……他一大早授徒……然后，午间去砍柴……砍柴后回来……和人打了一架……"

朱子心中疑惑：什么砍柴打架？答非所问。面上却微微一笑："我是说竹溪先生，他在何处……"

那老樵略一沉吟，一指自己："远在天边，近在眼前，我便是'竹溪先生'，'竹溪先生'便是老夫……想瞒也瞒不住啦，终究让元晦先生法眼识破了，见笑，见笑。"

朱子再看此人，似乎与桥上恶斗老叟倒有九分相像。他这一通说话，朱子终于认了出来。只是换了衣服，脱胎换骨般变了样，举止儒雅。朱子不禁大吃一惊：想不到这位适才与人恶斗的"樵夫"，竟然便是大名鼎鼎的当世大儒、竹溪先生徐大受[①]。忙拱手一拜："朱熹朱元晦拜见竹溪先生。"

徐大受慌忙还礼："元晦先生大名，天下谁人不知，前些年我几名弟子，受教于你，每言先生人品学识，徐某钦慕不已。今先生光临敝处，令我竹溪书院蓬荜生辉，实乃我与众弟子之幸也！"转身大叫："快上茶，快备饭。去了毛，剥了皮。"

外面答道："就来就来。"

孟焕、徐铭等听说要"去了毛，剥了皮"，不知是要杀羊还是宰牛，

① 徐大受，字季可，号竹溪，天台（今属浙江）人。孝宗淳熙十一年（1184 年）特科。

心道这个竹溪先生真是热情慷慨，今日倒有荤腥吃了。

朱子笑问徐大授："先生乃今世大儒，何故不顾惜花甲之身，定要自己去担柴放牛？"

"耕读耕读，边耕边读。老夫几十年来，半天授徒，半天为樵。一天要不干点体力活，身上就发痒，骨头就发酥，心里就发慌。只要动动手脚干点粗活，吐纳也顺畅了，骨头也硬朗了，脑袋瓜也清灵了。"

朱子笑道："辛稼轩是边耕田边填词，竹溪先生是边打柴边授业，你二位实乃当世奇人，一对怪杰！"

徐大受亲自斟一杯茶，递与朱子，道："元晦先生，此茶是老叟自种自采，请品尝。"

朱子将茶杯凑近嘴边，一股馨香扑鼻而来，轻轻啜了一口，细细一品，只感淡淡幽香，韵味悠长，顿觉神清气爽，连赞："好茶，好茶！"

朱子放下茶盏，笑问："季可先生，我心头有一个疑问，不知当讲不当讲。"

徐大受愣道："元晦兄但说无妨。"

朱子道："先生方才还在山下，怎么会先我而到呢？还换了袍子，悠闲地坐在这里等我，莫非先生真会甚么腾云驾雾的法术？"

徐大受大笑道："哈哈哈，为了赶在你前边洗脸洗手，换身干净衣服，我骗你们多走半个圆圈，自己走捷径先自回来啦。"说罢哈哈哈像个顽童般开怀大笑。朱子、黄榦、孟、徐都觉这老头忒也滑稽，也跟着笑了起来。

不一会儿，饭已备妥，分两桌来招待客人。朱子与徐大授坐一桌，孟焕、徐铭、黄榦坐一桌。几个弟子端上饭来。每桌上一盆野菜拌着米面，一盆葱花汤。接着又端上来一盘蒲瓜，一盘毛芋。孟焕一看，席上无肉，望向徐铭。徐铭知他意思，示意他面前盘中，孟焕一看恍然大悟，原来主人方才说的"去了毛，剥了皮"只是去蒲瓜毛皮，有些扫兴。皱眉看了徐铭一眼，心道，一点油腥也没有，这书院主人就这样招待贵客啊？只听朱子说道："怪不得竹溪先生如此清健，原来最懂黄老之术啊！"

徐大受笑笑道："清贫山人，摆不了盛宴，却拿这廉价饭食招待稀客，莫怪莫怪!"

朱子打趣道:"葱花健脾,这野蒲瓜滋肺,几样合力补肾,神仙饭啊!"

徐大受给朱子盛上一碗饭一碗汤,说一声:"请!"几人都端起饭碗吃了起来。吃到嘴里,只觉得十分可口,似有鸡鱼的味道。几人大快朵颐,只吃得香喷喷,浑身上下每个毛孔都舒舒服服。

朱子吃罢一碗,端起汤喝了一口,道:"久闻竹溪先生最会作诗。咱们今日相聚,佳肴香茗,青山幽谷,当此胜境,不如便请先生在席间对几句诗,以助雅兴如何?"

徐大受道:"折煞我也。我向来吟对,只图自娱自乐,登不得大雅之堂。倒想听听元晦先生的'鲁班门前弄大斧,关公门前舞大刀'。我倒想听听元晦先生妙句!"

朱子道:"竹溪先生先请!"

徐大受挠挠头:"好吧,献丑了。"不假思索,脱口吟道:

> 一径延山去,烟村四五家。
>
> 两行金钱柳,一树紫荆花。
>
> 壁上琴三尺,堂中书五车。
>
> 门前一丛竹,便是老夫家。

朱子听罢,喜道:"好诗,好诗,寓意不俗,真乃绝唱。黄榦,快记下。"黄榦记事过目不忘,笑着点点头。一旁两三个竹溪书院的弟子却趴在几前,用毛笔工工整整录了下来。

徐大受道:"老夫以茶代酒,敬元晦先生。愿闻先生妙句。"

朱子看看饭桌,略一沉吟,念道:

> 路遇一老翁,自负薪一束。
>
> 乌斤插在腰,背手牵黄犊。
>
> 借问何处去,指点破茅屋。

午鸡鸣短墙，麦饭方炊熟。

吟罢，众人哈哈大笑。笑谈声中，两大盆汤饭一滴不剩，朱子心下大快。当晚，徐大受安排朱子同榻而卧。二人余兴未减，又叙了起来。

朱子道："我听子直（赵汝愚字）说过，你曾几度辞官。不知竹溪先生心中，到底如何想法？"

"哈哈，我这个人，天生不是做官的料。"

"此话怎讲？"

徐大受道："我这人，生来容易知足，你看，吃的菜、米，喝的茶，都是自己种的。书籍两屋，弟子十多名。甚么也不缺。我这般吃得也香睡得也香，读圣贤书，论千秋事，岂不快哉！我想，我甚么也不缺，何必去做官求财，看人眼色，曲意逢迎，颠倒善恶，虚与应酬。我何苦要自寻烦恼，去找那窝囊气受……"

这一句话，正说出了朱子心里话。朱子边听边想着自己近来的曲折坎坷，触动无限心事，连连叹气，翻来覆去，怎么也睡不着。二人说说停停，窗外明月洞照，秋虫鸣叫不歇。鸡叫头遍，才迷迷糊糊睡着。

第二日，徐大受安排朱子早餐，也是寻常自种自收所烹的果蔬，看着鲜艳，吃着香甜。吃罢饭，朱子告辞，徐大受送过石桥，又送二里方别。二人依依不舍，互道珍重。

朱子一行缓走慢行，遇到田里劳作的百姓，便上前招呼。如此走走停停，倒也不觉疲乏。午后三刻，来到一处荒山，远见前方一座酒肆，便转了过来，前去用饭。正行间，忽听得远处蹄声嘚嘚，抬头一看，官道上尘土飞扬，两骑大马飞驰而来。朱子令几人让路。俄顷，到得近前，为首马上一人，身穿官服，正要细看，马一错头，已闪了过去。朱子正自疑惑，忽见那人勒转马头，追了上来。

孟焕、徐铭见状，只道来的并非善类。二人跃上一步，手按刀柄，分立朱子左右。

究竟来者何人，意欲如何？欲知后事如何，且听下回分解。

第三十二回

荒郊道孙应时报讯　绍兴府女词人受刑

那人一见朱子，勒缰下马便拜。朱子一看，并不相识，道：

"阁下是……"

徐铭与此人打个照面，蓦地认出此人正是黄岩县尉孙应时。孙应时先向徐铭点点头，又向朱子深深作揖："晚辈余姚孙应时，此前从子静先生，久慕先生大名。知先生来台州巡察，有意拜谒，却无缘一见。前日到台州府议事，事情紧急，听闻先生赴婺州察查，我便绕道婺州，到了婺州，赵知县又言大人到常山公干，我便又绕道到常山寻访先生，不意正好在此遇见。幸甚，幸甚！"

朱子喜道："嗯，孙应时，字季和，我倒听说过你！不知有何要紧事，令你这般苦苦相寻？"

"这事正与先生有关……"孙应时上气不接下气。

孙应时本是陆九渊弟子，此前从未见过朱子，却听说朱子额角长有七痣。方才乡道驰马，蓦见一行人迎面而来，为首老者身着官服，早疑心是浙东提举朱熹。错马之际，又瞥见他右颊上有痣甚显，又见身旁跟着一位壮士，正是曾到黄岩送信的徐铭，确定为首的长者便是朱子，勒马来拜。他既是陆九渊弟子，是以张口闭口对朱子只称"先生"。

朱子知他有事相告，一指不远处酒肆，道：

"且到那酒肆细说无妨。"说罢领孙应时，同到店中。孙应时执意要请朱子，作为见面之礼，嘱咐小二："上些好酒好菜来！"

店家问道："我这里有米有面，有鸡有鱼，不知你要吃些什么？"

孙应时一指那随行的捕快道："你去点选菜肴，好生招待先生。"

朱子一摆手："乱世荒年，节俭为宜。"孙应时使个眼色，那捕快点头去到一边，点菜去了。

孙应时擦擦汗，向徐铭道："徐壮士一向可好！"

徐铭拱手一揖："跟着朱大人，一切还好。"

孙应时道："有徐壮士侍护，元晦先生自也平安。"转头向朱子一揖，神色凝重，道："先生弹劾唐仲友，还没个结果，朝廷好没来由将案子移交，这严蕊即日便要解去绍兴府审讯……"

朱子一怔："为何要转到绍兴府查办？"

"我也是百思不得其解。想是因在台州治下，掣肘太多，不易审明；或是有人为她开脱，疑我等断案不公。这严蕊……看似弱不禁风，谁知她铁齿铜牙。赵县令将她审来审去，她只道与那唐仲友清清白白，绝无苟且之事。这严蕊哪，看似寻常，并不寻常……"接着连连摇头，将那严蕊的身世渊源，一一道了出来——

"严蕊本姓周，字幼芳，其父因罪入狱，杖责后死于狱中。按大宋律例，营妓为俘虏的敌方女子，或家中长辈获重罪，充为官妓。周幼芳之父死不抵罪，周幼芳便没籍成了营妓，更名严蕊。严蕊琴棋书画，歌舞管弦，无不精通。尤善作诗填词，多自家新造句子，听客无不推服。又颇有姿色，举手投足间，气度不凡。是以四方富家公子少爷，闻其大名，也有不远千里来到台州，但求见得一面。就连台州知州唐仲友，每每设宴，专请那严蕊赋词弹唱。曾有一阕《如梦令》，是新近唱给唐仲友与其友陈同甫的。词曰：'道是梨花不是，道是杏花不是。白白与红红，别是东风情味。曾记，曾记，人在武陵微醉。'……"

黄榦听到这里，痴痴地望着窗外，低声向徐铭道："端的好词！'曾记，曾记，人在武陵微醉。'虽未直接点出花名，却暗托此花之名。陶渊明《桃花源记》说：武陵渔人曾'缘溪行，忘路之远近，忽逢桃花林'，句中所言，即是说此花属桃源之花，花名就是桃花。"

徐铭用肘轻轻碰他一下，黄斡醒悟过来，自知当此场合，夸赞人犯严蕊才艺，实属不该。自悔失言，臊得脸红耳热，埋下头去。

孙应时续道："时间一久，唐仲友与那严蕊，愈加亲昵，人前人后，并不避讳，此为实情。"

孙应时说罢望着朱子，等他说话。朱子脸色阴沉，半天不语。良久，叹口气道："审得如何，如何审，我倒不宜多问，我只关心唐仲友，她要能吐出与唐仲友滥交实情，或是说了那唐仲友贪赃枉法之事，将唐仲友绳之以法，便容易得多。"

那跟随孙应时的捕快点过饭菜，付过银子，已坐回桌边。他半天无语，这时却闷出一句话来："哼，这个贱女人，只会填写淫词勾人。"

孟焕忍不住嚷道："嘿嘿，什么是淫词？俺是一个字也没听懂。依我说，甭管那严蕊，直接抓了唐仲友吊起来打他二百棒，看他嘴硬！"

"住口！"朱子瞪一眼孟焕，"官府之事，哪用得你愚鲁之人多嘴！"孟焕吓得一吐舌头，低下头去。

孙应时郁郁道："小人这次到台州，便是去会商此案如何继续。如今朝廷命将严蕊移交绍兴府，小人即日便要将那严蕊押送绍兴。日程紧迫，紧赶慢赶，已有所不及……"说罢神色忧急，头上冒出汗来。

朱子对窗凝思，悠悠说道："严蕊既已交由绍兴府经办，我等又何必插手，岂能插手，但愿不冤枉好人，不放过一个坏人……我弹劾他唐仲友，最终无非两个结果：要么将唐仲友治罪，以谢台州百姓，要么罢了我朱熹官职，以谢唐仲友！这浙东地方，有我没他，有他没我。"

孙应时突然想起什么似的说道："对啦，先生，我听说朝廷已将您升职了……恐怕文告已发往台州……"

朱子一愣，沉吟道："那唐仲友……"

"听说早先任他做江西提刑，现今另有任用。"

"另有任用？"

"这个，具体如何，在下并不清楚。"孙应时说着，抬头望望天上日头，突然站起身，向朱子一揖，连连叫苦："罢了罢了罢了，押送严蕊到绍兴，日程甚急，只怕要误了……先生且先用饭……回头我再专程拜见先生！"说罢连揖，催促那相随的捕快，匆匆出店，跨上马背，一溜烟消失在远处山后。

朱子回想着孙应时说的朝廷已"提拔"自己，又将唐仲友另行任用的话，只怕朝廷里还有人捣鬼。到如今，眼前局势越发波诡云谲。凝目注视空空的墙壁，半天无语。

店家端来饭菜，孟焕看时，有鱼有肉，一坛老酒，心头大喜。朱子心事重重，哪能吃下一口，只喝了两口汤便放下碗筷。黄榦、徐铭见朱子如此，心里难过，也吃不下饭。只有孟焕闷头大吃，一只鸡让他揪下一块又一块，边嚼边道："嗯，好吃，真奇怪，这鸡怎么做的？有味儿！"

欲知后事如何，且听下回分解。

第三十三回

王淮妙计息争端　朱熹辞官归武夷

自古道：开弓没有回头箭。朱子履政施为，向来雷厉风行，没想到弹劾唐仲友一案，竟成了一场旷日持久的弈棋，而对手却是一群老谋深算的高手。他尚不知道王淮已落下关键一子，他是无论如何扭转不了颓势的。然朱子做事，向来只会刨根问底。别人行事，是"不到黄河不死心"，他却是"到了黄河也不死心"。此时他须得慎而又慎地落下每一步子，一颗落子失误，势必满盘皆输。本拟从严蕊处问出些案由来，哪知偏偏在此关节陷于被动。是陈同甫、高文虎所指不确？那陈同甫是坦荡君子，高文虎乃朝廷命官，岂有虚言之理。更何况有那千百百姓拦道告状，难道都说得不对。仅就伪造会子一案，伪造官会同案犯蒋辉、黄念五、金婆婆都已画押证言，人证物证俱在，难道会冤了他唐某人不成！

这日行在常山县乡间，来到一处渡口，叫过一艘舴艋舟，渡过江去。一上岸，放眼望去，白云掩映之中，不远处一片屋舍，若隐若现，偎依半山。

黄榦道："咦，这一片屋舍好生奇怪，不知谁人居于此地。"转头见朱子正望着半山，面露喜色："哈哈，几年之间，变得有些认不出了。我等且去那'听雨轩'，吃碗茶去。"

黄榦一听，喜道："'听雨轩'？'包山书院'？听先生与众师弟都说过，原来却在此间。"

"听雨轩"，为汪观国修筑。汪观国曾在朝为官，退隐后修建精舍，用

以授徒，又取苏东坡"听雨"诗意为匾。时有儒者汪杞，乃汪观国之弟，常邀东莱先生吕祖谦来此讲学。淳熙三年（1176 年）春，时值"寒泉之会""鹅湖之会"之后，朱子与吕祖谦有感于二会所辩，仍有疑难尚未涉及，要再作探究。二人便约定，同到衢州超化寺哭祭汪应辰，之后顺道到就近"听雨轩"聚而论道，史称"包山之会"，亦称"三衢之会"。时汪观国、汪杞、刘清之等在此作陪，又有四方学子负笈而来，听二人论辩。二人在听雨轩中说《诗经》，论《尚书》，辩《周易》，解《春秋》，相论九日，探究义理。论学期间，汪氏兄弟请教朱子办学要义，朱子为其定下"学规""学训"。朱子吕祖谦走后，汪氏便扩建"听雨轩"，书院渐有些规模，越来越是兴盛。

时隔近二十年，故地重游，挚友吕祖谦已逝，物是人非，朱子心头，五味杂陈。一进门，正好见到汪杞，在一棵大树下摆了书案，正在挥笔写写画画，抬头蓦见朱子，从椅上跳了起来："元晦先生，真是你大驾到了么？稀客啊稀客！"

朱子道："这书院好大的气派，很好！很好！"

时汪观国之子汪湜、汪泓，正在授课，听说元晦先生来访，与众弟子跑出学堂，围着朱子，人人面露喜色。

汪杞道："早听里间人说，先生任浙东提举，赈济安民，准备拣个空儿前去拜访，不意先生竟自来到敝处，幸甚！幸甚！"

朱子与汪杞并众弟子攀谈起来。黄榦侍奉在侧，汪湜、汪泓端茶倒水，书院里好不热闹。朱子与汪杞等论道，孟焕一句也听不懂，坐在廊下觉得别扭，起身问徐铭道："这些学问，你听得懂还是听不懂？嗯，你也听不懂，你我同去外面转悠如何？"徐铭苦笑道："走吧！"他虽比孟焕稳重心细，要说学问，二人却也是半斤八两。

二人来到书院外，徐铭道："近日先生遇事不顺，路上我见他脸色忧愁，很是担心。这会儿他与那些儒生在一起，眉开眼笑，我倒是放心了。"

"唉，自古好人难做。我看先生做官，成日生气，还不如回到武夷山去快活。"

"先生要去教书，你我却去做甚么。连辛大人也闲在家里，无事可做。这样偏安一隅的'太平日子'，真叫人难受。"

"也不知什么时候才能回老家山东……"

二人说着聊着，不觉过了一个时辰。只听背后有人叫唤，回头一看，原来是黄榦，正向二人招手，催二人用饭。

用过饭，朱子稍稍歇息，带黄榦等径往常山县。汪杞、汪湜、汪泓与众弟子直送到山下。

朱子等来到常山县，径到府衙。时近黄昏，胥吏见提举大人来巡，忙报与知县。片刻间，知县、县尉、主簿等慌张赶来，一齐迎进府中。

朱子坐下，正色道："上次我来常山，灾情正重，诸位调粮调米，同心赈济，情势略缓。这几月又时旱时雨，不知常山灾情，现今如何？"

知县一揖道："回大人，蒙大人前番上奏朝廷为常山减免田赋，朝廷已颁下文告，常山赋税尽免。百姓同感大人恩德。今虽大涝，然常山地方民心安定，设立粥厂，疏浚江河，有条不紊。"

朱子听说后，微微一笑："如此甚好，你等同心同德，赈济有力，我上奏朝廷，为诸位请功。"

朱子与几人说说笑笑，其乐融融。眼见将到酉时，县令吩咐安排朱子饭食。当晚宿在府中，早早睡了。

第二日起来，朱子到了府上。王主簿向朱子一揖，呈上一信。朱子一看，是吏部寄来，很是奇怪："朱某的书信怎会寄到常山来了？"

主簿道："小人也不得知，昨日斥堠铺快马送了来。"

朱子打开一看，是朝廷的任命状。大意是：朱熹赈济施为，功绩卓著，晋职为直徽猷阁，任提点江西刑狱公事。朱子阅罢，沉下脸来。

主簿一见那信笺颜色，知是朝廷任命的敕告，大声喊道："朱提举高升啦！朱提举大喜！"

众人一听，一齐拱手再拜。

朱子阅了那诰命，只觉头晕眼花，站立不稳。摆摆手，对众属官道："承蒙各位关照，朱某在此谢过。现下朱某有些私事，先行别过。"转头对

对黄榦低声道："榦儿，我有些不舒服，且扶我回去。"

黄榦扶朱子到馆驿，扶他坐下。朱子怀中的敕牒掉了下来。黄榦凑近一看，知道朝廷先前任唐仲友江西刑狱之职，现又改任朱子。且要他直接赴任，不必到临安面奏。原来先生正为此生气。道：

"先生，你……"

朱子沉着脸道：

"取纸笔来！"

黄榦取过纸笔，研墨展纸。朱子强撑病体，奋笔疾书，书略曰："……填唐仲友阙，蹊田夺牛之诮，虽三尺童字，亦知其不可……"原来是在给朝廷写信，请求罢免或奉祠。写毕，命徐铭、孟焕："去备车马，我等即刻回家。"孟焕、徐铭听罢，先是一愣，旋即明白过来，出门租车去了。

原来王淮见宋孝宗不再过问朱唐之争，心中一块石头终于落地。心想：如再让朱熹待在浙东，又会生出事端，引火烧身。莫若将此前授唐仲友的提点江西刑狱公事一职，授予朱熹，再给朱熹连升两级，他朱熹该当心满意足了。数日内调配已毕，将委任朱子的诏书快马送至台州，又探得朱熹到常山赈灾，又将诏书改投常山，令予转交朱熹。

约莫一盏茶工夫，孟焕、徐铭返回来。朱子问道："车备好了？"

二人齐道："备好了！"

朱子道："拿行李，走！"

朱子挂了拐杖，气冲冲走了出来。黄榦提上书箱，孟焕、徐铭各背了几个包袱，出得府衙，径到街上，坐车便走。

知县、县尉等听说提举大人要走，只怕是招待不周，或是有甚违例之处，若是一个奏本奏到朝廷，头上的乌纱帽怎保得住，吓得齐出门来。却见一辆马车，早上了大路，折道南行，车后扬起一阵尘烟。

朱子郁郁出得城来。两儒两武，俱各气愤难平，个个咬紧牙关，凝望漫漫归途，一路寡言少语。半空中乱云飞渡，山野间满目萧瑟。黄榦低头，默然坐在车尾，暗自叹气，只想大哭一声。

忽然朱子抬起头，自己笑起来，似乎心情大好："我给你等讲一个笑话……"

以往朱子只给人讲学传经，哪给人讲过"笑话"。黄榦、孟焕、徐铭见说，齐打起精神来。只听朱子悠悠说道：

"那还是隆兴元年（1163 年）四月的事，我应汪应辰①汪老先生之邀，到福州议事——那时汪先生正任职福州知州，听那福州府的属僚说到一事：据说有一个海盗名叫郑广，凶狠残暴，自称'滚海蛟'，四处劫掠，扰得当地不得安宁。官府曾多次围剿，都无法将他剿灭。恰在此时，有谋臣献计，要皇上将他招安。那郑广不久便归顺朝廷，被赏一武职。由于他当过强盗，其他做官的都不将他放在眼里。有一次集会，众官聚在一起，谈论诗句，他上前与人打招呼，也无人理会。郑广被一众官员驳了面子，恨得咬牙切齿，忽然心生一计。只见他凑上前去，大声说道：'我有一首诗，也想念给大家听一听，不知可否？'众官听罢，都道：这海贼狗屁不通，既然他想献丑，就让他在大庭广众下丢人现眼，看他弄出甚么笑话。个个抱了看热闹的心思，凑过来听他念诗。那郑广清清嗓子，大声念道：'郑广有诗上众官，文武看来总一般。'众官一听，哈哈大笑。只道这话白如开水，怎算得诗？郑广不慌不忙，缓缓念出后两句：'众官做官却做贼，郑广做贼却做官！'这两句一念出，众官目瞪口呆。那郑广本是令人不齿的盗贼，却在诗中称自己强于贪官，说贪官污吏比强盗更其可恶。哈哈，骂得好！这虽是笑话，却也是真事。"

朱子说罢，孟焕哈哈大笑："昨儿个那孙县尉念那严蕊的诗，我是一句也听不懂。大人说的这土匪官的诗，小人却一下全懂了，好诗，直来直去，骂得痛快。"

朱子悠悠续道："匪过如梳，兵过如篦，官过如剃。"当官的不为百姓

①　汪应辰（1118—1176），初名洋，字圣锡，信州玉山（今江西省玉山县）人。南宋官吏、诗人。绍兴五年（1135 年）状元，时年十八，乃有史以来最年轻状元。

做事，一心想着自己发财，便和土匪没什么两样。"

孟焕哈哈大笑："好，这故事有趣!"

黄榦听后，知道朱子讲这笑话，只在暗讽朝廷及台州官场，知道他心中愤懑，不禁低头叹气。

山路弯弯，一直往南。行了两个时辰，不觉天色已黑。前不着村，后不着店，几人只有硬着头皮，再往前赶路。黄榦见先生几日没有合眼，担心他苦撑难熬，撑持不住，轻轻凑近，将一件袍子披在他身上。不一会儿人人都觉困乏，纷纷靠着车帮睡了。

朱子只觉昏昏沉沉，眼前似乎浓雾弥漫。忽见儿子朱塾，拿了一个卷轴在玩。朱塾依稀便是三四岁模样，甚是顽皮可爱。细看他手中玩物，却是黄色，轴上写着"圣旨"两字，大吃一惊。"塾儿，这是圣旨，你怎敢拿这东西玩耍。"说着劈手夺了过来。打开一看，那圣旨上却什么也没写。更觉惊恐。抬头再看朱塾，却已不见人影，左寻右寻寻不着，急得大喊："塾儿，塾儿，你在哪里?"四野云遮雾罩，朦朦胧胧，只觉此身似在山间，又似在一座岛上，又觉是在云里、空中。左右奔走，口中大喊："塾儿，塾儿! 你在哪里啊!"

四野渺茫，只有山谷的应声："你在哪里啊……哪里啊……里啊。"

黄榦见先生身子颤了一下，凑近一看，见他嘴唇微动，泪水长流，吃了一惊，喊道："先生，你……"

孟焕、徐铭都惊醒过来："大人，您怎么啦?"

朱子抬头四顾，才知是梦，颤声道："唉，我做了一个不好的梦……"

"什么梦?……"

朱子悠悠道："不提了，不提了。"

几人不敢再问。朱子仰望夜空，半弯残月高挂西天，北斗横亘一角，数不尽的星星闪着寒光，似无数只眼睛泪眼盈盈。

山野间黑魆魆的，风声飒飒，时不时听到一两声虎啸狼嚎，令人毛骨悚然。

塾儿丢了，这个梦怎么这么奇怪? 是吉是凶，是祸是福，回到五夫，须要请季通来卜上一卦。

又是一声虎啸，震得山也颤动。马儿受了一惊，猛地向前蹿去。黄榦惊得打了一个寒战，孟焕、徐铭下意识地攥紧刀柄。

秋风吹过，四周树林飒飒响动，传来鹰枭几声急促凄厉的鸣叫。车轮吱扭扭吱扭扭，单调重复，响个不绝。几人都不再说话，但谁也睡不着。

朱子等一路缓缓而行，五六日后回到五夫。

元定得悉朱子将要返乡，估算着时日，早早来到五夫迎接。太白经日，天下有难，诸事不顺，朱子再度出山，铩羽而归，这本在他预料之中，此时却并不因料事成真而有丝毫得意，反而为先生的遭遇担忧起来。想起先生赴浙东任职那天，也是这般情形，天地晦暗，秋风飒飒，想到此处，只觉心头涌过阵阵悲凉。这日正在村前瞭望，远远见朱子一辆马车慢悠悠驶上五夫村道，禁不住喜笑颜开，老远迎上前去。一见朱子，哽咽道："先生！……"

"元定……"

二人执手相视："先生，五夫好风水，您回来了，好好将养一些时日。"

二人携手，向紫阳楼走去。二十多弟子闻讯，早早抢了上来，帮孟徐、黄榦拿东西，有说有笑，小小山村顿时荡漾在欢乐祥和之中。

如此过了数日。这日黄榦课毕，独自低头沉思。屈指算来，自去岁随朱子到浙东，不觉已有一年。时天气渐凉，遍地黄叶枯草，秋风呜呜作响，掠地而过，刮起阵阵黄土，黄昏时竟落下雪花。黄榦在屋里读书，冷得直打哆嗦，径自到厨间，到炉前来烤火。朱兑坐在炉前添火煮饭，见黄榦近到身边，问道："你不好好用功，跑到厨房来做甚？"

"手冻僵了，写不得字。"黄榦说着打一个寒战。

朱兑秀眉一扬，道："你热得满头是汗，还说冷？"说着用手指轻轻在他额头一按，一大点煤灰印到他头上。

黄榦愣道："哪热了？岂能有汗？"用袖在额上一擦，涂得满脸乌黑。朱兑见他样子滑稽，忍不住哈哈大笑。黄榦不知有何古怪，到水缸前一照，才知朱兑恶作剧，狠狠一瞪："哈哈，敢戏弄我，我给你也涂个大花脸，看你这朱家大小姐怎的出门见人。"说着作势便要将煤灰抹到她脸上。忽听门外"吭、吭"两声干咳。回头一看，却是朱子路过，看见二人嬉闹，咳两声提醒男女有别。黄榦只吓得魂飞天外。朱子提醒二人后，便自走去。黄榦却不知所措："这下糟了，这下糟了！"

"怎么了，吓成这样！"

"先生以为我在欺负你，我如何分辨得清？"

"亏你还是个读书人呢，自古道'身正不怕影子斜'，哼，五车书都白念了。"

黄榦惊魂未定，匆匆回到书房，低声念书："爱人不亲，反其仁；治人不治，反其智；礼人不答，反其敬……"

读了一个时辰，不觉困倦，准备回房歇息，路过朱子房前，隐隐听见朱子与兑儿在说话："你看那黄榦，人品如何？"

只听朱兑道："人品嘛，女儿也不甚了解。"

"他待你如何？"

"他待我嘛……"

正要往下听，忽听背后有人低声断喝："喂？黄直卿！你在这里鬼鬼祟祟做甚么？"

"我……我……我正要回房歇息。"黄榦结结巴巴尴尬地笑笑。说罢转身就跑，不料脚下一绊，将鸡食盆儿踩翻在地。

"哦……我看你神色慌张，定然不怀好意……哈哈哈……"

原来孟焕、徐铭二人查院，看出他对朱兑情思绵绵，故意捉弄。

"岂敢，岂敢……"黄榦边解释边慌慌张张转身逃去。

第二日一早，黄榦正在堂前读书，忽小师弟叶贺孙寻来，说道："直卿兄，先生叫你到书房去。"

　　黄榦一听，惊得呆了，只道是朱子要责他调戏朱兑之事，结结巴巴道："甚……甚么事？"

　　"我怎知道！快些去，见了先生自然知道。"

　　黄榦唬得失了魂也似，趿拉着鞋子，匆匆来到紫阳楼中，只见先生正威严坐在案前，说道："进来！"

　　黄榦战战兢兢向朱子一揖："先生……"

　　朱子缓缓抬起头来……

　　欲知后事如何，且听下回分解。

第三十四回

紫阳楼黄榦遂愿　五夫里朱子嫁女

五夫在武夷东南一隅，只住着二三百户人家。翠峰叠嶂列屏拱卫，一条清溪从镇中缓缓流过，好个天上人间。郁郁森森的古树丛中，一座两楹四间小楼，便是大儒朱熹居住授徒之所紫阳楼。

朱子曾有诗赞曰："忆住潭溪四十年，好峰无数列窗前。虽非水抱山环地，却是冬温夏冷天。绕舍扶疏千个竹，傍崖寒冽一泓泉。谁教失计东迁谬，怠卧西窗日满川。"①

朱子辞官回到五夫，心灰意冷。四方学子闻说朱子回乡，纷纷负笈来投。朱子每日于紫阳楼中，答疑解惑，传习道统，日子倒也过得平静。不知不觉间，冬去春来，春尽夏至。有时回想这些年来仕途经历，恍若梦中。如今与家人守在一处，其乐融融。女儿朱兑，为众学子做饭，里里外外打理，省却了朱子不少心思。朱子看着懂事的女儿，又心疼来又喜欢。淳熙三年（1176 年）妻子去世后，兑儿便独立操持家务，勤勤恳恳，早已没了少女时的娇气。如今她年已十八，出落得有如山上一朵皎洁的兰花，光彩照人。虽然早到了谈婚论嫁的年龄，但这样一个"花仙子"，嫁给谁都是亏本买卖，怎能舍得。几年间也有多个富绅人家托人做媒，欲攀上这门亲事，朱子每每婉言谢绝。心道：若非一等才学人品之人，我这宝贝女儿绝不下嫁。

---

① 朱熹：《怀潭溪旧居》。

昨见黄榦与兑儿嬉笑，顿觉恍然。正如辛稼轩词中所说："众里寻他千百度。蓦然回首，那人却在，灯火阑珊处。"依黄榦这样的才学人品，却到哪里去找？

黄榦本是名门之后，其父黄瑀，字德藻，曾任监察御史，为官清廉，颇有政声。黄榦十七岁时，黄瑀病故。淳熙二年（1175年），黄榦往见刘清之求学，清之奇之，曰："子乃远器，时学非所以处子也。"因转荐朱子门下。黄榦冒雪往投朱子，恰朱子外出，黄榦因留客邸，卧起一榻，衣不解带，少倦则微坐，一倚或至达曙。两个月后朱子回来，这才见到。黄榦随朱子侍读，不觉已过八年。朱子见黄榦读书用功，人又诚实，心下很是喜欢，早当他作子侄一般相待。兑儿若嫁了这样的后生，自然不会吃亏，且黄榦有志道统，正可传其衣钵，以道相托。此事一想通，心中释然，只道上天有意安排下这世间最好的姻缘。

晚饭罢，兑儿端着乌漆盘子走进来，将一壶茶放到桌上："爹爹，请用茶。"说罢，翻看起书架上诗文集来。

"兑儿坐下，我有话问你。"

"问吧。我想找本李易安的《漱玉集》。"

"乖女儿，不要再读书啦，学问多了，怎么嫁得出去？"

"谁说要嫁啦，我打算做爹爹的女弟子，只在这紫阳楼中，熟读经书。那黄直卿，他既学得懂，我自然也能，我还要跟蔡西山先生学些堪舆律吕之学。"

"嘿嘿，万万不可，学问多了，嫁不出去，爹爹可要愁死了。男大当婚，女大当嫁，哈哈，爹爹想问问你，你到底想嫁个什么样的人？"

朱兑噘着嘴，半天不答，只管在架子上寻书。

朱子急道："傻丫头，爹爹问你话呢？"

朱兑头也不回道："这个，孩儿也不懂。"

"哈哈，你看那黄直卿如何？"

朱兑一听暗喜。八年相处，那黄榦已从少年长成个气宇轩昂的男子汉，眉宇间透着股英气，脾气又好，处处又都让着她。她心里早已喜欢，

只是从未说破。如今父亲提起，正合心意。

父亲问了两遍，她却叹了口气，故意说道："唉，他呀，又呆又木，一天到晚吊个脸，像个马面王一样，哪懂得人家女儿心思……不过比起那张太守那个獐头鼠目的大公子，郭御史家鼻歪眼眯的二公子，却也强了百倍……"

朱子一听，心里有数：这是兑儿拐着弯儿说"愿意"。喜道："爹爹正要将你许了那黄直卿，你可情愿？"兑儿怎好开口说那"愿意"两字。脸儿涨得通红，双眼盯着书册，一颗心儿兔子般扑腾扑腾跳了起来。朱子瞧着女儿，只见她低头不语，道："好吧，你要不说，点点头也行？……"笑着等她回答。

兑儿咬紧嘴唇，却不言语，半天，也不肯点个头："爹爹，这本《漱玉集》我拿去看啦。"说罢掀开门帘，快步走了出去。

朱子见女儿同意，心下大喜，让弟子叶贺孙把黄榦叫来。

黄榦听说先生找他，只道是与兑儿嬉闹时被朱子看见，此时正要责罚，忐忑不安，战战兢兢来见朱子，束手而立，不敢抬头。就听朱子缓缓说道："黄直卿，你已老大不小。俗话说：'男大当婚，女大当嫁'，你对你的终身大事，作何考虑？"

"先生，弟子一向只知读书，婚娶之事，从未想过……"

"嗯，榦儿，你一向诚实勤勉，为人正直，为师甚是喜欢。我那兑儿，也已长成个大姑娘。如今为师欲将她许配与你，你可愿意？"

黄榦心中又惊又喜：本以为与兑儿嬉闹，先生要严厉责罚，没想到竟然是要许配女儿给自己。浑身上下只觉热乎乎，飘飘然，如一个冰人儿坠入温泉之中，全身都要化了，好不自在。心想：先生是当世大儒，有多少名门大户巴望着攀这亲事，我黄榦一介书生，家徒四壁，先生竟肯将仙女般的女儿嫁给我，我也不知哪一辈儿修来的造化，他老人家真是大慈大悲观音菩萨现世。但在先生面前，万不可得意忘形，显得轻狂。虽然喜不自禁，面上却仍恭恭敬敬，嗫嚅道："兑儿如一块璞玉，如能与她喜结良缘，弟子感恩不尽。然弟子以为，这等终身大事，总要父母之命，媒妁之言。

家父早逝，只能由母亲大人，也由先生您来安排……”

“好，给你几天时间，你就回闽县几日，与令堂商议终身大事。”

“谢先生！……”

“你明儿便动身吧。若得令堂准允，且请早归，回报消息。”

“好，好，弟子明白，先生早歇！”黄榦千恩万谢，退了出来。路过兑儿楼下，见油灯亮着，朱兑的身影映在窗前，婀娜娉婷，心头热乎乎，脚下轻飘飘，心里不住念叨：“兑儿，想不到我黄榦竟如此有福，得能与你厮守终生，我一定好生待你！”

忽听身后一阵脚步声，就听有人道：“喂，黄榦，站住！”

黄榦回头一看，又是孟焕、徐铭二人，唬得打个寒噤：“我……”

“我看你鬼鬼祟祟，必然不怀好意，从实招来，你待要如何？”

“我路过此处……”说罢慌慌张张逃了去。

孟焕、徐铭见黄榦行色好笑，显然心里有事，故意开他玩笑。此时见他狼狈逃去，在背后哈哈大笑。

黄榦回到宿处，躺在床上，翻来覆去睡不着。心口默念，感谢上苍让我凭空捡了个七仙女为妻。望着窗外璀璨银河，嘴角挂着微笑，直到二更，悠悠入梦。

第二日一早，黄榦向朱子别过，起身回闽县去了。兑儿在窗后悄悄瞧着，眼见他背着个包袱，走上大路，心中又是高兴，又是牵挂。

约莫过了七八天，朱兑正在溪边浣衣，听到远处丁零零丁零零响个不停，声音越来越近。回头一看，黄榦牵着一头毛驴从山道走来。立即低下头，狠命搓着衣服，装作不知。她平常与黄榦嬉闹，有时便没大没小。如今当真父亲要将自己许与他时，却有些羞赧。

“喂，兑儿，兑儿！”

“大呼小叫做什么？”

“看我给你带什么来啦？”

“啊，本姑娘什么都不稀罕。”兑儿嘴一噘，将洗好的衣服收起。

黄榦下堤，走到她身边，从怀里掏出一只玉镯："我母亲的，她听了咱们的事，执意将这镯子送你。"说着便要给她戴上。

"这，不要……"朱兑手往后缩。黄榦哪容分说，已将玉镯套在她腕上。一只镯子，戴到她雪白的腕上，不大不小，当真是巧了。朱兑羞赧地低下头。黄榦痴痴地看着她，忽道："别动！"说着顺手在身边摘了一朵茶盏大的百合花，簪在她鬓边，道："这才叫好！"一时花人相映，花光肤色，不知是花儿替人添了三分艳，还是人面给花儿增了七分色。"我的兑儿不要大红大艳。这般素淡却似天仙。"

朱兑对着溪水照了照，微微一笑："一个山里姑娘，什么仙女仙女的，别胡说白话。"

黄榦却看得痴了，悠悠道："得妇如此，复有何求！"说着，来执她手。

朱兑挣脱，道："光天化日，别让人看见！"

"前方是水，后方是山，一个人也没有，有谁看见？"

"天知，地知，你知，我知！"

黄榦一笑："天地做证，此心可鉴，永不变心！'愿天下有情人，都成为眷属，是前生注定事，莫错过姻缘。'哈哈，我到你家求学，先生将你许我，原来都是天意！"

兑儿嗔笑道："书呆子就是爱胡思乱想，说什么天意不天意！"

微风阵阵，身后竹林沙沙作响，黄榦将兑儿一双小手紧紧攥住，兑儿别过脸去："走吧，天要黑了。"二人踏着沙石，缓缓走上堤岸。

虽说两情相悦，水到渠成，儒门府第的嫁娶，总也要明媒正娶，按着规矩。朱子托人找媒婆，说八字，又亲自撰写了答聘的《回黄氏定书》："直卿宣教励志为儒，久为知己……虽贪同气之求，实重量材之愧，合望通两家之好"云云。由黄榦带着，再回老家禀告家母叶氏及家兄黄东，择日完婚。

十一月底，正是黄道吉日，紫阳楼张灯结彩，喜气洋洋。十里八村的乡民纷纷来到五夫里，观看朱家嫁女。朱子神采奕奕，向来宾一一作揖寒暄。蔡元定忙前忙后，张罗招待。朱子弟子蔡沈、蔡沉等都穿了新衣，打扮得精精神神，来喝同门师兄的喜酒。黄榦骑着高头大马，身穿大红夹袄，头戴官帽，上门迎亲。"咚、咚"两声炮响，锣鼓喧天，吹吹打打，前呼后拥随新郎官到朱家迎亲。紫阳楼下，朱兑坐着八抬大轿，孟焕、徐铭在前开道，在院里转了几个圈子，司仪高喊："落轿，下轿。"朱兑头戴凤冠，身穿大红绣花夹袄，在两个伴娘搀扶下，出了轿子。接着新娘跳火盆，驱邪驱鬼，又撒红枣、花生、桂圆、瓜子，寓意早生贵子。院子中闹毕，进到大堂三跪九拜：一拜天地，二拜父母，夫妻对拜。乐鼓齐鸣，热热闹闹，整个五夫里都弥漫在欢乐祥和的气氛中。

黄榦最不善酒，却要在这百人大宴上与每位客人碰杯，只喝得他白白净净一个书生，脸上黑里透红，红里透黑，晕晕乎乎，好不容易撑到众客散去，才趔趔趄趄入得洞房，掀了兑儿盖头，见兑儿脸色微红，也似醉酒一般。兑儿嗔道："快脱了鞋，崭新的被子，也让你弄脏了！"

黄榦哪里理会，一把搂过她脖子："得妇如此，南面王不易也！"

朱兑道："你到底说些什么昏话，奴家一句也听不懂。"

"嘿嘿，奴家，兑儿，兑儿，奴家，官人，娘子，夫君……"

"甚么？你说什么？"问了几遍，没有应声。再去看时，只见他双目紧闭，气喘如牛，呼噜呼噜竟自大睡起来。

乡里有几个粗豪汉子，正好和孟焕、徐铭坐在一桌。见他二人一个浓髭密髯，一个蚕眉凤眼，十分有趣，轮番来猜拳行令，非得争个高下，要把二人比将下去，从开席直饮到宾客散尽，个个都喝得多了，歪着脑袋瞪着眼，让人扶了回去。孟焕、徐铭知黄榦已喝得不省人事，不能伺候先生，二人便到朱子屋里，伺候他歇息。

日出日落，日复一日。天光云影在五夫里的清塘中几个来回，不觉间新年已到。这一段日子，孟焕、徐铭帮朱子收拾屋舍，砌墙整院，俨然在自己家中一般，顺心随意。这日修好一座院墙，正收拾瓦刀腻子，只见蔡沈走了来，笑容可掬，道："二位老兄，先生叫你二人到书房说话。"二人

忙到书房，来见朱子。只见朱子脸带喜色，微微一笑："你们坐下来，我有话要说。"二人坐下，朱子从怀中掏出一信，在二人面前晃一晃："你们的旧主——辛稼轩来信了，要你们快快去见他……"

徐铭接过一看，喜上眉梢。孟焕不识字，急道："辛大人说了什么？快说。"徐铭笑笑："辛大人要咱二人投'飞虎军'。"孟焕一听，拊掌喜道："哈哈，终究是回到军中……"说罢意识到朱子近在身边，如此喜形于色，难免有心念旧主，与朱子生分之嫌，当即收口。朱子道："你二人跟着我，是大材小用。回到军中，才算人尽其才！"朱子吩咐朱兑备了宴席，与黄榦替他二人饯行。当夜两文两武，杯来盏往，难舍难分。半醉之中，二人都不住垂泪，朱子一番好言相劝。二人放心不下朱子，边喝酒边嘱咐黄榦："我二人离去之后，你要小心照应。"

"有朝一日，再来探望。"

黄榦满口答应。

月儿从樟树东首转到西首，朱子一看时间不早，明儿二人还要赶路，吩咐停盏散席，令二人早早安歇。第二日一早，孟焕、徐铭收拾好行李，叩首三拜，洒泪而别。朱子和黄榦送到山口，眼见二人转过山头，远远消失在一片云霞丛莽之间。

原来入冬以来，金人在海陵、扬州以北频频调兵，修筑城堡，似有南侵意图。朝廷将辛弃疾在潭州所建飞虎军调江陵防守，副都统郭杲请辛弃疾推举人才，辛弃疾想朱子已辞官归家，料孟焕、徐铭无事，便来信请朱子使孟焕、徐铭回，投飞虎军效力。

孟、徐绕道饶州带湖，拜见辛弃疾。辛弃疾嘱其到军中苦练精兵，准备杀敌。二人发誓，愿粉身碎骨报效国家。辛弃疾又留二人喝了一夜酒，第二日晌午，二人拿上行李，一拜再拜，含泪作别，直赴江陵，到飞虎军中，担任都头。

向来好姻缘可遇不可求，黄榦夫妻仍住朱家，琴瑟和谐，鸾凤和鸣。淳熙十一年便生下长子黄辂，之后又陆续生下次子黄辅、三子黄輹、四子黄杞。门丁兴旺，后继有人。

　　却说严蕊被解到绍兴府，关进大牢。绍兴府太守吴垌，自幼熟读圣贤书，为人正直，与其父向来敬仰朱子，最看不惯那男女私通之事、贪财懒政之官，又对唐仲友甚为不满，决心秉公断案。阅罢案宗，见说严蕊竟与唐仲友私通，在黄岩审不下来，气得牙齿咬得咯嘣响，当即升堂，大喊一声："来人啊，传人犯严蕊！"

　　不一时，几个公人押严蕊上堂。大堂气氛肃杀，严蕊一看大老爷高坐堂上，目光似刀，知道大事不好，禁不住倒吸一口凉气。

　　欲知后事如何，且听下回分解。

第三十五回

岳霖再审案中案　严蕊词赎自由身

　　吴坰一看那严蕊，见她肤如凝脂，一头乌发鬔松未整，双眼如秋潭般清澈灵动，双手纤细，又白又嫩，真个是如风中杨柳，枝头红花，摄人魂魄。暗自寻思：别的不论，光她这一双手，又白又嫩，哪像一双纺线织布、锄地喂鸡的手。从来有色者，大多无德。似她这般美貌女子，又在声色场中，整日里填淫词唱小调，岂有个正经。谁知她与那唐仲友间，做过多少龌龊之事，吹过几回耳旁邪风，算计钱财，贪得无厌，助纣为虐。越想越气，惊堂木一拍，喝道："兀那贱人，快快将你与唐仲友私通之事，从实招来，不得隐瞒。"

　　严蕊哭道："大人，民女冤枉！"

　　"冤枉？有何冤枉？"

　　"民女与那唐仲友唐大人，绝无苟且之事。"

　　"哼，还敢抵赖，别人怕他唐仲友有权有势，我偏不怕，来，拶刑伺候！"

　　几名公差听后，便取了拶夹，将她两手掰开，拶夹手指。只听堂上叫声凄惨，隐隐似有咯吱咯吱之声，也不知是拶夹声还是骨头声。尚未问话，严蕊已昏厥过去。吴太守静待一旁，冷眼相视，待她悠悠转醒，冷笑两声："嘿嘿，知道疼了吧？现在招了吧。"

　　严蕊有气无力道："民女与唐知州……唐大人……"

　　吴坰只道她吃不得拶刑之苦，便要就此招供，心头一喜："说，到底如何！"

"确……确……"

吴太守对录官低语："记下招供。"录官持笔望着严蕊，等她供词。

只听严蕊断断续续，有气无力，似梦似醒："确……确……确……无……无苟且……"未及说完，又晕了过去。

吴坰冷眼看那严蕊，暗自寻思："这个官妓，端的比那杀人劫财的盗匪还要难审。无怪黄岩县审不下来。"一摆手，令衙役押了下去。

严蕊被押回监牢，奄奄一息，一连几日滴水未进。看守她的，是位年迈狱卒，唤作老龙头儿的，约莫六十开外，须发尽白，长得慈眉善目。这日他送来一碗粥，劝严蕊用饭。严蕊微微摇头，有气无力。老龙头儿看她可怜，好言劝道："知府用刑，不过要你招认，你何不早早招了，免受这份苦罪？"

严蕊声音微弱："奴家晓得：男女苟且之事，罪不至死。只是有便是有，无便是无。无有之事，我如何招得？"

老龙头儿道："听说你在黄岩，早已杖断过了，自古罪无重科。有事没事，你都招了，何苦再受这二茬子罪？"

严蕊道："我身为贱妓，招了供了，也无大害。但那唐大人向来对我关照，又将我等除籍，有恩于我。我若只为了少受些皮肉之苦，便要信口妄言，以污唐大人名节，反咬恩人一口，那成什么人了？这样的事，万万做不得！我就是受死，也不成的！"

老龙头儿看管犯人三十多年，法堂上见过多少罪犯，多少男人一打就招，从未见过她这样的。禁不住对她肃然起敬。把她一番说话，一五一十告知太守吴坰。吴坰叹道："既如此，只依上边原断。可恶这女子固执倔强，到底执迷不悟。"

吴太守命对严蕊严密监管，每日供她饭食。一边写了文书，回复提举司，正要投寄，却得到朱熹改调消息，便自作罢。

朱熹调任之后，岳霖任提点刑狱。岳霖履政，事必躬亲，孜孜不已。这日审查积案，见狱中关着位叫周幼芳，又名严蕊的女犯。拿出案宗翻

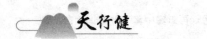

阅，见牵涉朱熹、唐仲友诸人。心道：我这老朋友朱元晦发的案子，怎的还留着恁长个尾巴？便亲自审理，想要断出个头绪来，结案了事。时朱子已返武夷山中，唐仲友也已辞了台州府之职。

岳霖危坐法堂，令传人犯严蕊。衙役唱个喏，不一会儿，将严蕊提到堂前。岳霖抬眼看那严蕊，见她容颜憔悴，虽为犯人，却也不卑不亢。岳霖看过案宗，已知前事，觉她可怜。问其任台州官妓间事，严蕊一一告知。再问与唐仲友事，严蕊泣告："大人，我是官妓，只卖艺不卖身，岂能随随便便与客人有那苟且之事。况且，我之所以成为官妓，亦非情愿，只是代父受过，只盼有一天能得到赦免，回到老家侍奉老母，岂料牵涉到什么重大公案。民女出身微贱，但有就是有，无就是无，岂敢信口开河，污人名声。望大人做主。"

岳霖听罢，沉吟良久，想她若与那唐仲友有苟且之事，即便招认，亦属轻罪，却屡次三番缄口不认，难道此间真有许多误会不成？沉吟道："听闻你长于词翰，只是从未亲见，现你且把你自家心事，作成一词，念给我听，如何？"

严蕊泪罢，略加构思，口占《卜算子》一首：

> 不是爱风尘，似被前缘误。
> 花落花开自有时，总赖东君主。
> 去也终须去，住又如何住？
> 若得山花插满头，莫问奴归处！

岳霖一听，果然才识过人。便在这一瞬之间，作词抒写命运凄惨，又隐隐冀我来为她主持公道，使她得以脱离苦海。不卑不亢，委婉含蓄。不由得心生怜悯。又见涉案主犯唐仲友案子已结，再要关着她这从犯，显是无理，于是望着严蕊，寻思如何断案。

欲知后事如何，且听下回分解。

第三十六回

武夷精舍师徒问道　一饭生隙胡纮①怒走

却说岳霖见朱熹、唐仲友都离了台州，只有人犯严蕊尚关在狱中，便亲自审案，欲将积案一早了结。审了一回，严蕊所供一如从前。又令她作词述说遭遇，严蕊略加思索，吟出那首好词来。岳霖眼望严蕊，略一沉吟，大笔一挥，将她释放。

严蕊吃尽苦头，放得出来，气息奄奄，在家养伤。孰料消息传出，门前车马更盛。那些少年尚气节的，慕她义气，认得的来问安，不曾认得的，要来一睹真容。也不知因此起了多少单相思。一班风月场中人物，凡来看她的，没一个不骂朱子两句。也有人托了媒人，欲成姻缘，争来求讨，严蕊一概谢绝。后来有一赵氏宗室近属，亡了夫人的，迎娶回家，自此隐居起来，再不到声色场中。虽有词作，也是自娱，并未传世。

朱子在五夫授徒，来投的弟子越来越多，紫阳楼已无法安置。这时已是淳熙十年（1183 年）。这是一个春日，朱子与元定坐在紫阳楼中，饮茶闲叙。朱子道："季通，弟子越来越多，这紫阳楼中，再也安置不下，你看怎生是好？"

---

① 胡纮（约 1137—1204），字应期，处州人。隆兴元年（1163 年）进士，入朝为官，为从事郎。绍熙五年（1194 年）由京镗荐监都进奏院，迁司农寺主簿、秘书郎，后又升任监察御史、吏部侍郎等职。

元定回道："前年春天，先生曾说过要建书院。建了书院，来再多的弟子们，便也安置下了。为何后来又不提了？"

朱子道："营建书院，谈何容易？没个三年五载，怎能有个样儿来？"

元定道："三年五载倒用不了。白鹿洞书院，用时不到一年，不也成了。"

"自建书院，岂能与白鹿洞书院相比。白鹿洞书院乃是官办，有皇帝划拨银钱，州县勠力支持，百姓齐心襄助。如今我朱熹一介布衣，怎得有如此大力，修筑一座私家书院？"

元定道："建不了大，还建不了个小？先生只要下了决心，我和弟子们必当襄助先生。早建一日是一日，众弟子谁个不盼坐在宽敞明亮的书堂里听先生讲授？"

一席话说得朱子心中痒痒的。元定一说完，朱子笑着点点头道："好吧，明日我二人再到五曲平林渡勘察规划。"

次日一早，朱子带着元定，到五曲仔细勘察，丈量土地，亲自筹划。元定依着风水走向，在纸上画出预想中书院的布局。画罢，向朱子一一解释。朱子想象那书院建成盛况，心神荡漾，满面喜色。二人坐在沙滩上，遥望远处，但见沙鸥翔集，白云出岫，只觉天高地阔，心旷神怡。到黄昏时分，两人方才高高兴兴回往五夫。元定只等朱子一声令下，便要召集崇安有名的工匠，到五曲溪畔开工筑屋。然而过了十多天，朱子再也不提修建书院事，元定心中好生奇怪。这日课毕，朱子、元定、黄榦坐到树荫下喝茶。

元定道："先生，营建书院的事，你琢磨得怎么样了？甚么时候开工？"

朱子喝了一口茶，沉吟半晌："这个……"

"先生只要一声'开工'，我便叫来匠人，风风火火干了起来，趁这几日风和日丽，何不早早动手？"

朱子凝神思索，缓缓道："想建所书院，谈何容易……"说着又低下头来。

元定见他忧郁，浑不似丈量那日神色，觉得有些奇怪。仔细揣摩，终于猜透他心思，道："我知道先生因何事犹疑不决了：先生是个清官，手头没有攒下银钱。此时定是为了工料用度之事发愁吧？"

　　朱子被他说中心事，尴尬地笑笑，欲言又止："这个……我仔细算了算，耗费甚巨，我朱熹实在无此财力。"

　　元定笑笑道："这样一件惊天动地功德无量的大好事，怎能因少了些许银子便使它胎死腹中？这样吧，银钱的事情，我从家里取来贴补就是，先生不用再为此犯愁！"

　　朱子一听，睁大眼睛望着元定，长长地出了一口气，哽咽道："若是如此，你可是帮了大忙了，我朱熹真不知要如何感激！"

　　元定忙道："先生切莫如此说话。元定受教于先生，获益良多，无以为报，能为先生尽绵薄之力，在元定乃是莫大的荣幸。先生只要发话，我明日便去纠集工匠，开工营建！"

　　黄榦听后，心里也是暖烘烘的，忙端起茶壶给二人斟茶。

　　过了两天，九曲溪平林渡畔隐屏峰下，数十个工匠集聚于此，开始兴建书院。这些工匠，操着南北不同口音，开始施工。嘴里说着粗话，讲些荤腥的段子，笑声不断，手中的活计却也不停。朱子隔几日便来观摩一番。见三日一小变，五日一大变，心里似吃了蜜似的，眉开眼笑。众弟子有时也从五夫赶来，搬砖运灰，为新书院添砖加瓦。总算天公作美，天气晴好，施工进展顺利。数月后，精舍初成，朱子命其名曰"武夷精舍"。但见两座青山之间，几进院落楚楚有韵。屋舍相连，形似棋局。三间依在一处的，为仁智堂。堂的左右，另有两间小室，左首朱子居住，叫隐求室，右首接待朋友，叫止宿寮。左麓之外，有一处山坞，坞口垒石为门，称石门坞。坞内别有一排大房，作为众弟子居住之所，名为观善斋。石门西边，又有一屋，以供来访同道居住，名寒栖馆。观善斋前，有两座亭子，一曰晚对亭，一曰铁笛亭。寒栖馆外，密植翠竹，隔开两麓外口，当中有一柴门，挂着朱子手书"武夷精舍"的横匾。

　　书院落成，山里山外传为盛事。朱子邀来建安府知府韩元吉[①]以及名

_____

　　① 韩元吉（1118—1187），南宋词人，字无咎，号南涧，开封人。有《南涧甲乙稿》《南涧诗余》等行世。

儒袁枢①、何异②等，同来参加新书院落成盛典。到了大典这日，九曲溪畔，人头攒动，直如过节一般热闹。众弟子人人脸上带笑，个个喜气洋洋。庆典仪式毕，朱子邀诸贤同游九曲。朱子租了两个大竹筏，筏上固定了竹椅，众友坐了。黄榦一声："开筏！"艄公一齐挥桨，竹筏缓缓驶入溪山深处。

韩元吉乃吕祖谦岳父。此前修筑星子大堤、白鹿洞书院，朱子都邀吕祖谦作记。而今吕祖谦早已仙逝，朱子只好请他的岳父、宿儒韩元吉作记。韩元吉欣然提笔，洋洋洒洒写下千言妙文《武夷精舍记》。袁枢也赋诗《武夷精舍十咏》以贺，其《隐求室》云：

> 本是山中人，归来山中友。
> 岂同荷蓧老，永结躬耕耦。
> 浮云忽出岫，肤寸弥九有。
> 此志未可量，见之千载后。

朱子作《精舍杂咏十二首》，并撰写诗序，以记盛况。第十一首《茶灶》诗曰：

> 仙翁遗石灶，宛在水中央。
> 饮罢方舟去，茶烟袅细香。

原来书院旁不远处九曲溪中，有一天然怪石，形如茶灶，阔丈余，正可煮茶宴客。

众友畅游欢饮，甚是快意。席间，朱子恰收到陆游来信，附贺诗四首，诗中尽露钦羡之意。其一云：

---

① 袁枢（1131—1205），字机仲。建州建安（今福建建瓯）人。南宋史学家、官员。曾任严州教授、太府丞兼国史院编修官、权工部郎官兼吏部郎官、吏部员外郎、大理少卿，出知常德府、江陵府等职。所著《通鉴纪事本末》为首部纪事本末体史书。另有《易传解义》《辩异》《童子问》等。
② 何异（1129—1209），字同叔，江西省崇仁县人，曾任监察御史、右正言、太常少卿等职。

248

先生结屋绿岩边，读易悬知屡绝编。

不用采芝惊世俗，恐人谤道是神僊。

　　书院既成，朱子便命弟子都从五夫搬来。朱子坐在院中一棵大树下，看着众弟子打扫屋舍，摆放书桌长凳，心里乐开了花：总算一桩心愿已了。多亏了元定，若没有他襄助，恐怕这一生也办不起这样一座宏大的书院。收拾停当，众弟子都聚拢过来，听先生训话。伙夫提来一篮煮熟的鸡蛋，分给大家。弟子们都饿得肚子咕咕叫，抓起鸡蛋，便剥壳吃了起来。朱子边吃鸡蛋，边面带笑容说道："哈哈，诸位！我们武夷书院，终于算是开学了。从今往后，我们便在这里读圣贤书，传习道统，穷究天理。我们这里，比起你们家里，是艰苦了些。但做学问，就是要忍得住清苦，耐得住寂寞。你等要踏实用功，才不负这好山好水好时光。我近来事忙，未曾亲自督课，不知你等可曾耽误学业。叶味道，你可将为师布置的功课熟读？悟出些甚么没有？"

　　叶味道一揖道："'读书百遍，其义自见。'书也读得，道理也悟得。只是弟子那天蓦然想到一件事，有一个疑问，怎么也想不通，越想越怕，先生曾告诉弟子，'天下之物，莫不有理'。就是这一事一理，一夜未睡，也想不明白。就是现在，也还不曾明白。"

　　"咦，什么疑问？且说来让师兄弟们听听。"

　　"那一天，也和今天一样，弟子吃了一个鸡蛋。剥开皮时，弟子便想：这世间的第一只蛋却是哪里来的，是先有的鸡呢，还是先有的蛋？"

　　叶味道话一说完，众弟子纷纷议论起来。有说先有鸡的，有说先有蛋的。到最后，谁也争不过谁。都道这"第一只"，是个大谜，是谜中之谜。

　　朱子听罢叶味道说话，沉默良久，笑了一笑，点点头道："这一问，却是好难哦。"边说边望望远处，再回过头扫一下众弟子道。"诸位，你们且说说，大家都从哪儿来？"

　　几个弟子笑笑答道："从五夫来……"

　　"我是问你等从哪里来？"

众弟子都觉奇怪，心道我等明明是从五夫来，先生何故明知故问？只见朱子笑容可掬，目光在众弟子面前缓缓移过，终于落在最小的弟子吴若头上，问道："你倒说说看。"

这吴若约莫八九岁，见先生问他，不慌不忙，站起身来，向朱子一揖，道："我小时，曾问我妈，我是怎么来的？"

"嗯，你母亲怎么说？"

"她说，她拿着个大竹篓，从屋后的小河里捞来一只小蝌蚪儿，回家焐在被子里，三天三夜，这小蝌蚪便变成了我。"

众弟子听了，都哈哈大笑起来。

朱子点点头道："说得很好，后来呢？"

"我说：'我的尾巴呢？'我妈说：'蝌蚪长大了，尾巴自然就掉了。'我哪里信她，我说：'我又不是青蛙、蛤蟆……'她听了只是笑笑，再没回答。我也没有再问。"

四周年长的弟子越发哄笑起来。

吴若望望众师兄，疑惑地道："笑什么，难道你们不是妈妈从河里捞来的？不是蝌蚪变的？"

众弟子笑得愈甚，一个个前仰后合。一个道："只听说人是女娲用泥捏成的，从未听说人是从河里用竹篓捞来！"

吴若臊得满脸通红，坐也不是，站也不是，恨不得寻个地缝钻下去。

朱子摆摆手，众弟子马上止笑。朱子拉吴若坐到身边，道："你能这样问，你很聪明，我自己也弄不清这个问题。"

弟子心里都道："先生这话说的，忒也玄乎。人不是从娘肚子里出来的么？父骨母血，十月怀胎？难道不是从娘肚子，却是从羊肚子、牛肚子里出来？"

只见朱子微微一笑："你等且想想，你们是从娘肚子出来，但你们的先祖又从何处来，先祖的先祖呢？这世界上总有第一个人，或是两个人，一父一母，你们说是也不是？"

这一问，却把弟子们问住了。都想世间这第一个母亲，或第一对父母，是什么人。女娲只是传说，自然信不得。如果不是女娲照着自己模样抟土造人，那又会是谁造了人？是甚么人？他长什么样？怎的生下儿子，儿子生下孙子，世世代代繁衍生息。

叶味道这个疑问，却引出了一个天大的谜来。朱子续道："不只是人，鸡，还有世上的第一只牛呢？第一只羊呢？第一棵树、第一棵草呢？第一只青蛙，总有个来处吧？"

弟子们有的低头思索，有的抓耳挠腮。只听大个子高杰道："先生，您自己说说，这人、鸡、牛、羊、马、青蛙……"说着"啪"地打死颊上一只蚊子，"还有这蚊子，到底都是从哪里来的？"

朱子笑道："这一时却也难说清了。首先，须弄清天地之初，是什么样子。"

众弟子听了，都是一愣。那吴若道："先生，那天地之初，是什么样子？"

朱子悠悠道："天地之初，只是一团气而已。"

"一团气，怎么又会有鸡、羊、虫、鱼、蝌蚪、人……蚊子什么的？"

"为师以为，虽是一团气，不过有这一团气的时候，也便有一个'理'在，这个'理'，便是'天理'，是万事万物之'理'，万物生生之'理'……"接着把那无极、太极、阴阳都说了一遍。

朱子一字一句，说得很慢。众弟子也都边听边凝神思索，想象那天地之初，理、气衍生万物到底是怎么回事。可是，听罢先生这一番言语，越是往深去想，却越发迷惘起来。何以有这个"气"之前，便有了个"理"，而这个"理"也难以捉摸，正是那"万物生生之理"。天上飞的、地上跑的、水里游的、土里长的，所有的东西都依着这个"理"。再想那"无极"，何以又生"太极"。太极如何又生两仪。越想越觉深奥，似乎天地之间正有着这么个"理"，却又不知这个"理"是何"理"。个个凝神思索，想得呆了。

朱子说罢，也思索起来。忽然一只孤鹤鸣叫一声，向西飞过隐屏峰去。朱子受它这么一惊，终于回过神来，才知日已落山，时近黄昏。命弟

子去洗漱吃饭。

此番论讲，只黄榦与元定不在。元定与蔡沈、蔡沉父子三人都要在武夷精舍问道，要搬来的东西自然比其他弟子多些，收拾了两日，第三日方收拾停当，用一辆马车载了来。黄榦做了乘龙快婿，至今已近整年。这时兑儿早有了身孕，天天挺着个大肚子，眼看要生了。朱子让黄榦在家陪着，准备迎接黄家喜添新丁。两个月后，果然生下一个大胖小子，一家人无不欢欣。朱子为他取名黄辂。

朱子住在武夷山中，在武夷精舍著书讲学。蔡元定、黄榦助朱子校注书籍，又教师弟做些基础学问，日子过得倒也平静。

花开花谢，春去秋来。不觉间，大雁已从武夷山畔飞过了数个来回。转眼之间，匆匆数年已过。

这日晌午，朱子正在校订《易经》，弟子陈址正在石门坞看书，见一儒人，在书院门前左右张望，便上前招呼。一问，原来是先生的客人。忙引他到隐求室来见先生。

那儒士一见朱子，拱手便拜："在下处州胡纮，特来拜见元晦先生。"

朱子还了一礼，让弟子看茶。二人寒暄一番，叙起话来。从胡纮口中，朱子得知他二十三岁入太学，二十六岁进士及第。绍熙五年，因刑部尚书京镗推荐，监都进奏院，迁司农寺主簿、秘书郎。此番前来，是在前职已满，新职未授之际，要拜在朱子门下问学。朱子抬头看那胡纮，见他白净面皮，大腹便便，举止儒雅，似个缙绅，笑笑道："应期既已入仕，又来钻研经史，实是难得。不过这山间清苦，比不得临安富庶之地，须耐得住寂寞。"

胡纮道："求学问道，自然须惯于清苦日子，弟子岂有不知。"说话间便以弟子相称。

朱子道："如此甚好。我也常对弟子讲：'只有咬得菜根，方能做得学问。'"说罢与胡纮相视一笑。

凉风习习，庭树摇曳。二人探究学问，晤谈甚欢。不觉到了午饭时分，朱子带胡纮到饭厅用饭。众弟子早已来到，分坐在八九张大桌前，秩序井然。等候伙夫先给朱子盛饭。朱子与胡纮坐到一张大桌前，伙夫盛上饭来：一碗"脱粟饭"，一碟薤菜，一碟荬笋。众弟子盛了饭，坐回各个大桌。朱子笑笑对胡纮说声"请"。胡纮端起碗，尝了几口，只觉米也无味，菜也难咽，又碍着面子，又不得不吃。勉勉强强吃了几口，放下筷子。朱子见他剩下半碗饭，只觉可惜，劝道："应期且吃饱吃好。"胡纮道："已吃饱了。"胡纮看朱子时，见他正自吃得津津有味，奇怪这个大儒，何以当真爱"嚼菜根"。心里琢磨道："此间午饭粗淡，晚间总得换个花样，起码有荤有素，那时再好好吃一顿。"

饭毕，黄榦、蔡沈带着他到观善斋，安排他歇宿。胡纮见观善斋中，排列着几十张木床，心道："我好歹也是朝廷命官，怎能安排我和这些寒门弟子同居一屋？"当时心中不快，却也面带笑意，忍着不说。好不容易挨到日落时分，黄榦带他用饭，又安排他与朱子坐在一桌。

伙夫端上饭菜，胡纮睁眼瞧去，又是"脱粟饭"和薤菜，只多了一碟烧落苏①，一碟蒜酱。胡纮心道："这个朱熹，忒也拿我不当回事。我来你处问学，是给你面子，你竟兀自不知好歹，瞧不起人！"当下强忍愤怒，不露声色。回到寝室，与其他弟子也不搭话，蒙头装作睡着，心中翻江倒海，只在揣摩这朱熹何以如此看低自个儿，连半只鸡也不曾拿来招待。越想越气，越气越睡不着。也不知折腾了多久，终于迷迷糊糊睡了。一觉醒来，东方既白，众弟子起床洗漱，念起书来。胡纮起身，背了包袱，也不与人打招呼，径自走出书院，扬长而去。

叶味道正在读《论语》，见胡纮怒气冲冲而走，不知何故，跑来禀报朱子。朱子听了，琢磨不透个中道理，不知哪个关节得罪了他，摇了摇头，叹了口气，继续著书。

胡纮回到处州老家，住了月余，回到临安。有同僚王安忠问他："咦，你到武夷山拜朱熹问道，怎的又回来了？有何所得？"

胡纮绷着脸道："哼，投错门了，一无所获。那朱熹，他自以为是当

---

① 落苏，即茄子。

世大儒，依我看，徒有虚名而已。还是一个吝啬鬼！"

"咦，这倒是第一回听说，他怎的'吝啬'了？"

"胡某走南闯北，谁人不给我面子，此番我到武夷访他，便是给他面子。可恨那朱熹，把我当三岁小儿。"

王安忠道："到底怎么啦？因何起了嫌隙？"

胡纮道："一只鸡，一樽酒，山中并非没有，他却给我吃'脱粟饭'、薶菜、落苏。连起码的礼节不懂，遑谈什么'正心、诚意''天理，人欲'！"

王安忠道："那……朱熹他自个儿吃些什么？"

胡纮哼了一声："这腐儒也吃'脱粟饭'、薶菜。"

王安忠道："哦，说一千道一万，你憎恨朱熹，原来只因他没给你吃鸡鸭鱼肉，没拿醇酒佳酿待你！"

胡纮长袖一甩，"哼"的一声，再不搭话，转身走出门去。

胡纮走后，朱子也不以为意。世间人，世间事，毕竟多了，岂能尽如人意，但求无愧我心，他每日只是聚众授徒，静心著书立说，至淳熙十五年（1188年）五月，先后完成《易学启蒙》《孝经刊误》《小学》《太极图说》《西铭解义》。早忘了胡纮怒走之事。岂料那胡纮却因一饭之隙，与朱子结下深仇。到了庆元年间，竟指诬朱子犯下十宗大罪，朱子因之险被斩首。

欲知后事如何，且听下回分解。

第三十七回

朱子赴朝任新职　林栗报怨劾郎官

　　淳熙十四年（1187年）二月，右相周必大①向孝宗举荐朱子，言"朱熹之经学上祖孔孟，下师程颐，举而用之，必有可观"。且就朱熹与唐仲友交劾一案，直抒是非曲直："如朱熹所劾属实，就应褒奖朱熹、惩罚唐仲友；如所劾不实，就应降罪朱熹，不应朱、唐二人皆废而不用。"孝宗听后，沉吟良久，点了点头。过了约莫二十多天，一道诏书颁下：朝廷再命朱熹为江西提刑公事。

　　时朱子正在武夷精舍，每日校注经书，带课授徒。接到诏书，以患病为由请辞。十一月，朝廷再传孝宗诏命，表彰朱熹"救荒之政，所全活者甚众"，不同意他请辞，且要他尽快赴任江西提刑。此时，朱熹已获知江西提刑马大同被劾，其罪名是"用法严峻"。朱子想当日在南康军中赈济，那南康百姓勤劳朴实，也不知那马大同如何"用法严峻"，要去看个究竟，便改变主意决计赴任江西提刑一职，到江西抚民，于是拜命，准备动身。一边加紧为弟子解惑答疑。转眼到了淳熙十五年（1188年）正月，朝廷催促朱子立即入都奏事。正要出发，足疾又发，比之往年更甚。朱子又请辞，朝廷不允。朱子不再耽搁，安排蔡元定、黄榦料理书院，为弟子授

---

　　①　周必大，（1126—1204），字子充，一字洪道，自号平园老叟。吉州庐陵人。南宋政治家、文学家。绍兴二十一年（1151年）进士及第。历任吏部尚书、枢密使、左丞相，封许国公。与陆游、范成大、杨万里等交厚，有《省斋文稿》《平园续稿》《玉堂类稿》等传世。

课，自己领着弟子李闳祖、陈文蔚，起身赶赴临安。一路迤逦而行，到了信州，到带湖与辛弃疾相会。二人饮酒，赋诗，甚是快慰。朱子本想多留几日，又怕耽误行程，被朝廷怪罪，只好告辞北上。又行两日，到了玉山县，足疾急发，苦不能行，便让李闳祖找了家客栈，住了下来，一边养病，一边向朝廷陈情，再辞新任。足疾未愈，玉山县学教授得知朱子过境滞留，请他前去讲授。朱子便隔三岔五到那书院中，讲习经史。这样不知不觉过了月余，又收到朝廷文书，孝宗阅他请辞申状，不允。时好友尤袤在朝，也催促朱熹从速入都奏事，尽快赴江西任职。朱子便带上两个弟子，迤逦向临安赶来。

好不容易到了临安，刚在馆驿住下。忽听有人在门口问："元晦先生在否？"弟子李闳祖答道："先生刚到此间。不知阁下找我家先生何事？"那人笑笑，昂首走进屋来。朱子看此人时，见他穿着官袍，却素未谋面，问道："阁下是……"

那人微笑作答："福清林黄中拜见元晦先生。"

一听林黄中名头，朱子一下想了起来：原来眼前此人便是多次寄他书稿的林栗①。此时，林栗的官职是兵部侍郎。朱子笑道："原来是一位故人！"请进屋来。

乾道二年（1166 年），林栗任江州知州，出资刻印《通书》，寄与朱子。朱子阅罢，觉此书刻工虽精，然错讹之处甚多，感叹"此道之衰"，未作回复；淳熙十三年（1186 年），林栗将著作《易解》，寄与朱子，朱子阅罢，见他所解，多有不妥，又未复信；此次朱子来临安前两月，林栗又将新著《西铭说》寄给朱子，朱子见他对《西铭》见解谬误甚多，颇不以为然，又未作答。这时见他找上门来，不知何意。一番寒暄，林栗道："先前我曾寄给先生拙作《易解》，要向元晦先生请教，迟迟未得回音。此番来访，愿闻指教！"

---

　　① 林栗，字黄中，亦字宽夫，南宋大臣，福州福清人。登绍兴十二年进士第，调崇仁尉，教授南安军。宰相陈康伯荐为太学正，守太常博士。孝宗即位，迁屯田员外郎、皇子恭王府直讲。《宋史》卷三九四有传。

　　朱子一听，明白他的来意，略一沉吟，道："大凡解经，其根本要义须得正确，纲领正确，就算一句一义有误，也是无妨。但侍郎所著《易解》，其总纲便经不住推敲，不得不让人心生疑窦！"

　　林栗皱眉问道："此话怎讲？"

　　朱子道："圣人说《经》：'《易》有太极，是生两仪，两仪生四象，四象生八卦'，邵康节（邵雍）对此见解颇深。林侍郎书中，将六画的卦当成是太极；六画的卦中包含的二体（上卦、下卦）当成两仪，又加上两个互体（上下两体相互交错取象而成之新卦，又叫'互卦'），一共凑成四象；把二体和互体都颠倒过来，总共凑成八卦，实是大谬。其实太极，那是一画都不曾有，怎么会是六画的卦呢？若按侍郎此说，就是'太极包两仪，两仪包四象，四象包八卦'，和圣人所说的'生两仪''生四象'的'生'字意思完全不合。你说是也不是？"

　　林栗略一琢磨，反驳道："也不见得只有'包'，才能'生'。'包'和'生'，是同一个意思。"

　　朱子弟子陈文蔚见二人论学，不敢打扰，恭恭敬敬端上茶来，替二人斟上，退了下去。

　　朱子接着林栗话茬："'包'与'生'，恐怕大有不同：'包'就像妇人怀孕，婴儿在母体中；'生'就似妇人生产，婴儿在母体外。"

　　林栗听朱子如此一说，只觉颜面扫地，脸涨得通红，却故作镇定，淡然一笑，话锋一转："元晦说太极一画都没有，那不是无极啦？圣人明确地说《易》有太极，而你却说《易》没有太极，这又是为何？"

　　朱子道："天下万事万物都有个'理'，太极是两仪、四象、八卦的'理'，不能说没有，但太极确是无形。太极生化出一阴一阳，演变成两仪，两仪又派生出四象、八卦，如此自然而然，次第而生，并非人力设定。自孔圣人而下，也确实未见有人论及太极生两仪之类，到了邵康节①

----

　　① 邵康节，指邵雍，邵雍（1012—1077），字尧夫，自号安乐先生、伊川翁等，谥康节。北宋理学家、数学家、诗人。与周敦颐、张载、程颢、程颐并称"北宋五子"。有《皇极经世》《观物内外篇》《先天图》《渔樵问对》《伊川击壤集》《梅花诗》等行世。

时，他就明言太极为生生之本，是天地万物的源头。邵康节的话，极有条理，恐怕不能轻忽，林侍郎你回家去，多参详察，再作解读。"

朱子论《易》，滔滔不绝，那情形恰似在给弟子授课。

林栗心道：我林黄中写得此书，哪个不说好，你竟不给一点面子，将我说得一钱不值，忒也无礼。提高了嗓门："我著《易解》，便是要驳那邵康节。"

朱子禁不住"嗤"地一笑："邵康节岂是你能驳倒的，倒是侍郎你自己须仔细了——倘若你的见解不改，传了出去，恐会被人笑话。"

林栗听后，气得眼也红了，恨不能马上踢翻茶几。碍着面子，强压怒火，喘口粗气，恶狠狠地道："嘿嘿，我正要别人笑话。"

说罢立起身来，说声"告辞"，茶也不喝一口，一甩袍袖，扬长而去。

朱子两个弟子李闳祖、陈文蔚见状，知道朱子得罪了朝中大官，吓得不敢吱声，望着林栗背影，愣怔地站着。朱子只觉林栗未免气量忒小，只是论道，何必生恁大的气。坐回案头，静下心来，提笔草拟奏章，准备见到孝宗面时，好好替他讲一讲道统旨要，匡正君心。岂料隔日又有朝廷官员来访，一番寒暄，才知是丞相周必大派人来，商议明日朱子上朝觐见皇上事。一番闲叙罢，那二人才说到正题，小声对朱子道："丞相要我二人前来提醒先生，说圣上最不喜人讲那"正心、诚意"，要你见了圣上，休再讲这些大道理，莫要惹得圣上不悦！"朱子听罢，淡淡一笑："吾平生所学，唯'正心''诚意'四字，岂能藏在心中，以欺吾君乎？"

两人听了，无可奈何，尴尬离去。

第二日，朱子拄着拐杖，走进延和殿，觐见孝宗。前番觐见，是在七年前，他赴任浙东提举之时。孝宗见他白发苍苍，一瘸一拐，站立不稳，心下不忍，命人上前搀扶。朱子谢过孝宗，道："臣足疾屡发，不能行走。此番发作，左足先痛，今日已见好转！"说着一笑。孝宗听了，好言抚慰。一番寒暄后，朱子切入正题，先谢孝宗向来对他器重，接着又再请辞江西提刑之任。孝宗感慨地说："吾知卿刚正不阿，只想留卿在这里，便给你一个清闲的职位罢。"

朱子一揖谢过。取出奏札，谈论政事：近年刑狱，多有不当，建议选择能臣担任狱官；经总制钱弊端甚多，影响到民生……最后，朱子直谏："陛下即位二十有七年，而因循荏苒，无尺寸之效可以仰酬圣志。"

孝宗一听愕然。他这言中之意，竟是说朕二十七年来，没有长进，经治无方，无所作为。朱子方说得几句时，一旁站着的人已替他捏了一把汗。待他奏毕，更是心惊肉跳——世上哪有臣子如此胆大妄议皇上的？哪个皇上听了臣子这般言语不会龙颜大怒，下令御前侍卫拖出去斩了？好在孝宗皇帝赵眘正是有宋以来难得的好皇帝，听了朱子之奏，虽然心中不悦，却并未发怒，面带微笑，频频点头，劝他涵养身体。

过了几天，孝宗当真授了朱熹一个闲职——兵部郎官。朱子以足疾为由，请求孝宗给假休养，缓期赴任。

时林栗为兵部侍郎，看罢朱子告假信札，想到朱子先前对他几番无礼，决计要给他点颜色看看，以雪前次朱子斥他学问粗浅之恨。这时朱熹只是他手下一个小小郎官，找碴儿来拾掇他，倒也不难。眉头一皱，计上心来。立即指派兵部吏卒张大畏等二人，拿着郎官印章，前往朱熹所住馆驿，强授于朱子。朱子一听张大畏说明来意，暗暗叫苦：如领受大印，便得拖着病身，日日前去兵部公干。如此一来，之前在圣上面前请假治病、暂缓赴任之说，岂不成了谎言，犯了欺君之罪；如不接受，却又违抗命令，亦将被问罪。

朱子一心要辞，便让吏卒将印送回。林栗见张大畏等又带着印鉴回来，横眉竖目道："长贰厅如何收受郎官厅的印鉴？"又让张大畏等赶往馆驿，非要朱子领受不可。朱子坚辞，又让张大畏等送还，张大畏怕林栗怪罪，不敢便回。朱子无奈，只得与张大畏等同坐空屋，大眼瞪小眼，守着官印。

朱子本来要待第二日上朝分辩。哪知林栗先下手了，第二日一早，便上书弹劾朱子，抨击朱熹"本无学术，只是窃取张载、程颐学说之残余，为轻浮放荡宗主，叫作道学，妄自推尊"，斥朱子的学说为"伪学"。奏劾朱子有"浮诞无学""高价收徒""伪诈隐藏"等罪状。指朱子每到一处，带着门生十多人，学的是春秋、战国一套，又说朱熹实乃"乱人之首"，希望将他罢职，以儆效尤。

天行健

林栗奏劾朱子，朝野一片哗然，都道侍郎弹劾郎官，是历朝历代罕有之事。时朱子道学上的论敌叶适在朝，听闻林栗弹劾朱子。当即作《辨兵部郎官朱元晦状》上书孝宗，替朱子辩解，指斥林栗以权力压制道学之士，行为卑劣。

孝宗看了林栗奏章，对右丞相周必大道："林栗所指，似有不实。他这是小题大作罢！"

周必大躬身道："圣上明鉴：前番朱熹上殿时，足疾尚未痊可，圣上曾亲眼所见。他是一心要见圣上，这才拖着病体前来应对。依臣所见，林栗此奏，实是子虚乌有。"

孝宗想想日前朱熹来奏时，确是一瘸一拐，形容憔悴，点了点头。忆起当日朱、唐之争，对朱熹曾有不公。今日又添个林栗来欺他，再要让这老臣含冤负屈，于心何忍？抬头又问周必大："林栗之奏，朕尚未批，缘何朝野上下尽人皆知？"

周必大道："那林栗唯恐天下人不知，在漏舍（偏殿）将奏章所指说与众官。"

孝宗听后，脸色微变，道："这就是了，他是公报私仇。只今你以为若何？"

周必大道："不如仍授朱熹江西提刑之职。"

孝宗点头允准。

不日颁旨，任朱子为江西提刑，命他立即赴任。御史胡晋臣劾林栗："喜同恶异，无事而指学者为党"，又说他是"天下本无事，庸人自扰之"。将他弹劾，令其出知泉州。

朱子离开临安，千里迢迢赴洪州就任。行在途中，朝廷又降旨，擢升他为朝奉郎（正六品），赴任江西提刑。过了两日，朱子足疾渐重，几不能行。心想："拖着病体，又能做得什么事？不如回武夷养病授徒。"拿起笔来，复信又辞提刑之职。写罢，命弟子寄了，又请来一个郎中，抓了几样药内服外用，疼痛稍缓。第三日又起身回往武夷。

欲知后事如何，且听下回分解。

第三十八回

辛陈豪饮赋新词　朱熹冒死奏封事

辛弃疾闲居无事，心中烦闷，这日正在读书，铁锤递上一份邸报来。辛弃疾接过，见有朱子消息，略观一遍，得知朱子已请辞江西提刑，回到武夷。心道："元晦兄仕途不顺，心绪不佳，不如我邀他来此散心。再邀同甫来赋诗唱和，岂不快哉。"主意已定，立即写信给朱子、陈亮，盼二人早到瓢泉相聚，同到鹅湖等处赏游。

数日后陈亮自婺州到。一进庄子大叫大嚷："稼轩兄，元晦兄可到了么？我两个做兄弟的，务必多敬他吃几杯酒。"

辛弃疾道："看你惢急，元晦兄有数百弟子，岂能如你说来便来，总要安顿妥当才能起身。我二人先在此间饮酒，静候他大驾光临。"

陈亮一想也对，道："好吧，他毕竟不似你我，一个龙，一个虎，龙行云来虎行风。"

辛弃疾一听，哈哈大笑，挽他手到泉边亭子坐定，吩咐家仆端上酒菜。二人终日纵酒，谈论史事，填词自娱，十分快活。只是一连几日，左等右等也不见朱子到来。这日正在饮酒，忽见铁锤送进一信来。辛弃疾一看，喜道："是元晦兄来信。"陈亮听罢，双眼放光，弹簧一般从椅上坐起："嘿嘿，他信上怎么说？什么时候到？"

辛弃疾扫一眼来信，叹口气道："数月来元晦兄遭了大罪，生了病。此时他正在武夷调养，无法出门……"说罢将信递与陈亮。

陈亮接信一看，霜打了似的瘫倒在椅上，连连叹道："罢了，罢了！

见他元晦兄，倒比见神仙还难。"

辛弃疾道："同甫兄何必叹气，等他调养好身体，我二人到武夷山隐屏峰下，到他那精舍中盘桓数日，泛舟九曲，岂不更妙！"

陈亮见说，嘴里咕哝着："等他调息好了，却不知要到猴年马月。"

辛弃疾打趣道："同甫兄，适才我进屋时，见你在纸上写写画画，又填得甚么好词了，念给我听听。"

陈亮嘻嘻一笑，顺手拿过一张纸来，递与辛弃疾。辛弃疾捋捋胡子，定睛一看，只见纸上写道：

眼光有稜，足以照映一世之豪。背胛有负，足以荷载四国之重。出其豪末，翻然震动。不知须鬓之既斑，庶几胆力之无恐。呼而来，麾而去，无所逃天地之间；挠弗浊，澄弗清，岂自为将相之种。

原来是写辛弃疾的一篇"画赞"。辛弃疾看罢不禁哑然失笑："哈哈哈，你这个同甫，就会取笑别人！"心中却甚是得意。向陈亮道："走，且到植杖亭喝几杯去。"

陈亮一听饮酒，来了精神。二人说说笑笑径到湖边亭中。辛弃疾吩咐田田、香香、卿卿等妻妾摆上酒席，与陈亮对坐豪饮，直饮到月上中天，凉风习习，二人才醉醺醺回屋安睡。

此后数日，二人仍是大碗喝酒，大块吃肉，赋词唱酬，十分快意。自古道：天下没有不散的宴席。陈亮在带湖盘桓了十多日，挂念婺州家小及几个弟子，辞别辛弃疾，向东归去。陈亮走后，辛弃疾失了魂似的，坐卧不宁。吃也吃不下，睡也睡不下，第二日干脆骑上那匹火焰驹，冒雪从鹭鸶林追来。这鹭鸶林是条捷径，然崎岖难行，雪深泥滑，无法再行。当晚住在泉湖客栈，愁烦无绪，窗外风声煞煞。忽闻远处传来隐隐笛声，曲调凄婉。辛弃疾更觉惆怅，起身写了一首《贺新郎·把酒长亭说》。词曰：

把酒长亭说。看渊明、风流酷似，卧龙诸葛。何处飞来林间鹊，蹙踏松梢微雪。要破帽多添华发。剩水残山无态度，被疏梅料理成风月。两三雁，也萧瑟。佳人重约还轻别。怅清江、天寒不渡，水深冰合。路断车轮生四角，此地行人销骨。问谁使、君来愁绝？铸就而今相思错，料当初、费尽人间铁。长夜笛，莫吹裂。

第二日一早，打马折西，回往瓢泉。回到家中，抄了那篇词，寄给陈亮。信还在途中，却接到陈亮一信，向辛弃疾索求一词。写信的日子正是那个大雪纷飞之夜。辛弃疾心道："真个是'心有灵犀一点通'。"当即回信，说明追他挽留，客栈夜赋情形，又道："你我心所同然者如此，可发千里一笑。"

数日后，陈亮回信，附《贺新郎·寄辛幼安和见怀韵》一首。词曰：

老去凭谁说。看几番、神奇臭腐，夏裘冬葛。父老长安今余几，后死无仇可雪。犹未燥、当时生发。二十五弦多少恨，算世间、那有平分月。胡妇弄，汉宫瑟。树犹如此堪重别。只使君、从来与我，话头多合。行矣置之无足问，谁换妍皮痴骨。但莫使、伯牙弦绝。九转丹砂牢拾取，管精金、只是寻常铁。龙共虎，应声裂。

辛弃疾阅罢，对空大笑两声："知我者，同甫也！"提笔立于案前，略加思索，奋笔疾书，龙飞凤舞，写就一篇《贺新郎·同甫见和再用韵答之》。词曰：

老大那堪说。似而今、元龙臭味，孟公瓜葛。我病君来高歌饮，惊散楼头飞雪。笑富贵千钧如发。硬语盘空谁来听？记当时、只有西窗月。重进酒，换鸣瑟。

事无两样人心别。问渠侬：神州毕竟，几番离合？汗血盐车无人顾，千里空收骏骨。正目断关河路绝。我最怜君中宵舞，道"男儿到死心如铁"。看试手，补天裂。

又寄陈亮，陈亮又寄新词《贺新郎·酬辛幼安再用韵见寄》。又写了《贺新郎·怀辛幼安用前韵》，辛弃疾又回了《破阵子·为陈同甫赋壮词以

寄之》。二人鸿雁传书，相互唱酬，兴致愈浓。似乎对方便是五百年前注定的知音。

　　武夷山上，云卷云舒，日出日落。九曲溪清流激荡，日日不歇。朱子元气稍复，便振作精神，亲自授徒开课，讲解经书，日子过得甚是惬意。不料过了数月，忽朝廷诏书到，宋孝宗又命他进京入对。朱子暗思：我自年轻时出仕，屡次觐见圣上，每次奏事，都似言犹未尽，也未引起圣上足够重视，未达"匡正君德"之目的。这次入对，定要将"匡正君德"之意，分说明白。思忖一番，决计写个万言封事（密封的奏章），向孝宗进言。写了两日，书成，命元定、黄榦带同弟子，传习道统。自己带了两个弟子，千里迢迢，风尘仆仆再上临安。到了临安，又困又乏，住进馆驿，当即睡了。第二日起来，天已大亮。朱子吃了几口干粮，便来到朝上，将封事递上，请转奉孝宗。

　　奏书转至孝宗身边的时候，已是漏下七刻。孝宗披衣下床，秉烛夜读。只见老臣朱熹写道：

　　朝奉郎、直宝文阁、主管西京嵩山崇福宫臣朱熹谨斋沐具疏，昧死再拜，献于皇帝陛下：

　　臣猥以庸陋，蒙被圣知，有年于此矣。而两岁以来，受恩稠叠，有加于前，顾视辈流，无与为比，其为感激之深，固有言所不能谕者。然窃惟念狂妄之言，抵触忌讳，虽蒙听纳，不以为罪，而伏俟数月，未见其有略施行者。臣诚不自知，求所以堪陛下非常之恩者，而未知所出也，以是惭惧，久不自安。不意陛下又欲召而见之，臣愚于此仰窥圣意，尤不识其果何谓也。以为欲听其计策，则言已陈而不可用；以为欲加之恩意，则宠既厚而无以加。二者之间，未有所当，此臣之所以徘徊前却，恳扣辞避而不能已也。然而陛下犹未之许，则臣又重思之，前日进对之时，口陈之说，迫于疾作而犹有未尽言者，盖尝请以封事上闻，而久未敢进，岂非陛下偶垂记忆而欲卒闻之乎，抑其别有以乎？臣不得而知也。然君父之命至于再下，而为臣子者坚卧于家……

伏愿陛下自今以往，一念之萌，则必谨而察之，此为天理耶，为人欲耶？果天理也，则敬以扩之，而不使其少有壅阏；果人欲也，则敬以克之，而不使其少有凝滞。推而至于言语动作之间，用人处事之际，无不以是裁之……

治效不进，国势不强，中原不复，仇虏不灭，则臣请伏斧钺之诛，以谢陛下……

臣之所论，虽为一时之弊，然其规画，实皆治体之要，可以传之久远而无穷。盖前圣后圣，其时虽异，而其为道未尝不同。此臣之言所以非徒有望于今日，而又将有望于后来也。疏远贱微，言不敢尽。伏惟圣慈，怜臣愚忠，赦其万死，或因皇太子参决之际，特赐宣示，千万幸甚……

……臣熹诚惶诚恐，昧死再拜谨言。

朱子此奏，直陈天下大势，时弊得失，指责孝宗君心不正。言下之意：目前天下管理，连区区东南都治理不了，如此，怎能出师北伐、收复中原？尽管天下大事千变万化，但其根本却在人主之心。人主之心不正，天下之事便无一能正……

孝宗一口气将这万言封事读了一通。有六分惊，三分怒，一分喜。站起身来来回踱步。

此时孝宗已年逾花甲，正要功德圆满地逊位。而朱子此奏，直是将他二十七年鞠躬尽瘁发愤图强的功业，尽都抹杀。连一句赞他"明主"的话也没有！放在别的皇帝，自然要落个杀头之罪。但孝宗毕竟不同，体味得朱熹一番苦心：为国家复兴，这位老臣他是冒死上书。道：朱熹实乃忠义耿直之臣。

因这一年是戊申年，朱子的这道奏章世称《戊申封事》。第二日，孝宗便任命朱子主管西太乙宫兼崇政殿说书。其时，孝宗已决计逊位。决计以朱子等老臣辅佐太子赵惇，为光宗继位铺陈。

十二月上旬，朱子请辞崇政殿说书。转眼到了淳熙十六年（1189年）

正月，朱子除秘阁修撰，奉祠主管西京嵩山崇福宫。几日后，孝宗内禅，赵惇即位。五月，诏书下，道："给卿爵和秩的恩宠，不如成全卿的名节！就依卿吧，依旧直宝文阁。"降诏奖谕。朱子回到武夷，改号晦翁，打算安心养病，开课授徒。

哪知过了月余，朝廷又任他为江东转运副使。朱子又辞。十一月，改知漳州，又辞，光宗不允，始拜命。绍熙元年（1190年）四月，朱子带了小徒木钟，往漳州赴任。一到漳州，即察查到治下诸多弊端，似一个受伤的人，伤了元气。想要振作，谈何容易。

究竟朱子如何施政，欲知后事如何，且听下回分解。

第三十九回

知漳州朱子正经界　敦风俗塔口移旧井

　　淳熙十六年，漳州大旱。绍熙元年朱子赴任时，灾情更甚。朱子甫到，即上疏免除属县杂赋七百万，减总制钱四百万。又领百官勠力赈济。到了十一月，总算平复下来，市肆渐兴。赈灾事定，朱子便到乡间访查。时土地兼并之风盛行，官僚土豪倚势吞并农民耕地，而税额却未随土地划转地主，致使"田税不均"，失地农民无辜背负重赋。经一番考察，朱子提出"正经界"之策：依实际拥有田亩计税。大计已定，朱子申奏朝廷，只等批复下来，便在漳州施行。接着，朱子又腾出手来，整治民风。

　　漳州乃山川毓秀，民风淳朴之地，却屡屡发生有伤风化，群聚斗殴之事，朱子觉得有些蹊跷。披阅案宗，见多宗案件，都因调戏妇女引起，且多发生在瑞丰桥一带。看来这瑞丰桥确有些古怪。

　　这日无事，朱子布衣打扮，只带了徒儿木钟，拄着拐杖到瑞丰桥一看究竟。朱子布衣布巾，信步走来，但见市面上，店铺开门迎宾，行人三三两两，秩序井然，一幅太平景象。路过一处所在，见庭院幽深，隔墙望去，松柏森森，屋宇巍峨，红墙碧瓦参差其间。绕到正门一看，见匾额上写着"松洲书院"几个字，心头一喜，谓木钟道："你可知这座书院的来由？这所书院，乃是由'开漳圣王'陈元光之子陈珦于大唐景龙二年所创。这'开漳圣王'陈元光，嘿，可不是一般人物……"

　　朱子边走边叙说着陈政、陈元光、陈珦祖孙三代在漳州平乱、剿匪的故事，木钟只听得悠悠神往。走着走着，忽见前方路口一口古井，井旁石

阶上聚着十多个闲汉泼皮，或光着膀子，或衣衫不整。有的像是来挑水，扁担放在一边。有的身旁水桶也没有，不知他坐在这水井边为了何事。只见这些人个个神态猥琐，或立或坐，围着古井说笑。朱子觉得蹊跷，正巧有些累了，便坐到一家绸店门前的条石上，想看个究竟。木钟跟着也坐到先生旁。再看那些青壮男子，有几个似伸了头，向对面一处老屋张望。更有一人蜷身在那窗下，隔着破窗往里偷看，似乎正有甚么好事吸引着他。"咦，这却是为何？"朱子心里越发觉得奇怪。

顺着那人目光望去，只见那扇窗里，依稀现出一个妇人，云鬟蓬松，似乎便是刚刚起身，正坐在床边与床上躺着的什么人在说话。朱子这才瞧出端倪：原来这些浪子都是些好色之徒，却哪里是来挑水，都是在窥探偷听那妇人床上之事。那女子一家不知羞耻，那些泼皮浪子更是色胆包天。

朱子见木钟年岁尚小，怕受了浸染，要让他避开这污秽之地。抬头正巧看到前方一座小庙，用手一指，道："你且到那庙里，将那《道德经》从'道可道，非常道'背下去，快去！"木钟不知先生用意，但先生所说，他从不敢违拗，踢踢踏踏走去那小庙去背书。

朱子回过头，蓦见一个绝美妇人正从那老屋走出来，想来便是适才坐在床边梳理云鬟那位。只见她皮肤如象牙般白皙，一件湖绿色的丝裙，两只巨乳撑得胸部又圆又鼓。胸前纽子未扣，露出深深的乳沟。穿着虽然普通，却是摄人心魄。不知这样一个倾城的美女是何来头，如何却住在这等破宅之中，更不知她何以如此不顾妆容。

她一走来，那一帮浪子更打起了精神，眼珠便要蹦出来一般，死盯着她的丰胸、细腰、翘臀、瘦腿，那女子却并不生气，对这个笑一笑，向那个望一望，两个酒窝又大又深，一双眸子似喜还怨。似乎一笑一瞥，都含着无限深情。一边放下辘轳，落下井绳打水，前身一躬，后臀一翘，更是勾魂。一个浪子便上前用右手帮她搅水，左手便摸在她的臀部，那女子一嗔："干甚么？真讨厌！"说不出她是怒是喜，是爱是恨。

朱子看在眼里，只觉此处民风淫邪，与漳州其他地方当真有天壤之别。正自寻思，就见几个泼皮争相凑上去要帮那女子提水，却都顺手在她身上碰一下，那女子说着"不用了""谢谢""哈哈""哼，你这个色鬼"，边走边含情脉脉地笑着。

正缠缠绵绵闹个不休，忽然那老屋门里走出一个五短身材的中年男子。他的肚子圆鼓鼓的，若不是穿着寒酸，人还道他是一个有钱有势的缙绅。只听他嘴里骂道："光天化日之下，是谁又在欺负我家娘子了！"

一个汉子骂道："呸，什么你家娘子，亏你倒说得出来，你要不懂怜香惜玉，转给老弟好了，俺一定替你照顾好她。"

众人一声哄笑。

那做丈夫的脸气得乌紫，抡起拳头便打，哪知那搭话的也不是省油的灯。左手挡开他拳头，右手结结实实地正打在他嘴上。众浪子齐声叫好。那女子劝道："都别打了，有话好好说嘛。"

一班泼皮闲汉都叫嚷起来。这个道："我帮你打那混账小子。"那个道："我帮你打这不争气的丈夫！"

闲汉泼皮顿时分成两拨：一帮帮那矮丈夫，一帮帮那打架的浪子。兀自混斗不休。便在此时，那巷子里几户人家也跑出来几个汉子，摩拳擦掌，也来混斗。那女子站在一旁，望望这个，又望望那个："哎哟，干什么哟，有力气，都不如回家去帮你家娘子做些事，别打了，别打了！"也不知她在替谁叹替谁怨。

眼看街坊又有人出来助拳，群架越打越大，朱子忙走向小庙，让木钟去给县尉报信。一进门，见木钟正在背书："'唯之与阿，相去几何？美之与恶，相去若何？人之所畏，不可不畏'……"朱子气喘吁吁道："快去叫郑团练来。"

木钟道："先生，我还没有背完，这位'百岁僧'正在监课！"

朱子急道："不背了，回头再背。"

木钟道："那你会不会罚我？"

朱子心中着急，没好气地说："不罚不罚，快去快去！"

"是……'不可不畏。荒兮，其未央哉！……'"木钟口里背着书，转身叫郑团练去了。

　　朱子望着他的背影，"快去！快去！""唉"地叹一声，只盼他即刻便见到郑团练，带了人来捉拿凶徒。就听身后一个沙哑苍老的声音道："施主请坐，何必怨嗟。"

　　朱子回身一看，只见一位老僧，慈眉善目，正打坐参禅。看他年龄，额头布满皱纹，没有千条也有百道，想必二百岁的老人脸上也不会有这恁多褶皱。再看他五官，面宽耳阔，双目炯炯有神，精神矍铄，慈眉善目，看去也就四十岁左右。一张脸竟有两副表情，真个是平生之未见，只觉稀奇，道："大师莫非就是适才小徒所称'百岁僧'法师不是？"

　　那僧人道："正是贫僧，"说着一阵苦笑，"什么'百岁僧'，贫僧其实六十不到，只因天生长了个多皱纹的苦命相，致人误会，这才有了这个绰号。"

　　朱子不由得"哦"的一声，缓缓坐到他对面蒲团上，"百岁僧"让徒儿去奉茶。朱子缓缓说道："料来大师在此寺修行已久，本官有一事不明，正要向大师请教。"

　　"施主但说无妨。"

　　朱子用手一指："只那前方路口，那座水井旁，何以聚了恁多闲汉，与那有夫之妇光天化日勾勾搭搭，打情骂俏，惹是生非？何以此地民风竟如此堕落，伤风败俗，与漳州其他地方大大不同？"

　　那僧人微微叹口气，悠悠说道："本地民风，本也淳朴，原本也并非这般淫邪。自从五年前修了那口井，此处风水变了，世事便颠倒过来。周围搬来的居民，有从北方迁来的难民，也有商人、从良的妓女，人一杂，越发乱了。"

　　"大师，这和那口井又有什么关系？"

　　"唉，说来话长，不懂风水的人，定然不会相信？"

　　朱子心道："风水？一口寻常水井，却又和风水能扯上什么关系？可惜元定不在，他若在，定然一察即明。"笑着问那"百岁僧"道："这井……风水可有甚么古怪？"

　　百岁僧缓缓说道："我方才听施主那小徒背书，知施主必是大儒。这口水井嘛，它的玄机用口难说清楚，看解它却也并非难事，但请施主到那水井周遭四面八方勘察一回，便知端倪。"

朱子一听，似有所觉，深深一揖："谢谢大师指教，朱某这就去查勘其中奥妙。"

出得庙来，就听前方"哎呀妈呀"一阵惨叫。抬头望去，只见郑团练带了二十多个捕快，将方才打架恶斗的汉子，一个个摞翻在地，结结实实捆了起来。郑县尉看见朱子，远远迎了上来。

"知州大人，这些地痞流氓，一个不曾跑掉，大人准备如何发落？"

"先押回监牢，总得要惩戒一番！"

县尉唱个喏，吼道："将那生事恶徒押回牢中！"

捕快衙役一阵连喝带推，将斗殴的闲汉泼皮押了下去。那妇人及丈夫却未收押，待查明真相再做定夺。

朱子站到井口位置，缓缓地移动目光，见有四条街分占东北、东南、西北、西南，好生奇怪。再循着四条街口绕了一圈，回到寺中。"百岁僧"请他坐下，问道："先生可曾发现甚么？"

朱子凝神思索："这个……"

百岁僧用手指在地上画了幅图，将那座庙、那口井也一一添上。朱子一看，不禁哑然失笑。原来他画出的是一个人，有头，有双臂，有双腿。关键是那口水井的方位，正是女人私处之所在。

正在好笑，木钟走了回来，问道："先生，有好事么？"

"好事……岂有好事可言。"

"那先生为何发笑？"

"我发笑，是因为有那可笑之人、可笑之事。"突觉失言，厉色道，"小小书童，休要多问。"

木钟说声"是"，不敢再问。

朱子向"百岁僧"道："此地地形确实古怪，多谢大师指点。"

"施主不必客气。你说此处地形像什么，是个女人，是也不是？街心的那一口井，就是'美人穴'，是也不是！"

朱子点头道："确是如此！"

"百岁僧"又道："井是美人穴，水是桃花水，逐日饮此桃花水，怎不做出伤风败俗的事呢？"

朱子道："不知如何能改了此处'风水'，还请见教！"

"这破解之法……""百岁僧"笑一笑，在图中人的四肢各画一井。

朱子望着他，望望画，当即会意，团团一揖道："哈哈，哈哈，此破解之法，果然高妙……"

辞过"百岁僧"，朱子带木钟返回州府。

隔一日，朱子升堂，对那些参与斗殴之闲汉一顿训斥，判令其服役三日，在四条街长巷中部各掘井一口，又请工匠在原先庙前的井上建起一座小石塔，封了井。附近百姓从此到四座井挑水，再不用排长队，也不再有闲汉泼皮聚集生事。经询问，朱子得知那美妇姓查，原是江南名妓，被那商人重金赎身从良。本来这商人也极富有，也不知怎的，自从娶了这美妇之后，家道中落，一天不如一天，坐吃山空，最终流落到此。查氏久经风月场，打情骂俏见得惯了，别人调戏她，她也并不为忤，与人调笑。朱子审明之后，责令查氏：上街须头罩一块蓝底花头巾，不可轻易抛头露面，手里要拄一支有鸠头的拐杖，有人胆敢拦路调戏，即可挥杖自卫。后世传说这便是"文公巾"和"文公拐"，更有传闻说朱子令查氏缠足，她的鞋底，只准镶进一根钉，走起路来，只能规规矩矩，走得太快，鞋跟就会掉落。朱子又令张贴告示，让百姓家家户户都要在门窗挂上"竹隔仔"（竹帘），使居所内外有别。瑞丰桥那座小庙门前有了石塔，人们便将小庙称为"塔口庵"，后来，连那条街也叫"塔口庵"了。

朱子向朝廷申奏推行经界法，奏章寄去数月，并无回音。一打听，原是丞相留正推诿，心中愤愤不平，再度上疏。过了数月，朝廷批复允准先在漳州施行。朱子接诏，立即上《条奏经界状》，就施行中选择官吏、打量之法、图账之法、均产之法、计产之法与废寺田产等项，条述细则。接着召集属官，下乡推行正经界之法，亲到各县乡访查。

这日来到城南，见柳营江对岸，一座高山巍然耸立，山形甚佳。一问从人，知此山名曰白云岩，唐人白衣道人杨虔诚曾在山上建有寺院。朱子带了小徒木钟径往白云岩来，访谒古寺。到了山中，举目四望，但见白云悠悠，古木苍苍。对岸茫茫平野，势如棋局。江上行船往来，白帆点点。朱子心里高兴，忽发奇想：如此胜境，营建一座书院，讲学论道，岂不是美事一桩。

此时漳州，正闹着灾荒，要建一所书院，谈何容易。一日与胥吏闲叙，闻说每年端午节时，满城百姓必到江边观赏龙舟，桥上摩肩接踵，人满为患，年年都有踩死踩伤者。朱子听罢，忽然心生一计。在城中四处张贴告示，请百姓于端午节这日，到白云岩上，观看他施魔法盖起一片宏大的楼宇。告示之中，要求每名游山者须手持一砖一瓦上山。到了端午这日，全城百姓趋之若鹜，登山游览，每人手中都持有一砖一瓦。上得山来，哪有什么楼宇？只见白云寺旁空地上，支着几个大锅，锅里是红酽酽的茶水。几名胥吏站在场中，招呼众人。朱知州面带微笑，请众人吃茶，感谢大伙儿为修建书院添得一砖一瓦。众人这才恍然大悟：原来朱子请大伙人手一砖一瓦，正是朱子所说的魔法。此计可谓一举两得：既集民众之力盖起了书院，又分流了观看龙舟的人流，避免踩踏事故发生。

数月之后，一座书院巍然屹立于山岩之上。朱子为书院取名为白云岩书院。又作一对联，悬于大门两侧：

地位清高，日月每从肩上过；
门庭开豁，江山常在掌中看。

自此漳州文风更盛。朱子从政之余，常到书院授业。四方学子闻知大儒朱熹在此讲学，纷纷负笈来到山中，求学问道。更有龙溪人陈淳①来拜。朱子考其经史，陈淳对答如流，朱子十分喜欢，收为私淑弟子。

---

① 陈淳（1159—1223），南宋理学家。字安卿，亦称北溪先生。漳州龙溪（今福建漳州龙文）人。有《北溪字义》《论孟学庸义》《启蒙初诵》《礼解》等行世。

不觉到了绍熙二年正月，这日正在府中与陈淳论道，忽徒儿木钟送来一信。朱子拆开信封，展纸阅读，刚阅得数行，脸色煞白，几欲晕倒。

究竟那信中写着何事？朱子为何心惊？欲知后事，且听下回分解。

第四十回

朱子卜居考亭村　陈亮画赞朱晦翁

朱子拆信，展笺阅读。方阅得数行，忽地潸然泪下，哽咽道："先有父，后有子。子已逝，父何依。白发人送黑发人……"泣不成声，泪湿信笺。

陈淳见先生如此，不禁愕然。木钟眼尖，看了数行，知是丧讯，低声告于陈淳。陈淳忙将朱子扶进卧室。

此信是孙女朱昭写来，报知父亲朱塾丧讯。朱塾，字受之，朱子长子，曾从学吕祖谦，历官淮西运使，湖南总领。因病辞官居于婺州，不意竟薨。

此后几日，朱子悲伤不能自已，欲返家葬埋长子。想到自知漳州以来，勘经界在朝中遇阻，不如归去。主意已定，便以丧子为由请辞。三月，复除秘阁修撰，主管南京鸿庆宫。四月，拜祠命而辞修撰职。同月解罢郡事，五月，至建阳，借住在同游里①一处人家，与蔡元定勘定墓穴，在大同山选了一处藏风聚气之地，准备葬埋朱塾。又与元定堪舆，想要选一处风水宝地，作为终老之所。忽想起少时，父亲曾说考亭山水甚佳，可以卜居，便有意迁居于此。这日风日晴和，与元定来到考亭勘察，见考亭溪山清幽，正称心意。元定看了考亭山势水流，掐指默算，道：此处正是风水福地。朱子听了大喜，决计在此定居。不日买了溪边人家旧屋，由元

---

① 同游里，地名。在今南平市建阳童游街道。为朱熹再传弟子宋慈故里。

定找了人来，稍加修缮，住了过来。

朱塾为吕祖谦弟子，陈亮亦识得他。陈亮闻讯，为朱塾写了祭文，写道："……以六十之叟而哭子耶！呜呼！惨矣毒矣！……"写罢寄与朱子。朱子复陈亮信中叹道："痛苦之怀，终有不能以言语自见者。……小孙壮实粗厚，近小小不安。然观其意气横逸，却似可望，赖有此少宽怀抱。然每抱抚之，悲绪触心，殆不可为怀也。五夫所居眼界殊恶，不敢复归，已就此卜居矣。"

过了数日，朱子为朱塾举行葬礼。朱家老小，建阳故旧，都来抚慰朱子，劝他节哀。元定、黄榦寸步不离，侍奉左右。潇潇细雨中，葬了朱塾。朱子望着才数月大的孙儿朱鉴，见他懵懂不知世事，不禁老泪纵横。不知这没了父亲的孙儿，将来却要靠谁。

自与辛弃疾带湖一别，陈亮回到"龙窟"，不再消沉，渐渐恢复往日狂放性情。开坛授徒，专事学问，欲以"推倒一世之智勇，开拓万古之心胸"立学于世，日子过得倒也惬意。某日，乡中有缙富绅人家过事，邀请陈亮赴宴。席上菜肴丰盛，陈亮与众乡绅杯觥交错，酣畅淋漓，高谈阔论，十分快意。当下无事，回到家中，傍晚却听说邻座那位士绅竟离奇身亡。第二日那家人竟告发陈亮下毒害命。不久就有十多个公人到家，不由分说，将他五花大绑，解往临安大理寺。唬得妻子何氏慌了手脚，哭红了眼。几个儿子到处求人喊冤，终是申诉无门。审官只道这陈亮阴险狡诈，谋害人命，杖责鞭挞，打得陈亮皮开肉绽。严刑拷打之下，陈亮几度昏厥，被折磨得死去活来，却宁死不愿认罪。辛弃疾知道陈亮冤枉，致信太卿郑汝谐①，着力营救。他左等右等，只是不见郑汝谐回音，不免更为心焦。

那郑汝谐为人正直，断案公允，既不愿顾及私情为有罪之人开脱，亦

---

① 郑汝谐（1126—1205），字舜举，号东谷居士，青田县城人。宋绍兴二十七年（1157年）进士。颇有政绩。曾偕子如冈使金，面折强敌，不辱使命，升徽猷阁待制。

不愿错判冤杀一个无罪之人。仔细调阅案宗，察查案由，只觉疑点重重。仔细推敲，觉得陈亮确实蒙受不白之冤，于是持之公论，向太上皇孝宗奏道："陈亮乃天下奇才也。国家若无罪杀士，上干天和，下伤国脉矣。"孝宗听罢，深以为然，转告光宗。绍熙三年（1192年）初，光宗皇帝亲自过问，陈亮方得脱狱，放了出来。陈亮有感于郑汝谐大德，使"全家六十口免遭杀戮"，作书致谢。曰：

此盖伏遇判剖，侍郎以独见之明，持平之论，学期圣秘，肯姑徇于俗传，心与天通，宁曲从于世好，正色不挠以法，拯匹夫于焚溺，惧损万分；大事于从容，可观一节。弥纶妙手，经济长才，古道今时，合为全体。正人端士，朗在下风，萃之微躯，照厥来世。阖门六十口分无免矣之期，行法二百年，未有若斯只懿。

陈亮出狱，回到家中，想起一生莫名其妙几度入狱，只觉晦气。将养两三个月后，精神渐复。恰在此时，接到朱子来信，知朱子正要为长子朱塾立一座墓碑，请他来作墓志铭。陈亮端坐案前，低头沉思一番，写就铭文。正要将铭文寄出，眼珠一转：我不如将此文直送到考亭去，看看晦翁兄考亭的新居，讨他几杯酒喝，岂不更是有趣。主意已定，便骑了一匹老马，优哉游哉往麻阳溪畔朱子新居来访。

时朱子正在与元定勘察风水，准备增建几间屋舍。朱子依地形，拟并排盖起五间坐西朝东的屋舍。元定根据山水分布，建议坐北朝南而建，采光又好，开窗便是溪山无限胜景，又合地脉水流。近处栽植几株花木，也无须大动土方。朱子听后，深以为然。正在说着，见远处一人，骑一匹瘦马，缓缓前来。朱子眼浊，辨不清来人形色。元定只觉这人好生面熟，待一人一马过了小桥，看得分明，喜道："同甫先生！"

朱子一听元定喊出"同甫"二字，知道陈亮来到，喜出望外，起身相迎。陈亮三步并作两步抢上前来，一握朱子双手，泪眼盈盈："元晦兄，想煞我也！"

朱子道："总算又看到你了，你一向可好？"拉着陈亮手，迎进屋去，

吩咐奉茶备饭，元定道："同甫先生千里迢迢而来，难得一聚，今日便在那龙舌尖上饮酒喝茶，岂不快哉？"

朱子一听大喜："甚好！"

陈亮听着却有些古怪："甚么'龙舌尖'，难道是大龙的舌头不成？"

朱子一拉陈亮手："走吧。"径自向外走去。

时值雪霁，银装素裹中，一丛丛蜡梅迎春正开，半山上一片黄一片白，煞是好看。

朱子带陈亮直来到溪边，拾级而上，进到一处亭子。笑道："同甫请坐！"

陈亮坐下，从亭中再看四周风景，果然又有一番韵味，叹道："元晦兄——哦，不对，你已改了名，该叫你晦翁兄才是。你倒真有眼光，在那九曲隐屏峰下建了书院，又在此处修筑新屋，不知你怎的寻得如此佳境？"

朱子歉然一笑："先父任政和县令时，曾路经此地。并作记曰：'考亭溪山清邃，可以卜居。'我在五夫屏山书院读书时，彦冲先生（刘子翚）常领我到致中先生（刘勉之）之萧屯草堂听学。每次都要经过此地。那年我赴临安科考，所填籍贯便是此处——建州建阳县群玉乡三桂里。"

陈亮道："原来晦翁兄与此地渊源颇深。方才听元定提到'龙舌尖'，指的却是甚么？"

朱子道："此洲唤作'龙舌洲'。你我此时所在，正在'舌尖'之上。"

陈亮一听恍然。放眼望去，果然溪边沙洲形似龙舌，所在之处正似舌尖。身边流水潺潺，举望数峰如屏，陈亮见此，只觉心旷神怡。巨眼一眨，又道："考亭景色甚佳，晦翁兄何不在此建一书院？"

朱子一笑："哈哈哈，同甫兄，你也知道建一所书院，耗费甚巨，岂是用嘴说说就能建成？"

说话间，几个弟子端了茶来。给朱子、陈亮一同斟上。须臾，元定，黄榦齐来陪坐。话匣子打开，几人纵论世事时局，朱子说到当朝与金人苟合，偏安一隅，有违天道。说罢几人俱叹气摇头。陈亮放下茶杯，侃侃而论："若要国富兵强，须将各路军马分成六段，由尚书省六部分别领兵。各州一有军情，只经各部尚书直接奏请圣上取旨。每一年或两年，派使者巡历各路，以便掌握各地军情。"

元定道："同甫先生作得千古诗文，似乎又颇通军务，真是奇才！"

陈亮谈兴一起，声音更大："有些事情，我们这些平民百姓比朝里那些当官的看得更清。前年，我到建康京口，看了地形，便有一个大发现：我大宋不可仅将长江天堑当作与金贼对峙疆界，须将它当成北伐中原，恢复失地之基，长驱直入，控扼北边。于是我不自量力，以布衣之身上奏，建议上皇'由太子监军，驻节建康，以示恢复之志'。那时正遇上皇内禅，奏疏未予上报，我的札子非但未到上皇之手，反而因我直谏，触怒了朝里一些大官，说我胡言乱语，以为狂怪，欲置我于死地。"说罢愤愤然，喘着粗气。

元定道："皇上与臣民间不知隔着多少传话的，怎能听到子民声音？"

陈亮望着远处群山，悠悠吟道：

危楼还望，叹此意、今古几人曾会。鬼设神施，浑认作、天限南疆北界。一水横陈，连岗三面，做出争雄势。六朝何事，只成门户私计。

因笑王谢诸人，登高怀远，也学英雄涕。凭却长江管不到，河洛腥膻无际。正好长驱，不须反顾，寻取中流誓。小儿破贼，势成宁问强对。

朱子拊掌赞道："好词！同甫这首《念奴娇》，气势磅礴，颇有豪情。"

元定接道："只这句'六朝何事，只成门户私计'，讽古喻今，便堪称名句！"

陈亮苦笑道："这便是登那多景楼时，有所感而作。只可惜一片赤心付流水。"

朱子见又触动陈亮心事，忙笑着劝道："人生不如意事常八九。想那岳武穆，明明是千古功臣，也能让奸人陷害冤杀。同甫啊同甫，世事须得看开些则个。"

陈亮举杯喝一口茶："也罢，不说这个，说这些浑身都来气。"说罢面

容愁苦，一双布满血丝的大眼，扑腾扑腾闪着，似乎便要流出泪来。

恰伙夫端来饭食，陈亮早已饿得肚子咕咕叫个不停，见饭菜上来，垂涎欲滴，朱子说声"请"，陈亮略一客气，伸箸夹菜吃了起来。虽是普通的粗米山菜，也吃得香喷喷，大汗淋漓，一连吃了三大碗。

饭罢，几人沿麻阳溪信步而行，观赏风景。陈亮举目四望，但见奇峰相连，山谷幽深，不禁流连忘返，到天色渐黑，才回考亭，煮茶笑谈。陈亮见堂上一幅朱子自画像，喜道："这张像画得惟妙惟肖、活灵活现，好一个朱晦翁。"转头向黄榦嘻嘻一笑，"拿笔来，我要写几句。"

黄榦拿来纸笔，陈亮拿起笔，蘸饱墨，在像旁写道："体备阳刚之纯，气含喜怒之正。睟面盎背，吾不知其何乐；端居深念，吾不知其何病。置之钓台捺不住，写之云台捉不定。天下之生久矣，以听上帝之正令。"写罢掷笔，哈哈大笑。朱子元定阅罢，也都笑了起来。这几句"画赞"，两分挖苦，三分取乐，更有五分颂赞，当真是妙笔生花，文采斐然。只听陈亮叹道："可惜呀可惜。"

朱子一愣："同甫所叹何事？"

"可惜辛稼轩不在，否则咱们会聚同饮，岂不快哉。"

朱子想想也觉遗憾。十数年来，他几人几番相邀，总是无法聚坐一处。

此后几日，朱子每日与他论道赋词，元定、黄榦时时相陪。陈亮心中好不惬意。这日酒罢，陈亮说明日起身归婺州。朱子还想留他几日。陈亮道："没有时间啦，我要回家拾掇拾掇，赶往临安应试。"

朱子见他年过半百还要参加科举，实是不值。但又不想当面泼他冷水，话到嘴边，终于未说出口。

第二日一早，陈亮辞别。朱子执陈亮手道："同甫兄，等你临安事毕，我在此置酒，请你与稼轩一醉。"

"好，一言为定！"陈亮爽快地应道。说罢，向朱子、元定、黄榦拱手揖别。背起行囊，上了马，迤逦而去。长路漫漫，又值岁冬，朱子望着陈亮消瘦的背影，见他影单形只，坐下那老马瘦骨嶙峋，禁不住鼻尖一酸，流下泪来。却听前方林子后有人唱起小调，声似铜钹，洪亮粗豪：

> 一夜相思，水边清浅横枝瘦。
>
> 小窗如昼，情共香俱透。
>
> 清入梦魂，千里人长久。
>
> 君知否。雨屏云愁。格调还依旧。

正是陈亮声音。不一会儿，声音渐渐远去，直至淹没在哗哗流水声中。

欲知后事如何，且听下回分解。

第四十一回

辛弃疾考亭送厚礼　豪客聚三友又缺一

陈亮一走，朱子再与元定筹划加盖屋舍。这日正午，暖阳当空，朱子与元定等正在门前，指着考亭半山指指画画，商量房子的盖法。只听蹄声嘚嘚，一匹骏马驰到山下。不一会儿便听有人大声说话，似在问路。又过一会儿，又响起一答一问的声音。一个人在远处问道："喂，小孩子，你可知那晦翁爷爷在哪里？"

那牧童答道："我不认识晦翁爷爷，他也是放羊的吗？"

那人似乎有些生气："你这娃娃，没大没小，晦翁爷爷岂能是个放羊的。"说罢又行。

那牧童笑道："对啦，我想起来了。山后有个放牛的，真的是个爷爷……"

那问话的笑道："跟你说不清楚，我自己胡乱去找吧。"

朱子、元定听到那声音，只觉有些耳熟。走出杂木丛，拨开树枝，向外望去，不禁大喜：那骑马寻人的，不是辛稼轩却是谁？

朱子摇手喊道："稼轩！稼轩！"

朱子年迈声弱，辛弃疾哪里听到。元定大声道："稼轩先生！"

辛弃疾回过头来，喜出望外，哈哈笑着走上坡来："哈哈哈，问靖安寺，人说不知，问晦翁先生，人又说不知，一路找来，不知问了多少人。晦翁兄却在这里。元定，你也在，真好，真好。"

朱子、元定迎了上来。元定牵着马，辛弃疾随二人来到朱子新居。朱子向屋里喊道："快摆上酒席来，我要与稼轩一醉方休。"

辛弃疾从马背上取出一个袋子："将这只豹子也煮了，给晦翁兄补一补。"

朱子听后一愣："豹肉太腥，我意不吃它了。我让弟子到山下打十斤牛羊肉下酒便是。"

辛弃疾道："也罢，晦翁先生菩萨心肠，不吃也罢。饶了这厮，只将它剥了，拿毛皮给先生做件袄子。"

"咦，这金钱豹甚是凶恶，你怎生得来，又何以称它作'厮'？"

辛弃疾一听，哼了一声："这厮昨日暗算我……昨日在山道上，它要吃我，却让我给揪住打死啦……"嘿嘿笑着，说起昨日之险——

这年年初，辛弃疾任福建提点刑狱。他须到临安向皇上奏事，于是转道赴建阳来向朱子问政，请教"正经界"之法。一路上紧赶慢赶，急着要见朱子。昨日一早便离了客栈，午时来到一处荒山，有些困倦，坐到一棵大树下歇息，寻思见面向朱子问政的事。忽听"嗖"的一声，什么东西掉在背上，知道不好，伸出手去，硬生生从项背上将一个毛茸茸的东西拽了下来，一看，却是一只张着血口的豹子，满身的金钱纹光点闪闪。辛弃疾换左手扼住它咽喉，右手噗的一拳，打在那金钱豹脑袋上。那金钱豹耷拉下脑袋，一命呜呼了。辛弃疾恨恨骂道："哼，好一个阴险小人，我与你无冤无仇，为何要从背后偷袭，害我性命！"正要将它抛下山谷，忽然想道："晦翁兄年迈体衰，我何不将它带去考亭，作为见面之礼相送，让他做张褥子、夹袄岂不更好？辛弃疾主意已定，将豹尸缚到马背上，驮到考亭来。

朱子、元定等听后，心下愕然，只怕那死豹子忽地又跳将起来伤人。

不一会儿，弟子吴稚端上茶来。

朱子道："稼轩此番赶路，何以如此惶急？"

辛弃疾道："晦翁兄，我正要向你请教。这八闽之地，地域广阔，物产丰饶。我此番任知福建刑狱，晦翁兄教我如何施为，方能经治地方？"朱子沉吟片刻，道："临民以宽，待士以礼，驭吏以严。如此而已。"辛弃疾听了，连连点头。又请教"正经界"之策，朱子将他在漳州任上，如何

下乡察查，发现乡绅与贪官勾结兼并土地，混淆税额之事，从头到尾说了。又详细说了那"正经界"的法子。辛弃疾听罢，连连点头。

二人聊得投机，不觉过了个把时辰。厨子做好饭菜，弟子们用大盘小盘端了上来。元定让取了两坛子酒，亲自为朱子、辛弃疾斟上。朱子与辛弃疾端起酒杯，正要碰杯，朱子突然想起什么似的，将酒杯停在半空，道："哎呀，稼轩哪，你怎么才来啊，太也不巧了……"

辛弃疾被说得莫名其妙，愣怔道："此话怎讲？"

朱子道："你、我、同甫，我们三人多次相邀雅集，何曾聚齐一次？你今日才来，同甫他前日才走。岂不是遗憾！"

辛弃疾一听，捶胸顿足："哎呀呀，咱三人如此缘分浅薄。晦翁兄何不多留他几日。"

朱子道："他住了五日，说是要回家收拾行李，到临安去考取功名。"

辛弃疾听后无限怅惘，道："我看他是越来越糊涂了，好端端的，却去搏那无用的'功名'，唉！"

元定向朱子、辛弃疾敬酒。三人碰杯，一饮而尽。辛弃疾忽道："对了，晦翁先生，你可知陆九渊他在荆门做得好大事？"

"陆子静？他怎么了？"

辛弃疾眉毛一挑，将陆九渊任知荆门军，励精图治，做的一番伟业事说了。朱子听得悠然神往，极赞陆九渊经治有方。

辛弃疾喝罢酒，匆匆告辞，翻身上马，追陈亮去了。朱子见他匆匆忙忙的样子，怕路上有甚闪失，远远地道："路上小心……"

辛弃疾哪里听到，纵马跃过一条小溪，上了大路，转瞬消失在天地尽头。

辛弃疾一走，朱子提笔给陆九渊写信：

去岁辱惠书慰问，寻即附状致谢。其后闻乘骑西去，相望益远，无从致问。近辛幼安经由，及得湖南朋友书，乃知政教并流，士民化服，甚慰。某忧苦之余，疾病益侵，形神俱悴，非复昔时。归来建阳，失于计度，作一小屋，暮年不成，劳苦百端，欲罢不可。李大来此，备见本末，必能具言也。渠欲为从戎之计，因走门下，拨冗附此，未暇他及。政远，切祈为道自重，以幸学者。彼中颇有好学者否？峡州郭文著书颇多，悉见之否？其论易数颇详，不知尊意以为如何也？近著幸示一二，有委并及。

　　过了十多日，朱子收到陆九渊来信。信中谢过朱子牵挂，问朱子"书院建成否，有暇便来建阳拜访"。原来辛弃疾致陆九渊信中，说到朱子卜居考亭，正要在麻阳溪畔建一座书院的事来。

　　朱子阅信，哑然失笑："八字还没一撇，就是建房的银钱也未必够用。"说罢遥望远天浮云，一脸愁容。

　　欲知后事如何，且听下回分解。

第四十二回

陆九渊长林筑新城　荆门军灾年降天火

　　陆九渊仕途，也是一波三折。早年中进士后，朝廷曾任他为靖安县主簿，后又调崇安主簿。陆九渊因要在槐堂①课授弟子，辞了这主簿之职。到了淳熙九年（1182年）秋，被授予国子监学正②，曾到太学讲《春秋》。淳熙十年（1183年）冬，迁为敕局（敕令所）删定官，每日只是坐到案前编写、修订、管理朝廷诏令文告，枯燥乏味。淳熙十一年（1184年），陆九渊觐见孝宗，谏言君臣相处之道，施政之策，拣选人才，经治韬略。孝宗听后，深为所动。朱子听闻陆九渊妙论说动孝宗，便也索札求观，阅罢，连声称道，去信赞道："得闻至论，慰沃良深。其规模宏大，源流深远，岂腐儒鄙生所可窥测。"淳熙十三年（1186年），陆九渊提出：任贤、使能、赏功、罚罪是医国"四君子汤"，孝宗深以为然。此后不久，朝廷擢升陆九渊为宣义郎。岂料此奏惹得右丞相王淮生忌，改授他一个主事台州崇道观的闲职。陆九渊心中郁闷，归金溪象山书院，带徒讲学。抚州一地从此文风蔚然。

　　绍熙二年（1191年）六月，朝廷任命陆九渊知荆门军。陆九渊接旨后，寻思着到荆门任上，一展抱负。想那荆门乃次编之地，自己单骑赴任，人会笑他疑惧金人。便与吴夫人商量，索性带着全家都到荆门军中安

---

① 槐堂：陆九渊讲学处。是其金溪旧居东偏房宅。
② 国子监学正，文官职名。宋时国子监学正司学规执行、考校训导等。

家。眼看到了动身之日，却又犯愁：这一家人到荆门安家，须得一大笔开销。可是我陆家家大人多，本非大富大贵，哪来这许多银钱。吴夫人见他连日愁眉不展，猜透他心思，一问，果然是为旅途的吃穿住行发愁。吴夫人微微一笑，劝他只管准备行囊，早早安排动身。第二日吴夫人独自去了县城，带回数千钱来。陆九渊心中好奇，一问，才知吴夫人为筹措旅费，竟变卖了珍爱的金簪子。陆九渊心中甚是感激，望着吴夫人，半天无语。此后几日，陆九渊安排妥书院事，带着儿子持之、循之，千里迢迢赶赴荆门。

　　一到荆门，先自微服察查。但见城中店铺林立，市肆繁荣。偶见三五军卒，醉酒相扶，骂骂咧咧，在闹市中撒野。陆九渊心头一震，不知此处军纪缘何颓败至此，如此怎得能与百姓齐心抗金。走了两个多时辰，打东头走到西头，却未见到城墙。心中惊道：荆门乃四战之地，岂能连一座御敌的城郭也无？万一战事一起，金兵卷土重来，何以抵敌？

　　荆门军辖长林、当阳二县。当阳又称麦城，自古乃兵家必争之地。战国时期，秦国大将白起在此设郡。东汉建安十三年（208 年），曹操击败刘备，虎威将军赵子龙为救幼主阿斗七进七出，逃到长坂坡前，曹军追兵又至，张飞手绰蛇矛，立马桥上，一声断喝："燕人张翼德在此，谁敢来决一死战。"声如巨雷，竟使桥断水回，吓得曹操掉转马头仓皇而走，夏侯杰当场毙命，众将慌张奔逃，弃枪丢盔者不计其数。建安二十四年（219 年），吴蜀大战，关云长大意失荆州，退守麦城，为吴将吕蒙设计俘获，与长子关平一同被杀。此后，当地人常作庙会，祭奠关公。南宋绍兴四年（1134 年），招讨使岳飞在长林鸦雀铺屯兵，以此为基，收复襄阳六郡，进逼中原，令金兵闻风丧胆。

　　此时，岳武穆已冤死近五十年，秦桧也已死三十六年。孝宗任上的隆兴北伐，也已过去了二十九年，隆兴议和也已生效二十八年。时宋金对峙，两下相安。大宋年年向金国缴纳重礼，然金国狼子野心不灭，蠢蠢欲动，伺机欲图南侵。襄阳、荆门均为重镇，二地失守，大宋剩下的半爿江山势必难保。

陆九渊熟读经史，对时局洞若观火，知道筑城防御，兹事体大。回到军府，即致书朝廷："……基玉维州，沮漳在境，拥江带汉，控蜀抚淮，岂惟古争战之场，实在今攻守之要。"①

第二日一早，陆九渊召集百官议事。他正襟危坐，眼望众官道："我荆门军位处军事要冲，自古为兵家必争之地。南捍江陵，北援襄阳，东护随郢之胁，西当光化夷陵之冲。荆门固则四邻有所恃，否则有背胁腹心之虞。东汉建安年间，刘备派关云长镇守荆州。关云长刚愎自用，傲慢轻敌，最会失了荆州。我荆门正是当日三国交兵之地，今金贼据北南望，我等应修造武备，不可再犯关云长大错，成为千古罪人。"众官听罢，深以为然。第二日，陆九渊与属官勘察地形，丈量土方，回到府中，便上书朝廷，求紧急拨款修葺城郭："……初计者，拟费缗钱二十万……"款未拨到，陆九渊即令开工营造。荆门城全民动员，老少送水送饭，青壮担土背砖，齐来筑城。陆九渊给百官各有职司，又亲自到工地督造。陆九渊之子持之、循之正值年少，也来担土，手上磨出茧子，不知苦累。总算天公作美，连续数月少雨多晴，不误工期。到了十月，一座长九百丈，高一丈六，气势宏伟的城池屹立江滨。修造完毕，核算费用，仅费五千钱。加上配套武备，总费缗钱三万。

城墙既成，江陵飞虎军统制郭杲听到消息，准备亲自到荆门巡查。陆九渊与他相约，同到荆州城上商洽防御之策。这日陆九渊早早来到南门，登上城头，沿着城墙巡行。到一处女墙边，向北瞭望，漠漠江山，在灰黑的乱云下显得神秘莫测。那乱云之下，便是那金兵铁蹄践踏之地。想那北国土地，比之南国还要广阔，想要一城一地收复，谈何容易。慢说收复，现下已是北强南弱，满朝文武只愿偏安一隅。知否知否：如不奋起相抗，便是这半爿江山，守住守不住也还难说。想到这里，不禁悠悠叹一口气。

"陆大人，来得好早！"

陆九渊回头一看，正是荆湖北路安抚使兼江陵飞虎军统制郭杲，身后

---

① 陆九渊：《荆门到任谢表》。

两个金刚般威武的将官相随。陆九渊喜道："郭将军!"

陆九渊见郭杲身后二人银盔银甲，似乎在甚么地方见过，问道："这二位将官，恁地神武，不知怎生称呼?"

郭杲道："这二位么，浓髭密髯那个，叫作孟焕；玉面凤目那个，叫作徐铭。他二人原在辛弃疾将军麾下，立功无数。现今在我飞虎军中，分任都统之职。"

陆九渊钦羡地望望二人，更觉面熟，却一时想他不起，笑笑道："果然英雄人物!"

郭杲对随行二人道："我与陆知军有要事相商，你二人自去城上巡查，看看城防武备。"

就听二人答道："是!"那玉面的将官回头不住望着陆九渊，摇了摇头，转身沿城走去。

这二人便是孟焕、徐铭。他二人此时已是飞虎军中响当当的人物。这次郭统制说要到荆门视察军务，只带他二人随行，顺便考察荆门武备。他二人随朱子在南康军时，在白鹿洞书院与陆九渊见过一面，孟焕还背着陆九渊行过山路到温泉。徐铭方才蓦见陆九渊，心中好生奇怪："这位知军大人恁地面善!"却也想不起曾于何处见过。

陆九渊与郭杲沿城垣边走边说，郭杲道："陆知军一到，即修筑城池，使荆门防御有了凭据，功莫大焉!"

陆九洲歉笑道："郭将军过奖。我荆门乃四战之地，无险可据，万一金兵南下，有背胁腹心之虞。"

郭杲道："倒是你这个文臣思虑周全。当今满朝文武，只图偏安一隅。军中事务，颇多掣肘，有几人真心为国家社稷着想!"

陆九渊道："忠臣良将不是没有，只是无端遭忌，不被重用。比如贵军创建之人辛弃疾……"

郭杲道："正是如此。辛将军创建飞虎军时，就有奸佞小人奏劾他贪污，若不是他顶住压力，哪得有飞虎军今日。"

二人越谈越投机，沿着城垣来回走着，时而指指东，时而指指西，商

议防务。走得困了，郭杲一指身旁一只石几道："陆知军且坐下说话。"

二人坐到石几前，郭杲问陆九渊荆门之地防御之策，陆九渊在石几上铺一张纸，写写画画，论起防务策略。和番宏论，说得郭杲心服口服。郭杲未料到这位文官如此通晓军事，颇有见识，与之相论，大是快意。他哪知陆九渊少时，也曾熟读兵书，立志投笔从戎。

陆九渊十五岁那年，有一天与其兄陆九韶论史，谈到"靖康之耻"及高宗"投降称臣"时，怒发冲冠，猛拍几案，将纸笔砚墨震落一地。陆九韶不知陆九渊因何发怒，便来问他。陆九渊愤愤然，说那"'靖康之耻'，国仇当报"。陆九韶知道弟弟发怒，原是为了"国仇"，心下大慰，连赞兄弟有气节。恰父亲陆贺进屋，陆九韶将此事说与父亲。陆贺听说季子竟因"夷狄之祸"怒发冲冠，爱其忠义，教谕他勿忘国耻，发愤努力。陆九渊道："父兄在上，我陆九渊誓报国仇！"说着，取出利剪，将十指指甲剪掉（时文人时尚甲长）。发誓道："子静有心报国，天公可做证。"父亲见他决心已下，便让他随兄陆九龄练习骑射。陆九龄道："老六，记住，学弓马也有窍道：眼要准，耳要灵，肝要血旺，肺要气清，心要明正。"陆九渊道："好，我记住了。心正第一，只有心正，才能耳灵；只有心正，才能肝旺肺清，学兵法更是如此。"自此练习骑射，参研兵书，达数年之久。

此时陆九渊与郭杲谈论御敌，郭杲听了大喜，以为遇到知音。二人直谈到午时，下了城墙。陆九渊设宴，请他与孟、徐饮酒。二人酒桌上一搭话，终于认出来了。喜不自禁，陆九渊向二人问起朱子事，二人将朱子在浙东任事，悠悠道来，倒把统制郭杲晾在一旁。几人喝着叙着，眼见日落西山，方才散了。郭杲与孟、徐驰马往江陵而去。

此后数月，陆九渊借取王安石的"保甲法"，加以改进，在荆门建立"烟火保队伍"。五家为保，二保为甲，六甲为队，以村、屯为单位合总，设总首和副总首。一呼百应，乡、村联动，青壮子弟甚是踊跃，以此法防"虏骑侵轶"。有了如此"民兵"，荆门地方偷窃、抢劫也都绝迹，以往那些游手好闲滋事斗殴之徒，纷纷改邪归正。

荆门驻有四千官兵。此前因粮饷不足，军心涣散，逃兵甚多。陆九渊治军练兵，补发粮饷，整肃军纪，渐渐恢复士气。次年三月，湖湘巡抚至荆门阅兵，陆九渊调集各部，到校场操演。演过军阵，又习考校搏杀。各部操演之后，座中一位官员说道："请陆知军上马挽弓！"陆九渊一看，见说话的正是飞虎军统制郭杲。原来郭杲受巡抚邀请，同来荆门军中观摩练兵。也不知他从哪里听说陆九渊弓马娴熟，快人快语，当此欢腾场面，叫了出来。陆九渊不好推辞，走入场中。从一位将官手中接过一张硬弓，骑上一匹五花马，一拍马背，驶到场心。只见他飞马驰来，弯弓搭箭，"嗖、嗖、嗖"连发三射，箭箭中鹄，场内外数千军民齐声欢呼。谁能料到儒雅风流的陆知军竟是一位文武双全的儒将！巡抚见之大喜，颁令嘉奖："荆门驻军'骑射精熟，军威最佳'，通报三军。"

陆九渊任知荆门，才一年许，竟得大治：政清弊绝，讼事减少；商旅繁荣，百姓安居乐业。荆门百姓爱他清廉有为，称他为"陆夫子"。

这年秋天，陆九渊常感疲劳，四肢无力，精神不济。叫了医生来看，诊为纳差，痔疮出血过多所致。医生告诫不可饮酒，戒辛辣刺激。这倒难为了夫人吴氏，一桌饭总要忙个半天。既要可口，还须合养生之道，颇费工夫。

这日回到府中，夫人吴氏已备好饭菜。陆九渊盥洗罢，坐到桌前。儿子持之、循之早已饥肠辘辘，此时围着桌子，只等开饭。只是父亲不动筷子，他二人谁敢动手。

陆九渊拿起筷子，先夹了根芹菜衔在口中，道："快吃吧，吃罢好温习功课。"

持之、循之端起碗，狼吞虎咽起来。

吴氏坐在一旁，嘴角挂着微笑，显得甚是惬意。

陆九渊道："你怎么不吃？"

吴氏答道："我不饿……"正说着，忽听有人大喊："不好了！不好了！"就见管家何成急匆匆撞进屋来。

陆九渊道："何事如此惶急？"

"火……天……"管家结结巴巴说不清楚。

陆九渊不知他说些什么，只知事态紧急，放下碗筷，披上外衣冲出门外。持之、循之也跟了去。

街上已聚着许多人，都望着城西蒙山方向。只见那蒙山一带，火光熊熊，映红半边天空。陆九渊让持之去叫州府官员，齐到蒙山救灾。就听身旁百姓议论纷纷："从没见过这等奇事，天上掉下大火球。"

"这就叫'星大如斗'，连整个夜空也照亮啦。"

"老天爷发怒了，不知道人间有什么不平事！"

陆九渊听罢，知道是天上降下陨星，引发火灾。二话不说，跨上马鞍，狠抽一鞭，纵马径向蒙山驰去。行约半个时辰，但见山上一片火海，荒林中树木被烧得噼噼啪啪作响。山下聚集着无数百姓，正惊恐地望着山上。陆九渊见着火处只在林间，山上并无村庄，放下心来。忽听后面一阵急促的脚步声，回头一看，见是金判洪侊与学录黄岳，领着二十几个胥吏赶了来，陆九渊向山脚一指："且到那山南山北巡视一番，将山下住户尽数撤离。"

洪侊、黄岳听了，说声"是"，各领十数人向南北奔去遣散百姓。

大火烧了两个时辰，淅淅沥沥下起雨来，山火终于熄灭。此次火灾，终于未酿成大灾。

自古福无双至，祸不单行。七八日后某日夜半，军署衙门忽起大火，管家何成忙唤醒家人邻里紧急扑救，哪知火势凶猛，梁毁屋塌，十余间房屋顷刻化为灰烬。陆九渊的"私居行李几为一空，幸未延烧官府，文书账册，并无损毁"。儿子持之、循之挺身而出，与军民一同救人救火，俨然已成大人，倒令他十分欣慰。

莫名而起的大火，加上之前天降陨石，街坊传出谣言，"天降不祥，万民遭殃"。陆九渊反躬自省，道："回禄之灾，独中居室，此某不德之谴也。"持之不知父亲此话何意，听了暗暗心惊。

欲知后事如何，且听下回分解。

第四十三回

陆九渊病笃念苍生　谢希孟题词别"冤家"

陆九渊到荆门军，修筑城墙，整肃军备，政声斐然。然而一连两场天火，起得莫名其妙，陆九渊心中惴惴不安。此后数月，更是事事不顺。先是连旱无雨，池塘干涸，赤地千里。陆九渊在东山、象山山顶设坛祈雨，祭文中责己："守臣不德，当身受其咎，斯民何辜。"只求上天惩罚自身，莫要连累百姓。

到了秋天，却又阴雨连绵，发生洪灾，不少良田被淹。到了冬天，又现暖冬，未降片雪。陆九渊命人画乾卦于黄堂，焚香祝祷，向天祈雪。如此过了数月，只是阴云漠漠，却不见雪下。

时当用人之际，无奈荆门军中人才匮乏。陆九渊想了想，写信让四哥陆九韶来荆州，帮他选任良才。信略云："此间士夫皆一体人物，其势必有藏于草野市肆者。拘于官守应接，无缘搜访。若得长上从容其间，闻见自不止今日，不胜大愿。"在陆九渊眼中，荆门的"士夫皆一体人物"，言下之意，为官者都是泛泛之辈，并无大才。陆九渊一生无论走到哪里，都不忘为朝廷寻找有志之士。当年，他在朝廷为官时，就曾在临安城中偶然结识壮士李云，将其举荐给大将毕再遇，渐渐成了他手下虎将，骁勇善战，立下赫赫战功。这是闲话。

只说陆九渊在荆门任上，眼见年景不好，设法赈济，当真是鞠躬尽瘁，日日操劳。这一日在衙门里忙了一日，回到府中，忽然痔瘘急发，鲜血滴沥不止，路也走不成了。持之、循之见状，分头到市上寻找名医。黄昏时来了一位医生，一番望闻问切后，给他开了药方。循之忙跑到街上去抓药。古时补血，只靠草药，哪救得了这份急，吃了也不见好转。到了十一月中，陆九渊竟然身子虚弱，一病不起。恰弟子谢希孟来探视，见他面色苍白，眼窝深陷，不禁愕然。谢希孟此番前来，原是来向陆九渊悔罪的。

谢希孟，黄岩三童岙人，其祖父谢伋，人称"药仙"。谢伋给孙儿取名"希孟"，原是仰慕圣人孟子之意。谢希孟博闻强记，颇有文才，尝言："行事不法周公，无志也；立言不法孔子，无学也。"希孟早年师从陆九渊，后与陈亮、叶适亦师亦友。于淳熙十一年（1184 年）中进士，历任大社令、大理寺司直、奉仪郎、嘉兴府通判。他到临安任官时，已有家室，谁知他竟在瓦子①认识一个姓陆的妓女，一见钟情。那陆氏确也有几分姿色，既有赵飞燕的轻盈，又有杨玉环的丰腴，又懂得琴棋书画，唱得一口好曲儿，谢希孟为她神魂颠倒，终日与她缠缠绵绵。陆九渊闻知此事，便前往谢希孟行在寻他，将他叫到一处僻静处斥道："士君子朝夕与贱娼女居，独不愧于名教乎？"谢希孟见恩师训责，忙唯唯诺诺："恩师在上，弟子再也不敢了，现今便与她一刀两断。"

陆九渊以为自此谢希孟便会改邪归正，忠孝持家，踏踏实实过日子。然谢希孟与那陆氏动了真情，岂能生生分开。嘴上说"一刀两断"，转头又去与她厮守。过了半年，又为她盖了座小楼，取名鸳鸯楼。陆九渊听他不知悔改，恼他胡闹，气不打一处来。某日又来寻他，当面斥责。谢希孟虽有几分悔过，但也着恼他管得也忒宽，嘻嘻一笑道："不光建了楼，还有记呢。"

陆九渊向来喜他文章，最有神采，问道："你这'楼记'又是如何作的？"谢希孟现编现卖首句，道："自逊、抗、机、云之死，天地英灵之气，不钟于世之男子，而钟于妇人。"陆九渊心道："原来他是变着法儿替那女子辩护。"苦笑着摇摇头，劝道："你若有情于她，便应让她从良，娶她回家；你若无情于她，便应与她一刀两断。似这般拉拉扯扯，不明不

---

① 瓦子：宋时代指妓院。

白，你拿她消遣，她拿你挣钱，成何体统！何况天下妓女，哪有动得真情的，连至圣先师孔子也说过：'唯女子与小人为难养也。'愿您早早省悟，切莫深陷泥潭，败了名声。"

谢希孟听罢，低头不语。他一个名门世家读书人，娶一个妓女回家，成何体统。当下皱起眉头，一脸苦相，可怜兮兮，嗫嚅着道："弟子再也不敢了！"

陆九渊见他如此一说，以为他真的已经悔悟，放下心来。哪知他口里说"不敢"，见了那陆氏，又把恩师的好言抛诸脑后。

就这样糊里糊涂过了半年，转眼到了年末。谢希孟回老家过春节，四世同堂，其乐融融，妻子上上下下张罗不停，谢希孟竟忽然省悟：妻子照顾老幼，如此辛苦，我岂能负她。决计和那陆氏分手。回到临安，匆匆辞官，以躲避她来纠缠。谁知那陆氏对他也是情重，听闻谢希孟要弃她而去，哭哭啼啼追至江边。谢希孟心意已定，哪能再来回转，当下取下颈前领巾，书《卜算子》一首：

> 双桨浪花平，夹岸青山锁。
> 你自归家我自归，说着如何过。
> 我断不思量，你莫思量我。
> 将你从前与我心，付与他人可。

写罢，递与陆氏，头也不回径自走去。可怜那陆氏，手持谢希孟遗下的一首词，看一句，哭一会儿，看两句，哭半个时辰，在江边直哭到天黑，方才回家。

谢希孟与那妓女分手后，便径到荆州来向陆九渊悔罪。时陆九渊病笃，正卧于病榻，见谢希孟来探，挣扎着坐起，与他说起话来。问他近来如何，谢希孟以为问他与那妓女陆氏之事，答道："已作了断。"

"什么事已作了断？"

"当然是和那……陆氏……"

陆九渊这才明白他"了断"之言所指，道："'朝闻道，夕死可矣'。

改了就好，咱们读书人，一生所求，只在收拾精神，涵养德性。"

谢希孟哭道："弟子谨记。"

陆九渊笑笑，突然"喀喀喀"咳了起来。谢希孟赶紧将他扶起，持之忙端来汤药喂服。

"爹爹，这是'五九伯伯'①亲自为您抓的药。"

陆九渊伸手接过，边喝边道："到了这等地步，什么灵丹妙药，也已无济于事。"说着又"喀喀喀"一阵剧咳。持之大惊，赶忙替父亲轻轻捶背。

谢希孟在一旁看着，泣不成声。想想自己今生，确也有些放浪形骸。想起那年与楼钥在台州饮酒，等待陈亮来会。席间曾赋诗云："须臾细语夹帘言，说尽尊拳与毒拳。"那时也不觉自己这诗句有甚古怪。既而同甫至，他借郡内妓乐，宴之东湖。同甫在座有官妓张婵，二人似比常人热乎。他哪知道陈亮与张婵关系非同一般，二人正谈婚论嫁。这时见他二人正在酒席上卿卿我我，看不顺眼，恰轮到陈亮饮酒，希孟让陈亮饮酒，陈亮却并不理会，半天不举酒杯。希孟大怒，问他何故赖酒，陈亮为自己辩白，二人起了争执，打了起来，一旁妓乐连哭带叫沸沸惊散，只那张婵躲在陈亮身后，不敢吱声。此事在台州传得沸沸扬扬，说起浙东放荡文人，谁不知谢希孟、陈同甫两个最是无状。

谢希孟经过这几桩事，如今见恩师重病在身，只叹世道艰难，人生苦短，应当惜时如金，做些正经事来光宗耀祖。自此动了圣贤之心，发愤读书。晚年编辑祖父谢伋遗稿成《药寮丛稿》二十卷，大为可观。

谢希孟走后，陆九渊日日按医生嘱咐服药，却并不见好转。

欲知后事如何，且听下回分解。

---

① "五九伯伯"，指陆九渊二兄陆九叙。陆九渊叫他作"五九兄"，其子便称他"五九伯伯"。

第四十四回

陆九渊凛然归命　朱晦翁哭祭"告子"

这日夜间，陆九渊咳嗽不止，面色蜡黄。他自知时日无多，叫过夫人吴氏，歉笑道："自从你嫁了我，一心操持，任劳任怨，没过过一天好日子。如今我将不久人世，留你一人在世上受苦，真是对你不住！"吴夫人听了，大吃一惊："官人，你什么话都可说，却怎能说这种不吉利的话？"说着呜呜哭了起来。陆九渊端详着夫人，用手轻轻抚着她的头发，似乎有许多话要说，却又不知从何说起。此时吴夫人已两鬓斑白，面容憔悴。陆九渊强笑道："世上芸芸众生，有生就有死，顺其自然，何须悲哀！"吴夫人只是低头啜泣。

恰在此时，持之端着一碗汤药，走了进来，后面跟着循之。持之道："爹爹请用药。"陆九渊接过汤药，挣扎着喝了，道："持之，你已到了而立之年。我要有甚不测，你便要担起家里的重担，照顾好一家老小，替母亲分忧。"持之听了，痛哭起来。陆九渊望着屋顶悠悠道："只有一件事，最是遗憾，我到了天堂，也忘不了这件事。"

循之道："父亲所言何事？"

陆九渊道："这件事，攸关道统。我与五哥复斋同那朱元晦先生辩论学问——对啦，元晦先生现已改名叫晦翁先生了。我与五哥与他辩了有十多年——当面争辩，书信中争辩，到了现在，我将归天，却仍有许多疑难，没能争辩明白。"

持之一听，心道："父亲这时垂危，自顾不暇，却还记挂那道统之事。

难道那道统之论，竟比你的性命还要重么？"想着想着，不觉流下泪来。循之在一旁不住抽噎。陆九渊劝道："人生在世，死生有命，你二人莫哭哭啼啼，哪像是男儿汉，莫让人看见笑话。我死之后，你去找那晦翁先生，横竖要向他报个消息。我与他相识一场，如此也算有始有终。"

持之、循之听了，只是低头流泪，并不作声。吴夫人为他掖一掖被子，哽咽道："莫要尽说这些不吉利的话。你且好生调养，定要将你治好。你要有个三长两短，我和孩子还有什么指望！"

绍熙三年十二月十一日（1193 年 1 月 15 日），天色稍晴，梅花盛开。陆九渊精神渐好，命门人布置黄堂，朱衣象笏，端坐祷雪。只有降下雪来，来年才有好收成。他披上棉衣，挣扎着与持之去蒙泉取水祈雪，口中念念有词，返回时，天上果然降下雪花，飘飘洒洒，轻盈飞舞，继而漫天琼花，洒落人间。陆九渊喜道："终于下雪了，荆门军百姓明春的庄稼有指望了。"

十三日，他强撑着病体，颤颤巍巍来到府衙，召集属僚议事。属官见知军大人形容枯槁，个个心里忐忑。陆九渊坐在堂上，面带微笑，嘱百官励精图治，造福一方。说罢，淡淡一笑："我命不久矣，众兄多多保重！"众官听罢，低头默然。

退堂后，陆九渊缓步回到家中，沐浴更衣，端坐堂前，就像平日闭目静坐，似参禅入定。到了服药时辰，循之端来汤药，小声道："爹爹，该服药了。"一连几声，只是不应。循之心生疑惑，上前一探，已无呼吸心跳，原来竟尔仙逝。一惊之下，循之手中药碗"当啷"一声掉在地上。吴夫人听见，抢进房中，一摸陆九渊额头，已然冰凉。将脸颊贴近胸口，已听不到心跳，禁不住哭天抢地号哭起来。不一会儿，陆府中哭声一片。

此时正当正午，大雪初晴，阳光照得雪地又白又亮。陆府上渐渐有人摆起花圈。人越聚越多，相识的，不相识的，前前后后挤满府邸。

入殓时，官员百姓齐来祭奠。吊唁的人群，满街满巷。灵柩归金溪时，四乡震动。出殡时，送葬者达数千人。

五日之后的正午，也是雪霁之后，朱子正在考亭沧洲精舍编著《孔子要略》，学生叶贺孙送来一信，朱子接过一看，竟是陆九渊之子陆持之来信。朱子心中不由得打起鼓来：以往陆九渊来信，都是他亲笔缮写，那笔迹他再熟悉不过，不知这次何以却由他儿子代笔。当下匆忙拆开，阅罢方知是陆九渊丧讯，不由得一惊，打个冷战，心口"咚咚咚"地狂跳起来。一股从未有过的悲凉涌上心头。收起信，命叶贺孙唤齐所有弟子，齐往瀛洲桥靖安寺设坛祭典。朱子沐浴更衣，带同弟子来到寺中。蔡元定、黄榦陪朱子走到供案前。朱子摆上陆九渊的灵位，众弟子肃然而立。朱子焚香，拜了一拜，哭道："陆象山，何以去得如此匆忙！……呜呼哀哉！"哭罢拭泪，望着诸弟子道："可惜死了告子！"

告子，战国时道家，尝与孟子激辩。孟子坚持"人性善"之论，告之反之以"人性无善恶"之分。告子死后，孟子少了一个对手。陆九渊身故，朱子也少了一个值得尊敬的对手。

陆九渊死后，其学说为后世王守仁①承继，发扬光大，是为陆王心学。

弘治二年（1489 年），王守仁十八岁时，与夫人诸氏返回余姚，船过广信，王守仁拜谒娄谅。娄谅向他讲授"格物致知"之学，王守仁甚喜。之后他遍读朱熹的著作，思考宋儒所谓"物有表里精粗，一草一木皆具至理"的学说。为了实践朱熹的"格物致知"，他下决心穷竹子之理，"格"了七天七夜的竹子，什么都没有发现，人却因此病倒。人称"守仁格竹"。

后来他思想成熟之后，提倡"致良知"，从自己内心中去寻找"理"，"理"全在人"心"，"理"化生宇宙天地万物，人秉其秀气，故人心自秉其精要。强调要知，更要行，知中有行，行中有知，所谓"知行合一"。

朱子居于考亭，念及张栻、吕祖谦、陆九龄、陆九渊诸友过往，终日愁眉不展。这日独自走到屋外，远望武夷山奇峰嵯峨，想起陆九渊一生襟怀坦荡，光明磊落，眼前浮现与他往昔论道争辩的诸般情境，心头涌起丝

---

① 王守仁（1472—1529），本名王云，字伯安，号阳明，又号乐山居士，浙江余姚人，明朝杰出的思想家、文学家、军事家、教育家。

丝暖意。忽见前方春和景明，江山一新，禁不住吟道："川原红绿一时新，暮雨朝晴更可人。书册埋头何日了，不如抛却去寻春。"

朱子的朋友兼论敌之中，如今仅剩下一个陈亮。也不知他考取功名，有几分胜算。更不知他已届大衍之年，考取那纸糊的功名，要来是当衣穿呢还是要煮了当饭吃。

欲知后事如何，且听下回分解。

第四十五回

陈同甫纵饮应大考　辛弃疾伤酒自寂寥

辛弃疾在考亭别过朱子，驰马向北，急着要赶赴婺州永康九泻十八滩龙窟山中，与陈亮会合，结伴同去临安。

陈亮正在龙窟家中收拾行装，准备赴临安应试。见辛弃疾忽地来到，喜不自胜。挽手将他迎入家中，让何氏及仆人置酒备菜，二人大碗饮酒，高声说笑，好不痛快。

第二日，陈亮与辛弃疾一道，骑马径往临安。二人日间赶路，夜间住店，到正月底时才到得临安。陈亮便在辛弃疾行在附近一家客店住了。

过了几日，辛弃疾到朝中应对，献中兴之策。光宗赵惇听是听了，当下也表示赞许，谁知此后却再无下文。辛弃疾心中好生郁闷，常常一个人凭栏长吁短叹，如此打发时日，不觉过了旬余。这日天气晴好，西子湖上笙歌隐隐。辛弃疾与陈亮到湖边一家酒店，临窗坐定，叫了两盘熟牛肉，一道西湖醋鱼，两大坛蓝桥风月①，喝了起来。

这蓝桥风月乃是临安名酒，文人雅士官宦人家宴客必具佳酿。两人各饮二碗，便有些飘飘欲仙。酒过三巡，辛弃疾面带微笑，疑惑地问："同甫兄，弟有一事不明，一直想说，却总怕你听了不快，不知当讲不当讲？"

陈亮举起的酒杯停在半空："稼轩兄，你我之间，有甚么不能讲的，但说无妨。"

---

① 蓝桥风月，南宋酒名，在临安极受青睐。

辛弃疾与他酒杯一碰，悠悠说道："同甫兄，你已一把年纪，当要顾惜身体，颐养天年，何必熬夜苦读，考那一无用处的功名。"

陈亮瞪大眼睛道："你说那功名无用，它于我，却还颇有用场！"

辛弃疾一愣："你倒说说，有何用处？是能当夜壶呢？还是能当枕头呢？"

陈亮沉下脸，放下酒杯，叹口气悠悠说道："没有功名，我是一介布衣，人微言轻，上道奏折，皇上看也不看。更有那心肠歹毒的狗官奸臣，肆意诬陷，将我投进大狱，一家老小六十多口，性命难保。不要说向皇帝奏事，就是私下里与朋友论事，被奸人抓住了把柄，也要兴师问罪，投进大狱。稼轩兄，我为此受的牵累还少么？我算是想明白了：有德无位，万事无成。倘若我考取了功名，有个一官半职，便有觐见皇上的机会，那时再与他细说中兴大计……"

辛弃疾近来向光宗屡屡进言，奏上长江、两淮防守之策，皇帝听了，却又不发一言。奏事之后，再无音讯。辛弃疾知道皇上叫他来临安奏对，也只是拿他当摆设，做样子给人看，不禁大失所望。这时见陈亮热衷考取功名，动机不过是为了寻个机会，向皇帝奏论中兴之计。不等他说完，叹了口气："同甫兄，你忒也天真了些，你以为你考取了功名，那皇帝就会拿你的话当回事，肯听你的？你这春秋大梦早该醒醒了。"

陈亮道："稼轩兄，皇帝他听不听，那是他的事，我说不说，却是我的事。我一辈子饱读经史，原也要图复中原，现在看来，连你也不懂我心思！你我二人这么多年是白交了！"说罢唉声叹气，眼看就要流出泪来。

辛弃疾见一番好话引得陈亮不快，忙转过话头劝慰："同甫，这……我也只是说说，多半是我不对，来，罚我三碗酒，我给你赔个不是。"

陈亮道："这还差不多，凡事不能尽往坏处想，我此番若有殿试策论机会，且看我如何奏对，你倒要看看皇上他听还是不听？"

"好吧，权当他肯听你的，来，好酒有后劲，再干一杯！"辛弃疾说着举起酒来。

陈亮道："好吧，你我同饮三碗，祝我此番殿试，金榜题名。"

辛弃疾道："好，好！"

二人举酒，各饮了三碗。

忽听琴声悠悠，一艘画舫划了过来，船头上站着两个歌伎，唱着秦少游的词儿，笑嘻嘻向二人扬手："二位官人，要不要上船来吃一杯？"

陈亮看那歌伎，颇有些姿色，正要搭话，忽又记起张婵那档子事来，摆摆手道："哪厢有富家公子去到哪厢张罗，你家大爷不吃花酒！"

两个歌伎噘着嘴，哼了一声，到南湖灯火通明热闹处所去招呼客人。

辛弃疾点头笑道："同甫兄约束得住自己，也算半个圣人！"

陈亮嘻嘻一笑："我乃正人君子，百毒不侵，来，喝酒！"

此后几日，陈亮又天天缠着辛弃疾喝酒。辛弃疾好生纳闷，劝道："同甫兄，你既要应试，便当静下心来，习读经书。今日这顿酒饮过，我再不来打扰你了。"

陈亮沉下脸来，道："甚么事上我得罪你了？"

"没有啊。"

"我既没有得罪你，那你生的哪门子气？为何又不想与我饮酒？"

辛弃疾道："同甫兄，我原也是一番好意，怕日日与你相饮，耽误你应试。你想想，不几日就将礼部试，礼部试后，又有殿试，你不好好备考，怎能过得这重重关口。"

陈亮一拍肚子："嘿嘿嘿，稼轩兄，看这儿——应试么，有甚么大不了的？上下几千年，东西南北中，全在这儿了。到时两手空空走进考场，提笔书写便是。若是现在才来读圣贤书，临阵磨枪，还有用么？"

辛弃疾知他学富五车，但如此懈怠，岂能考出个名堂？只是见他好酒重义，不忍拂了他意，便不再说。这时他被任以太府卿之职，日间便到朝中应事，黄昏便与陈亮同到西湖边饮酒。二人开怀畅饮，和诗对句，倒逍遥自在。

转眼到了二月，天气渐渐暖和起来，临安城春光旖旎。正是吏部考试的时节。陈亮自去应试，辛弃疾便在问政之余，自到西湖上吟游遣怀。西

子湖边绿柳才黄，梅花方谢，桃花含苞，玉兰皎洁，烟岚昏雨，处处佳景堪赏。

辛弃疾此次赴京，原是抱着策动光宗皇帝北伐的雄心，无奈皇帝并无此意。太府卿这差事，整日里只是到左藏东西库，与吹毛求疵的文官核对账目，甚是枯燥乏味，他日日心烦意乱。那日正在核对账目，忽接到吏部新的任命，又命他返回福建，任福州知州兼福建巡抚。不禁心中大喜：终于要离开樊笼了，否则憋也得憋死了。准备告别陈亮，早早南归。隔了几日，礼部大考放出榜来，陈亮高中。辛弃疾设下酒宴，为他道喜，劝道："同甫兄，礼部试你也过了，如今要静下心来，准备殿试了。"

陈亮叹口气道："我又有什么事得罪你了？你又要舍了我独自去喝闷酒么？"

辛弃疾道："同甫兄，那殿试可不比礼部试。要在大殿策论，高中了便有在圣上面前献策的机会，这不正是你梦寐以求的么，不应对怎的殿试"

陈亮道："稼轩兄，殿试又怎的，学问都在这里了。"说着拍拍肚子，"不必像个书呆子那般青灯黄书，熬白头发，心中一团糨糊。倒是你，究竟为何不愿来同我喝酒？"

辛弃疾笑道："这回不是不愿陪你，是朝廷有了新任命，要我回福建履职。"

"那也罢，你陪我喝酒到殿试毕，咱一同离开临安。"

辛弃疾道："福建沿海，近来盗匪蜂起，颇不平静，我耽搁时日一久，只怕生出大事来。"

陈亮怅然若失，噘着嘴道："也罢，再喝十日。"

辛弃疾无奈，只得又每日陪他纵酒。过了三四日，辛弃疾到朝，碰到飞虎军统制郭杲，笑吟吟要请他这老帅饮酒。辛弃疾眼珠一转：现下平定盗匪，正是用人之时，不如即向郭杲借了孟焕、徐铭，同到福建剿匪，事毕再还他不迟。二人来到一家酒肆。辛弃疾问孟、徐近况，郭杲一一告知。酒过三巡，辛弃疾眼盯着郭杲道："我要借孟焕、徐铭二人一用，不知肯否遂我心愿。"

　　孟焕、徐铭是郭杲手下红人。郭杲有些不舍，沉吟道："不知辛将军借他二人何用？又不知要借多久？"

　　辛弃疾见他如此相问，怒道："这飞虎军原是由我创办，孟焕、徐铭原是我手下。我如今要借他几日，便借他几日，你何必问恁多？"

　　郭杲见辛弃疾动怒，忙赔礼道："岂敢岂敢，不知辛将军何时调用他二人。"

　　辛弃疾道："你什么时候回到江陵？"

　　郭杲道："在下明日便回。"

　　辛弃疾道："好吧，你让他二人三天后到临安来见我。"

　　郭杲不敢违拗，满脸堆欢举起酒杯："好说，好说。"

　　辛弃疾见郭杲答应得不甚痛快，不大放心，板着脸道："三日之内，我要见不到孟、徐二人，休怪我找到飞虎军去，那时面子上却不好看呢。"

　　郭杲团团一揖，道："放心，放心！"

　　欲知后事如何，且听下回分解。

第四十六回

白玉蟾①重修止止庵② 朱晦翁悔说"偶中尔"

朱子自辞了漳州知州之职,卜居考亭,葬朱熟,筑新屋,事务芜杂,约摸一年才清静下来。人在考亭,心里却时时念着武夷精舍的弟子。不知他不在精舍这些日子,众弟子在元定、黄榦督导下读书,进境如何。思忖着得空便到武夷精舍去考校一番。恰辛弃疾来信,称将从临安往福州,复任福州知州兼福建巡抚之职,准备绕道考亭来与他相聚,讨教施政之策。朱子听了大喜,立即复信一封,让他径到九曲武夷精舍相会。

这日风日晴和,山花正盛。朱子起个大早,让随身弟子吴稚租了只船,沿麻阳溪顺流而下,迤逦往九曲行来。朱子站在船头,背负双手,昂首仰望溪山胜景,观之不尽。

那麻阳溪与九曲相连,也不甚远。朱子行了一日,到黄昏时,已到五曲。远见大王峰下水光石后,止止庵废墟上,正大兴土木,营建新的殿宇。翘檐飞角,初见其形。心里只觉好奇。再近些,见一白衣道人,挂根九节竹杖,正自立在渚头,观望江上行船。朱子与他四目相对,那人向他远远招手微笑。朱子也挥挥手,向他致意。也不知他是看没看见,只见他

---

① 白玉蟾(1134—1229),原姓葛,乳名玉蟾。稍长取名葛长庚,字白叟、如晦、以阅、众甫,号海琼子、海蟾、云外子、琼山道人、海南翁、武夷翁,世称紫清先生。先世为福建人,出生于海南。

② 止止庵,中国道教南宗祖庭。传说为皇太姥、张湛及鱼道超、鱼道远修炼之所。后又有晋代的娄师钟、唐人薛邴邴避此修道。南宋时,道教南祖五宗之一的白玉蟾也曾在此住持。

独对叠彩峰岭，望着悠悠溪水，似笑非笑，似醉非醉。一件白袍迎风而舞，飘飘欲仙，似要乘风飞去，又似乘风而来。朱子看着，心中好生羡慕。

上了岸，弟子吴稚扶着他，径向精舍走来。弟子陈经正在读书，抬头见朱子沿溪走来，高兴得大叫："先生来啦，先生来啦"。刹那间，百多个弟子分从各屋涌出，前呼后拥将他迎进精舍。这个忙着倒茶，那个忙着看座，个个欢天喜地。朱子坐定，道："方才我在溪上，见那止止庵正盖大殿。数月不到，武夷山中竟起了恁大变化。"

弟子陈经道："止止庵来了一位神仙道人，天文地理无所不知，世间将要发生的事，他也每言必中，真是料事如神……"

朱子面露不悦，扫一眼众弟子，道："哼，什么神呀仙呀的，难道世上真有甚么神仙不成。他那预测世事，不过偶中尔，何必大惊小怪！以后别信这些歪门邪道，用心读圣贤书才是正道。"

陈经被他一番责斥，脸色通红，不敢再说。正说间，黄榦迎上前来，与李方子等将朱子扶到隐求室①，让他安歇。黄榦替朱子除掉湿鞋湿袜，换了靸鞋。刚换好，元定走进门来，喜道："先生一路辛苦。饭备好了，这就准备用饭吧。"

朱子说声"嗯"。元定、黄榦等拥着朱子到大殿用饭。朱子坐在上席，众弟子围聚四周。师徒久别重逢，要说的话也多，就此边吃边聊了起来。一时其乐融融，笑语不断。

第二日一早，众弟子早早来到仁智堂中，来接受朱子考校学业。朱子端坐堂前，逐个儿考校，将那《论语》《孟子》《大学》《中庸》中的学问，一一提问。众弟子难得在先生面前显露本事，好不容易等到这个机会，个个都打起十二分精神，极力展露才学。朱子问到一个，那人便滔滔不绝背诵起来，朱子再问他那经文之意，都不假思索，对答如流。朱子见弟子们大有进境，满心欢喜。对元定、黄榦道："看来你二人督导有方，

---

①　隐求室：朱子在武夷精舍的卧室。

弟子们也都用功，为师看到你等青出于蓝，便也知足了。"

午后，弟子们在书堂读书，朱子与元定、黄榦在书院里前前后后，察查一番，见屋舍整扫干净，连连点头，道："这书院交你二人主持，倒比我亲力照管还好。"抬头又见止止庵一座新修的殿宇，正在上梁。昨日滩头所见那白袍道士，依旧拄着根九节拐杖，在一旁指指点点。他身边也围着许多弟子，在一旁观看盛事。朱子自言自语道："看来这荒废已久的止止庵，如今香火也要旺了。"

黄榦道："这止止庵中来了一位道长，实在高明得很，来日要发生的大事，每每被他言中。"

朱子一听，沉下脸来："哼，不过偶中尔。"忽然眉头一皱，"咦，他高明不高明，你又怎生得知？"

黄榦嗫嚅道："那日有几个师弟到那止止庵中，听他讲道。我去寻找师弟，也听了一些。"

"他都讲些什么？"

"讲《道德经》《易》，也说到《参同契》。所发议论，颇有不同之处。"

朱子一听，道："道不同，不足与谋。他讲他的黄老之道，我传我的圣贤之道，井水不犯河水，岂可混为一谈。以后不许再去那止止庵中听他奇谈怪论，误了正业。"

黄榦见先生生气，连忙答应，唯唯诺诺。

朱子早年，出于释老者十余年。自投到李侗门下，才转而入儒。那时正是权奸当道，国祚日颓，朱子深感复兴无望，偏又释、道盛行，世人皆沉湎佛老，消极遁世，世上缺少的，正是济世安邦之学。朱子不知出路，唯觉世事迷茫。绍兴二十八年二月，朱子到南剑州延平县拜访李侗。李侗见朱熹学问甚有根基，又虚心好学，便对他格外用心，曾言道："吾儒之学，所以异于异端者，理一分殊也。一理摄万理，犹如一月之散于江湖河海之万月，万月归于一月，江湖河海乃摄于天上的一月。宇宙间有一至理，便是太极，是化生天地万物之本，而天地间万物之理，乃是此万物之理的体现，由理一分殊出去。万物虽然同具一理，但所禀受之气，有上下之分，秀偏之别。"

一番教诲，令年轻的朱熹茅塞顿开。因悟道：要挽救国家社稷，救济苍生，须先弘扬儒家。从此弃禅归儒，立下"为天地立心，为生民立命，为往圣继绝学，为万世开太平"之志，任凭世事变幻，矢志不移。此时见众弟子又对道家学说有了兴趣，心中自然不悦。

过了七八日，朱子带弟子木钟在溪边闲步，欣赏武夷胜景，正行间，忽听树后有人说话。只听一个浑厚圆润的声音道："清竹，为师昨儿个让你背的经文，你都记熟了么？"一童子道："师父，你说'不以我为我'。后来的话我都忘了。"朱子一听，原来是一长一小师徒两个，师父正在考校弟子。那师父道："我再说一遍，你且记住了，是'不以我为我，乃见心中心：人心我心，同乎一性'。"那弟子小声念了两遍，道："这个记住啦。你又说：'俭视、俭听、俭思、俭为。'"师父道："还有呢？"小徒结结巴巴答不上来。师父嗔怒地道："是'以天理胜人欲'。"小徒又问："何谓'以天理胜人欲'？"师父道："这句话，源自老子，他说'治人事天莫若啬'，意思便是……"说完斥责道："我看你近日贪玩，将正事都荒废了。再要这样，你别跟着我，下山回老家去吧。"

小徒唯唯诺诺："弟子再也不敢了。"

朱子听那师父说"以天理胜人欲"时，心下大奇。想我平生教人诚心正意，格物致知，说到根子上，也只在"存天理，灭人欲"。想不到这师父所论，竟与我相若，近于同道矣。却不知这人是谁。正诧异间，树枝一摆，石阶上走来一老一小师徒二人。那长者正是止止庵道长白玉蟾，后面跟着个八九岁的小道童，想是那叫清竹的。

朱子与白玉蟾打一个照面，先是一愣。没想到他一儒一道两个山主便在此处狭路相逢，更没想到白道长所论，异于往昔道家所言，竟与我儒家正统，也极相合。正自诧异，就见那白玉蟾拱手一揖，道："哈哈，阁下莫非武夷精舍的山主晦翁先生。在下白玉蟾，久仰先生大名，早想拜访

结纳。"

朱子道:"我的弟子听了你讲周易,都言你博学。方才听你与小徒所论,果然高妙。白道长,止止庵新修了大殿,想来香火又要旺了。"

二人相视,哈哈大笑。恰道旁有五六块青石,平平整整,可当机凳。二人便拣两个一尺高的,对坐松下,叙起话来。一说,朱子方知白玉蟾也曾在庐山修道,且与崔真人也是挚友。只是他在庐山、罗浮来去,朱子知南康时,他却不在。

木钟和清竹在一旁玩耍,一边有意无意听二位先生说话。朱子见白玉蟾学识渊博,举止洒脱,俨然得道之人,暗暗佩服。二人相谈甚欢,不知过了几个时辰。正说得起劲,忽听"轰隆隆"一声春雷,抬头一看天上,乌云漠漠,骤雨将至。朱子道:"哎呀,不好,你我只顾了说话,赶快下山。"

此处也无避雨处,几人忙起身向山下走去。方走得几步,噼噼啪啪豆大的雨点便下了起来。片刻间,朱子、木钟、清竹等浑身被雨水淋透。好不容易看到一处峭壁,可以避雨。三人忙挤了来。回头看白玉蟾,不慌不忙,气定神闲慢悠悠走过来。朱子一看,白玉蟾身上未被淋湿,心下诧异,问道:"咦,道长,何以雨水尽落我身,你袍上未湿?"白玉蟾微微一笑,道:"偶中尔。"

朱子以为自己此前屡次说白玉蟾论事只是"偶中尔",早已传入他耳中,他这时说出,定是以此相戏,不觉脸红,略显尴尬。

自此"偶中尔"三字便成了白玉蟾与朱子相聚时常用的笑谑之语。白玉蟾说将出来,朱子也不以为忤。其实再高明的道士,纵有通天法术,哪有雨淋水浇衣袍不湿之理?你道白玉蟾身上这件白衣因何不湿?原来他曾师从陈泥丸习炼丹之术。那外丹没有练成,倒是学会了一些冶炼染整的本事。他身上这件白丝袍,乃是由獾油、石蜡,用了七七四十九天时间,精制而成,平时便是袍子,阴天便能当蓑衣,仅此而已。朱子与弟子们看着,却是十分稀罕,怎么也猜他不透。

隔日,白玉蟾置了酒席,邀朱子到止止庵中饮酒。朱子平日饮酒,只是三杯五盏，白玉蟾却似个无底酒洞，饮他百杯千杯，也不见醉。朱子陪他慢悠悠饮酒，纵论天地人事，从晨到昏，不知疲倦。此后一连几日，二人每每相邀，时而沿溪闲步，时而登山赏景，甚觉惬意。两厢弟子见先生如此交好，也更加亲近。

此时武夷精舍声名更著，四方负笈来投的弟子越来越多，武夷精舍早已安置不下。朱子决定将考亭新建的"竹林精舍"扩建扩建。元定画出一张图纸，展在朱子面前，给他指指点点图中建筑的风水。朱子看了，频频点头。正说话间，蓦见对面山上三匹神驹踏着氤氲白雾飞驰而来，势若游龙。为首白马上一人身着官服，似天神一般，后面两个大汉威如金刚，都是一愣。

有分教：事无两样人心别，男儿到死心如铁。看试手，补天裂。欲知那驰马而来者何人，且听下回分解。

第四十七回

茶灶①雅集群英会　九曲②泛舟义气豪

却说溪桥对岸，半山上驰来三匹神骏，转过山来。朱子眼拙，视物有重影，朦朦胧胧只觉有八骑十骑驰来，心下惊疑。只听元定起身大叫："辛稼轩！"

须臾，就听到书院外铜锣般的嗓子响起："我晦翁兄在哪里？晦翁兄，晦翁兄！"

朱子拄着龙头拐杖迎上前去："我道早上喜鹊喳喳喳叫着甚事，原来真的是故人要来。"

"晦翁兄，想煞我也！瞧我给你带什么来啦？"辛弃疾说着回头向身后一喊："快将夜郎好酒拿来！"

就见两个威武军汉，一个红脸浓髭，半张胡子半张脸；一个面如冠玉，鼻正口方丹凤眼。各人手提两罐红纸包封的大坛子，走了过来。一见朱子，俯身便拜。

玉面的道："先生一向可好！"

红脸的说话瓮声瓮气，道："先生，想煞我二人了，你有些瘦了！"

朱子看那两人时，眼也直了："怎么……竟然是你二位！"

原来这二人正是十年前侍护朱子左右的孟焕、徐铭。

---

① 茶灶：九曲溪中一处礁石，形似茶灶，朱熹常在此与友人品茶闲聚。
② 九曲，水名，在武夷山南麓。因其有三弯九曲之胜，故名为九曲溪。

朱子执二人之手，喜道："你二人不是在江陵飞虎军么，怎的又跟了旧帅？"

二人正要回答，辛弃疾道："晦翁兄，说来话长。先看我给你带来这新奇玩意儿——"一指孟焕、徐铭手中酒坛："这是一位朋友从夜郎带给我的美酒。我自己嘴馋，天天想尝尝，舍不得，特意拿来要与晦翁兄同醉。"

朱子一听，喜道："既然如此，今日大醉一场。"吩咐黄榦令伙工去准备酒席。又对元定道："今日老友重逢，我等在哪座亭子招待稀客？"

元定道："铁笛亭旁，桂花正盛，不如便在那里待客。"

朱子道："好。"与辛弃疾拉着手，来到铁笛亭坐定。那铁笛亭在书院一角高处，从亭中放眼望去，溪水如练，碧峰似玉，好一个天上人间。

原来数月前福建南路安抚使林枅病殁，吏部尚书赵汝愚举荐辛弃疾任福建巡抚。时值沿海匪患猖獗，辛弃疾招孟焕、徐铭同往福州平匪。匪事稍平，正要施手行朱子所倡"正经界"之法，未料家中报信失火，烧毁大片屋舍，便带孟、徐回带湖察看，安排修缮事宜。料理好家事，将归福州，准备绕道探访朱子，孟焕、徐铭听了，齐嚷着要来，辛弃疾便带了同行。朱子问起上次他离开考亭追陈亮赴临安事。

辛弃疾道："这个陈同甫，我和他一起到了临安，让他静下心来读书备考，他只是天天拉着我喝酒，一点心思也不放在备考上。还好，他终于顺利过了礼部试，只是下一步殿试他能怎样，便不好说，谁让他天天只顾喝酒来着。"

朱子道："同甫有大才，岂能俯伏在书册中索求学问。再说他考得好与不好，我等倒不必操心，他这么大年纪，考那功名又有何用？我是问你：你觐见圣上奏事，圣上他怎样说？"

辛弃疾见问，吊下脸来："唉，说来真是烦闷。我到朝中奏事，劝圣上励精图治，恢复中原。圣上他听是听了，后来便没了下文……那年我向上皇进谏《美芹十论》，也是如此。一腔热血东流水，好不教人失望。这次又是没个着落。再遣我回福建来。唉……"说罢只是苦笑，唉声叹气。

朱子一番劝慰，辛弃疾兀自愤愤不平。

不一会儿，黄榦与几个伙工端上菜肴，七碟子八碗摆了上来。孟焕开了酒坛，徐铭向朱子、辛弃疾、蔡元定满满当当各斟上一碗。朱子举杯道："来，难得今日良辰美景，众友毕至，我借你美酒，敬你一个。"

朱子、辛弃疾、蔡元定、孟焕、徐铭一同举酒。辛弃疾一口喝干。朱子、元定品尝此酒，与往日所饮，确是不同。只觉半苦半甜，半洌半绵，口感细腻，韵味悠长。

辛弃疾笑问："晦翁兄、季通，此酒如何？"

朱子正要说话，见他来问，点一点头："好酒！好酒！"

辛弃疾道："嘿嘿，不是好酒，我怎能千里迢迢拿来献与我晦翁兄共饮。这酒乃是夜郎名酒。那日在带湖家中，有友来访，带给我此酒。我与他喝了个酩酊大醉，靠在门前松树下胡言乱语。第二日忆起饮酒后的古怪，吟了一首小令，哈哈——'昨夜松边醉倒，问松我醉何如。只疑松动要来扶，以手推松曰，去。'"说罢哈哈大笑。

朱子、元定听后，都道："好词！"

一轮酒过，朱子一指孟、徐二人，问辛弃疾道："他二人不是入了飞虎军，怎的又和你在一起。"

辛弃疾抬眼望一眼孟、徐，哂哂一笑："嘿嘿，他二人这次却立了大功。福建东南，近年颇不平静，时有海盗，往来劫掠，福州兵将，都不济事。我从飞虎军调他二人来，去助我平匪。"

朱子听了，道："原来是这么回事。他二人都是人才，在你麾下，自能立功。"

辛弃疾道："岂止是立功，简直是大功奇功！"

说着自己举起酒来，又喝干一碗，将孟、徐在海边剿匪的事娓娓道来——

原来自去岁以来，福建沿海盗匪蜂起，与官军周旋，各州县几路人马分道进剿，每每落败。尤其一个唤作"浪里飞鲸"的，十分了得，平时神出鬼没，打起仗来以一当十，福建土兵拿他当真无法。时辛弃疾调任朝中任太府卿之职，每日核对账目，枯燥乏味，几番想要辞职。恰在此时，朝廷见福建事急，命他回福建任福州知州兼福建巡抚。辛弃疾知道平定匪患并非易事，便向飞虎军统制郭杲借了孟、徐二位都统来，相助进剿。徐铭除了兵刃，还会一门用绳索绊人绊马的绝技。这次捕那海匪"浪里飞鲸"，便是埋伏在海匪出岛的峡谷，用绳索将他搂下山岩。余匪见没了头人，四处乱窜，却被孟焕领人尽数截住，全成了俘虏。

辛弃疾说罢哈哈一笑："那山海间的激战，倒也痛快。"

朱子悠悠问道："后来怎样？"

"那号称'浪里飞鲸'的，此前何等猖狂，几路官军也拿他无法，此番见识了徐铭、孟焕手段，便即投降。又召集其他两海岛的手下，全都降了。"

"后来……怎样？"朱子又问。

"'咔嚓'……"辛弃疾说着做了个斩脖子的动作。

朱子愕然，皱眉道："你……你……匪众既已投降，杀他作甚？"

辛弃疾笑道："晦翁兄莫急，我话还没说完——抓了那'浪里飞鲸'匪众，约莫有二千人。依我大宋律例，自然是'咔嚓'一下，人人斩了脖子。这时却不知从哪里冒出许多女人娃娃，连哭带叫，跪下来求情。原来都是海匪的眷属。这时兄弟想起初任福建提刑时，晦翁兄的教诲——'临民以宽，待士以礼，驭吏以严'，便暂且收押。一审，那'浪里飞鲸'原也是北地遗民，起先在河南一带参加义军，后来起义失败，南归后主降派见他与属众身世不明，不予接纳，无处安身，这才流落为寇。我见他虽然抢夺财物，手底上终未伤过人命，劫的也都是乡绅富豪，便免了他死罪，让他戴罪立功，让他在那岛上开垦戍边，送了种子让他耕种。这下倒好，不止他这一支不再为匪，其他岛屿匪众也都被他镇住，再不敢来陆上劫掠。"

朱子道："好，稼轩这件事做得仁义！"

辛弃疾道："这事做利落了，沿海百姓太平无事，这才放下心来。谁知没过几天，忽然传来家书，我那带湖边的宅子又失火了。"

朱子一愕："可有甚么损毁？"

辛弃疾道："亏得铁柱等儿与众家丁扑救及时，这一次损毁无多。不过这带湖，眼见是不能住了。"

朱子道："方才你说到的铁柱贤侄，我识得的。那年我到浙东赴任提举之职，到带湖访你，你不在家，正是铁柱接待了我。那时他才七八岁，说话倒像个大人，甚是聪明。"

"铁柱喜读诗书，但最喜的，却是舞枪弄棒。"

朱子笑笑道："也如乃父，将来英雄了得！"

辛弃疾笑道："一料理完家事，这不，我便带了夜郎的美酒，来看你来啦。哈哈哈，来，晦翁兄，再干一杯！"

朱子举酒："好！元定、黄榦、孟焕、徐铭，咱们同饮此杯，敬了稼轩。"

元定道："来来来，今日有喜，喝个痛快。我们和稼轩先生同此一醉。"

说罢，众人举酒一饮而尽。

饭罢，朱子余兴未尽，大声道：

"难得今日相聚，我等且乘船同游如何？"

辛弃疾举目而望，但见隐屏峰下，碧水回流，一艘画船泊在岸边，喜道："妙妙妙，在青山绿水间饮酒唱曲，别有一番情趣，且同此一乐。"

几人说说笑笑，沿着草堤缓缓而行。过了两道浮桥，到了码头，踏上丈余长的跳板，上得船来。

黄榦向艄公道："开船，不到那绝壁下双龙潭，不可停棹。"

艄公齐唱个喏，奋臂摇橹，咯吱吱、咯吱吱，向幽深的峡谷中驶去。

只行得片刻，风景更异。但见溪水碧蓝，古木竹林片片相连，远处松柏叠翠。大船顺着九曲，缓缓划来。辛弃疾叹道："好一个世外桃源，晦翁先生真是得道之人！"

"哈哈，这九曲秘境，奇峰异景，飞瀑流泉，幽谷溶洞，大是可观。我等朋友同此一游，不亦乐乎！"朱子颇以东道自豪，说罢哈哈大笑。

辛弃疾环顾四周景色，艳羡不已。

船儿越行越深，满眼望去，但见山上花开如云，一片红，一片白，一片黄，一片紫，真个是姹紫嫣红，满谷间飘荡阵阵清香。奇峰嵯峨，翠谷间鸟儿不住啼鸣，好一处人间仙境！忽见一只大雁从头顶飞过。辛弃疾向徐铭手一伸，取过一张短弓，弯弓搭箭，"嗖"地射了一箭，正中雁腹。那大雁翻个个儿，带箭栽进水里。

朱子道："好端端一只大雁。它自回它的家，伴它的老伴孩儿，你却一箭将它射杀，罪过啊罪过。"

辛弃疾道："非也非也。这只孤雁与老伴失散，孩儿也不知天南地北。它一雁孤苦伶仃，生不如死，还不如早早归天的好。我这一箭让它结束痛苦，是行善之举。只怕它此时正在心里谢我呢。"说罢哈哈大笑。

说话间，徐铭已捞雁在手，交给伙工，让做一锅雁汤来。

朱子道"你下次赴临安，再要见到圣上，一定要力谏，要在我大宋全境施行'经界法'，减轻百姓税赋。"

"这个自然。不过，最近不是任你为广西经略安抚使，你自有见圣上奏事之时……"

"我已辞去此职。我知漳州时，几番上书留正①推行'经界法'，他却推三阻四，装作不见。自那时起，我便立誓，再不拜他门下……"

辛弃疾一愣，想不到朱子为"正经界"之事，如此记恨，连宰相也敢得罪："'正经界'之法，若得觐见皇上之便，必然力陈其是。如今且先在福建推行开来。"

朱子又道："都道他留正是个能臣廉吏，只是不知他顾忌些甚么，许多应做的事，都不去做。想我大宋君臣任人也，忽邪忽正；修事也，忽暗忽明；议制也，昨是今非。教人如何不忧心！"

辛弃疾想要岔开话题，微微一笑，道："晦翁兄，听说你当年任浙东提举时，在秦桧老家捣毁了那奸人祠堂，捣得好，捣得妙，受我辛稼轩一拜！"

---

① 留正（1129—1206），字仲至，南宋宰相。福建路泉州永春县人。

朱子笑道："哈哈，那已是十年前在永嘉之事……要说捣毁秦庙，正好有三位好汉立了功，说着瞟黄榦、孟、徐一眼："一人斩了秦桧的手，一人割了秦桧的头，还有一人，在秦桧的身上戳了十多个黑窟窿，哈哈哈哈……"

黄榦、孟、徐三人你看看我，我看看你，相视而笑。孟焕道："虽没有杀死秦桧本人，捅了他那尿泥捏的塑像，却也痛快，多少替岳武穆报了深仇大恨。"

"不止岳武穆，还有先君韦斋、义父刘子羽……千千万万的冤魂……"朱子说着有些哽咽起来。

辛弃疾收敛笑容，望着半空悠悠说道："一个老鼠害一锅汤，一个奸贼祸一个国。若不是秦桧那厮，我大宋何以似今天受人践踏。我等都是南来归化之人，如今想回去家乡，在老祖宗坟头进一炷香也不成。"

徐铭道："我等有生之年，不知能否等到王师北伐，若真有那一天，杀退金贼，恢复中原。我便能回到老家。也不知家中老父是否安在。"

孟焕一听徐铭说到家事，红着眼睛道："我那老母，省吃俭用将我拉扯大。也不知他老人家如今怎样，还活着么。她盼我回去，眼睛也哭瞎了。我不回去，谁来给她养老送终……"说罢流出泪来。

蔡元定见一场欢聚，瞬间变成了诉苦会，笑着抚慰他几位道："喂，稼轩兄，今日这许多老友，千里迢迢聚在一处，岂是易事。说些高兴话不好，宁要提那教人窝心的事，何苦来着。"

正说着，船尾的伙夫高声叫道："白玉黄金煲来了！"一个叫："珍珠元宵羹来了！"又一个叫："凤凰翡翠汤来了！"说着端来七八个瓷盆瓷钵。

其实哪里是什么白玉翡翠珍珠黄金。皆是日常莲子、南瓜、杏仁之类，都是黄榦起了好听的名字来助兴。其中一道"凤凰翡翠汤"，最是夸张，"凤凰"便是方才辛弃疾一箭射下的那头孤雁。

众友又吃又喝，有说有笑，那船却向着高峡幽谷间越驶越深。朱子与辛弃疾站在船头，眼望青山染翠，彩云飞空，诗兴大发。一首首好诗张口即来。众人听着朱子与辛弃疾和诗唱酬，不住为他二人喝彩，个个欢喜无限。孟焕、徐铭听不大懂，也跟着叫好。黄榦陪在一旁，一一记录下二人佳作。朱子吟罢第九首，辛弃疾略加思索，和道：

> 山中有客帝王师，日日吟诗坐钓矶。
>
> 费尽烟霞供不足，几时西伯载将归。

以朱子比那磻溪垂钓的姜太公，盼望有一天他也被"西伯"（周文王）碰到，载回朝廷，委以臣宰之职。首句"山中有客帝王师"，恰恰说中，一年之后，朱子真的成了"帝王师"。只是，做那帝王师，是祸不是福，还差点被杀了头，又连累了众多门人弟子。这是后话。

夜幕低垂，朱子与辛弃疾意犹未尽。黄榦一指溪中一座石岛："且到'茶灶'品茶如何？"

辛弃疾笑望朱子："但听主人安排。"

大船缓缓停泊在石岛边上。朱子笑笑，挽辛弃疾手拉他径往"茶灶"行来。那"茶灶"原是水中一块礁石，其形恰似灶台，朱子初见，便满心喜欢，便给它取名"茶灶"，常在此与朋友饮茶赋诗。赵汝愚、韩元吉、袁枢，都曾做客。这时辛弃疾等随朱子登上茶灶，黄榦、蔡沈等烧水煮茶。清风徐来，树枝轻摇。七八人坐在茶灶上，品着武夷山上自采的香茗，纵论古今，谈笑风生，好不惬意。溪水滔滔流过，不觉天色已晚，不知今夕何夕，今年何年，此身所在。朱子抬头，蓦见山后一轮明月大如玉盘，冉冉升起，当空星河璀璨，脚边清流激荡，水声叮咚。天上一条河，地上一条河，从何处来，往何处去，谁能说得明白。

有道是，天下没有不散的宴席。盘桓数日，辛弃疾与孟焕、徐铭辞别朱子、元定等，动身返往福州。出了庄门，朱子等直送到村口，一再相揖，孟焕、徐铭磕头拜了又拜，才骑上马，向南驰去，卷起一阵旋风，松竹一阵摇动，三骑马片刻消失在山峦之后。

欲知后事如何，且听下回分解。

第四十八回

陈亮喜登状元榜　新官赴任丧客途

辛弃疾辞别朱子，迤逦往福州驰来。孟焕、徐铭侍护着他，三匹健马奋蹄扬鬃，并辔在山道上迤逦而行。辛弃疾回想此次与朱子之会，诸般赏心乐事,,又浮现眼前。行了一程，忽然郁郁叹口气，自言自语道："这几日我与晦翁兄相聚，何等快意。可惜少了个善饮的陈同甫。唉，也不知他到临安科考，结果如何？"

孟焕安慰道："大人，那同甫先生虽然不在，却有我二人陪着你和晦翁先生。我看那陈同甫也只恁地，我二人酒量也不比他小。有我二人，难道还比不上他陈同甫一个？"

徐铭也道："可不是么，同是两只眼睛一张嘴，难道在大人眼中，这陈同甫与我等竟有所不同！"

辛弃疾笑道："哈哈哈，你二人哪有资格品评同甫先生。你可知这叫作什么？不知道吧？嘿嘿，这就叫作'有眼不识泰山'。这陈同甫，他是'人中之龙，文中之虎'。他只是行止荒唐，大大咧咧，不拘小节，惹出了许多笑话。哈哈哈，虽然他受尽苦头，却还是一个不改性儿的陈同甫！你二人与他，好有一比：恰如兔子比老虎，病马比飞龙。"说罢哈哈大笑。

孟焕听了，叹一口气，噘着嘴道："分明都是人，不知先生何故只觉旁人好，却把我二人贬得一文不值。"

辛弃疾笑笑道："你二人可知我与那陈同甫，怎的相识？我与他饮酒何等畅快？我且说给你等。"说话间驰上一处高坡，辛弃疾辨辨方向，一扬马鞭，"啪"的一声，三匹马向右侧山路驰去。辛弃疾续道："那还是二十多年前，第一次见陈同甫，就发生了一件匪夷所思的事——那时我正在临安任职。有一天陈同甫来找我相会。将要到我家时，见到门前一座小桥，同甫策马便要过桥，岂料那劣马见木桥狭窄，又无护栏，竟退了回去。同甫他猛拍马背，三番到得桥头，那马三番掉头逃遁。这一番浑弄，恰巧被我看见。同甫他又窘又恼，只道我会笑话他。一怒之下，挥剑斩下马首，将马推倒在地，徒步过桥。哈哈，那一日，我们直喝了四坛酒，喝到天明。"说罢哈哈大笑。

孟焕道："是他自己不懂马脾气，那马儿才执拗起来，他却把它杀了，忒也无理。"

辛弃疾自顾自说了下去："又有一次，同甫他正处于穷困潦倒的绝境，前来我家饮酒。酒酣耳热之际，我二人纵谈天下大事，口无遮拦。那天我也是喝得多了，说起宋金对峙之局，我说'南之可以并北者，如此；北之可以并南者，如此'。又提及钱塘并非帝王所居之地，如果敌人'断牛头之山，天下无援兵；决西湖之水，满城皆鱼鳖'。酒席散后，我让他住在一间大屋里，舒舒服服。哪知第二日一早，我进到房里，房中空空如也。他早已不知去向。你道怎的？嘿嘿，原来那晚他辗转反侧，睡不着觉。他心里思量着，'辛幼安平素沉默寡言，岂能轻易将军事秘密说给人听，他醒来后一定会后悔自己失言，将要杀我灭口。'于是偷走我的一匹西凉好马，连夜逃了。一个多月后，他又写信给我，求借十万缗以接济，我如数给了他。朋友之间，甚么借不借的。他信中提到那晚偷马逃走之事，哈哈，我回信说他心里所想，都是娃娃们的想法儿。"

孟焕道："这陈同甫行事，当真孩儿脾气！"

徐铭道："他一向荒诞，这也难怪。我二人倒比他强得多。"

辛弃疾又道："还有更有趣的呢——这却是我从别处听来的——有一日，陈同甫与乡间一个狂生王甲等，召妓饮酒。王甲酒吃多了，便指妓为妃，说些荒唐话。旁边有客张乙，欲陷害同甫，悄声谓王甲曰：'既然册立了皇妃，谁为宰相？'王甲说：'同甫为相。'张乙曰：'何以处我？'

曰：'尔为右相。吾用二相，大事济矣。'张乙遂请王甲位于高座，二相装模作样奏事，降阶拜，王甲一本正经地委任起两个丞相来。皇妃便唱《降黄龙》为寿，同甫与张乙二相连呼万岁。这不过是几人游戏，闹着耍的。谁知此前早已埋下祸端。多年以前，同甫因科考曾失意，怀疑考官何澹有意压他，见到朝中做官的朋友便说：'亮老矣，反为小子所辱。'那何澹听了，叫人将同甫拘捕，那日席间游戏的张乙听到消息，便到刑部告同甫意欲谋反。何澹接状，示下廷尉，打了同甫一个体无完肤。同甫蒙不白之冤枉，百口莫辩，将被斩首。也是我等朋友上书皇上，着力营救。皇上看了我等状子，知其原委，密遣使者往永嘉，访查实情，知道同甫等当日只是戏耍，道：'秀才醉了，胡说乱道，何罪之有？'令将他释放。同甫他出得狱来，本想着从此平平安安，哪知他家仆人与人结仇，杀死了人，仇家告状，说同甫是这桩案子的幕后主使，州府又将同甫拘大牢，严刑拷打。时丞相王淮知皇上待士宽仁，我等又极力陈情，终于又将他解救出来……"

辛弃疾说得兴奋，孟焕、徐铭听得入迷。正说间，辛弃疾举鞭劈到空中，"啪"的一声，抽下一个树枝来。三匹马吃惊，奋力向前驰去。辛弃疾道：

"打起精神，这处山冈常有大虫出没。"接着说起前番去访朱子，在那大树下歇脚，被一只金钱豹袭击，如何伸手扼死豹子，送了朱子做袄子的事。孟、徐二人一听，睁大眼睛，手按刀柄，警惕地望着道边密林。山风吹拂着树木沙沙作响，听着有些瘆人。好不容易驰下山来，过了一座石桥，孟、徐这才放下心来。三人一路说说笑笑，不日到了福州。辛弃疾令他二人在馆驿歇了两日，回江陵飞虎军。二人依依不舍，与辛弃疾喝了一夜的酒，第二日一早，洒泪去了。

陈亮承王安石、张载等人学说，创立永康学派，主张"事功之学"，尝谓："盈宇宙者无非物，日用之间无非事"，指责理学家空谈"道德性命"。他与朱熹虽是至交，论辩起来也是水火不容。二人多次行"王霸义利之辩"。陈亮文论笔锋犀利，纵横驰骋，气势恢宏，自称"人中之龙，文中之虎"，可谓"推倒一世之智勇，开拓万古之心胸"。又自作一画，且作画赞自况：其服甚野，其貌亦古。倚天而号，提剑而舞。惟禀性之至愚，故与人而多忤。叹朱紫之未服，谩丹青而描取。远观之一似陈亮，近视之一似同甫。未论似与不似，且说当今世，孰是人中之龙，文中之虎！

陈亮此时年过半百，依然壮志满怀，梦想着干一番惊天动地的大事业。首先要做的第一步，便是考取功名。

此次参加科举，先赴省试，轻轻松松便过了第一关。过陈止斋①，举第一场书义破，陈止斋阅罢，道："又休了。"举第二场《勉强行道大有功论》破云："天下岂有道外之功哉？"止斋笑曰："出门便见'哉'，然此句却有理。"又第三场策起云："天下大势之所趋，天地鬼神不能易，而易之者人也。"止斋曰："此番得了！"果然中选。

时太上皇孝宗久病，皇帝赵惇畏惧凶狠恶毒的李皇后，凡事都看她眼色，不敢前往探视。诸考生文章中多有谏言。陈亮独于末篇有"岂在一月四朝为礼"之说，赵惇以为此说善处父子之间，亲擢第一。揭卷后，知是陈亮，龙心大悦，道："朕所擢果然不谬！"特赐第告词云：

尔蚤以艺文首贤能之书，旋以论奏动慈宸之所。亲阅大对，嘉其渊源，擢置举首，殆天留以贻朕也。

一连几日，光宗嘴角带笑。这日雨后新晴，设了"闻喜宴"款待新科进士。宴会上，光宗勉励众进士发奋努力，致力国家复兴。又特赐陈亮诗一首。陈亮感念光宗知遇之恩，当即赋诗谢恩。诗道：

云汉昭回倬锦章，烂然衣被九天光。
已将德雨平分布，更把仁风与奉扬。
治道修明当正宁，皇威震迭到遐方。
复仇自是平生志，勿谓儒臣鬓发苍。

---

① 陈止斋，即陈傅良，为学主"经世致用"，与陈亮近似，世称"二陈"。著有《止斋文集》《八面锋》等。

有道是：春风得意马蹄疾，一日看尽长安花。陈亮屡败屡考，几度入狱，不想年届半百，竟大魁夺得状元。

皇帝在宫中举行"闻喜宴"，与陈亮等同科相庆。事毕，陈亮返往家中，心想先要报答岳父陈恢、叔陈恪。一回到家，见龙窟到处挂着红灯，甚是热闹。原来京中发榜中状元消息传到婺州，上至县官，下至乡邻，都来贺喜。仿佛便是自家有人中了状元。龙窟村前村后，崖壁上也都贴着字，四处红红火火，喜气洋洋。整个儿婺州府也都以他为荣。可叹陈同甫，一生三次入狱，生活窘迫，人都道他无状无行放浪形骸，荒诞不经，这时却风光无限。

七月十四日，陈亮率妻儿"致奠"皇祖皇考。作文云："亲不能报，报君勿替。七十年间，大责有归，非毕大事，心实耻之。"

陈亮每日与亲友豪饮，纵谈古今。只待接到朝廷任命，便立即走马上任，大展宏图。

转眼到了朱熹生日，陈亮备了份贺礼，又作寿诗寄来。朱子闻他拔得状元，也替他高兴，回信赞他"老兄志大宇宙，勇迈终古"。

新状元陈亮，被朝廷授以签书建康军判官厅公事之职。接到诏书，陈亮便张罗起赴任之事，夫人何氏为他和儿子做了新衣。几个儿子也都欢天喜地，准备跟着父亲往建康，开开眼界。

只是不知怎的，陈亮只觉精力一日不如一日，头晕眼花，叫乡中名医胡大夫前来诊视，一番望闻问切，那胡大夫也说不出个所以然来。马马虎虎开了方子，陈亮长子陈沆去镇上抓了药，煎了给父亲服用。陈亮服了三个疗程汤药，也不见好转。眼见到了到任日期，再不赴任，恐怕朝廷也要怪罪了，连皇上擢他做状元的美意，也要辜负了。陈亮强打精神，与夫人何氏，子陈沆、陈涣，雇了马车，迤逦往建康行来。那建康军与永康千里之遥，山高水长，一行人晓行夜宿，往北而行。这日行在山间，北风猎猎，山路上时时扬起漫天尘土，陈亮在路上不住咳嗽。何夫人见了，甚是心疼，将一件棉衣裹在他身上。到了黄昏，陈亮竟发起烧来。口唇干裂，呼呼地喘着粗气，昏昏欲睡。何氏更担忧起来。远见前方一座市镇，陈沆道："不如到那市镇找一家客店住下，将养几日再行不迟。"

陈亮睁开眼道："此刻才是午时，多走一程是一程，不如再行百十里再说。"

何夫人哪容他多说："且先住下，找大夫看了再说。"命车夫将大车赶到镇中，找了一家客店安歇下来。

陈沆到镇上找了大夫。这大夫在当地也有些名气，诊视之后，道："大人所患，并非急症。唯因操劳甚多，精泽内耗。须得慢慢调养，滋补元气。"

陈亮听后，道："你休要乱说，吓坏我儿和内人。你且说，几日能养好？"

那大夫觉他问得无理，面现难色，沉吟道："这个，却也难说。"

陈亮听他一说，更觉来气："你是大夫，怎能不知？"

那大夫知道再纠缠下去，势必不大好看。低下头，也不搭话，开了药方，作一个揖，径自去了。

陈亮一看那药方，见上面写着人参、冬虫夏草、鹿茸等名贵药材，不禁犯愁，担心花钱太多，郁郁说道："这个大夫，尽开这些价钱忒高的药物，是何居心？"何氏知道他心事，道："什么时候了，还管药物贵贱！"让陈沆赶快到药铺去买。陈沆去了一个时辰，终于买回几十样药来，按配伍禁忌分晨、午、昏煎服。服了一日，第二日略有恢复。到了第三日，渐渐有些精神。带四子陈涣，到客店后山坡上赏梅。指指这边半山红梅，那边崖前白梅，目光炯炯，吟出一首昔日的诗来：

> 疏枝横玉瘦，小萼点珠光。
> 一朵忽先变，百花皆后香。
> 欲传春信息，不怕雪埋藏。
> 玉笛休三弄，东君正主张。①

---

① 陈亮诗：《梅花》。

吟罢，兀自面带微笑，喜滋滋地观赏。到了黄昏时，该当服药时间，陈亮与陈涣下得坡来。陈亮缓步而行，正走着，忽地眼前一黑，跌倒在地。陈涣年幼，扶他不起，忙跑回店中叫了陈沆，将他抬回。过了两个时辰，陈亮悠悠转醒，见一家人都围在床边，神色悲切，问道："我这是在哪里？……"

何氏低头泣道："这是在客栈。你病重，涣儿快去给父亲煎药。"

陈涣听罢转身出去。陈亮只觉口渴，浑身发冷，叫陈沆道："且拿酒来，且拿酒来！"

"爹爹，你病成这个样子，怎能饮酒？"

陈亮道："为父一生最喜欢的，便是酒与朋友。快去拿来……咦，怎的这么冷？"只见他说着话，头上渗出豆大汗滴，却不住打着冷战。

陈沆拗不过，去倒了杯酒过来。陈亮呷一口酒，显得无限快意："你爹爹这一生，屡屡遭人诬陷，几番入狱，受尽酷刑，人问我：'同甫你这一生，苦也不苦？'"说罢转向陈沆，"你说爹苦不苦？"

陈沆半张着嘴，左右为难，说苦吧，更增他心头悲苦；说不苦吧，爹爹一生坎坷，受尽折磨，若说不苦，那是假话。

陈亮"咚咚"喝两口酒，悠悠说道："告诉你吧，你爹爹这一生，状元也做过，皇帝也谏过，好酒也喝过，好朋友也交过。爹爹这一生，没有白活。来，再给我倒酒，咦，怎么身上这么冷……"

何氏忙给他掖掖被子，陈亮倒头睡下，不再说话。何氏用手摸摸他额头，火一般烫。又见他方才说冷，似乎冻得瑟瑟发抖。见他这般遭罪，不禁流下泪来。陈沆等守在床边，寸步不离。到了半夜，陈亮靠在床上，嘴中含混不清，时不时冒出"中兴""北伐""稼轩""晦翁"等话，声音越来越弱，到最后一点声音也听不到了。窗外北风呼啸，屋内烛火昏黄，几个儿子大声叫着"爹爹！爹爹！你醒一醒！"哪有回音，陈亮像一尊古铜雕塑一般，倒在那里，一动不动。

可怜一代人杰陈同甫，'人中之龙，文中之虎'，刚刚拔得状元，朝廷又委他官职，未及到任便死于客途。那句"复雠自是平生志，勿谓儒臣鬓发苍"终成一句壁上的豪言壮语而已。

时辛弃疾正在福建任上，闻陈亮逝于任途，不禁大恸，作《祭陈同甫文》曰："……呜呼！人才之难，自古而然，匪难其人，抑难其天。使乖崖公而不遇，安得征吴入蜀之休绩？太原决胜，即异时落魄之齐贤。方同甫之约处，孰不望夫上之人谓握瑜而不宣。今同甫发策大廷，天子亲置之第一，是不忧其不用；以同甫之才与志，天下之事孰不可为？所不能自为者，天靳之年。闽浙相望，音问未绝。子胡一病，遽与我诀！呜呼同甫，而止是耶？而今而后，欲与同甫憩鹅湖之清阴，酌瓢泉而共饮，长歌相答，极论世事，可复得耶？千里寓辞，知悲之无益，而涕不能已。呜呼同甫，尚或临监之否？"

时朱子正在勘校《中庸》，陈亮长子陈沆、婿吴康一身素衣来到考亭，哭诉陈亮死时情状，恳请朱子为先父题写墓铭。朱子听罢，哽咽道："同甫去矣！南轩、伯恭、子静去矣，吾当与谁相论。"说罢泫然，端坐案前，在辛弃疾赠他的那方端砚上饱蘸墨汁，一笔一画，一字一顿，似用极大气力，工工整整写下十二大字："有宋龙川先生陈君同父之墓"。朱子极少为人作墓铭，有人来求，便道："'吁嗟身后名，于我如浮烟！'人既死了，又要这物事做甚！"又说："所可书者，以其有可为后世法。今人只是虚美其亲，若有大功大业，则天下之人都知道了，又何以此为？且人为善，亦自是本分事，又何必恁地写出！"

陈亮与朱子，既是挚交，自然例外。写毕，怔怔地坐着，半天无语。细风穿堂，窗帘微动。不一刻，墨痕晾干，朱子将题字递与陈沆、吴康，二人泣拜。

陈沆、吴康去后，朱子只觉怅然若失。叹无法再与陈亮行"王霸义利"之辩，再也无法与他诗酒唱酬。是夜，翻来覆去睡不着，头也痛，眼也跳，眼前总是浮现着与陈亮同游唱酬情景，以及陈亮那洪钟般的声音，还有他那憨憨的笑。不知不觉，枕边湿了一片。

欲知后事如何，且听下回分解。

第四十九回

朱晦翁老迈知潭州^①　蒲来矢^②据险却官兵

也是在光宗朝中，朱子又被朝廷重用。此事说来，也颇有些曲折。数年前南宋遣使臣向金国纳贡，金国皇帝问朱熹现在何处，使者心下道：朱熹向来对朝政颇有微词，是以不被重用。我要说朝廷未予重用，金皇必笑我大宋不能任贤，若说将他任作某职，又怕被他识破。这使者也算机智，脑筋一转，答道："已见擢用，归白庙堂。"那使臣回到临安，将金主问话传给宋国皇帝赵惇。赵惇心道："放着大材不用，岂不被金国笑话。"自此决定重用朱熹。

绍熙五年四月，经丞相留正推举，朝廷任朱子知潭州兼荆湖南路安抚使。荆湖南路辖潭州、衡州、道州、永州、邵州、郴州、茶陵郡、桂阳郡、武岗郡六州三军。战略位置十分重要。

朱子以"辞远就近，不为无嫌"，力辞。上不允。绍熙五年春正月，朱子再辞，光宗下诏曰："长沙巨屏，得贤为重，往祗成命，毋执谦辞，可依已降指挥，疾速之任。"又说："长沙据湖湘上游，赐履甚广，视邦选侯，尤难其人，以尔学古粹深，风节峻特，可以为世之师；仁心仁闻，威惠孚洽，可以为时之帅。兼是二者，往临藩方，声望所加，列城耸服。儒

---

① 潭州：古行政区，即今长沙，辖区多变。
② 蒲来矢，南宋时期瑶民起义领袖。

先相望，士气方振，尔其为朕教之；楚俗虽安，尚有凋瘵，尔其为朕抚之。"

　　是时，三苗之乱愈甚，朱子恐其蔓延开来，为患不小，遂拜命，带同弟子黄义刚、杨至、詹渊等，于四月从建阳考亭启程，往长沙赴任。山重水复，长路漫漫，一行人晓行夜宿，二十多日后终于来到潭州。潭州百姓闻大儒朱熹赴任荆湖南路安抚使，夹道欢迎，属路以引，几填塞不可行。

　　荆湖南路西北、荆湖北路西南，山高林密，河道纵横，终年云雾缭绕。在此群山之中，洞庭、彭蠡之间，住着无数山民，俗称三苗。朱子查得实情，记道："顷在湖南，见说溪洞蛮猺①，略有四种：曰僚、曰犵、曰狑，而其最轻捷者曰猫。近年数出剽掠，为边患者，多此种也。岂三苗氏之遗民乎？古字少而多通用，然则所谓三苗者，亦当正作猫字耳。詹元善（即朱子弟子詹体仁）说苗民之国，三徙其都，初在今之筠州，次在今之兴国军，皆在深山中，人不可入，而己亦难出，最后在今之武昌县，则据江山之险，可以四出为寇，而人不得而近之矣！……"② 湖南一路九郡都接溪洞，南部从衡州常宁沿桂阳及郴、连、贺、韶四州绵亘千余里，瑶人散居于此；西部武岗同湖北、广西接壤，有溪洞八百余所，瑶民犷悍难驯。湖北辰州③、沅州、靖州邻接溪洞，瑶民不堪朝廷盘剥欺凌，往往一呼云集，攻州掠县，涌入湖南境内。绍熙五年，辰州瑶民蒲来矢率众起义，从辰州攻入湖南邵州、武冈一带，震动朝廷，辰州守林洪被罢免。

　　此番朱子赴任，当务之急便是平定苗民之乱。甫一到任，朱子便召集百官，商议匪情。听闻蒲来矢等依险而守，甚是难除。朱子集潭州数千官军大举进剿，一仗下来，蒲来矢手下五千人马溃败。官军追到了山口，林木茂盛，再难近前。瑶人如影子般神出鬼没，躲在密林中发射暗箭，官军损伤无数。如此相持不下。朱子让在山口扎下寨栅，瑶兵出不了山，纵使

---

　　① 蛮猺，古时对少数民族轻蔑称呼。后来为尊重少数民族，将"猺"改作"瑶"。

　　② 《四库全书》之《晦庵集》第七十一《记三苗》。

　　③ 辰州，古地名，今湖南怀化市北部地区，隋开皇九年（589 年）始置，治所在今怀化沅陵县。宋以后领沅陵、溆浦、辰溪、卢溪四县。

不战，也终会因缺粮覆灭。朱子驻扎邵州，不能回潭州救灾，耗费亦巨。心道：如此相耗，总不是个办法。这日召集邵州属僚议事，道："诸位，熹蒙圣上隆恩到潭州差遣，今瑶民蜂拥四起，掠民夺财，扰乱乡民，民不堪其苦，汝等都是朝廷命官，当为朝廷戡乱献策，安抚一方百姓。各位有何良策，这就说出来吧，大家听听。"

说罢，扫一眼众将官。最后目光落在潭州主将陆景任身上。那陆景任形容枯槁，面色蜡黄，似个纸糊的人儿一般。此时见安抚使大人来问，目光闪烁不定，神色间甚是窘迫。朱子心下大奇，笑笑问道："陆将军，你先说说。"

那陆景任听他一说，越发惶急："这个……这个……"

朱子见主将如此上不得台面，心里先自凉了半截。大敌当前，将军如此不济，手下兵士岂堪大用。转眼看看他身后的副将黄俊，倒是高大英武，便问道："黄将军，你来说说。"

那黄俊上前一步，向朱子一揖道："对付这伙山贼，唯有杀进山谷，将其剿灭。"

朱子想了想，道："瑶人据险固守，想要攻进山洞，谈何容易。自古道：'杀敌一千，自损八百'，蛮攻非是良策。再说，就是端了匪巢，苗人心中不服，又怎能根除匪患。今日将主力剿灭，明日溃卒又相聚起事，如此反反复复，何日才是个头。依我之意，宜以恩威并重之法，招安瑶民，使他心服口服，不再生事。最好能有个可靠之人，送我信给那贼首，劝他投降。汝等以为如何？"

黄俊道："大人说得在理，本部恰有位军校田升，自幼居住瑶乡，与匪首蒲来矢颇有些交情，可遣他往溪谷山洞送信。"

朱子听后大喜，道："快传那田军校来议事！"

黄俊说声"是"，走出门去，叫过一个军士，在他耳边低语一番。那军士飞也似的传话去了。黄俊复又回到堂中，与众官再来商议。

不一会儿，一个中等身材，脸色黝黑的军汉来到大殿。黄俊向朱子道："这位便是田升。"对田升道："田校尉，朱大人有话与你说。"

田升向朱子一揖："愿听大人差遣！"

朱子见那田升长相精悍，一双大眼闪闪发光，甚是机灵，心中暗暗喜欢，决计用激将法试他一试。问道："田升，你与瑶民可有往来？"

田升答道："回大人的话，小的自幼在瑶乡长大，瑶民习俗尽熟。"

朱子道："好，本官派你前往瑶洞招安，你有胆去会你那躲在山谷里的土人朋友么？"

田升慨然应道："这有什么不敢，就是那贼首蒲来矢，小的与他也颇有些交情。只要朝廷答应降卒不杀，小的此番前去，保管说动他放下屠刀，接受招安。"

朱子冷笑一声道："田军校，你这口气忒也大了些，千军万马围攻数月不破，就凭你说几句话，那蒲来矢就肯招安？"

"小人确实与那蒲来矢有旧……他降不降我不敢保证，但我猜想他是要降的。他与手下数千人聚于幽谷，没有吃，没有穿，不投降，饿也要饿死了。我让他投降，倒是救他一命。"

"好吧，军中无戏言，你且莫空说大话。你若不能劝说蒲来矢投降，我便军法处置。"

田升道："小的怎敢诓瞒大人，如果不成，任凭大人处置。"

朱子见此，故意吊下脸来，道："好，军中无戏言，我写一封信，你到那山中交与他。我再让黄将军随你前往，我在此专候你的佳音。"

说罢，草就一信，交与田升："你这就去吧！"田升将信揣进贴身衣兜，与黄俊向朱子一揖，退了出去。

朱子望着主将陆景任，又望望余下的属官，叹口气道："你等也先退下吧。"

陆景任听安抚使让大伙退下，终于找到个台阶下，跟着众官出了大殿。众官一走，朱子叫过判官公事，问主将陆景任履历，知道他本在军中任管勾之职，从未临阵迎敌，只是由于未有大过，从军时间又久，这才逐级升迁到潭州军第八部主将之职。年来患病在身，常常不能履职。朱子思忖一番，写信到临安，奏请将其罢免，给一个管理宫观的闲职，将他安置。

田升带着一百精骑，驰至山口，一通鼓罢。田升跳到一块岩石上，大声向内喊话："我是蒲头领故人，有事要见头领……有要事相商。"话未说完，箭如飞蝗，从半山上射将下来。

一位头目站在绝壁上向下喊道："商量什么，还不是想要诱降我等。哈哈哈，谁信你们的鬼话，当年杨幺起义被官军诱降，结果怎样，还不是杀了头？"

他身边又钻出一个人来。喊道："你们汉人有个岳元帅，当年到洞庭平杨幺，到北边战金人，立功无数。结果怎样，还不一样被朝廷中的奸人杀了。你们汉家皇帝，连自己功臣都杀，哪还讲什么信义，看箭！"

说罢"嗖"的一声，一箭射来，从田升耳边飞过。田升大惊，忙跳下石头，退了回来。

此后几日，田升几番到阵前喊话，都被射了回来。

黄俊回兵，将情状告知朱子。朱子也发起愁来：原来这起事的苗民，与朝廷积怨甚深，早已不相信官府。如此怎生得好？

究竟朱子如何破局？蒲来矢等是否肯降？欲知后事，且听下回分解。

第五十回

飞虎军都头立奇功　安抚使剿匪怀柔策

朱子苦思无计，终日愁眉不展。这日想起辛弃疾创建的飞虎军，正有五百骑驻扎潭州，便写了急信给副统制黄淮，请带兵到邵州增援。那飞虎军大部驻在江陵，平日调用，皆须经过江陵统制。黄淮接朱子信，不敢擅自做主，派都统李恢径到邵州来告知朱子。朱子见那黄淮未来一兵一卒，却托人送来一信，婉言谢绝，不禁勃然大怒，在堂前走来走去。忽然想起孟焕、徐铭，眼前一亮，问道："李都统，我向你打听两个人。"

那李恢见问，恭恭敬敬道："不知安抚使大人所问何人？"

朱子道："贵军中可否有叫孟焕、徐铭的。"

李恢道："你说的是孟都统、徐都统，他二人正在江陵军中带兵。"

朱子听他一说，眼前一亮。沉思片刻，有了主意。打发走李恢，当即给辛弃疾去信，让作书向江陵守军统制郭杲借人。辛弃疾接信后，立即写信给郭杲，指名道姓要借孟焕、徐铭到潭州，交安抚使朱熹调用。郭杲见信，心下不悦，却又怕得罪了创军之人辛弃疾，于是写信给朱子，要朱子保证这二人好端端地去，好端端地回。写毕，命人传孟焕、徐铭来。

徐铭与孟焕，还有另一个都统叫康正龙的，三人正在饮酒。孟、徐见统制差人来叫，催迫甚急，不知何事，急忙起身来见郭统制。郭杲见二人来到，看看这个，又看看那个，嘿嘿一笑道："也当真是邪了门了，竟然有人指名道姓要借你二人，还搬了辛弃疾辛大人的面子。不借吧，辛大人要怪罪，得罪不起；借吧，又不是阵前厮杀，而是到那深山之中，苗蛮之

地，去戡乱剿匪。你二人须得小心，不许少了一根毫毛。不然这桩买卖蚀本太大了。"说罢将给朱子的回信递与二人，让二人即刻动身，赴潭州面见安抚使朱熹。事毕回来复命。

孟、徐一听是到潭州见朱子，都感意外。自去年在武夷别过朱子，心中一直挂念，这时见辛弃疾借他二人到潭州相助朱子，心里喜滋滋的，不知这老先生如今可否清健。当即收拾行装，驰马来到潭州。朱子见到二人，喜不自胜，忙叫置酒。徐铭从衣襟掏出郭统制信，递与朱子。朱子看罢，皱一皱眉："这个郭杲，千叮咛万叮咛，要我保证你二人平平安安，生怕你二位有甚闪失，还道十日内就要归还。"

孟焕道："我二人本来就跟随先生，这郭统制才相识几天，恁地小气。"

朱子笑道："你二人是人才，他自然舍不得。也并无恶意，不必多想。"

当下说明了眼前情状，盼二人能助田升到苗洞送信给匪首蒲来矢。

二人来到军中，见过黄俊、田升。黄俊、田升带他二人来到山口，观察地形。徐铭手搭凉棚，往那山上仔细观瞧，问田升道：

"你会攀岩爬树么？"

田升道："兄弟自幼生长于山间，爬树攀岩，在小人看来，最是平常不过。"

徐铭笑道："如此甚好，今夜便同我到那洞中，见那山大王蒲来矢。"几人听后，都道："蒲来矢手下严守各处山口，连只苍蝇也飞不进。再说山势陡峭，白天也难以攀爬，夜间又如何爬得。"

徐铭看看田升，微微一笑："我自有办法。"

当夜三更，孟焕、徐铭领着田升并二十名精壮军卒，直赴山口。半轮明月挂在山顶，徐铭与田升背了绳索，悄悄靠近一处绝壁，孟焕与其余军卒屏住呼吸，守在山口接应。

月上中天，隐入云间，山野一片漆黑。徐铭趁机攀上一块巨石，身轻有如山魈，几个起落攀上岩顶。田升望着他的背影，不禁暗暗佩服，伸舌赞道：这位都统攀越峭壁如履平地，真个是天神再世！徐铭将一根绳索放了下去，田升迅疾地爬了上来。旋即又将绳索掉到另一头，徐铭在前，田升在后，溜下深谷。二人也不知在杂木丛中摸索了多久，上了几道梁，下了几道沟，终于来到一个大洞前，洞口两个哨兵半睡半醒，正在放哨。徐铭用手掌在二人脑后一斩，二人未发一声，身子软绵绵瘫倒地上。田升大步迈进洞来，大叫："蒲大哥，我来啦，你睡得好香，在哪儿？"

只听窸窸窣窣一阵混乱，百十个光着膀子的苗兵手持利刃，呜呀呀叫着围拢过来。洞中间空地上点着堆篝火，田升、徐铭走到火堆前站定。

蒲来矢听到有人叫嚷，先吃了一惊，一个鲤鱼打挺翻将起来，眼望田升道："我这山口布有精兵，你怎的进得山来。"

田升笑笑："谁说我们非得要'走'进来，难道我们就不能'飞'进来？"

蒲来矢睁眼细看徐铭，见他虎背熊腰，臂长如猿，正神色自若打量洞中地形，将他身边百十个悍勇的瑶民壮士浑不当回事，不禁愕然，知道来者绝非等闲之辈。心道：我明明吩咐手下把守严密，就是一只松鼠也休想溜进来，他二人究竟用了甚么魔法进得山谷，大大咧咧地来到洞中？

田升又道："这位便是飞虎军的徐都统。"

蒲来矢一听"飞虎军"三个字，惊得浑身一哆嗦，退了两步。瞪大眼睛，抽出刀来。他起事以来，先在荆襄一带与官兵为敌，最后还是荆州统帅王蔺[①]，调集重军围剿，飞虎军打头阵，这才吃了败仗，退到南方荒山。而今一个堂堂飞虎军都统便站在面前，他心中焉能不惊。

田升笑道："别怕，小弟能来见你，自然不是害你，正是来救你。"

"救我？你带了飞虎军的都统，岂是救我！"

田升笑笑："别紧张，慢慢吃酒，知州大人送的好酒，你不能不吃。"

说着坐到石几前，解下背上的一坛酒，打开封口，倒了一碗，自顾自喝了起来："烤个兔子什么的，别只顾站着，来呀！"

---

① 王蔺（？—1214），字谦仲，号轩山。庐江县（今属安徽）人。乾道五年（1169年）进士。历官信州上饶簿、四川宣抚司、监察御史、礼部侍郎兼吏部、礼部尚书。光宗即位，任枢密院事兼参政、枢密使，为中承何澹奏劾，帅江陵。宁宗即位，改任湖南军主帅。

那些手持利刃的苗兵，一直凶巴巴地瞪着徐铭、田升，仿佛顷刻间便要将他二人剁成一块块，连血带肉吃下肚去。见来人要蒲来矢喝酒，齐声喊道："喝不得，喝不得，酒里有毒。"

田升咕噜噜又喝了两口。"这么好的酒，竟说有毒，真是'狗咬吕洞宾，不识好人心'！"

徐铭站在蒲来矢身侧，只要蒲来矢手下有一人举刀来砍，便一招反制。见众人叫嚷，哈哈一笑，举起一碗酒，也一口喝了。

田升见徐铭喝干，叫一声好。

二人放下碗。田升道："蒲大哥，这些毛手毛脚的家伙真碍眼，你让他们快快滚开，咱兄弟好好吃一回酒成不成？"

蒲来矢见他二人喝了坛中美酒，并无异样，知道酒中无毒。喝退众人，让点亮十多个火把，洞中顿时亮如白昼。田升又斟满三碗酒，恭恭敬敬地递一碗给蒲来矢："来，大哥，兄弟与这位'飞将军'同来敬你。"说着与徐铭一饮而干，蒲来矢眼珠滴溜溜转，看看田升，又看看徐铭："好，我信你一回。"说罢将酒碗端起，一饮而尽。

蒲来矢眼睛不离徐铭，徐铭装作满不在乎地打量着山洞，见洞内阔约二三十丈，高四五丈，洞内有洞，深不见底，禁不住啧啧称奇。

蒲来矢道："田升，我当你是兄弟，你带着这个飞虎军的将官混入洞来，到底是甚么意思？"

田升作色道："蒲大哥，你我几十年的交情，兄弟行事，可有负你之处？"

"这个……"

田升又道："兄弟我有好言相告，不知你是听是不听？"

"听便怎样？不听又怎样？"

田升一笑："听了，平平安安，有好日子过。若是不听，只怕……"

"只怕什么？"

"只怕大限已到，还要连累手下这几千兄弟，个个赔了性命。山间的万万千千百姓，也都要跟着你遭罪。"

蒲来矢猛地抬起头，一双怒目，浑似虎睛。

旁边大汉不住吆喝："杀了他!"

"杀了这奸细! 用他的胆下酒!"

田升微微一笑，对蒲来矢道："兄弟见你刀架在脖子上，特来救你。你却执迷不悟，疑心我来害你! 我问你，你洞里的粮食还能吃得几日? 你手下这点人马还能支撑几天?"

蒲来矢见田升问到点子上，知道官军将他的底细摸得清清楚楚，不禁低下头来。洞里的粮食，喝稀粥也只够七八天。

田升续道："我知道你不怕死，脑袋一丢，一了百了。可是这山谷的几万十数万老少，都得跟着你饿死。你这般作为，难道都是为了族人好吗?"

蒲来矢见他这样一说，脸色凝重。

"说来也是巧了，新来的知州朱大人，乃是当世大儒，现下动了菩萨心肠，他亲口告诉我：只要你率领弟兄们投降，不再劫掠，前事一笔带过，不再追究。除此，还要给你们人人种子，让你们种田养家。且要将你报上功德，大大奖赏!"

一旁的头目瞪大眼睛："头领，切莫上了这鸟人的当。"

"杀了他! 杀了他!"

说着便举刀走过来，徐铭忽地手一扬，也不知他使了什么法子，只在那头目肘间一搭，便将他手中长刀夺了去，顺势往外一掷，"嗖——"的一声，刀头插进石壁里，刀刃嗡嗡嗡地响个不绝，颤了半天方才停住。

众人见状，都吓了一跳。

蒲来矢低着头，心中翻江倒海般不住寻思。半晌，抬起头来："田升，你小子若是诓我，便是害了我这众多兄弟。你要给我做个担保，不然我怎能信你?"

田升故意卖个关子："蒲大哥的命值钱，小弟担保不起，还是请这位'飞将军'担保的好。"

徐铭微微一笑："我一介武夫，担保又有何用?"蒲来矢听了，愣了一下，就听徐铭悠悠续道："我来的时候，朱大人一再吩咐，说他来担保蒲

山主的安危。"说着给田升使个眼色。田升将手伸进胸前，掏出一封信来，递与蒲来矢。蒲来矢接过，让懂汉语的兄弟念了起来。

这封信，正是朱子亲笔写的招降信。内中有誓：只要蒲来矢与手下放下武器，既往不咎。一切都由他荆湖南路安抚使朱熹担保。

山口外，孟焕早等得不耐烦，生怕徐铭受了暗算，盘算着便要杀进山谷去救人。眼看东方既白，拂晓已到。山上一丝动静也无，急得他巴望着山口，不时拔出剑来，走来走去，沮丧地砍下一根根茶盏粗树枝。

又过了半个时辰，天色大亮。忽然山上一阵喧嚣，就见徐铭带头走下山来，后面跟着田升、蒲来矢等人。蒲来矢让部下将他反绑着，算是负荆请罪。孟焕哈哈大笑，抢到徐铭面前。

"哈哈，你没事！可把我急死了！"

徐铭道："蒲山主与我们喝了和气酒，情愿受了招安。朱大人他在哪里？"

田升脚步轻快，下得山来，告知朱子。朱子听到消息，引十余骑到山口相迎。一见蒲来矢，亲自为他松绑，好言抚慰。来到邵州，置办酒席，为他压惊。

苗乱既平，孟焕、徐铭将回江陵。朱子具酒为二人送行。席上，朱子举杯向二人道谢。孟徐心中，早已将朱子像父亲一样看待，此时见他反来向自己敬酒，忙起身举酒，一同饮了。朱子放下酒杯，笑吟吟拿过一个包裹，层层打了开来，拿出两件夹袄，给他二人。二人接过一看，夹袄心口位置都绣着"正气"两个字，正是朱子手书，由湘女巧手绣成。二人把在手中，喜不自禁。朱子抚着二人肩膀："你二人须自努力，在那飞虎军中再建功业。"

二人一拜再拜，别过朱子，驰马而去。此时距二人从江陵南下，只有五日。

是时，潭州大牢中，正关有十八个重犯。这十八人，有的奸人妻又杀人夫；有的拐卖人口，更有一位胡剥皮，残忍霸道，抽人筋，剥人皮，为

祸一方，方圆百十里，人们只要一提这胡剥皮名字，闻者无不色变。这些
凶徒之罪已由推官审结，检法官已援例定罪，朱子亦已定判，只等问斩。
恰在此时，光宗赵惇禅让，宁宗赵扩继位。新皇登基，一般都要大赦天
下。如果皇帝的大赦文书一到，便无法将这些恶人处斩。朱熹眼见时限紧
迫，须在大赦之前，将十八名重犯正法。过了三天，到了行刑之日，朱子
命从狱中提出重犯。他坐在堂上，将一个个人犯验明正身，画一个红圈。
正判到第六人，忽录事参军高准将一封急信递与朱子。朱子用眼角一扫信
封颜色，知道是朝廷急件，内中必是大赦天下的诏书。朱子将信塞进衣
袖，向高准点点头，敷衍过去。只见他精神抖擞，一一审问犯人，在每个
判签上用笔一勾，掷给监斩官。

　　午时三刻一到，监斩官高声诵读各人罪状，验明正身，一声"斩"，
十八个鬼头大刀齐刷刷落下，十八个挖人心、吃人胆、抽人筋、抢人妻、
卖人儿女的大恶人身首异处。朱子回到州府，这才打开那封敕黄。一看，
正是新皇帝大赦天下的文告。看罢，微微一笑，心道："恶人已斩，总算
为潭州百姓出得一口恶气。"

　　杀这十八人易，要保一个人却难。这人便是瑶乱匪首蒲来矢。此次
瑶民起义，襄、潭等地损失甚巨。荆湖南北两路协同出兵，这才镇压下
来。朱子劝降蒲来矢，承诺降者不杀，然瑶民主帅王蔺却非要取了蒲来
矢及手下头目首级，以儆效尤。朱子以为：自唐以来，"三猺"动乱频
发，究其原因，乃是重税、天灾人祸之下，无以为生所致。一味镇压，
只能加深仇恨，为以后的反叛埋下祸根。想要长治久安，最妥切的方法
便是效法诸葛亮七擒孟获，采取怀柔之策。那王蔺行事，只要拿定主意，
便要一意孤行，任十个老牛也拉他不回。此时他要削了贼首蒲来矢脑袋，
除了皇帝，谁人阻挡得住。朱子担心王蔺将要动手，忙向皇上奏一道
"贴黄"，道："臣昨招到猺贼蒲来矢等，已赴安抚司公参，其人衰弱，
初无能解，但恃险阻敢尔跳梁，今已归降，则于事理不得不加存恤。欲
乞圣慈行下本司，常切照管，毋失大信。庶几异日复有此辈易以招纳，
伏候圣旨。"

　　写毕，命快马送往临安，静待回音。只盼早日将蒲来矢释放，取信于瑶民，使汉苗相接之地，永享太平。

　　欲知后事如何，且听下回分解。

第五十一回

朱子岳麓修书院　黄裳①举荐帝王师

朱子在安抚使任上，"申敕令，降武备，戢奸吏，抑豪民"，勤于政事，不觉将近两月。这两月间，几番欲到岳麓书院故地重游，悼念亡友，却因应对瑶乱，耽搁下来。此时大事已定，荆湖南路有了长治之基，便着手推行起知漳州时摸索出的"正经界"之法，一边准备振举文风。

这日深夜，于青油灯下写好祭文，打算明日去岳麓书院，祭奠亡友张栻。

第二日，天气晴好，朱子带同弟子黄义刚、杨至、詹渊，坐船到湘江西岸之岳麓书院。在朱子眼里，这座书院自非寻常之地。自乾道三年他来此与张栻会讲，已过了二十八年。乾道三年，他带同弟子范念德、林用中千里迢迢至潭州，到岳麓书院与张栻论讲，四方学子纷纷前来，听二位大师解经论道，一时盛况空前。之后他又与张栻及林用中同游衡山，登祝融峰。忆往昔峥嵘岁月，风流时光，一桩桩、一幕幕浮现眼前，而今张栻已经离世十又三年，衡山如昨，湘水依旧。而岳麓书院盛况不再，昔日兴盛之地，如今已是梁毁墙颓，门窗尽失，蓬蒿遍地，满眼萧索。他自己也已盛年不再，成了白发老翁。物是人非，沧海桑田，思之能不令他黯然神伤！

---

① 黄裳（1146—1194），字文叔，号兼山，四川隆庆府普城（今广元市剑阁县）人。宁宗即位后为礼部尚书兼侍讲，南宋制图学家。

走进一所大屋，案前正有一个香鼎。朱子上前，立上张栻灵位焚香祷祝，拿出祭文哭道："……惟我之与兄，吻志同而心契，或面讲而未穷，又书传而不置。盖有我之所是，而兄以为非；亦有兄之所然，而我之所议；又有始所共向，而终悟其偏；亦有早所同挤，而晚得其味。盖缤纷往反者几十余年，未有同归而一致……"①

哭毕，走出屋舍，再到院前院后，仔细察查。到了午时，前前后后都看过了，便坐在庭院中央参天古木之下，琢磨心事。一番考量，终于拿定主意：决计重修书院，振举文风。回到府中，提笔写起文告，道："比年以来，师道陵夷，讲论废息，士气不振，议者惜之……"②

之后几日，朱子便着手筹划起来。令属官召集木匠、泥瓦匠、石匠，开始修缮书院。一时岳麓山下，湘江西岸，又热闹起来。两个月后，岳麓书院焕然一新，比先前更多了五六间大屋，规模更巨。修成，朱子令在四处贴出招生告示。四方学子听闻大儒朱熹重修了岳麓书院，且将亲自开坛授徒，纷纷前来求学。朱子无论贫贱，择优录取。又颁布《潭州委教授措置岳麓书院牒》，把《白鹿洞书院揭示》作为书院的学规，时人称之"朱子教条"。以《四书章句集注》为教材，延请昔日门人黎贵臣③为职事，聘张栻门生郑一之④为学录，掌管学规并辅助教授；又别置额员，增其廪给。

自此，岳麓书院再度兴盛。朱子从政之余，也常渡江来书院授徒。有时抽签来考问学子《大学》章句，有谬误之处，便加指正，解疑答惑。众学子受他教诲，颇有进境。声名传开，远道来投者日众，以至"座不能容"。此后岳麓书院更是名闻天下，历朝历代培养出许多人才来。显者有彭龟年、王夫之、魏源、曾国藩、左宗棠等。

这日朱子为弟子讲了《孟子》中的《生于忧患，死于安乐》一章，回到府中，已是黄昏，弟子递来一信。朱子拿起一看，见是元定手书，忙打

---

① 朱熹：《又祭张敬夫殿撰文》。
② 朱熹：《潭州委教授措置岳麓书院牒》。
③ 黎贵臣，字昭之，醴陵县人，曾从学于朱熹。
④ 郑一之，字仲礼，湘潭县人，原来是张栻学生，张栻殁后又从朱熹。

开来看，看着看着，脸上渐渐露出喜色。连声道："好！好！"

弟子黄义刚、杨至不知先生所乐为何，小声探道："先生，有甚喜事？"

朱子道："元定到川蜀游历，找到了两件大宝贝。"

黄义刚、杨至听了，不知这"宝贝"究是何物，但既然先生喜欢，这宝物定然不差，也跟着朱子乐了起来。

数月之前，蔡元定欲出闽游历，朱子便让他多多留意，寻访河图洛书。"河洛遗学，多在蜀汉间"，此说由来已久。原来夏朝灭亡之际，王朝贵族一支将其祖传秘书带至"蜀"地。之后河图洛书在中原失传，却在蜀地流传下来。朱子在潭州戡乱、重修书院之时。蔡元定自三峡入蜀，遍访名山古刹，一番苦寻，当真便寻得河图洛书来。另有一张，来自彝人，图形符文古怪，难辨其义，也都带回建阳。

朱子见元定觅得河图洛书，喜不自禁，忙挥笔复信，道："'河洛遗学，多在蜀汉间'，果然不差！我早料定有此图此书传世，果真被你寻得，真是天大的喜事。且先收妥，待我回去建阳沐浴更衣，一同参研。"

数月来，朱子一番善政施治，荆湖南路大定，百业复兴。哪知千里之外皇宫之中，正是波诡云谲，暗潮汹涌。此时正当宋宁宗赵扩继位，他原来的老师嘉王府翊善、礼部尚书兼侍讲黄裳，自认才学不及朱熹，便向宰相留正举荐朱熹为皇帝侍讲。

留正看了黄裳奏折，心道：那朱熹耿直刚烈，常仗理直言，他若当了帝王师，弄不好便会忤逆皇帝，带来祸事。犹豫再三，难以决夺。哪知过了几日，丞相赵汝愚也来举荐朱子。既然他二人都以为唯朱熹堪任"帝王师"，我又有何话可说。主意已定，欣然上奏宁宗皇帝。

宁宗赵扩未登基前，还是嘉王之时，早就听人说过有个朱熹，学识渊博，见地颇深，乃是百年不世出的大儒，早想拜他为师。无奈机缘未到，那朱熹不是在外任职，便是在山中传道。他又不好功名，向来爱推辞世事，不愿进朝为官，要是没个缘由，要将他罗致王府却也不易。这时听说赵汝愚、黄裳举荐朱熹侍讲，自然满心欢喜，决计立即召他入都奏事。

不日朱子接到诏令,任他为焕章阁待制兼侍讲。朱子上书请辞。朝廷复信不允。隔日又收到皇帝赵扩的诏书,写道:"朕初承大统,未暇他图,首辟经帏,详延学士。……若程颐之在元祐,若尹焞之于绍兴。副吾尊德乐义之诚,究尔正心诚意之说。"言下之意,朕尊德崇义,希望你像程颐担任宋哲宗的老师,尹焞为宋高宗经筵主讲那般,来为我讲解道统之学。朱子见新皇赵扩如此诚恳,不再推辞,收拾行装,带上弟子黄义刚等,北上临安。临行致书蔡元定,也荐他来临安,同辅新君。书中略曰:"皇帝命我侍讲,几番请辞,朝廷只是不允。只说此任为皇帝亲命,不可推辞。又接皇上敕书,见皇上言辞诚恳,虚心好学,只好拜命。皇上志在复兴,正是我等向他进谏纳言,为国出力之时,盼季卿同到临安,我等齐心辅佐新帝,不知意下如何?"

又行七八日,正在途中,忽收到元定回信:"皇帝聘先生侍讲,只是做戏给天下百姓看,落个崇儒重道之名,实则并无进取之意。自古伴君如伴虎,还望急流勇退,早归建阳。"朱子阅信愕然。元定之言,恰似给他当头浇了一盆冷水。

事到如今,既已拜命,去也得去,不去也得去。朱子立在岸边踌躇一番,横下心来,一拍马背,驰过桥去。几个弟子见状,赶忙跟了上去。朱子岂能料到,临安此行,正是阴云笼罩,凶多吉少。有分教:凤凰山前,波诡云谲暗潮动;九重宫中,山雨欲来风满楼。

究竟这帝王师做得如何,且听下回分解。

第五十二回

凤娘①行凶祸宫室　赵惇失魂废朝纲

　　孝宗逊位传于光宗，光宗赵惇在位，统共也只四年，你道他内禅太子赵扩，是心甘情愿的么？其实只是缘于一个歹毒妇人——皇后李凤娘。这话须得从五十年前，一只黑凤飞临人间，一个女婴的诞生说起。

　　绍兴十五年腊月，庆远节度使李道的夫人身怀六甲，已满十月。这日黄昏，军营前飞来一群黑色的大鸟，似鸾似凤，都落在营门前的一棵枯树上。李道心下骇异，不知是祸是福。回到家中，夫人正好产子，生的却是一个女儿，一生下来便脾气怎大，哇哇哭闹。李道想起门前落凤之事，便为其取名凤娘。

　　凤娘幼时，娇小可爱，李道夫妇视若掌上明珠。约莫十三四岁时，凤娘出落得如花似玉，李道更是喜欢。时有相士皇甫坦②来家做客，李道便请其为三个女儿占卜。大女小女先到，皇甫坦为二人各相了面，两女均是大富大贵之命，李道夫妇听说，俱各欢喜。大女小女占罢，二女凤娘才从绣楼下来，向皇甫坦盈盈一拜。皇甫坦看那凤娘时，见她貌美如花，天庭饱满，尤其一双弯眉向外飞挑，蝴蝶一样延展开去，较寻常女子堪堪长出半寸。双目细长，下颌阔圆。一张樱桃小口，下嘴唇肥厚。不禁吃了一

━━━━━━━━━━

　　① 凤娘，即李凤娘（1145—1200），相州（今河南安阳）人，宋光宗赵惇的皇后。

　　② 皇甫坦，皇甫坦（生卒年待考），字履道，原籍临淄（今山东淄博市临淄区），《宋史》记其为嘉州夹江（今四川乐山夹江）人。宋朝著名道士、医学家。曾在峨眉山等地为道。曾与高宗有旧，因错荐李凤娘失宠，避居庐山清虚庵，再未出世。

惊：这等容貌，正是嫔妃之相，大贵之命。当下不敢受拜，上前将她扶起。皇甫坦端详一番，问了生辰八字，说了李凤娘面相，乃是王宫贵人。李道夫妇听了，又惊又疑。两个姊妹又是嫉妒，又是羡慕，眼巴巴望着这位平日里刁蛮的姊妹出神。

皇甫坦精通医术，曾治愈韦太后眼疾，深得高宗赏识。此时有意奉承高宗，便赶回京师求见，说发现一名面相大贵女子，注定是旺夫之命，要为高宗的孙儿做媒。高宗向来信奉方术之士，对皇甫坦的话自然信以为真，便应下这门婚事，不久恭王赵惇与凤娘成婚。后来，太子病亡，高宗与嗣子孝宗便立赵惇为太子，恭王妃李凤娘自然便成了太子妃。李凤娘于乾道四年（1168 年）生子赵扩。后来孝宗禅位，赵惇即位，是为光宗，李凤娘便成了皇后。

李凤娘雍容华贵，花颜月貌，谁知她妒心甚重，毒比蛇蝎。这日清晨，小宫女兰香端着雕花木盆伺候光宗盥洗，那赵惇见这小宫女一双小手又细又嫩，十分精致，禁不住多看了两眼，顺口夸了两句："这双小手，恁地玲珑奇巧，当真好看！"兰香见皇上夸她，羞得双颊绯红，低下头去。光宗洗罢手，抬头蓦见凤娘从廊下经过，便叫她一声，那凤娘头也不回，径自去了。光宗只道她没有听见，也不以为意，从从容容上朝去了。

那李凤娘回到宫室，叫过宦官柳杨，吩咐道："去把那贱女兰香找来。"

那柳杨唱个喏，出门去了。须臾间，领那兰香回来。那兰香见了凤娘，吓得浑身哆嗦，不敢抬头。李凤娘道："小贱人，皇帝说你的手生得好看，我也看看。"

兰香跪地哭道："皇后娘娘，奴婢不敢……"

凤娘嘿嘿一笑："不敢？你连皇上都敢勾引，还有甚么不敢的？给我滚过来！"

兰香膝行数步，一声头撞在地上恳求："娘娘，奴婢冤枉！"

凤娘向柳杨使个眼色，道："她的手确实生得好，应当成礼物送与圣上。"

兰香知道皇后要惩罚她，吓得面如土色，连哭带喊："娘娘，不要……"

柳杨早执了她双手，摁在桌面。凤娘身后走出一个内侍，手持明晃晃刀子，表情似笑非笑，"噗、噗"两声，将兰香两只手砍了下来。兰香当即痛得昏了过去。

光宗正在福宁殿中批阅文书，李凤娘派人送来一只食盒。光宗见那食盒精致小巧，雕刻着花卉小鸟，还道皇后有心，送来什么美味点心，打开一看，竟是那一双人手，当即吓得跌倒在地。宫人忙将他扶起，又是捶背，又是掐人中，半晌方醒。赵惇自此疯疯癫癫，每日在宫里走来走去，说些颠三倒四的话，一惊一乍，神色滑稽。宫人背后都称他"疯皇帝"。

又过月余，李凤娘趁光宗出宫祭天，密使几个健壮宫人，将黄贵妃绑进密室，斥道："我乃正室，是圣上家用六抬大轿抬来，我自当先受皇帝宠幸，你算是甚么东西，竟敢用这双贼眼珠子勾引他？来人哪，先给我将她两个眼珠子挖出来。"

黄贵妃正要辩解，凤娘的几个心腹已动起手来，将刀子刺进眼眶。只听声声惨叫，两只眼球被连血带肉撬了出来。

挖了黄贵妃两眼，凤娘并未作罢，又令将她舌头割下来，将她两个软绵绵的奶子割下来。说道："你既然好淫，今日你便受用个够。"转身命太监拿来个大棒槌，分开黄贵妃两腿，将棒槌捅进她下体。血顺着黄贵妃双腿流下，地上一片殷红。黄贵妃一声惨叫，再无声息。可怜她清晨起来还有说有笑，这会儿飞来横祸，瞬间一命呜呼。

几个内侍见杀了人，也慌张起来。还是凤娘镇定，神色自若，命将尸首层层包裹，塞进一乘轿子，抬到荒郊野外埋了。

赵惇本就神志恍惚，凡事有一搭没一搭。这日忽地想起黄贵妃，宫人皆不敢应声。凤娘笑吟吟道："官家也真是健忘。黄贵妃生病，早已病故，难道你全然忘了？"赵惇只道是自己糊涂，忘了旧事。过几日清醒过来，疑心黄贵妃被凤娘害死，心中更是害怕。身边的熟人他也不认得了，在宫中窜来窜去，胡言乱语，时时担心有人害他。如此一来，宫中大权，尽都落在李凤娘手中。这李凤娘也不想着治理国家，只想着守着皇后的位子，霸占这金碧辉煌的宫苑，享受荣华富贵。没过多久，凤娘让手下又将张贵妃、符婕妤百般羞辱，暴打一顿，逐出宫门，逼迫她二人嫁人。张贵妃嫁给一个渔夫，符婕妤嫁给一个乞丐，总算保住性命。

赵惇发疯，时轻时重，时醒时昏，有时一连数日也不曾临朝，政事俱废。宰相留正、兵部尚书罗点等，多次进谏，也是无效。罗点奏请辞职，赵惇却又不准。亏得一班大臣，竭力辅政，才未弄出更大乱子。

然而一波未平，一波又起。又有几个黄门内侍，故意搬弄是非，致赵惇与孝宗间有了嫌隙，孝宗有病他也不去探视。赵惇初即位时，曾宣诏每五日一朝重华宫。孝宗希望儿子把精力都用在治国上，允他每月四朝即可。这时一连数月也不曾往重华宫一回。有时孝宗思念儿子，大臣们便连哄带骗，带他到重华宫中与孝宗相见。孝宗见赵惇面容憔悴，说话颠三倒四，起了疑心，暗使人打听，略知端详，不禁叹道："皇甫坦误我矣！"自此心情抑郁，病情越来越重。到了绍熙五年（1194 年）六月二十八日，竟郁郁而终。

孝宗驾崩，那赵惇知道了，想要去重华宫中祭奠，凤娘不允他去。大臣见他一连几日不见动静，心中更慌乱起来。丞相留正率满朝文武侍立殿前，欲谏赵惇往重华宫侍灵。赵惇却一连几日不朝，哪能得见。这日好容易等到他临朝，禀告夏日燠热，孝宗圣体无法厝置久放，恳请他去重华宫主持丧礼，即日安葬。赵惇口上答应明日便去，哪知回到宫中，见李凤娘吊下脸来，怕她生事，又再爽约。可怜一帮文臣武将，从辰时等到日上中天，又从日中等到日下西山，只不见皇帝身影。

郎官叶适见事态危急，劝丞相留正道："皇上因疾，不执亲丧，将来何辞以谢天下？今嘉王年长，若亟正储位，参决大事，庶可免目前疑谤，相公何不亟图？"留正道："我正有此意，当上疏力请。"于是会同辅臣，联名入奏道："皇子嘉王仁孝夙成，应早正储位，借安人心。"奏疏递了上去，却不见赵惇回音。隔日再奏，终于等到御批，却只是"甚好"二字。又越日，再拟旨进呈，乞加御批，付学士院降诏。是夕，传出御札，较前批多了数字，乃是"历事岁久，念欲退闲"。留正得此八个大字，不觉惊惶起来，急与赵汝愚密商。汝愚意见，不如请命太皇太后吴氏，令光宗内禅嘉王。留正以为不妥，只可请太子监国。两下各执一词，争持不下。次日一早，留正与一班大臣入朝奏事，突然扑通一声跌倒在地，气喘吁吁，众官见状大惊。

光宗命内侍将他扶起，只见他呼吸渐弱，道："老臣……老臣……"竟不能语，昏厥过去。

正是：山雨欲来风满楼，乌云蔽日天地愁。究竟宰执留正性命如何，且听下回分解。

第五十三回

赵汝愚主策定内禅　韩侂胄过宫传秘话

话说宰相留正在朝上晕倒，满朝文武顿时慌了手脚。唯叶适不觉惊诧，微微一笑，似有深意。皇帝赵惇见丞相倒地，只道他年老体衰，命殿前侍卫将他搀扶出宫，乘了轿子归家。留正回到相府，夫人忙让人去请大夫来瞧。两个侍卫转身欲回，留正招手示意二人稍等。一边颤颤巍巍不住呻吟，一边提笔吃力地草就辞呈。写罢，吩咐两人捎回宫去。侍卫一走，留正呻吟立止，瞬间无痛无痒，叫来夫人、儿子，道："宫中将起大乱，大祸临头，再不走满门都要没命了。"

家人一听，不知发生何事，匆匆收拾家当，未等那辞呈批复，一家老小出了城门，逃得无影无踪。

两个侍卫回到大殿，将留正辞表递交皇上。赵惇略看一眼，递给赵汝愚。汝愚一看，见那辞表中除告老乞休外，有"愿陛下速回渊鉴，追悟前非，渐收人心，庶保国祚"等语。心下明白，他是担心宫内生乱，明哲保身，逃之夭夭。

这留正也果真眼尖，看他演的一出好戏！倚老卖老，在大殿上装病，三十六计走为上。留正一走，人心大震。满朝文武，便成了一盘散沙。过了几天，赵惇临朝，又有几人也晕仆地上，又都托病请辞。赵惇笑嘻嘻地也都批了。你道他疯吧，他却正正经经审阅奏疏，一丝不苟签下御批，还不忘吩咐盖上御印；你道他不疯吧，大臣辞官，离心离德，他却面带微笑，似乎是哪个臣子立了大功，他在签署奖赏的诏令一般。

　　可怜孝宗，南宋朝最好一个皇帝，这炎炎夏日，梓棺厝置重华宫中，无法安葬。眼见尸身将要腐烂，皇子疯疯癫癫，百官看在眼里，人人心焦。然此等帝王家大事，谁也不敢乱出主意。稍有不慎，便会招来灭门之祸。汝愚见事态紧急，拟请吴太后主持丧事，同时逼疯皇帝赵惇退位，拥嘉王赵扩继位。时李皇后安排下众多耳目，进出两宫皆受监视。赵汝愚苦思无计，终日愁眉紧锁。这日傍晚，众官散班，汝愚独自闷坐在枢密院大殿中，愁容满面，皱眉思索，时不时长吁短叹。忽听大殿外传来脚步声，有人问道："赵书院可在府上？"侍卫萧劲道："原来是徐大人，请！"接着就听"嗯"的一声，走进一个人来，见面便道："火烧眉毛了，你还在这里坐得住！"赵汝愚一看此人，不是别人，正是左司徒徐谊①。徐谊素有谋略，城府颇深，是时见赵汝愚心事重重，有意激他一激，讽道："古来人臣，不外忠奸两途，为忠即忠，为奸即奸，从没有半忠半奸，可以济事。公内虽惶急，外欲坐观，这不是半忠半奸么？须知国家安危，关系今日，奈何不早定大计？"

　　汝愚见他话里有话，叹口气道："首相已去，干城乏人，我虽欲定策安国，怎奈孤掌难鸣，无计可施。"

　　徐谊接口道："可与圣太后商议大事。"

　　汝愚道："李皇后耳目众多，岂能随随便便入重华宫拜见太后，见不到太后，又如何议事？"

　　徐谊眉头一皱，想了想道："知阁门事②韩侂胄③，系寿圣太后女弟之

---

　　① 徐谊（1144—1208），字子宜，一字宏父，温州平阳（今属浙江）人。南宋永嘉学派学术人物。庆元党禁时，三年，朝廷置伪学名籍，谊为"待制以上十三人"第二名。十一月二十五日被袁州安置，后移婺州。

　　② 知阁门事：官名，主管官员、掌朝会、游幸、宴享赞相礼仪等事。

　　③ 韩侂胄（1152—1207），字节夫，相州安阳（今河南安阳）人，南宋权相。魏郡王韩琦曾孙，宝宁军承宣使韩诚之子，宪圣皇后吴氏之甥，恭淑皇后韩氏叔祖，宋神宗第三女唐国长公主之孙。淳熙末年知阁门事。绍熙五年（1194年）与赵汝愚等人策划绍熙内禅，拥宁宗即位，后官至太师、平章军国事。禁绝朱熹理学，贬谪赵汝愚等大臣，史称"庆元党禁"。他追封岳飞为鄂王，追削秦桧官爵，力主"开禧北伐"金国，因帅乏人失败。开禧三年（1207年），被杨皇后和史弥远设计杀死，卒年55岁。函首送至金国，两国达成议和。

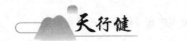

子，何不托他禀明太后，即行内禅呢？"

汝愚道："如此甚好，然怎的与韩侂胄计议此事？"

徐谊略一沉思，道："同里蔡必胜，与侂胄同在阁门，我去寻他，要他转邀侂胄，何如？"

汝愚听了大喜，道："如此甚好！"

忽听"咣当"一声，窗外什么东西碰翻。徐谊惊觉道："有贼？有人窃听？"

赵汝愚哈哈大笑："子宜（徐谊字）何必大惊小怪。枢密院乃军机重地，什么贼有胆到此行窃。不过有猫鼠追逐罢了。"边说边向站在门口的侍卫萧劲打个手势。萧劲猫身出去了。汝愚故意大声道："这几年天象殊异，不是大旱就是大涝，连老鼠也多了起来，四处扰攘。"边说边向徐谊连使眼色。

徐谊会意，打趣道："老鼠也当真是成精了。昨儿个我家米缸里有动静，知道有鼠，小女放了只黄猫进去。猫一入缸，突然'喵喇'一声惨叫，我和小女想是那黄猫擒住了老鼠，正要凑近去看，哪知嗖地从缸里跳出一黄一黑两样物事来。原来是老鼠追着猫儿蹿了出来。那老鼠又肥又大，看去像是活脱脱一只兔子，追得那病猫满屋乱窜……"

正说着，就听窗外什么人"啊呀"一声，接着是萧劲的声音："吃了豹子胆了！"不一会儿萧劲提进一个"贼"来。汝愚一见那人，却是直省官蔡琏，禁不住喝道："别人都已散班，你却伏窗偷听我二人谈话，此是何意？"

"这个……下官……"蔡琏支支吾吾，答不上来。

汝愚忽地记起，蔡琏在大内似乎有个表亲。想到此，不禁惊出一身冷汗。担心方才与徐谊的密议都被他听去了。枢密院何等地方，一个低等从官却来窃听长官商讨国事，且有向内宫泄密邀功之嫌，此人不拘，必生祸乱。汝愚令将他严加看管，只等内禅事定，将他问罪。

原来蔡琏近日频见有重臣来枢密院，与枢密使赵汝愚悄悄议事，知道将有大事发生，琢磨着利用职务之便刺探些消息，以便早知风向，浑水摸鱼。这日众官都已散尽，他才磨磨蹭蹭收拾停当回家，将到门口，忽见左司徒徐谊神色惶急走进府院。蔡琏忙缩身廊门后，等他过去，便悄悄跟着，琢磨到枢密使大殿之后，俯伏窗下窃听二人议事。当听到二人说到"内禅"二字时，知道非同小可，寻思着将此事告知在大内做事的姊夫，转报皇后李凤娘，立件大功。岂料心里慌乱，不小心碰翻窗前花盆。正要逃开，却听赵汝愚说窗外只是一只老鼠弄出响动，便松了口气，继续俯伏偷听。正听得专注，不料身后一只大手抓住后颈，将他揪了起来。

徐谊见汝愚手下已将窃听者捉拿，放下心来，道："多亏被你发现，否则后果不堪设想。"

赵汝愚道："眼下情势复杂，耳目众多，'内禅'之议，不得不密。"

徐谊点头道："子直说得在理。"说罢起身告辞，便要去寻蔡必胜给韩侂胄传话。赵汝愚再三嘱道："事关机密，千万小心！"

徐谊向汝愚一揖："兄台放心，等我消息。"说罢转身去了。

当晚夜深，弯月如钩，风声煞煞。汝愚正端坐堂中，心急如焚，左等右等不见人，又恐密议泄露出去，站起身在屋子里不停踱步。到了亥时，萧劲带进一个人来，正是知阁门事韩侂胄。赵汝愚忙屏退左右，将其延进厅中，与他说起密议内禅，请他过宫传话之事。韩侂胄听后，一口答应。

第二日，侂胄便来寻太后近侍张宗尹，让其代奏吴太后。宗尹入奏二次，未允入见。侂胄待命宫门，恰遇内侍关礼迎面走来，问明原委。关礼道："宗尹已两次禀命，尚不得请。公系太后姻亲，何妨入内面陈。且稍等片刻，待我先为公禀报。"侂胄听了大喜。关礼入见太后，面有泪痕。太后问他："你因何而哭？"

关礼道："今丞相已去，朝中只恃赵知院一人撑持，才保得无事。只怕他而今也要动身了。"言已，声泪俱下。太后愕然道："赵知院与先皇同姓同宗，正当用人之际，难道他也要走么？"

关礼复道："知院因谊属宗亲，不敢遽去，特遣知阁门事韩侂胄，输诚上达。侂胄令宗尹代奏二次，未邀俯允，赵知院亦只好走了。"太后道："侂胄何在？"关礼答道："小臣已留他待命。"太后道："事果顺理，就命他酌办。"

关礼得了此旨，忙趋出门外，往报侂胄，又道："明晨当请太皇太后在寿皇梓宫前，垂帘引见执政，烦公转告赵知院，不得有误。"侂胄闻命，亟转身出宫，往报汝愚。

汝愚听侂胄述说吴太皇太后之意，心中大慰。二人议毕，汝愚即转告参知政事陈骙及同知院事余端礼。又遣中郎将范任说与殿帅郭杲。那郭杲乃郭浩①之子，曾任江陵驻军统制。此时任殿前司都指挥使，手下有七万精兵，岂能听人摆布。范任到郭杲府上，将汝愚之托细细说了。郭杲听罢，嘿嘿一笑，不说应允，也不说反对。范任见说服不下，回身将见到郭杲情状说了。汝愚听罢，不禁忧急。眼见万事俱备，成败在此一举，哪知却在这个关节出了岔子。时夜色已深，一轮残月高挂枝头，西风嗖嗖劲吹。汝愚心中忐忑，在屋里来回踱步，苦无良策。忽听廊下有脚步声，有人深夜来访。只见侍卫萧劲引一人入得门来。汝愚一看，却是工部尚书赵彦逾②，汝愚与他同为宗室，此时一见，忙迎至内室。二人凭几对坐，彦逾道："太皇已故，时值炎夏，皇帝又不来主事，天下正义之士，哪个不为此焦急。又有多少人在看咱们赵家笑话。"

说不几句，二人都唉声连连。

彦逾又道："你我皆为宗亲，当有所作为才是。"

汝愚听罢，叹一口气，欲言又止。彦逾道："子直有话但讲无妨，何必遮遮掩掩。"

汝愚俯首低语，将谋立新君之事，向彦逾说了。彦逾听罢大喜。

"此乃功德无量之事！好，好！"

汝愚又叹一口气，面露难色。

彦逾道："既是好事，又为何叹气？"

---

① 郭浩（1087—1145），字充道。德顺军陇干（今甘肃省静宁）人。南宋初年名将，雄州防御使郭成之次子，曾参加和尚原、杀金坪等著名战斗。

② 赵彦逾（1130—1207），字德先，浙江四明人，南宋宗室大臣，北宋魏悼王赵廷美后代，崇简国公赵叔寓曾孙。

汝愚道："眼见大事将成，却差一个关节甚难打通。"

"哪一处？"

汝愚道："便是那殿帅郭杲。"

接着把托人说服郭杲未能遂愿之事说了。彦逾一听，拍拍胸脯，笑道："子直兄不必顾虑，此事包在我身上。嘿嘿，别人说不动他，我的话，他不能不听。"

汝愚听罢，喜上眉梢："德先（赵彦逾字）果能说服郭殿帅，实是为我大宋立了大功！"

彦逾对汝愚道："时下人心攘攘，事不宜迟，我这就找郭杲去说话。"

汝愚拱手一揖："拜托！"

原来郭杲曾被人诬告，险被重罪。彦逾在光宗前极力替他辩白，方才得救。

彦逾从相府出来，直接来找郭杲。郭杲将他请到堂中，命左右奉茶。彦逾摆手，向他使个眼色，郭杲屏退左右。彦逾低声将汝愚等谋策内禅之事说与郭杲，郭杲听罢，未置可否。彦逾道："太尉为国虎臣，当任其责。"郭杲低头寻思，未作回应。彦逾不禁火冒三丈："你身为国家重臣，当此危急存亡之时，推阻敷衍，是何道理？在你心里，可有'忠义'二字。"

郭杲被他一阵怒责，臊得面红耳赤，唯唯诺诺道："德先不必多说，我这就去派兵戒守便是。"

郭杲黉夜调集数千精兵进至大内。这些军士手持明晃晃刀枪，威风凛凛，宫人见了，个个胆寒。

此时，宫内一所偏僻的房屋中，正亮着灯光，几个军士在外把守。内侍官关礼①正监视几个裁缝赶制黄袍。内禅之事，眼见将成。不料，嘉王遣使到赵汝愚府谒告②："嘉王明日不来禫祭"。汝愚急道："明日禫祭，乃

---

① 关礼，高宗朝宦者。淳熙末，积官至亲卫大夫、保信军承宣使。孝宗颇亲信之，命提举重华宫。

② 谒告，意即告假、请假。

皇室大事，王不可不至。"千叮咛万嘱咐，嘉王不可爽约。来使见汝愚说得恳切，点头答应原话转告，一揖去了。

翌日为甲子日，群臣一早便来到太极殿，左等右等，却不见嘉王身影。一班大臣你看看我，我看看你，个个心中不安。汝愚心中更是忐忑：若嘉王不到，内禅之事便即成空，消息一旦传开，李凤娘等闹将起来，还不知要生出多大的乱子。眼见日出东山，阳光洞照，汝愚额上不禁流下豆大汗滴。正自心焦，忽见一乘马车，吱扭扭吱扭扭缓缓驶来。汝愚抬眼看时，正是嘉王赵扩素服到来，忙迎上前去，向他一揖，与百官将他拥至梓宫前。汝愚隔帘隐见太后升座，忙伏拜于地，奏道："皇上有疾，未能执丧，臣等曾乞立皇子嘉王为太子，蒙皇上批出'甚好'二字，嗣复有'念欲退闲'的御札，特请太皇太后处分。"太后道："既有御笔，相公便可奉行。"汝愚道："此事关涉重大，播诸天下，书诸史册，不能无所指挥，还乞太皇太后做主。"太后允诺。汝愚一抖长袖，掏出一封奏札，呈与太后。太后事先已知，但嘉王面前，也要真戏假做。仔细阅书，只见札子上写道："皇帝抱恙，至今未能执丧，曾有御笔，欲自退闲，皇子嘉王扩可即帝位，尊皇帝为太上皇帝，皇后为太上皇后。"太后览毕，便道："便依此而行！"命汝愚传旨，令皇子嘉王赵扩嗣位。嘉王赵扩一听，顿时慌了："这不是要我夺我父王之权吗？不成，不成，绝不可行。我岂能背负不孝骂名。"

汝愚叹一口气，谏道："天子当以安邦治国为大孝，今中外人人忧乱，万一变生，将置太上皇于何地？"转头向侍臣使个眼色，几个内侍便不容分说，扶着嘉王入了素幄，换上黄袍。嘉王再三推辞，汝愚与百官只是向上跪拜。拜毕，扶嗣皇到孝宗灵前，哭奠尽哀。嗣皇哭毕，衰服出就东庑，内侍扶他坐下。百官谨问起居，一一如仪。嗣皇乃起行禫祭礼，礼毕退班，命以光宗寝殿为泰安宫，奉养上皇。立崇国夫人韩氏为皇后。韩氏乃韩琦六世孙，知阁门事韩侂胄之侄曾孙女。

赵扩继位，年号庆元。命赵汝愚兼代参知政事，进右丞相、枢密使。汝愚推辞不就，奏请召还留正，依旧以他为相，又荐朱熹待制经筵；又召回借故辞归官员，以安人心。留正还朝，汝愚自请免除兼职，宁宗便改任他为光禄大夫、右丞相。汝愚力辞再三，宁宗不允，汝愚遂与留正同辅。

绍熙内禅事成，韩侂胄向赵汝愚邀功。赵汝愚以"外戚不可言功"婉言以拒。侂胄只升得一阶。汝愚只奏请加郭杲为武康节度使。另有工部尚书赵彦逾，升为端明殿学士，出任四川制置使兼知成都府。侂胄觊觎节钺，偏只加迁一官，岂能作罢，将汝愚恨得咬牙切齿。

徐谊早看出端倪，劝汝愚道："侂胄异时，必为国患，宜俾他饱欲，调居外任，方免后忧。"

汝愚见徐谊小题大做，并未在意。又有左正言黄度①欲上疏弹劾韩侂胄，不料泄露机密。宁宗以内批②将他罢免。

黄裳曾任嘉王府翊善，荐举朱子为宁宗侍讲。留正起初有些为难：朱熹性情刚烈，认理不认人，他要当了帝王师，或许会惹出祸事。岂料隔日汝愚又荐，只好同意。

宁宗做嘉王时，就多次听闻朱熹大名，几度欲请他到嘉王府讲学，未能如愿。此时身为帝王，便做起大梦，要好好经治天下，为历代皇祖争光。他以为，"欲进修德业，追踪古先哲王，则须寻天下第一人"为师。如今赵汝愚、黄裳等人力荐朱熹，丞相留正也赞他博学，便决计召他入都。这才有了皇帝下诏，召朱子前来侍讲之事。

时朱子正在途中，从叶适信中知道黄度被罢，意识到韩侂胄野心勃勃，日后必生祸患，当即写了密信给汝愚，劝他厚赏韩侂胄，莫使干预朝政。汝愚看罢，依然自言自语："外戚不当言功，封赏他岂不乱了规矩。"

朱子又致宁宗："陛下嗣位之初，方将一新庶政，所宜爱惜名器，若使幸门一开，其弊不可复塞。至于博延儒臣，专意讲学，必求所以深得亲欢者为建极导民之本，思所以大振朝纲者为防微虑远之图。"又是担心王蔺斩杀蒲来矢，又是担心奸佞势焰日炽，挟持朝廷，祸害天下。带着几个

---

①　黄度（1138—1213），字文叔，号遂初。南宋绍兴新昌（今属浙江）人，隆兴元年（1163年）进士，历任嘉兴知县、监察御史、太常少卿兼国史院编修、礼部尚书等职。为官敢于直谏。

②　内批：从宫内传出来的皇帝圣旨。

弟子晓行露宿，紧赶慢赶，迤逦前往临安。

有分教：奸臣睨权，忠臣良相遭谪贬；腥风血雨，儒士编管赴九泉。

究竟朱熹帝王师做得如何，且听下回分解。

第五十四回

帝王师伴君如伴虎　新皇上任亲不任贤

九月三十日，朱子抵达临安，在六和塔下馆驿住下，等待皇上召见。刚收拾停当，就听一阵人语声。抬头望去，见有七八人向这厢走来，正自谈笑。朱子看诸人时，依稀有些面善。未及询问，先有一人搭话："晦翁先生，路途辛苦啦！"一看说话这人，不是别人，竟是永康人叶适。再看他身边数位，也都相识，却是薛叔似、蔡幼学等道学朋友。原来叶适等永康朋友听闻朱子来临安赴任，特来为他接风。内有一人，相貌清癯，目光炯炯。朱子端详再三，并不认识。叶适道："这位是止斋。"

朱熹喜道："原来是止斋先生，有几个朋友说起过你呢！"

陈止斋一揖："久仰久仰，今日幸得相见！"

你道这止斋是谁？便是去岁陈亮大魁中状元时，主考官陈止斋。

几人同至一间酒肆，叶适点了酒菜。众友齐向朱子敬酒，祝他这"帝王师"侍讲顺遂，功德完满。酒过三巡，话便多了起来，叙起当下时势，皇帝惯于内批，亲小人，远贤臣，个个唉声叹气。

朱子听众友说罢，神色凝重，叹一声道："'人为刀俎，我为鱼肉'，议论这些，又有甚么益处。"显然他对时局洞若观火。朱子来临安，目的只在于"匡正君德"，在途中便已向皇帝奏谏。此时见诸友都议论纷纷，担心妄议朝政为朋友引来祸事，才不欲在酒肆场合空发议论。众友听罢他这句话，便不再多说，转而谈论道学，且饮且叙，直饮到日落西山，方才散了。

十月初四日，宁宗在行宫召见朱子。君臣礼毕，朱子进谏：作为国君，皇上应做到"正心诚意"，读书穷理，以正君德。宁宗听罢，点头称善。朱子见宁宗和颜悦色，态度谦恭，立即奏请释放蒲来矢，取信于瑶民。宁宗闻奏，沉吟片刻，颔首道："嗯，朕便依了你，不杀便不杀。"

朱子见皇帝同意，悬下的一颗心终于放下，长揖道："谢陛下！"

十月十四日，朱子奉诏侍讲《大学》。释"格物、致知、诚意、正心、修身、齐家、治国、平天下"八目。着意强调"大学之道不在于书，而在于我"，劝宁宗："每出一言，则必反而思之曰：此于修身得无有所害乎……以至于出入起居、造次食息，无时不反而思之。"宁宗笑笑，点头答应。隔日又下一道《案前致词降殿曲谢》，赞朱子讲授，"讲明大学之道庶几于治，深慰予怀"。

韩侂胄在宫中早安插下耳目。有一名叫张亥的小黄门①，在宫中侍奉皇上，甚是殷勤。将朱子与宁宗所论，都听了去。这日韩侂胄将他叫来，问道："那朱熹侍讲，都讲些甚么？"

张亥道："他教陛下'正心''诚意'，说陛下'每出一言，则必反而思之'。说了一大堆之乎者也，谁也听他不懂。"

"陛下他怎么说？"

"陛下只在静听，并无言语。"

韩侂胄哈哈一笑："他朱熹忒也自以为是。哼，天底下就他高明，连圣上都敢教训！"

张亥附和道："看他那意思，陛下竟如是他的弟子。"

"什么弟子？他当圣上是三岁小童，简直是不知天高地厚，妄自尊大。我看朱熹，不过一腐儒尔，有何能耐？陛下千乘万骑，而他朱熹乃欲令一日一朝，岂非迂阔？"

这日，朱子又来侍讲。这次讲的是《大学》，有汤王的《盘铭》：苟日新，日日新，又日新；《康诰》：作新民。《诗》曰：周虽旧邦，其命维新。

---

① 小黄门，指宦官。

　　朱子向宁宗释义：汤王在澡盆上刻着箴言，提醒自己每日自新；《康诰》旨在激励生民弃旧图新；《诗经》"'周虽旧邦，其命维新'，是说周朝禀受新的天命"。讲到此处，朱子故意略作停顿，望着宁宗笑笑道："因之，品德高尚之人，无时无刻不再谋求进取。"

　　说完这几节，朱子又谈到武王《丹书》上的名句："敬胜怠者吉，怠胜敬者灭；义胜欲者从，欲胜义者凶。"详细地释解一番。宁宗一听，喜道："你这一说，我倒想起来了。前些天正好有人送朕一札《丹书》。且请一同赏阅。"转身命张亥去拿。须臾，张亥拿了一个卷轴来。朱子一看，是黄庭坚所书《丹书》。朱子观黄庭坚书法，见他每字中宫敛结，长笔四展，笔力遒劲，不泥古法，不禁连连称赞。

　　朱子见新君好学，甚为慰藉。回到馆舍，兀自兴奋，对黄义刚等道："陛下可与为善，天下有望啊！"

　　到了十八日，正是瑞庆节，宁宗的生日。宁宗无意歇息，又邀请朱子进讲。朱子也是尽其所学，再为他讲解《大学》。侍讲结束，君臣又一番闲叙。朱子道："昨日，宰执和文武百官到行宫便殿，拜表称贺圣上的生日，臣也立班于后，想要奏言，又觉僭越。今请允许微臣向圣上密奏，请圣上暂且免受瑞庆节的贺表，以后三年的贺表也都一并免了罢！"

　　宁宗听罢，凝神望着窗外，微微一笑，并未作答。

　　第二日，宁宗下诏免却瑞庆节贺表。

　　朱子见新皇赵扩对他屡谏屡从，暗暗高兴，以为他是中人之质，可为善，可为恶，关键在于变化气质。

　　这日赵汝愚替朱子接风，二人酒罢，朱子问起光宗内禅之事。汝愚将此事前前后后都说了一遍。当听到韩侂胄襄助内禅之事，朱子道："不知此人如此卖力，他私底下有何计较？"

　　汝愚叹了口气，道："侂胄欲推定策功，求加封赏。"

　　朱子道："你怎么说？"

　　"我说：'我是宗臣，汝是外戚，不应论功求赏。唯其爪牙人士，推赏一二，便算了事。'他听后，并未说话，似乎很不愉快。"

朱子听了，摇摇头道："子直此事做得颇欠考虑。"

汝愚一愣，道："此话怎讲？"

朱子道："以我之意，不如便依了他，奏明圣上，给他封赏，调任别郡，不使其参与朝政。这类小人，只要饱他私欲，便即满足。若不予他，恐迟早会生事端。"

汝愚道："假如人人做了分内之事，便即向朝廷要官要爵，那还得了？"

朱子再三劝告，汝愚只是不从。二人且饮且叙，直到月上林梢，朱子方才告辞汝愚，郁郁回到下处。

汝愚欲奏明皇上，加封叶适。叶适辞道："国危效忠，乃人臣本务，适何敢邀功？唯侂胄心怀觖望，不如任他个节度，如他愿以偿，否则怨恨日深，非国家福。"汝愚仍然不允。叶适退后，自叹道："祸从此始了，我不可在此遭累。"遂求外任，不久出领淮东兵赋。

又一日，朱子又来侍讲。事毕，君臣又闲叙起来。朱子道："今日好生奇怪，此时正是冬天，却打起了雷；雷霆之后，阴雨绵绵，夜间明亮，白昼昏暗。"

赵扩道："确是一桩奇事。"

朱子借机谏道："听说陛下要修茸东宫，建屋三数百间，臣看建一二十间寝殿便可，不宜过多！"赵扩一听，心道，他这又是在向我进谏呢。只听朱子又道："陛下登基不久，可是，宰相（指留正）的进退，台谏（指黄度）的罢免，都只是陛下的独断，虽然正确，却并未与重臣商议，亦未与台谏商量，且中外传闻，陛下的威望被近臣窃取，愿陛下下诏，禁止左右宠臣干预朝政。"

赵扩道："宠臣干政？"

朱子抬头望着宁宗，谏道："近习不得干预朝权，大臣不得专任己私，皇帝不得专断独裁。即便是出于陛下之独断，而其事悉当于理，亦非为治之体，以启将来之弊。况中外传闻，无不疑惑，皆谓左右或窃其柄，而其所行又未能尽允于公议乎？此弊不革，臣恐名为独断而主威不免于下移，欲以求治而反不免于致乱。"

赵扩见说，心中颇不自在。只是碍于面子，强作笑容，一副虚心好学模样，不露声色。

时韩侂胄指使安插在台谏的亲信，开始弹劾异己。恰在此时，皇帝还是嘉王时的"王师"黄裳忽然病故。满朝能说进话的，只有一个赵汝愚。眼见山雨欲来，朱子心急如焚。他不得不利用经筵留身的机会，直接向宁宗进言。十月二十三日朱子一口气向宁宗奏四事："移御""寿康定省之礼""朝廷纲纪""攒宫"。"移御"之事：绍熙内禅，发生在孝宗曾居住的重华宫，宁宗便在此处即位。而被迫退位的光宗并不知"内禅"之事，也无意退出"南内"。新皇宁宗只好在孝宗的重华宫临朝。将光宗所居宫殿改称寿康宫。朱子认为大兴土木，必然劳民伤财；"寿康定省之礼"，即指宁宗到"南内"来探父亲光宗。宁宗并不愿一直留在"北内"，所以要建一所新宫，这便是"移御"。朱子当面反对他"移御"，宁宗听了，心中大是不悦。接着朱子奏了"朝廷纲纪"之事，所指便是韩侂胄干政。而韩侂胄为独揽大权，对宁宗百般谄媚，凡宁宗所好，皆逢迎拍马。对宁宗的"移御"之举，自然也极力逢迎。

那小黄门张亥，将朱子说给宁宗的这四件事，都听了个清清楚楚。课毕便跑去韩侂胄府上，原原本本说给他听。韩侂胄听他说了前三件，不住冷笑。待说到第四件，毛发直竖，道："大胆腐儒，安敢议我！""啪"的一声，一拍桌子。张亥吓了一跳，双腿直打哆嗦。韩侂胄见吓着了他，微微一笑，安抚他一句。让他留心朱子再说些什么。张亥听了，唯唯诺诺，慌慌张张退了出去。

张亥一走，侂胄在府中来回踱步，盘算着想个甚么法子，离间皇帝与帝师朱熹。想了半日，也没想出个好法子来。出得府来，独自沿着湖边闲步。不觉来到一座桥前，迎面走来一人，满面堆欢向他一揖。侂胄一看，乃是戏子王喜。王喜是戏班的头儿，宫里有红白喜事，逢年过节，都要邀他的班子唱戏。那王喜也知韩侂胄乃是皇后韩氏叔祖，一心巴结。韩侂胄对他多有照应。此时韩侂胄一见王喜，忽地想到一个妙计。当下叫那王喜

来到一家酒肆，拣个无人的角落坐了，商量起来。

初五晚，临安城狂风大作，黄雾弥漫，五尺之外不能辨物。浓雾飘过，行人脸上衣上尽是尘沙。朱子看了这番情形，上札子道：此乃阴阳不和，阴气聚集，包裹阳气的迹象，如果君王修养品德，约束自己，朝夕躬身反思，行事合乎正道，灾异之象也能变成祥瑞之兆。宁宗看罢札子，心道："刮风下雨，难道都是朕的错。"将札子丢在一边，再也不瞧一眼。

外面天象骇人，宫内却是歌舞升平。宁宗和嫔妃们坐于戏楼下，边吃点心边赏新戏。说来也怪，今日这个戏与寻常颇有不同。只见台上一个老儒，高帽、大袖、长袍，用拐杖探路，一瘸一拐来到台前，似乎是个瞎子。一边走来一个童子，向他问路，他便满口之乎者也乱指方向。童子恼他胡言乱语，夺了他拐杖，戏弄他一番，做个鬼脸跑去；接着一个妇人跣足跑来，老儒拦住她路，斥道："喂，你衣衫不整，又不穿鞋子，不合礼数！"妇人道："我是叫花子，活命要紧，要甚礼数？"伶牙俐齿，对老儒反唇相讥。二人斗嘴，老儒反倒斗她不过，丑态百出。原来老儒这角色便是戏子王喜扮成朱子模样，谈性说理，预言天下大事，装腔作势，说些蠢话，滑稽可笑。

那理学博大精深，岂是韩侂胄之流听得三言两语便能悟得。台上戏文，本与道学无涉，多是牵强附会只图讥讽朱子。不料宁宗却当真入了戏。初时认出台上的老儒依稀便是朱熹行色，为戏子滑稽的扮相发笑。待听他说出些迂阔的话来，皱了皱眉，心道："我整天听那朱熹之乎者也，原来都是空谈。"又想到朱子屡次向他进谏，劝他莫要大兴土木"移御"，劝他远离奸佞小人，竟似专门要与他作对似的。道："我只让你来侍讲，你却事事都要参上一本。我岂能都听信于你，误了正事。"当下主意已定，决计将朱熹罢免。

十九日晚，朱子再讲《大学》格物致知之说，批评宁宗"但崇空言"，再提前奏四事，劝宁宗一一施行。宁宗如平日一般，虚心听他讲授，并无异样。告辞时，宁宗和颜悦色，君臣相揖，倒也无事。哪知宁宗笑里藏刀。待他前脚出宫，一道罢免他的内批便也跟着出宫。

赵汝愚正在审阅奏札，忽接到罢黜朱子的内批，立即怀到袖中，径到重华宫来，哭拜于地，奏请宁宗收回成命。宁宗听后，沉下脸来，半天无语。汝愚哭诉自己无能，欲要辞职，宁宗却又不允。汝愚苦谏无果，失魂落魄般退了出来。

侂胄担心相府不下内批，封缄一道录黄，派中使王德谦寻到朱子下处，径将录黄交与他。朱子接过，拆开一看，见写道：

> 朕悯卿耆艾，当此隆冬，恐难立讲，已除卿宫观，可知悉。

看罢内批，朱子一颗心顿时凉到了脚跟。一向"匡正君德""致君尧舜上"的初衷，顿成泡影。想起来临安途中，元定信中那句话："皇帝请你侍讲，只是做样子给天下人看。"叹一口气，悔当初未听元定劝告。从授任到遽然被罢，朱子任帝师仅四十六天而已。

朱子也不犹豫，当即给宁宗写起谢表。写毕，寄了出去，带着弟子黄义刚出了城门，径到城外灵芝寺①中待命。

正是：

隐者宜居云深处，何必再吟归去来。

究竟朱子是留是去，且听下回分解。

---

① 灵芝寺，址在今浙江省杭州涌金门外西湖东南岸。元末寺院毁废。明时在其原址建钱王祠。

第五十五回

帝王师梦醒灵芝寺　司马边设坛怀玉山

那灵芝寺在西湖边上，原为吴越钱氏故苑，因苑中盛产灵芝，舍灵芝而建寺，故名"灵芝寺"。寺中有浮碧轩、依光堂两殿，为南渡以来新科进士题名之所。寺畔建有显应观。传高宗为康王时，为避金兵，独自冒雨南逃，急行之下，座下健马累死。赵构一时心如死灰，正自嗟叹间，忽见前方踱来一匹白马，遂乘马狂奔驰至崔祠（唐贞观年间磁州紫阳令崔子玉之祠，民间称其崔府君祠），马忽不见，遂避宿祠中。入夜，梦中神灵以杖击地，催他快逃。赵构出得门来，见昨日之马待侍院中，于是跨上马背，催马过江。待到岸边，再看此马，乃崔府君祠中泥马，轰然倒地，化为泥水。后赵构定都临安，为报其恩，便于城南立祠祭祀。绍兴二十四年，迁祠到西湖之滨，分灵芝寺部分院落以建，遂取名"显应观"。咸淳年间，改额"昭应"。

此时正当隆冬，又值黄昏，灵芝寺中香客游人已散，四周一片静寂。朱子望着灵芝寺一片灰扑扑的僧舍，又望望显应观空寂寂的殿宇，胸中涌出阵阵悲凉。朱子等进寺后，黄义刚找了当值老僧，要了两间厢房来住。事起仓促，黄义刚见朱子心事重重，知道遭遇大变，不敢多问。几人胡乱吃了些干粮，便即安歇。

入夜，寺院越发沉寂。黄义刚坐到案前，猜测朱子到底遭遇何事，猜来猜去竟无半点头绪。正自琢磨，忽然"当——当——当"，钟声响起。老僧撞响了寺后的大钟。那钟声像波浪一般，悠悠传向远方。接着灵隐寺、法会寺的钟声也都响了起来。钟声越响，越让人觉得四野里空洞洞的，更显寂寥。

到了子时，忽地狂风骤起，乌云布合，遮住一弯残月。依光殿前一棵十丈高的香樟树从中断折，砸毁西首三间厢房。幸无人居住，未有死伤。朱子与弟子也都住在东首。

黄义刚担心朱子，不知此刻他在做着甚么，是否已经安歇。轻手轻脚出得屋来，到隔壁窗外，凑近棂缝往里窥探，见他正在打坐，一似禅家入定，似乎对外界变故浑然不知，于是放下心来，回到自己屋中。

朱子打坐之后，躺到床上，心潮汹涌。暗思此番临安之任，正如元定所料："我等儒臣只是皇上拿来蒙蔽天下的玩偶。"皇帝心里，只信佞臣。那些权奸，翻手为云，覆手为雨，直把愚弄天下当成了本事。心中愤愤不平，翻来覆去睡不着，直到鸡叫二遍，方才悠悠入梦。

朱子虽已离朝，那些正义之士却还在为他辩解，千方百计要将他留下。给事中楼钥一见内批，封还录黄；舍人邓驿面奏宁宗，乞留朱熹，宁宗称已除京祠，不必再改；起居郎刘光祖谏言再用朱熹，宁宗未复。刘光祖再奏不报；中书舍人陈傅良再封还录黄；楼钥再封还录黄，回复有旨已降。工部侍郎兼侍讲黄艾面奏宁宗，问何以遽然罢逐朱熹，宁宗道："我只让他来殿前侍讲，哪知他事事都想品评一番，岂是他分内之事！"黄艾恓请再三不已；吏部侍郎兼侍讲孙逢吉上疏留朱熹，又讲《权与》以喻，宁宗道："朱熹所言，多不可用"；监察御史吴猎①入札子乞留朱熹，不报；登闻鼓院②游仲鸿③上言："朱熹乃海内名儒，首蒙收召，四方传颂，以为天下大老归之，才四十余日，复有宫祠之命，远近相吊，以为天下大老去之，则人谁不欲去者？若正人尽去，陛下何以为国？愿亟还朱熹，无使小人得志，养成乱阶。"时佞宦已然得势，朝中百官皆为仲鸿担忧。

---

① 吴猎（1130—1213），字德夫，曾从学张栻。1206年，金军围攻襄阳，曾率兵支援，击败金军。后任京湖宣抚使。

② 登闻鼓院，古时设于皇宫前，许人鸣冤之所。

③ 游仲鸿（1138—1215），字子正，顺庆府岳池（今四川广安市岳池县）人。

二十五日，朝廷改任朱子为宝文阁待制。二十九日，任知江陵府、荆湖北路安抚使。原江陵知府乃朱子好友袁枢，臣僚以袁枢刚愎自用、为人贪虐、不恤百姓、立朝和治郡乏善可陈，将他弹劾。朱子听闻袁枢被免，道："机仲（袁枢字）乃耿介君子，不知哪个奸人在阴处捣鬼，给皇上耳边吹了风。"一怒之下，不假思索，挥笔写了辞呈。不日。又改任焕章阁待制，提举南京鸿庆宫。领了这份闲职，朱子便带黄义刚等，回往建阳。黄义刚等忙着收拾行李，朱子独自来到湖边，眼望群山，云遮雾罩，心绪如晦。此番临安之行，真个是乘兴而来，败兴而归。忽黄义刚寻到岸边，说有许多朋友找他。朱子一愣，回到寺中一看，见是叶适等十多个朋友，正负手立于大殿外，个个唉声叹气，神色忧郁。

原来刘光祖、叶适、林释之等听说朱子要辞归武夷，匆匆赶到岸边，置酒为他送行。西风阵阵，湖面上激起层层微澜。刘光祖颇为朱子不平，举酒来劝。朱子淡然一笑："宦海沉浮，何足道哉。只愿朝中多一些正直之士，少些个奸佞小人。"众友气多话少，一顿闷酒，越喝越愁。朱子倒是坦然，一似平日，有说有笑。酒过数巡，吟起南朝人沈约①的一首诗来，悠悠吟道：

> 生平少年日，分手易前期。
>
> 及尔同衰暮，非复别离时。
>
> 勿言一樽酒，明日难重持。
>
> 梦中不识路，何以慰相思。

吟罢，众皆默然，无一人应和。忽听"啪"的一声，叶适一掌拍在桌上，气愤难平。朱子看他气呼呼的样子，笑道："'将军额上能跑马，宰相肚里能撑船。'水心一向颇有气量，今日何故恁地！"

叶适沉闷地答一声："晦翁先生才来几天，便遭了小人算计，世上哪

---

① 沈约（441—513），字休文，南朝吴兴郡武康县（今浙江省德清县）人。引诗见《别范安成》。

还有个公道！"

刘光祖气呼呼地道："也非只罢逐晦翁先生这一事，那韩侂胄权力日炽，我等岂能坐等他做大，蒙蔽了圣上的眼睛。"

朱子劝道："诸位所言，都说到了切实之处。我等当择机奏明圣上，以正视听。"

酒罢，艄公催促上船。朱子起身揖别，与几个弟子上船。船缓缓驶离岸边。刘光祖、叶适等神色凝重，看着一艘小船渐行渐远，悻悻返回城中。

艄公将船橹摇得"嘎吱吱、嘎吱吱"响，水面细浪次第荡开，不休不绝。几只孤鹤在空中哀鸣，飞向定山之后。朱子立在船头，独对无限江山。西天一片红云，似燃烧的山峦，随时都要烧成灰烬，坠落地上。朱子眼望远处，心中更生惆怅。想当初与宁宗相见，还道他会是一个有宏图远志的贤明帝王。现在看来，多半也是苟且偷安，无意进取之君。又想起蔡元定那句话："皇帝聘先生侍讲，只是做戏给天下百姓看，落个崇儒重道之名。"不禁长叹一口气。

船儿缓缓向东，西子湖已逝，六和塔渐渐隐没在山峦之后。一张黑色巨幕渐渐升起，笼罩了钱塘的山山水水。

不日，船到一处市镇，朱子与黄义刚等商议，决计下船找家客栈歇息，好好吃顿饭，明日再行。远见奇峰竞秀，林海茫茫，白云堆雪，眼前一亮。问了艄公，知是已到玉山。船渐渐划向岸边。远见一个儒者与几个书生模样的后生立于岸上，眼巴巴向江上张望。朱子眼浊，那人却拱手迎道："啊呀，晦翁先生，欢迎大驾光临玉山！"

朱子凝神一看，见此人身长八尺，清瘦干练，却并不相识，道："阁下是谁？"

"在下司马迈，受水心先生之托，要我在此恭候先生。"

原来那日叶适与众友送别朱子，见他老迈之身，遭此厄运，纷纷为他担忧。朱子一去，叶适便致信玉山知县司马迈，要朱子途经玉山时，好生照应。司马迈原以为朱子年迈，又受皇帝罢逐，精神颓废，此时见他白须白发随风飘动，精神矍铄，心下略慰。上前一步，将他搀扶上岸。几个弟子在后跟随。司马迈挽了朱子手，边走边叙，来到长街"芙蓉楼"酒家，为他接风洗尘。司马迈殷勤致酒，劝朱子喝了三杯。酒罢，司马迈邀请朱子："晦翁先生舟船劳顿，不如在我玉山闲住几日，到我草堂书院做客如何？"

朱子想到汪应辰、吕祖谦、陆九渊、叶适等师友都曾在此处书院讲学，便点了点头，当即应允。那草堂书院在怀玉山金刚峰下，淳熙十五年（1188年），朱子入都奏事时，也曾在此会友论学。朱子随司马迈等来到书院，见有百十个学子席地而坐，等待先生讲学。朱子这才知道司马迈葫芦里卖的甚么药。

原来司马迈一心想延请朱子来书院讲授，心道他被罢帝王师，心绪不佳，我要直着请他，万一被他推辞，那时脸面却往哪里搁。想来想去，想了这招"无中生有"之计。先只说请朱子到书院"随意看看"，其实早已告知玉山学子，在此书院坐等大儒朱熹前来讲授。朱子一看，便已明白。微微一笑道："司马知县是要让我来讲授，何不早说，我也好有个准备！"

司马迈歉然一笑，心中忐忑。朱子见草堂书院众学子虚心好学，立时来了精神。司马迈请他坐到首席，朱子一番谦让，坐到客席。朱子本意：此次前来，并未提早准备，要想讲得好，最好是他来讲解疑难，再以一问一答方式，与诸学子探讨学问。一旁坐有几个中年儒士，司马迈道："这几人都是玉山儒士，我请他们来，要将先生的妙论，尽数记录，以便时时参研。"

朱子笑道："司马先生果然用心！"

司马迈咳咳嗓子，将朱子一番介绍，请朱子开讲。学子们鼓起掌来。朱子微微一笑，道："诸位，能坐在此间书院与大家谈经论道，朱某心中甚是忐忑。因为朱某有几位朋友、尊师，都曾在这里讲授。今日我在此处，便把我对道统的见解，与诸位一起说说。"此言一出，又是一阵掌声。朱子续道："……圣贤教人为学，非是使缀缉言语造作文辞，但为科名爵禄之计。为学的目的，应是'格物、致知、诚意、正心、修身，而推之以至于齐家、治国、平天下，方是正当学问……"

司成边与几位儒士，立即将这几句记录下来。

朱子接着又讲："性之所以为体，只是仁义礼智信五字，天下道理无不出于此。"指出"'仁'之一字须更于自己分上实下功夫始得"；告诫学者不可尊德性而忘却"道问学一段事"，"君子之学既能尊德性以全其大，便须道问学以尽其小"。

朱子此番讲解，语气和蔼，缓缓道来，直如长辈与晚辈促膝交谈，意味深长。台下诸生觉得亲切，个个凝神聆听。

邻县有一个大财主，叫刘万兴，有钱有田，仗势欺人，蛮横惯了，偏又爱附庸风雅，结识一些写诗作画之人。这日他恰恰也来到玉山买酒。听说有个叫朱熹的，给皇上讲正心诚意之学，皇上生厌，将他撵了出来，这几日便在怀玉书院讲学。便也抱着看热闹的心态，要来听他到底乱讲些什么。他来到时，那大堂里已坐得满满当当，连窗外也扒着十多个学士。那刘万兴挤去一个瘦弱书生，挨到窗前，只听那朱熹道："……'存天理，灭人欲'，是程颢、程颐二位先生倡导的修身境界。"讲罢，抬眼扫一下台下席地而坐的众学子："诸位，有何不明之处，但请直言。"一学子道："我听先生说了，这道统的义，只在教人存天理，灭人欲。学生不解，何谓'天理'，何谓'人欲'？"朱子淡淡一笑道：

"哈哈哈，问得好。'天理'这个词，《礼记》已有之。程颢又云：'吾学虽有所受，'天理'二字却是自家体贴出来的。'程子的天理，比之《礼记》的，已有新意。二程又说：'人心私欲，故危殆。道心天理，故精微。灭私欲则天理明矣。'他所谓'灭私欲则天理明'，就是要'存天理，灭人欲'。何谓'天理'？何谓'人欲'？仁即是天理，不仁即是人欲；义即是天理，不义即是人欲；忠即是天理，不忠即是人欲；孝即是天理，不孝即是人欲；心平气和即是天理，浮躁骄狂即是人欲。是谓存其天理，灭其人欲。"说到这里顿一顿，"孔子所谓'克己复礼'，《中庸》所谓'致中和''尊德性''道问学'，《大学》所谓'明明德'，《书》曰'人心惟危，道心惟微，惟精惟一，允执厥中'，圣贤千言万语，只是教人存天理，

灭人欲。"

司马迈与几个儒士，听得入神。耳听手记，运笔如飞。只两个时辰，各人案前已铺满简纸。虽是隆冬，也个个额上汗水涔涔。

那富户刘万兴在窗外听着，听到朱子释解"存天理，灭人欲"，小声嘀咕道："无趣，无趣，怪不得皇上要将他罢了，说的简直都是昏话。什么"存天理，灭人欲"，什么混账学问，简直是虚伪。老子只知道'人不为己，天诛地灭'这一个理儿！"嘿嘿一笑，挤出人堆，转身去了。

玉山讲谈，甚是成功。第二日，知县司马迈在烟霞楼为朱子饯行，司马迈举酒向朱子一拜："先生在玉山几日讲习，使我玉山子弟眼界大开。在下在这里代他们谢谢你了！"朱子一番谦逊："玉山书院，学子们都很用功，我很喜欢。再说，那汪应辰、吕祖谦、陆九渊都曾在玉山讲学，我岂能推辞。"

司马迈道："在下还有个不胜之请，不知当讲不当讲?"

朱子道："但说无妨。"

司马迈欠身一揖道："此番先生讲论，令迈等眼界大开。我寻思着，若能将此次论讲刻录成书，令学子们时时传习，岂不更好? 不知先生可否允准?"

朱子道："传习道统，乃我等儒人毕生所求。司马先生有此心，这等好事，我朱熹感谢还来不及，岂有不允之理。"

司马迈听了大喜，举酒又敬朱子。二人一起饮了。刚放下酒杯，南窗角落里独坐的一个客人走了来，破缸似的声音冲朱子嚷嚷道："咦，朱……朱熹，你……也在这儿饮酒哪。"众人转头望去，只见这人生得脑满肠肥，一身绫罗绸缎，张着厚厚的嘴唇，露出一嘴参差不齐的大黄牙，手里端着碗酒。

朱子与司马迈打量来人，都不认识，只觉奇怪。你道那人是谁，这人正是昨日凑热闹去旁听朱子讲学的财主刘万兴。也当真是巧了，刘万兴做完买卖，也在这酒家消遣，也坐在二楼临窗一张桌子。耳听得对角一桌人谈笑风生，欢畅饮酒，斜眼望来，一眼认出朱子正与人把酒笑谈，一高兴，便举起一大碗酒，凑了过来，与朱子搭话。心道朱子只是一个落寞的读书人，他刘万兴家大业大，来与他说话，那便是看得起他，于是热着脸皮凑来说话，大大咧咧自己拉过一张凳子坐到朱子近旁，道："有空到我家，教我那几个儿子读书，让他们长大都考了进士状元，光宗耀祖……"

司马迈见这人粗俗无礼，气不打一处来，瞪着他道："你是谁？"

"在下刘万兴，正要邀请这位先生到我家里讲学，管他吃喝……"刘万兴转头对朱子道："朱熹，昨儿个你在书院讲学，在下也去听了一会儿。其他的倒不知道，只是你讲那'存天理，灭人欲'的话，在下实在不敢苟同。要按你的话说，要灭人欲，我等还在这里喝酒吃肉做甚，我家那三千亩水田、四处大宅、五个妻妾，却从哪里来？你这话说得也忒玄乎！"

朱子正要答话，那司马迈腾地一下站起："他奶奶的，你算是什么东西，敢在这里大放厥词！"向楼下一喊，"来人哪，把这厮给我绑了，打他三十大棒，恁不识趣！"

话音刚落，走上来四五个彪形大汉，将那刘万兴按翻在地，五花大绑。一个公差道："知县大人，此贼怎的发落？"

司马迈道："先押回县衙，待明日和平堂，先打他三十杀威棒再说。"

刘万兴方才见陪朱子喝酒的，是个穿着布袍的儒人，想必也是个落魄的读书人。这时一听他呼人来拿他，才知他竟是外间传作"圣手判官"的玉山县堂堂知县，不禁害怕，唬得鸡叨米似的叩头求饶。司马迈指着他鼻子骂道："我与你县王知县是至交，我倒要让他来查一查，似你这猪头，用了甚么手段赚来这三千亩良田、四个阔宅大院。"

朱子见闹得乱糟糟，上前一步道："司马先生莫急，且听我一言。"

司马迈见朱子说话，停了下来："晦翁先生请说。"

朱子道："打他三十大棒，他也未必知道错在哪里。你不是说要刻印讲义么。不如刻好之后，送他一本，让他回家仔细参研，也好让他知道什么叫天理人欲，天地正道。"

刘万兴见这落了难的读书人朱熹不仅不欲惩罚他，反来为自己求情，向朱子拜了三拜，唯唯诺诺。司马迈骂一声"滚"，刘万兴爬将起来，满

脸赔笑，慌慌张张逃下楼去。

司马迈望着朱子一揖："晦翁先生，真是抱歉，方才我骂了粗话，扫了您的雅兴。"

朱子道："司马知县实不必动怒。想想孔、孟两位圣人，他们的话也常被世人误解，何况我等。吾道之兴，如春风化雨，岂在一时一日。我等世代传习，吾道方能复兴。"

司马迈一听，佩服得五体投地，举杯向朱子敬酒，朱子举酒，一同饮了。

二人一直喝到日头偏西，月上东山，方才散了。第二日一早，朱子辞行南归。司马迈带着草堂书院十多个学子，送到江边，依依惜别。朱子劝慰诸生用功读书，不负玉山先贤遗志。艄公摇动橹桨，船只缓缓划去江心。司马迈与众学子肃立岸边，向朱子长揖送别。过了一会儿，船儿转过一道弯，消失在一座青山之后。司马迈方与诸生缓缓回城。

十一月十一日，朱子经分水关，坐船循九曲回到武夷精舍。叶贺孙正在石门坞内背书："所谓齐其家在修其身者，人之其所亲爱而辟焉，之其所贱恶而辟焉，之其所畏敬而辟焉，之其所哀矜而辟焉，之其所敖惰而辟焉。故好而知其恶，恶而知其美者，天下鲜矣……"[1] 蓦见几人登岸，向书院走来。为首一位，白须白发，半愠半笑，认出正是先生，喜叫一声："先生！先生回来啦！"霎时间，众弟子分从各屋奔了出来，纷纷向朱子行礼问询，朱子一一还礼。黄榦、吴稚、李方子、张宗说[2]等见朱子面容憔悴，走路一瘸一拐，显得疲惫不堪，甚是心疼。他几人又哪里知道，朝廷里波诡云谲，风高浪急，朱子能全身而退，已是不幸中之万幸。众弟子将朱子与黄义刚等迎进书院，安排饭食，置酒为朱子接风。朱子打起精神，与一众弟子有说有笑。谁能看出他刚刚遭遇大厄。席间，弟子张宗说谈到绍熙至庆元以来，天下之废，每切时弊，入木三分。朱子见弟子隔年不

---

① 语见《大学》。
② 张宗说（1145—1227），建宁府崇安县人。字岩夫，自号玉峰逸老。学于朱熹。

见，竟大有进境，喟然长叹道："岩夫（张宗说）真可与语。"时当黄昏，日落西山，余霞成绮，映得九曲溪一片橙黄。师徒把酒临风，慷慨激昂。朱子兴之所至，吟出一首《好事近》来：

> 春色欲来时，先散满天风雪。
> 坐使七闽松竹，变珠幢玉节。
> 中原佳气郁葱葱，河山壮宫阙。
> 丞相功成千载，映黄流清澈。

言下之意，仍盼望赵汝愚能化解危局，以图中兴。待他扫清尘霾收复中原、成就功业的时候，河清海晏，天下太平，黄河水也将由浊变清。

饭罢，李方子、吴稚、张宗说等忙前忙后，为尊师打扫屋舍，更换被褥。一番忙碌，总算是安顿下来。

过了三四天，这日上午朱子给弟子讲完《孟子》，下午突然变天，北风猎猎，天寒地冻。院中池水凝冰。朱子坐在床上，校改司马迈寄来的《玉山讲义》。晚上用过饭，又校勘数页，手已冻僵。想动动身子，忽觉双腿双脚隐隐作痛。女婿黄榦掀帘进来，捧着一个汤婆子①，放到朱子被窝里，道："您连日辛劳，今晚天气又冷，还是早些安歇吧。"

朱子道："好吧。我本想再看看玉山讲义，这会儿困得不行，腿脚也疼得厉害。不看了，明日再说。"

黄榦来帮他脱除长袜，稍用力一扯，朱子痛得"嗷嗷"地叫了起来。黄榦一愣，更为小心，轻轻替他除去长袜。好不容易褪了下来，蓦一看朱子腿脚，不禁失口"啊"地惊叫起来。

究竟发生何事，有分教：荼毒治疾，游医用药何其猛；术士施诈，穷儒草庐受煎熬。

欲知后事如何，且听下回分解。

---

① 汤婆子，又名"汤捂子"，用铜或锡制成的扁形容器瓶，用来盛进热水以取暖。

第五十六回

"刘一针"施治下猛药　　"勃窣翁"反悔索赞诗

黄榦为岳父除下长袜，见他双腿双脚又红又肿，吓得"啊——"的一声惊叫。朱子一看，也自惊心："我道双脚又沉又痛，想不到竟肿成这样。"

吴稚、李方子听到黄榦惊叫，都聚拢来。见先生腿肿得像根木橡，不禁担忧。吴稚家世代为医，其叔父尤为著名，在整个闽北也算得响当当的人物。只是远水解不了近渴，三更半夜，山重水复，如何能说来便来。几人见朱子病重，不禁面面相觑，慌了手脚。朱子笑笑道："尔等不必多虑，小病小灾，要不了命。我先睡他一觉，兴许明日一早，这大象腿便变成竹竿腿了。"

几人听了，想想别无他法，只好退了出去，只黄榦一人留下。黄榦给朱子掖好被子，靠西墙搭一张门板当床，半坐半卧，在一旁服侍。

这一夜，朱子睡得倒也安稳。只是到了黎明，忽地发起烧来，双腿疼痛更剧。迷迷糊糊竟说起胡话来，似在与人争辩。黄榦听到朱子说话，急到他床侧来看。叫了两声，朱子慢慢睁开眼来，喃喃道："咦，原来是个梦。我梦见自己陷在泥里，迈不开脚，走不动路。"说着便要挪动身子。谁知甫一抬身，"哎哟哟——"呻吟起来。黄榦掀开被子，见他双腿比昨日肿胀更甚，连大腿根也红肿一片，顿时慌了手脚。

恰吴稚、李方子进来。吴稚道："先生病急，岂能再拖，我这就回家请叔父来医。"说罢匆匆出门。

吴稚一走，黄榦、李方子、黄义刚等围坐在朱子身旁，一边用湿布巾敷他额头退烧，一边给他喂水。只盼着吴稚早早带叔父来，手到病除。

等了一天，眼看日落西山，吴稚方才回来。只见他耷拉着脑袋，垂头丧气。众弟子见他霜打般发蔫，不禁疑惑。李方子道："怎的，你叔父呢？"

吴稚唉声叹气道："他去给人瞧病，去福州了，也不知什么时候才回。"

李方子怒道："让你去寻医生，你却闲逛一日，耽误先生医病。"

吴稚辩道："我怎料得叔父他出外行医……先生有病，我如何不急……"

李方子道："哼，我就不信了，天下除了他吴家，再没有个好医生了！"说罢气呼呼走出书院，去寻医生。

到了深夜，李方子回到精舍。也只他一个人，也是耷拉着脑袋，无精打采。原来他赶到镇上，几家医馆早已打烊，哪里还有医生在。

可怜朱子，一日一夜粒米未进，身子越发虚弱，这时哼哼唧唧，不住呻吟。几个弟子见状，心里更是忧急，守在一旁，寸步不离。熬到第二日清早，李方子也不搭话，又出了门。到了午时，终于见他领着一个人来。这人人高马大，嗓门也大，操着一口不南不北的方言，一进来便嚷嚷："病人在哪儿？你家'晦翁'先生在哪儿？"

他这一叫嚷，将沉睡中的朱子吵闹醒了。

李方子向朱子介绍道："这位刘大夫，也是世代行医，有祖传秘方，专门治疗疑难杂症……"

那刘大夫嘿嘿一笑，露出满嘴大黄牙道："在下刘三清，外间称作'刘一针'的便是。我家祖传秘方，颇有奇效。别个大夫治不了的，我自有办法，手到病除。来来来，让我瞧瞧先生所患何病。"说着凑近朱熹。

朱子听他夸下海口，不免起了疑心，但到了此时，又能如何？黄榦揭开被子，让他观瞧。

刘一针看了朱子双腿，笑一笑："先生害的病可不轻啊，幸亏我刘一针来啦，不然怕先生这双腿，从今便要废喽。"

朱子一听，吓了一跳。暗思我也初通医理，我今所患不过是气血不畅，加之原先即有痹证，好好调养，便会好转，哪能说废便废了。心中不住嘀咕，抬头见刘一针从衣袋里取出一把枣核形的物事，递与李方子："去，沸水煎了。"

吴稚家人人懂医，自幼耳濡目染，识得这是罂粟壳，忙道："此药不可轻用……"

刘一针道："你这娃娃懂甚么？我这是炮制过的灵丹妙药。"

说得吴稚面红耳臊，不敢接话。朱子躺在床上，气息奄奄，刘一针付李方子什么药，他怎能看见。这时见刘一针转回床边，从布袋里拿出一个小皮囊，取出一个精致的小匣子，翻开盖子，里边露出几支亮光闪闪的金针来。道："在下久仰先生大名，今日能来为先生看病，也是缘分。我这就来给先生医治。"说着，抬起朱子左脚，在他水泉、太溪、三阴交三穴各刺一针，接着又在双手手腕内侧大陵穴上各刺一针。朱子痛得汗水涔涔，强自忍着，不作一声。几个穴位扎完，刘一针坐到椅上，谈起自己的家世与医学渊源。约莫过了三刻钟。让将煎好的药端来。李方子从外屋端出一个双耳药釜来，小心翼翼地滗在碗里。等它稍凉，刘一针将药碗递到朱子面前。

"喝吧，喝下就好啦。"

李方子端起药碗，用木勺一勺勺喂朱子喝了。说来也怪，朱子喝完汤药，顿觉精神一振，从头到脚浑身舒舒服服，说不尽的受用。

"先生感觉如何，是否痛楚略轻了些？"

朱子闭目体味，感觉双腿双脚已感觉不到疼痛。点点头道："是轻了不少。"

不觉又过了一盏茶工夫，刘一针将金针一根根拔下，笑道："先生且站起来，走两步。"

朱子怕再摔倒，慢慢站起，李方子上前来扶。刘一针将他拦住，双眼盯住朱子："别担心，站起来，走两步，走两步……"

朱子被他逼着，拄起拐杖，勉强站立起来。一站起来，感觉双腿也有劲了，双足也不痛了，禁不住"咦"了一声。

刘一针夺过朱子手中拐杖。笑道："先生只要按时服药，三日内必然痊愈。以后，你手里这把龙头老杖，怕是再也用不上喽。"

朱子眼见两个时辰不到，自己双腿双脚确已好转，不禁精神大振："刘大夫果真是妙手回春。我当重重酬谢。"

"这却见外了！"刘一针满面带笑，"似先生这病，要是放在旁人，总要取他十两银子，我才肯医，晦翁先生自然不同咯。我家也有尊师重道的渊源，此次医治，分文不取，只恳请先生为我题一首诗，好让我挂在家里，时时感念先生大儒风采。"

吴稚一听医先生这病，竟要十两银子，不禁吓了一跳。他叔父算是名医，平时医病最多也只取一两为酬，这刘一针恁大口气，倒像是抢人一般，先生莫要着了这人的道儿。待听到他改口说只要先生为他题一首诗，觉得有些古怪。怪在哪里，又不大明白。

朱子听了刘一针说话，心道："想不到这位'刘一针'竟是位风雅之士，别说写一首诗，写两首八首又有何妨？"边在屋里踱步，边笑着对刘一针道："医费还是要付的，诗这就给你写一首来。"说罢，命吴稚取过纸笔。挥笔写道：

> 几载相扶藉瘦筇，一针还觉有奇功。
>
> 出门放杖儿童笑，不是以前勃窣翁。

刘一针见朱子笔走龙蛇，瞬间写了这首绝妙小诗，读来朗朗上口，喜不自禁，捧在手里，一再吟诵，连叫"好诗，好诗哪！我且回去将它裱了，挂在正堂，时时勉励自己，悬壶济世"。

朱子命李方子取了医钱，付与刘一针，刘一针推托一番，接了过去。吴稚扶朱子去解手。刘一针叫过李方子，取出几个小纸包道："这'融石散'，每日为先生煎服一次，先生骨里的石头化尽，这足疾便根除了。"

正说着，朱子转回，吩咐众弟子留刘一针用饭。刘一针道："时候不早啦，山道崎岖，行路不便，我这便辞过。"说着收拾了虎撑、药袋、针

盒，向朱子一揖，下山去了。

刘一针走后，朱子和众弟子一起用饭，说说笑笑。准备明日一早，给众弟子讲授《孟子》。唯吴稚半日无语，不知琢磨甚么心事。晚饭毕，弟子收拾碗盏散去，朱子躺到床上歇息。将近天明，朱子忽觉浑身上下又麻又痒，腹内翻江倒海一般难受，汗水涔涔。想要站起身来，双腿双足剧痛，站立不定，险些又跌一跤。众弟子听见动静，齐拥到屋里，见他如此受苦，都吃了一惊："先生，你……"

"先生……"

李方子忙煎了药，再为朱子服了。说也奇怪，朱子服了这药，身上又不疼了，悠悠睡去。可是过上半天，药劲一过，复又发作起来，比先前更剧。一连两日，都是如此。朱子这才起了疑心。

吴稚欠身道："先生，你的病……恐怕并未治愈，疼痛减轻，恐怕只是那罂粟壳的功效。"

"罂粟壳？怎么会有罂粟壳？"

李方子瞪着吴稚道："你既然知道，怎的不早说出来，害得先生这般受苦。"

吴稚委屈地道："那刘一针是你请来的，先生与他有说有笑，我哪能插得一句话。再说，我自己终究不是大夫……"

朱子看看李方子，道："你骑了马，去追那刘一针……"

李方子道："是，弟子这就去索回医费。"

"不是医费，是……是我给他题的那篇赞诗。"

众弟子都是一愣，心道：只不过一首小诗，何必追索？

朱子忍着痛续道："付他的医钱，那是小事。那庸医要拿了我的题诗做幌子，招摇撞骗，不知又将有多少人上当。是以横竖要将它索回。"

众弟子一听，恍然大悟。李方子转身，到山下人家租匹马，飞也似的到镇上去找刘一针。来到镇上，到他坐堂那药铺一问，掌柜道："刘大夫前日从外回来，收拾了行李，匆匆去了。似是去了汀州，不对，是泉州。"

李方子听了，叫苦不迭，只是自责："我急着给先生医病，没想到竟找了个江湖骗子!"

朱子双腿双脚火烧样疼痛,一连几日无法安睡。只折腾了几日,人便瘦了许多。李方子等看在眼里,急在心头。吴稚对黄榦、李方子道:"莫要再信那江湖游医,只此武夷山中,咱家书院近旁,便有一位神医,何不请来为先生医治?"

黄榦道:"你说的神医,他是谁?"

"便是止止庵白玉蟾白道长。"

李方子道:"白玉蟾白道长,他……很好,可是,千万不要叫他……"

吴稚疑惑道:"怎么?"

李方子白了他一眼,道:"白玉蟾是道家山长,我家先生乃是儒家山长。请道家山长来医儒家山长的病,只怕先生抹不开这面子。"

黄榦心道:"先生与白道长乃是挚友,以道家之医,医儒者之病,有何不可?"说罢拽一拽吴稚衣角,将他叫到门外,悄声道:"现下救人要紧,你只管去请那白道长来,这里自有我等应付。"

吴稚一听,点点头,飞也似的跑出书院。

有分教:山草野树,仁者化作救命散;名道有心,真人妙手再回春。

欲知后事如何,且听下回分解。

第五十七回

白玉蟾妙手除顽疾　崆峒子考异参同契

朱子躺在病榻上，大汗淋漓，双腿似油煎火炙般疼痛。他咬紧牙关，不作一声，以免在众弟子面前失态。几个弟子束手立于榻前，手足无措，空自着急。忽听得门外有人大声叫道："晦翁兄！哈哈哈，我来瞧你来啦。"

说着走进一人，大腹便便，衣袂飘飘，双目炯炯，眉宇含笑，正是止止庵道长白玉蟾，后面跟着个八九岁的道童清竹。朱熹忙挣扎着想坐起身来。白玉蟾走近病榻，笑道："晦翁兄，怎的成了这副模样了？"说着把住朱子手腕，给他诊脉。又撩开棉被，看他双腿。见他双腿赤红，肿得像根椽子，不禁沉下脸来。

朱子见他神色肃然，心口怦怦直跳，只怕已病入膏肓，难以救治："你看，还有得救么？……"

白玉蟾哈哈一笑："倒不是要命的病，只是累我晦翁兄受这一番煎熬，恐怕比那要命的大病还要遭罪。"

朱子见他如此说话，悬着的一颗心终于放下。

白玉蟾让吴稚打过一盆水来，从道童手中接过布袋，抓了一把灰色药面，放进水里。也不知那药面是草灰还是木灰，只见他往水里一撒，一搅，一盆水顿时变成琥珀色，黄澄澄，亮晶晶，煞是好看。白玉蟾道："晦翁兄，且请洗脚。"

朱子将脚伸进盆里，又觉滑腻，又感清爽，从双脚直到胸间，说不出的舒服。禁不住问道："长庚兄，你这是什么灵丹妙药，让我如此受用？"

白玉蟾听到夸赞，有些飘飘然，微微一笑道："此药便在这武夷山上，疏林之中，岩畔之旁，俯拾皆是。晦翁兄且安心养病，等哪日你康复了，有了精神，我带你到山间采一些来，既当茶饮，又来泡脚，一物两用，一周为期，保管教你走起路来，比二十年前还要硬朗。"

"长庚兄不是说大话吧，山中哪有此药，哪能如此神奇？"

"哈哈哈哈，信不信，那也由你。"

说着又从布袋拿出更小的一个布袋，命吴稚："给先生泡壶茶来！"

吴稚接过，去泡茶了。

白玉蟾吩咐李方子等道："这几日，可在粥中加防己、丝瓜络、鸡血藤以利湿通络。"

李方子听罢，点了点头。

白玉蟾又对朱子道："兄长这几日躺着坐着的时候，脚要比头高。"

朱子笑道："头低脚高，我岂不要成一株倒栽槐了？"

白玉蟾打趣道："你变不变倒栽槐不打紧。就如你此刻，头下脚上，你额角那七痣北斗，才和天上的北斗一个朝向，斗柄朝北，这样天地便和谐了，你的病也便去了。"

朱子知他是在说笑，作色道："都甚么时候了，你还来拿我消遣，真是可恶。"

白玉蟾嘿嘿一笑，将草灰搓成的一个药丸递过来："现在就服了这个。这是'陈泥丸'先师教我的好方子呢。"

那陈泥丸本名陈楠，字南木，号翠虚，是闻名天下的道医。白玉蟾曾于罗浮山随他学炼丹术。朱子听了大喜："如此说来，玉蟾兄也是神医了。我这一生忒地有缘，年轻时结识了'药仙'谢侃，十多年前在匡庐又识得崔真人，如今又与你近邻，真是幸运之至。"

白玉蟾道："崔真人在世时，我也曾与他时有往来。也曾听他说起过你。可惜他驾鹤西去。数月前我去庐山，那西园寺又有些荒废，好在有他的弟子刘开继承了衣钵。"

朱子道："他那弟子，我也识得的，原来只有八九岁，想如今他已成年，当可撑起门户。"

崔真人于绍熙二年（1191年）去世。朱子知南康军时，曾托崔真人监造卧龙庵，拟作终老之所，后因变故，终未成真。想起崔真人为他医病，两人坐而论道情状，不禁唏嘘。

李方子捧了茶来，白玉蟾接过，吹吹凉，递与朱子。朱子呷了一口，入口爽滑，有淡淡松香味，奇道："这药并不觉甚苦，像道好茶。"

"本来可当茶用，只是冬可用，夏却不宜。"

朱子将那刘一针之事告于白玉蟾，白玉蟾道："江湖游医，心术不正，那罂粟壳乃是毒物，岂可随随便便入药。亏得我来得及时，再耽搁一两天，只怕晦翁兄要伤了元气。"

朱子一听，心下愕然。

朱子喝过茶，半个时辰后，精神更盛，禁不住道："玉蟾兄神乎其技，妙手回春，不得不服。"转身对李方子、吴稚道，"招呼伙房备些酒菜，我要与白道长畅饮几杯。"

白玉蟾摇头道："十日之内，你应忌酒、忌辣。切记切记。"

朱子一听，改口道："那我便以茶代酒，你却要喝个痛快。"

白玉蟾见朱子精神好转，也放下心来。

朱子泡了半个时辰腿脚，站起身来。脚不疼了，腿上的浮肿也消退不少，红光满面，在屋里走来走去。边走边向门外道："酒呢？菜呢？怎么还不来。"

门外答道："来啦来啦！"

就见两个伙夫一人端了一个木漆盘子，送上几碟菜，一壶酒来。

朱子说一声"请！"自己端起茶，白玉蟾端起酒，二人一同饮干。

朱子又道："长庚兄，想不到你的医术也是如此之高，愚兄我是服了你啦。"

"诶……岂敢岂敢！折煞我也，不过'偶中尔'。"

朱子一听，哈哈一笑，连一旁侍立的李方子、吴稚等七八名弟子也跟着笑了起来。

当下二人一茶一酒，开怀对饮。吴稚见他二人如此开心，心道："晨起还天要塌下来似的，这时却无病无恙一般，真是瞬间冬夏，一时两季。"就听朱子道："玉蟾兄且教我养生之道。"

白玉蟾道："晦翁兄比我更懂'太极'、'五行'、《易》，何用我教？"

朱子道："我且问你，你是如何调配药方的？"

白玉蟾道："配伍禁忌之理，人世经治之理，也都在那《易》中。"

朱子又问："养生之方，却哪里寻来？"

白玉蟾呷一口酒，悠悠说道："真正的长生之药，也只有三味，这便是自己的精、气、神。然此三味药各归各的本位，它是流散的。要把三味药合在一起，变成一个，才有养生之效……"

李方子、吴稚听他二人谈论，尽是些玄妙之理，一时不明所以，只是偶听到《周易参同契》《天枢》几字，才知他们论的都是古老经书中的高深学问。听了会儿，越听越是玄乎，越发不解，自去招呼那小道童清竹吃饭去了。

山间清风微吹，鹤翔云端。朱子与白玉蟾边饮边叙，好不惬意。到了黄昏，白玉蟾才起身，拿着拂尘，步履轻盈返回止止庵去。

当晚，朱子让吴稚从书房寻来一本《参同契》，逐字逐行看了起来，直到鸡叫头遍，方才倒头睡了。此后一连七八日，足不出户，潜心钻研，琢磨透许多关节。心道："《参同契》文章极好，盖后汉之能文者为之，其用字皆据古书，非今人所能解，也因这个原因，常为后人妄解。"依朱子所见：《周易参同契》并非释《周易》之作，其旨也不在阐释易理，然其论理却依《周易》象数。既然《周易》无所不包，《周易参同契》又自成一家，两者当可推演贯通。这日兴之所至，叫了白玉蟾，漫步山间，探求《参同契》之疑。之后又返回书院，潜心参研，越看越是入迷。然书中仍有许多谜题，甚是难解。

朱子与白玉蟾时相论道，对他越来越是钦佩。索性给自己也起了个法号：崆峒道士，又起了假名邹䜣。打算回到考亭，与元定花些工夫，一同

参研《参同契》。

《参同契》乃《周易参同契》简称，为东汉魏伯阳所著，是一部内外丹兼修的道教著作，被称为"丹经之祖""万古丹经王"。所述及的丹术理论，被后世的金丹派葛洪、陶弘景以及内丹炼养派的司马承祯、钟离权、吕洞宾、张伯端等继承。

朱子在武夷山住着，注解经书，带徒传道，不觉已过月余。忽一日蔡沈来寻，捎来父亲一封短信。朱子一看那短信，顿时眉开眼笑，神色飞舞。显然是有天大的喜事，当即决定返归建阳。

第二日一早，未及向白玉蟾告辞，便匆匆起程，乘船返往考亭。

这日白玉蟾起床后，依例到止止庵后山上的一块大石上打坐静息。回到庵中，叫过清竹，道："你去将这几服药交给晦翁先生，再传我话，就说我新采了好茶，请他到这里品茶。"

清竹问："是那个拄根竹杖，走路一瘸一拐的晦翁先生吗？"

白玉蟾斥道："怎么越来越不会说话了，怎能这般轻侮大师？"

清竹忙道："弟子不敢。"

白玉蟾道："见了晦翁先生要先行礼，后说话，去吧！"

清竹说声"明白啦"，抱着一布袋草药，噔噔噔走下山去。清竹走后，白玉蟾拿出一本经书翻看起来。见那经中所写，胡言乱语，大不为然，扬手扔到门侧枯叶堆里。恰清竹进门，布袋里的草药原封不动拿了回来。

白玉蟾问："为何没有交与晦翁先生？"

清竹道："晦翁先生出门去了，他的弟子说去了'烤亭'。也许他嫌冷，到那'烤亭'里暖和去啦。"

白玉蟾哈哈一笑："什么'烤亭'，是'考亭'，'考徽'的'考'，哼，听话便胡猜乱想，怎么求得学问？"

清竹伸伸舌头，不敢再说：

白玉蟾怅然若失。再要见到晦翁兄，不知要到何时。秋风飕飕，落叶飒飒，他望着远山浮云，怅然若失。

　　朱子等一行乘船返往考亭。一路溪山胜景，目不暇接。黄昏时分，终于回到考亭，船儿泊到龙舌洲水边，元定等满面喜色迎上。朱子一见，携手与他上岸。两人说说笑笑，神采飞扬。朱子悄声一问，元定悄声一答。只听得朱子心神荡漾，精神抖擞，一瘸一拐，走得比弟子们还快。众弟子一见，也不知两位先生满面春风所为何事，个个满脸疑惑，猜测不定。

　　有分教：上古传书，天地万物一图鉴；名馆修成，四方学子千里来。

　　欲知朱子匆匆回考亭，所为何事，且听下回分解。

第五十八回

元定西蜀觅天书　晦翁考亭参河图

　　朱子上得岸来，远见新添的两排大屋，清雅古朴，与竹林精舍先前所盖楼阁亭台，衔接得天衣无缝。这等奇思巧作，也只有元定做得。朱子看在眼里，不禁心中大喜，更来了精神，拄着拐杖"笃、笃、笃"地走上石阶去。一走进书院，吩咐黄榦、蔡沈等："去备酒来，我要与季通痛饮几杯。"

　　元定扶朱子走进清邃阁。朱子换过长袍，与元定凭几对坐，黄榦坐在下首作陪。朱子面带喜色问元定："季通，那秘宝可都安妥？莫要被人偷了去。"

　　元定笑笑："都收拾得妥妥的。我便是舍却性命，也不能将它弄丢了。只盼着先生归来，一同品鉴。"正说着，伙夫端上菜肴，蔡沈提了一大坛酒来。黄榦提起酒坛，给每人满满地各斟一杯。

　　朱子举酒哈哈大笑："来，季通，寻得宝图，功莫大焉！可喜可贺！"元定、黄榦端起酒来，三人一碰，朱子、黄榦都喝了大一口。元定只在嘴边一抿，迟疑不饮。黄榦见大师兄今日有些扭捏，奇道："季通先生，怎的？不舒服？"元定迟疑再三，歉笑着举酒，只抿了一小口。朱子也看出有些异样，道："季卿，怎的？"元定苦笑道："这次西蜀之行……哈哈……"

　　朱子听他语气，似乎这中间颇有些曲折，笑笑道："季卿，你到底怎的施展神通，觅得这几样宝贝，说来我听听！"

　　元定擦擦额上汗渍："哈哈，说来也是一波三折……"放下酒碗，将他此番游历寻宝经过，缓缓道来。朱子与黄榦听着听着，便瞪大了眼睛——

去岁春，竹林精舍初成，朱子嘱元定外出游历，开阔眼界，顺便采购些流落民间的经书典籍。如有可能觅得遗失数千年的河图洛书，将它购回，再好不过。但这也只是随便说说。想那河图洛书，自秦汉之后，便已遗失，想要将它寻得，实比登天还难。但言者无意，听者有心。元定把朱子此话当成命令，非要访求到不可。

元定得了湖广总领詹体仁、四川安抚使赵汝愚的资助，离了建阳，开始万里探险寻宝之旅。数月之后，朱子赴潭州任荆湖南路安抚史。两人时有书信往来。元定将他旅途见闻，告知朱子，朱子得知他见闻广博，不禁羡慕，恨不能也与他同往，探究山川之胜。某日回詹体仁信，说到此事，道："季通一出，饱观江湖表里形势，不为无补。其恨飑系，不能与之俱行。"

元定独自一人，风尘仆仆，由闽入赣，下衡湘，经襄汉，至汉中，入成都，寻觅河图洛书，访了许多儒道名士，打听河图洛书线索。问到的人都说闻所未闻。正在心灰意冷之际，有道中之人相告：青城山有一老道，藏有上古图符，却不知与那河图洛书，有无关联。元定听后，心生好奇，径来青城山中寻宝。恰巧那老道云游未归，元定只好在就近客店住了下来。等了十多日，终于见到那道士。只是那老道对河图洛书，讳莫如深，并不见示。元定说尽好话，他也是无动于衷。元定做事非要达到目的，吃了秤砣铁了心，软磨硬泡，不肯离去。终日陪那老道下棋，谈天说地，老道见元定学问高深，渐渐对他另眼相看。与他论说周易，元定慨然说出见解，老道甚是喜欢，禁不住拿出河图洛书与他相论。元定看了，也说些粗略见地，却解开那老道心中一个个谜团，终于视元定为知音。思忖再三，横下心来，将历代山主传下的两张宝图拱手相让。

元定得了河图洛书，喜出望外，当即写信告知朱子。时朱子在潭州，刚降了蒲来矢，平了三苗之乱，正要重修岳麓书院，一见元定来信，大喜过望。

　　元定既得宝图，第二日便要返回，却听那老道称彝族部落也有一幅"天书"，汉人难得一见。元定心下好奇，不知彝人所藏"天书"又藏着怎样的秘密。当下备了礼物，雇了一名向导，由这向导引着，山一程水一程，十多日方到得一处大川，正自行走，忽树上跳下一个小孩儿，向向导扬着手，连喊："裘伯！裘伯！"向导一见那小孩，上前将他抱起，用彝语与他说话。两人十分亲热，将元定晾在一旁。半晌，向导回过头来："这便是大王之子阿布！"阿布望着元定，满脸喜色。原来向导向他介绍眼前这个汉人千里迢迢特地来向大王祈福。阿布身上背着一张短弓，跳跃着走在前面，向导与元定紧随其后，进山来拜见大王。时彝汉间言语不通，彝人对汉人心存芥蒂。族中彝族长老见有陌生汉人进山，只怕其中有诈，派十多个剽悍勇士，左手火把，右手持刀护卫大王。元定见了这等阵势，并无惧意，谈笑自若，恭恭敬敬向大王问安。向导向大王翻译了，大王面色稍和。元定从囊中取出一对龙形琥珀，献给大王，又说了许多仰慕的话，由向导译了。大王看了元定送上的财宝，心下甚喜，命手下摆上酒席，叫来几个夫人，儿子阿布同席。彝人宴会，在地上铺一张毯子，木盘瓷碗盛上酒肉，四周燃着篝火，男人女人在旁跳舞，甚是热闹。席上用大碗喝，大王向元定敬酒，几个夫人也举起酒来，元定忙端起碗来，一同饮了。酒过数巡，元定便有些面红耳热。大王再让仆从向他斟酒，元定推说量小，不能再饮，让那向导翻译。向导听了，忙使眼色，小声道："彝人以酒交朋友，如再推辞，会被视为不敬，朋友交不了，或许还会引来杀身之祸。"

　　元定听了，不敢再辞，鼓起勇气，又与那大王和夫人们拼酒。箸不停，酒不歇。那大王本是海量，越喝越痛快。几个夫人也个个善饮，一碗接着一碗，竟似饥渴之人喝水般不知节制。边说边笑，边笑边饮，略不犹豫。可怜元定，本只寻常酒量，此时遇到彝族酒蛮子，心里只有暗暗叫苦。大王夫人频频敬酒，他也只有拼着性命应酬。喝过第四碗，便有些恍惚；喝到第七碗，脸也红了，脖子也红了，硬着头皮和他碰杯。第八碗喝到一半，摇摇晃晃把持不定，咣当一声，酒碗飞到一边，人趴到地上，晕了过去。隐约听到阿布拍手大笑，接着是一阵女人的哄笑，再后来便什么事也不知道了。待醒来时，已是夜晚。只见漫山遍野亮着火把，许多青年男女围着他跳舞。元定甚是惊奇。那大王向向导说了几句话，向导翻译道："今天是火把节，交上了你这个朋友，他心里高兴得像盛开的索玛花。"

　　过了几日，元定提到要看一看那神秘的"天书"，那大王也不作答，每日只与他饮酒，绝不提"天书"之事。元定一时踌躇无计。这日正坐于帐中，忽听帐外人声杂沓，时时传来女人的尖叫，显然有大事发生。元定出帐看时，见人们围着大王营帐，个个神色惶急。元定凑近大王营帐往里观瞧，见大王抱着阿布，神色凄苦。阿布浑身抽搐，牙关紧闭。元定看了又看，凝神一想，知道这是抽风病。忽想起那日在西山闲翻医书时，见载有钱乙用灶土治抽风之法。立即来到火堆旁，从灶心抠下一团焦土，让向导找来只碗，用水冲化，端了上来。元定向大王一揖，道："大王，请我来为阿布治病。"让向导向夫人说了，夫人呜里哇啦哭着说给向导。向导又说给元定。原来夫人说阿布隔两年便要发一次病，一次比一次严重，这次眼见是不能活了。元定抬头一看上百个男女在一旁铿锵铿锵敲着铜钹，跳舞唱歌，显然是在祈神禳鬼。阿布越抽越紧，面色发青，生死只在瞬间。元定见情势紧急，事不等人，说声"我来！"向导将这二字向大王翻译了，大王将信将疑。元定也不等他答话，左手拇指食指掐紧阿布颊车穴，使阿布口微微张开，右手将碗中冲化的灶土水缓缓灌进他口去。灌完之后，抬头看大王，见他正一脸疑惑望着自己，不禁忐忑，心道：若是此方不治，或者这孩子竟有个三长两短，大王一发怒，我岂不要掉脑袋。忙掐阿布人中，按摩他百会、神庭穴位。好一阵忙活，只听阿布轻轻"嘤"的一声，抽搐的肌肉渐渐松弛，继而静了下来，缓缓睁开双眼，茫然四顾。只是他身体虚弱，浑身汗湿，显得有气无力。大王见元定瞬间将儿子救活，悬着的一颗心终于落下，虔敬地问他用的是甚么神药。元定说道："便是灶心焦土。"大王一听，愣神相望，半天才回过神来。连叫："神人！神人！"也是元定突发奇想，修得一件功德。为答谢元定救子之恩，大王令部落狂欢三日。山民载歌载舞，似乎又过了一个盛大的火把节。掐指算

来，到此不觉已近月余。元定向大王辞行。大王设酒为他钱行。元定心道，彝人所藏河图，大王既不肯见示，也只好听天由命，并不再提。酒过数巡，大王从怀中掏出一纸，递与元定。元定一看，见上面画着许多奇怪的符号，说是字吧，有些像画，说是画吧，又似是字。一旁又画着些奇怪的图形。元定又觉新奇，又觉疑惑，一时参研不透，只好请教大王。大王在向导耳边说了句话，向导翻译道："大王说，这就是你想要看的'天书'。"元定一听，心中甚是感激，忙向大王拱手称谢。大王摆摆手："达宾！达宾！"大王接着又说了好一些话，元定一句也听不懂。向导一译，原来是说："你我是朋友，不必客气。这张图是祖上传下，我等也不解其意。这张图不能赠你，但我已令族人依原样制了一张赠你。"说着又掏出一张纸来，与方才所见，一模一样。元定向大王拱手一揖，以示相谢。

眼见时候不早，元定辞别大王，返往青城山。大王领着儿子阿布直送到谷口。元定与大王执手相别。大王眼中流露出说不尽的惜别之情，阿布依依不舍，双眼含泪。元定从衣袋掏出块玉石吊坠，递到他手里，摸摸他的头发。一再揖别，走下山去。行得一程，回望山口，见大王与阿布仍立在山口，向他挥手。元定向山上喊道："达宾！达宾！"举手挥了挥。心道：彝人如此重义，有生之年若有缘，当再来与他父子相见。

后来元定从医案中抄到一个方子，寄到西蜀，由那名向导译给大王。大王依言给阿布服用，阿布果然不再发作，竟得痊愈。此是后话。

元定同那向导跋山涉水，行了几日，返回青城山。又歇息十余日，起身东返。从长江顺流而下，在荆楚、建康军，两浙西路、两浙东路等地参古游学，遍访名士，又寻得些遗落民间的典籍，装了两只大箱，时舟时车，迤逦返回建阳，等待先生归来，共同参研。

时朱子正在潭州修葺岳麓书院，考虑到武夷精舍学子甚多，委托他扩建考亭竹林精舍。后来黄裳、赵汝愚荐朱子为帝王师，朱子赴临安途中曾问于元定，元定劝朱子辞却此任，而朱子已经拜命，不得不去。后来果如元定所料，被宁宗皇帝罢职，弄了个灰头土脸。回到武夷精舍不久，又患足疾。幸得白玉蟾妙手施治，大病初愈，便兴冲冲返回考亭欲将"河图洛书”一睹为快。

这时元定叙说寻宝历险经过，朱子、黄榦俱听得入迷。时而惊愕，时而喜悦。时而凝神屏气，时而爽声大笑。听完元定叙述，朱子道：“元定身历奇险，深入秘境，寻得宝图，功德无量！功德无量啊！”

用完酒饭，朱子命收拾完碗筷，问元定道：“你把那河图洛书，藏在何处？宝物是否安然？”元定嘻嘻一笑，手伸进巾身衣袋，取出一个油纸包来。里三层，外三层，层层揭开，露出三张褐黑色的图纸来，轻轻展平。朱子一看纸上图形、数字，两眼放光，张开嘴却半天说不出一个字来。

这几张图纸便是河图洛书。河图洛书乃上古圣人所传，可谓太极、八卦、周易之宗，阴阳五行术数之根，中华文化之源。相传上古伏羲氏时，洛阳东北黄河中浮出龙马，背负“河图”，献给伏羲。伏羲依此而演八卦，是为《周易》之源。是以有“河出图，洛出书”之说（《易经·系辞·上》）。又传：大禹时，洛河中浮出神龟，背驮“洛书”，献于大禹。大禹依此治水功成，遂划天下为九州。又依此定九章大法，经治江山社稷，传到后来，被收入《尚书》中，名《洪范》。河图洛书含宇宙万物生生演化之理。万物有气即有形，有形即有质，有质即有数，有数即有象，气形质数象以河图总括。河图洛书与二十八星宿、黄道十二宫对照，用以阐释天理天道，推演季节气候变化，星辰运转。然河图洛书究竟若何，宋以前未有记载，至北宋陈抟始寻到失传两千多年的河图洛书及先天图、太极图，之后又再遗失。关于河图洛书之义，历来争论不休。有说“河图”之“河”，实指星河、银河。二十八星宿出于银河，是以“河出图”，而非黄河出图；又有说河图即是八卦，而洛书即是《尚书》中的《洪范九畴》；《周易》源于八卦，而八卦又源于“河图”“洛书”云云。然究竟真相如何，众说纷纭，莫衷一是。

此时元定与朱子同赏几幅图。元定见先生凝神屏气，只是瞪大眼睛盯着宝图，细赏，出神凝思，不禁兀自得意。

黄榦蹑手蹑脚端上茶来，轻轻放到几上，道：“请用茶。”二人一心参

研，并未听到。黄榦见状，蹑手蹑脚又退了出去。

过了足足有半个时辰，朱子终于抬起头来，对元定道："这一张，想必便是先贤书经中所说的河图；这一张，想必便是洛书。只是与先贤论述，似乎不尽相同。"

元定道："我也觉着有甚么地方出了岔子。只是哪里不合，也还没想明白。"

朱子又拿起第三张："这一张，更是古怪，似字不是字，似画不是画，不知何意？"

元定道："这便是在彝人部落寻得的那一张。我也是百思不得其解。说它是字，明明是一个个画符，说是画符嘛，这样规规整整地排列，倒像是文字一般，或者便是很久很久以前的字，也不好说。"

朱子微微一笑："这第三张，还是留着由你这'杂家'来慢慢参研吧。"说着小心翼翼地将第三张纸还给元定。

二人只顾着说话，回头见几上落着数十只麻雀，正在啄食碗碟中的饭食。也不知饭食是何时何人端上，眼看已无法再食。元定笑笑道："哎呀，先生一日劳顿，我只知与你探究'天书'，耽搁了你用饭。"

朱子道："无妨，你看此图，似乎不大对劲啊……"

"是，我也一直在思忖……莫非……"

二人又沉迷其中，苦心参研，时而对着图纸凝神思索，时而向着窗外痴痴发呆，半天无语，不觉夜色已深。一轮满月升起东山，河汉璀璨，北斗闪烁。二人望着天际，探究着河图洛书中的奥秘，不知疲倦。到了二更，一阵凉风吹过，亭周竹林沙沙作响。元定、黄榦怕先生受寒，忙扶他归清邃阁中歇息。元定自到右侧小屋，黄榦到左侧小屋，也都歇了。

此后旬月，朱子每日与元定一同参研河图洛书。越是探究，越是觉得高深莫测。时而相论，时而凝神思索，时而远望溪山，时而凝望河汉星辰。心中总是涌出越来越多的疑问。

忽一日，元定道："先生，我有一个大发现。"朱子道："什么？元定快讲。"

元定道："我以为，古人多把河图洛书弄颠倒了。"

朱子听了，先是一愣。元定细细说来，手指比画，朱子终于明白。朱子道："元定此论，一语中的，顿释我心中之疑。"

元定道："数月来我便觉它不妥，只以为有谬。那日先生也发了疑问，我便苦苦琢磨，终于想明白了。"

朱子点头道："如此说来，许多河图洛书衍发的议论，显是大错特错了。我二人正可去伪存真，拨乱反正，替先贤继绝学。"

元定道："是，该当纠正回来，以正视听。"

论定此一节，二人再来探究，便有了更深的见解。

原来自古以来，学者多以为河图为体，洛书为用；河图主常，洛书主变；河图重合，洛书重分；方圆相藏，阴阳相抱，相互为用，不可分割。西汉刘歆以河图为八卦，以《尚书·洪范》为洛书。刘歆认为："河图洛书相为经纬。"汉代纬书有《河图》九篇，《洛书》六篇。以九六附会河洛之数。宋初陈抟创"龙图易"。吸收汉唐九宫说与五行生成数，提出一个图式，名龙图，即河图。西蜀隐者则以陈抟之先天太极图为河图。刘牧将陈抟龙图发展为河图、洛书图式，将九宫图称为河图，五行生成图称为洛书。

这时朱子、元定参透了河图、洛书一大疑难，重新立言："河图主全，故极于十；洛书主变，故极于九。"又道："河图以五生数统五成数而同处于方，盖揭其全以示人而道其常，数之体也。洛书以五奇数统四偶数而各居其所，盖主于阳以统阴而肇其变，数之用也。"并认为河图像天圆，其数为三，为奇；洛书像地方，其数为二，为偶。

数年来，朱子忙里偷闲，潜心著《易经本义》和《太极图说解》，这时恰巧著成，便有意将"太极图"用在书首，使天下学士一睹"太极八卦图"真容。以九为河图，十为洛书。论及"河图""洛书"衍变，朱子写道："图书之象，自汉孔安国、刘欣，魏关朗子明，有宋康节先生、邵雍尧夫，皆谓如此，至刘牧始两易其名，而诸家因之，故今复之，悉从其旧。"

这日朱子、元定又聚而论道。朱子想起元定自西蜀取回的那第三幅图来，道："那古怪画符的'天书'，参研得如何？"

元定道："那个'天书'，越琢磨越觉古怪，越琢磨越觉难解，越琢磨越觉有趣。"

朱子听罢，微微一笑道："好。你这'越琢磨越觉有趣'我最是佩服。假以时日，那'彝人怪图'你终会解开了它。"

元定受其父影响，读书驳杂。对天文、地理、兵制、礼乐、度数无所不通，对方技曲学，异端邪说，能悉拔其根，辨其是非。凡古书奇辞奥句，学者不能分句，元定过目，即能梳理剖析，无不畅达。朱熹赞其"人读易书难，季通读难书易"。元定自蜀地觅得的第三幅图上，有许多神秘符号。这些符号其实便是古彝族文字所作注解，因这些文字与古汉字形义颇为不同，是以难以破解。此时元定既受朱子所嘱，参研是图，日日揣摩，渐有所悟。不料后来便被发配道州，死于贬所，他的见解并未诉诸书册。直到元末明初，这幅神秘图案才在赵撝谦①的《六书本义》中为后人所见。今有学者认为，此图其实便是彝族先祖逃走西南后，带走的一种河图洛书——彝文版本的河图洛书。这是后话。

这日朱子与元定、黄榦带着一众弟子，于竹林精舍后玉枕山踏青。登上山顶，俯瞰山下，但见群山抱合，白云萦绕，麻阳溪水澄澈如练，龙舌洲枕伏于溪水之上，竹林精舍几十间大屋次第排开，蔚为大观。朱子看了再看，喜不自禁，沉吟一番道："我想将眼前这龙舌洲，给它改个名字，叫作'沧洲'；将竹林精舍也改个名字，叫'沧洲精舍'，你二人以为如何？"

元定吟道："'沧浪之水清兮，可以濯我缨；沧浪之水浊兮，可以濯我足。'当年孔圣人听了小儿唱此歌，悟道：'小子听之！清斯濯缨，浊斯濯

---

① 赵撝谦（1351—1395），浙江余姚人。原名古则，更名谦，字撝谦，以字行。好古博雅，精于字学。

足矣，自取之也。'"

黄榦道："屈子遭流放时，渔父也曾唱出这几句。'沧洲精舍'，好名字！"

朱子见两弟子解得他真意，心中大慰，笑着点点头。兴之所至，当即吟《水调歌头》一首：

> 富贵有馀乐，贫贱不堪忧。
> 谁知天路幽险，倚伏互相酬。
> 请看东门黄犬，更听华亭清唳，千古恨难收。
> 何似鸱夷子，散发弄扁舟。
>
> 鸱夷子，成霸业，有馀谋。
> 致身千乘卿相，归把钓渔钩。
> 春昼五湖烟浪，秋夜一天云月，此外尽悠悠。
> 永弃人间事，吾道付沧洲。

吴稚、叶味道等二十多个弟子听了，击节而歌，唱了起来。歌声随着微风荡漾，传至远处溪山，云卷云舒，群鸟翔天。朱子、元定凭栏远望，不禁心神激荡，意气飞扬。

精舍既成，新名又立，朱子率领诸生行大奠以庆，依例行释菜礼。黄榦、朱在、叶味道、徐寓分别担任礼赞官、分奠、司仪，邻村长幼也都来瞧热闹。知县储用、朱子表弟丘膺，考亭乡贤陈总龟、卓伯玉也都列座于席，乐乐陶陶，侃侃而谈。储用提议让朱子吟诗，朱子略一思索，吟道：

> 我是溪山旧主人，归来鱼鸟便相亲。
> 一杯与尔同生死，万事从渠更故新。

众人听了，齐声叫好。

朱子自此居于考亭，每日授徒论道，探究学问，甚是惬意。这日授课

毕，忽一青袍儒人来访。朱子见了这人，吓了一跳，当时便怔在那里。

有分教：权奸当道，城门失火殃池鱼；儒臣遭殃，圣贤绝学何所继。欲知来者何人，且听下回分解。

第五十九回

袁枢义愤说危局　朱子万言斥权奸

却说那人进到院子，东张西望，啧啧称奇。朱子一见，是位故人，先是一愣："他怎么来了？"接着眉开眼笑迎上前去，道："好一个袁机仲，你真是从天而降！"

那人一拱手道："晦翁兄，想煞我也！"

两人四手握在一起，互相端详。

"晦翁兄，你的头发可全白啦！"

"那也比你强些，你头发脱去一半，另一半也全白啦！"

"哈哈哈，有理不打上门客，我来看你，你却如此奚落我，哪还有做兄长的样子！"

两人边说边笑，携手步入清邃阁中。

你道这人是谁？乃是当世大儒，史家泰斗，朱子老友袁枢（字机仲）。朱子幼时，随父迁建安紫霞洲。袁枢正是建安人。二人性相近，成为玩伴。少时也曾一同读书，受学于同一先生。后来朱子父亲病逝，转投崇安五夫刘子羽，二人便再难见面。后来虽天各一方，却也书信往来，有机会便聚到一处，谈史论诗，交谊甚笃。淳熙十年（1183 年），朱子武夷精舍建成，曾邀他与韩元吉、何异等友同来相贺。袁枢归临安后，曾知处州，后任大理少卿，因事贬秩。光宗绍熙元年（1190 年）知常德府。宁宗庆元元年（1195 年），知江陵府。那江陵地处长江之滨，乃是历来险要之地。袁枢见江陵水患频仍，便在地势较高的楚国旧城"楚观"筑屋，迁百姓居

住，沿堤植树数万株，以固堤遏洪。当地百姓说起袁知府，都道他是父母官、太平官，无不夸赞。袁枢在江陵，本想更有一番作为，不料为奸臣诬陷，将他弹劾。朱子被罢"帝王师"，住临安城外灵芝寺时，朝廷曾任他知江陵府、荆湖北路安抚使，那正是袁枢前职。朱子知袁枢为人陷害，受此职岂不是落井下石？未及多想，当即请辞。

袁枢为史学大家，著有《通鉴纪事本末》，开"纪事本末体"之先河。杨万里序云："塞事之成，以后于其萌；提事之微，以先乎其明。"吕祖谦序云："通鉴之行百年矣，然综理经纬，勘或知之。习其读而不知其纲，则所同病也。今袁子缀其体大者，区别终始，司马公之微旨，自是可考。躬其难而遗学者以易，意亦笃矣。"朱子赞其："错综温公之书，乃国语之流""其部居门目，始终离合之间，又皆曲有微意"。

袁枢生性耿直，官场树敌颇多，好友也只吕祖谦、朱熹、杨万里数人。自江陵罢官归家，心中愤懑，终日愁眉不展。这日雪霁，便来考亭寻老友朱熹闲叙。

元定、黄榦见贵客来到，端水奉茶，打过招呼，退了出去。朱、袁二人临窗而坐，叙起话来。袁枢道："晦翁兄，你我自上次相会，不觉十年已过。今日相逢，你我皆成朝廷罪臣，岂不可悲？"

朱子道："皇上宁信外戚，不信忠臣。忽儿东，忽儿西，尽听谗言。"

袁枢道："言路尽被奸人左右，圣上听不到真话，岂有个公道。"

朱子道："哼，忠言听不进，惯使内批，已比不得孝宗时。"

"眼看我大宋花花江山，迟早将被葬送，倒使人可惜。"袁枢说着叹了口气。

朱子看他一眼："机仲兄，岂能因你我遭到厄运，便对江山社稷失了信心。"

袁枢冷笑一声："晦翁兄哪，你且看当今朝上大官，张口闭口忠君爱民，倒有几个是真正的正人君子？皇帝身边尽是奸诈阴险小人，哪里还有正义之士立锥之地。这祸端一起，岂止你我二人遭殃，只怕江山社稷终被糟蹋了。"

朱子叹道："吾闻机仲少时，志比天高，你七岁时曾在屏风上题诗：'泰山一叶轻，沧海一滴水。我观天地间，何啻犹一指。'今日听你言语，似是看破世事，心灰意冷。"

袁枢苦笑道："嘿嘿，'我观天地间，何啻犹一指'，那时少不更事，以为自己想怎的便能怎的，老了才知，人与世间的微尘烟灰，实无二致。你不闻那辛稼轩有一词云：'少年不识愁滋味，爱上层楼，爱上层楼，为赋新诗强说愁。而今识尽愁滋味，欲说还休，欲说还休，却道天凉好个秋。'"说到这里，忽地想起什么似的。问道："也不知稼轩他近来如何？"

朱子叹道："他能怎样？也只是借酒浇愁罢了。"

袁枢道："他居在乡间，耕田打猎，那倒是好。现下我最担心的，却是子直（赵汝愚字）了。"

朱子惊道："子直……他……"

袁枢道："他已被罢职，流放永州。"

朱子一听，惊得手中茶盏跌落几上："什么时候的事？我怎的不知？"

袁枢叹口气道："便在前日。"说着又叹息一声："他自以为君子坦荡荡，小人兴不起大浪，所以才有今日。这一去，只怕凶多吉少。"说罢连连摇头。

朱子顿足捶胸道："唉，我也是三番五次相劝，要他给那奸人韩侂胄赐一个大官，遣到别个州郡任事，不使弄权干政。他非但不听，竟一点戒心也无。"

袁枢压低声音道："只怕山雨欲来风满楼，这也只是个引子……"声音越来越低，将数月间朝中发生的大事，以及眼下所虑，尽数说来——

庆元元年（1195年）正月，韩侂胄擢拔亲信李沐任右正言。不久奏言："赵汝愚以同姓居相位，将不利于社稷。"当日，赵汝愚乞罢，到城外钱塘北岸浙江亭待罪。第二日，赵汝愚被罢右丞相职，除观文殿大学士，知福州。四月二日，太府寺丞吕祖俭（吕祖谦之弟，字子约）上疏直谏："恐自是天下有当言之事，必相视以为戒。钳口结舌之风，一成而不易反，岂是国家之利耶？"又称："连朱熹、彭龟年都不应被罢逐。"宁宗认

为吕祖俭目中无君，"朋比罔上"，贬谪他到韶州安置。中书舍人邓驿接到文牒拒不下发，"封还录黄"。五日，皇帝下诏责邓驿，说吕祖俭目中无君，其罪当诛，流放已是宽容。责令他在诏书上写上"可"。

罢了出头的名士，韩侂胄更肆意妄为，训饬士人当以"国是""尊君""中道"为重；但有违令者，重置典宪。这也只是个排除异己的名头。训饬的诏书由傅伯寿起草。傅伯寿是傅自得之子。朱熹父朱松与傅自得交谊深笃，相知相敬；朱子亦与傅自得有私谊。这时听说傅自得依附侂胄，甘为鹰犬，不禁叹道："伯寿何忒也势利！"

只听身旁树林沙沙作响，二人禁不住回头，见一阵疾风吹过，在书院空地上打一个旋儿，卷起枯叶，横横斜斜，狂舞着跳到墙外去。

过了半天，袁枢抬起头来，皱眉道："当今最要紧的，是要想个法子，让皇上明了他而今处境，明辨忠奸。唉，愁煞人了。"

朱子恨恨地道："事已到此，那只有一个办法，拼着老命一试。"

袁枢问："甚么法子？"

"不如向皇上密奏封事。"

袁枢惊奇地望着朱子："你？恐怕不成。你而今是何职务？莫说你已遭贬谪，就是朝里臣子的奏札，最终也会落到韩侂胄手里。话又说回来，即使你的封事呈到皇上面前，他又怎会信你而不信那姓韩的。他要心如明镜，又何至于朝纲混乱，满朝尽是奸佞？"袁枢既是熟知史事，对当下时局也是洞若观火。

一句话说得朱子如坠冰窟，手支额头，更是忧心。

袁枢又苦笑道："罢了，罢了。咱们毕竟做不成谪仙，只做得两个愁仙。唉。"说罢便低下头去，再不言语。

朱子听了，叹口气道："机仲何故如此颓丧，以至于斯。"

袁枢回头，直望着朱子道："晦翁兄也是自幼读得圣贤书，素有匡正君德，'致君尧舜上'之志，结果如何？哈哈哈，你说我心志颓丧，那么你呢，我看你这是言不由衷罢？"

朱子被他说到痛处，顿时语塞。他说袁枢已无志气，自己如今岂不也是心如死灰。

二人默然对坐，眺望斜阳云山，不胜惆怅。

忽听得林中响起悠扬乐声，一琴一笛和奏。时而琴高笛低，时而琴低笛高，如两条长蛇，蜿蜒竞走。乐声中有人唱道："富贵有余乐，贫贱不堪忧。谁知天路幽险，倚伏互相酬。请看东门黄犬，更听华亭清唳，千古恨难收……"

原来朱子弟子中有萧长夫、许顺之二人，颇善操琴弄笛。二人念了一日经书，头昏脑涨，下学后走上玉枕山消遣。一个抚琴，一个拿出长笛，悠悠吹奏起来。方唱得一曲，只听竹林一阵摇动，元定穿林走来，喝道："哎呀，你二人也忒无礼！"

元定乃律吕大师，二人见他来到面前，厉声喝止，还以为他要来指教一番，忙起身施礼："我二人才疏学浅，还望先生雅正。"元定为朱子大弟子，朱子视元定为友，后来弟子平时都称他先生。

元定低声道："晦翁先生正与机仲先生说事，你二人在这里自吹自唱，岂不搅扰了二位先生清静。"

二人一听，忙收起琴笛，向元定一揖，转身欲退。就听背后走出两位老翁，一个道："我正要听听晦翁兄新词。"

一个道："我也想听听你二人唱曲，可记得机仲先生给我武夷精舍赋的好词？"

原来是朱子与袁枢，他二人听到曲声曼妙，起了雅兴，循声来到半山竹亭。见二人要走，忙即唤住，要他二人再奏。朱子与袁枢在大青石上坐下，元定在一旁也坐了下来。

萧、许二人一个抚琴，一个横笛，又唱了起来："富贵有馀乐……"

不一会儿，又来了十多个弟子，跟着琴乐击节而歌。朱子与袁枢俱陶醉其中，轻轻唱和。

山风拂过，竹林摇曳。歌声回荡在群峰翠谷间，余音袅袅。夕阳余晖染红了半边天空，映得江水猩红如血。几只灰鹤哀鸣着，飞向远山。袁枢起身告辞。朱子道："不如便在清邃阁中，与我对榻夜谈。"

袁枢道："哈哈，有些话不说，会闷死人；说得多了，又愁死人。不打扰你啦，我去也！"说罢向朱子等一揖，下了长阶，骑上瘦马，迤逦下山。朱子见他独自一人，瘦骨嶙峋，形单影只，放心不下，叫过李方子、吴稚几个远远跟随，暗中护送他回三十里外建瓯家中。

袁枢一走，朱子心乱如麻，无法入眠，眼前总是浮现赵汝愚流放途中身影。到了二更时，起身下床，准备写一道封事。边研墨，边盯着砚上"持坚守白，不磷不缁"八字。展纸案前，草拟封事，极陈奸邪蔽主之祸，为赵汝愚辩。但见他运笔如飞，横撇竖捺，如凿如刻。时当三月，正是春寒料峭，麻阳溪水势渐急，波浪拍打河岸，哗哗作响，昼夜不歇。明月洞照山川，满天寒星闪烁不停。

第二日清早，小弟子林夔孙起个早，背默完几篇经文，来到伙房。见饭食已备好，心想先给先生送去，让先生知道我起早用功。盛了碗粥，一碟菜，用木盘端着，噔噔噔径到清邃阁。到了楼上，见静悄悄的，蹑手蹑脚走进门，见先生正伏案而眠，忙给他披上衣衫。蓦见案上铺满稿笺，知道先生又辛劳了一夜。下得楼来，正遇黄榦。黄榦问："先生安否？"

林夔孙道："先生写了一案头书信，趴在桌上睡着了？"

黄榦听了一愣，转头走上清邃阁来。上得楼来，果见朱子伏案呼呼沉睡，鼾声连连，案上散排着写就的稿笺，凑近一看，略读数句，见是告发韩侂胄，为赵汝愚申辩的万言封事，不禁捏一把汗。心道："此时正在风头，再要直谏，恐怕凶多吉少。"忽朱子动了动，抬起头来："咦，天亮了？"

"泰山大人……这……"

朱子道："你去到县里，将这封信寄出去？"

黄榦踟蹰道："现下风声正紧……"

朱子道："现下子直遇厄，国家有难，我等人人噤声，怎能使圣上闻听真相？"

黄榦喃喃劝道："如今言路阻塞，圣上忠奸不分，你若奏事，恐救不得赵丞相，反会祸及自身。"

朱子瞪大眼睛，斥道："我平时怎的教你来着，竟说出这等话来。"

黄榦见岳父发了脾气，不敢再辩，支吾道："泰山大人……且先用饭！"说罢一揖，轻轻放下碗碟，怔怔地退了出来。李方子、吴稚等见黄榦神色有异，问道："出甚么事啦？先生可否安好？"黄榦心想，给你们说了有什么用，只有求大师兄蔡元定来劝。转身来到元定寝室，李方子、吴稚悄悄跟在后边。黄榦向元定说了朱子欲奏封事直谏。元定一听，皱起眉头，眨眨眼睛，心生一计。笑道："无法解劝，不如卜它一卦。"说罢取来竹筮，与黄榦来到清邃阁中。李方子、吴稚等不知季通先生又闹甚么玄虚，也跟了来。元定向朱子请安，坐到下首，笑而不言。

朱子疑惑道："季通有何话说？"

元定笑道："我见先生近日愁眉不展，心事重重。特来为先生占上一卦。"

朱子觉得莫名其妙："欲卜何事？"

元定望着朱子缄口的信封，道："便卜此信。"说罢将筮筒端放案上，让朱子抽取。朱子略一踌躇，依言抽了一签，交与元定。元定一看，是为"遯①"卦，皱了皱眉。朱子问："此是何意？"

元定回道："遯卦是《易经》六十四卦第三十三卦，遯者，退也。是异卦（下艮上乾）相叠。乾为天，艮为山。天下有山，山高天退。阴长阳消，小人得势，君子退隐，明哲保身，伺机救天下。逃避退隐，盛极必衰；言行严禁，待机再举。退守可以保身，若轻举妄动则会招灾。宜谨言慎行，待机行事。"说到这里，语调缓慢："先生，卜筮或有不准，也不是弟子非要劝阻先生，实乃权奸当道，皇上身边，都是奸佞小人。是以赵丞相才被放逐，一批忠臣遭到谪贬。先生此谏，非但救不了赵丞相，恐怕还会更增皇帝和权臣对他的憎恶，迫害更甚。"

朱子听罢，脸色发青。双手负在身后，在屋里踱来踱去，半天不作一声。满屋里只听到他踢踏踢踏低沉的脚步声。元定、黄榦见了，知道他心里悲苦，却不知如何解劝，怔怔地望着对面空洞洞的墙壁。朱子踱了一会

---

① 遯，音 dùn，遁的异体字，意思通"遁"，遯卦，《周易》六十四卦第三十三卦。

儿，取来信封，拆开，走到炉前，将信笺一张一张撒入炉中。苦笑道："'遯'这个字，有趣得紧哪。"

元定道："唐时孔颖达说：'逃遯避世，虽逢无道，心无所闷。'只要能消灾避祸，心胸坦荡，遯一遯也好。"

朱子默然走到窗前，远望武夷群峰，怅然若失。元定站在他身后，半天无言。过了半晌，朱子转过头来，苦笑道："从今起，我也不必再叫'元晦'，也不叫'晦翁'，改号'遯翁'，算是名副其实。"说罢一阵剧咳。元定见状，忙上前给他披好长袍。

自这日起，朱子便每夜睡不踏实，尽做些稀奇古怪的噩梦。吃饭也没胃口，精神不振，一日比一日憔悴，心中只是挂念着赵汝愚安危。正是：昨日为贤相，今日作楚囚。沅湘流不尽，屈子怨何深。

欲知后事如何，且听下回分解。

第六十回

贤相客死流亡道 "遯翁"泣血沧洲头

天寒地冻，朔风凛冽，天上落下片片雪花。十几个人影缓缓行进在荆湖南路崎岖的山径间。这些人中，前面两个是公差，横担着哨棒，一脸凶相，骂骂咧咧行路。两人之后，是一个儒人，面色清癯，步履蹒跚，已然老迈。这人正是遭流放的右丞相赵汝愚。在他身后，是一个三十岁出头的书生，肩上背着包袱。那是赵汝愚的长子赵崇宪，一路跟随照料父亲。崇宪身后又是七八个公人，一样的蛮横，凶巴巴吹胡子瞪眼，似乎把对老天的怨气尽都发泄在犯人身上。

这是庆元二年正月，一行人已在路上行了十日。

朱子被罢逐帝王师，离京不久，韩侂胄与京镗①等密谋，欲弹劾赵汝愚。韩侂胄思忖十余日，苦无良策。问计于京镗。京镗道："就说他是宗亲，绍熙内禅时图谋不轨，意欲篡夺，便可将他连带同党一网打尽。"

侂胄一听，眼前一亮，道："还是丞相高明！"

数日之后，韩侂胄擢拔亲信李沐任右正言，指使他上朝奏疏诬陷汝愚："赵汝愚以同姓居相位，将不利于社稷。"

当日，赵汝愚乞请罢去政事。出城，到钱塘江北岸浙江亭待罪。

赵扩年少，本无主意，听信谗言，罢赵汝愚右丞相之职，除观文殿大学士，知福州。国子祭酒李祥、博士杨简，太府丞吕祖俭等，以赵汝愚功

---

① 京镗（1138—1200），字仲远，晚号松坡居士，豫章（今江西南昌）人。南宋丞相、词人。

勋卓著，精忠贯于天地，上疏挽留。太学生伏阙上书，皆遭贬斥。

至此，汝愚已成一个闲官：观文殿大学士、提举临安府洞霄宫。侂胄担心汝愚东山再起，称若不将他重贬，人言难禁。指示中丞何澹奏疏，诬汝愚废坏寿皇良法。监察御史胡纮疏汝愚"唱引伪徒，谋为不轨，乘龙授鼎，假梦为符"。汝愚曾梦孝宗授以汤鼎，背负白龙升天，后主策宁宗以素服登大宝，正验了此梦。胡纮等重拾旧话，以此指他有异心。时汪义端①行词，用汉诛刘屈氂、唐戮李林甫事，示欲杀之。迪功郎赵师召亦上书宁宗，乞斩汝愚。宁宗听信谗言，确认汝愚有罪，却未便诛之，责授宁远军节度副使，永州安置。

汝愚离开临安那日，正值冬日，落叶萧萧，寒风阵阵。他料知韩侂胄等不置他于死地不肯罢休，为息事宁人，甘愿赴难，慨然就道。众亲友都来相送，设酒为他送行。侍卫萧劲找到一块大石，将酒盏排开，一一斟满，递赵汝愚一杯。汝愚见众人低头垂泪，拱手笑道："看侂胄用意，必欲杀我。我死，君等方可无事。承蒙诸位相送，赵某感激不尽。各位珍重，来，就此别过。"说罢举酒饮干。

众人举着酒杯，人人伤悲，个个垂泪。饮到肚里，不知是酒是泪。

眼见天色不早，七八个押送的公人在一旁不住催促。赵汝愚向众人一揖，登上大船。汝愚长子崇宪，背着包袱，跟着上船。艄公纷纷就位，将要开行，萧劲一个箭步跳了上来，立在汝愚身边。汝愚一愣："你这是做甚？……"

萧劲冷眼望一望几个公差，嘿嘿一笑："大人走到哪里，我便跟到哪里。我亲自侍护大人，心里才觉着踏实。"

赵汝愚知他重义，却不忍连累他，作色道："我此番流放，不知要耽搁多久。你只在临安，为国家做事，也算是尽忠。快快回去，我二人来日方长。"说罢轻轻一推，将他推到跳板上。

萧劲对赵汝愚向来敬重，从不违拗，见他如此一说，心里七上八下犹

---

① 汪义端，字允之，黟县人，乾道五年（1169 年）探花。

豫起来。一时立在跳板上，不知所措。船夫吹响螺号，帆船离岸。萧劲立在跳板上，隔着数丈，急得直跺脚，"赵大人！赵大人！"叫个不停。

赵汝愚双手负后，仰望湖山尽处，满山黄叶，烟波浩渺，惆怅何似。萧劲眼见船儿拖着一串水痕，转过湖湾，遮挡在一片乱山疏林之后，不禁泪如雨下。身旁送行的人中，响起女人的哀哭声，男人的咒骂声。几团灰云，铅一样凝重，低低压在临安城头。

赵汝愚被十多个公人押着，千里迢迢行往永州。真个是山重水复，长路漫漫，一路崎岖。几个公人知道他是朝廷重犯，怕他脱逃，看管甚严，每日只知赶路。错过市镇，便在荒野露宿。汝愚多亏有长子相随，向山野人家讨得水喝，吃几口干粮，又匆匆赶路。

汝愚毕竟年过半百，行了月余，便有些撑持不住。一到荆湖南路地界，忽地生起病来，剧咳不止。几个公人见他年迈，催迫稍缓。这日行至半山，人困马乏，便允他坐到路边稍歇。汝愚坐在一块大石上，眼望前路茫茫，天地一色，不禁惆怅。想如今奸臣专权，自己的身家性命事小，自己朝野的诸多朋友，恐怕都会遭受牵连。赵家的江山，只怕从此便要日薄西山，大宋的黎民百姓不知又要受多少苦难。想到此，不禁心头郁塞，感到阵阵寒意。悔当初不听朱熹、叶适、徐谊众友相劝，致今日受制于人，更为宗室埋下祸患。

想到朱熹，他是新帝登基以来第一个被罢逐的儒臣，不知他现今如何，想到此，琢磨着去信向他问安。

赵汝愚于乾道二年（1166年）中进士第一，本应擢为状元，因宋室禁止宗亲干政，禁忌甚多，孝宗皇帝改录榜眼。授秘书省正字，迁著作郎，知信州、台州，又任江西转运判官，后入朝为吏部郎兼太子侍讲，迁秘书少监兼代给事中。汝愚与朱子惺惺相惜，相交甚笃。淳熙年间，汝愚与从弟汝靓在余干冠山羊角峰建东山书院①，请朱熹来书院讲学。赵汝靓与汝愚的长子赵崇宪、五子赵崇度一同拜在朱子门下。赵汝愚任福建安抚使

---

① 东山书院，在今江西省余干县城冠山羊角峰，由赵汝愚及从弟赵汝靓创建。

时，朱子见他施治有方，赋诗以赞。赵汝愚又请朱子到福州讲学。二人同
登鼓山，纵论古今，十分投机。后赵汝愚任吏部尚书，赴临安途中，经建
阳与朱子晤，朱子置酒相迎。蔡元定、黄榦陪坐，朱、赵二人谈经论道，
日夜不倦。庆元初赵汝愚拜相，荐朱子为焕章阁待制兼侍讲，同辅宁宗。
朱子见韩侂胄争权夺利，宫中情势波诡云谲，劝汝愚厚赏侂胄，勿使干
政。赵汝愚心胸坦荡，未将好友善言放在心上，不意竟被奸人所制，落得
如今这等下场。

　　此时途中小憩，天上降下盈盈雪花。他坐在大石上，举目四望，但见
山峦耸峙，白茫茫一片。悠然见到路边一丛梅花，正自盛开。汝愚看在眼
里，甚是喜欢，禁不住便走近观瞧。感念梅花高洁，虽遭风吹雪摧，依然
含笑怒放。不禁想起当年吟咏的那首《金溪寺梅花》："相逢岁晚两依依，
故人冰清我如玉。"正在吟哦，几个押送的公人催促再行。汝愚站起身，
向前走去。又行得半日，来到一条江边。码头上停着几十艘大小船只。崇
宪走上前去，寻得一艘有篷子的，与船家商妥价钱，扶父亲上船。众公差
也上船坐定。艄公扳起桨板，沿水路蜿蜒前行。

　　又行五六日，船至衡阳。崇宪搀扶父亲下船，上得岸来，径到州府交
割。州守钱鍪一看人犯姓名，知是赵汝愚，又恨又喜。恨的是，十多年
前，他曾因任上失职被汝愚问罪，误了大好前程；喜的是，你姓赵的也有
今日，落在老子手上，无论如何也要给你找些罪受。抬眼看那赵汝愚时，
见他老态龙钟，两鬓如霜，心道："'君子报仇，十年不晚'。姓赵的，且
让你识得我钱某人手段！"只见他高坐堂上，目露寒光，冷笑道："哈哈，
原来是赵大人，一路辛苦了！"叫过参军李横，咬牙切齿吩咐道："好生照
护赵大人，莫让他觉得我等怠慢了他。"

　　"怠慢"二字说得又长又重，一字一顿，让人听着发毛。

　　衡州的牢城甚大。李横将汝愚安置在牢城北首靠边一处监室。时天色
已黑，汝愚困顿不堪，一进屋便委顿在竹板床上。一连几日船上行驶，未
及服药，赵崇宪忙找水，准备为父亲煎药。他望着李横道："李参军，此
间何处有水？"

李横双眼一翻："甚么水?"

崇宪道："何处有水,我且取来,给家父煎药。"

李横道："水是有的,不过是在牢城南头,要便自个儿去取。"

汝愚嗓子干,直要冒出火来。崇宪拿了水囊,摸黑到牢城南头去取水。取来水,问李横："如何生火?"

李横道："我哪里知道,我又没病,也不熬药,哪知这些!""啪"的一声关上大门,扬长而去。

崇宪大叫:"喂,喂——"

汝愚口唇干裂,声音沙哑,劝止崇宪:"莫再叫嚷,将就将就,明日再说。"

崇宪坐在地上,号啕大哭。

这个监室,缺着半个窗子。是夜风声呼呼,吹进屋来,赵汝愚冷得浑身发抖。那李横与几个公人在西首大屋中喝酒吃肉,猜拳行令,叫闹个不停。汝愚一夜不得安睡,口干舌燥,不住咳嗽,病得越发重了。

第二日,崇宪等牢城大门开了,到街上寻到一位林老汉家,借了药釜,煎了药,端回监室。

汝愚服过药,病情稍稳。又服两剂,精神见好。这日伏于案前,给朋友写起信来,报个平安。首先想到的便是朱子。刚写数行,钱鍪带着李横等,来到监室。看见汝愚正在写字,问道:""你在写甚?"

赵汝愚并未作答。钱鍪走近,拿起案上信纸,瞥了一眼,见开头写着"晦翁兄",知那晦翁便是朱熹,怒道:"朱熹乃是罪臣,你给他写信,难道要谋反吗?"

汝愚笑道:"我对国家忠心,天地可鉴,何曾谋反?"

钱鍪道:"你既无异心,朝廷怎会将你流放?"

汝愚道:"清者自清,凡事总有澄清日。"

"嘿嘿,我看你是等不到那天了!"钱鍪拿起信,哈哈大笑,掼在地上。

崇宪见守臣如此侮辱父亲,抢上前去:"钱大人,我父为人光明正大,

现遭受不白之冤，你身为守臣，怎能如此难为他！"

钱鏊踏前一步，笑道："嘿嘿，你是不是想打我呀，来呀！哈哈，连儿子都要反了，当老子的还说没异心！"

汝愚气得差点晕倒，上气不接下气喝止儿子："宪儿，莫再争辩。"转头对钱鏊："'善有善报，恶有恶报'，黄河尚有澄清日……何必如此相欺？"

钱鏊嘿嘿一笑："为何不把话说完，'善有善报'怎的？'恶有恶报'又怎的？那'黄河尚有澄清日'又是什么意思？这不是谋反，又是什么？"说罢意味深长地冷笑几声，走了出去。

汝愚气得手抖个不停。崇宪大哭。汝愚道："宪儿，大丈夫在世，立于天地间，能屈能伸，当学会隐忍，这点挫折，便哭哭啼啼，成何体统。"崇宪听父亲一说，止住不哭，站起身来。汝愚提起笔来，给朱子另写一信。写完，意犹未尽，又录下旧作《金溪寺梅花》附了，让崇宪去寄了。

自那日袁枢告知汝愚被流放，朱子便日日为他担忧。这日，忽收到赵汝愚一信，忙展纸阅读，知他已到衡州，不禁唏嘘。又见文后附有一诗，乃是汝愚咏梅之作《金溪寺梅花》：

> 金溪有梅花蠹蠹，平生爱之看不足。
> 故人爱我如爱梅，来共寒窗伴幽独。
> 纷纷俗子何足云，眼看桃李醉红裙。
> 酒狂耳热仰天笑，不特恶我仍憎君。
> 但令梅花绕僧屋，梅里扶疏万竿竹。
> 相逢岁晚两依依，故人冰清我如玉。

朱子阅罢，念他一代贤相，为奸臣所害，遭此大罪，正如那屈子蒙冤，对奸人权臣更是愤恨。想到挚友流放途中，诸般辛酸，不禁担心。提笔写了回信，嘱他一路珍重，期盼劫后重聚，把酒相叙。信末附一诗《梅花赋》寄怀。诗云：

夫何嘉卉而信奇兮，厉岁寒而方华。

洁清姱而不淫兮，专精皎其无瑕。

既笑兰蕙而易诛兮，复异乎松柏之不华。

屏山谷以自娱兮，命冰雪而为家……

自这日起，朱子更专心注解起《楚辞》来。每体味屈子诗中意境，眼前便也浮现汝愚舟行潇湘，他或迎风立于船头吟诵，或微雪中伫立洲头北望。不禁泪光盈盈。心中念着挚友，手中铁笔如刻，一页页浸泪的稿笺摞在案头。

这日一早，赵崇宪起床，见父亲脸色蜡黄，甚是虚弱。用手摸一摸他额头，似火般滚烫，乞为医治。公人报与钱鍪，钱鍪道："朝廷重犯，岂能随随便便见得外人。"崇宪见钱鍪不允，急得哭红双眼。至第三日黄昏，赵汝愚呼吸急促，浑身忽冷忽热，钱鍪这才准允他去找大夫。那大夫开了药，崇宪忙到街上药铺买了药，到林老头家煎了，端回来喂服父亲。

次日，钱鍪使李横来催汝愚早早上路，不得延误行程。崇宪又到附近药铺买药，准备路上续用。哪知前脚刚走，便有一个身穿灰袍的人来到监室，自称医者，与李横密语几句，李横便即出去。这灰袍人走近汝愚床前，也不搭话，取出一个纸包，将些药粉倒在碗中，用水一冲，摇匀，让汝愚服药。汝愚神志恍惚，喉头呃逆，无法吞咽。那人伸开蒲扇般的大手，捏住赵汝愚鼻子，强将药汁灌入他口中。汝愚喝过药，大叫一声，挣扎几下，两腿蹬直，再无声息。那人见状，嘿嘿一笑，转身出了监室，扬长而去。

崇宪回到监室，叫父亲两声，不见答应，上前一看，已然仙逝，大惊失色。蓦见几上倒着一只空碗，碗底尚有药汁残留，颜色暗红，辨不出何物，不禁心下生疑。忙告知李横，李横看看药碗，道："喂，别疑神疑鬼好不好，你还没买药，哪个有药给他服。"

"我只走一刻钟，父亲大人竟尔仙逝，世间哪有这等蹊跷之事？"

李横一看，这才发觉汝愚已死：

"乃父患病身亡，也不算稀奇。你自节哀便是。"

崇宪哭倒于地。想不到自己出去这一小会儿，父亲竟被谋害，真是有理无处说，有冤无处诉。哭着来找州守钱鍪，钱鍪道："人生在世，难免一死。赵贤侄，而今你父亲既死，总比去到永州受煎熬的好。你当节哀顺变，抓紧料理后事才是。俗话道：生，事之以礼；死，葬之以礼，祭之以礼。这便是孝。"话说得甚是诚恳，嘴角却似笑非笑。

崇宪听罢，回到监室，伏到父亲身上，号啕大哭。

时值年关，衡州街市处处张灯结彩，家家户户只把新桃换旧符，爆竹声声，新年已到。只是衡阳州府这间小小的监室中，冷冷冰冰，风声呼呼，简陋的竹床上，一具儒臣的尸体已然冻僵。

汝愚既死，钱鍪报至朝廷。皇帝赵扩得讯，先是一愕。暗自琢磨：汝愚毕竟也是赵家的人，既死于客途，当入土为安。命将赵汝愚棺柩送回原籍安葬。

赵崇宪买来木板，让工匠在监室门外打造棺椁。一群乌鸦聚在牢城营外的枯树上，"嘎嘎嘎"不住鸣叫。说来也怪，这些乌鸦与寻常乌鸦颇有不同，个个又肥又大，压得树枝沉沉垂下，让人看着不寒而栗，连几个押送的公人也觉瘆得慌。

不日棺成，崇宪独自一人，白马素车，扶柩迤逦返归饶州。途经潭州，忽前方哭声动天，近前一看，无数百姓拦道哭吊，恳求将贤相赵汝愚就地安葬。崇宪心中感激，却也不能自作主张。自古皇命不可违，崇宪感于潭州百姓义节，哭拜于地。当日便上书朝廷，请将父亲葬于潭州。他胡乱找了一家客店住下，茶饭不思，等待回音。数日后朝廷回信，准允留下遗物，在潭州修建衣冠冢一座，尸身仍葬原籍。崇宪将父亲衣服除下，另换一身寿衣，在妙高峰下修了座衣冠冢，与潭州百姓哭祭埋葬，一座新坟渐渐隆起，立在一片松柏之中。

二日后，崇宪扶着灵柩，迤逦东行。一路风餐露宿，至四月底方至余干，设了灵堂，族人纷纷来到府中，一时哭声连连，天愁人悲，整个赵家笼罩在愁云惨雾之中。

这日朱子在那清邃阁中，一早便开始注解《离骚》，念到"……吾令羲和弭节兮，望崦嵫而勿迫。路漫漫其修远兮，吾将上下而求索……"不禁掩卷唏嘘。起身立于窗前，凭眺窗外半水半山，半晴半阴，长吁短叹。忽见刘炳（刘熵之弟）慌慌张张进了院子，径到清邃阁，哭丧着脸递上一信。朱子一看，见落款是赵汝愚之子、自家弟子赵崇宪，心中一惊。

淳熙年间，赵崇宪曾师事朱子。读书甚是用功，字迹清秀，朱子对他印象颇深。此时见他来信，忙展开来读。不读不打紧，一读但觉天旋地转，眼前昏黑一片，直如坠入云里雾里：原来竟是赵汝愚死讯。只见他有气无力道："子直（赵汝愚字）忠厚仁义……死得……好冤，我这……便去他灵前……为他招魂。"说罢一阵剧咳，咳出一大摊血来，昏厥过去。

刘炳见先生昏倒，忙上前将他扶住。大呼："先生！先生！先生节哀！"吴稚、李方子、辅广等正在读书，听到清邃阁中有人哭喊，纷纷跑来，围着朱子，顿时慌了手脚。听了刘炳诉说原委，又为朱子担忧，又替赵汝愚愤愤不平。吴稚左手抱着朱子头，右手掐了朱子人中。不一会儿，朱子悠悠转醒，神色茫然道："子直好冤，我这……便去他灵前……为他招魂。"众弟子纷纷相慰，好容易劝住了。入夜，朱子昏昏沉沉倒在床上，迷迷糊糊睡了。

刘炳与其兄刘熵都曾师从朱子。刘炳之子刘填为赵汝愚婿。隔日一早，朱子便带了吴稚、李方子等弟子到十里外刘填家中，在赵汝愚灵位前焚香祭奠，哭声甚哀。吴稚等见了，俱各泪下。

到了下葬这日，赵崇宪、崇范、崇楷、崇朴等八兄弟，与百十族人披麻戴孝，到雕峰山下来安葬父亲。雕峰山本不甚高，看去毫不起眼。东麓有三石如柱立于湖中，曰三星石。无数乡人也来参加葬礼。时值早春，天上乌云漠漠，四周荒草萋萋，风卷万松，波涛般荡漾开去。从山下举目瞭望，但见梅花丛丛，似片片云霞。崇宪正自号哭，忽见一老儒，步履蹒珊，杖藜行过小桥。后面跟着六七个弟子。认得来人正是恩师朱熹，禁不住泪如泉涌，"哇"的一声哭了出来。

原来朱熹得悉赵崇宪将在原籍安葬父亲，便带了几名弟子，径到余干来吊唁挚友。一片哀哭声中，朱子拿出祭文，颤颤巍巍诵道："……惟公天赋中和，家传忠孝，爱君忧国，恳恳不忘，进秉机枢，适逢变故，禀承慈训，援立圣明，计定一时，功垂万世。"[①]

灵枢缓缓落进墓穴。一代贤相赵汝愚，赵室宗亲，历经浩劫之后，终于安眠于家乡。

汝愚为人孝悌仁厚。家中有人患病，需要人血补益，汝愚便刺破手指，滴血和药以进。其母惧雷，每次闻雷声，汝愚便披衣到母亲榻前安慰。母亲属兔，他便一生不曾食兔肉。父亲死于肺病，他便拒食猪肺。路见贫弱必来相助，是以人称汝愚"古君子也"。

赵汝愚少时在梅岩下杜门苦读，以宗室进士第一出仕。在绍熙年间，光宗患病，久不临朝，南宋朝政尽废。赵汝愚临危而出，主策内禅，力挽狂澜。正如国子祭酒李祥所赞："勋劳著于社稷，精忠贯于天地！"如此贤相，却死得如此凄惶，天下谁不说他冤屈。连后来敌国的宰相、元人脱脱[②]也看不下去，替他鸣不平，替宋国惋惜，道："赵汝愚，宋之宗臣也，其贤固不及周公，其位与戚又非若周公之尊且昵也。方孝宗崩，光宗疾，大丧无主，中外汹汹，一时大臣有畏难而去者矣。汝愚独能奋不虑身，定大计于顷刻，收召明德之士，以辅宁宗之新政，天下翕然望治，其功可谓盛矣。然不几时，卒为韩侂胄所构，一斥而遂不复返，天下闻而冤之。于此见天之所以眷宋者不如周，而宋之陵夷驯至于不可为，信非人力之所能也。汝愚父以纯孝闻，而子崇宪能守家法，所至有惠政，亦可谓世济其美者已。"

---

① 朱熹：《祭赵丞相文》。
② 脱脱（1314—1356），字大用，蒙古蔑儿乞人，元朝末年政治家、军事家。元统二年（1334年），任同知宣政院事，迁中政使、同知枢密院事、御史大夫、中书右丞相。曾主修《辽史》《宋史》《金史》。

赵汝愚膝下八子，长子赵崇宪官至广西经略安抚使。南宋覆亡前，赵汝愚曾孙赵良淳时任安吉州知州，率军民共抗元军，旬日城破，赵良淳写下"宁为宋鬼，不为北臣"之言，引颈自刎，其妻自缢，其子、孙投水自尽，一家四口，宁为玉碎。

朱子赴余干葬过赵汝愚，回到建阳考亭，心中愤懑，愁眉不展。终日坐于清邃阁中，注解《楚辞》。似乎今朝之汝愚，便是楚时之屈原。他却不知：只因他这一祭，又牵出一桩惊天大案来，有些友人弟子便因此含冤而死，连朱子自己也险些丢了老命。

正是：欲加之罪，何患无辞；指白诬黑，圣贤做囚。

欲知后事如何，且听下回分解。

第六十一回

报旧隙胡纮诬罪状　领十罪朱子甘伏诛

　　赵汝愚是皇室宗亲，又是当朝右丞相，竟不明不白遭贬，又不明不白暴死。贬得冤枉，死得蹊跷，一时朝野议论纷纷。忠义之士，也有为他申冤的，奏折雪片也似飞至宫中。韩侂胄见状，怕这大火终要烧到自己身上，忙与同党商议对策。这日在后花园中备了酒席，叫来刘德秀密议。酒过数巡，韩侂胄唉声叹气。刘德秀见状，忙问："大人何故叹息？"侂胄道："那逆臣赵汝愚已死，本想着从此太平安宁，哪知竟惹得满朝风雨，更有一些不识趣的，一再上书圣上，要将我等问罪。照此下去，恐怕你我迟早也会有事。"

　　刘德秀听他一说，也有些害怕，道："以大人之见……"

　　韩侂胄道："若能找个理由，将这些舌长的、牙尖的、屡屡上奏想要为赵汝愚翻案的，统统治罪，你我方能安生。"

　　刘德秀听了，明白韩侂胄言下之意，是要找一个总的名头，将朝野逆党都统到这个罪名之下，一网打尽。放下酒杯，低头琢磨起来。略一沉吟，道："说那赵汝愚、朱熹等，皆痴迷圣贤之道，若指他为伪学同党，当不过分。"

　　韩侂胄听他说到"伪学""同党"几字，仔细琢磨这几字之意，终于心领神会，连连点头。两人谋划已定，举盏碰杯，哈哈大笑。

　　刘德秀指道学为伪学，这也并非头一遭。庆元元年，那时他还只是个贡举，曾上书宁宗赵扩，重提孝宗朝道学之争，冀宁宗"效法孝宗，考核真伪，以辨邪正"。之后御史中丞何澹上书请禁道学，宁宗将这奏疏张榜朝堂，供群臣观瞻同议。数日后，吏部侍郎糜师旦再次奏请考核真伪，刘德秀之议遂被坐实。自此开始禁止道学，以"伪学"之名，网尽赵汝愚、朱熹旧友及门下名士。胡纮又诬汝愚欲使上皇光宗复辟为绍熙皇帝。这才有了赵汝愚被贬永州，客死途中之事。此时韩侂胄与刘德秀重提伪学，便是要撒一张更大的网，将所有对手尽收网中，斩草除根。二人计议已定，立即纠合同党，密谋兴事。

几日后，刘德秀上奏皇帝赵扩，要求将道学定为"伪学"。宁宗准奏。隔日，胡纮便上奏道："比年以来，伪学猖獗，图为不轨，动摇上皇，诋诬圣德，几至大乱。赖二三大臣、台谏出死力而排之，故元恶殒命，群邪屏迹。自御笔有'救偏建中'之说，或者误认天意，急于奉承，倡为调停之议，取前日伪学之奸党次第用之，以冀幸其他日不相报复。往者建中靖国之事，可以为戒，陛下何未悟也。汉霍光废昌邑王贺，一日而诛群臣一百余人；唐五王不杀武三思，不旋踵而皆毙于三思之手。今纵未能尽用古法，亦宜且令退伏田里，循省愆咎。"

宁宗听罢，禁不住心头发凉，只觉那"伪学"实是可恨，但要让他大开杀戒，却又下不得手。心知关涉重大，一连几日未予答复。

韩侂胄见皇帝犹疑不定，知胡纮之奏已然奏效。心想，眼下只要再添柴加火，必能教皇帝下了决心。主意已定，命人叫来高文虎，草诏声讨伪学。高文虎想起在台州任时，曾与朱熹合力讨伐唐仲友。那时朱熹在明处，他在暗处，他借了朱熹之手，总算将唐仲友扳倒了。这时韩侂胄要他来草诏声讨朱熹之流，他与朱熹无冤无仇，有些不忍。但韩大人之命，岂能推托。迟疑再三，权衡利弊，觉得还是替韩大人出头的好，于是点头应承下来。回到府中，大笔一挥，立就千言。写道：

向者权臣擅朝，伪邪朋附，协肆奸宄，包藏祸心。赖天之灵，宗庙之福，朕获承慈训，膺受内禅，阴谋坏散，国势复安。嘉与士大夫厉精更始，凡曰淫朋比德，几其自新，而历载臻兹，弗迪厥化。缔交合盟，窥伺

间隙，毁誉舛迕，流言间发，将以倾国是而惑众心。甚至窃附于元祐之众贤，而不思实类乎绍圣之奸党。国家秉德康宁，弗汝瑕疹，今惟自作弗靖，意者渐于流俗之失不可复反欤？将狃于国之宽恩而罚有弗及欤？何其未能洗濯以称朕意也！朕既深诏二三大臣与夫侍从言议之官，益维持正论以明示天下矣，谕告所抵，宜各改视回听，毋复借疑似之说以惑乱世俗。若其遂非不悔，怙终不悛，邦有常刑，必罚毋赦！

此奏转到皇帝赵扩面前，赵扩一看，见说得头头是道，那伪学之害，果然不可小觑。琢磨着如何下批。

不日，端明殿学士叶翥又奏曰："伪学之魁，以匹夫窃人主之柄，鼓动天下。故文风未能丕变，乞将语录之类，尽行除毁。"右正言刘德秀再奏，指谓传习道学之士"依正以行邪，假义以干利"，"如饮狂药，如中毒饵"，"口道先王语，而行如市人所不为"。这年科举，试卷只要稍涉义理之学，即遭黜落，连《论语》《孟子》言论，也成禁书。太皇太后吴氏耳闻外朝的折腾，心中不悦，说与宁宗。宁宗便下了一道"纠偏建正"的诏书："今后台谏论奏，不必更及旧事。"不料韩党终究势大，殊死抗辩，宁宗不得不追改为"不必专及旧事"。

此皆侂胄暗中撺掇，一发来动摇皇帝。皇帝赵扩毕竟初摄政事，虑事不周，经韩侂胄党徒轮番朝议，终于下旨惩禁伪学。

有了皇上旨意，侂胄开始向"伪学之徒"兴师问罪。首先要治罪的，便是党魁朱熹。他找来太常少卿胡纮议事。胡纮一听要向朱熹问罪，顿时便来了精神……

十四年前，朱子在武夷精舍著述讲学，每日与弟子同灶同餐，一日三餐，无非是"脱粟饭"、菜蔬之类。朱子尝告诫道："只有咬得菜根，方能做得学问"。时胡纮正任闲职，慕朱子之名，便也到武夷精舍问学。朱子以寻常饭食相待。那胡纮出身富贵，又在外做官，见了这"脱粟饭"、青菜之类，自是无法下咽。心道："你熟读诗书，怎地不识礼节，忒也看不起人。一只鸡一樽酒，山中并非没有，却用叫花子饭食打发我，当我是什么人!"当日并未翻脸,第二天竟不辞而别,从此怀恨在心。此时,他已任太常少卿之职,翻手为云,覆手为雨。要报那一饭之隙,有何难哉?

只见他眼珠子左转右转,眼皮子上翻下翻,搜肠刮肚盘算起来。算计一番,有了主意。与韩侂胄一番密语,韩侂胄听罢,哈哈大笑。

胡纮费了三个昼夜,起草了一道奇文,指诬朱熹犯有不忠、不孝、不仁、不义、不恭、不谦六大罪状,还捏造了朱熹"诱引尼姑,以为宠妾"等罪。因他并非言官,决计由御史沈继祖奏表皇上。主意已定,当即怀揣奏章,乘夜到沈继祖府来。说了来由,取出奏章,递与沈继祖,道:"只需以此疏弹劾朱熹,保你官运亨通。"

沈继祖一看奏文,惊道:"胡大人此奏,言辞凌厉,堪比陈琳讨曹檄文,不知大人何以用火如此猛烈。"

胡纮笑道:"这也正如陈琳所言,'箭在弦上,不得不发'。"

"此话怎讲?"

"你且想想,要不指说二程,如何能指朱熹之伪。诛不得朱熹,如何能尽诛逆党?"

"胡大人,您与那朱熹有何仇怨,何以恨他如此之甚?"

胡纮笑笑:"我与朱熹,并无个人恩怨,将他弹劾,也只因他所传学说,是为妖学。"

他弹劾朱熹,本来只在报那一饭之隙,此时却说为的是忠节大义。沈继祖听了,也不禁疑惑:"在下未闻朱熹之学为妖学……"

胡纮将桌子一拍,道:"你难道没有听说朱熹身上古怪的事——他一生下来,额头上便长着七个星星,依北斗阵形排列。你倒想想,好端端的人,谁额头上能生出七个星星来,不是妖却是甚?不必多问,明日殿上奏给圣上便是,对你只有好处。"

沈继祖惊出一身冷汗,知这道奏折一旦呈递,必将在朝野引发腥风血雨。然箭在弦上,不得不发。他要敢说个"不"字,当下便保不住乌纱帽,弄不好小命也得丢了。到那时,一家老小可怎么办?韩大人之命,胡大人之令,岂容迟疑。当下展纸研墨,就着油灯誊录一遍。第二日上朝,觐见宁宗，呈上《劾朱熹省札》①，朗声奏道：

臣窃见朝奉大夫、秘阁修撰、提举鸿庆宫朱熹：资本回邪，加以忮忍，初事豪侠，务为武断，自知圣世此术难售，寻变所习，剽张载、程颐之余论，寓以吃菜事魔之妖术，以簧鼓后进，张浮驾诞，私立品题，收召四方无行义之徒以益其党伍，相与餐粗食淡，衣褒带博，或会徒于广信鹅湖之寺，或呈身于长沙敬简之堂，潜形匿影，如鬼如魅。士大夫之沽名嗜利、觊其为助者，又从而誉之荐之。根株既固，肘腋既成，遂以匹夫窃人主之柄，而用之于私室。飞书走疏，所至响答，小者得利，大者得名，不惟其徒咸遂所欲，而熹亦富贵矣……

说到此处，话锋一转，条陈朱熹所犯大罪，计有：

人子之于亲，当极甘旨之奉，熹也不天，惟母存焉，建宁米白，甲于闽中，而熹不以此供其母，乃日籴仓米以食之，其母不堪食，每以语人，尝赴乡邻之招，归谓熹曰："彼亦人家也，有此好饭。"闻者怜之！昔茅容杀鸡食母而与客蔬饭，今熹欲餐粗钓名而不恤其母之不堪，无乃太戾乎？熹之不孝其亲，大罪一也。

他这一说，旁边胡纮道："孝都不懂，还谈甚么道学，不是伪学是甚么？"

沈继祖续道：

熹于孝宗之朝，屡被召命偃蹇不行，及监司郡守或有招致则趣驾以往，说者谓召命不至盖将辞小而要大，命驾趣行盖图朝至而夕馈。其乡有士人连其姓者贻书痛责之，熹无以对。其后除郎则又不肯入部供职，托足疾以要君，此见于侍郎林栗之章，熹之不敬于君，大罪二也。

刘三杰听了，在一旁道："欺君之罪，不可轻饶！"

---

① 《劾朱熹省札》，胡纮拟罪名并撰写，御史沈继祖奏劾。

沈继祖又道：

孝宗大行，举国之论礼合从葬于会稽，熹以私意倡为异论，首入奏札，乞召江西、福建草泽别图改卜，其意盖欲藉此以官其素所厚善之妖人蔡元定，附会赵汝愚改卜他处之说，不顾祖宗之典礼，不恤国家之利害，向非陛下圣明朝论坚决，几误大事！熹之不忠于国，大罪三也。

又有韩侂胄亲信在一旁小声道："不忠于国，实是大罪！
沈继祖越说越起劲：

昨者汝愚秉政，谋为不轨，欲藉熹虚名以招致奸党，倚腹心羽翼，骤升经筵，躐取次对，熹既用法从恩例封赠其父母，奏荐其子弟，换易其章服矣，乃忽上章佯为辞免，岂有以职名而受恩数而却辞职名？玩侮朝廷，莫此为甚！此而可忍，孰不可忍？熹之大罪四也。

汝愚既死，朝野交庆，熹乃率其徒百余人哭之于野，熹虽怀卵翼之私恩，盍顾朝廷之大义？而乃犹为死党，不畏人言，至和储用之诗，有"除是人间别有天"之句，人间岂容别有天耶？其言意何止怨望而已？熹之大罪五也。

熹既信妖人蔡元定之邪说，谓建阳县学风水有侯王之地，熹欲得之，储用逢迎其意，以县学不可为私家之有，于是以护国寺为县学，以为熹异日可得之地，遂于农月伐山凿石，曹牵伍拽取捷为路，所过骚动破坏田亩，运而致之于县下，方且移夫子于释迦之殿，设机造械，用大木巨缆绞缚圣像，撼摇通衢嚣市之内，而手足堕坏，观者惊叹，邑人以夫子为万世仁义礼乐之宗主，忽遭对移之罚而又重以折肱伤股之患，其为害于风教大矣！熹之大罪六也。

每说一罪，必然有人附会，在一旁煽风点火。之后又有罪案多宗：引诱两个尼姑做妾，出去做官也都带同随行，招摇过市；知漳州，请行经界，引起骚乱；任浙东提举，向朝廷申领赈济钱米，分发门徒而不予百姓；霸占他人家业盖屋，并将该人治罪；发掘崇安弓手的坟墓以葬母；开门授徒，专收富家子弟，高价收受学费；收受各处贿赂，每年数万钱……

大罪小罪，统共十余宗，除了哭祭赵汝愚一件，再没一件实事，却件件都说得头头是道。奏罢，慷慨陈词："臣以为，当斩熹首，以绝伪学。"

时有参知政事谢深甫①，也在早班朝中，不等他说完，早已气得浑身发抖，斥道："沈御史，那朱熹引诱两个尼姑做妾、私通儿媳，这等秘事，你又如何得知？而'知漳州，请行经界，引起骚乱'更是将功论过；'任浙东提举，向朝廷申领赈济钱米，都分了门徒而不予百姓'；'专收富家子弟，多要学费'，收受贿赂……全都是颠倒黑白，混淆是非！"

赵扩见意见相左的臣子们争辩起来，一时也没了主意。见众官议论纷纷，半天不语，只在一旁有心没心地听着。

沈继祖奏罢，通直郎余嚞②又奏："……乞斩朱熹，绝伪学。"

谢深甫看罢余嚞奏书，掷书于地，斥道："朱元晦、蔡季通不过自相与讲明其学耳，果有何罪乎？余嚞虮虱臣，乃敢狂妄如此，当相与奏知行遣，以厉其余'。"

余嚞道："不杀朱熹，实不能禁闭伪学，无法警醒世人。"

朝堂议论纷纷，赵扩坐到龙椅上，只听得头昏脑涨，叹了口气，宣布散朝。

这日夜间，韩侂胄便叫来内侍张亥打听消息，问道："今日朝上之议，陛下退朝之后，又说了甚么？"

张亥嗫嚅道："陛下……陛下心事重重，似乎尚未拿定主意。"

"好吧，你去吧。"

张亥退了下去。

韩侂胄在屋里踱来踱去，猜测皇上主意。新娶的小妾碧莲探过头来，笑嘻嘻道："官人有何事想不开？奴家最会帮人解结子，让奴家帮你解

---

① 谢深甫（1139—1204），字子肃，号东江，台州临海（今属浙江）人。绍熙元年（1190年），除右正言，迁起居郎兼权给事中。绍熙四年（1193年）后，庆元六年（1200年）拜右丞相。

② 余嚞，字若蒙，宋漳州龙溪县人，宋淳熙十一年（1184年）进士，授惠浔二州教授，官至通直郎，主管狱词。

开。"说着便挨到侂胄身边。

侂胄头也不抬，啐一口痰骂道："滚，连大夫人也说不得，谁要你在这里啰唆？"

那碧莲见侂胄生气，嘴一撇，哼了一声，气呼呼地走了。

侂胄独自坐到桌前，从衣袋掏出一枚银钱，自言自语道："天公在上，让我来卜一卜皇上的意思，如果是正面朝上，就是要斩了朱熹那老儿；若是背面在上，便是皇上不欲杀他。"说罢将银钱抛起，掉在桌子，丁零零响个不绝。好不容易停住，一看，背面朝上，只觉丧气。又抛一次，这回却是正面朝上。知道这小儿之戏信不得，用指一弹，那银钱"嗤"的一声弹出数丈以外，一扇月门边上。那院中正有人嘤嘤啜泣，循声去看，原来是爱妾碧莲。忙走近去抚慰道："心肝，你怎的在这里，谁欺负你了？"

碧莲道："不是你却是谁，人家好意和你说话，你却骂人家贱人，还要人家快滚，人家嫁给了你，你却让人家滚到哪里去？"

韩侂胄这才想起，方才心烦意乱骂过人，竟然骂的却是她。忙赔笑道："哈哈，我遇到件事。无意中冲撞了你，莫要记恨，改日送你一个玉簪。"伸手揽进怀里，又搂又亲，不一会儿便安安静静，卿卿我我。那韩侂胄也当真体壮，那碧莲本是妓女出身，最会床笫之事，不一会儿便喵喵地叫了起来，显然十分享受。

此后几日，宁宗每日都接到大臣替朱子辩解的奏疏。琢磨来琢磨去，终觉杀了朱熹，似有不妥。然那朱熹既为伪学魁首，将他罢职，给他些警告，却也难免。于是下旨将他落职罢祠。

不日诏书颁下，朱子一颗人头算是保住了，然则名节俱毁。朱子所犯十宗罪从朝廷传到市井，由临安传到地方，识字的不识字的，贩夫走卒、长舌妇人也都议论他纳尼为妾、与儿媳通奸等罪状。举国为之沸腾。都道他一个儒人，一向满口仁义道德，却干了恁多见不得人之事。消息传到考亭，朱子闻听朝廷诏令，怔了半天。他哪里想得到，十四年前不经意间的一顿饭，竟酿成今日一场腥风血雨。文书中所列罪状，莫说有之，就是令他想也想不出来。有道是："欲加之罪，何患无辞？"如今言路尽被奸臣把持，申诉无门，皇上昏聩，未有睿断，我只有作一谢表，给朝廷一个答复，为此事做个了断，才能免得事态扩大，祸及朋友、门人弟子。主意已定，坐到案前，小徒林夔孙早研好墨。朱子提笔，修书一封，上奏皇帝。书略曰：

……臣寮论臣罪恶，乞赐睿断，褫职罢祠，奉圣旨，依。臣已于当日谢恩只受讫者。罪多擢发，分甘两观之诛；量极包荒，姑示片言之贬。逮复寻于白简，始知丽于丹书。镌延阁论撰之名，辍真祠香火之奉，兹为轻典，允赖洪私，捧戴奚胜，感藏曷喻。中谢。伏念臣草茅贱品，江海孤生，蚤值明时，已误三朝之眷奖；晚逢兴运，复叨上圣之深知……①

言下之意，我朱熹犯了大罪，皇上开恩，对我惩罚甚轻，谨表感谢。书已寄出，尚未收到回书，又作一疏奏道：

……弹文上彻，已幸免于严诛；诏墨下颁，复宠加于明训。阅时既久，只命惟新。感极涕零，惧深首陨……伏念臣草茅贱士，章句腐儒，惟知伪学之传，岂适明时之用。顷叨任使，已屡奏于阙功；旋即便安，复未能于寡过。致烦重劾，尽摭宿愆。谓其习魔外之妖言，履市尘之污行。有母而尝小人之食，可验恩衰；为臣而高不事之心，足明礼阙；以至私故人之财而纳其尼女，规学官之地而改为僧坊。谅皆考覆以非诬，政使窜投而奚憾……臣敢不深省昨非、细寻今是！年龄晚暮，虽悲后效之无期；肝胆轮囷，尚喜孤忠之有在。誓坚死守，觊答生成。②

"谢表"乃是臣下感谢君主的奏章。凡官员升迁除授、谪降贬官，至于生日受酒醴、封爵追赠等，均有谢表。臣子尽可对皇上说些套话，淡化矛盾。朱熹此二表中，明面上言辞恳切，感谢皇上"不杀"之恩。似坦承

---

① 朱熹：《落职罢宫祠谢表》。
② 朱熹：《落秘阁修撰依前官谢表》。

十罪，实则一罪未领。

正是：

> 我穷初不为能诗，
> 笑杀吹竽滥得痴。
> 莫向人前浪分雪，
> 世间真伪有谁知？①

这一首诗，却也有个来由。乾道六年（1170 年），工部侍郎胡铨曾向孝宗皇帝赵眘举荐朱熹，说他善诗能赋。孝宗因之问于丞相虞允文②，虞允文道："朱熹之才，不在程颐之下。"

那时朱熹年轻气盛，敢于直言，对虞允文颇有微词，说他是"轻薄巧言之士"，"缪为恭敬，未必真有信用之实"。虞允文颇有气量，不以为忤。孝宗问朱熹之事，虞允文极赞其才。

如今朱子自嘲写诗属滥竽充数。"莫向人前浪分雪"，乃"辩白"之意。言外之意，眼下这不白之怨，辩不清，何须辩。

十二月，朱子被罢秘阁修撰，继而罢祠。自此断了俸银，愈加窘困，一贫如洗。

正是：斩草还除根，小人得势，君子步步维艰；春风吹又生，天地正道，万物生生不息。

欲知后事如何，且听下回分解。

---

① 朱熹：《寄江文卿刘叔通》（其三）。
② 虞允文（1110—1174），字彬父，一作彬甫。隆州仁寿县（今四川省仁寿县）人。绍兴三十一年（1161 年）任"督视江淮军马府参谋军事"，率军抗金，取得采石矶大捷。孝宗继位后，先后任兵部尚书、湖北京西宣抚使、同知枢密院事、参知政事、左丞相等职。

第六十二回

沧洲精舍传习遭禁　建宁府衙元定就拘

春节刚过，乍暖还寒，山野间积雪未化，云端时见几只候鸟南来北归。寻常人家正沉浸在年节的气氛中，寥落的山村时时响起"咚、咚"几声燃放爆竹的声音。

一个商帮赶着骡马，自北向南缓缓行进。也不知驮运的是茶叶还是药草，只见骡马背上一袋摞着一袋。行着行着，隐隐听到书声琅琅，马帮中有人停下脚步，注望前方一片气势宏伟的建筑，心中生奇。

一个瘦子马夫道："好大的气派，不知这是哪家寺庙？"

一个矮而胖的道："我猜是一座道观。"

队伍中一个老者笑道："你等真是孤陋寡闻，连这也不知！这处地方，便是有名的'沧洲精舍'，读书人哪个不晓得。也难怪，谁叫你们大字不识一个。"

两个说错话的马夫被老者一顿笑骂，顿觉没了面子，"啪"地抽了一鞭，那高大的骡马脚下使劲，奋力向前行去。绕过一个山弯，迎面行来七八个公人，装腔作势，似乎肩负要紧公务。马帮众人一见，忙闪在一旁让道。只听马上几个人道："朝廷这个文诰下的忒也不是时候，大过年的，又是查抄书院，又是拘捕伪学党徒，兄弟们年也过不好，当真没趣。"

一个长着酒糟鼻的骑在马上，听了几人议论，骂道："你等休要饶舌，沧洲精舍就要到了。"听口气，似乎是这伙公差的头儿。

公差们打起精神，一抖缰绳，马蹄杂沓向沧洲精舍方向行去。

几个马夫见状，咋咋舌："看这阵势，似乎是去捉拿要犯，"

另一个道："读书人又不杀人放火，书院里能有甚么要犯？"

那老者听了又骂："公家的事，那是你等懂得的，尽瞎操心！好好赶你的骡子，别翻到阴沟里去！"

几个人不再说话，奋力向前赶路，转眼消失在树林之后。

朱子正在给弟子讲解《西铭》①，道："'知化则善述其事，穷神则善继其志。不愧屋漏为无忝，存心养性为匪懈。恶旨酒，崇伯子之顾养……'诸位，这句话的意思是说……"

正要往下说，忽听门外一阵马蹄声，接着一阵斥喝之声，似有外人强闯书院。众弟子不知发生何事，纷纷往窗外望去。李方子坐在门侧，起身前去察看。刚走到门边，"嘭"的一声门被撞开，就见几个公差模样的闯了进来，为首一位长着酒糟鼻的，一手叉腰，一手拿着诏书，拿腔拿调大声嚷道："朱熹，你好大的胆子，还敢在这里聚众授徒！"

朱子并不发怒，面带微笑怼道："传道授业，何罪之有？"

那酒糟鼻扫一眼众人，大声道："聚众授徒，本来无罪，但你所讲论，是为伪学。是伪学，这罪可就大了。从今日起，这里不准再讲习了，敢违旨者，以聚众谋乱罪论处。"说着向着书院几间大房一扫："兀那蔡元定，快快站出来说话！"

朱子笑笑道："季通先生今日不在，不知大人找他何事？"

"哼，诏书上不是写得清清楚楚明明白白：他被编管道州啦！"

朱子听了，突地怔住。弟子们也喧嚣起来："季通先生何罪之有？"

"何故要将他编管？"

"你等休要喧嚷，他蔡元定有罪无罪，你我说了都算不得数，朝廷自有定论。明日我再来此间，要是再见到有人在这里念那之乎者也，不管是谁，当即绑了送到大牢！"说罢一招手，带着几个公差走了。

---

① 《西铭》，北宋张载所作。张载曾录《乾称篇》的《砭愚》和《订顽》，分别悬挂于书房的东、西两牖，作为自己的座右铭。程颐见后，将《砭愚》改称《东铭》、《订顽》改称《西铭》。

　　弟子们愤愤不平，冲出教室，见校舍大墙上赫然张贴了数张禁习伪学的告示，上面赫然写着《伪学逆党籍》入籍者名姓，计有：宰执赵汝愚、留正、王蔺、周必大四人；待制以上朱熹、徐谊、彭龟年、陈傅良、薛叔似等十三人；余官刘光祖、吕祖俭、叶适、杨简、袁燮等三十一人；武臣皇甫斌等三人；士人杨宏中、蔡元定、吕祖泰等八人。

　　朱子一看到蔡元定名字，大吃一惊，头嗡地一下，差点晕倒。叫过李方子、吴稚道："看这情形，似乎那伙人便要去拘捕季通。你二人走捷径快过江去，告知季通先生，令他快快离家，避避风头。"

　　李方子、吴稚说声"是"，跑出门抄近道去向蔡元定报信去了。

　　李方子、吴稚一走，朱子气呼呼坐到石凳上，思忖起来。心道："留正被逐，赵汝愚已死，我早已罢职，怎的没完没了，还要治罪这许多人。治我之罪也就罢了，怎的竟要编管元定。唉，都是我连累了他。"越想越是不安，只盼蔡元定早一刻得到消息，躲到那荒山野岭无人之地，避他一年半载，再作计较。

　　李方子、吴稚沿着山道跑了一程，气喘吁吁，真想趴到石头上歇息片刻。心知事关重大，不敢耽搁，挣扎着再往前跑去。终于到了渡口，见一只渡船泊在岸边，艄公正斜倚船头打盹，忙上前掏出碎银递与他，请他开船。

　　原来这次伪学党禁，又是因刘三杰一道奏疏而起。庆元三年（1197年）闰六月六日，朝散大夫刘三杰守丧期满，刚回临安，奏上一折："如今天下的忧患无非就两个，一是金人陈兵北边，一是伪学难禁。……前日伪党，今又变为逆党……"

　　此奏正中韩侂胄下怀。十二月，绵州知州王沇上疏："请置伪学之籍。"宁宗略一思索，御笔一挥，批曰："从之。"于是仿元祐党禁之法，置《伪学逆党籍》。名单中人物，并非都是因传习道学而入籍，多是因行事直接或间接威胁到韩侂胄权力根基，侂胄欲除之而后快的政敌。这五十九人有的已罢官，有的已贬谪，有的拘捕监禁，有的充军发配，也有的遭迫害致死。尚未治罪的，便立即缉拿。自此党禁之祸更剧，举国儒学士林风声鹤唳。

蔡元定便在这五十九人之中，以"佐熹为妖"之罪，被编管道州。

蔡元定这日也起了个早，校订《参同契》，注疏数页，不觉已到午时，微觉困乏，起身走到院中，舒舒服服地伸了个懒腰。抬头见小孙儿蔡模、蔡杭分坐在两个小机凳上，有模有样地正自诵读诗文。蔡杭四岁，背的是唐诗"鹅，鹅，鹅，曲项向天歌……"①，蔡模九岁，背的是"人皆有不忍人之心……"②。元定见两个孙儿如此肯学，心中暗自欣喜，望着二人微微一笑。

俗语云：十年树木，百年树人。但凡启蒙心智，最好的时机便在稚子之时，且越早越好。元定未生，还在娘肚子里时，父亲蔡发便开始对他施以早教。先是在四壁悬挂圣贤画像，令妻子詹氏（元定母）日夕观之，是为胎教。又时时诵读词赋歌谣，给腹中胎儿听。是以季通幼时，聪睿超群，高出常儿。八岁能诗，日记数千言，承父教精研三氏（程、邵、张）之学，少时即能深悟其理，又熟谙象数之学，古时传下的算数谜题，有人十年苦思也解不开的，他略一思索，片刻便算出了结果。元定受父亲影响，对子孙施教也抓得甚紧，早早便教他们读书识字。正自观看二幼孙诵读，蔡沈从外挑了一担水进来。元定道："沈儿，把西厨砧板上那只鸡用油纸包了，午后我随你去考亭，送给晦翁先生。"

蔡沈放下担子，道："好极，晦翁先生正该补补身子。"

蔡沈本随朱子侍读，这日有事，回到莒口家中，本待今日再返考亭。蔡沈到柜子上取了油纸，慢慢包裹宰杀好的一只公鸡。忽听一阵急促的脚步声，接着就见李方子、吴稚气喘吁吁跑来，神色惶急。蔡沈道："咦，两位师弟，你二位怎的来啦，快快坐下，我这就去沏茶！"

---

① 骆宾王《咏鹅》中的诗句。
② "人皆有不忍人之心"，《孟子·告子》中的内容，阐述"性善论"的主张。

李方子、吴稚望着元定，结结巴巴说道："季通先生，快避一避，官府要来拘你！"

蔡元定淡淡一笑："拘我，为什么？"

吴稚将清早发生在沧洲精舍的事说了一遍。元定听后，淡淡一笑："何必等他来，我这就到州府就拘。"

李方子道："季通先生，你……"

蔡沈道："爹爹，我看，还是避一避的好……"

元定道："获罪于天，天可逃乎。沈儿，你收拾几件衣服，随后来州衙找我。"

"爹爹，你……"蔡沈急得要哭出来。蔡模、蔡杭不知发生了什么事，都拽住蔡元定衣襟，咧嘴哭了起来。

蔡元定摸摸蔡模、蔡杭的头："乖孩儿，你们要好好念书，等我从道州回来，要一一考问。哈哈，哈哈，好孩子，不哭……"

说罢转身出门，大步流星，衣袂飘飘径向百里外建宁府治建瓯走去。李方子、吴稚在后面叫着"先生……先生……"急追了来。

蔡元定回头道："你二人且回考亭，好好侍奉先生。我隔日经邵武赴道州，必走水路，那时，便到瀛洲桥与先生揖别。"

李、吴二人哭着，向元定一揖。元定转身，沿大道往南而去。蔡沈拿了几件随身衣服，边哭边跑，终于追上父亲。

元定来到建瓯，径来寻找县尉任杰。任杰见朝廷要犯蔡元定自己来到州府，心中大奇，将他叫到僻静处，压低声音问道："季通兄，我明日才去拘你，你何故今日自投罗网？这却教小弟犯难了。"

"犯难？"

任杰见四下无人，悄声道："今日一早，我让那刘捕快先到晦翁先生处宣旨，就是为了提早让你知晓。你既得到消息，为何不避避风头，做长久打算？"

蔡元定这才省悟：此案一发，按理州府先要派人到家中拿他，然后再

432

到考亭关闭书院，遣散学生。任杰思虑周全，权变先后，意在向他通风报信。

蔡元定哈哈一笑："任兄，天欲罪我，何处可逃？"

"这个……"任杰低头不语，面露难色。

任杰素与元定交厚，敬慕他与朱子人品学识，接到朝廷诏令后便思谋着怎能救他。当下派人先到考亭，要故意弄点响动，但不可为难朱子。那刘捕快长着酒糟鼻子，说话大嗓门，做事却有分寸。他领着十几个公差到沧洲精舍大叫大嚷，封门，贴封条，原是要声东击西，故意走漏消息给元定。哪知元定处变不惊，大义凛然，径自来投罗网，使他的缜密计划终于落空，不禁连声哀叹，唏嘘不已。

元定见他哭丧着脸，哈哈一笑："任兄，你若不拘我，上峰那里如何交差？你若捕我，还得劳师动众要你到我家去。我蔡家一门，统共也有百十号人，当着一家老小之面，你将我五花大绑捆了，家人要受惊吓，我也不太体面，还不如我自己来好啦。"

任杰见他面带微笑，浑不将编管流放当回事，哪像来投案的朝廷重犯，不禁皱皱眉头：　"季通兄，朝廷编管你到道州，是治罪，不是去享福！"

"人生在世，一只碗，一张床，在哪里睡觉吃饭不是一样。任兄莫要多虑，你我是朋友，我岂能一走了之，连累于你。再说，朝廷既要治罪，又怎能逃脱，逃了初一，又怎能逃得十五。勿复多言。该打该罚，我蔡季通绝无一句怨言。任兄向来关照，季通感激不尽，在此谢过。"说罢一揖。

任杰头上渗出豆大的汗滴，抬头见四五个捕快站在门外，为首的一个手拿镣铐，等着铐他手脚。心中叫苦不迭："这下倒好，众目睽睽，如今想要放你也不成了。"

元定道："且请拿出文书，这就画押交割便是。"

任杰道："事到如今，还能怎的？"取出文书，铺开，让他签字画押。

元定挥笔签下名字，盖上手印。任杰看也不看，转头对外喊道："来人，将人犯带走！"

几个公人气势汹汹，执了元定双臂，就要给他戴上镣铐。任杰喝道："住手！他既来投案，还能跑了不成？带他到监室即可，按时供应饭食，莫要亏待于他。"

元定看任杰一眼，道："这又何必，官事官办，戴就戴了，又不影响说话吃饭。"

任杰摆摆手，别过头去，不再看他。元定回转身，随几个公人径到监室。

到了天黑，李方子、吴稚返回考亭，告诉朱子："季通先生已自到州府就拘，隔日将从水路出建阳，要在瀛州桥上与先生作别。"

朱子哽咽道："季通他忒也固执。唉，也罢，咱们便在瀛州桥头设席，为他壮酒饯行。"

众弟子慨然答应，当下便有几个下山到市集上买酒。

有分教：万水千山，良师益友见时难；瀛州桥头，千杯万盏死别离。

欲知后事如何，且听下回分解。

第六十三回

瀛州桥头群儒壮酒　寒泉精舍师友解经

元定进了监牢，任杰心中颇不是滋味。吩咐狱卒不可刁难，他要写字便写字，要读书便读书，由他自便。黄昏时分，又来探视，见监室寂静，无声无息，仔细一看，元定正在校书，甚为专注。使人端来茶水，隔着栅栏与他攀谈起来。

到了第三日，正是正月二十，到了出发的日期。任杰派两个性子斯文的公差押送，谆谆嘱咐，一路好生照护。元定谢过，道："自建宁赴道州，必先水路，我想请仁兄通融：路过瀛州桥时，略作停留，我要与几位朋友作别。"

任杰道："便如季通兄所愿。只要按限定时日，赶到道州便可。"

元定拱手一揖，出了县衙，与子蔡沈径直往江边行来。两个公人手执哨棒，在后紧紧跟随。到了渡口，上了大船，沿水路缓缓而行。

这日一早，朱子早早带了两百多个弟子，在瀛洲桥头守候，置酒为元定送行。

那瀛州桥建于北宋庆历年间（1041—1048），桥不甚宽，看去颇显沧桑。桥南有屋舍三间，本是南唐处士江为旧宅，后改为靖安寺。寺中香火不旺，四周林木遮掩，时人只觉有些诡秘，此时笼在薄雾之中，风声飒飒，更显凄凉。

朱子一夜未眠，眼中布满血丝。此时立于桥头，神色忧郁，焦急地等

待元定到来。暗恨韩侂胄、胡纮之流，汝愚既已身死，也将我朱熹诬罪罢职，何以又来残害我这挚友与弟子。

蔡元定是朱子大弟子，从朱子最久，朱子视他为朋友。其处家，以孝悌忠信仪刑子孙。教人，以性与天道为先。人品学问，端的是人中少有。四方来从朱子学者，也须先从元定处质正。元定追随朱子四十年，朱子常与他切磋。朱子著书，也常与元定一同校订。是以有"羽翼紫阳、领袖朱门"之誉。如今这位"羽翼"被以"佐熹为妖"之罪发配千里之外，怎不令朱子如割股肱，心痛如绞。他拄着拐杖走来走去，杖头敲到路面青石上，当当作响。时不时抬眼远望山脚下溪流回转处，只盼早一刻看到元定身影。此时薄雾笼罩，北风猎猎，江面上行船稀少。两百个弟子个个翘首以待。

约莫过了两个时辰，就听有弟子喊道："来了，来了!"

朱子抬眼望去，见江面上，一只白帆，在峡谷间顺流而下。船头一人，儒巾儒袍，气宇轩昂，昂首立于船头。不是元定是谁?

朱子向众弟子道："备好酒菜，我要与季通一醉方休!"

说话间帆船驶近，朱子与十几位弟子走到岸边。

"先生何必在此遭受风寒，我正要到……"元定一句话没说完，朱子哽咽道："季通……我是伪学魁首，却要你来受这份罪。你所以远行，是我修身无及，实在令人……"老泪纵横，说不下去。

元定一笑："先生不必如此，我这一去，又不是不回来了。"

朱子见他神色自如，似乎此次被编管道州，只是寻常游历一般，怔了一怔。几个弟子侍立一侧，不住抽泣。

吴稚劝道："二位先生不必感伤，且同到寺中叙话。"

朱子省过神来，拉了元定的手，缓步到靖安寺中。

李方子给二人斟满酒，朱子高举酒杯，说声"请"。元定忙也举杯，二人一饮而尽。

那边，李方子早给两个公差各塞了几两银子。将他二人另置一桌酒席，在院中大樟树下，慢慢享用。二公差浅酌慢饮，并不催迫。

朱子道："元定，你这一去，长路漫漫，风高浪急，可要当心！"

"哈哈，先生，不必为我担忧。想那道州，正是濂溪先生故里。我此番到得那里，正可看看那里的山形水势，瞻仰先贤遗迹，说不定便有意外收获。若真如此，岂不是美事一件？"

朱子一想，这话也有些道理，禁不住也点一点头。

周濂溪即周敦颐，世称濂溪先生，"北宋五子"之一，著有《周元公集》《爱莲说》《太极图说》《通书》。朱子、蔡元定探究无极、太极、阴阳、五行之理，对周敦颐著作耳熟能详。如元定此去能平平安安，搜罗濂溪先生事典，或于道学大有益处。正所谓"塞翁失马，焉知非福"。

元定见朱子低头沉思，续道："先生实不必为我担忧，人生在世，建州道州，宫殿茅棚，到头来不都是一样地吃饭睡觉么？弟子但有容身之床即可，和在家里，有何不一样？再说，我到得道州，与先生书信论学，继续校注先贤书册，诸事并不耽搁。"说到这儿，又笑一笑，道，"先生与众师弟都来送我，值此清风徐徐，波光潋滟之际，我有所感怀，赋得一首小诗，我且吟与先生并诸师弟，先生以为如何？"

朱子道："愿闻元定佳作。"

元定背负双手，凝望远天，吟道：

> 天道固溟漠，世路尤险巇。
>
> 吾生本自浮，与物多瑕疵。
>
> 此去知何事？生死不可期。
>
> 执手笑相别，无为儿女悲。
>
> 轻醇壮行色，扶摇动征衣。
>
> 断不负所学，此心天所知。

——《谪春陵别诸友诗》

虽然诗好，众师弟听罢，却无一人喝彩。都知道这是大师兄怕朱子和众师弟伤悲，抚慰人心之作。

朱熹听了，唱起初回考亭所填《水调歌头·题沧洲》："富贵有余乐，

贫贱不堪忧……"

诸生听了，低声应和，继而以箸击桌，打起节拍，引吭高歌。元定见状，解下腰间长笛，吹了起来。刚吹数声，弟子萧长夫、许顺之也抚琴和了起来。众弟子跟着唱道："何似鸱夷子，散发弄扁舟。……永弃人间事，吾道付沧洲。"歌声顿挫悠扬，箫声意境邈远。溪中碧波荡漾，山上林涛阵阵，似乎这场宴会，并不是一场生离死别的壮行，而是一场朋友间情深意长的聚会。

眼见日落西山，起了薄雾。元定突然想起什么似的道："对啦对啦，昨日我校《参同契》，发现有几处，大是可疑……不如且到寒泉精舍，且听弟子一一道来。"

朱子心道："你将被流放，一路凶多吉少，这会子还来与我谈论《参同契》，似乎不合时宜。"眼望元定问道："《参同契》？"

"是啊！"元定说着从怀中拿出一卷书册，捧在手上，递给朱子。朱子接过一看，书页正文之旁，用毛笔密密麻麻写满文字，不禁又惊又喜："季通，你当真起卧坐行，都在做着道学文章。在牢中也做得这样好文字！"悠悠叹道："友朋相爱之情，季通不挫之志，可谓两得矣。"

朱子心想："《参同契》中疑问正多，元定既有大悟，我二人此时不议，更待何时？"想到此，一拉元定手："走吧！"

李方子、吴稚吩咐众师弟先回，只他二人与十多师兄弟随二先生续行。两个公人受县尉任杰嘱咐，又受了蔡沈好处，嘴里也吃了，手里也拿了，且难得寻到一个妥善落脚处，便从其便，并不为难。

寒泉精舍在云谷山上，距此不远。乾道五年（1169 年）末，朱子之母祝夫人去世，六年正月，朱子葬母亲于寒泉林，为母守墓，于墓旁构筑精舍，匾曰寒泉。后精舍荒废。数年前元定为便于授徒，将精舍修整再用。

朱子与元定踏着石径，迎着夕阳往西行去，十多个弟子跟在身后，默默地不作一声。行约一个时辰，前方松林后隐隐传来书声。穿林而过，"寒泉精舍"匾额赫然目前，十几间瓦房茅舍呈"凹"字形排开，精舍已到。原来元定弟子并不知先生获罪，正在伏案用功。元定引朱子进得精

438

舍，径到中间大屋，凭几而坐。弟子邱崇、刘砥见二位先生到来，喜不自禁，忙端来茶水、点心服侍。

朱子拿出元定注解的书稿，迫不及待地看了起来。边看边不时点头，嘉许其注解精妙。翻到第二页，元定指着笺纸道：

"先生，你看这几句，似乎是文字之误。正确的当是这样……"一指做了记号的一段，与朱子探究起玄奥学问来。二人时而低语商榷，时而辩论几句，时而凝神思索，浑把这布满蛛网灰尘的小小陋室当成了会讲的书院大殿。

李方子、辅广、吴稚坐在隔壁房间，长吁短叹，担忧二位先生命运。李方子道："辅广，人道你精通易理，颇通占卜之术。不如你为二位先生各卜一卦，看看如何。"

辅广听了，在地上画上图，先为朱子算了一卦，只见他掐着指头，嘴中叽里咕噜不断计算，一会儿抬起头来，面带微笑，道："嗯，先生虽然要经历一番颠簸，总算无性命之虞。"

吴稚道："你说的是哪个先生？"

辅广道："当然是晦翁先生。"

李方子道："明日一早，季通先生将流放荒僻之地，你不先测测他，却先测晦翁先生，恁地糊涂。"

辅广道："我这就测测季通先生，看他运途如何。"

说罢，又在地上写写画画，掐指计算，口中念念有词："乾兑离震巽坎艮坤……"只见他头上汗水涔涔，反复推断，脸现忧色，算毕，惊道：

"卜了一遍又一遍，都是坎卦，只怕季通先生此去凶多吉少……"

话未说完，李方子怒道："我看你是胡说，季通先生自己不比你更通易理，他此去若是有难，何以他自己不知？"

吴稚也道："你学得这点细枝末节学问，也来人前丢人现眼，料你也测不出个准头来。哼。"

辅广急道："喂，是你二人让我卜，我卜了又来埋怨我，是何道理？"

正争执间，门"咣当"一声，蔡沈、邱崇、刘砥走了进来，个个眼角

挂泪。辅广与李方子正争得面红耳赤，见几个进屋，忙即收口。一本正经道："仲默……你……"

蔡沈语气低沉道："睡吧，明早还要早起。"

原来蔡沈将父亲被编管之事，已向邱崇、刘砥说了。二人遽闻先生竟遭此大厄，不禁伤悲。几人都不搭话，钻进被窝睡了。

李方子蒙了被子，怎么也睡不着，眼皮"嘭嘭嘭"直跳。到了二更天，忽然心生一计，想要救了元定。见几人似已入眠，摸索着出了小屋。先到两个公差住的西厢房屋外，猫身凑近窗边，听那屋鼾声连天，一粗一细，一高一低，正在唱和。知二公差睡得正沉，心中暗喜。又悄悄来到东厢房，两位先生正自论道，说着："天发杀机，斗转星移；地发杀机，龙蛇起陆；人发杀机，天地反覆；天人合发，万化定基……"正是《参同契》中深奥之处，他一句也不懂。轻轻推门进来，轻声道："二位先生！"朱子与元定正说到关键处，见他进来，一愣，"咦"了一声。李方子凑到二位先生身边，悄声道："季通先生，两个公差已睡，我在这里看住他们，你赶快逃走，那船就在江边……"

元定一听，正色道："公晦（李方子字），你当我是什么人？我蔡季通向来堂堂正正，行不愧影，寝不愧衾，既未做有违天理之事，为何要鬼鬼祟祟猫鼠一样东躲西藏？"

说得李方子满面愧色。

朱子半天无语，又想元定脱罪，又想元定本来无辜，做事总得光明磊落，既然慨然就拘，半夜逃去，成何体统。

李方子听了蔡元定一番教训，知道再说无用，结结巴巴道："弟子……明……明白了。"低头叹气，退了出去。

朱子与蔡元定再论《参同契》。《参同契》又名《周易参同契》，源于易经，甚是深奥，二人所论，正是该书所载不明之处。逐处参究，越说越起劲，兴头大发，不知疲倦。吴稚给朱子与元定多抱了几床被子，又抱了柴禾生了火，屋内暖融融的，二人也不觉寒冷。鸡叫头遍，二人论书毕，倒头呼呼大睡。

　　第二日清早，众弟子已聚在院中，为蔡元定送行。不一会儿，朱子、元定携手走了出来，边走边说，口口声声还是那《参同契》、濂溪故里等话。到了岸边，朱子又是一番叮嘱。元定深深一揖，道："先生、诸位师弟，感谢大家相送。我季通在此别过，他日归来，再来一同传习！"

　　朱子哽咽道："元定，山高水远，一路珍重。"

　　元定道："先生，我此番远行，恐怕要在道州待上些时日，再要见到先生，正不知要到何年何月。元定不能侍奉先生，先生自当多多珍重！"

　　朱子听了，不觉掉下两行泪来。元定转身上船。蓦见弟子邱崇、刘砥背着行囊，立在船头。原来二人知道先生编管道州事，悄悄商议随他远行，一早便背了行李，先到岸边等候。元定命二人回，二人噘着嘴，执意随行。元定又怕此去路程艰辛，累他二人受苦，又怕此去经年，误他二人学业。见他二人泪眼盈盈，甚是可怜，只好点了点头。邱崇、刘砥见先生准允，顿时笑逐颜开，跳上船去。

　　艄公扳动船桨，大船缓缓驶动。元定立在船头，向朱子与众师弟一再挥手。朱子与众弟子伫立岸边，挥手相送，久久不忍离去。李方子想起昨日辅广卜的凶象，只怕季通先生此去有甚闪失，恨恨地瞪了辅广一眼。辅广低头不语，甚觉沮丧，只感脊背阵阵发凉。

　　夕阳西下，一只大帆渐渐化作一个白点，消失在一片猩红的云天之下。

　　正是：江河泣血，夕阳照映赤子心；山野凝霜，孤鹤迎风上九天。

　　究竟蔡元定道州之行如何，且听下回分解。

第六十四回

山路崎岖重犯编管　濂溪故里元定问天

蔡元定同季子蔡沈，弟子邱崇、刘砥，乘船来到邵武。两个建宁府州兵跟着，寸步不离。这日行到丰城，由州兵领着，到州府签字画押。交割已毕，一个公人递上一信。元定一看，正是朱子笔迹，忙展信来读，略曰："昨日之别，令人黯然！观圣者处之裕如，又足强人意也！不审晚间到得何处安歇？前途千万加意调节，言语诸事，更宜谨密，夜间止宿，尤宜切戒，或船或路，忖度其可否，遇晴遇雨，斟酌其行。度可朝夕之安也，暂处一二年，君相若能回天意，归辕又有可必之期耳，熹觉得有窥伺之者，次第亦不免，入当见之。"

阅罢，知是朱子写于考亭作别之后次日。似是父亲兄长的叮咛，元定阅罢，不禁眼前一热。阅毕轻轻将信折好，揣进怀中。怕先生牵挂，忙提笔写信向他报个平安。

行过杉岭，又接一信，朱子再嘱："从离别后，至今惘然，不能忘怀。山路崎岖，长路漫漫，一路保重。到舂陵时，到州学看看濂溪祠堂是否安然无恙。"

自邵武始，一行人便舍舟步行，迤逦前往道州。那建宁距道州约有三千里路，山重水复，甚是难行。朝廷限元定于四十日内到达道州，元定与蔡沈、邱崇、刘砥各背一个行囊，匆匆赶路。一路风餐露宿，忍饥挨饿，鞋子也磨破了三双，脚背乌青，血流不止。路上也有人听说被押的犯人便是朱熹的大弟子蔡元定，可怜他年过花甲，遭此大罪。也有施舍他银两的，也有赠送他衣物的，元定一概谢却，只在他们门前讨碗水，买几文钱的稀粥，喝了之后继续行路。

一路跋山涉水，紧行慢赶，总算在第三十六日来到道州。两个建宁府公差带着他，到道州府签字画押。交割毕，元定草就一信，再向朱子报个平安，嘱他保重身体，颐养天年。写罢，交二公差捎回考亭，交与朱子。

元定被安置在一间小屋中。屋内除了一张竹板床，别无他物。元定从东走到西，是五步，从南走到北，是三步，西墙上一扇小窗，约莫一尺宽，半尺高。蔡元定看了看，点头笑笑，道："嗯，不错，安安静静，远离尘嚣，正可读书。"

蔡沈、邱崇、刘砥三个，就住在隔壁小屋，也是一般大小。几人一路劳顿，到这里倒头便睡，鼾声此起彼伏。几日间，几人除吃饭喝水外，只在竹板床上躺着。到了第三日，元定精神略复，在几前展纸研墨，写了一个大大的"恕"字，贴到南墙上，以明心志。收拾停当，叫过蔡沈、邱崇、刘砥，道："自今日起，我等当用心读书。独行不愧影，独寝不愧衾，不要因为我获罪而稍有懈怠。"

蔡沈听了，道："孩儿明白。"

邱崇、刘砥也道："弟子明白。"

自此父子师徒当真便将贬所当成书堂，潜心做起学问来，以义理自悦，学业精进。后来邱崇在《叙西山先生行实纪略》中记道："昔颜氏乐陋巷箪瓢，孔圣贤之。先生遭流离，处穷僻，父子以义理相怡悦。假若孔圣人若在，必不令颜氏专美于前也。"

一日午时，几人正在用饭。元定在自己屋里，蔡沈与两师弟在另屋。元定吃得正香，忽听门外有人问话："季通先生在哪里？"

就听蔡沈的声音道："你找季通先生做甚？"

那人站在门外，也看不清屋里说话的是谁。俯身便拜："小的李潇，久慕先生大名，特来求教。"

蔡沈笑笑："这位兄台请起。我不是季通。"

邱崇也笑笑："季通先生不接见外人，这位老兄请回吧。"

那人一听，火冒三丈："你二人忒也无礼。我打远处前来拜见蔡元定先生，问他的所在，你二人知便知，不知便说不知，何必冒充季通先生戏耍于我！"

"哪个戏耍你了？季通先生……"邱崇正要争辩，元定走了过来："沈儿、子陵（邱崇字），休得无礼！"

那人一听，知道说话的正是蔡元定，双手深深一揖，道："小的李潇，素慕先生，特来向先生求教。"

元定看那李潇时，见他约莫十七八岁，一身素袍，满身补丁摞着补丁，却也刷洗得干干净净。显然是一位读书勤奋的寒门弟子，心中暗暗喜欢，说声"请"，将他延入屋内。蔡沈等也跟到元定屋中。

邱崇心中不悦，悄声对元定道："先生被编管，左右不知有多少耳目，理应小心行事，闭门谢徒，免得再生祸端。"

蔡沈道："父亲大人，此时带徒，大是不宜……"

元定对蔡沈、邱崇作色道："李潇知我是朝廷罪人，诚意来学，颇有志节，实是可贵，我等岂可拒之？尔等正应与他互勉。若有祸患，亦非闭门塞窦所能避也。"

蔡沈、邱崇听了，不敢再说。

元定考校了李潇一些学问，李潇对答如流。元定点点头，当下收他为徒。隔日李潇便来求教，元定用心教授，李潇越发刻苦。师徒于陋室传习，日日不辍，兴致盎然。

自寒泉精舍一别，朱子日日挂念元定，时时为他担忧。这日走近窗前，远望云谷、西山方向，似乎有两盏明灯，于朦胧夜雾中闪烁不定。想起当年元定在西山悬灯为号，隔日便到云谷山问学之事，不禁唏嘘。见吴稚等正在院中读书，问道："近日季通先生可曾有书来？"

吴稚等道："想必因为路途遥远，西山先生的信在路上耽搁，或许明日便见。"

时有里中豪绅，见元定获罪被编管，便使人偷盗蔡家财产，侵占田

444

宅。朱子听说，愤愤不平，立即给黄榦去信一封，要他给县尉任杰去信，暗中保护蔡氏一家。信中道："任县尉甚不易得，然不欲深与之交，恐复累渠入伪党也。季通家为乡人陵扰，百端几不可存立。因为嘱其阴护之，为佳。"

时黄榦正服丁母忧，居闽县，在长箕岭筑茅屋讲学。见朱子来信，立即给任杰去信，恳请其保全蔡氏族人及田产。任杰得信，即差人缉盗，蔡家稍安。

又过旬余，两个押送的州兵返回建宁，将元定的信呈上。朱子见元定述说初到道州事，见他问学之志愈坚，放下心来。自言自语道："元定身在难中，凛然处之，问理之志不辍，真义儒也。"

蔡元定在道州贬所，边服刑边做学问，倒也悠然自得。远近的儒人慕他声名，都来贬所访问。听了元定论讲，皆心悦诚服，席地而坐听他解经酌古。时有参军王城，向来看不起读书人，听说蔡元定是"佐熹为妖"的腐儒，甚为轻视。时常耻笑追随元定的弟子不识大体。一日遇见蔡沈，向其问教，蔡沈不卑不亢，与之相谈，王城始知其学问之深，叹相见之晚。次日具酒拜元定为师，到后来为元定昭雪申冤时，他具状慷慨陈词，出力最多。

一日课毕，蔡沈呈上一信。元定一看，见是朱子手迹，大喜，拆开一看，朱子写道："……烦为问学中濂溪祠堂无恙否。"蔡元定点点头，对着信笺说道："弟子明白，这就向王参军告假，拜谒濂溪先生。"

朱熹一生中数度订正、注解、研究周敦颐的《通书》，却无缘到周子故里拜谒，是以叮嘱元定前往拜谒，代他探访。

第二日元定向王城告假，带上蔡沈、邱崇、刘砥，到濂溪祠拜谒，焚香祷祝，口中念念有词。祷告一番，吟哦良久，盘桓半日方回。隔了几日，又到城南月岩洞来。这月岩洞位于都庞岭东麓，乃周敦颐少时读书悟道之地。洞内削壁千仞，白石嶙峋。说来也怪，这月岩洞顶，有三个洞穴，相互贯通。元定等从东边洞口进来，朝西行走，往顶上洞口一看，见

一弯"残月"，形似蛾眉，如"下弦月"；再往前走，那"月亮"由缺而
圆，渐渐变成镰刀、小船形状；到了岩洞中央，当顶便是一轮"皓月"，
是为"望月"；再往前行，这轮"皓月"又渐渐由圆而缺，最后又是蛾眉
一弯，成为"上弦月"。濂溪先生十四岁时，曾在此洞苦读经书，并在此
悟得"无极而太极"之理。朱子是程颐、程颢四传弟子，二程又曾师从周
敦颐。朱子与元定参研周敦颐的《太极图说》《通书》要义，追溯其学说
之源……多年以来，濂溪先生及其太极图，正如一个难以参透的谜团，令
他二人萦怀于胸，时时参研索解。此时元定亲见濂溪先生读书之所，禁不
住心中波澜起伏，难以自抑。

元定与蔡沈、邱崇、刘砥在洞间走来走去，四处观察，推想着何处是
濂溪先生读书处，先生何处而坐，何处而卧。看着头顶洞中不断变幻的奇
观，正似一幅不断演变的太极图，元定暗想：濂溪先生由此而悟道，说是
巧合，又不尽然；说不是巧合，又这般顺理成章。

三人在大洞徘徊良久，看看天色渐黑，才走出山洞，回到贬所。

后来几日，元定又带着几个弟子去拜谒濂溪书院、周敦颐故居，每到
一处，便坐下沉思，回想他《太极图说》《通书》书中所论，推究他关于
无极、太极、阴阳、五行、动静、主静、至诚、无欲、顺化的见解，不禁
遐思如涌，似乎参透了许多难解的关节。只觉被编管道州，实是大大的幸
事。而些许皮肉之苦，劳筋骨，饿体肤，所受的磨难，比之这参透绝学的
乐趣，实是微不足道。

这日从外回来，见贬所门前有一个儒雅文士，正自来回踱步，似在等
人。元定正要相问，却见那人迎上几步道："阁下莫非蔡季通先生？"

元定一愣："阁下是……"

"在下李长庚……"

原来来人是道州进士李长庚。他素慕蔡元定学识为人，听闻他编管道
州，便即到贬所来访，不想两度来寻，都吃了闭门羹。这是他第三次来
访，见元定居所大门紧锁，不禁怅惘，正自踌躇，忽见元定回来。大喜过
望，上前相迎。元定延请李长庚进屋，二人坐而论道，一见如故，相谈甚

欢。李长庚便要结儿女亲家，欲将女儿嫁给蔡沈。蔡沈因已娶妻生子，不肯再娶。蔡元定见李长庚心诚，不想拂他美意，于是命儿子应允婚事，蔡沈便迎娶了长庚之女。次年正月，蔡沈喜得一子，取名楗。

自古福无双至，祸不单行，正当蔡氏父子喜庆添丁之时，元定忽地生起病来。初而泄泻不止，继而咳嗽咯血，不多日便愈加憔悴，形销骨立。蔡沈、邱崇见了，急得团团转，终是无法。

正是：盼天晴偏逢连阴雨，欲求正反遇多事秋。

欲知后事如何，且听下回分解。

第六十五回

七尺棺椁元定试身　方寸贬所义儒捐躯

蔡家世代通医，元定曾撰写《素问运气节略》《睡诀铭》，颇为医者推崇。然而自古医不自治。元定自行调治，无论如何用药，却不见好转，一日重似一日。热气上攻，少下右拇微弱，莫能远步，最后中虚暴下。元定自知时日无多，更是惜时如金。一边抓紧注解《脉象》，一边潜心授徒。又贻书训诸子曰"独行不愧影，独寝不愧衾"，又说："步步守着仁义礼智信，可传子孙。"

这日，元定备酒请春陵朋友相聚。待朋友入席坐定，元定慨然举酒道："诸位，有道是'有缘千里来相会'，我自到道州，结识了各位朋友，幸甚至哉。然而，天下没有不散的宴席。"说到此，他顿了一顿，逐个看一看座中朋友，微微一笑："这次会饮，算是与诸友告别之会。我在这里敬各位一杯。"在座诸友人人惊愕，不知他缘何如此说话。元定泰然自若："大丈夫莫作儿女态，得失荣辱，屈伸往来，天之命也，何以泣为？"又道："凡尔诸友有疑处，合问者早问，几日后不复言语矣。"众人听了，这才明白：他是在与众友诀别。不禁倒吸一口凉气。有好言相劝的，有呆然默坐的，更多的则是连连叹气，替他惋惜。那李潇更是泣不成声。后来也真有请教学问的，元定都面带微笑，一一解答。

到了第三日，元定给了邱崇三两银子，要他购买木材，请匠人打造棺椁。棺椁制成后，元定扶着棺帮，进到里边，扶着板壁躺平，头顶在棺椁粗的一头。蔡沈见父亲如此，不知何意，以为父亲就此躺进不再出来，哭道："爹爹，你这是何意？"

元定摆摆手，要他莫要多语。颤巍巍坐直身子，用指甲在脚趾处画一个记号，笑着道："王木匠，你这活计做得忒也粗了些。"

王木匠一愣："这……"

元定用手比画着，笑笑道："我只有这么长，你却做了恁大的棺材。慢说我躺在这里舒服不舒服，只恁大的棺材，骡车放下放不下，也很难说，难道你诚心要来为难我儿。"

王木匠一听，恍然大悟：原来先生是嫌棺材做得大了。忙赔笑道："小人这便依着先生意思，将它改小。"

元定向蔡沈道："去取二两银子来。"

王木匠忙推辞道："先生，这可折煞小人了。"

说话间，蔡沈已取来银子，硬塞进他口袋。王木匠推辞不过，只得受了。

又过几日，元定已极度衰弱。这日黄昏，浑身力疲。自知大限已到，叫来蔡沈一番叮嘱，让他用笔作记：

> 吾以士人招置告评，流放如此，所谓天下罪人。吾死之后，不得受此邦时官故旧吊慰。盖此邦地气殊异，汝不得地上睡，若更得疾，则父子二丧，永无归里。三日而殓，入殓之后，一日而三举哀，若哀毁过多则生疾，非孝子。凡亲宾客至，却烦邱子陵（邱崈）祗祷，便书记姓名，临行皆自往谢之。汝是处丧礼之变，凡百却须少宽心，庶几处事不乱，可以保全吾骸而归也。又曰，先生（朱熹）老矣，汝归，终事之。

蔡沈记罢，呜咽不止。卯时初刻，乌云滚滚，风雨大作，元定穿好寿衣，端坐案前，挣扎着给朱子写信：

> 定辱先生不弃，四十余年随遇，未尝不在左右，数穷命薄，听教不终。自到此地生徒虽众，因循岁月而已，殊无日新之益。所沾之疾，初而泄泻不止，既而热气上攻，少下右拇微弱，莫能远步，最后中虚暴下，百

方治之无效，势必不久，惟以不见先生为恨。天下未必无人才，但师道不立为可忧矣……

书毕，气定神闲，双目渐合，阖然而逝。时庆元四年（1198年）八月初九日。

消息传开，道州从学的门人弟子齐来吊唁。守臣上奏，得旨许他归葬故里。蔡沈租了骡车，与邱崇、刘砥扶柩归建阳。时蔡梴仅八个月大，蔡沈只好将他托付外祖父李长庚抚养。自此，蔡氏后裔便在道州、岳阳一带繁衍开来。

出了道州，往东行来。一路吊祭者，踵接于道，蔡沈拜跪，膝为之穿。有不相识者念孝子门生旅道之苦，将白金数十星为赠，蔡沈拒不肯受，逐一谢却。道州百姓请将元定葬道州，蔡沈不敢自作主张，上奏朝廷，旬日诏下：可建衣冠冢。于是，蔡沈、邱崇、刘砥造衣冠冢一座，与道州百姓同祭。祭毕，二人又扶柩东行，还归三千里外建阳。

这日朱子收到元定一信，见信中写道："定辱先生不弃，四十余年随遇……最后中虚暴下，百方治之无效，势必不久……"未及阅罢，哭绝于地。良久，悠悠转醒，连问"元定怎样？元定怎样？"

吴稚等道："请先生宽心，季通先生家世代通医，想他正自设法调治，想来不久便即康复。"

朱子见说，略微平复。之后几日，每日神志恍惚，似在梦中，饭也吃得少了，觉也睡得少了，只担心元定安危。

此后一个月，朱子日日等待，只不见元定消息，每日魂不守舍。这日依《参同契》所论，悟得一套卜筮法，觉得甚是有趣，写成《参同契说》，准备写信向他问病时附寄，以慰他寂寥。刚写好，忽一个年轻儒生，头裹孝巾走进清邃阁中，一见朱子，跪下便拜。朱子一见那人模样，顿时跌倒在地，茶盏笔墨散落一地。

原来来人便是蔡沈。朱子蓦见蔡沈一身孝衣，知道事情不妙，惊得跌倒在地。吴稚、李方子等忙将他扶起，刘爚端一杯水来，给他喂服。朱子抚着蔡沈手，有气无力道："沈儿，你父怎么走的？快说与我。"蔡沈见先生悲伤过度，只略述一二。

几日后，蔡家举行葬礼，葬元定于建阳崇泰里。朱子亲自写了碑文"有宋蔡季通之墓"。又命次子朱埜携祭文到墓前哭祭。文略曰：

谨遣男埜，奉香烛牲酒，往奠枢前。羁旅之榇，远自舂陵。言归故里，跋涉之劳庶其少憩矣！西山之巅君择而居，西山之足又卜而藏。熹于君之生也，既未能造其庐以遂半山之约；窀穸之日，又不能扶曳病躯以视君之返此真宅也。终天之永诀，哀恸之真情，思念之罔极，何时而遂止乎？

此后几日，朱子收拾旧信，将他与蔡元定的书札编成《翁季录》，以作纪念。

元定墓址是元定生前选定，龙脉奔行数十里，成双鱼获穴，碧水环绕。元定在此长眠，正离朱子不远，似乎还可时时向先生请教。

元定卒后七十八年，即德祐二年（1276年），南宋丞相文天祥带兵勤王，曾屯兵建阳。他来到蔡元定墓前，焚香祭奠。祭毕，又撰了祭文，到后山蔡西山祠祭悼。祭文略云："周衰道丧，千有余年；周程崛起，道统勃兴。天生朱子，正学大明；天生先生，羽翼厥成。绍程继朱，集注诸书；六经垂训，万世作程；提示迷途，启迪后人。西山隐赍，潜德弗形；拟诸伊洛，为世仪型。祥早师训，勤读宦成；修身洁矩，未之能信。躬赴国难，备香申敬：先生如存，俨然居歆。呜乎尚享！"

元定既殁，众弟子又都遣散，身边只五六个弟子，死心塌地要跟着朱子，死活不肯离去。朱子每日与弟子聚而论道，在寂静的麻阳溪畔传习道统。这日注完一篇经书，站起身走到窗前，望着远处模模糊糊的溪山兀自出神。忽然一只巨雕迎头飞来窗前，张喙舞爪，样子十分凶恶。朱子生平从未见过如此大雕，禁不住"咦"的一声，后退一步。

究竟朱子此遇是吉是凶，欲知后事如何，且听下回分解。

第六十六回

沧洲病叟①含泪托孤　朱鉴②蒙稗初读家训

　　朱子见那大雕模样甚是狰狞,吃了一惊,尚未回过神来,又有两只大蜈蚣飞到窗口。朱子心中甚是奇怪,想那蜈蚣和黑雕本是死敌,何以会结伴来到窗前挑衅,不知是要叼人还是咬人。正自琢磨,就听几个小孩"喵喵"地学着猫叫,才知是孙儿朱鉴等捣鬼。故意不说破,装作惊奇的样子说道:"咦,这只大雕叫声怎么像只病猫。"

　　就听"咯咯咯"一阵小孩的笑声。接着三个小脑袋浮上窗台,朝着他笑。

　　"爷爷,你怕了吗?"说话的是朱鉴。

　　朱子道:"怕了,怕了,你们知道大雕怎么叫吗?"

　　朱钜"呜——"地学老虎咆哮一声。

　　朱子道:"你那是老虎咆哮。"

　　朱铨"嗞嗞嗞"地叫了三声。

　　朱子道:"这个也不对,那是老鼠叫。"

　　几人听爷爷一说,都不好意思地笑了。

　　"爷爷,你说大雕的叫声是甚么样的?"

---

　　① 沧洲病叟,朱熹之号。绍熙三年(1192年),朱熹建竹林精舍,后更名为"沧洲精舍"。因以沧洲之名自号。

　　② 朱鉴,朱熹长子长孙,小名恩老,字子明,号环溪,绍熙元年(1190年)生于婺州。

"雕的叫声么，惊空遏云，甚有声威，下次看见老雕，你便跟它学一学。你们这只大雕从何而来？"

朱钜道："我做的。"

朱铨道："我做的。"

几个小孩争了起来。朱子揪过大雕一看，见这风筝糊得还算结实，嘻嘻一笑："这大雕能不能飞起来？"

"能。"

"爷爷咱们去放风筝吧！"

朱子见几个孩子饶有兴致，便高高兴兴与他们出得书院，来到沧洲边上放风筝。

南风微吹，山野间时见数枝蜡梅，溪边新绿丛丛，青草长出了新芽，溪水哗哗作响，不觉间冬天已去，春天来到。一群群候鸟南来北往，欢快地搬去新家。

孩子们的风筝糊得又大又沉，几人跑来跑去，累得满头大汗，那风筝总飞不起，只在三五尺高处颠簸翻跟头。

不一会儿，几个孩子便失去兴趣。朱子道："风筝要能飞起来，就要用最轻的材质。你们这用竹竿糊架怎么行，应当用细竹丝才行。"

"爷爷，那你给我糊只风筝吧。"

"我也要，给我糊个蜈蚣。"

几个孙儿又争起来。

朱子要注解的书经正多，哪有时间去糊风筝。想一想，不如支他们去找蔡沈，便道："爷爷糊风筝不行，你们还是找九峰（蔡沈的字）大哥哥，他糊的风筝又好看又飞得高。"几人听后，蹦蹦跳跳找蔡沈去了。

回到沧洲精舍，朱子独坐清邃阁中，忽而想到："这几个孙儿年纪尚小，我要是走了，这几个孙儿怎生长大成人？谁来教他们读书？"朱钜、朱铨还好，自有乃父养育。恩老这孩儿却怎么办。恩老是朱鉴小名。朱塾去世时，他才八个月。想到恩老无依无靠，不禁担忧起来。又想那诸葛孔明曾作《诫子书》，我何不仿他也作一家书，让他们代代相传，教导子孙。

想到此，便琢磨起来，思忖这家书的写法。孙儿们还小，这家书要写得朗朗上口，对仗工整，他们才容易记住。

第二日，春风和煦，朱子坐到亭中，聚精会神写起《家训》来。将近午时，忽见朱鉴等追逐嬉闹，转过亭来，迎面和朱子打个照面。原来朱鉴几个缠着蔡沈，忙活了半天，终于糊成一个大雕风筝。吵着嚷着要去放飞。这个拽前襟，那个抢幞头，弄得蔡沈十分狼狈。恰巧转到亭边，被朱子看见，作色斥道："九峰先生是你师父，休得无礼。"

朱鉴等忙收敛笑容，恭恭敬敬向蔡沈一揖，道："师父，对不起。风筝给我吧。"话音一落，忽儿又嚷闹着，抢起风筝来。

蔡沈无法，便要带着他们几个去放风筝。只听朱子叫道："慢，你们几个背默的诗文，可曾记熟，莫要只顾贪耍。"

朱鉴、朱钜齐道："都背熟了。"

朱子问蔡沈："当真背熟了？"

蔡沈道："弟子都一一考校，确已背熟。"

朱子手一扬："既如此，去吧。"

几个一听，欢呼雀跃，跑去溪边放风筝。

朱子写好《家训》，读一遍，觉得该写的也都写了，晾干，也走到书院外来。

蔡沈与朱鉴等在沙洲上放风筝，朱子坐在一块大石上。春风夹杂着草木的香气，沁人心脾。朱子看着他们嬉闹，甚觉快慰。一会儿，几个孙儿闹得倦了，都坐到地上拣石子，堆沙堡。朱子拿出那《家训》，琢磨着怎么给朱鉴解释人之生死，说透《家训》的事。恰有一行大雁，鸣叫着飞过天空。朱子听空中大雁"嘎嘎"的叫声，抬头望去，见有十几个黑点，排成人字形，向前移动。顿时有了主意，叫道："恩老儿，来，爷爷有话跟你说。"

朱鉴听爷爷叫，走了过来。倚在他身边。

朱子将他揽进怀里，道："恩老儿，你看天上，那是什么？"

朱鉴说道："爷爷，我知道，那是大雁。"

"你看那大雁，有一个飞在最前面不是？其他的跟在它后边，排成个人字，你看清没有？"

朱鉴正抬头望雁，没有回答，朱子道："恩老儿，在听吗？爷爷说话你听到没有？"

"听着呢。是有个头雁在前面，是个人字。"

"你知道为什么要有个头雁在前面引路？"

"孩儿不知。"

"这个道理，爷爷讲给你听。是因为这只头雁，它南南北北地飞过好几回，它最认识路。"

朱鉴一听，觉得好玩，禁不住"哦"了一声。

雁阵鸣叫着，穿过一片白云，渐渐变成几个黑点，消失在天边。朱子抚着朱鉴头发续道："恩老，说起来人和雁也是一样，也要有一个人，领着大伙向前。如果咱家是那群雁，谁有资格当那头雁？"

"爷爷吧？"

"嗯，恩老很懂事。可是有一天那头雁飞不动了，他便得把自己的见识告诉子孙，由他们自己去飞，你说是也不是？"

朱鉴点了点头。朱子续道："好孩儿，爷爷总有一天也要像那头雁，离开雁阵。爷爷再也见不到恩老，恩老再也见不到爷爷。可是爷爷有很多话要说，你说怎么办？"朱鉴摇了摇头。朱子道："爷爷的办法是：给你写一封信。"

"信，咱俩天天在一起，还要写甚么信？"朱鉴好奇地问。

"这封信，你现在可以看，将来我不在了，你也可以看，你的子孙也可以看呢！"

"爷爷？甚么叫作你'不在了'？你要到哪里去？我还没讨媳妇，怎么会有儿子？没有儿子，怎么会有孙子？爷爷，我看你是说胡话了。"

朱塾去世时，朱鉴未满八个月。到此时也还稚嫩，不到八岁。朱子见他少不更事，自己若真要有个三长两短，这可怜的孙儿没个依靠，怎么面对复杂纷扰的世界。想着想着，眼角滚下两滴泪水来。

朱鉴道："爷爷，你哭啦，是谁欺侮你啦？"

朱子从衣袋掏出《家训》，悠悠说道："乘孩子，念念爷爷给你写的信，看信上的字可都认得？"

朱鉴一听，拿起朱子手稿，念道："君之所贵者，仁也。臣之所贵者，忠也。父之所贵者，慈也。子之所贵者，孝也。兄之所贵者，友也。弟之所贵者，恭也。夫之所贵者，和也。妇之所贵者，柔也。……"①

朱鉴识字不多，遇到不识的字，便停下来。有的虽认得，却不解其意。念一段，停下问爷爷何为"贵"，何为"仁"。朱子将字义一一讲给朱鉴。朱鉴尚未尽知文中含义，读着只觉有趣。

祖孙二人一教一学，直念到"此乃日用常行之道，若衣服之于身体，饮食之于口腹，不可一日无也，可不慎哉！"

朱鉴念完，嘻嘻一笑道："我看，还要加一句。"

朱子奇道："甚么？"

"爷爷所爱者，恩老也；恩老所爱者，爷爷也。"

朱子见他调皮，一把揽进怀里："爷爷所爱者，恩老也，哈哈哈哈。"

"还有一句，'妇之所贵者，柔也'，孩儿也是不解。"

"这个……你长大了，自然知道。"

天色渐黑，江面起了微风。朱子同蔡沈领着几个孙儿回到精舍。伙工端来饭菜。朱子给朱鉴夹口菜，笑着："乖孩儿，快吃吧。"朱鉴便大口吃了起来。抬头见爷爷不动一筷，问道："爷爷，你怎么不吃。"

朱子抚抚他的头，笑笑道："乖孙儿，爷爷不饿。"

此时朱子愁肠百结，心乱如麻，怎吃得下？

又担心自己归天之后，孙儿们无人照料，又怕孙儿们贪玩，荒废学业。思忖着找个先生来代他教孙儿们读书。忽然想起门人陈文蔚②来，心道："此人举止沉稳，学识渊博，倒是个不错的人选。"当晚即写信邀陈文

---

① 朱熹：《朱子家训》。

② 陈文蔚（1154—1239），字才卿，号克斋，信州上饶（今江西上饶）人。淳熙十一年（1184 年）曾从学朱子，著有《克斋集》等。

蔚来。十余日后，陈文蔚来到考亭。朱子置酒相迎，酒罢，朱子叫过朱鉴等，道："你等听着，这位是信州的克斋先生，我请他来教你们读书，从今往后，他便是你等的先生，你等便是他的学生。快来拜过先生！"

朱鉴等走上前来，恭恭敬敬地跪下行礼。陈文蔚一笑："好吧，我们以后便以师徒相称了，快快起来！"

朱子对朱鉴道："你与几个弟弟要发奋用功，熟读经史，长大才能有出息。"

时书院遭禁，多数弟子也都散去。沧洲精舍只蔡沈、林夔孙、傅定等几个弟子在。陈文蔚教朱子几个孙儿读书，深入浅出，几个孩子进境也快。又过数月，又有十来个弟子返回考亭，沧洲精舍才渐渐又有了生气。

一日，朱子忽接到黄榦来信，言母亲病逝，将取道顺昌，与仲兄扶柩自庐陵归葬三山（福州）。朱子念黄榦自幼丧父，今又丧母，准备到顺昌与他一晤，劝他节哀。朱子由建溪而下，经延平，抵顺昌，宿于筭筜铺。子夜时，坐在松油灯下，翻开他所著《参同契考异》，看了起来。此书经由袁枢校勘，已由蔡元定长子蔡渊在麻沙刊印。

绍兴二十七年（1157 年），朱子远游时曾来过顺昌，也是止于筭筜铺。那夜，朱子久久地站在烛光中，看墙壁上"煌煌灵芝，一年三秀。予独何为，有志不就"的题诗。如今转眼四十年已过，一番壮志并未实现，真有"有志不就"之感！此时壁上字迹全然湮灭。再看《参同契》中的"暑影妄前却兮，九年被凶咎。皇上览视之兮，王者退自改"，不禁心中惆怅。

朱子翻完一遍，闭卷思索，在末页题绝句一首：

> 鼎鼎百年能几时，灵芝三秀欲何为？
> 金丹岁晚无消息，重叹筭筜壁上诗。

第二日，黄榦来到顺昌，一见朱子，抱头痛哭。朱子好一番劝慰，黄榦稍稍平复。朱子在黄榦之母叶夫人灵柩前拜了一拜。黄榦扶他到客栈中，不住哭泣，二人对榻而眠。朱子问他两个外孙近况，黄榦答说都健壮活泼，朱子放下心来。

隔日，黄榦沿金溪而下，沿闽江顺流直下三山；朱子溯金溪而上，由将乐至泰宁，再由邵武折入麻沙返考亭。时久旱不雨，一路上朱子目睹田野荒芜，饥民流离失所，不禁心惊。

回到考亭，几个弟子上前迎接。蔡沈递来一信。朱子接过信封一看，笑道："哈哈，是诚斋先生。"拆开来看，阅毕，皱起眉头，似有甚么难解之事。蔡沈忙问："先生，怎的？"

朱子半天不语。蔡沈扶他到清邃阁中坐定，朱子道："且拿纸笔来。"蔡沈见说，不敢多问，忙拿来纸笔，展纸研墨。朱子端坐案前，一言不发，写起信来。只见他瞪大眼睛，白须颤动，下笔力透纸背，似用着全身气力。蔡沈见状，悄悄退到门外。

究竟朱子给何人写信，且听下回分解。

第六十七回

韩侂胄南园①设寿筵　赵师择②伏草学犬吠

朱子看罢信，叹口气道："这个陆放翁，忒也糊涂。"

蔡沈凑近一看，见写信之人乃是朱子好友杨万里③，文中写着"放翁"如何如何。不知那陆放翁如何得罪了他，不禁大奇："先生，何事惹您生气？"

朱子道："太皇太后将南园赐了韩侂胄，侂胄将它修葺一新，差人请诚斋先生作记，诚斋恨透韩侂胄，当即回绝，道：'官可弃，记不能作。'为此便得罪了他。本想这事到此也就罢了，没想到韩侂胄又请陆放翁来作。那陆放翁向来忠厚耿直，不知他何以应了这事，且作得一篇美文，文辞绝妙。朋友们都不大明白，他何以要做那奸人的附庸，诚斋先生更是说他晚节不保。"说罢又连连叹气。

蔡沈一听，原是为了一篇记文，也不是天大的事，便不再问。

原来韩侂胄得势以来，官运财运亨通。从知阁门事升为开府仪同三司。知阁门事仅为六品小吏，开府仪同三司却是一品大员。住着阔宅大院，有花不完的金钱。到了庆元三年（1197 年）春，太皇太后吴氏又将南园赐给他。那南园原是高宗休憩的别园，西湖水汇聚于此，天造地设，极湖山之佳，美不胜收。侂胄得之后，调集工匠，凿山造殿，引青衣泉注于

---

① 南园，原为宋高宗别园，庆元三年（1197 年）由太皇太后吴氏将其转赐韩侂胄。
② 赵师择，字从善，号东墙。

阅古堂，秀石环绕，绝类香林、冷泉之景。有十样亭榭，工巧无二，俗云"鲁班造者"。又有射圃、走马廊、流杯池、山洞、野店村庄装点时景，时人谓之一绝。

十月初八，正是韩侂胄生日。此时他春风得意，在南园设下筵宴，大会宾客。明面上是他请别人来吃酒听戏，实则是借机收受贿赂，引结私党。侂胄来到玉台上，四处望望，见唱戏的、杂耍的、唱乐的，也都搭好戏台，在调弦吊嗓子，准备献艺。数十桌酒席筹备妥当。只等客人到齐，便即开席。侂胄在外巡视一番，甚觉得意，转身又回到四夫人房中。昨夜他与四夫人一夜快活，这时正有些倦怠，叫两个小妾碧莲、凤儿过来捶腿按肩。四夫人正对着镜子梳妆，涂抹胭脂，旁若无人。她本是妓女出身，却生得倾城倾国之貌。韩侂胄自在妓院与她相识，便对她喜欢得不得了。她那身子又滑又软，似一条惊悸的白鱼，在他身下不住游动。这时看她侧影，盯着她圆溜的双肩，不禁又想入非非，想马上回到床上再来一次。

忽听知客在院中大声唱道："贵——客——到。"外面顿时热闹起来，歌管悠悠。四夫人向窗外看去，道："咦，那位客人是谁？他这么老还来给你祝寿？"韩侂胄顺她目光看去，见来者又瘦又高，白须飘飘，天生一副笑脸，看去甚是慈祥，不是别人，正是他的童子师、谏议大夫陈自强①，起身出到屋外去迎。

侂胄幼时，自强曾到韩家，教侂胄读书。此后便一直悖运，直到六十多岁时，才考得进士，入都待铨。他心想：长年时运不济，要得升官，不知要到猴年马月。我弟子韩侂胄，现为朝廷重臣，只要他稍加提携，我也将出人头地。便想与侂胄见上一面。那时侂胄已是大贵，要想见他一面，比登天还难。恰巧他寄居的东家常出入韩家，他便相托捎信给侂胄。过了几日，侂胄置了酒席，请他赴会，事先又约了司府要员。侂胄设褥于堂，向自强再拜，居礼甚恭。接着召从官同坐。侂胄对从官荐道："陈先生老儒，汨没可念。"隔了几天，从官交荐其才。自强除太学录，迁博士，数

月转国子博士，又迁秘书郎。入馆半载，擢右正言、谏议大夫。侂胄不忘旧师，自强自是感激，平日里只以"恩父"称他。

侂胄迎他入座，二人叙起话来，甚是亲热。正自相叙，又有三四人走过桥来，分别是吏部张尚书、礼部刘尚书，都带了重礼来献。寒暄几句，兵部侍郎又到，送上一个金蛙，少说也有一百两；须臾，文散官李密又到，送来一个玉兔子，闪闪发光；接着又有数十人来到，都献以奇珍异宝，相互攀比。只怕礼物送得轻了，被韩相国瞧他不起。群官毕至，直如朝会一般。侂胄嘱弟韩仰胄记下百官所送礼物，以测人心。送礼重的，以后提拔重用；送礼轻的，便敷衍于他；若是不来贺寿，便视他作异党，择机将他治罪。送礼之人却也各怀异志，送礼的方法也是五花八门。有的一来便默默交与侂胄弟弟仰胄，由他记下名字。有的有事相托，揣了重礼等待恰当时机，在关键时刻才拿出来，好给主人留下最深的印象。

到了午时，厅上已聚了五六十贵宾。收礼无算，侂胄心中大慰。众人正在喧闹，忽见一儒者笑吟吟来拜。众人一看，并不认识。只见他四十来岁，衣袍皱皱巴巴，腋下挟着只木匣。侂胄使管家去问，这人自报家门，姓赵名师择，字从善，说是知阁门事黄大人写信引见，特来向韩大人敬献大礼。侂胄轻蔑地瞧他一眼，点了点头。转头道："叫夫人们来陪客人。"

管家唱声喏去了。不一会儿，就听咭咭咯咯一阵笑声，几个穿着各色丝绸的夫人，在丫鬟的搀扶下，出了月门，走上桥来。众官一看，都看得呆了。羡她富贵的，都羡她穿金戴银，富可敌国。贪色的，都按捺住一颗兔子般奔跳的心，不敢露出声色。倘若不是在韩大人府上，只是寻常人家女子，说什么也要设法将她撬一个领回家。

四个夫人之中，尤以四夫人姿色最美。她原本是青楼女子，这时成了郡夫人。只见她步态轻盈，一颦一笑风情万种。知道她身世的，这时谁还敢提？不知她身世的，还道她是哪个将相缙绅家的千金。

众官正自错愕，忽客席上站起一人，向韩侂胄一揖，从衣兜掏出个小木匣，举在手中，道："早闻韩大人家四位夫人，仪容非凡，今日一见，果然如洛神下凡。今日韩大人大寿，小人也无甚厚礼相赠。托人采得四颗

461

成色不错的葡萄，请韩大人并四位夫人品鉴。"

座中有识得的，知道此人是著作郎钱泊，一个七品小官，不知他何以也来凑热闹，更不知四颗葡萄有甚稀罕，却拿来这里丢人现眼！

只见那钱泊上前一步，轻轻打开匣子，匣中忽地飞出几道蓝光。众人凑近一看，却并非寻常葡萄，而是四颗葡萄大的稀世宝玉，禁不住都"哦"的一声，喊喊喳喳议论起来。韩侂胄命侍女捧了匣子，将宝玉献于四位夫人。四位夫人取了，戴在头上，人们只觉她们四个云鬓上宝光闪烁，直如四个天仙，刚刚下了瑶台。侂胄心下大喜，命弟韩仰胄记下钱泊名字，将来瞅个时机，荐他做个大官。

这边热热闹闹，那边十个小妾却都吊下脸来，个个噘着嘴，像刚被驴子踢过。侂胄一看，知道十个妾眼红的，只是四个夫人得了宝玉，心中生妒。当时也是无法，脸上微现尴尬。酒杯一举："今日高朋满座，我这小园蓬荜生辉，我敬大家一杯！"眼睛望着十个妾，微微一笑，小妾们不情愿地举起杯来。

众官齐举起酒杯，一同干了。小妾们心里有气，只在杯缘抿一小口。妾中最娇的碧莲，气愤不过，头也不回，举起杯子，一滴未沾，"咚"地放桌上，洒了一桌。

众人正在吃酒说笑，忽东首一人站起身来，脸笑得像个包子："在下赵从善，闻韩大人今日寿诞，特来祝贺。方才那位钱大人献了四颗葡萄，也是巧了，小人今日来此，也带来一样水果，请韩大人品鉴！"韩侂胄一看，说话的便是方才腋下夹木匣进来的那个，不知他送上的"水果"又是何物，皮笑肉不笑地看他一眼，没有作声。赵师择上前，掏出匣子，轻轻打开，众人凑近看时，见是用黄金打造的一个藤架，架上沉甸甸地镶着百多颗珍珠，个个晶莹温润、熠熠生辉。众人知道价值不菲，也都啧啧称奇。赵师择毕恭毕敬将宝盒递与侂胄，笑问："不知大人可否中意？"侂胄一看，这东西比起方才那四颗玉葡萄，忒也轻了，只淡淡一笑："还好。"说罢转过头去，与陈自强等又说笑起来。

赵师择一听他说"还好"，心里"咯噔"一下凉了半截。暗思：我原以为这份礼物必是筵上最贵者，听韩大人口气，这也算不得大礼。想到此，只觉脸上火辣辣的，站着也不是，坐着也不是。身旁都是大官要员，谁也不把他放在眼里。

原来赵师择也是皇室根苗，只因时运不济，一直未得升迁。有心巴结韩侂胄，苦无路径。这日打听到侂胄要在南园设筵宴庆寿，便壮了胆，备了礼物，径自来园中拜寿。却不料自己精心置办的大礼，竟被主人视作薄礼，拍马屁拍到了马蹄子上。

众官正在热闹，陈自强大声说道："恩公四夫人曲儿弹得好，我等何不请她来弹上一曲？"众人齐声叫好。

四夫人做妓女时，跟达官贵人周旋惯了，此时也不怯场，起身向众人微微一笑，盈盈一福，抚琴唱了起来："相逢情便深，恨不能逢早。识尽千千万万人，终不似、伊家好。别你登长道，转更添烦恼。楼外朱楼独倚栏，满泪围芳草。"众人听罢，齐声叫好。

陈自强笑道："你逢着我恩父，不早也不晚，便是最好！"

四夫人听了，向众人一笑，盈盈一福。众官一阵恭维，都忘了数月前她还是烟花巷里的头牌妓女。

赵师择只觉屁股底下着了火似的，坐卧不宁。又怕二万钱厚礼打了水漂，只好硬着头皮，面带微笑，看着韩侂胄与众官畅饮唱和。好不容易挨到席散，失魂落魄般回到家中，思忖着怎的投韩大人之好，与他攀上交情。差人一番打听，终于打听得侂胄十个小妾因在南园大宴上未得珠宝，正在抱怨。于是向富贾谢员外借了十万钱，买了十个名贵玉珠，径直送到韩府，让侂胄分与十个小妾。那十个小妾得了好处，在侂胄耳旁大吹枕边风，要他给赵师择升官。果然，赵师择不久即由少卿升任工部侍郎。

到了三月，正是踏青时节，师择又来南园拜见侂胄。时侂胄正与陈自强、胡纮、沈继祖等在园内山庄饮茶，见赵师择来访，便邀他入座同饮。几人共赏美景，见竹篱茅舍，傍山依水而立，俨然乡村景趣，都来夸张这处景致。侂胄随口说道："此处虽雅，只可惜少了点鸡鸣犬吠。"陈自强哈

哈大笑。道："正是，正是。"几人说说笑笑，谈笑风生。不经意席上不见了师择，正自疑惑，却听篱笆那边传来了"汪汪"的犬吠。韩侂胄很是诧异，循声望去，原来是赵师择趴在草丛中摇头摆尾，模仿狗"汪汪"叫个不休。侂胄与众客见了，不禁哈哈大笑，

陈自强道："哈哈，当真有趣得紧。若是恩父起了兴致，在这狗脖子上系一条绳儿，拉他去遛遛，岂不更是有趣。"

侂胄道："非也非也。这条狗，给他喂些肉骨头，他会摆尾卖乖，若是不给他吃，只怕尾巴便不摇了。"

陈自强听罢，嘿嘿一笑："恩父说得有理，不愧驭人有术。"

说话间，赵师择已爬出草丛，来到面前，众官都拍手叫好，这个道："从善果然演得活灵活现，恁是有才。"

那个道："我看是选错行了，若是去演戏，保准夺得临安第一枝。"

吏部张大人道："师择才艺，纵是戏子犹有不及。"

众人表面上是夸赞他多才多艺，实则是用反话来讥他。自此，侂胄对赵师择更是宠信，不久便将他升为临安知府。有诗为证：

> 侍郎自号东墙，曾学犬吠村庄。
>
> 今日不须摇尾，且寻土洞深藏。

侂胄权势日炽，趋炎附势之徒愈众。小妾碧莲因受韩侂胄宠爱，夫人和其他小妾个个妒火中烧。四个夫人一商量，将她赶出家门。碧莲逃到一所古庙，被人拐骗，卖给一个大官。这事恰被钱塘县令程松寿得知，花八十万钱将她买回家中。夫妻二人待之如上宾，碧莲心中惶恐不已，只怕这位县令起了淫念，要与她行床笫之乐。那边侂胄派人四处寻访，没有下落。四五日后，侂胄听说碧莲被县令程松寿买去，不禁大怒，心道："吃了豹子胆了，连我的妾你也敢买！"派人将程松寿拘来问罪。松寿一见侂胄，吓得鸡叨米似的不住磕头，忙不迭说道："日前有一郡守辞朝归乡，要出钱将大人爱妾买走。程某是京师县令，有保护丞相眷属之责，故将碧莲买来藏于敝舍，只盼择机送交大人。此是实情，望大人明察，知小人孝

敬大人一片好心。"侂胄哪里肯信，叫过碧莲相问，碧莲详说程松寿殷勤相待，丝毫无犯。侂胄听罢，放下心来，当下置了酒席，谢过程松寿。

程松寿见韩侂胄甚是好色，思谋着献他一份大礼。派手下一番寻访，得一二八姝丽，花重金买了，取名"松寿"。这日到南园中来拜谒，侂胄置酒接待。酒过三巡，侂胄问："程县令今日来此，不知有何见教？"程松寿满脸堆笑："程某蒙韩大人厚爱，无以报答。今有宝贝献上。"侂胄一想："你一个小小县令，又有甚么宝贝献我。"淡淡一笑。松寿向门外轻咳一声，叫道："带'松寿'来见韩大人！"侂胄心中好生奇怪："怎么他叫人带自个儿上来？"下人带那买来的女子进来，见过侂胄。韩侂胄心下更奇："怎么，这姑娘也叫'松寿'？"程松寿道："欲使贱名常达钧听耳。"侂胄一看这女子，见她柳眉高挑，一双眼睛，如秋水碧潭般清澈宁静，不觉心动，对松寿道："甚好甚好，果然是宝！"吩咐下人，带松寿姑娘沐浴用饭。当晚便与那取名松寿的姑娘，风流了一夜。只不知这边快活，那边那个做县令的松寿心里如何。侂胄终归怜他用心良苦，不日便升他为太府寺丞。不久又升至监察御史，过了一年，又由监察御史升至右谏议大夫。此是后话。

一日，侂胄又招一班心腹来南园议事。席间，程松寿与陈自强打趣道："陈大人，看你身子这样硬朗，是否也让小人给你物色一个佳人作陪。"

不等他说完，陈自强连连摆手，额头一皱，顿时起了无数褶子，嘟噜着嘴道："不不不……不要不要不要"，一连说了七八个不字。喘口气，咳咳嗓子道："莫说我现在将近七十，一把老骨头要散了架。就是年轻时候，我也不要，我连自己都照顾不好，怎有心去照顾她。"

程松寿道："陈大人，你又错了。不是让你照顾她，是让她照顾你。"

陈自强一急："休要胡说，世上男人女人，好有一比，男人是树，女人是蔓，只有蔓缠树，哪有树缠蔓。我可不想被缠住。甚么女人，有甚么稀罕么。你要送我，不如自己拿去玩，我平生只好诗书与酒。"杯子一举："来，喝酒"，未等众人举杯，他先自干了。侂胄见他如此，连连叫好，对

众官道："自强恩师，有经天纬地之才，只可惜伪学猖獗，历朝取仕，只以伪学之论为基，致先生埋没多年。现在好啦，先生时来运转，有朝一日鲲鹏展翅，自能一展平生之志。"

时自强任谏议大夫，也是侂胄撺掇而成。从僚听侂胄口气，还要将他擢升，都怕有朝一日他当了丞相，那时想要巴结，哪还来得及。还不趁他这只大鹏鸟没飞起来，先来结拜结拜。于是这个也敬酒，那个也敬酒，都来夸他才学文章。陈自强本是海量，这时也架不住，昏昏沉沉，醉眼蒙眬，侂胄怕他摔倒，当众出丑，忙唤来两个小厮将他扶去屋中安睡。

韩侂胄专权，包苴盛行。韩仰胄、陈自强等贪婪成性，下级官员大肆搜刮民财，贿赂上峰，举国上下，贪腐盛行。侂胄之弟仰胄更是倚仗哥哥，纳贿弄权，走捷径的小人纷纷奔走其门下，世人称之为"大小韩"。满朝上下，尽是侂胄党羽。时有文士以片纸摹印乌贼出没于潮，一钱一本以售。儿童拿着纸片相戏，大声念道："满潮都是贼，满潮都是贼。""潮"谐音"朝"，以乌贼隐喻，骂遍当朝宰相和文武百官。侂胄命手下捉拿始作俑者，却查不出底细。只好将这画纸查禁，再敢传唱，便拘到牢中杖责。

一日宁宗在宫中举行宴会，优伶做戏讽刺韩氏兄弟，戏词有道："眼下如欲求官，先见小寒（韩），今后更望成功，必见大寒（韩）才行！"侍从纷纷忍笑，宁宗听了，拍手叫好。只是不知其中寓意，他是听懂听不懂。

再说韩侂胄，不好赌，不好酒，只是好色。说来也是蹊跷，家有四个夫人十多个妾，日日风流，夜夜快活，却不曾有一人怀胎。倒是那呆子皇帝赵扩，稀里糊涂便让妃子们怀上龙种，生了一个又一个。只是生下的皇子都不长命，一个接一个全都夭折。这也是皇帝自己不成器，一点龙的样子也无。眼看香火要断。闹得宫里恓恓惶惶，连太监也为他着急。

究竟皇帝赵扩如何不成器，且听下回分解。

第六十八回

服金丹宁宗祈皇子　再兴风韩党祸老臣

庆元五年，宁宗赵扩刚满三十岁，正当如狼似虎年龄。他也不甚关切政事，整日里与皇后嫔妃厮磨，不知不觉间便有了龙种。也不知怎的，赵扩的儿子都不长命。绍熙四年（1193 年）春，赵扩还是嘉王之时，韩后那时还是王妃，生下一子，太上皇孝宗听了，很是高兴。哪知这孩子又瘦又小，气息微弱，孝宗未来得及给这孙儿取个名字，便夭折了；赵扩受禅继位后，庆元二年（1196 年）六月，韩后又生了皇次子赵埈。赵埈一出世，太皇太后吴氏①诏礼部、太常寺、国史院商议大典。七月，减天下死囚罪，释流放以下，蠲临安民元年奇零之税，民有曾大父母者免丁役钱一年。隔月，流放远边的吕祖俭、徐谊等皆改移内郡。皇后曾季祖韩侂胄除使相，皇后之父韩同卿升宁远军节度使，母安国夫人庄氏封两国夫人，兄韩㻧除直秘阁。后阁官吏皆进秩二等，随龙人一等。真个是普天同庆。谁知乐极生悲，这孩儿得了惊风病，四十七日后也一命归天。

自古种瓜得瓜，种豆得豆。皇子早夭，这原因本在赵扩，却都怪皇后生得不好。可怜宫里皇后嫔妃，皇帝不来宠幸，怀不上龙种，心里着急。偶尔有一个怀上了，只道苦尽甘来，哪知辛辛苦苦，十月怀胎，到头来白辛苦一场。嫔妃间又争风吃醋，宫里整日气氛紧张，人人自危。皇后和妃子动辄拿宫女出气，非打即骂。倒是杨贵妃最会做人，待人和气，和宫人

---

① 太皇太后吴氏，即宋高宗吴皇后，在皇后位长达五十五年。

最是融洽。

赵扩最宠的，也便是杨贵妃。杨妃名桂枝，宋孝宗淳熙元年（1174年）即被召入宫。那时她才十一二岁，为吴后唱戏弹曲，被称作"则剧孩儿"。因歌儿唱得好，人也生得美，吴后对她甚是喜爱。过了十多年，杨桂枝出落得仙人一般，嘉王赵扩对她暗暗喜欢。一日赵扩又来慈福宫中探望太皇太后，恰吴氏在内室，大堂上只有杨桂枝，正在布置茶盏。嘉王看那杨桂枝时，见她面如润玉，目似清潭，美得似一朵白玉兰开在枝头，一双贼眼不自觉地转到她胸部，只见她两乳直挺，微微上翘，将胸前绸纱也撑了起来。嘉王只觉她与别个女人全然不同，当时便有了淫念，目不转睛直勾勾地盯着胸前瞧。杨桂枝比他长了六岁，被这样无礼看着，心中恼怒，却又不敢发作，只好任由他去。恰吴氏掀帘出来，将这情状全看在眼里。赵扩不知太皇太后来到身边，只是色眯眯打着杨桂枝主意。吴氏几番问话，他都浑然不觉。吴太后见他如此，看透他心思，笑道："想不到我这曾孙还是一个风流鬼！"一高兴，便将桂枝赐给了他。

杨桂枝到了嘉王府，深得嘉王宠爱。杨桂枝见他又傻又可笑，只拿他当个小猴子耍。绍熙内禅后，赵扩继位，庆元二年（1196年），杨桂枝被封为平乐郡夫人，后又封班婕妤、婉仪、贵妃。年复一年，宫中虽然寂寞，日子倒也平静。

这晚宁宗又来宠幸杨贵妃。杨桂枝任他胡弄一番，整好衣装，坐到窗前，编了小曲儿，对月抚琴唱给他听。只听她声如莺啭，柔声唱道："闲中一弄七弦琴，此曲少知音。多因淡然无味，不比郑声淫。松院静，竹楼深，夜沉沉。清风拂轸，明月当轩，谁会幽心。"宁宗听罢，拊掌叫好。杨贵人问他："适才我所唱者何？哪一句入得君耳？"宁宗支支吾吾，一句也答不上来。

又一日，杨贵妃教赵扩下棋，指点他一着棋路，赵扩看了，连连称妙。杨贵妃让他再演一遍，赵扩举棋，落下二子，便即踌躇，举棋不定。原来并未领悟。杨贵妃又教他一遍，赵扩摸着脑袋，费尽心力，半个时辰也参研不透。再来请教杨贵妃，杨贵妃吟出一首诗给他，道：

薰风宫殿日长时，静运天机一局棋。

国手人人饶处看，须知圣算出新奇。

　　赵扩捧着这首诗，反复吟诵，只觉朗朗上口，却不知妙在哪里。这诗不日传到皇后那里，皇后又示给人看，被韩侂胄见到。侂胄一看大惊，心道："这个女人颇不寻常，我等须小心提防。"

　　杨桂枝见赵扩不成器，又不解风情，很是苦恼。久居深宫，苦无知音，心里寂寞，有时便想起一个情投意合的戏子柳晓风，禁不住便垂下泪来。宫人问她何故哭泣，她只道："想娘了。"敷衍过去。宫人便不再问。

　　那柳晓风曾与她同台唱戏，两人生了情意，却因宫中耳目众多，无法深交。后来他出了宫，便没了消息。这年中秋，宫中点了戏班又来唱戏。赵扩非要杨贵妃亲自登台，韩皇后、曹美人等一同鼓噪，杨贵妃也不再推辞。哪知与她搭档的，竟然便是那个柳晓风。二人十多年不见，杨贵妃见那柳晓风玉面长身，俊朗飘逸。柳晓风见杨桂枝楚楚有韵，飘飘欲仙，两下不免更增情意。二人搭档的是一出《赵贞女》。杨贵妃歌声曼妙，舞姿轻盈，赵扩与嫔妃们在台下看得痴了。一段戏唱毕，杨贵妃转到后台，柳晓风见左右无人，便来与她搭话。杨贵妃未及开言，便垂下泪来。那柳晓风看见，便要来拉她手，杨桂枝险些把持不住，想到命运弄人，嫁了一个皇帝，却是呆子。思前顾后，木已成舟。思忖一番，不如断绝杂念，终于心一横，怫然道："哥哥，此地何地，休得无礼，乱了大节。"

　　柳晓风知她难处，不愿给她带来祸事，一肚子苦水本欲倾诉，话到口边咽了回去，牙一咬，随戏班出了宫。此后是生是死，再无音讯。

　　杨贵妃寂寞无事，便赏赏画。有时兴致一起，自己也画上几笔。消息传到画师耳里，争相要看她画，看罢都夸她画得好。连那大画师待诏马远看了，也暗暗称奇，道："有多少画者穷其一生，也不如她信来几笔，栩栩如生。"

　　宁宗接连夭折两个皇子，心神不宁，整日使人到五岳名山遍访名道，求取灵丹妙药。想要颐养龙体，再让皇后妃子怀上龙种，早早生一个白白胖胖的皇子来。逢年过节又到寺庙进香，乞上天保佑。也不知是他服了的金丹的效用，还是在寺庙烧香磕头感动了菩萨，这年正月一过，皇后韩氏又再怀胎。赵扩只乐得合不拢嘴，每日到皇后床前，像等母鸡下蛋，瞧着她那渐渐鼓起的肚子，有时一连几日也不临朝。除了去杨贵妃处，别的嫔妃是绝少宠幸了。这日他又到后宫来探皇后，两个小太监背着两扇小屏风跟着。路过曹美人处，那曹美人见他满脸喜色，笑道："皇上，又有甚么喜事，恁的高兴？"

宁宗道："皇后有孕，朕能不高兴么，哈哈。"

曹美人道："哎呀，皇后有孕，天下哪个不高兴。我妹妹送来荔枝，快来尝尝如何？"

宁宗"吭、吭"两声，两个相随的小太监转过身来。宁宗一指其中眼大的一个，小太监背过身去，白底青框的屏风上，露出两行醒目大字："少食生冷，怕痛。"曹美人笑笑："哈哈，荔枝又不凉。既然你不肯吃，那就来喝杯茶，暖暖胃，清清肺。"宁宗一听，欣然应允，到她宫室喝茶去了。

宁宗这日心情大好，终于来到垂拱殿。见大臣们闹闹嚷嚷，议论纷纷，似有大事发生。他一进殿，大臣们却立即噤声。君臣礼罢，枢密院直省官蔡琏呈上一札，奏赵汝愚定策内禅时有异谋，请下诏捕鞫彭龟年、曾三聘①、徐谊、沈有开②等，以证其罪。又历数伪学逆党朱熹等言论，欲致所有逆党死罪。奏状厚达七十页。

他方念了数页，宁宗心下一愕：赵汝愚已死三年，缘何此时再来向一个鬼魂兴师问罪，不知是何道理。此时他心中，只是念着将生的皇子，哪有心思看这个。莫说七十页，就是半页纸也读不来。那蔡琏一页页读下去，赵扩只听得昏昏欲睡，头也大了。却装作和颜悦色，端坐静听。百官

---

① 曾三聘（1144—1220），字无逸，临江新淦（今四川忠县）人。今江西省峡江县水边镇人。宋孝宗乾道二年（1166年）进士。后调赣州司户参军。

② 沈有开（1134—1212），南宋学者，字应先，常州人，沈松年之子。从吕祖谦游。淳熙五年（1178年）进士，历仕太学博士、枢密院编修兼实录院检讨、秘书丞、著作郎、起居舍人、起居郎兼侍讲。

边听边小声议论。

原来韩侂胄自得势以来，位极人臣，满朝上下都得听他一人之言，金钱多得花也花不尽。寻思着怎的让这神仙日子天长地久。然伪学逆党并未清除净尽，天下舆论汹汹，时不时便有人参上一本，揭他丑事。正因如此，韩侂胄决计再来罗织罪名，将伪学之徒尽数清除。恰闻有个叫蔡琏的，赵汝愚与徐谊等谋策内禅时，他曾隔窗窃听，被赵汝愚发觉，将他脸上刺字，发配赣州牢城营中。蔡琏对此怀恨在心。韩侂胄见蔡琏可用，便将他擢升，要他再奏赵汝愚之罪。小人报起仇来，最是凶狠。一番撩拨，蔡琏旧仇复燃，立即上书告发赵汝愚。无中生有，捏造罪名，将一个又忠又贤的赵汝愚说得大逆不道，罪不容赦。

赵扩好不容易等到蔡琏念完，抬起头来。见群臣议论纷纷。有的附和道："当拘捕彭龟年、曾三聘、徐谊、沈有开，送大理寺问罪。"

接着又有一个说话结巴的道："当……斩……斩朱熹以绝……伪学。"众人一看，说这话的是新进的一个言官，只见他一撮鼠髭上下翻动，甚是滑稽。

忽一人上前一步，目瞪蔡琏等，义正词严道："陛下，莫听蔡琏等一派胡言。赵汝愚已死三年，当年已然确罪。如今再要拘捕旧臣，只怕天下汹汹，舆论难平。"众人看这人时，见是中书舍人范仲艺。正义之士都钦佩他敢言，侂胄党羽都嫌他不自量力，螳臂当车。有帮他说话的，也有说他依附伪学，要治他罪的。一时闹闹嚷嚷，争论不休。

宁宗见两边争得面红耳赤，一时也没了主意，茫然四顾，见身边有几道奏札，有意无意拿了起来，原来是太史局奏请颁行历法之事。

丞相京镗见朝上闹哄哄的，道："肃静，且听陛下训示。"

京镗一发话，朝堂上顿时安静下来。众官凝神屏气，只盼皇上评说蔡琏之奏，却见他饶有兴趣地边瞧着一道奏章，边问："咦，修改历法之事，进展如何？"

京镗道："太史局杨忠辅已自造新历，愿乞颁行。"

宁宗一听大喜："这新历有何不同？"

京镗道："此历比之向来历法，更为精确。"

宁宗道:"新历何名?"

京镗道:"尚未取名,臣暂名之《统天历》①。"

宁宗喜道:"《统天历》? 很好。"恰到了退朝时分,宁宗望着一班大臣道:"《统天历》今日便即颁行。蔡璉所奏,他日再论。"说罢起身,由两个小太监跟着,回到大内看韩皇后肚子,等母鸡下蛋去了。

范仲艺精通史事,一见蔡璉奏事,便知其图谋不轨。只觉此事关系重大,糊涂的宁宗只要习惯地批个"准奏"两字,诏令一发,彭龟年、徐谊等要再坐狱不说,不知又得有多少人头落地。纵使皇上不批,他只着落一句内批"由韩相国处置"。韩侂胄大笔一挥,也是一样的令行全国,天下儒人岂不遭殃!

范仲艺所料不差。赵扩自己做不了主,便写了个内批,果然是"由韩相国处置"。内批传到中书省,范仲艺一见大惊,准备了一套说辞,忙揣录黄,径到韩侂胄府上来说事。侂胄见他神色惶急,延他到内室坐定。

范仲艺道:"韩相国,有一班谵妄之徒想要害你,你却还蒙在鼓里,我不得不来据实以告。"

侂胄听了一惊:"谁要害我?"

范仲艺语声和缓,显得极其诚恳,道:"彭龟年、曾三聘、徐谊、沈有开这几人已流放,再要拘禁这几个老儒,将他们治罪,与丞相你何益? 沈继祖、刘德秀、胡纮之流附和蔡璉,极力鼓噪,只怕各有打算。此事一旦实施,只怕对这些人更有利。而天下骂的,也只是丞相你一人而已。我劝丞相三思其事。"

韩侂胄听了,倒吸一口凉气:"怪不得一说禁绝逆党,胡纮这些家伙都极卖力,原来也都打着我的旗号,打着自己的算盘。这一点我可从没想到。"

范仲艺又劝道:"丞相想要光宗耀祖,稳固相位,只要为国家多做些事,广积善德,何必只与那些儒人过不去?"

---

① 统天历,宋庆元五年(1199年)施行,由杨忠辅创制。此历不用上元积年的方法,以29.530594日为一月,以365.2425日为一年,只比地球绕太阳一周实际的周期差26秒,和现行公历的一年长度完全一样,比西方早400多年。

韩侂胄听罢，一时沉吟不语。

此后几日，范仲艺压着录黄不发，韩侂胄也不来问。拘捕彭龟年等的事也便搁置下来。谁知过了数日，又有谏议大夫张釜等复请穷治，诏停彭龟年、曾三聘官，隔几日又劾刘光祖附和伪学，将他编管到房州。都是假公以报私怨。

此时韩侂胄心里，只想着怎么除掉党魁朱熹。朱熹朋友、弟子门人最多，不少人担任要职，只要他不死，哪一天忽然参我一本，朝中有人一附和，岂不又生出乱子，我头上这颗脑袋岂能保住。这日他一整天都皱着眉头，寻思着怎样密遣使者，悄悄将朱熹除掉。忽然心生一计，喜上眉梢。驰书江陵，命飞虎军统制李钺拣选一名手下利落，只懂执行命令却从来不问缘由的人到临安，执行秘密使命。

李钺接信，细思手下谁是"只懂执行命令从来不问缘由"之人。琢磨了半天，终于想起一个人来，道："非他莫属！"

这人姓康名正龙，是他麾下的一个都统。李钺当即派人去将他唤来。康正龙正带着一百个军卒，在校场上操练搏杀技击。见李统制派人来叫，忙来参见。李钺屏退左右，如此这般低声密语一番。康正龙听后，怒气冲冲，恨得咬牙切齿，誓要杀了那个奸人。回到下处，收拾行囊，早早安睡。孟焕、徐铭两个来请他来吃酒，他没好气地说声："不去！"转头向墙，呼呼大睡。要在往日，只要孟焕、徐铭说请他吃酒，他哪会说个"不"字？孟焕见他睡得像个死狗一般，正要发作将他提起来。徐铭一拽他衣襟，使个眼色。孟焕骂骂咧咧嘟囔几句，自与徐铭吃酒去了。

第二日一早，康正龙飞马出了大营，一路驰骋，径到临安去了。

有分教：忠奸不分，除恶险些杀圣人；取义成仁，太保舍身护老儒。

欲知后事如何，且听下回分解。

第六十九回

韩侂胄遣使杀"党魁"　辛弃疾调将护"遯翁"

康正龙到了临安，依着李钺所说路径，到临安城外一处官署，报上姓名。不一会儿，出来一个军官，看服色官阶不低。这人对他甚是尊重，寒暄毕，领着他三进三出，来到后院一座大屋。堂上正中，摆着一张太师椅，椅上坐有一人，肥头大耳，一脸富态。只见他似笑非笑，似怒非怒，神情倨傲。康正龙知道这人便是执宰韩侂胄，忙抱拳行礼，自报姓名。侂胄上下打量康正龙，见他生得虎背熊腰，如石雕一般，甚是威武，点头赞道："好啊，康都头，果然不差！"康正龙忙拱手作揖："谢大人抬举。"韩侂胄问了他从军履历，立过何功。康正龙一一说了。韩侂胄屏退左右，低声道："此番让你前去，是跟踪斩杀一个金国的奸细。这老家伙恁狡猾，平日装作个儒人模样，带着几个小贼，在闽浙一带刺探消息，聚集党徒。一旦交兵，便要策应金人，攻我不备，亡我大宋。"边说边皱眉望着远处，显得甚是担忧。

康正龙听他口气，似乎这件事十分关键。听他说完这奸细可恶之处，气得咬牙切齿，竖着剑眉道："我康正龙平生最恨卖国的奸贼，当年那秦桧若是被我撞见，只消一刀，让他去见阎王。此番前去，横竖要斩了那奸人首级，献于丞相。"

侂胄淡淡一笑："取了那奸人首级，倒也不必送来临安。找个僻静地方，挖个深坑，将他埋了。那跟随他的，也都斩了，莫要留下活口。只因此事关系重大，总要做得无声无息，像什么事也没有发生过一样。你从今便化名'康太保',任谁问起,也不可吐露真实身份。只要做成这件事,我保你一个统制之职,且要奏明圣上,重重犒赏。"

康正龙道:"保我江山,锄除汉奸,人人有责,谈什么犒赏不犒赏的。"

韩侂胄嘿嘿一笑:"康都统真是爱国爱家,有抱负,将来定然前途无量。好罢,我派刘太保等几个,由你统领,一同去办。"说着一拍手,其弟仰胄(时任知閤门事)领进一个人来。原来除了康正龙,韩侂胄又让仰胄从大内找来刘都头,又从两淮狱中找来几个死囚犯,随康正龙一同行事。康正龙见眼前这人面相凶恶,脸上一道极深的刀疤,禁不住一愣。只听侂胄介绍道:"这位是康太保,这位是刘太保,你二人带着那五个壮士,明日便去寻那奸人,务必一举将他除了。"又对刘太保道:"康太保足智多谋,在这件事上,你尽听他安排。"

刘太保说声"是"。

韩侂胄转身出去。留弟弟韩仰胄与康正龙、刘太保三人在厅上。韩仰胄轻轻一击掌,门外走进五个人来,个个长相怪异。康正龙见了,不禁又是一怔。只听韩仰胄道:"刘太保,你来介绍大伙认识一下。"刘太保一指那五人,向康正龙道:"这五位,我也介绍你认识一下:这大个的,叫'老鹰';这位瘦长的,叫'千足虫';这位长脸的,叫'马面常';这位……哈哈,眼睛很大是不是?他是'牛大眼';这位是'阴人脸'。我们都是你手下。嘿嘿,头儿,照顾自家兄弟,一伙儿发财。"

康正龙听了,心道:这些人名字好生奇怪,不伦不类。心里只觉好笑。又想一想这些名字,也只是化名而已,何必当真。抬眼仔细打量各人,见那"老鹰"长着三角眼,头上没几根头发,说话张牙舞爪;"千足虫"短小精悍,脚蹬一双麻底皂靴,打着腿绷,一看便是跑腿行路的行家;那"牛大眼"颧骨高耸,双目深陷,目中正射出两道阴森森的冷光,又似有几分悲悯,令人不寒而栗;那"马面常"脸长尺五,腿长臂长,一看就有天生神力。那"阴人脸"最是特别,除了一双眼睛在动,绷紧的脸似箍着一层布似的,面无表情。一双手蒲扇一般大,足有一寸厚,看着甚是吓人。也不知他练的是什么功，何以一双手会较一般人大出好几倍。这要是一掌拍到谁的脑袋上，还不拍成肉浆。

康正龙观察几人外貌，心里不禁打鼓：这些人到底是好人还是歹人？若说是好人，为何都生了这样一副凶神恶煞的模样。若说都是歹人，丞相何以会对这些人委以重任。当下心里不住嘀咕，明面上却不动声色，笑笑道："好，大家这就算结识了，勠力同心，这便一道去取那'金人细作'的脑袋。"

众人听了，都道一声"好"。

几人转身出门，韩仰胄向刘太保打个手势，唤他又回到屋中，其他人都在第三道门外等候。韩侂胄上前，抚着刘太保肩膀低语一番。那刘太保听后，先瞪大眼睛一愣，继而会意，笑着连连点头。仰胄道："你是阁门张大人所荐，是自己人，自然这事最后要着落在你身上。"刘太保深深一揖："小人明白"。

刘太保辞别韩侂胄、韩仰胄，出门追上康正龙等。

化名"马面常"的道："喂，刘太保，丞相叫你，又说甚么来着？"

刘太保笑笑："丞相问我家住址，好差人照应。"

马面常道："丞相真是心细，你也该当有福。我还道是要给我等增加赏金。"

刘太保嘿嘿一笑："赏金自然少不了你的，这个放心。"

马面常哪里知道，韩仰胄对刘太保另有吩咐，要他在众人合力追杀那"伪学党魁"之后，神不知鬼不觉地再做一件机密大事。

第二日一早，康正龙与刘太保及五个身手不凡的杀手，化装成平民百姓，骑了骏马，飞也似的驰往武夷群山，寻找朱熹踪迹。

那日朱子正在清邃阁中校注经书。蔡沈给朱子端来茶水，又递上封信来，朱子拆信一看，禁不住哑然失笑，大声嚷道："我这颗头颅，不过暂且粘在颈上，谁要便拿去，哈哈哈……"

几个弟子见他狂笑，凑近那信札一看，见写有一个"斩"字，不禁大惊失色。

此信是老友辛弃疾所寄。辛弃疾每日在期思飘泉①独饮独酌，不胜烦闷。此时他复任集英殿修撰，虽是闲职，但有邸报可阅，朝中也有朋友，是以比寻常百姓消息灵通。这日接御史台一位正直朋友来信，具言朝中又有人上书皇上，欲将党禁以来脱逃的儒人重新缉捕，有人提出斩朱熹人头，以绝伪学等情。辛弃疾阅信大惊，忙去信劝朱子："奸贼朝议，欲缉捕前臣，斩兄长之首，晦翁兄且莫掉以轻心……"朱子早将生死置之度外，是以看罢信，哈哈大笑。几个弟子却吃惊不小，以为先生大祸临头。

朱子踱回清邃阁，提笔复辛弃疾信，刚写一行，又踌躇起来："既然韩侂胄等放不过我，我给稼轩去信，若是被人知道，岂不要连累他。"想到这里，觉得还是不写的好。于是作罢，取出《离骚》翻开，又注解起来。

数年来辛弃疾事事不顺。庆元二年，一场大火将带湖庄园烧得荡然无存，他只好携全家迁到铅山飘泉。此时，他任集英殿修撰，主管武夷山冲佑观。这只是一份闲职，可以常年居家。一人独座，好不寂寞，整日价闷闷不乐。每想起挚友陈亮，便独自垂泪。给晦翁兄连去数信，又不见回音。心中更加烦躁，每日里借酒浇愁，醉后便对天咆哮，击剑狂歌。数年之前，一听到赵汝愚暴亡消息，已料到那赵汝愚是被韩侂胄差人毒害而死。此时听到韩侂胄又在铲除异党，不禁又为他的晦翁兄担忧起来。

这日索性带了好酒，到武夷山冲佑观，要顺道到考亭寻访晦翁兄一醉。这日来到考亭，却只蔡沈一人在。二人原先见过，蔡沈一见辛弃疾，忙将他迎进书院。辛弃疾见书院空空，既无晦翁兄也无弟子，问蔡沈道："晦翁先生去了何处？"蔡沈低声道："走几日了。"

辛弃疾又是欣慰，又是忧愁。欣慰的是，晦翁兄终于离了考亭，避开风头；愁的是，今日一别，不知何时才能相见。当下一杯水也不喝，转身

---

①　期思飘泉，辛弃疾晚年居所，在今江西省上饶市铅山县。

骑马，郁郁回往瓢泉。一路上长吁短叹，向天狂吼，震得山间树叶簌簌落下。

原来，朱子在三日之前便已离开考亭。

韩侂胄决计除掉朱子，令建宁府监视朱子。建宁府县尉任杰早听说朝廷有人欲尽除伪学之士，只恐朱子这个"党魁"凶多吉少，将消息告知黄榦。黄榦连夜奔来，一番苦劝，朱子只是不忍离去。最后黄榦急道："泰山大人纵不顾惜自家，也要顾惜家人、弟子，万一有甚不测，一家老小与众弟子谁愿独生？"蔡沈又道："万一有甚不测，我等将向谁去问学。我道之行，岂不终止，不如趁这机会，先生带着我等到各处走走，游历山川，访问朋友，相与论学，岂不快哉？"林念之道："几家书院几番邀你去讲学，均未能如愿。此时正是秋高气爽，游山访友，坐而论道，何等有趣！"林夔孙、傅定两个也来帮腔。一众弟子连说带哄，终于说动朱子。众弟子收拾家当，搀扶着他，便要出发，只留蔡沈照看精舍。蔡沈哭道："先严临终时，一再嘱咐我要以您为父，终生照料，怎能就此分离？"朱子道："我又不是不回来。这里沧洲精舍，那边武夷精舍，你时常走走，照应料理，我也放心。"第二日，朱子一行收拾停当，乘一艘小船，出了建阳。

辛弃疾回到瓢泉，终究是放心不下。想晦翁兄已然年迈，风里来雨里去，怎禁得住颠簸，日日为他担忧。这日忽地想起个办法，草就一信到江陵飞虎军中，以自己患病为由，向飞虎军统制李钺要孟焕、徐铭到铅山瓢泉来见。

孟焕、徐铭听说辛弃疾病重，吃了一惊，日夜兼程赶赴瓢泉相见。来到瓢泉，见辛弃疾好端端一个人，除了须发尽白，依然身形健硕，目光炯炯，终于放下心来。辛弃疾摆上一桌酒，与二人对饮。各人都喝了十几碗，辛弃疾忽地垂下泪来，唉声叹气。

孟、徐大惊："大人，你这是……"

辛弃疾道："都是那狗头韩侂胄陷害，害得我几年也没见到晦翁兄。

他长我十岁，年届古稀，又生得一身病，此刻天已转凉，正不知他在哪里安身。"说罢泪流不止。

孟、徐一听，瞪大了眼睛。

辛弃疾又道："我此番唤你二人前来，并不是我自己有甚么不舒服，实是想借你二人，代我到武夷、建州之地，替我寻访侍护的晦翁兄。你二人横竖要找到他，保他平安。他要有甚么不测，我便再不认你两个！"

徐铭忧心忡忡道："大人放心，那晦翁先生与我二人情同父子。他受奸人陷害，我二人岂能不救。只不过这建州一带，万水千山，地广人稀，我二人却到何处去寻……"

孟焕使劲挠着耳边胡子，面露难色道："万一寻不到……我是说万一——"

辛弃疾"啪"地猛击案几，酒坛酒碗碟子盘子当当当飞了起来："哼，要你二人何用，在这个节骨眼上，你二人却说令人丧气的话，我跟你们说：找得到也得找，找不到也得找。我晦翁兄要有什么三长两短，我唯你二人是问。"

二人吓得跪倒在地，唯唯诺诺："大人息怒，我二人横竖要把晦翁先生找到……"

第二日天刚蒙蒙亮，孟、徐二人骑了快马，往建阳方向去了。孟、徐一走，辛弃疾更是惆怅。这日一日饮酒，从早饮到黄昏，不觉大醉。从停云轩望着四野青山，吟出一首诗来：

甚矣吾衰矣。怅平生、交游零落，只今馀几！
白发空垂三千丈，一笑人间万事。问何物、能令公喜？
我见青山多妩媚，料青山见我应如是。
情与貌，略相似。一尊搔首东窗里。
想渊明《停云》诗就，此时风味。
江左沉酣求名者，岂识浊醪妙理。回首叫、云飞风起。
不恨古人吾不见，恨古人不见吾狂耳。知我者，二三子。

孟焕、徐铭先到考亭来寻朱子。想无论如何，从这里总能问出一些蛛

丝马迹。几日后，二人来到考亭，见沧洲精舍大门紧闭，四处一片萧索。二人拴了马，上前叫门。过了许久，大门缓缓打开，出来一个扫地的老者。这人双耳俱聋。孟焕与他说话，他一句也听不懂。徐铭比比画画，半天才问出话来，结结巴巴说了一堆，听他意思：一个月前，朱子已与五六个弟子离了考亭；五天之前，蔡沈也去了。去往哪里，未留下片言只语。二人听了，不禁皱起眉头。

孟焕、徐铭二人四下寻访，到处向人打听："可否见到一个老儒带着几个儒生。""这老儒拄着拐杖，行走甚是不便。"

问到的人有的说未曾见到，有的说见到几个读书人，衣着寒酸。一问长相，却又不是。

这样走走停停，一路打问，寻了数月毫无踪迹。还是徐铭仔细，想到朱子一身的病，多半要到药店抓药。这日到得一处市镇，到药铺询问有无一个拄着拐杖的老先生带着几个弟子前来买药。那掌柜道："午时曾见到一帮乞丐，却又带着书箱。其中一个老者，拄着竹杖，看样子至少也有七十岁啦。不知是不是二位爷儿要找的人？"

孟焕、徐铭听罢，心中大喜，想想掌柜所说，必是朱子等无疑。忙问："那老者一行向何处去了？"

掌柜道："具体去往何处，小人怎生得知？只是见他出门，向右去了。"

徐铭拱手谢过掌柜。

二人出得店门，急匆匆向北寻来。一路追一路问，过了七八天，才在松溪县龙头山下一处绝壁下见到朱子。时李方子、吴稚等正扶着朱子赶路，走到这绝壁下，上不能上，下不能下，正自发愁。孟焕、徐铭远远看到朱子身影，如暗夜中突见明月，久阴后忽见红日，急奔了上去，扑通一声跪倒在地："先生，我二人找您找得好苦。"

李方子、吴稚等不知二人是谁，蓦见两个大汉飞快跑来，吓了一跳，以为是追杀朱子的歹人，忙挺身护在前面。见那二人扑通跪在地上，哭着叫喊"先生"，才放下心来。再看他二人衣袍皱皱褶褶，满脸满身尘灰，

480

却又不知何人。

朱子见是孟焕、徐铭，先是一愣，定了定神，洒泪道："你二人不在军中戍边，何以到了这里？"

二人哭拜于地："时下朝纲混乱，权奸当道，辛大人闻说有人意欲加害先生，致书先生问询，却又不见回音，心急如焚，差我二人来寻访先生，并相随侍护。"

朱子道："数月之前，我曾收到稼轩兄弟来信。但我如今是甚么人？是罪臣！怎敢给他回信？若是被人发觉，岂不连累了他？"

徐铭道："你不回信，辛大人他更是着急。他吃不下饭，睡不着觉，乱发脾气，头发也白了不少……"

"还砍树，砸石头，头撞墙……"孟焕见徐铭将辛弃疾说得可怜，添油加醋也胡说几句。朱子听了，却惊得呆了。

徐铭续道："辛大人教我二人无论如何要找到先生。我二人跟随先生多年，情同父子，又常听先生教诲。今先生有难，我二人正可随侍左右，尽一份孝心。"

朱子叹口气道："难得你二人不忘旧谊，但此事关涉重大。你二人跟着我，若被奸相韩侂胄派出的探子得知，连累你二人不说，就是我那稼轩兄弟，也要受到株连。我看，你二人还是回去的好。"

徐铭道："此处不是说话之地，上了山再说。"

朱子望望断崖，又发起愁来："这般陡峭，怎个上法儿？"

徐铭道："先生放心。"说罢退后两步，奋力一纵，徒手攀上三丈高的壁。吴稚、李方子、林夔孙等见了，不禁赞叹他身手了得。又见徐铭从腰后取下绳索，穿来穿去，放了下来，却是一个绳梯。众人看得呆了。孟焕嘿嘿一笑，俯身蹲到朱子一旁："我背先生上山！"

朱子本不想劳烦他，看看日已黄昏，再不过山，天黑更是难行，只好爬到他背上。

孟焕背上朱子，攀着绳索，像个巨猿一般攀上崖头。接着吴稚、李方子笨手笨脚地也攀了上来。这几个书生弟子，一上来便气喘吁吁。李方子

道："壮士，你这绳梯，我等能爬，那歹人难道爬不得？结得这样牢固，怎生解得下来？"

徐铭微微一笑："且看。"绳头一拉，一根绳掉下树来，在臂上绕一绕，收绳在手。吴稚等都以为徐铭会魔法，惊得呆了。

唯朱子看透机关，对徐铭会心一笑。原来徐铭这个绳梯，便是一个"八卦梯"，古时有人使过，朱子在书中也曾见到，却不知这个后生从何处学来。

朱子与弟子、孟焕、徐铭等，再往前行，见前方一座小庙，便一同进庙歇息。吴稚忙架起火堆，烤起地瓜来。

朱子与孟徐聚坐一处，叙谈起来。朱子问道："徐铭，你说稼轩他头发白了不是？"

徐铭道："可不是嘛！一忽儿怨陈同甫弃他而去，一忽儿怨陆放翁附和奸臣，一忽儿怨赵汝愚不听他劝，一忽儿又怨你不通消息……"

朱子又叹口气："唉，这些年一波一波党禁，被连累的朋友实在太多。就连我那挚友元定也……"说着哽咽着说不下去。半天抬起头，悠悠说道："稼轩让你二人来陪我，他的好意，我岂能不知。也难得你二人如此重情重义。只是人生在世，死生有命，何须看得太重。你二人还是回去，给他带个话，就说我朱熹好端端的，恳请他不用操心，只愿他好好将养身体，留得青山在，不怕没柴烧。若假以天时，有朝一日王师北伐，图谋中兴，他也好完成夙愿……"

"我二人回去，辛大人怪罪下来，我二人可担当不起。"

"有甚担起担不起的，就说是我朱熹说的，决不连累朋友。"

二人一再求恳，朱子只是不允。那边李方子烤好地瓜，用衣襟兜了过来。

朱子道："来，吃块地瓜再说。"说罢递给孟焕、徐铭一人一个。吴稚、李方子坐在门边，吃着地瓜，默不作声。

徐铭边吃地瓜边打量朱子，见他容色憔悴，身上衣衫褴褛，补丁摞着补丁，正如寻常乞丐无异。见此情状，不禁鼻子一酸，流下泪来。

吃罢地瓜，朱子起身叫上几个弟子，便欲赶路。

孟焕、徐铭见朱子要走，忙站起身来，跟在后头。

朱子作色道："你二人既然与我情同父子，父辈的话，你们也不听吗？"说罢与众弟子转身又行。李方子心道，有这两个金刚护驾，一路上自然平平安安，可先生他如此决绝，也必有他的道理。望徐铭、孟焕一眼，见二人正圪蹴在地上垂头丧气，叹一口气，转过身来，追上朱子等。

孟、徐二人你看看我，我看看你，不知如何是好。辛大人有言在先：朱子要掉半根毫毛，永远不要再去见他。哪知朱子顾虑太多，执意要让他二人返回。二人去也不成，回又不成。圪蹴在原地甚是尴尬。

有分教：祸害忠良，奸臣从来毒计多；荒山野水，老儒只感秋风凉。

欲知后事如何，且听下回分解。

第七十回

二义士千里护旧主　众杀手追命徒枉然

　　过了半晌，二人才缓过神来。孟焕急得一跺脚："先生已经年迈，又有一身的病，还恁地受罪，万一被歹人追上……唉，不知他怎么想的，竟不要我二人。"一双巨眼瞪得老大，甚是可怖。

　　徐铭道："晦翁先生不是凡人。他一生没过过什么安稳日子，倒是受尽了苦头，到老来还这样颠沛流离。我算是明白了，先生这样四处流浪，隐姓埋名，并不是顾惜自身性命。"

　　"那是为了什么？"

　　"嘿嘿，他是为了什么'天理''道'。他这样带着弟子四处逃亡，得空便到书院讲解经文，这便是为了传道。"

　　孟焕皱眉道："什么是'天理'？什么是'道'？"

　　"你既不知，我又如何知道。我只听说万事万物之中，都有这一个'天理'，万事万物，也都在这个'道'中。这'天理''道'，真的无处不在，无时不在。你我都是粗人，想要弄懂这个，恐怕这辈子只能做白日梦了。"

　　二人望着山下，踌躇了半晌，眼见朱子转过山脚。孟焕急得直跺脚，叫道："这可怎生是好？急死我了，急死我了。"

　　徐铭低头沉吟，突然一笑，道："有办法啦。"

　　"快说，什么办法？"

　　"我们只悄悄地跟着，神不知鬼不觉，于暗中护侍他。晦翁先生不知我二人在后，自然不会生气。"

孟焕听后，点了点头："也好。"徐铭又道："光远远跟着，也总有被他瞧见的时候，那也不成。你我二人，还须化装一番。"

"化装？你要我去唱戏么？"

徐铭沉笑道："唱什么戏！只是遮人耳目罢了。"说着低头沉吟起来，自言自语道："商人么，在这乱山之中，徒步行走，不伦不类。农人么，我们又不是当地人，口音不对……哈哈，我们便打扮成赶路的儒人，风度翩翩。"

孟焕一听，觉得扮了儒士，十分好耍，拊掌大笑道："好好，这个主意最好。"

二人起身，往朱子师徒行进的方向远远追来。走了半个时辰，来到一座市镇。打问路人，已在浦城县境。见不远处有一家裁缝店，走了进来。孟焕道："店家，你这里可做得袍子？"

那店家笑吟吟道："嘿嘿，小的这双手生下来只会做衣服，别个什么也不会做。不知二位爷儿要做甚样袍子？"

孟焕走近衣架，看着两件丝绸面料的袍子，拿了下来，抛给徐铭一件，解衣便要试身。那店家急道："二位爷儿，试不得的。这是东关王老爷托我做的袍子，弄脏了不好交差？"

孟焕眼睛一瞪，道："那王老爷便怎的？试一下，打什么紧！再啰唆，我将这破袍子撕了。"

那店家嗫嚅道："王老爷，是县里首富……"见孟焕一双巨眼怒目而视，吓得没说下去，缩进柜台乜斜着眼偷眼观瞧。

孟焕除掉身上外衣，将袍子穿到身上。徐铭见他穿着袍子，像耍猴一般滑稽，禁不住笑弯了腰。

"笑什么？你看我像不像个饱吃诗书之人？"

徐铭笑道："哈哈哈，那叫'饱读诗书'。"

"对，看我像不像饱读诗书之人。"

"像不像也不好说，只是，你这肚子又鼓又圆，倒像是装了不少酒

饭。"徐铭说着，已将衣服换下。

孟焕美滋滋地，对镜前后左右不住打量自己。试罢，问店家道："这两件袍子，统共多少钱？"

那店家道："这两件都是上等绸缎，做工也细，工料一件也要五两银子。"

孟焕嘻嘻道："好，我买了。"

店家惊道："这位爷儿真会说笑，这王老爷自备绸缎托我做的袍子，怎能随随便便卖与他人。"

孟焕从口袋里掏出两锭银子，足有二十两，甩到桌子，道："什么王老爷王老八，你再给他做两件便是。"

那店家只是不肯卖衣，再三推阻："二位爷……万万使不得……这等料子，岂是本地能买得来的……"

孟焕嚷道："别敬酒不吃吃罚酒，你再要胡言乱语，砸了你这鸟店！"

那店家见他蛮不讲理，叫苦连天，不敢再争。

孟焕走出衣店，摇头晃脑，时不时甩袖提袍，徐铭看他不伦不类，忍俊不禁，笑道："孟兄，人靠衣服马靠鞍，这话当不假。"

"哎？怎的？"

"这件衣服往你身上一穿，倒让我想起一个状元郎来。"

孟焕以为徐铭要夸他，喜道："你说的状元郎是哪一个？"

"便是那'人中之龙，文中之虎'陈同甫，你和他极是相像。"

孟焕喜滋滋地，摆弄着衣襟："快说说，哪里相像？"

"肚子。"

"肚子？肚子有什么像？"孟焕说着摸摸自己的肚子。

"都是装满了东西，那陈同甫先生肚里装着的，全是诗书文章、治国韬略；你这肚里装的，全是些活蹦乱跳的鸡鸭鱼虾、牛羊兔子，还有半个西子湖的美酒醇浆。"

孟焕笑笑道："这是甚么话，我何曾喝过恁多好酒？"他哪里知道这话是在讥讽他胸无点墨，五大三粗扮书生，猪鼻子插葱扮大象。也不以为忏，心里美滋滋，脚下轻飘飘，拿腔作势招摇过市。

二人沿街缓缓而行，找寻朱子踪迹。寻了一天，一无所获。只觉饥肠辘辘，头晕眼花。转了几个弯，见前方有一家酒肆，便寻了个临窗的座位，胡乱要了些饭，大口扒了起来。刚吃得几口，蓦见一个老丐拄着拐杖，从街角走了过来，身后跟着六七个衣冠不整的穷秀才，不是朱子一伙却是谁。当下不敢相认，忙背转身去，等朱子一行走过，才回过头来，仔细观瞧。却见朱子等走进一个僻巷，进到一家悬着"明月客栈"的小店中去。二人又惊又喜，寻思就近找个住处，暗中相随朱子，悄悄侍护即可。正在商量，忽见六七个镖行脚夫模样的大汉，跟着走来，远远地盯着明月客栈，交头接耳说着什么。徐铭心下起疑，他细打量起这几人来。要说是寻常脚夫，却人人都带着家伙；说是行镖的，却又没见到货物。这时一个头儿模样的，正对一个瘦子指指点点说着什么。之后那瘦子走向明月客栈，贼头鼠目跟着盯梢。其他同伴却走进对过一家酒楼，坐在廊下一张大桌，嘻笑笑骂，像遇到甚么好事。孟焕骂道："这些贼厮鸟，想害我家先生，我这就去将他们杀个干净。"说着站起身便要前去厮杀。徐铭一把将他拉回："切莫声张，先察看动静。"徐铭盯着那当头儿的，越看越觉面熟，忽然瞪大了眼睛，对孟焕道："你看那头儿像谁。"

孟焕仔细看了看："康正龙？这也忒像了。"

那头领正是山东琅邪人康正龙。康正龙少时与孟焕、徐铭相熟。徐铭南归数年后，他也渡江南归，之后从军，随军在建康、两淮、湖州等地驻扎。再后来便到了飞虎军，担任都统之职。不意在营中遇到了少时伙伴徐铭、孟焕。三人相隔几十年又重逢，喜不自禁，甚是亲热，常常相邀饮酒，十分快意。数月之前一纸密令调他到临安执行秘密使命，他不辞而别，再无消息。

此时徐铭看着那人，心道："天下哪有这般巧合之事，或许那人与康正龙有几分相像罢了。"

那瘦子到明月客栈观察一番，回到那群壮汉之间，向康正龙等说着什么，只见几人特别亢奋，起身走进酒楼去了。孟焕、徐铭看那酒楼，只见

画栋雕梁，飞檐高挑，金字匾额"楼外楼"三字，甚是气派。徐铭使个眼色，与孟焕放轻脚步，悄悄走来，进到"楼外楼"，见一间间阁子富丽堂皇，都取着古雅的名头，有叫"水云间"的，有叫"灵霄阁""泉林亭"的，甚是豪阔。二人装作满不在意，挑选房间，侧耳细察那六七个"脚夫"行装的会聚之所。徐铭听得左首一"烟雨轩"中传来几人粗豪的笑声，知是方才那伙人正在此间，便走进相邻一间题着"西江月"的阁子，坐了进去。小二来招呼，徐铭低道："且胡乱上些酒肉，我二人在此说事，莫让外人打扰。"小二去后，二人隔着板壁凝神细听，只听隔壁众人正在喝酒。只听一人道："寻觅了两个月，好不容易寻到这'金人奸细'，今夜利利索索办了事，大伙儿都立了大功，朝廷定要大大封赏，弄不好人人都封个统制当当，岂不光耀祖庭。"

座中一人敲击着桌子："闭了你的鸟嘴。声张出去，被那奸细逃了，我们再到哪里去寻他！再要说话，我先打掉你的牙！"

孟焕、徐铭一听，这声音好生耳熟。徐铭用指尖蘸些唾沫，划开窗纸，往那人看去。不看不打紧，一看，惊得差点叫了出来。原来这拍桌子说话之人，正是结义兄弟、飞虎军都统康正龙。先说话的，却是那一身行脚夫打扮（绰号"千足虫"的）。徐铭悄声在孟焕耳边低语一番，孟焕气得呼呼喘气，起身就要出去杀人。徐铭将他劝住，道："先问个明白再说。"说着，二人换到二楼一间隔得远些的大房，令小二将酒肉转送此中来。徐铭让孟焕坐着，他独自下楼观察动静。

席间，康正龙出门解手，刚提起裤子，就见侧面闪过一个人影，心里一惊，抬头一看，却是徐铭，一身儒生打扮，正要说："你甚么时候做了读书人了"，就听徐铭"嘘"的一声，说声"跟我来"。康正龙又惊又喜，跟他来到二楼一间房子，关了门。

"徐兄，你何以在此？"蓦地又看见孟焕也穿着不合体的儒袍，大叫道："孟兄，当真是太巧了！"说着伸臂便来搂孟焕肩膀。却见眼前寒光一闪，一柄长剑抵在咽喉。康正龙愣怔道："孟兄，为何杀我？"

孟焕气得瞪着巨眼，便要将剑刺入康正龙咽喉。徐铭慌忙将孟焕拦住。

孟焕怒道："康正龙，算我眼瞎，结识你这不义小人，今日我先杀你再说。"说着又要发力刺穿康正龙咽喉。那剑刃在灯光下亮光闪闪，唬得康正龙心中发毛，连忙赔罪："孟兄、徐兄，不知何事得罪，请即说个明白，莫让我做了冤死鬼，到阎王那里也还没法交代。"

孟焕道："你这个无耻小人……"

徐铭忙即劝住："莫急，先听他说。"顺手在孟焕腕间拍，孟焕手中长剑收在手中。徐铭对康正龙道："杀了你，你说你冤。你可知道，有人却比你还冤。你且说说。你在飞虎军好好的，却为何来到这荒凉之境？"

康正龙吞吞吐吐："这秘密，本来是不能对人说的……"

孟焕道："哼，难道你不说便没人知道？韩相国派你来取朱晦翁人头，是不是？"

康正龙一惊，心道："这等秘密他二人何以得知？"只好吞吞吐吐道："是……我只知道有个金国奸细，叫作什么晦翁的，他是'伪学党魁'，常扮作教书先生，带着几个弟子在四处探察地形……"

孟焕怒道："你瞎了眼了？金国奸细来这荒山野岭做甚？你可知你追杀的老者他是何人？"

康正龙道："我只听说，他勾结金人，要绘我大宋国山河图形，金人将从闽浙进兵，灭我大宋。兄弟我正在带着几个弟兄追缉此人。"

徐铭道："呸！'伪学魁首'，那是奸人陷害忠良的托词；'金人细作'，也只是骗你这些没头没脑的蠢材来杀人的幌子。"

孟焕骂道："他不是没头没脑，是猪头猪脑。"

徐铭续道："像你这种只知俯首听命之人，想必当年让你杀害岳爷爷你也不会眨眨眼睛。那朱熹晦翁先生，他一生正直善良，爱民如子，赈济百姓，忧国忧民。他的学说，讲的是正义，万物生生之理，岂是什么'伪学'？我二人侍奉先生多年，敬他如父。"孟焕插话道："是我义父。"徐铭又道："晦翁先生是什么人，我二人岂能不知。康正龙啊康正龙，你也当真糊涂！"

康正龙听了徐铭、孟焕说话，额上掉下豆大的汗滴，心道原来这"伪学党魁"并不是甚么十恶不赦的坏人，更不是金人的奸细，乃是实实在在一个好人。但要不杀他，韩相国那里无法交差；杀他，又枉自断送了一个好人性命。这却如何是好？沉吟一下道："二位兄长既如此说，兄弟算是明白了。原来韩相国要我完成的秘密使命，竟是要杀一个好人，我这就洗手不干了，回到临安，任他杀头便是。"

徐铭眼珠一转："慢，我倒有个两全之策。"

康正龙道："愿听徐兄吩咐。"

"正龙兄弟，你依旧带着那帮财迷心窍想发横财的家伙，只在这八闽之地，万山丛中游转，装作四处搜寻晦翁先生——我是说装作追踪，却不要真的追。你只管在这山中兜圈子。只要找不到、碰不着先生，你就不用回临安复命，这样永无了局，岂不有趣。"

康正龙一听，眼前一亮道："对，我天天找那朱熹朱大人，他朝东，我朝西，天天找他不着，月月年年寻不见，也不回去交差，只在这万水千山间转来转去，永不交差，当真有趣。"

孟焕寻思着康正龙追朱子，不去真追。他和徐铭却跟着这伙人，监视他们行踪，这游戏端的好玩，不禁拍手叫起来："好！这叫作'蚂蚱捕蝴蝶，什么在后面'，好耍！"

徐铭更正道："甚么蚂蚱捕蝴蝶，那叫作'螳螂捕蝉，黄雀在后'。"

孟焕拊掌又笑："对，黄雀在后，黄雀在后！"

徐铭见康正龙也像孩童般笑得开心，道："兄弟，此事牵涉重大，非同儿戏，我二人于暗中保护你便是。"

康正龙嘿嘿笑着："放心，兄弟做事，向来不差。"

徐铭斟满酒，三人一同举杯，一仰脖子，一口喝干。

康正龙笑嘻嘻向二人拱手一揖："谢二位兄长提醒，不然错杀好人，追悔莫及。就此别过，后会有期。"说罢开门，笑吟吟到楼下与"刘太保"等杀手会合，猜拳行令，开怀畅饮，个个都喝得酩酊大醉，相互搀扶出了酒楼。"刘太保"嚷着到那明月客栈投宿，要半夜动手杀了晦翁师徒。康正龙道："我等一到那店，岂不要'打草惊蛇'了。还是在对面那家客店安歇妥当。"

"刘太保"一听，此话有理。带着一行杀手到街对过"熏风客栈"住了下来。

夜半时分，朱子等已沉沉睡去，吴稚独坐灯下读书。只听"嘭、嘭"轻轻的敲门声，吴稚披衣开门，一看，正是那执意要护侍朱子的徐壮士，喜道："啊，是你！"

徐铭"嘘"的一声，要他不要声张，附耳低声道："先生被歹人跟踪，此处不可再住。你等立即动身，向南去……"声音越来越小。最后道："此事万不可说是我来报的信，莫让先生又为我等担心。"说罢越墙潜入夜色之中。

徐铭走后，吴稚忙叫起朱子等，收拾行李，当即离店。吴稚给店小二塞了一锭银子，又如此这般地叮嘱几句。小二捏着银子在手，笑呵呵点头称是。一行人匆匆离店，出得镇子，乘月色沿大路向南走去。

康正龙自听孟焕、徐铭细说端详，心中阵阵发凉，寻思："韩侂胄这奸贼忒也歹毒，害死了贤相赵汝愚不说，连朱子这样的老儒也不肯放过。翻来覆去睡不着，心口"咚咚"直跳。二更时，"刘太保"掌灯走了过来："大当家的，时候不早了，该动手了。"

康正龙道："韩相国让我等在荒郊野岭办事，这闹市之中，岂能动手。今日休提，明日那群叫花子离店，我等跟他到山野僻静之处动手，才是正着。"

"刘太保"道："可是万一被他逃了……"

康正龙正色道："这件事上，我自有打算。既然他让你等听命于我，大伙须都得听我，你也是。事情也只恁地。"

"刘太保"被他一阵呛怼，好没面子，退了下去。另五个杀手纷纷起身，集结完毕，都提了刀想去杀人立功。刘太保一努嘴："'当家的'说上面的意思，这事要做得无声无息。此处多有不便，还是在荒郊野外行事

为好。"

几人听了，都放下刀剑，又上床倒头睡了。

第二日醒来，天色大亮。几个杀手嚷着要派人去明月客栈打探消息。康正龙估计朱子等已离了客栈，又怕万一出了岔子，便让刘太保等在此等候，他自与那绰号"千足虫"的，来明月客栈打探消息。

康正龙上前问小二道："店家，你这店里可住有几个叫花子。"

小二道："几位爷儿真是会取笑。我家'明月客栈'做的是正经生意，怎能叫什么叫花子住进！"

"千足虫"怒道："胡说，我昨日明明看见有五个人……一老四少，住进你店。"

小二道："客官莫要发火。你这么一说，我倒是想起来了。昨日是有这几个读书人，想要住店，又嫌我家店贵，迟疑不决。小人看他几人可怜，饶他们一壶茶水。那几人喝了，却又不想住店了，连一个谢字也不说，出门径直走了。"

"千足虫"一听，惊得瞪大眼睛："往……往哪边去了？"

"出门往北去了。客官，你二人是要住店吗，我这里房子干净，茶饭也好……"

"千足虫"骂道："住你娘个腿！"

小二被他一骂，不敢作声。康正龙听了小二说话，知道孟焕、徐铭已使朱子等转移，放下心来，却故作震怒，瞪着"千足虫"道："哼，且回去再说！"

刘太保等五个杀手还在等他二人消息，见康正龙回来，忙问："康太保，怎么啦？难道……"

康正龙一指"千足虫"："都是这厮，贪得几杯酒，误了大事。那几人在那明月客栈只喝了杯茶，待了片刻便去了，并未住店。"

众杀手一听，都愣了起来。刘太保怒指"千足虫"问道："这……你这是怎么跟的人？这是怎么回事？"

"千足虫"心道："怎么你们不去盯梢，这会儿都来派我的不是，好没道理!"嘴上不敢说,拐弯抹角道:"小的明明见他进去,怎料那帮叫花子竟没有住店,径自走了。"

康正龙听他一说,又开五指,"啪"的一掌,打得"千足虫"就地旋了三个圈。"千足虫"捂着脸道:"康太保,当家的,何故打我?"

康正龙道:"朝廷将这等大事交付与我等,你不好好跟踪,却让那细作逃了!奶奶的,你不用力办事,那白花花的银子黄灿灿的金子,这就到手了?你等给我听仔细了,从今而后,要打起十二分精神,凡事都得听我吩咐,若有谁胆敢说一个'不'字,我砍了他的猪头去喂狗!"

众杀手吓得战战兢兢,不敢吱声。刘太保沉思一下道:"头儿,你看这事,该当如何?"

康正龙"哼"的一声道:"我听那店家说,那个老叫花子领着几个小叫花子,出门向北去了。我想,那老叫花子腿脚不便,定走不远。既如此,我等此时便去追他,到荒山老林将他们杀了,岂不是干干净净!"

众杀手一听,眼睛放亮,打起精神。出店向镇北荒山追去。

行了个把月,也不见朱子等踪迹。断断续续耽延了数十日,又沿山道向南追来。这日黄昏来到一处镇子,到一家客栈安歇,刘太保派"千足虫"、牛大眼出去打探朱子行踪。那"千足虫"、牛大眼到附近药店打听,探得昨日有一位穿着破衣烂衫的老儒,拄着拐杖,由几个年轻弟子陪着,买了些红花、当归、川芎、熟地之类,匆匆向东去了。二人喜滋滋的,回来将这消息告诉康正龙。康正龙道:

"你二人说那老丐和小丐向东去了,怎生见得?是那店家看见的,还是他猜想的。"那绰号"千足虫"的见康太保问得唐突,知道事情不妙,不敢吱声。那绰号牛大眼的道:"那店家道,老丐和小丐出了店门,朝右去了,这药店坐南朝北,他说往右,那不是往东去了?"康正龙上前一步,又开五指,"啪"地打他一个趔趄:"他娘的,那店家说往东就往东了?他坐在店里,怎知那老丐往东直走,不曾拐个弯朝北朝南?快去打听,没有确切消息,休再回来。"

老鹰、马面常见康太保好端端又来打人,只道他是追索那老奸贼人头

心切，忍不住发了脾气，一番劝慰。刘太保斜眼睄睄康正龙，猜不透他心思，冷笑两声，心里犯起嘀咕。

"千足虫"、牛大眼等再到街上打听。偌大一处市镇，谁会将几个寻常路人的去向说得清楚。有说见几个逃荒的往东去了，有说见几个乞丐模样的往南去了，也有说一个老先生带着几个小先生上二龙山去了。莫衷一是，似乎往哪个方向都有可能。

一连住了四五日，打听不到确切消息。这日马面常、老鹰探得确切，那群老儒小儒都往政和方向去了，回来禀报康正龙。康正龙心想：政和正在北边，往政和便是往北。这些家伙倒打听得仔细。嘿嘿一笑："哈哈，这又是那奸贼使的障眼法。明着是往北去了，实上是往南去了。都随我来，往南追，横竖要给我追上。"

众人都怕挨他暴打，他说东，不敢往西，起身跟着径向南路寻去。刘太保有些迟疑，见众人都已动身，不好再说甚么，悒怏不已也跟了来。

徐铭识得几百个字，这日提起笔来，给辛弃疾写了封信，言明已见着朱子，正相随侍护。为隐秘起见，并未直言朱子名姓，说是"义父"，关键处又用了暗语。若是官府的人暗中截下信件，也只道是一封寻常家书。字写得歪歪扭扭，又有十多个错字，然估计辛大人阅信即会明白，不会再为晦翁先生担忧。徐铭将信寄出，心中顿觉松了一口气。与孟焕远远跟随朱子，消消停停，大碗喝酒，大块吃肉，倒也逍遥快活。

半年来，朱子在武夷方圆数百里游转，有时也到就近书院，化名邹诉、崆峒道士等，讲学论道。这日到了闽县地方，走到半山一个岔道，停了下来，对几位弟子道："你们几位听着，此去东南十里，便是三仙庄，盖着二层小楼那家，便是吾友林老先生庄上。数月前，你等与我曾见过他。你如今便去他家投宿。我先到此右首塘边那家去看一个人，明早便去林老先生庄上与你等会合。"

李方子、吴稚道："大人，你一人……"

朱子道："放心吧，这人不是别人，便是黄直卿之妻，我的女儿兑儿。我想见见两个小外孙儿。你们倒要小心，雪天路滑……"

李方子、吴稚、林夔孙等听说他要去女儿家，略微宽心。迟疑再三，千叮咛万嘱咐，看着朱子走上大路，走向半山一户人家，这才起身向东，径去投三仙庄林老先生家。

朱子心里念着两个外孙，拄着拐杖腾腾腾走上大路。他岂能料到，山头上早有几个人睁大眼睛盯住了他。

正是：螳螂捕蝉，岂知黄雀在后；谋财害命，偏被同伙斩头。

欲知后事如何，且听下回分解。

第七十一回

"遯翁"探女呵幼孙　太保挥刀断索桥

半年多来，康正龙与刘少保等六人，穿着百姓服色，在山野间跋涉行进，四处搜寻。除了康正龙独个儿别有打算，有意领着手下避开朱子，其余杀手都要取了朱子人头，回到朝中领赏。朱子在东山，康正龙领着杀手到西山搜查；朱子在北岭，康正龙又领着他们到山南来寻。这样搜寻了半年多，当然一无所获。众杀手个个累得精疲力尽，个个觉得杀人挣钱，当真不易。刘太保总觉得有些蹊跷，却也琢磨不透个中玄机。

这一日，一行人转到一座大山前，上到半山，坐在一棵大树下歇息。"刘太保"往远处四下张望，蓦然瞥见山下野径上，一个老丐正领着五六个小子在雪地上赶路。仔细一看，却不是那老儒一行嘛。真是踏破铁鞋无觅处，得来全不费工夫。便在此时，康正龙也已瞧见朱子等，心道：我千方百计要避开他，不知怎的忽又撞上了。正寻思想个什么法子让他脱身。

刘太保向山下一指："嘿嘿，找到'老贼'啦，好事来啦。"众杀手顺他手指往山下一看，见朱子师徒，正在齐腰高的草莽间行进。马面常道："这回说甚么也不能让这老贼小贼逃了！"

康正龙道："马面常，你这回给我盯紧了。我几人先到前面酒肆喝几杯酒去，回头让人替换你！"

话音未落，刘太保道："嘿嘿，先不忙着吃酒，大伙谁也别走，只在这里等到天黑，趁手将事儿办了，再也不能出什么古怪，大伙都盯上了。"上次明月客栈朱子逃走，煮熟的鸭子莫名其妙飞了，刘太保一直觉得忒也可惜，这时不得不仔细起来。他笑着望望康正龙，道："酒暂存着，办完事再去痛饮不迟。虽然美酒馋人，但比起这老鹿小鹿来，肉比酒更香一些。兄弟们对不对？"

众杀手一听，齐声道："好啊，办完大事，有酒有肉，那才叫个痛快。"

"收刀回临安领赏钱，花天酒地过他几年快活日子。"

"我要先买两个绝色的妾再说。"

"嘘——"刘太保提醒大伙注意，别弄出太大响动。

杀手们一个个手按刀横，虎视眈眈盯着山坡下的"猎物"。几个黑点在雪地上缓缓移动。

康正龙一想到这几个面目狰狞的"同伴"，不久就要挥刀斩向手无寸铁的晦翁先生和弟子，急得手心捏出一把汗来。

眼见将到黄昏，朱子师徒四人来到一座吊桥，往对岸行去。刘太保在山上瞧见："哎哟，过桥去啦，我还以为他们要直行来呢。我们快快下山去追，莫要被他逃了。"

康正龙见朱子过桥去，突然灵机一动，有了主意。道："你带几个兄弟从右下山，我带几个从左下山，谁去得早，便先过桥。防止跟丢了人。"

刘太保向"千足虫"、牛大眼使个眼色："好，你二人跟康太保一边，我与马面常等几个兄弟一边。"

"千足虫"、牛大眼都挨过康正龙暴打，二人心中都暗暗记恨。刘太保让他二人随康正龙去，原是要监视康正龙。

"千足虫"被康正龙打怕了，怕跟他去路上又要挨揍，向刘太保道："我还是跟着你吧。"

康正龙骂道："怎的？和你家爷爷生分了？也罢，随你跟谁。"转身向牛大眼道："走，你随我！"牛大眼不敢违命，跟着他从右首下山。刘太保领着另外四人，从左首顺着山间小道匆匆下山。

右首下山，全是陡坡，虽不好走，路程却短，正合康正龙心意。不一会儿来到一处崖壁前，已无路可行。牛大眼望着崖壁发怵，康正龙从腰间

取下绳索，挂在一棵巨松上："我先下，你要想发财便跟上。"牛大眼嗫嚅道："是……是。"

康正龙顺绳索溜了下去。心想："牛大眼"要不敢下来，再好不过。如果不小心坠入山谷，那是罪有应得。没想到牛大眼为了发财，命也不要，还是颤颤巍巍溜了下去。康正龙招手，二人向江边走去。不一会儿来到吊桥边，快步走过桥去。康正龙道："慢，给你一个独吞赏金的机会……"

牛大眼听了暗喜，不知头儿要给个甚么机会，刚转过身来，忽觉腹中一痛，一把利剑从腹心刺入，直贯后腰。牛大眼一双牛眼瞪得老大，渐渐失去光泽，"咕咚"一声倒在地上。

康正龙嘻嘻一笑，自言自语道："这些人渣，杀一个少一个。"回头望对岸，刘太保等还不见人影。心中暗喜，拾起牛大眼手中宝刀，砍断缆索，吊桥"哗啦"一声，掉入滔滔江水。如此一来，刘太保等再想过江，便没那么容易了。康正龙兀自站在江边，琢磨下一步该怎么办。

朱子一人，缓缓向西，不一会儿来到一处庄前，轻轻拍门。门一开，朱兑喜出望外："爹爹！"抢了过来，呜呜呜哭了起来。数年来的委屈、担心，一齐涌上心头。

朱子道："傻孩子，哭什么，见了你爹爹不高兴么？"

朱兑擦掉眼泪："爹爹，你知道女儿有多担心？"

朱子道："嘿嘿，担心见不着爹爹啦？我这不是好端端的么？我才不想这就去见阎王，你爹我还有很多事没做完呢。"

朱兑见说，止住哭泣，拿起布巾，扫去爹爹身上积雪："爹爹请坐。"

朱子笑道："辂儿、辅儿呢？"

朱兑道："日间游戏，闹个不停，这会子都睡啦？"

朱兑将门帘挑开，朱子望去，见两个孙儿脸儿红扑扑，睡得正香，喜道："好孩子，长得越来越硬朗啦。"说着凑过身去，用手在黄辂颔下轻挠，黄辂正在梦中，这时微微一笑，翻个身又睡了。朱子又用手来逗黄辅，黄辅说着梦话："不吃，凉……"说着又扭头睡了。也不知他将朱子的手指当成了桃子还是梨子，又冰又冷，是以嚷着不吃。

朱子怕将两个爱孙弄醒，微微一笑，退了出来。坐到火炉前烤火。朱兑端来茶水，道："爹爹先用茶，待孩儿给你做饭。"

朱子嘿嘿一笑："还是乖女儿知道疼爹爹。爹爹今日从早到这当儿，粒米未进，饿得头晕眼花。"

朱兑对父亲一笑："爹爹稍等。"回身去厨房做饭。

朱兑来到厨房，站在案板前，却又犯难：爹爹好不容易来一趟，可眼下家里什么也没有，做什么饭呢？蓦见瓮盖上散乱地放着几根葱，心里有了主意。绾起袖子，做起面条来。

朱子隔帘眼望黄辂、黄辅，心道："好不容易来看外孙，却不能和他玩耍，岂不扫兴。"又想："总要让他二人知道外公心里常念着他俩，又到家里来过。"

琢磨半天，想不出个法子。忽见桌上有一沓用过的纸笺，终于有了主意。坐到桌前，折叠出两个纸鸢。折好，抓起一支笔来，在两鸢上分别写下"赠辂儿""赠辅儿"，写罢，嘻嘻笑着，来到房间，将两鸢分别置于黄辂、黄辅耳侧。俩孙儿明儿一睁眼，便即看到爷爷的好礼，那时不知有多高兴。朱子想到俩外孙见到纸鸢时又惊又喜的情景，不禁心头美滋滋的。

"爹爹，快来用饭！"朱兑已端了一大碗热气腾腾的面条在桌上。朱子一看，见是葱花面，拿起筷子吃了起来。边吃边道：

"嗯，真香。还是我兑儿心也灵，手也巧，什么食材到手，都能做出美味来。"

朱兑低头，哽咽道："女儿家什么也没有，只有这，唉……"说罢流下泪来。

"这碗面，正是好饭。你看这葱花，大补之物。"说罢面带微笑，边吃边吟诵起来："葱汤麦饭两相宜，葱补丹田麦疗饥。莫道此中滋味薄，前村还有未炊时。"吟罢哈哈大笑。

朱兑看父亲吃着饭，心疼起来，愁眉苦脸道："爹爹是好人，却要四处流浪，受这份苦罪。唉！"

"莫哭，你看爹爹多高兴。过不了多少年，有些事肯定会颠倒过来的。爹爹是好人，蔡元定也是好人，你的夫婿也是大大的好人，你自己也保重身体，让我朱家香火旺盛。"朱兑低头听着，半天无语。

眼见夜深，朱子起身告辞。朱兑泣道："爹爹何苦定要离开，你一人路滑……"

"傻闺女，爹爹留在这里，被坏人看见，还不寻到这里来找你一家的晦气。趁着雪大，爹爹来看看你，一会儿随弟子去前方一个朋友家住，隔天便要去一家好气派的书院……他们便在前方路口等着我，怕已等得急了，快回去歇息，爹爹一有机会再来看你和我的乖孙儿。"

说罢出门，大步走上路来，踩得脚下厚雪嘎吱嘎吱，雪地上留下一行奇怪的行迹：两个脚印，一根拐杖戳下的洞，延伸向远方。朱兑月光下看着父亲逝去的背影，禁不住号啕大哭起来。

朱子给女儿说几个弟子"在前方路口等着我"，说得轻松，原是为了不让女儿为他担心。吴稚、林夔孙等三名弟子都背了书籍，走小路到三仙庄去了。他一人想念女儿，走大路来看看女儿，又怕暴露形迹给女儿带来祸殃，所以也不敢在女儿家过宿，宁可到三里路外红石硖的山洞凑合一夜。此前风声最紧时，他曾与几名弟子在那山洞里躲过一夜。

朱子走了三里路，来到红石硖，穿过一个草丛，进到山洞，双手双脚已冻得麻木，浑身上下不住打着寒噤。摸摸身上，掏出火折，燃起一把柴草来。接着又到洞里找了些树枝枯木，将火烧旺。烤了半个时辰，感到全身暖和，说不出的快活。"心道，只怕这里比我那受苦的兑儿家还暖和。"想着想着，不知不觉便睡着了。哪里料到，正有六个黑影悄悄向山洞靠近。

欲知后事如何，且听下回分解。

第七十二回

凶徒爱财追"穷儒"　　太保雪夜斩"同党"

昨日康正龙杀了牛大眼，除了一个杀手，砍断索桥，琢磨着如何阻住另几个恶人，掩护朱子脱身。正自寻思，刘太保与马面常等赶到岸边，见吊桥已断，牛大眼倒在对岸雪地上，一动不动，康正龙坐在他身边不远处。不知发生何事，都是一惊。

刘太保道："喂，康太保，搞的什么鬼？桥怎么断了？那牛大眼怎的躺在雪地上？"

康正龙左手抚着自己的脚呻吟着，右手指着地上牛大眼的长刀："这厮跑得快，先过了桥，想要独吞赏金，我到时他正在砍桥索，我追过来，到桥中腰，'哗'的一声桥断了。亏得我眼疾手快，抓住木桩过了桥，不过这只脚或许也要废了。"说罢不住呻吟。

众杀手面面相觑，不知他说的是真是假。刘太保早起了疑心，只是碍于情势，不便发作，寻思着怎的过江。与马面常、"千足虫"、老鹰、阴人脸等商量办法。马面常道："江面也不算宽，游泳过去，倒也不难。"

阴人脸道："胡说，天寒地冻，下到江里还不冻死！不如扎一叶竹筏……"

这阴人脸天生的死面相，不会哭也不会笑，按后世的话来说，这叫作"面神经麻痹"。他说话时，除了一张嘴微微张合，眼睛一眨一眨，脸上全无表情，看着让人害怕。

老鹰道："放你娘的臭屁，天就要黑了，到哪里寻恁多竹子。就算扎好，还不到天明了，还去追什么人！"

阴人脸长相吓人，下手又狠，当面谁敢骂他。这时见老鹰嘴里不干不净，抽出兵刃怒道："你敢骂我？"

老鹰拔刀相向："骂你怎的？"

二人说着便要动手。刘太保忙劝住："要事在身，你二人却在这里胡闹，快住手。不听话的吃我一刀！"

两人听了，互相瞪了一眼，还刀入鞘，不再作声。

刘太保对"千足虫"道："喂，我用绳索在这边树上打个结，你自个儿带绳游过去，将绳子那头缚到对岸树上，我们攀绳过去。"

"千足虫"哭丧着脸道："小的一人前去，说不定便要被那康太保杀了，饶了我吧……"

刘太保骂道："哼，没出息的东西，凭这点胆儿还想发什么财！"正说着，忽见上游缓缓驶下一船。刘太保打个手势，让几人躲在一块大石后。独自站在石上，笑嘻嘻向船家道："喂，船家兄弟，我想要过桥，行个方便。"

那船家应了一声，搬动船橹，咯吱咯吱将船划了过来："好的，上来吧！"

刘太保"嗖"地跳上船去。接着"千足虫"等四人也跳了上去。船家一看平白多了四人，这些人又个个生得有如凶神恶煞，手持兵刃，目露凶光，吓得腿也软了。

"五……个人？"

刘太保道："你只顾渡我等到得对岸，给你十两银子。"

船家一想，要不送他到对岸，恐怕一霎时便要没命。送他去吧，多半还保得一命，或许当真还能挣他十两银子。主意已定，壮一壮胆，扳动船桨，划了过去。江心水流湍急，几个杀手都是旱鸭子，个个晃得有些头晕，嘴中不干不净骂了起来。也只一盏茶工夫，船靠了岸，刘太保向四个手下道："你等先上岸，我给这船家银子。"四人上得岸去，刘太保手伸到口袋，笑嘻嘻对船家道："来，过来，给你银子。"船家笑着道谢，来接银子，突然"噗"的一声，一根短剑插在他胸口。可怜他银子没挣到，命先

502

丢了。刘太保飞起一脚，将船夫尸体踢下船去。

这一下事起突兀，尽被康正龙看在眼里。康正龙心头一惊，骂道："兀那刘太保，他与你无冤无仇，何故杀他？"

刘太保道："少留一个活口，便更稳当一些。嘿嘿，康太保，你杀过的人难道比我还少？只你身边这'牛大眼'，便死得有些蹊跷。"说着一跃，飞身上岸。

康正龙道："哼，我杀过的，不是金人，便是十恶不赦的歹人！"

刘太保忽地一笑："嘿嘿，你我都是受人之托，奉命行事，何必争这些没用的。"回头看到地上"牛大眼"俯伏的尸体，拎起腰带，扔进江去。

"千足虫"、老鹰等四人见了，心中都是一惊：康太保杀了牛大眼，本就令人生疑。这刘太保抛投同伴的尸体到江中，就似扔一麻袋沙子一样浑无表情，一点怜惜之意也没有，看来他整天与我等称兄道弟，原也是装模作样。在他心里我等实不过是一只可怜的鹰犬无异。自此人人自危，开始提防每一个人。

刘太保扔完尸体，嘿嘿一笑，抬手带着四个杀手起身去追朱子。

康正龙见状，唯恐他几个追上了朱子，忙跟了来。时圆月初升，白雪之中，依稀尚能辨物。循着脚印，追了两个时辰，见脚迹来到一座庄前。"千足虫"正要上前拍门，刘太保道："别急，看看这里。"说着一指，雪光下两个脚印一个雪洞，延伸向前方林梢，正是那老儒拄着拐杖离开这户人家的行迹。众杀手大喜，大步向前追去。穿过一片树林，见斜坡上一个山洞，透出火光，隐隐一缕青烟袅袅冒出。想必有人在洞内取暖，不是那化装成老儒的"汉奸"又能是谁？刘太保见状大喜："这下银子要到手啦。"

七个杀手，死了一个。剩下这六个，除康正龙外，其余都喜形于色，个个拔了兵刃，抢着要冲进洞中，割了老儒一颗头颅好回临安领赏。康正龙心道：这几个贼，个个都身手不凡，真要斗将起来，恐怕一时半会儿拾掇不下。这关节若是被哪一个恶贼闯将过去，朱老先生势必性命不保。略一琢磨，有了办法：我先唆使他们自相残杀，剩下几个便好办了。于是飞身跑到几人前，拦住去路："诸位，且听我说……"

刘太保怒道："怎的，你又要耍甚么花样，以为我等不知！你明里追踪，暗中却故意引着我们在这大山里兜圈子。今天要不是我看得仔细，又不知被你引到何处。休要阻拦，莫怪我手下这柄鬼头大刀不认人。"

众杀手纷纷叫嚷："是啊，眼睁睁要到手的银子，你不要我等还要。要吃里爬外，我等绝不答应。"

"对呀，别怪我等翻脸不认人，咱们还是刀尖上见真章！"

一边叫嚷一边便要夺路进洞。

康正龙横在坡前："弟兄们别误会。我也想发财哪，我是想，这些赏金，咱六个人，怎么个分法？"

"先前不是说好了，谁割下人头，谁拿四成，其他各人拿那余下的六成。"

"那牛大眼贪心，现在他死了，他那一份咱大伙再分就是。如今五人分那六成，这又有甚不明白的？"

康正龙嘿嘿一笑道："你等还被蒙在鼓里。事成之后，这刘太保他要一人独吞赏金。"

此言一出，杀手们都是一愣，那刘太保更是吃惊："我何曾说过……要独吞……你血口喷……"

"别装了，那日在临安与韩相国秘密议事，我等已出得门来，那'小韩'仰胄大人又将你叫了回去，他又与你说了甚么话，你在这里痛痛快快说给大伙儿听听？"

众杀手一想，确曾有这么回事。一个个瞪着饿狼般的眼睛齐盯着刘太保。刘太保又气又急，百口莫辩，涨着脸道："众位兄弟，不是这样，莫要误会！"

康正龙道："马面常，你那日问他，他怎么说的？"

马面常道："他说'小韩'大人叫他回去，要了他一家老小地址，好给些照应。"

康正龙仰天大笑："哈哈哈，骗鬼去吧。他是'三十亩地里一棵秧——独苗'，哪里来的甚么老小？"

康正龙本不知刘太保有无家小，只是大伙相互不知底细，节骨眼上都防着别人，他胡乱说话自然信他的多。

"我怎么没有老小，我……"

康正龙见离间计奏效，道："咱们不如合伙杀了他，领了赏钱大家平分。"

杀手们一听哗然，纷纷拔出兵刃，拉开架势，叫嚷道："想不到你这厮忒也歹毒。"

"对，杀了他，少一个吃独食的。"。

"兄弟，这都是误会……"刘太保见不说真相，眼前这关再难闯过，手指康正龙，咬牙切齿道："我给你等实话实说吧。那日'小韩'大人叫我回去，暗中嘱咐我，事成之后，要我先斩了这康太保。这个事，少一张嘴，这次追杀'党魁'的秘密，便少一人知道。康太保，你功夫了得，比咱这几个兄弟活着回去的可能更大，所以要先杀了你。"

这句话一出，众杀手又是一愣。连康正龙也吃惊不小。徐铭、孟焕说破事情真相，他也只道那韩侂胄欺骗自己，排除异己，杀害忠良。却未料到竟还安插了刘太保事成之后杀人灭口。心道这大小韩忒也阴险，安排下的计谋丝丝相扣，密不透风。真是'螳螂捕蝉，黄雀在后'。想到这里不由得脊背发瘆，惊出一身汗来。

"千足虫"、马面常等平时被康正龙打骂惯了，这时听了刘太保说话，先掉转刀头，想要报仇，来与康正龙火并。

康正龙道："嘿嘿，大伙难道还没听明白，他说'少一张嘴，便少一人知道'，这话里的意思是先杀我，再杀你几个，他要一人回去领赏。"

"绝无此事，绝无……"

马面常等听了，又转身围住刘太保。

山坡上风声呼啸，大雪纷飞。

刘太保见越是辩白越是说不清楚，抽出长刀，怒目向康正龙道："姓康的，你忒也不知趣了。死到临头，还恁大口气。我来告诉你，韩大人之所以让你来当头儿，便是为了保我。这事真正的头儿是我，不是你姓康的。你却兀自不知，拿着鸡毛当令箭，今日有我无你，有你无我，弟兄们，上啊，还愣着干什么？看刀！"话音未落"唰"地一刀向康正龙面门劈来。"

康正龙举剑一隔，刀剑相交，"当"的一声，崩出一片火花。二人便在数丈阔的林地上交上了手。康正龙边战边向四位杀手道："众位兄弟，杀了这厮，黄澄澄的金子都是你们的了！"

那"千足虫"、马面常想报康正龙平日打骂之仇，来帮刘太保；阴人脸、老鹰两个，却嫌刘太保要独吞赏金，要助康正龙来杀刘太保。康正龙见几人斗得正酣，转身要去山洞救朱子。忽然背后"唰"的一声，却是老鹰。老鹰以为康正龙要进洞杀人，好抢得头功取那赏金，是以改变主意偷袭康正龙。康正龙斜身闪过，回剑一刺，正中咽喉，老鹰吭也没吭一声，直挺挺倒在地上。再看林边，刘太保正与阴人脸等杀手混战。那刘太保也是功夫了得，只见他上蹿下跳，瞅一个漏洞，一刀向马面常刺来，马面常一闪，哪知刘太保只是虚晃一刀，掉转刀头一刀砍去，"噗"的一声，砍断了马面常左臂，刀头砍进半个躯干。马面常"啊"字叫了一半，便即断气，扑通一声栽倒在地。

刘太保斩杀马面常之时，那阴人脸早瞅准一个机会，背后一刀，砍向刘太保后颈，刘太保低头闪过，那刀正好砍在"千足虫"腿上。"千足虫""啊"地叫一声，举刀拼命向阴人脸砍去，阴人脸举刀架开，回刀一刺，正中心尖。"千足虫"直挺挺倒在地上，再无声息。这回死得透了。阴人脸转过身来，夺路便要进到山洞，要抢到康正龙前头抢杀朱子。康正龙跃前一步将他截住，阴人脸一刀砍来，康正龙斜身闪过，一剑刺入他右胁，阴人脸头一低，左手一刀砍康正龙右肩，康正龙一闪，阴人脸右掌"呼"地一抓来，康正龙忙缩后步，"咔嚓"一声，阴人脸一双大手从松树上抓掉一大片树皮来。这手劲当真大得出奇。要说这六人中，除康正龙、刘太保外，功夫最厉害有果然是这人。康正龙当下不敢轻敌，举剑疾刺，阴人脸用刀一格，"嗖"的一刀，横劈过来，康正龙一闪，刀头"噗"地砍入一棵巨松树干，足足有半尺深，一时却拔不下来。康正龙哪会错过时机，举剑直刺，正入他右胁。阴人脸"啊——"的一声，滚下斜坡，再不动了。刘太保一愣，知道要与康正龙两命相搏了，从上往下看一遍康正龙，又从下往上看一遍："你到底是谁……"

康正龙轻轻一笑："哈哈，这就给你说了实话吧，本人行不更名，坐不改姓，我乃山东琅邪人氏，飞虎军左营都统康正龙的便是。"

刘太保道："哼，听'小韩'仰胄大人介绍你时，我就知道你不是甚么省油的灯。原来是飞虎军的康都统。既如此，你为何要拂韩大人之意，三番五次坏我等好事，处处与我作对？"

康正龙道："康某一辈子光明磊落，剑刃上饮的，都是恶人金狗的血。去岁以来，受奸人蒙蔽，让我前来追杀'伪学党魁''金国奸细'。幸亏朋友提醒，才知那'伪学'并非真的妖言惑众，朱熹也不是什么'金国奸细'，倒是花钱请我们来的丞相韩侂胄与其弟仰胄，他二人才是比蛇蝎还毒的奸贼。想明白了这件事，我知道自己错了。决计放下屠刀，不做昧良心的事。怎奈尔等执迷不悟，为了区区千百两银子，争着要去枉杀好人，我便不得不拦着！"

刘太保奸笑道："看来你是不想发财。兄弟我倒不一样，从来认钱不认人。韩大人要我杀那老儒，我自然要割下那老儒人头。"

康正龙道："你想去害那老先生，先看我手中这把龙泉宝剑答不答应！"

刘太保道："嘿嘿，我手中这柄屈刀，从来还没遇到过对手，我二人这就拿命赌个输赢？"

康正龙道："好吧，看看是我手中这口龙泉剑赢得，还是你那丧门刀赢得！"

刘太保冷笑三声："嘿嘿嘿，今日有你没我，有我没你。看刀！""刀"字还没出口，"唰唰"已砍过三刀，从左右直取康正龙颈肩。康正龙脚下腾挪，轻轻闪过，反刺一剑，剑尖距刘太保心尖不到一寸。刘太保慌忙举刀挡格，闪了开去，嘿嘿一笑，道："好，果然有两下子。"他刀疤脸上溅着同伴的血，白雪映射下，显得极为可怖。只见他忽地腾空唰唰横削斜劈，康正龙上掠下挑，一一化解，顺势刺他咽喉，刘太保斜掠反劈，一招裹脑刀，直取康正龙性命。康正龙所习剑法，是太行五行剑法，攻守兼备，剑走轻灵；刘太保所习，是关洛虎形刀法，大开大合，招式威猛，虎虎生风。二人在雪地上上腾下跃，如两头野兽一般斗了起来。只见刀光剑影如团团白雾，在雪地上飞速旋转。刀剑火花四溅，树上积雪簌簌震落下来。斗到一百余回合，刘太保看出对手露出破绽，一刀向康正龙颈上斩来，康正龙斜身闪过，横挑一剑，正中他右腕，一只黝黑粗肥的大手连着长刀"当啷"一声掉在地上，刘太保"啊"的一声惨叫，转身便逃。康正龙抢上一步，一剑刺去，从后心插到前心。刘太保张大嘴，颤颤巍巍，扑通一声倒在雪地里，再无声息。

康正龙拔出龙泉剑，在刘太保尸身上抹净，回头望着山洞。火光一闪一闪，想那老先生朱熹正在洞里烤火取暖，脸上微微一笑，跪拜在地："先生，康某缘薄福浅，下一辈子，我也做个儒生，当你的弟子，好好听你讲讲天地间那个理字……"说罢横剑在颈间一抹，一股鲜血狂射出来，接着扑通一声，硬挺挺仰头倒在乱尸之中。

朱子睡梦中忽听外面"啊"的一声惨呼，不知发生何事，走到洞口，拨开挡路的树枝，往外一看，只见北风呼啸，大雪如棉絮般纷纷落下，月光下白茫茫一片，似乎并无异样。叹道："哎呀，半夜三更，怎会有人来此。看来我真是老得不成样儿了：眼也花了，耳朵也不灵了，幻视又幻听。"回到洞中，再将石块、树枝堆到洞口，防范野兽闯入。回身坐到火堆前，心道："李方子、吴稚、林夔孙几个，走夜路千万小心，莫要滑到沟里，丢了经书，可以再买，搭上了性命，老夫可真是百身莫赎了。"一边想着，一边盘膝打坐，闭上眼睛，调匀呼吸，不一会儿便悠悠入梦。

次日天色微明，朱子出得洞来，见昨夜漫天大雪，盖得山野里一片洁白。千树万树挂满白雪，千山万峰如白龙般蜿蜒不绝，头顶天色湛蓝，远处梅花点点，好一个皎洁世界，禁不住赞一声："好雪！好山！好天！好一片香雪!"蓦见雪地上横七竖八有几个大木桩被大雪覆盖,走近看了一看,想昨日进山洞时,雪地上似乎并没有这几个木桩。也不知一夜北风怎的堆起这些雪垄子来,心中好生奇怪,挠挠髭须,嘿嘿一笑,拄着拐杖,"笃笃笃"沿大路,走一个大大的"之"字,缓缓向东走去。漫天白雪中,只他一人穿着灰袍,踽踽独行,身后留下一串奇怪的脚印——两只鞋子,一个杖头,延伸到天地尽头。

　　孟焕、徐铭一路追随康正龙等,在几个州县间来回转圈。想着有结义兄弟保护,朱子必然万无一失。这日跟到一处小镇,不见了康正龙与几个杀手。知道跟丢了人,唬得慌了神,连夜回溯来路,寻迹向东赶来。第三日清晨,到了半山一户人家门前。只见脚迹杂沓,知道一众杀手追踪朱晦翁,曾在此停过。孟焕正要上前叫门,徐铭忙手指掩到唇边,"嘘"的一声。徐铭低头仔细辨认察看地上,朱子两只毡靴、一根竹杖的脚迹甚是明显。其余马靴、皮靴都较常人为大,踩进雪里半尺,正是康正龙和那些杀手的脚印。一招手,与孟焕追了来。绕过两三座山峰,到了一座山脚,四野白雪茫茫,不见朱子踪影。这时天已大亮,雪霁后天空一片瓦蓝,山野间到处覆着白雪。二人禁不住着急起来。徐铭蓦见林后不远处,似乎冒着缕缕青烟,忙使个眼色,与孟焕沿斜坡寻去。穿过松林,只见山背处一处山洞,青烟正是从此间冒出。进得洞来,洞中篝火,余烬未熄,显然有人来过,却不见朱子身影。二人不禁大骇,唯恐朱子遭遇不测。转身出洞,徐铭见雪野里横着一堆堆雪包,微似人形,觉得有些古怪。上前刨开积雪,突见一条人臂,二人都吓了一跳。孟焕担心朱子安危,哭着叫道:"先生,先生啊",双手齐动,刨开积雪,认出那人是刘太保。再一一刨开各个人形雪堆,是另四个杀手。蓦见林边,又有一个人形的雪垄。孟焕以为是朱子,哭着跑上前去,刨开一看,却是结义兄弟康正龙,忍不住大哭起来。徐铭道:"先别忙着哭,先找到先生再说。"

　　孟焕听了,止住哭泣,跟着徐铭往前寻找,转过一个山头,见山谷间白雪皑皑,无边无际。徐铭眼尖,看见对面山上,一个人影一晃一晃缓缓

移动，定睛一看，不是朱子却是谁？当下喜道："你看，先生在那里。"

孟焕看那人影，依稀便是朱子，一颗悬着的心终于放了下来。二人直望着朱子转过山去，怔了一会儿，才醒过神来，回头望着地上的一堆尸体。孟焕道："先生他好端端的，正龙兄和这几个歹人却都死了，这是怎么回事？"

徐铭看了各人倒地姿势，受伤部位，道："你看，那几人要取先生人头，正龙兄为救先生，只好挑唆他们互斗，又乘机杀尽'同伙'，再举剑自杀。唉，正龙兄哪！"

孟焕一听，呜呜哭了起来。

徐铭道："别哭啦，我二人先将他葬了，莫要让人发觉。"

二人用剑挖了一个大坑，将康正龙埋了。立于坟前，徐铭道："好兄弟，大义面前，处事分明，终于替我二人除了凶徒，护了好人。"

孟焕洒泪道："好兄弟，阴间里寂寞时，多喝些酒。我在阳间陪你同饮。将来到了阴间，再寻你来斗酒。"

便在此时，忽听得远处一声鞭响，蹄声杂沓，有人骑马上山。孟焕道："怎么办，埋这些家伙，来不及啦。"

徐铭一皱眉头，转身走近崖边，见崖下是万丈深渊。道："这几个畜生，害我家先生不成，反误了自家性命。我二人将他们扔下崖去，喂那豺狼虎豹，算是死得其所。"

孟焕一听："好主意！"

说罢，二人回转身来，将五具尸体一一托到崖前，扔下山去。每一具尸首扔下山，一点回声也无。山势陡峭，离谷底实是太高太远。二人仔细搜寻，又将那刀剑、水囊、洒落地上的包袱等物，扔下山去。真是做得不声不响，了无痕迹。那山崖壁立千仞，想来千百年也无人上下。谁又会想到：曾有五名杀手，为了钱财要谋害大儒朱子性命，反而葬身荒山老林之中；更有一名杀手和一个船夫，死后被踢进激流险滩，喂了鱼鳖。

二人收拾完现场，拍拍身上积雪，扬长走下山去。

　　过了七八年，到了开禧二年（1206年），徐铭、孟焕参加北伐，战后解甲归田，来到康正龙墓前，重新起坟，将他厚葬。便住在离此不远山间。时有御史台杨铿辞官归乡，见孟焕、徐铭皆忠义之士，将长女、次女分别嫁与二人。自此，孟徐后人便在武夷山生息繁衍，后世裔人中出了不少英雄人物。

　　又过了二百年，附近乡民知道康太保义举，在半山建起一座康太保祠堂，数百年来香火不断。这是后话。

　　却说朱子在武夷山中四处漂泊，一边避难，一边到各书院讲授，传习道学。又有孟焕、徐铭暗中侍护，倒也安然。然而到了庆元四年（1198年）三月，朝廷再颁下一道诏令来，严禁伪学党徒串访讲学。武夷一带之浦城、古田等府县到处张贴告示，风声又紧。恰林夔孙之兄林子文，在古田县衙当差，告知夔孙朝廷正派人前来查抄书院，缉拿逆党。林夔孙将消息告诉朱子，朱子听罢，叹口气道："这几县是不能待了。我一把老骨头，早不把生死放在心上，只是别连累了这里的朋友。我等今晚便走。"命各人即刻收拾行李。

　　欲知后事如何，且听下回分解。

第七十三回

考亭"遯翁"试宋慈①　瓢泉稼轩骂权奸

朱子当晚趁着月色，离了书院，下山来到江边。门人林大春早备好一艘大船，李方子、吴稚、林夔孙扶朱子上船，七八个弟子跟着跳上来。林夔孙一解缆索，扳动船棹，大船缓缓向下游驶去。

七八日后，也是在一个月明星稀之夜，大船划到建阳麻阳溪，停靠沧洲岸边。七八个弟子护送着朱子悄悄上岸，扶他到沧洲精舍。那时正是夜半时分，四方百姓无人看见，官府更不知晓。

虽然外间依旧风声鹤唳，然总算回家了，朱子心头渐宽。只是这几年来躲避荒野，饥寒交迫，常常吃了上顿没下顿，朱子脸色又瘦又黄，身体渐渐不支。吴稚从家中带来些滋补药物；蔡沈从家里带来些米面油，将息着维系生计。朱子门下琴士许顺之、萧长夫常坐在考亭山口，读书，习琴，观察动静。一日，有两个公人模样的来到山前，问："最近有无见到老朽朱晦翁行迹？"

许顺之道："未曾见到？我等几个操琴习艺的包了这座山，每日弹琴唱曲，琴声搅扰，谁能在这里念那之乎者也。"

萧长夫接道："哈哈，来，请坐，我给你弹一曲'高山流水'。"说着操琴就要弹奏。

---

① 宋慈（1186—1249），字惠父，号自牧。福建路建宁府建阳县（今属福建南平）童游人。南宋官员、法医学家。

那差官最烦读书听琴，一见萧长夫、许顺之操琴，忙捂了耳朵："饶了我吧，我听了琴声书声耳根便起茧。"

许顺之、萧长夫哪里肯饶，早弹起一曲"高山流水"来。琴声一起，那公差已快步溜下山去。这边许顺之、萧长夫弹得兴起，收捨不住，但闻琴声悠扬，直上云霄，溪边竹林轻摇，山峦上松涛阵阵，似在和着这琴声，共奏乐音。

韩侂胄专权之后，事务甚多，政敌林立，明争暗斗不断，近几个月便未过问朱子消息。

到了八月，建宁府风声又紧。蔡沈从任县尉处得到消息，朝廷又派人缉查，劝朱子暂避一避。朱子心道，我一把年纪，再要四处颠簸，连骨头都要散架了。遂不逃不避，反而心安。

这建宁知府也是个正义之士，对朱子及弟子行踪，也是睁只眼闭只眼，并未派人细查。即便知道了，也浑当不知。

这日黄昏，朱子与弟子坐在书院空地上，清风吹拂，山涧鸟声啾啾，眼望长河落日，朱子心情大好，与弟子闲叙起来："某四岁时，指着天上的日问先君韦斋先生：'此何物？'先君答曰：'此日也。'我又问：'日何所依？'先君道：'附于天。'我又问：'天何所依？'倒把父亲给问住了。——这事，我给你们的师哥们也都讲过几回啦。嘿嘿，还有更奇怪的事：我在五六岁时，曾苦思一个道理，却百思不得其解。我想：'天地四边之外，是些甚么物事？'听大人说四方无边，某思量也须有个尽处。如这墙壁相似，壁后也须有甚么物事。那几日思量这事，一刻放不下，想得几乎成病。然而到如今我也未知那'壁后'究是何物？"

众弟子听着，个个陷入沉思。朱子悠悠续道："大约十岁时，读《孟子》，至'圣人，与我同类者'，不禁忽发奇想，竟也立志要做圣人。嘿嘿，我给你们师哥们都讲过：'凡人须以圣人为己任'……"

正说着，耳听得一阵脚步声，外面走入几人，抬头一看，是吴稚、李方子等，后面还跟着个八九岁的孩童，一双圆眼滴溜溜转动，不住偷望朱子。朱子见那小童生得眉清目秀，冰雪聪明。问吴稚道："这是谁家孩子？

你们怎的带他上山？"

吴稚道："这是弟子收的一个小弟子。"

朱子笑道："哈哈，你们也开始收弟子啦，哈哈，很好，很好。"

吴稚生怕先生怪罪，忙道："这孩儿名叫宋慈，是山下十里地同由里人氏。他父亲宋巩，到两广南路去当什么官。临行前，宋先生欲让他这孩儿拜先生为师。那时先生不在，宋巩先生便让他拜在我的门下。我寻思自己学问粗浅，岂能为人师者，也不肯收。这孩儿缠着不走，弟子见他可怜兮兮，只好收了。之后我与黄榦师兄、方子师兄等一同来教他。这孩子倒很是用功。先生，弟子未经允准，私收小徒，请先生恕罪则个。"

朱子笑道："来，小孩，过来。"

宋慈躬身向前，跪下便拜："先生在上，小徒宋慈拜过师祖。"

朱子忍不住哈哈大笑："你这小娃娃，倒会说话。我问你，这位和中（吴稚）先生，他都教了你甚么？"

宋慈起身，恭恭敬敬侍立一旁，道："几位先生教我《小学》，又教《论语》《大学》《中庸》《孟子》……"

朱子道："咦，他们教了这么多，你能记得否？那你就给我讲一篇来。"

"先生要听哪一篇？"

朱子笑笑："你就将那《论语·学而》篇背给我听听。"

宋慈躬身又是一个揖，站直身子，不敢抬头，背道："子曰：'学而时习之，不亦说乎？有朋自远方来，不亦乐乎？人不知而不愠，不亦君子乎？'有子曰：'其为人也孝弟，而好犯上者，鲜矣；不好犯上而好作乱者，未之有也。君子务本，本立而道生。孝弟也者，其为仁之本与！'子曰：'巧言令色，鲜矣仁！'曾子曰：'吾日三省吾身：为人谋而不忠乎？与朋友交而不信乎？传不习乎？'……"

竟似江河流水，滔滔不绝背了下去。

朱子心中大奇，坐直了身子，道："做学问，重在贯通其义，光背得烂熟，也是无济于事。你且说说，这篇《学而》，它说的甚么意思？"

　　宋慈一揖,将《学而》中孔子与弟子答问,全都解释一遍。朱子听了,十分喜欢。抚着他的肩膀,道:"好孩子,你几岁了?"

　　宋慈道:"弟子已经……十五岁啦!"神色间争要做个大人似的。

　　吴稚笑道:"说甚么十五岁,刚满十岁。"

　　宋慈道:"弟子说的,是虚岁。"

　　吴稚笑道:"未闻天下之人,虚岁实岁,竟有五岁之差。"说罢哈哈大笑。

　　宋慈有意夸大年龄,意在多向朱子问学,盼朱子能收他为徒。这时被吴稚揭穿实底,窘得脸也红了。

　　朱子转身望着吴稚道:"看来你这先生当得不差啊,教得这样一个有出息的小弟子!"

　　吴稚忙道:"除了弟子,黄榦、方子师兄也都教他学问,非弟子一人之功也。"

　　朱子扫一眼众人道:"小小学童,资质甚佳,良才堪用,未来不可限量,你等须得好好传道授业,不得误人子弟。"

　　吴稚忙道:"弟子谨记教诲,不敢稍怠。"

　　宋慈扑通一声又跪拜在地:"谢谢师祖。"

　　宋慈一心想要投到朱子门下,见祖师爷喜欢他,笑嘻嘻道:"先生,我给你倒茶去。"

　　"你这小孩儿如此聪明,我很喜欢,可惜我不能在这里久待,否则我定要亲自教你?"

　　宋慈满脸疑惑,道:"先生要去很远的地方吗?"

　　"是啊,很远很远。"

　　"那我就跟先生去,当先生的书童,帮先生背书,采药。"

　　"哈哈,我要去的地方,太远太远了,你还小,不能去,有这几位师叔教你,也够了。天黑后,我等还要赶路呢。"

　　"为什么要夜间才走?"

　　"哈哈,晚上老虎都睡着了,我才敢走路,要是白日行路,被老虎吃

了，咱们再也见不着，那不是很令人遗憾么？"

"为什么老虎晚上睡觉？"

吴稚等都哈哈笑了起来。

朱子望着宋慈，满意地点点头，对吴稚等道："吾道之兴，有待尔等后学弘扬广大。有了人才，这薪火便也传下去了。"转头对吴稚道："且带他去用饭，夹个鸡腿给他。"吴稚等答应一声，领着宋慈去了。

吃罢饭，朱子让吴稚送宋慈回家。宋慈依依不舍，嘴上答应，却站在那里一动不动。月光融融，朱子看他小小年纪在那里站着，不禁心疼，叹口气道："若是在太平时日，给这小童讲几句经文，又打什么紧。"

他此时世事看淡，早已将生死置之度外。铁了心要在考亭住下，再不离开。说他将行远路，也只是打个比方。意思是我已老迈，将不久于人世而已。

宋慈得到祖师爷夸奖，学习更加用功，那吴稚、黄榦、李方子又言传身教，使他学业精进，开禧元年（1205 年）入太学，再拜朱子门人、太学博士真德秀为师。嘉定十年（1217 年）中进士，历任江西信丰县主簿，知长汀县、邵武军，提点广东、江西、广西刑狱，又任常州、广州知州，湖南提点刑狱使、广东经略安抚使，宝谟阁、焕章阁直学士等，成为有史以来第一个法医。廉政爱民，执法严明，无数沉冤案得雪，深受百姓拥戴。

却说朱子住在考亭，开课授徒，注解经书，心中坦然，似乎并未有党禁这回事一般。此时弟子不多，读书但有不明处，便来问朱子，朱子有问必答，谆谆教诲，常令弟子们茅塞顿开。这日晌午，朱子坐在清邃阁中，弟子林夔孙向他请教学问。正说道"天地之间，人物之众，其理本一，而分未尝不殊也。知其理一，所以为仁，便可以推己及人；知其分殊，所以为义，故爱必从亲人始"，忽听窗外几人起了争执，接着就见几人走到楼前。朱子一看，叶味道身后跟着一人，想要进来。叶味道伸臂将那人拦住，上前禀道："先生，这位贤兄口口声声称您'故人'，非要来见，我说您不在此间……"

话未说完，那人"咕咚"一声，向朱子跪倒便拜："晦翁伯伯，一向可好，找得我好苦!"说罢泪水婆娑。

朱子看这人时，约莫十七八岁，以其年龄与自己相比，怎么也称不上是一位"故人"，只觉好生奇怪，禁不住近前仔细辨认。

究竟来者何人，欲知后事如何，且听下回分解。

第七十四回

晦翁辨字识奇珍　宝砚通灵归旧主

却说朱子抬眼细看眼前少年，见他眉宇间透出一股英气，浓眉大眼，面阔口方，似乎正与哪位故人相像。上前将他扶起，缓缓问道："年轻人，请坐下来说话，你贵姓？"

那人抹泪道："晚生姓岳……"

朱子听这晚辈说他姓岳，心中电闪一般掠过一个念头，又惊又喜："啊，你是岳商卿之子！"拉手将他扶到座前，微笑问道："你叫什么？"

那少年儒生边抹眼泪边道："晚生姓岳名珂。"

来人正是岳霖之子，岳飞之孙。朱子见是故交岳霖之子，喜不自禁。忙让叶味道、林夔孙去端茶看水，通知师兄蔡沈安排饭食，要好好接待这位远道而来的贤侄。叶味道见先生已接纳岳珂，知他二人确有渊源，赔个笑脸，与林夔孙转身去了。

岳珂此番来见朱子，意在探究乃祖岳武穆生前事迹。这中间委实有着许多曲折。绍兴十年（1140 年），岳飞挥师北伐，先后收复郑州、洛阳等地，在郾城、颍昌大败金军，在朱仙镇击溃金军主力。眼见大好河山将要收复，高宗赵构与宰相秦桧却一意求和，以十二道"金字牌"催令班师。岳飞来到临安，被以"莫须有"罪名，受"拉胁（猛击胸胁）"之刑惨死风波亭中，长子岳云、部将张宪被处腰斩。岳霖曾任太常卿、兵部侍郎、广东经略安抚使等职。岳霖与朱熹、张栻为友，二人曾助岳霖收集岳飞遗文、史事，助其著书。后来岳霖年老多病，书未成而卒。临终时岳珂偎在爹爹病榻前，岳霖拉着他小手嘱道："先公之忠未显，冤未白，事实之在人耳目者，日久湮没。余初罹大祸，漂泊囚縻。及至仕途，而考于见闻，访于遗卒，掇拾而未及上，余罪也。苟能卒父志，雪尔祖之冤，吾死瞑目矣！"岳霖卒后，岳珂从岭南护丧北归，葬于宜兴岳飞衣冠冢之北。庆元元年（1195年），岳珂回到江州家中，边读书边收集岳飞遗文，续写先严未竟之作。几番欲访世伯朱晦翁，却不知先生行踪，这时终于在考亭见到，自是喜不自胜，眉开眼笑，眼眶却挂着几滴泪水。

朱子望着岳珂，道："岳贤侄，我结识你父时，你还未生。一晃十多年过去，连你这老三也长成大人了！啊，比我还高！"边说边端详岳珂："像，像，真是像。这额头、这眉毛、这眼睛，太像商卿兄了！"

岳珂道："先生，先君在世时，说过晦翁、南轩世伯许多好处，赞二位世伯襄助收集史料，考证历史，为先祖雪冤。我此番辗转来到考亭，便是要向世伯请教。"

朱子点头道："嗯，很好，为岳武穆立传，以正视听，便是大忠大孝。不知贤侄有哪一处不明，但凡我所知闻，必当奉告。"

岳珂道："我阅先君著文，叙及先祖在忠定公刘韐将军麾下所历，尚有几处不明，特来请教。"

朱子沉吟一下，道："嗯，那是靖康元年（1126年）的事……"

这些事情，朱子小时便听义父谈起，家史也有详细录载，这时见岳珂来问，便将岳飞投军至忠定公刘韐麾下，如何与义父刘子羽力主北伐，恢复中原之事，悠悠道来——

宣和四年（1122年），二十万北宋军北伐燕京，被辽军击溃，宋境势危。为防止辽军大举南下，刘韐招募"敢战士"御敌。岳飞抢先报名。时岳飞年方十九，天生神力，能引弓三百斤，腰弩八石。刘韐一见大奇。问他因何入伍，岳飞慨然答曰："誓死为国鞠躬尽瘁，舍小家为国家！"刘韐钦佩其年少志高，任他为决死队小队长。时"相州剧贼陶俊、贾进攻剽县镇，杀略吏民，官军屡战失利"，岳飞请缨"以百骑灭之"。刘韐拨给他"步、骑二百。"岳飞率军先派三十名敢死队员假扮商人，"入贼境"。盗贼果然中计，将这些"商人"连人带货掠走，安置在队伍中。岳飞事先"夜伏百人于山下"，天明后率数十骑逼近贼营搦战。贼首见官兵人少，蜂拥出战。陶俊驰马阵前，耀武扬威，来战岳飞。岳飞假意败走，陶俊引军来追。岳飞见陶俊匪众进入包围圈，一声令下，伏兵四起。三十名事先埋伏在贼营的敢死队员趁乱"自贼中擒俊、进于马上"。岳飞趁"贼众乱，莫知所为，遂俘获其众，余党尽散"。岳飞自此成名，后来归张所、宗泽麾下，身经百战，成为中兴名将。

朱子一番讲述，岳珂听得悠然神往。正说着话，蔡沈、叶味道、李方子、吴稚等端上饭来。二人吃着饭，边吃边叙，直说到日薄西山。到了夜间，坐于阁中，灯下又谈。朱子谈兴甚浓，滔滔不绝叙说史典。岳珂凝神聆听，将先祖岳飞在刘韐麾下所历，终于厘清了头绪。喜道："先生所述，正好印证祖父书信中所提旧事。"说着打开包袱，取出一封信来，恭恭敬敬交与朱子。朱子接过一看，原是岳飞寄与韩世忠的书信，述及早年投军时事，正好简括地说了在刘韐麾下情状。朱子见岳飞笔法，似东坡笔意，却又刚劲有力，只觉似曾相识，禁不住看了看案上的端砚，觉着笔迹与砚上"持坚守白，不磷不缁"，正相仿佛，禁不住"咦"的一声。

正自惊疑，岳珂又掏出一叠纸来，轻轻展开："还有这一件，也是从祖父旧将后人处寻得。"

朱子一看，竟是岳飞手书诸葛亮的《出师表》。逐字读了起来。见其用笔，隐忍不发，暗藏锋芒，看看岳飞遗墨，又看看砚铭。嘿嘿一笑，拿起石砚，两相比照起来。

岳珂见他拿起那方石砚，乍见"持坚守白，不磷不缁"几字，也禁不住"咦"的一声，惊得呆了。只见朱子捋着胡须，不住点头："是了，是了，定然不差。"

"先生，您是说……"他本想说："这方砚莫非就是祖翁生前宝砚？"又觉得太过唐突，再说世上哪有这等巧事。是以话说到半截，咽了回去。

却见朱子定睛对照武穆笔势，神采飞扬："哈哈，千真万确！千真万确！"

　　岳珂喜道："先君生前也曾提到，他少时曾见爷爷有一方砚，刻着'持坚守白，不磷不缁'之铭，那时他并不知这八字之意……想不到……想不到……天下竟有这等奇事！"岳珂说着瞪大了眼睛。

　　朱子凝视书、砚，自言自语道："'持坚守白，不磷不缁'这八字，正是君子操守。这八字出自《论语·阳货》。原文是：'不曰坚乎？磨而不磷。不曰白乎？涅而不缁。'春秋时期，至圣先师孔子在鲁国遭到冷遇，他的学说不被器重，他只好带着弟子周游列国。在赴晋国的途中，子路劝他不要去投奔赵鞅，说赵鞅这人是小人。先师孔子相信自己是君子，不会玷污自己的名节，便对子路说了这一番话。岳武穆取这话之义，凝为'持坚守白，不磷不缁'这八字，足见他的修养见解，确是不凡。"

　　岳珂听着，凝神思索，心道："还是晦翁伯伯学识渊博，说理说得透，我若能入得他门下，该有多好。"又想："我岳家遭遇劫难，元气未复，家中正有许多事情待要我来出面，哪得有福拜到他的门下。"只听朱子又说道："我早听人说：岳武穆虽为武将，然性喜宁静，大战间歇便秉烛夜读《春秋》《论语》，实乃忠勇多智的儒将。可惜，秦桧那厮……"正要往下说，忽见岳珂低头抹泪，忙即收口。只听岳珂哽咽道："可惜他大业未竟，中原未复，竟被奸臣所害。他与岳云伯伯、张宪爷爷死得好冤……"

　　朱子抚着岳珂肩膀，缓缓说道："你爷爷岳武穆、你的伯父岳云、张宪将军，都是钦奇磊落的英雄，其忠义气节，天地共鉴。"

　　岳珂望着桌上的砚台，挠头道："咦，听说祖父遇害后这方砚便即遗失，再无下落，不知何以……"

　　朱子道："哈哈哈，你是想问，这方砚何以到了我的手里，是不是？说来也是巧了，此间也有一位钦奇磊落的英雄，素敬乃祖忠义气节，此人也做得千古文章，也会领兵打仗。和岳武穆倒是很像。"

　　"您说的此人是……"

　　朱子没有搭话，继续说道："某日他到临安街上，见一个穷苦的读书人，拿着这砚在卖，他一见砚上这八字铭，喜欢得了不得，当即给了那读书人十倍的银子，买了回家。我义兄刘珙去世，去接灵柩回来，我在信州与他相识，一见如故，他便拿这方砚赠我。哈哈，他能识此宝物，便是与乃祖隔世的知音。"

岳珂奇道："晦翁伯伯，你说的这一位，他又是谁？"

朱子道："便是吾友，姓辛名弃疾，号稼轩。"

岳珂"啊"地叫了出来，想那辛弃疾也父亲的朋友，没想到这方宝砚曾在乱世为他收藏，又赠了晦翁伯伯。爷爷、父亲若地下有知，也当含笑九泉。

只见朱子拿起端砚，拍拍岳珂肩膀："这方砚，转了这么一大圈，也不知经过多少人手，终于又归于岳家。天意，天意啊！"

岳珂愣了一下，道："您是说……不，不，这……辛伯伯要问起来……"

朱子看出他的心思，哈哈大笑道："此砚有灵，既然寻到旧主，自当归还。"

岳珂道："此砚虽为祖父遗物，但晚辈怎敢夺人之美，稼轩伯伯那里……"

朱子笑道："稼轩乃钦奇磊落君子，他与我，必是一般的心思。他若知他收的这方砚台，竟是岳武穆遗物，知我将此砚送与你，高兴还来不及，怎会怪罪。岳贤侄莫要再辞。"

岳珂道："嗯，那小侄不再说啦。你和稼轩叔叔的恩德，小侄没齿不忘。"说到这里，眼珠一转，"不过，小侄还有一个不情之请。我听说晦翁伯伯大字书法，是为天下一绝，便想请伯伯以此砚之墨，为我写一幅字。"

朱子笑道："哈哈，莫说写一幅，便是写一百幅，也不能辞。谁教咱们这般投缘！"

岳珂听了，眉开眼笑。朱子持笔，运力，大开大合写了"正气"二字。望望岳珂："这一幅字，不知贤侄中意否？"

岳珂见二字巍然如山，苍劲有力，如镌如凿，铮铮有型。在袍襟上擦擦手，恭恭敬敬接在手中，凝神参详。

朱子取来一块毡布，将宝砚小心翼翼包好。却又舍不得，又打开来，在八字铭上摸了又摸，说道："宝砚啊宝砚，既然有灵，回归主家，莫要再走丢了！"那神情，似在与一位老友告别，千叮咛万嘱咐，要他珍重。

说罢，小心翼翼包上，用鹿皮筋捆个"井"字，塞到岳珂手中。岳珂心中好生过意不去，眼眶一热，拱手长揖："谢过世伯，我想去一趟瓢泉，当面向稼轩叔叔道谢。"

"既然你要去，我便作书一封。请代我问候你稼轩叔叔。只是此事断不可对人说知，也不要让人知道你来此间访过我。我是朝廷罪臣，不想连累朋友。"

岳珂一听愕然，思忖一下，"嗯"了一声，点头答应。第二日，岳珂拜别朱子，背着一个大包袱，乘船往邵武，走分水关来访辛弃疾。

正是：群英聚会，瓢泉映照天上星；浊酒浇愁，酒仙笑饮杯中泪。

欲知后事如何，且听下回分解。

第七十五回

稼轩设宴词人斗酒　瓢泉饮泪醉里乾坤

　　却说孟焕、徐铭见恶人已除，朱子数十门人弟子相随，一时不必担心再有歹人加害，便返回铅山向辛弃疾复命。二人说起如何化装成儒人学士，于暗中侍护朱子。辛弃疾想孟焕穿上儒袍自以为像是陈亮，忸怩作态招摇过市之状，只笑得前仰后合。待听到康正龙为护朱子斩杀同伴而后横剑自刎情状，不禁唏嘘，赞他忠义，吩咐孟、徐：待得河清海晏，定要为他筑墓立碑，将其义节彪炳千秋。

　　辛弃疾知道晦翁兄平平安安，总算放下心来。留孟、徐二人在庄上连吃了三日酒，又指点马上马下刀法剑法，遣他二人返飞虎军去了。此后数月，便自到山中打猎，饮酒，赋诗，倒也释然。只道晦翁兄在各处书院走动。天天盼着能收到来信，哪怕只言片语告一句平安，也能稍觉慰藉。岂料过了半年，也不闻半点音讯，不禁又为他担忧起来。

　　这时已是庆元五年，挚交陈亮已逝世五年；陆游因写诗得罪权奸，遭到贬谪，在家养病；如今晦翁兄又不知所踪。辛弃疾独住瓢泉，寂寞难耐，心中愁烦，每日高歌纵酒，有时带了几个庄客，到山中去射杀老虎豹子解闷。

　　这日刚打猎回来，见一个身穿官服模样的人来访。辛弃疾见此人细皮嫩肉，肥肥胖胖，皮笑肉不笑，心中便生厌恶。一番寒暄后，那人说明来意，递上一封信来。原来是韩侂胄想要笼络人心，要请他出山，委以重任。辛弃疾看罢，哼哼冷笑两声，心道：

"韩侂胄，你混乱朝纲，陷害忠良，我岂能与你同流合污。你忒也小瞧你家大爷了。"

那信使见他接信看了，笑嘻嘻道："韩相国思贤心切，今专门让在下来请将军出山，不知大人意下如何？"

辛弃疾怒目而视，将信撕得粉碎，大骂一声："滚！"

那信使支支吾吾道："韩相国……要你亲自回信，见不到你的信，相国要怪罪下来，小的可……担当不起。"

辛弃疾抓起一只死豹，掼到他脸上："快给我滚，再要说话，割了你的舌头！"

那信使吓得屁滚尿流，逃出庄去。后面铁柱同几个弟弟领着几条黄狗追赶，见那人狼狈不堪，跌了一跤，个个开怀大笑。

自此，凡是不知底细的陌生人来访，辛弃疾一概不见。他终日只是借酒浇愁。这日又在过云亭中独自饮酒，铁锤手持一个名刺进来道："爹爹，有客来访。"

辛弃疾头也不抬："不见不见。"

铁锤出去，忽儿又返回来："那客人自说他爹爹是你的朋友。又说他是从晦翁伯伯处来。"

辛弃疾一听，弹簧一样从椅子上一跃而起："还不快请进来。你可真笨，真是个笨铁锤！"铁锤不知父亲何故骂自己笨，心道："是你不让他来，这会儿又嫌我不请他入门，脸色说变就变，我这儿子好没当头。"挠着头出去，请那客人进来。

原来辛弃疾素与岳霖交厚。绍熙年间，辛弃疾曾任太府卿，时岳霖任太常卿、左司郎中等职，二人时有往来。辛弃疾便与岳霖三个儿子相熟。尤其岳霖第三子岳珂，小小年纪，才思敏捷，咏得诗文，常与辛弃疾以诗相戏，猜谜行令，没大没小。此时六七年不见，心中常念起这个小友。一听来人说是姓岳的故人，蓦然想到：莫非便是商卿之后？随即便想到岳珂来。自言自语道："岳珂那小子，嘿嘿。"

只听门外响起脚步声，铁锤领着一个长相斯文的少年，走进门来。那

少年一见辛弃疾，当即跪下一揖："稼轩叔叔，想煞小侄了！请受小侄一拜！"

辛弃疾凝神看这后生，此时距临安之会已有六七年，岳珂已十七八岁，从一个顽皮小子长成长身玉立的少年，举止儒雅，相貌堂堂，哪里还认得出来。走近几步，仔细看他五官形貌，才认出正是小侄岳珂，一边扶起，一边嘴里啧啧称奇："啊呀，几年不见，长得这般高了，有其父其祖风骨，好样的！快快请起。"岳珂眼眶湿润，站起身来。辛弃疾挽着他手，走进中堂："咦，岳贤侄，听说你从晦翁伯伯处来？可是见着晦翁伯伯了？晦翁伯伯他在哪里？我都见不着他你却如何见到他？他怎样？……"

连问七八句，岳珂哪插得进话回答。

辛弃疾开怀大笑，大叫，铁柱，我今天要大宴宾客，你刘叔叔正在城中，前日我拒他来访，这会子你请他来，还有那几个喜欢喝酒唱诗的叔伯，都请了来。噢，再请几个歌伎，我要热闹热闹。"铁柱不知父亲为何恁的高兴，只得依言去办。

二人说起别来情状，岳珂说到父亲之逝，说到上下正在寻访先祖岳武穆事迹，为他申冤。辛弃疾听了，深深地点了点头。岳珂说到这里，喜道："稼轩叔叔，正好有几样宝物给你看看。"

忽然想起甚么，忙又拱手一揖："是了，稼轩伯伯，我先要谢谢你呢！"

辛弃疾愣道："咦，贤侄，多年不见，怎么变得这么客气，我又有甚么值得你谢的？"

岳珂嘻嘻一笑："谢谢你的宝砚！"

辛弃疾道："甚么宝砚，我怎么越听越是糊涂了！"

岳珂从包袱中拿出一个毡布包裹来，层层打开，露出那方刻着"持坚守白，不磷不缁"的端砚。辛弃疾"咦"了一声，愣神道："这不是早些年前……我赠予你晦翁伯伯的那方砚么？怎么却在你手里？怎么你又要谢我？"

岳珂道："若非稼轩叔叔慧眼识宝，小侄今生怎得有幸见到先祖遗物。"

辛弃疾道："这……这……"云里雾里，越发奇怪。

岳珂搓搓手，拿出岳飞手书《出师表》，在辛弃疾面前展开："叔叔请看。"

辛弃疾看着岳飞手书的《出师表》，登时瞪大了眼睛："这……这……"

他和岳武穆，都是豪气干云，却又都喜读经史，又作得诗文。他一见八字铭"持坚守白，不磷不缁"，便喜欢得了不得。见那铭文书法似有苏东坡笔意，却又暗藏锋芒，真个是铁画银钩。当时也琢磨不透这铭文书法出于何人之手，只觉铭文既佳，书法更妙，这才舍了十倍价格将它买来。这时一看岳飞手书的《出师表》，再看砚铭书法，分明是一人所为。不禁惊得呆了："岳贤侄……你是说……此砚竟是乃祖……武穆之砚！"

岳珂点头道："千真万确！晦翁伯伯见了先祖遗墨，碰巧此砚便在他身边，两相比照，确定无疑。"

辛弃疾一听，连声叫道："天意啊，天意！"

岳珂嘻嘻笑道："晦翁伯伯发现这方砚后，也是这般吃惊。"

辛弃疾道："他说甚么？"

岳珂道："他也与你一般，拊掌说道：'天意啊，天意！'对啦，他还有一信给你，你看我一高兴，差点忘了！"说着从包袱里取出朱子书信，恭恭敬敬递上。

辛弃疾接信来看，看一句，点点头，看两句，叹口气。看毕笑嘻嘻的，显得无比快慰。岳珂心里却甚是忐忑，心道："稼轩叔叔知道了这方砚的秘密，会不会起了悔意，竟要将此砚收回。毕竟那是他花了十倍价钱购得。他要反悔，那也说不得，会不会……"正自沉吟，就听辛弃疾道："好，好！"

岳珂忐忑道："稼轩叔叔，你看……"

辛弃疾道："你晦翁伯伯已替我说了，我还有甚么话说，甚好，甚好！"拍着手，眉飞色舞。

岳珂见他如此一说，心中的石头终于落地，喃喃道："稼轩叔叔，您

看……我……我岳家怎么感谢你才好！"

辛弃疾道："哈哈哈，小娃娃，胡说甚么！岳武穆是天地间罕有的大英雄，我能替他的子孙找到这件宝物，荣幸之至，荣幸之至哪！我应该感谢那个卖了我砚的人，谢谢你和你晦翁伯伯，你却反过来说要谢我，这是甚么话。哈哈，当初我就觉得能书此铭之人，必不一般，想不到这主家竟是乃祖岳武穆！"说罢，抚着岳珂的肩："你看这砚上铭文，看这《出师表》笔意，看乃祖笔画气势，他的一身正气，尽蕴在笔墨之中。"

岳珂道："咦，你也说'正气'……当真是一模一样？"

辛弃疾道："甚么？"

"晦翁伯伯知道了此砚的秘密，赠了小侄两个字，你看——"说着取出朱子题写的"正气"二字。辛弃疾一看，搓搓胡子："哈哈，哈哈哈，英雄所见略同。岳贤侄，我今日要与你一醉方休！"说着挽了岳珂手，径到瓢泉旁，指指画画，炫耀起瓢泉景色之胜。

宋淳熙十二年（1185 年），辛弃疾访铅山期思渡，见此泉从石罅中涌出，过一大石梁，上有两窝，一如臼、一如瓢，泉经"臼"再入"瓢"，水质清澈甘凉。他看了又看，甚是喜欢，于是便将这片土地买下，将原名"周氏泉"改为"瓢泉"，取自《论语》颜回律身自好之意，又作《水龙吟·题瓢泉》，云："一瓢自乐，贤哉回也。"接着便召集工匠，盖了几十间大屋，有府堂、公馆和秋水观、停云堂以及蛤蟆塘、花园等。

此时岳珂顺着他所指望去，但见山峰嵯峨，松竹苍翠，白云出岫，几十间屋舍错落有致。半山上数间亭阁，飞檐高挑，似欲振翅腾空。端的一处世外桃源。悠然赞道："稼轩叔叔拣得这处佳妙之地，实令天下儒人钦羡。"辛弃疾听了这话，回过头来，望他一眼道："甚么？"凝神望着远处，喟然长叹一口气，皱起眉头。额上三条皱纹，又深又长，如刀刻斧凿一般。岳珂见他双目中满是悲凉，不知自己好心一句话，触发了稼轩叔叔甚么心事，不禁有些歉疚。他哪里知道，辛弃疾一生志在复兴，却又郁郁不得志。他虽居瓢泉，却日日不忘北伐，见几任皇帝苟安东南一隅，心中愤懑，哪里曾安心在此赏山玩水，更何曾出世一刻。时近黄昏，又大又圆的红日，似一个巨大的柿子，落在西山的山顶上。山口风声煞煞，岳珂说道："稼轩叔叔，咱们回去吧。"

"好的，我想客人们也该到了！"

说着二人穿林下得山来，刚回到瓢泉边上，但听远处笑声朗朗，一大群人说着笑着走了来。原来铁锤去城里叫了人，正返回瓢泉。辛弃疾往人群里一望，顿时喜笑颜开，抢上几步："务观兄，怎么你也来了？"那人"哼"的一声："哼，我有甚么不能来的。你不去访我，难道我自己不能走么？"

这人正是陆游。

岳珂见陆游身后一个中年人，纽子扣得不齐，衣冠不整，脸上笑吟吟的，拍手叫道："'龙洲道人'①，一向可好！可想煞小侄了！"

这"龙洲道人"便是刘过，方才辛弃疾说给铁锤的刘叔叔。刘过行事荒诞不经，卓尔不群，正与陈亮是一类人物。

二人身后又跟着七八个文士。最后是四个穿着紫衫绿衫的女子，都是铁锤请来的善弹会唱的绝色女子。冷清的庄园里顿时热闹起来。厨子们烹炒煎炸，施展手段，既要保持上等菜肴的精致，也要显露铅山地方独有的风味，一时进进出出忙个不停。

辛弃疾将陆游等延进大屋。大伙都是熟人，谁也不用客套，只把当地几位作陪的一一介绍了。辛弃疾问陆游别来情状。陆游道："人要背运，喝凉水都塞牙……凡事没一样顺心的，有些事……哈哈哈，哈哈哈，'欲说还休，欲说还休，天凉好个秋'。"他本想说北伐无望，朝廷腐败，然此中在座诸位哪个不知，一转念便借用辛弃疾词作《丑奴儿·书博山道中壁》中的几句，敷衍过去。如此一来，嘴上没说，却也等于说了。叹一口气，续道："我在家里实在憋闷，便出来散散心，想不到在饶州遇到了刘贤弟。我先来探你，再去武夷山，去见见晦翁兄。咦，晦翁兄现今如何，

---

① 龙洲道人，即刘过（1154—1206），吉州太和（今江西泰和县）人。南宋文学家，字改之，号龙洲道人。

你可有他的消息?"

辛弃疾看看岳珂。岳珂想到来时晦翁先生曾叮嘱，莫要向他人提起他
与辛弃疾有往来，以免横生枝节，为诸友带来祸害。朱子信中将这意思也
对辛弃疾说了。这在座的客人当中，陆游给韩侂胄写过《南园赋》，龙洲
道人刘过也与韩侂胄有些牵连，其他在座诸人更不甚了了。若当中有一人
有意无意说漏了嘴，透露辛弃疾与朱熹仍有往来，只怕今日席上各位多半
也要飞来横祸。二人目光一碰，旋即会意。辛弃疾望着众人说道："晦翁
兄悟得大道，著了新书，容光焕发，活得很是滋润。只是他一个半人半仙
之人，只怕陆兄要去访他，寻到寻不到，也还难说。"

辛弃疾此虑不差。刘过虽然词冠群雄，识见行事却远逊在座诸位。他
也是少怀志节，读书论兵，好言古今治乱盛衰之变。曾多次上书朝廷，
"屡陈恢复大计，谓中原可一战而取"。及至延禧北伐兵败，追悔莫及，为
世人所笑。

陆游见说，既高兴，又失望。高兴的是，晦翁他毕竟平平安安，意志
未挫；失望的是，好些年不见，连一封书信也无，真想见他一面，却比登
天还难。想到此，不禁低下头，半日无语。岳珂道："务观伯伯且莫灰心，
晦翁伯伯身体康健，神采奕奕，或许他哪日得了空闲，带了弟子到绍兴府
去访你，也未可知。"

陆游一听，笑着问："此话当真?"

岳珂嘻嘻一笑："我想必是如此!"

陆游听了，面带微笑："也好，也好!"

岳珂忽然明白，人有时说出假话，也是在积德行善。岳珂虽不愿辛弃
疾说出朱子行踪，却又喜见刘过到来。有他来助兴，今日必有热闹看。也
是少年心理，只图眼下有乐子。

酒过数巡，辛弃疾打个手势，歌女抚琴起唱。先是一曲《鹧鸪天》，
再是《破阵子》《木兰花慢》，连唱数曲，众人一听，都是佳篇，连连称
妙。辛弃疾向歌女道："不唱别个，唱唱我那曲《贺新郎》。"歌女应了一
声，抚琴唱道:

甚矣吾衰矣。怅平生、交游零落，只今馀几！

白发空垂三千丈，一笑人间万事。

问何物、能令公喜？我见青山多妩媚，料青山见我应如是。

情与貌，略相似。一尊搔首东窗里。

想渊明《停云》诗就，此时风味。

江左沉酣求名者，岂识浊醪妙理。

回首叫、云飞风起。不恨古人吾不见，恨古人不见吾狂耳。

知我者，二三子。

众人凝神倾听，只见辛弃疾拍着大腿，和着节拍，自我陶醉。待唱到"我见青山多妩媚，料青山见我应如是""不恨古人吾不见，恨古人不见吾狂耳。"腿拍得愈响，头点得愈深。待全词唱毕。众人齐声叫好。辛弃疾问道："这首词，众友以为如何？"问了几遍，众人都说好。辛弃疾道："不要都说好话，有不佳处尽管说出，哪怕一字，我也必拜你一字之师。"见无人说话，问陆游道："务观兄，说说如何。"

陆游知道他是在卖弄，又确觉这几句甚佳，便嘻嘻一笑道："这几句妙得很哪，陆某实在佩服！"辛弃疾一听，微微一笑，"嗯"了一声。

刘过心里道："你这词，虽叫好，然我龙洲道人难道就没一首好的，只此心中便有几句，并不输你，只是今日来赴你的大宴，走时你还有礼物相赠，吃人嘴软，拿人手短，我此时且先不说，待会子累了再吟出助兴，那时倒要让大家知道，'龙洲道人'这大号不是白叫的。"

正思忖间，只见辛弃疾道："喂，龙洲道人，说句话，这几句词儿到底怎样？且请指正。"

刘过拿腔拿调道："你是说'我见青山多妩媚，料青山见我应如是'这一句，是也不是？"

辛弃疾道："正是这句，怎么样？"

刘过道："你'见青山多妩媚'，'青山'见你'应如是'，这句，实在不通，实在不通。"说罢直摇头。辛弃疾一听，登时一愣，道："刘兄，

此话怎讲?"

在座各位,也都吃一惊,抬头愣怔地看着他。只见刘过一本正经道:"且不说你长得五大三粗,哪有一丝'妩媚'的影子?单是下面一句:'料青山见我应如是'便更是不通。我且问你,'青山'的眼睛在哪里?是丹凤眼还是桃花眼?你当真知道么?在座诸位谁又曾见过?"

众人一听,只笑得前仰后合。连四个歌女也都举琴遮面,"咯咯咯"笑了起来。

岳珂心道:"我说怎么样?有刘叔叔在场,必有好戏看。"只听刘过又说道:"还有那句'不恨古人吾不见,恨古人不见吾狂耳',毫没道理。你既未见古人,怎能恨古人不见你'狂耳'。再说古人不见你,却难道见过我等不成?"。

辛弃疾知刘过故意搅场,开他玩笑,也不以为忤,笑着道:"你这个龙洲道人,甚是无理,我好意向你取经,你却来取笑我。可恶可恶。"转问在座诸贤。座中各人自忖才气比之辛陆刘岳,差着何止十万八千里,更有何话可说,只是不住地拍手称妙,极尽恭维。这个说:"这个词用得恰到好处。"那个说,"这一个字最是精妙,换别个任一字,便煞风景。"那个又说:"此作堪称千古绝唱,冠绝词林,不输太白苏东坡。"

只说得辛弃疾眼前雾蒙胧,心中飘飘然,客人投之以桃,他便报之一李,一举酒碗,眉飞色舞:"承蒙众兄谬赞,来,且饮酒,杯莫停!"

说着举杯,与陆游、刘过等举起杯来,仰起脖子,一饮而尽。忽见岳珂在一旁吃吃发笑,作色道:"喂,岳珂贤侄,怎的这会子一言不发,来来来,快说说你家稼轩叔叔这词儿,有甚不通之处,别像他们尽说好话,你且说说。"

岳珂道:"在座诸位伯伯叔叔,哪一位不是名闻天下的大家,哪容得我这后生在此多舌?"

众人一听,哈哈大笑。辛弃疾见说,更飘飘然,却又道:"贤侄才思不输子建,最是有才,叔叔我这词儿,到底如何?"

岳珂沉吟一下道:"这个……这个……若稼轩叔叔非要我说,那小侄便来说说。"

　　众人一听，又惊又疑，心想你这娃娃乳臭未干，试也不识好歹，竟敢在鲁班门前卖斧头，关公面前舞大刀。况且人家是主，你是客，竟恁地不识礼数，这般直来直去，岂不是诚心令主家难看。

　　辛弃疾一笑："你似乎倒有主见，那便说说，哪处不通，我来改改。"

　　岳珂道："前篇豪视一世，独首尾两腔，警语差相似；新作微觉用事多耳。"辛弃疾一听，先是皱眉，接着一拍大腿，喜道："说得太好了，我确有这个毛病！好，好，还是我岳贤侄独具慧眼，稼轩叔叔谢你指正，回头逐个改一改，哈哈哈，哈哈哈。"声震屋瓦，似乎脊瓦上方那磨盘一般的明月，也被震得晃了几晃。

　　刘过一生穷愁潦倒，辛弃疾对他关照最多，嘴头上他却总占恩人便宜。此时见辛弃疾得意，接住他话头哈哈一笑，道："还有，我听得你和陈同甫有一日互相唱和，甚是得意，曾有《贺新郎》一首。那首词却作得试也狂傲！"

　　辛弃疾一听愣道："哦，这又如何说？"

　　陆游插口道："我也听说你和同甫一场豪饮，都作了惊天动天的好词。只不知'龙洲道人'所说是哪一曲？且听听如何？"

　　铁锤走近歌伎，递上一词《贺新郎·老大那堪说》。歌女抚琴，悠扬唱道：

　　老大那堪说。似而今、元龙臭味，孟公瓜葛。
　　我病君来高歌饮，惊散楼头飞雪。
　　笑富贵千钧如发。
　　硬语盘空谁来听？
　　记当时、只有西窗月。重进酒，换鸣瑟。

　　事无两样人心别。问渠侬：神州毕竟，几番离合？
　　汗血盐车无人顾，千里空收骏骨。

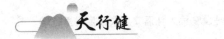

正目断关河路绝。

我最怜君中宵舞，

道"男儿到死心如铁"。看试手，补天裂。

　　歌女唱罢，众人齐声叫起好来。岳珂也心服口服，将全词暗记下来。只听刘过哈哈一笑，朗声道："稼轩兄，别人都碍着面子，夸你辛稼轩这几句词如何高明，我却大不以为然。"

　　辛弃疾一愣道："这却又如何说？'龙洲道人'有话且直说，我洗耳恭听。说说哪里不通？"

　　刘过道："只就这句：'看试手，补天裂。'我且问你，天怎么补，你是搭了梯子去补呢？还是要长了翅膀飞上天去补？"

　　众人只笑得前仰后合。

　　几人纵酒大笑，赋诗唱酬，陆、刘都有诗篇唱酬，交与歌女，轮番唱了。猜拳行令，闹个不休，好不风流快活。真个是明月皎皎人意好，星汉西流夜未央。直到将近二更，一弯冷月挂在西窗，瓢泉主人仍在与佳客豪饮，说着唱着，笑着闹着，个个似笑似哭，人人似醒似醉。

　　岳珂偷眼去看，见辛弃疾、陆游听这曲儿时，眼睛都看着空洞洞的夜空，不知他二人此刻却在想些甚么？

　　那几个歌女却还在悠悠唱着：

　　　　……我最怜君中宵舞，

　　　　道'男儿到死心如铁'，

　　　　看试手，补天裂！

　　欲知后事如何，且听下回分解。

第七十六回

了却生前身后事　续传先贤绝世学

麻阳溪清流激荡，蜿蜒曲折，奔腾而去。四面青山抱合，波涛般绵延向北，连接着武夷嵯峨群岭。朱子平日只在清邃阁中，静心调息，注解《楚辞》。有时便在病榻前，答疑解惑。有时精神略好，便下楼来，课授弟子。

时有乡贤陈总龟，听闻朱子回到考亭，便具酒冒昧来拜，恳求朱子为他谋划重建聚星亭。聚星亭为北宋名相陈升之为纪念东汉末年陈、荀两家"八龙""三君"雅集而建。传说某日陈实与荀淑率两家子孙聚于许州西湖，洛阳值班的太史官夜观天象，看到一大堆熠熠生辉的星星，大吃一惊，说是"德星聚"，于是便在史书中写道："五百里之内，贤人聚集"。陈升之本在朝中为相，王安石变法时，因二人见解不合，归隐考亭，建造聚星亭追怀先祖。

此时聚星亭早已废毁。陈总龟与族人商议，重建聚星亭。陈总龟心上七上八下，不知朱子是否肯出谋划策，忐忑道："沧洲精舍东首，先人所建聚星亭已毁，想请先生谋划此事，不知……"

朱子笑笑道："这是善事，我自当襄助！哈哈，凡是亭阁，须得是从外看去雅致，其内也要有韵味……"接着便概略说起修建亭子的学问。又说可将陈、荀两家雅集的故事绘成画屏，使亭子更增意趣。陈总龟听了，起身连拜："先生大恩，非只言片语所能言谢。"朱子笑笑："哎呀，快快起来，这可折煞我也。"当即将他扶起。让朱鉴唤来吴稚，命他考证汉末

车服制式，找画工刻工将"八龙""三君"人物故事雕刻壁上。一番叮嘱，吴稚点头答应。半月之后，亭基建好。陈总龟与族人设宴庆贺。但此时朝野一片风声鹤唳，朱子不愿声张。只携了孙儿朱鉴并几个弟子赴宴。几人坐定，临风对饮，陈总龟再谢朱子，朱子微微一笑："举手之劳，何足道哉！"沧洲岸边微风轻拂，几人听着溪水哗哗，边饮边叙，十分快意。酒过两巡，朱子忽然想起父亲从临安辞官归来，心情郁结而赋的《渔父词》；又想起义父刘子羽遗书中慨叹中原未复，不由得缓缓吟道：

> 阑干苜蓿久空槃，未觉清羸带眼宽。
>
> 老去光华奸党籍，向来羞辱侍臣冠。
>
> 极知此道无终否，且喜闲身得暂安。
>
> 汉祚中天那可料，明年太岁又涒滩。

朱子吟罢，突然泪如泉涌，泣不成声。众人大惊，朱鉴忙给爷爷递过手绢。朱子摆摆手，过了会儿才稍稍平复。他望着远处景色，悠悠说道："我十岁的时候，先君主战，忤逆秦桧，后来天下议和，先君回到建州，那时他慨然说道：'从太祖受命到今日，已历一百八十了。'太祖立国是建德元年（572 年），那年是庚申，明年又是庚申年。可是中原依然没有收复，'汉祚中天'，光复大宋又成画饼！"

朱子父亲朱松，义父刘子羽，义兄刘珙，张浚、张栻父子，岳飞之子岳霖的音容笑貌，一并浮现眼前。又想到父亲墓地所在，似乎处于低处。突然想起父亲的一句诗："乡关落日苍茫外，樽酒寒花寂历中"。时崇安武夷上梅里正有一座寂历山，似是谶语，说破今日之事。正在叙话，溪东山林传来怪兽尖啸，其声甚是凄凉。座中有位里人说话嗓门甚大，听到猿啸，叹口气道："以前听到猿叫，附近定会死人。但从未叫得有今日这般惨厉。"

陈总龟见这位乡人不长眼色，说话没轻没重，瞪他一眼："切勿妄言！"那人这才恍然，意识到失言，惶恐地望望朱子，尴尬笑笑："啊呀，天气真热……这个……"却忘了正值隆冬，却打什么诳语，越发露了马脚。时近黄昏，阴云漠漠，滩头起风。叶味道、林夔孙怕触动先生心事，忙为先生披上外衣，劝先生返回。陈履道上前揖道："先生保重，他日风日晴和，你我再聚。"朱子笑笑，点头道："来日方长。"随弟子回到精舍。上到清邃阁中，独自对窗坐下，遥望远处群山，怔怔出神。昔日的挚友，张栻、赵汝愚、陆九渊、陈亮已逝。蔡元定去年又客死贬所。如今只剩下辛弃疾、陆游，也都抑郁不得志。而我却是罪臣，不能与朋友往来。时局如此，只怕后会无期。想到此，只感胸口郁郁垒垒，心头平添无限惆怅。

数十年来，他潜心授徒，注解经史，著述颇丰。《大学章句》《中庸章句》《四书或问》《论语集注》《孟子集注》《太极图说解》《通书解》《西铭解》《周易本义》等早已刊刻，《周易参同契考异》也已成书。但思来想去，似乎仍有许多大事未了。一些经史，有待考证注解。自知来日无多，无法亲力亲为，大愿只有托付大弟子续修。一番考量，决计由蔡沈注解《尚书》，赵师渊、李方子修订《资治通鉴纲目》，黄榦修注《礼书》。朱子先后叫来几位爱徒，分别嘱托续写经书。朱子一一讲述要义，说与总纲，详加指点。几位弟子听得仔细，录在纸上，立誓不负先生重托，完成先生夙愿。

大事已定，朱子又开始料理家事，立下遗嘱："家政由孙子朱鉴继承，儿子朱埜、朱在佐之；朱鉴尚小，等冠礼之后，再理家政；如朝廷有意荫封，家族首推朱鉴……"写罢，长吁一口气。

这一年，比往年似乎更冷一些。朱子晚间盖着两床厚被，脚下焐着汤婆子，依然寒冷难耐。他一边养病，一边授徒，日复一日，倒也安然。然而一过年关，忽地气息不调，连日剧咳不止，病情急转直下。吴稚眼看先生日渐消瘦，病体难支，急道："先生，此去止止庵不过百十里路，我去叫那白玉蟾道人来。诸医之中，最是他医术精妙。"

朱子连连摆手："这个时候，越是朋友越不能找，找谁便是害谁。"

李方子道："治病要紧，哪管得了许多。"

朱子正色道："现在是什么时候，朋友们只要略沾一些我晦翁身上一点晦气，无不大难临头。我朱熹绝不做连累朋友的事。你们难道不听我的

话吗?"

李方子等见他语气决绝,不敢再说。

这日午时,门生俞闻中去延平,路经考亭,也不知朱子在还是不在,只管前来一探。恰巧遇到朱子,师徒相见,俱各欢欣。俞闻中问先生身体饮食,朱子苦笑着,没有作答。吴稚、李方子对望一眼,据实以告:"先生近年身体不能屈伸,夜间发热发冷……""有时足疾发作,双足刺痛,步履维艰。"俞闻中听后,略一沉吟,道:"我给先生推荐一位医者,与别个医生不同,医术精湛,手到病除。"

李方子、吴稚急问:"那人是谁?""莫要遇到江湖骗子,先生再也折腾不起。"

俞闻中道:"此人名张修之,在我家乡行医多年,声名远播,怎会说他是骗子?"当下便说了那张医生许多好话。

朱子一听,点了点头。俞闻中告辞朱子,到建瓯寻得个同乡,让他捎话给张修之,烦劳他快快赶到考亭,给朱子医病。

第二日午时,刘择之来访,朱子与他谈些颐养之理。正谈间,张修之骑着毛驴,驮着个大药箱来到沧洲精舍。吴稚将他迎进清邃阁中。张修之把把脉,又看看朱子舌苔,琢磨了一会儿,说要用"攻"法祛除壅滞,使气脉通畅。此法与先前以"保"法相反。朱子听后,不甚赞同。刘择之颇通医理,听了张修之说法,颇不以为然,他拿起药方揣摩一番,道:"此方只宜治精壮之病,如先生者,身子已虚,大是不宜。"

张修之身为名医,怎容得别人说三道四。见刘择之在一旁多嘴,声音渐渐大了起来,向朱子笑道:"哈哈,我行医多年,医好你这种病人,怎么说也有三五百例。大夫眼前只有病人,不管姓朱姓刘,是贫是富,是官是民,是儒是道,我能医得别个,自然也医得你晦翁先生。用了我这方药,必能见效。"刘择之还要再辩,那张修之变了脸色。朱子怕伤了二人和气,又见张修之所说,也有几分道理。心想,先前的医者用的都是"保"和"养"之法,未能根治,不妨便试他一试,或有奇效。

张修之开了药方:初用黄芪等,略起效;接着,配方中加入巴豆、三棱莪术等药。朱子一用，果然更见效应，当日晚间便呼吸匀停，精神大振，步履轻松，本来饭后有胃胀、嗳气、反酸诸症，不知不觉也好了。本以为将要治愈，哪知第二日上，又开始便秘。服几粒治积聚、宿食不消的温白丸后，脏腑通了，却又泄泻不止。

张修之开了药方，便已归去，此时谁也不知他去了哪里，再要请他，谈何容易！

三月初二，朱子泄泻愈甚，只觉头晕眼花，站立不稳。他自知元气大伤，来日无多，让叶味道叫蔡沈速来考亭。此前朱子吩咐蔡沈注解《尚书》，蔡沈废寝忘食，专心著书，已写就数章。此时听叶味道哭着说了朱子情状，知道事急，忙与他匆匆出门，径往考亭沧洲精舍。一进清邃阁，见七八个师弟正侍立床侧，神色不安，吃了一惊。蔡沈向朱子问安，朱子坐直身子，微微一笑。命蔡沈取出书稿。蔡沈探手入怀，取出一叠纸来，恭恭敬敬呈上，只怕自己学问粗浅，解得不对。朱子逐句阅读蔡沈手稿，看了数页，点了点头。蔡沈悬着的一颗心终于放下。朱子又来解说其中的疑难，七八个弟子围坐地上，听得津津有味。不觉到了四更，窗外鸟声啁啾，朱子略显不支，蔡沈忙扶他睡下。众弟子纷纷起身，向先生一揖，相继散去。

初三日，朱子再阅蔡沈稿。见蔡沈所论，不拘泥于枝节，而以明大义为策，甚合心意。对其中数节，略作指点。蔡沈听后，如拨云雾，豁然开朗。

初四夜，朱子再为弟子解《尚书》《太极图》疑难。

初五夜，朱子又说《西铭》，言道："为学之要，惟事事审求其是，决去其非，积累日久，心与理一，自然所发皆无私曲。圣人应万事，天地生万物，直而已矣。"

初六日，朱子在亭中改《大学》"诚意"一章，又修《楚辞》一段。午后大泻，随入宅室，自此再未下楼。

初七日，寒意突增，阴云布合。朱子病情急转直下，不能站立。众弟子齐来探视，不敢离屋。清邃阁中灯光昏暗，蔡沈、吴稚坐在床头，其余

众弟子坐在地上，低头闷声，人人为朱子担心。

初八深夜，蔡沈与叶味道侍在床侧，林夔孙、陈埴、徐宇、方伯起、刘择之、赵惟夫、范元裕皆来问病，见朱子斜倚在床，似在沉睡。当下不敢作声，只在一旁小心伺候。过了半个时辰，朱子神志恍惚，悠悠转醒。见弟子都守在身边，恍恍惚惚道："咦，几更了，你们怎么都坐在地上？"

蔡沈叫道："先生勿动，贺孙，快拿药来。"

话音未落，叶味道已转身出门，旋即捧药回屋，凑近朱子身边："先生请……"

朱子微微张开嘴巴，蔡沈将一勺药汤喂进他口中。朱子喝下这口药，摆摆手，示意不必再服。

弟子们跪着道："先生，请快快服药！"

朱子摇摇头，微微一笑，声音虚弱："药，是不必吃了。扶我起来……你们都过来，听我说几句话。"

蔡沈、吴稚将朱子扶起。朱子缓缓道：

"探究学问，然道理只是恁地。但大家倡率做些艰苦功夫，须牢固着脚力，方有进步处。"说罢望着蔡沈道："某与先丈病势一般，绝不能起。"

蔡沈安抚道："先父病两月余，先生方苦脏腑。然老人体气易虚，不可不急治之。盖先生病实与先人相似：上极热，挥扇不辍；下极冷，泄泻不止。先人亦初因痁结，服神功丸，致动脏腑。无论如何，我等再延请名医，定要医好先生。"

朱子未答，颤颤巍巍道："取纸笔来，我写几句话。"

窗外北风吹打着门窗，一阵紧似一阵，书院后那几棵大树，在狂风中尖啸。昏黄的灯烛时明时灭。

朱子先给范念德写一信，托其写就《礼书》，且为孙儿朱鉴择配。又给黄榦一信，嘱事数则。又给朱在写一信，令其早归考亭，收拾文字。写罢，上气不接下气，叹道："许多年……父子，乃不及……相见也。"弟子们见了，低头叹气。天上乱云汹涌，犹如狂涛骇浪，半轮月亮透过云层，隐隐似睁着的半只不安的眼睛。蔡沈、叶味道、李方子、吴稚等侍立床前，心中忐忑。朱子望着几人，缓缓说道："我走之后，尔等当更其奋发，莫负我对尔等之望？"

蔡沈哭道："定不负先生嘱托！"

吴稚哭着念出横渠四句："为天地立心，为生民立命，为往圣继绝学，为万世开太平。"

李方子道："天行健，君子以自强不息。"

朱子望着他微微一笑："如此甚好，凡人须以圣人为己任。"说罢，头侧在枕边，似醒似寐。

众弟子见朱子病情危重，都围在病榻前，不肯离去。吴稚托人请来医者诸葛德裕来到书院。诸葛德裕为朱子把脉，并无脉象，摇摇头："老夫行医六七十年，南南北北的病者不知看过多少人，从未见过这等怪事。"

蔡沈道："怎的？"

诸葛德裕低声道："脉绝三日，尚能言语。真是天下奇闻，说与人听，谁肯相信？大限已至，请将先生移到楼下大堂吧。"

说罢，转身向朱子深深一揖，满腹狐疑退了出去。

朱子听见有人说话，悠悠问道："谁……在说话？"

蔡沈道："是诸葛先生。他给你瞧病来啦。"

朱子道："嗯，劳烦他……几十里地……跑来，且给他看茶。"

蔡沈回头，诸葛德裕已出到院中。蔡沈望着他背影，见他不住摇头，自言自语："真是奇怪，真是奇怪。"

众弟子手抬肩扛，将朱子移到楼下厅堂中央，安置好后，所有弟子齐都来到榻前，跪了下来。叶味道凑近朱子问道："先生万一不讳，礼数用《书仪》何如？"朱子摇摇头。弟子益之问："用《仪礼》如何？"朱子又摇摇头。见此情景，众弟子都没了主意。蔡沈轻轻抚着朱子手，问道："先生，《仪礼》《书仪》参用如何？"

朱子点点头，嘴唇微张，发不出声，伸出手指示意笔墨伺候。叶贺孙忙找来纸和笔，递与朱子。朱子颤颤巍巍接过笔，挣扎着想要写字，突地力竭，纸笔落在枕旁，双目直视蔡沈。其他弟子见状，知道朱子有要事单独对他说，退了出去。蔡沈倚在朱子头侧，弟子益之坐在朱子脚边。朱子微张开口，上下其视，瞳犹炯然，徐徐开合。蔡沈俯身到他耳边来听，半天未闻一语，抬头一看，见朱子双目炯炯，许久不眨一眼。再细看时，竟已仙逝，再也抑制不住，扑到朱子身上号啕大哭：“先生啊，先生……”

林夔孙、陈埴、叶贺孙、徐寓、方伯起、刘成道、赵惟夫、范元裕等弟子闻声，齐涌进门来，号啕痛哭：“先生，先生……”

窗外大风呼啸，风吼、人嚎交织一起，分不清哪是风悲，哪是人哭。

忽然，屋门“哗啦”一声撞开，一个灰扑扑的人影扑进屋来。众人定睛看时，却是黄榦，只见他衣冠不整，浑身泥土。原来黄榦正在闽县长箕岭为母守丧，听闻岳丈病重，山高水深连夜赶来，一路上也不知摔了多少跤。

黄榦见众人都在垂泪哭泣，知道事情不妙，跪步向朱子床榻之前，声音沙哑，颤颤巍巍：“泰山大人，泰山大人啊！……”只哭得地动山摇，乾坤颠倒。哭了一阵，颤颤巍巍翻开朱子遗书，蒙眬泪眼中，只见简中写道：“吾道之托在此，吾无憾矣……”再也看不下去，“咕咚”一声，晕厥在地。

屋内油枯灯残，越来越暗。吴稚忙添了桐油，油灯又亮了起来。众弟子近观回各屋，将满书院的灯烛全拿了来，全都点亮，一时清邃阁中灯火通明，亮如白昼。忽然“哗啦”一声巨响，一间书屋顶棚被大风揭起，接着院中数十棵大树被连根拔起，横七竖八倒在院中。山下洪水滔滔，对岸山坡轰然崩塌。一时天昏地暗，朦朦胧胧，一片混沌。

蔡沈从腰间摸出一支洞箫，轻轻吹奏。依然是四年前朱子领众弟子为蔡元定壮行时的韵律。众弟子和着箫声琴声，唱起朱子旧作：

富贵有余乐，贫贱不堪忧。……
春画五湖烟浪，秋夜一天云月，此外尽悠悠。
永弃人间事，吾道付沧洲。

箫声苍凉渺远，歌声低沉悲壮，在武夷千山万壑间久久回响。

　　辛弃疾一夜没睡，担心着朱子的病情。到了五更，不知怎的，头痛欲裂，心烦意乱，右眼皮直跳。索性披衣下床，虎啸一般怒吼一声，挥拳猛击，"喀啦"一声，将一台七尺长的书案击得粉碎。

　　欲知后事如何，且听下回分解。

第七十七回

千儒会葬朱晦翁　万里河山戴白头

庆元六年十一月，寒风凛冽，武夷南麓，一派肃杀。

庆元党禁，一场浩劫，大宋国腥风血雨。不止朱熹一派，其他学派亦遭禁锢。陆九渊、张栻、吕祖谦、陈亮曾经传道的学院被封禁，门人弟子被监管起来。儒人士子，多受其累。

在江南宜兴地方，有位读书人吕祖泰，乃吕夷简六世孙，吕祖谦、吕祖俭从弟。其人性情超迈，为人豪爽，极重气节，人称其"尽读天下奇书，遍交天下名士，赚得大钱便分给朋友，饮酒数斗不醉，遇事从不避退"。庆元党案汹汹之际，其兄吕祖俭被编管韶州，后又移至瑞州。吕祖泰心中愤愤不平，拟往瑞州探视。好友王深怕他触怒朝廷，劝他不可前往。吕祖泰道："自吾兄之贬，诸人箝口。我虽无位，义必以言报国，当少须之，今未敢以累吾兄也。"徒步千里至瑞州，与吕祖俭相聚贬所，粗茶淡饭，日日纵论古今，长达月余。及至吕祖俭病殁贬所，吕祖泰安顿后事，扶柩回到家乡，埋葬了家兄。之后他只身来到临安，登上闻鼓院，敲得一面大鼓"咚、咚、咚"震天价响，鼓罢上书宁宗：

……道学，自古所恃以为国也。丞相汝愚，今之有大勋劳者也。立伪学之禁，逐汝愚之党，是将空陛下之国，而陛下不知悟邪？陈自强，佗胄童孺之师，躐致宰辅。陛下旧学之臣，若彭龟年等，今安在邪？苏师旦，平江之史胥，以潜邸而得节钺；周筠，韩氏之厮役，以皇后亲属得大官。

不识陛下在潜邸时果识师旦乎？椒房之亲果有筠乎？凡侂胄之徒，自尊大而卑朝廷，一至于此也！愿亟诛侂胄及师旦、周筠，而罢逐自强之徒。独周必大可用，宜以代之，不然，事将不测。

书出，朝内外大骇。韩侂胄更是吃惊，使其弟仰胄将他拘捕，杖责一百，发配钦州牢城收管。吕祖泰慷慨而笑，并无悔意。

朱子病危时，除数弟子侍奉在侧，余则散居其他州郡，是以朱子逝世，各地弟子均不知情。诸友亦未有所闻。三月九日朱子逝世，一直未葬，灵柩暂厝考亭沧洲精舍。数月之后，弟子们才陆续听到消息。有弟子义愤难抑，串联四方师兄师弟，拟为朱子会葬。建宁府知府傅伯寿，本是气节之士，知朱子去世的消息，未即上报朝廷。

韩侂胄闻知"伪学党魁"朱熹去世，心中暗喜。又听说其弟子门人欲为他会葬，担心伪徒图谋不轨，聚集生事，命各州县严密监视。不久即收到密奏：有伪学之徒，密议在信州为党魁朱熹会葬。韩侂胄听后，心道："刚出了吕祖俭大案，如今又有逆党串联会葬党魁朱熹，分明是有所图谋，若任其生事，势必难以收拾！"叫来陈自强、胡纮、韩仲胄、沈继祖、右正言施康年等商议对策。一番密议后，有了主意。不日，施康年上奏皇帝赵扩："四方伪徒，欲送伪师朱熹之葬。臣闻伪师在浙东则浙东之徒盛，在湖南则湖南之徒盛。每夜三鼓，聚于一堂，伪师身据高坐，口出异言，或吟喔怪书，如道家步虚之声。或幽默端坐，如释氏入定之状；至于遇夜则入，至晓则散，又如奸人事魔之教。今熹已殁，其徒画像以事之，设位以祭之，会聚之间，非妄谈世人之短长，则谬议时政之得失。"

宁宗听罢，当即下了御旨：令各州严加防范，不可生乱。

自古道"落叶归根"。侂胄估计朱子弟子们将把朱子送回祖地婺源安葬，到时信州是出闽的必经之地，妖徒肯定聚集信州，于是下旨至信州，命严厉约束妖徒聚集。

然以侂胄之肚肠，怎能参透朱子心思。早在淳熙三年（1176年），朱

545

子葬夫人刘清四时，已于墓侧为自己预留墓室。淳熙十四年（1187年），女儿朱巳病逝，朱子也将她葬于清四墓侧。绍熙三年（1192年），长子朱塾英年早逝，朱子又将他葬于去此不远之莒口。一家人都在此处，他怎肯舍妻子儿女他去？

会葬前一日，朱塾带着儿子朱钜、朱钧，朱在（朱子三子）带着朱塾次子朱鉴，与黄榦、蔡沈、李燔、吴稚等披麻戴孝，守在朱子灵侧。成百弟子席地坐在堂前，为朱子守灵。人人垂泪，个个哀切。到了次日辰时，听得屋外人声，黄榦出门一看，又有许多弟子从各地赶来，号啕大哭，声动山野。仪毕，黄榦、蔡沈、朱塾、朱在、朱鉴等扶枢前往大林谷。沿路又有朋友、弟子、周围数十里乡贤儒人加入队伍，举目望去，黑压压一条长龙，不知有多少人。送葬队伍日间逶迤前行，夜间便在寺庙、山洞、废弃的茅棚中暂歇。到第六日，黄榦等扶枢又行，将近午时，至唐石里，绕过一座小山，一处墓穴赫然目前。朱塾、朱在看到那墓穴，突然痛哭起来，只哭得乾坤颠倒，日月无光。父母相继身亡，长兄已不在人世，余下兄弟子侄散居各处，他二人怎能不肝肠寸断。

黄榦形容枯槁，双眼布满红丝。他拿出祭文，念了起来："……先生既殁，学者传其书，信其道者益众。足见以思义理之感于人者深矣，继往圣将微之绪，启前贤未发之机，辩诸儒之得失，辟异端之讹谬，明天理，正人心，事业之大，又孰加于此者。……秦汉以来，迂儒曲学，既皆不足以望藩樯，而近代诸儒，有志于孔孟、周、程之学者，亦岂能造其阃域哉？呜呼，是殆天相斯又笃生哲人以大斯道之传也……"哭着念着，断断续续，几度哽咽，念不下去。过了好大一会儿，终于念毕，扑倒在地，撕心裂肺地哭了起来。

蔡沈一连数日未眠，双眼浮肿，面色发青。见黄榦哭得死去活来，生怕他出了意外，唤来几个师弟将他扶了下去。蔡沈走到墓前，继续主持丧礼，哽咽道："先生去世，天下士子，无不悲痛，纷纷寄语悼念哀思，我且念几则来。"说着展开一纸，念道："陆放翁的祭文：……'某有捐百身起九原之心，倾长河注东海之泪。路修齿髦，神往形留。公殁不忘，庶其歆飨!'"

原来陆游知朱子弟子将要会葬朱子,也想前来参加葬礼,终因年迈体衰,疾病缠身,无法成行,只好挣扎着写了祭文,寄到建阳,与朱子子孙弟子同悼。

众人哀恸祭悼,一场棉絮一样的大雪纷纷扬扬,缓缓地、轻轻地、无声无息地飘落在绵延起伏的群山之中。

忽见山口一白两黑三匹骏马飞驰而至。马上三人,威风凛凛,势若天将天兵。马未停稳,三人滚鞍下马。为首一位将军,神情严峻,拖着沉重的脚步,铁塔般缓缓走来。走到朱子灵柩前,扑通一声跪下,手抚棺椁,大声哭道:"晦翁兄啊!晦翁兄!"声音震天,如打了一个霹雳,树上的积雪扑簌簌震落在地。黄榦、蔡沈看那人时,认出是朱子至交,抗金名将,曾任福建安抚使,现已被罢职的辛弃疾。齐声叫道:"辛大人!莫哭坏身子,还请节哀……"

辛弃疾浑似未觉,自顾自呜咽痛哭。

二人正要上前搀扶,忽然扑通扑通,又有二人跪倒在地,不住磕头。却是孟焕、徐铭。孟焕张着大嘴,哭得上气不接下气,嘴里直叫:"先生,我再也见不到你了,先生啊先生!"徐铭颊上流着两行清泪,默默祷祝。

黄榦、蔡沈见辛弃疾年迈,担心他悲恸伤了身子,上前将他扶起。辛弃疾只觉头重脚轻,恍恍惚惚,手支额头,闭眼调息,终于站定,从衣袋掏出一叠纸来,双手颤颤巍巍展开,边哭边念:"……所不朽者,垂万世名。孰谓公死,凛凛犹生。"

原来是拟好的一篇祭文。辛弃疾哭毕,黄榦接过祭文,妥妥收好,放在灵柩前。

丧礼继续,蔡沈抹一把泪,沙哑着嗓子说道:"诸位,按照先生生前遗嘱,先生的丧礼按《仪礼》《书仪》进行,先由先生的亲属子女、孙、曾孙行三拜大礼。"

朱熹次子朱埜、三子朱在以及媳妇、五个女儿及女婿、孙子七人还有曾孙、外孙、外曾孙等披麻戴孝依次跪倒在朱熹灵柩前,蔡沈高声叫道:

"一拜，二拜，再拜，拜天地，拜土地……"

"众弟子拜，一拜，二拜，再拜，拜天地，拜土地……亲朋好友故客拜，一拜，二拜，再拜，拜天地，拜土地……"

众人一齐跟他鞠躬三拜。丧乐声中，朱在已哭晕过去，倒在地上，蔡沉忙上前将他扶起。众人一同向灵枢又拜一拜。蔡沉招呼抬棺椁的师弟，缓缓将朱子灵枢落入墓穴，其他师兄弟每人用手，掬一抔土，轻轻撒落墓中……

人群之外，朱子弟子吴稚、林夔孙警惕地望着四周。

林夔孙道："这么多人来会葬先生，要让官府知道，不知会怎样？"

吴稚道："哼，有这么多人来会葬我家先生，恰恰说明人心向背。你不闻古语有云：'水能载舟，亦能覆舟'，朝里那些奸臣见了，自然害怕。"

林夔孙望着左右山坡，脸现忧色："一早就见那些州府的爪牙探头探脑鬼鬼祟祟，不知他们待要如何！"

孟焕、徐铭顺着他目光望去，果见左右半山，各有七八名押司土军打扮的聚在林边，有的手持哨棒，有的腰挎长刀，鬼鬼祟祟正在张望。其中一人指指画画，似乎是在估算祭奠人数。

孟焕怒目圆睁，骂道："直娘贼，嘿嘿，我看先生灵前，正好少了些东西，我去把这些狗子的脖子拧断，拿他的猪头给先生当祭品。"狗的脖子拧断，何以狗头便变成猪头，也不知是什么道理。孟焕向来说话匪夷所思。只见他挺身走出人群，大踏步走向右首半山，到离那衙役差人两丈远处，一声断喝："兀那鸟差人，老爷要借你的狗头用用，站住别跑！别跑！"五六个差人正商量捉人，只听半空里一声霹雳，抬头蓦见一个胖大金刚，瞪着又大又圆的红眼扑来，眼见他就要发威行凶，只唬得胆战心惊，发一声喊，没命地转身便逃，瞬间消失得无影无踪。

孟焕见众差人逃散，自己一个也没能揍他一拳，气得呜呀呀直叫，一拳击出，"咔嚓"一声，一棵碗口粗的大树断为两截。

徐铭从崖侧走到左首山上，贴着林边悄悄挨上去，离那十几个公差越来越近，相距约三丈时，就见四五个公人人小声大，在那里不住叫嚷。只听一人道："这些刁民，真是吃了豹子胆了！朝廷明令禁止赴葬，这些人不但来哭那腐儒朱熹，还聚在一处装神弄鬼大发议论，王押司，你说怎么办？"又听一人答道："反了，真是反了，至少抓几个头头脑脑，回去严刑拷打，非要查出幕后的头头脑脑。还没了王法不成！"看来答话的正是那王押司。徐铭看这人时，见他皂帽皂衣皂靴，双眼微翻，活像一只黑如火炭的大蛐蛐。只见王押司恶狠狠地又道："葬一个妖学党魁，竟也要来这许多人，少说也有三千吧，这可怎么个抓法。这些刁民、妖徒……"听到这里，徐铭再也按捺不住，纵身跃起丈余，跳至几位衙役五步开外，厉声道："喂，短命蛐蛐，瞎叫什么，我就是千里迢迢来葬朱大人的，你且抓我试试！看我如何将尔等大蛐蛐扔下崖去！"

王押司和土兵们正计较如何捉拿逆贼，忽见一个大汉从浓雾中跳将出来，不知是人是鬼。只见他威如金刚，双目如剑，闪射寒光，个个唬得魂飞魄散，只恨爹娘少生了一双腿，"啊呀"发一声喊，哗啦啦四散而逃。徐铭顺手抄起一根两丈长的尖头木橼，向树枝晃动处奋力一掷，"呜"地一声，那橼子从他手里激射而出，只听"啊"的一声惨叫，密林中瞬间沉寂，再无声息。也不知那惨叫之人，是被木橼扎死了还是撞下崖去。

弟子们用手搓着土，一抔抔撒在朱子棺椁之上。墓穴中红土渐渐升高，继而填平，隆起，形成一个小小的山包。四周一片寂静。数千个雪人，与山谷的万千松树交混在一起，分不清哪个是松，哪个是人。举目而望，武夷山的山岭间所有的树木都披了银挂，庄严肃穆，一动不动，似乎有千千万万、万万千千个雪人在肃立默悼一般。

大雪不停地下着，漫天飘扬，覆盖了云谷山，覆盖了武夷绵延不绝的峰峦，覆盖了整个世界。

黄昏时分，西方巍巍峰峦后现出一道彩虹，五颜六色，蔚为壮观。天上是虹霓，地上是白雪，此情此景，福建一带从所未见，人人惊叹，个个错愕。

正是：

人恸天悲地亦忧，万里河山戴白头。

明日太阳来吊唁，家家户户泪长流。

朱熹去世后第七年，一个秋日之夜，辛弃疾躺在期思瓢泉的病榻上，不住叹息。忽然一阵疾风破窗而入，吹得屋里书纸乱飞。辛弃疾目眦欲裂，仰天怒吼"杀贼！杀贼！"双目圆睁而逝。

辛弃疾死后第二年，除夕之夜，北风凛冽，天上飘着片片雪花。陆游卧在病榻上，哽咽着念出《示儿》诗："王师北定中原日，家祭无忘告乃翁。"唉声连连，"哇"吐一口鲜血，也是睁着双目，含恨离世。

宋理宗时，宋元交兵，时局动荡，岳飞砚再度遗失。宝祐年间，进士谢枋得偶从民间购得一砚，上刻"持坚守白，不磷不缁"，回到家中对比所藏岳飞书法，确定此砚便是武穆遗物，又惊又喜，将它视若珍宝。咸淳九年（1273 年），正是国祚将尽，大宋国危急存亡之秋，枋得将岳飞砚转赠同榜状元、朱熹再传弟子文天祥。冀望他力挽狂澜，扭转危局。文天祥得砚后，如获至宝，刻铭道："砚虽非铁难磨穿，心虽非石如其坚，守之弗失道自全。"后兵败被俘，被押解大都，关押于悯忠寺。文天祥拒不降元，作《正气歌》，在柴市口从容就义。

五年后，谢枋得在悯忠寺，在关押过文天祥的囚室绝食而死。

此后岳飞砚再度遗失，至清末再度浮出水面。人们惊奇地发现，砚上多了于谦、王阳明铭文……

书里书外人和事

文人豪客，君子圣贤

"天行健，君子以自强不息"，这是出自《易经》的名言。《天行健》所讲的，正是一群"君子"的故事。

朱熹，是一位不世出的大儒。他为官清廉，敢于直谏，又曾为"帝王师"，给皇帝讲授"正心""诚意"之说，拟"匡正君德"。无奈宁宗皇帝胸无大志，又宠信奸臣，将他罢逐。后来更实施庆元党禁，以禁"伪学"。举国儒林，风声鹤唳。朱熹作为党魁，差点掉了脑袋。而他的大弟子兼朋友蔡元定，则被贬为湖南道州编管，后来便死于贬所。

朱熹的挚友辛弃疾，是个文武双全的奇人。他青年时参与耿京起义，曾带五十人闯入五万金兵大营，擒回叛将张安国。南渡之后，献《美芹十论》《九议》等，条陈战守之策。作为武人，他偏又喜欢舞文弄墨，且作得一手好词，留下了许多千古名句。他与朱熹还有一位"活宝"朋友陈亮，三人交谊甚笃。陈亮是一个荒诞不经、行止无状的怪人。他出身平民，却喜谈兵法，常与辛弃疾纵酒狂饮，赋词唱酬。陈亮一生郁郁不得志，曾三度入狱，到老才中了状元，却又死在赴任途中。学术上他主张"王霸义利"之说，是朱子的论敌之一。朱、辛二人还与陆游、赵汝愚、岳飞之子岳霖等，也有私谊。

朱熹道学上的朋友还有陆九渊、张栻、吕祖谦、叶适等。这些大儒门

下各有许多门人弟子相随，他们的一些寻常的学术交游，不经意间也会激起一场场震古烁今的文化风波。

令人惊奇的是，南宋甚至明朝历史上许许多多的风云人物，也都因某种"神秘的因素"产生了千丝万缕的联系——

朱熹义父刘子羽与岳飞都是主战派。正是刘子羽之父刘韐发现并提拔了岳飞。而朱熹与岳飞之子岳霖、张浚之子张栻，又为挚友。朱、张二人都曾协助岳霖收集岳飞史料，助岳霖与子岳珂著《鄂国金佗稡编》，为岳飞申冤；辛弃疾与岳飞之子岳霖是挚友。岳霖之子岳珂虽然年少，却才思敏捷，处事机灵，成了辛弃疾忘年之交。二人又与陈亮、陆游、刘过时有唱和，在词坛留下许多佳话……岳飞曾驻军南康，岳飞族人聚居庐山脚下；朱熹任南康军知军，兴办白鹿洞书院，在此邀陆九渊会讲。陆游路过南康时也曾往庐山拜访，与朱熹一见如故，成为至交；朱熹弟子林夔孙曾在白鹿洞书院讲学，其弟子江万里办白鹭洲书院，文天祥便是白鹭洲书院的弟子；朱熹裔人迁徙庐陵，有朱元圭者辞官讲学，办莪山书院，因之与文天祥有了交集。文天祥曾作《莪山书院记》；陆九渊在金溪讲学，与朱子辩于鹅湖，其"心学"影响深远。明朝中叶，陆九渊学说的发扬者，也曾是朱熹再传弟子的王阳明在赣州剿匪，在鄱阳湖平宁王叛乱……

发生了这么多看似无序的"偶然"，使人禁不住想问：冥冥中是否也有着某种"必然"，安排这些出身不同、性格迥异，在地理、时空上相距遥远的人物有缘相识，成为挚友、知音？

其实细究起来，这些人物有些地方都很"相像"——他们身上都有一股"浩然之气"。正是这"浩然之气"使他们之间有了缘分，成为知音。在他们之间，发生了许多曲折离奇的故事。这些故事便构成了这部小说的脉络，"正气"的"传承"则是贯穿始终的主题。

当然，牵扯到这么多"君子"的故事，自非一本书所能道尽，因而按作者的计划，将来还会有续作《天行健（二）》《天行健（三）》等相继问世。

扑朔迷离"正气砚"

岳飞性格沉静，鞍马间隙常秉烛夜读。他曾有一方端砚，看似并不起眼，岳飞却甚是喜欢，且作铭曰"持坚守白，不磷不缁"。这八字出于《论语·阳货》，孔子原话是："不曰坚乎，磨而不磷。不曰白乎，涅而不缁。"岳飞将其提炼为八字，既是赞此砚品质，也是表明他自己做人的志节。这方砚在岳飞遇害后遗失。大约百年之后，被落拓诗人谢枋得从民间购得，并刻铭以记。后来宋室危亡，枋得将此砚转赠给同科状元、朱熹再传弟子文天祥，冀盼他扭转乾坤，重整大宋江山。天祥得砚后，如获至宝，作铭道："岳忠武端州石砚，向为君直（谢枋得）同年所藏。咸淳九年，十二月十有三日，寄赠天祥。"又于砚背刻铭以表志节："砚虽非铁磨难穿，心虽非石如其坚，守之弗失道自全。"

可惜南宋皇帝大多昏聩无道，一个不如一个，奸臣专权，一朝甚于一朝，国势颓圮，积重难返，纵有再多文天祥也无力回天。后来文天祥在柴市口引颈就戮，"岳飞砚"便再度遗失。后来的命运，更有些传奇——

有说明代于谦、王阳明曾鉴赏并作铭。于谦铭曰："持坚守白人臣职，不磷不缁人臣德，谦愿人臣师其式。于谦题。"王守仁刻字："弘治甲子十二月二十五日余姚王守仁观。"

之后再度遗失，直至清初为吏部尚书宋漫堂（即宋荦）收藏，他将岳飞砚更名为"正气砚"。道光元年（1821 年），时任东阳县令的陈海楼进京奏事，在北京一家文玩店见到此宝，心头一震，当即重金购入囊中。到了清光绪二十年（1894 年）秋，安徽学政吴鲁在皖南一家古董店中见到此砚，见有谢枋得、文天祥等人铭文，认出是岳飞遗物，一惊之下，当即对砚跪拜。拜毕，恳求主家将此砚转售。店主感其心诚，转售于他。吴鲁获此宝砚，喜不自禁，将书斋更名为"正气砚斋"。又作《正气斋文稿》以记："余家藏正气砚，为岳忠武故物，背镌忠武'持坚守白，不磷不淄'八字之铭，旁镌文信国之跋，下镌谢叠山先生之记。三公皆宋室孤忠，得乾坤之正气者也。……甲午秋，余得之皖南，如获重宝。"

据说某年吴鲁的母亲去世，学生许世英（时任驻日大使）特地从日本赶回探望恩师，同行的还有两个日本人。日本人在吴家曾鉴赏宝砚。谁知几人走后，宝砚离奇失踪。吴鲁抽丝剥茧，知道是日本人盗了宝砚，于是让儿子吴钟善赶赴东京，与许世英合力将宝砚追回。据说盗砚的日本人深感羞愧，不敢直面，将宝砚放到一家华人印书馆书架下隐蔽处，让吴钟善、许世英到书馆将砚取回。吴钟善将砚带回国，更加小心。为守住家传的命根子，特地在砚面镌上"守砚斋"三个字作记。

20世纪70年代中期，台湾商务印书馆出版的《岳飞史事研究》（王云五主编，李安著）一书，又披露正气砚在台湾复出，称作者与持有者江都朱先生及金石名家庄蝶庵一起，曾经共同鉴宝。书中对该砚作如下记述："端州石砚，色紫，长方形，长24.4厘米，宽15.2厘米，高5.6厘米。砚体津润细沉，有砚眼五块，呈青白色。砚底有年久风化所生砚锈凹点甚多。砚背为斜曲形，刻'持坚守白，不磷不缁'八字，及谢枋得题'枋得家藏岳忠武墨迹，与铭字相若，此盖忠武故物也'字样"。王云五为现代出版业巨擘，他编著书籍，向来严谨。书中既然载录此事，自不会是空穴来风。

不同的记述中，涉谢枋得、文天祥以及宋漫堂、吴鲁之事，并无异议，只是后来的记述颇有些语焉不清，令人不能不生疑问：

1. 福建吴鲁后人称，此砚20世纪六七十年代"文革"期间遗失。另有说此砚进入民国后，辗转为博山李氏收藏；也有说该砚在1949年由有关人士从大陆携入台湾，1974年10月转手至"江都朱先生收藏"云云。

2. 吴鲁后人似乎未提及砚上有于谦、王阳明铭文，而"江都朱先生"所藏之砚，有于谦、王阳明刻铭。

3. 朱氏藏印长24.4厘米，宽15.2厘米，高5.6厘米。吴氏后人称"正气砚""长约九寸，宽约七寸"，折合下来长约30厘米，宽约23厘米。似乎比"朱氏收藏"之砚要大一些。

几种说法中的"正气砚"是不是同一方砚？或者本为同一方砚，只是各方在表述上有所出入？如确是同一方砚，如今又流落何处？若真是流落到了台湾，那么又是何人带去？其间又经过了哪些曲折？……越是深入探究，越觉扑朔迷离，越想将它弄个明白。到底哪一个才是当年岳飞挥墨恣肆，赋词咏怀，又为谢枋得收藏并赠予文天祥的那个？真相到底如何，有待专家史者进一步鉴证。

辛弃疾与朱熹是否曾经拥有岳飞砚，可能性也有，但概率极小。本书中安排，只当小说阅读好了。但其中人物交谊故事，皆据真实史料，事事均有出处。

作者倒是有一个心愿：在有生之年，能听到"正气砚"的确凿下落。那时，无论千里万里，也要跋山涉水去一睹"正气砚"本尊，伸手摸一摸，沾一沾它身上那能抵御百邪的"正气"。

儒道之会：朱熹与白玉蟾

在所有悼念朱熹的诗文中，写得最好的便是白玉蟾的。曾有《题精舍》一首：

> 到此黄昏飒飒风，岩头只见药炉空。
> 不堪花落烟飞处，又听寒猿哭晦翁。

庆元党禁松禁，儒学又兴，武夷精舍又聚了八方学子。白玉蟾来到书院，面对朱熹遗像，写道："皇极坠地，公归于天。武夷松竹，落日鸣蝉。"又曰"天地棺，日月葬，夫子何之。梁木坏，泰山颓，圣人萎矣。"（《化塑朱文公遗像疏》）

朱子与谢伋、崔真人、白玉蟾等"方外之士"交谊甚深，这都有确凿的史料记载。然而关于朱熹与白玉蟾的交往，近些年却有了争议。有人认为二人年岁相差甚远，并无交集。历代大多数史家却都认为朱熹与白玉蟾生活于同一年代，且交谊深厚。关于这一点，留待史家再去争辩。本书只采信后一种。

康太保舍身护大儒

清余廷章《蓝田·左边城外志》中载："……晦庵朱文公，宋时真儒，

时衰不知其学。敕命太保赐姓惟康欲剿文公。其辈亦为理学，自废而亡，不欲真儒为伪学者殃。因镇杉关新修庙宇，永荐馨香于重阳日吉云。"太保庙除了杉洋外，古田县内还有多处。乾隆版《古田县志》记载："朱子避地玉田，时韩侂胄遣人迹其后，将甘心焉。是人宁自刎死，不肯杀道学以媚权奸。邑人义之，祀于溪山书院对面，即今之太保庙也。"古田还有一个传说，庆元三年参将周江胡、罗协奉旨到古田追捕朱熹，也是在两难之中周、罗选择自杀。后被西山村人奉为拓主，立庙奉祀，庙曰虎马将军殿，在魁龙书院对面，至今尚存。

这几则事典中，"康太保"、周江胡、罗协几位义士的事迹，便是康太保等舍身护儒的素材来源。

朱子的"影子"——朱子门人及裔人

朱熹晚年受韩侂胄迫害，贫病交加，在闽北山间避难。后来归到考亭，又有弟子负笈来投，他便再不避走，在沧洲精舍著书授徒，续传道统。他常教导门人弟子："凡人须以圣人为己任。"这是很高的人生理想，但在朱熹看来，普通人通过不懈地修行，人人皆可成为君子。朱熹对自己要求严苛，被后世尊为"圣人"。虽然他自己生前并不认为自己就是圣人。

他病逝后，弟子们继承遗志，续传绝学。蔡沈隐居九峰山下，注解《尚书》，十年后书成，取名《书经集传》；赵师渊著《资治通鉴纲目》，李方子参与修订并刊刻成书；黄榦著礼书，书未完而逝，其弟子杨复续修，书成刊为《仪礼经传通解》。

朱子门人弟子录载名姓者近五百人，其中不少成为栋梁之材，不是大儒便是名臣。显者有蔡元定、黄榦、詹体仁、蔡渊、蔡沈、蔡沆、蔡模、蔡杭、刘爚、刘崇之、吴稚、李方子、林夔孙、包显道、胡泳、林退思、陈淳、孙应时、石斗文等。再传弟子江万里、文天祥等均有志节，以身殉国；真德秀、宋慈等经治有方，多有善政，名垂青史。明代的王阳明，初学朱子，后转向陆九渊"心学"，也算半个朱熹弟子。

朱熹有三子：朱塾、朱埜、朱在。次子朱埜生四子：朱钜、朱铨、朱铎、朱铨。南宋危亡时刻，朱钜季子朱潜携带幼子朱余庆逃到高丽国定居。历经七百多年，后裔子孙繁衍昌盛，散居朝鲜半岛，达二十余万人。朱子裔人经世代繁衍，迄今遍布五湖四海。朱子后裔迁徙的历史，正是炎黄子孙百折不挠生生不息历史的一个缩影。

数年以前，我到东江、韩江流域采风。在梅州兴宁乡间，时见几处客家围屋、土楼错落有致，古朴典雅，有的名字也很特别，如"将军第"等。一打听，原来这几处村落竟是朱子后裔聚居地。

原来朱子之孙、朱垫次子朱铨因官迁居庐陵，成为庐陵朱氏始迁祖。朱铨后裔朱章甫从江西迁居兴宁竹丝湖，成为兴宁竹丝湖派始迁祖。

明成化年间，宪宗皇帝宠信奸臣，朝政混乱，东厂、西厂专横暴虐，许多忠正的官员被杀被贬。朱熹三子朱在八世孙朱彦明，眼见济世救民的宏愿无法实现，一怒之下辞官归隐，回到建宁，又于弘治年间携其一子（万里公）迁居兴宁竹丝湖，成为兴宁另一支朱氏遗脉开山祖。彦明公所居地方，夜间时闻水声咚咚作响，似有人轻轻击鼓，于是人们把这处地方唤作"鼓塘村"。久而久之，人们写惯了，都写作"古塘村"。

我在这里认识了老老少少许多朱子裔人，想在他们身上寻找到一丝丝圣人朱熹的"影子"。

有一位叫朱建文的"奇人"，给我印象最深。他是朱熹二十四世孙，生于 20 世纪 50 年代。少年时，他是个又弱又病的"矮个子"，经过一番苦练，竟然变得强壮起来，弹跳摸高能达三米一强，成为当地家喻户晓的篮坛健将。青年时，他离开家乡到香港投奔亲戚创业。吃苦耐劳，为人正直，自强不息，经过一番奋斗，成为一个儒商。改革开放后，他回到内地，在深圳兴办企业，成就了一番事业。他一生都在默默地做着善事，兴建养老院，捐资助学，赈济灾民。人称"朱善人"。后来回到老家兴宁，了解到家族的渊源，便在家乡捐建了一所朱子宗祠及朱熹文化公园，弘扬国学。如今他已是接近古稀之年的老人了，仍然驰骋在篮球场上，与一群年轻人同场竞技。族中其他人也许没有他那么健硕，也没有做出他那样惊天动地的公益善举，但我却在他们身上看到人人具备的一些共同的特点，

这就是：认真，认理，好钻研，顽强不屈，一身正气，敢于担当，能忍辱
负重……

　　我想，或许其他支派的文公后裔也都"遗传"了朱子的这些"特点"。
他们身上这些令人羡慕的"特质"，或许正是圣人朱熹留传给后人的取之
不尽、用之不竭的精神财富。这些财富，他的裔孙可以享用，我们每一个
炎黄子孙也尽可享用。

2023 年 9 月 30 日

运河湾·浣月台